L'Empire immobile ou le choc des mondes

THE Immobile Empire

停滯的帝國

一次高傲的相遇，兩百年世界霸權的消長

Alain Peyrefitte
阿朗・佩雷菲特
——著

譯——
王國卿、毛鳳支、谷炘、夏春麗、鈕靜籟、薛建成以我們歐洲人的標準來評判中國，沒有比這更能使人犯錯的了。

——馬戛爾尼勛爵，一七九四年

中華帝國是一個神權專政國家。家長制政體是其基礎，為首的是父親，他也控制著個人的思想。這個暴君透過許多層級領導一個系統化的政府。……個人在精神上沒有個性。中國的歷史從本質上看是沒有歷史的，它只是君主覆滅的一再重複而已，任何進步都不可能從中產生。

——黑格爾，一八二二年

要批駁黑格爾關於中國處於停滯不變狀態的觀點很容易……然而，黑格爾是對的。

——白樂日[1]，一九六八年

1 編注：白樂日（Étienne Balázs, 1905-1963），法國著名漢學家。

紀念費爾南·布魯代爾[2]，他為馬戛爾尼勛爵出使中國所吸引，並認為那是文明與思想比較史中一個具有獨特意義的時刻；

並以此紀念羅伯爾·胡爾曼[3]，他那關於中國的淵博知識和對中國的熱愛給了我極大的幫助。

---

2 譯注：費爾南·布魯代爾（Fernand Braudel, 1902-1985），法國年鑑學派第二代的著名歷史學家。

3 譯注：羅伯爾·胡爾曼（Robert Ruhlmann, 192-1984），法國著名漢學家。

目次

附錄

地圖目次

前五張地圖描繪了馬戛爾尼的遠征路線，是以喬治・斯當東爵士一七九七年發表的《英使謁見乾隆紀實》一書所附地圖為準。

譯者的話

兩百年前，大英帝國以給乾隆祝壽為名，派馬戛爾尼勛爵率領龐大使團前往中國。他們分乘五艘船隻，浩浩蕩蕩，經過十個月的航行，於一七九三年七月底到達天津大沽口外，並於九月十四日在承德避暑山莊覲見了乾隆皇帝。

英國當時在率先實現工業革命之後，已是西方的第一強國。它在世界各地擁有許多殖民地，形成了一個龐大的殖民帝國。而中國卻一直是東方的第一大國，雖然鼎盛時期已過，但仍統治著疆域遼闊的領土，周圍許多國家對這強大的鄰邦還得俯首稱臣。

資本主義迅速發展的英國急於向外擴張，以尋求原料與市場，自然覬覦這塊遠東的沃土。正是在這種擴張主義的戰略下，英國派使團訪華，希望與清政府談判以改善兩國的貿易，進而建立永久的外交關係。

中國則由於文化背景與政治觀念的不同，認為「中央帝國」與異邦的關係只能是宗主國與藩屬的關係，異邦只有歲歲來朝、俯首稱臣。長期的閉關鎖國使中國當時的統治者對外部世界的進步與西方的科學文明一概不知，而為自己處於「盛世」沾沾自喜。他們認為英國是仰慕中華文明，才遣使遠渡重洋為皇上祝壽的。

這場「聾子的對話」尚未開始就注定要失敗了。學術界爭論已久的馬戛爾尼覲見時是否下跪的問題並不單純是一場禮儀之爭，而是兩種文明的撞擊，具有深刻的象徵意義。

法國作家阿朗·佩雷菲特先生就這個主題，在一九八九年五月出版了《停滯的帝國》一書。該書一出版就進入暢銷書之列，半年內銷售二十萬冊。

佩雷菲特先生出生於一九二五年，先後在第五共和國的前三任總統戴高樂、龐畢杜和德斯坦時代擔任過七任不同部會的部長。一九七七年被選為法蘭西學院院士，十年後又以全體一致通過的態勢入選道德與政治科學院歷史部。一九八一年任法國最大報紙《費加洛報》的編輯委員會主席，同時還是國民議會議員與普羅範市的市長，在法國的政治界與學術界都頗具影響力。

佩雷菲特早在五〇年代就有撰寫有關馬戛爾尼的書的想法。他在波蘭克拉科夫的一家舊書店裡，偶然購得沙皇亞歷山大一世的外交部長恰爾托雷斯基收藏的一套遊記，其中就有隨馬戛爾尼訪華的斯當東與巴羅所寫的有關中國之行的作品。法國人對中國的看法長期受到十八世紀啟蒙時代的思想家如伏爾泰等人的影響，以為中國是一個由開明君主治理得井井有條的國家；而英國人寫的中國遊記使佩雷菲特先生看到了另一個中國，他想把這個中國介紹給他的同胞。

一九七一年他率領法國議會代表團訪華，回國後出版了《當中國覺醒時……世界將為之震撼》一書（一九七三年），到一九八〇年該書出新版本時，僅法文版就售出一百五十萬冊。此書被認為是法國非漢學家寫的關於中國最有分量的著作，奠定了佩氏作為中國問題專家的地位。

為了寫《停滯的帝國》，作者從一九八〇年至一九八八年間六次訪華，參觀了馬戛爾尼使團走過的主要地方，蒐集了一萬二千多頁原始資料；他打開故宮的大門，研究清朝廷有關接待英使的所有文件。同時他還從英國、法國、美國、日本、南非等地閱讀了大量未曾發表的內部檔案。

他還準備出三本資料集，作為此書的附錄：第一本為清室檔案，一九九一年底已全部譯成法文，並以《中國人的觀點》為書名出版；另外兩本分別為英國外交部與東印度公司和天主教會的相關檔案，現正編纂中。

身為政治家和歷史學家，佩氏對馬戛爾尼訪華一事做出如下評論：

「如果這兩個世界能增加它們之間的接觸，能互相吸取對方最為成功的經驗；如果那個早他國幾世紀發明印刷與造紙、指南針與舵、炸藥與火器的國家，與那個馴服了蒸汽並即將駕馭電力的國家，把它們的發現結合起來，那麼中國人與歐洲人之間的文化交流，必將使雙方都取得飛速的進步，那將是一場什麼樣的文化革命呀！」

閉關鎖國只會導致文明與國家的衰退，無力抵禦帝國主義列強的侵略。

此書翻譯的分工如下：

前言、小引　毛鳳支
第一章至第五章　谷　炘
第六章至第二十九章　薛建成
第三十章至第四十三章　夏春麗
第四十四章至第六十二章　毛鳳支
第六十三章至第八十章　鈕靜籟
第八十一章至第八十八章、結語、附錄　王國卿
王國卿統閱全文。

本書翻譯時得到法國友人湯明毅先生、阿妮·呂埃女士、法國普羅旺斯-阿爾卑斯-蔚藍海岸大區圖書協會和設在阿爾城的國際文學翻譯學院的幫助，特在此表示感謝。

本書的出版還獲得北京大學教授、北京外國問題研究會會長張芝聯先生、北京大學教授侯仁之先生、國務院發展研究中心朱雍先生、北京社會科學院外國問題研究所曹增友先生的幫助與指教，在此一併表示感謝。

原著旁徵博引，涉及的參考書籍極多，有些無法找到，只能根據佩氏所引的文字直譯；書中所引的中文資料絕大部分都已找到原文，少數因來源不明無法找到的，只能從法文譯回中文。幾經周折，當然就不會是原來的模樣了，讀者引用時務請注意。

一九九二年十二月

本書法文版出版於一九八九年，關於中國現狀及世界格局的若干論述，在今天看來已不盡切合實際情況，這是需要指出的。

二〇〇七年三月

序 一次探索的冒險

歷史中既充滿了國王的見證,也同樣充滿了他們僕從的見證。

——伏爾泰

先進社會和傳統社會相遇,我還從未聽說過有比馬戛爾尼出使中國時,第一個爆發工業革命的國家和最傑出的文明國家之間高傲的相遇更具說服力的例子。大多數的文化衝突是「文明人」和「善良的未開化人」之間的衝突。工業化世界和第三世界之間(用與天委婉的說法就是「北南」雙方)的關係,一開始就由於殖民征服而惡化了。殖民征服使殖民地人民的心靈遭受無法承受的創傷,那是一種集體的自卑感;它使殖民者在一度陶醉於自己的統治後,開始因為掠奪行為而不斷產生罪惡感。但是經過許多世紀的不同發展之後,自認為是世界上最文明的兩個社會(它們有著充分的理由可以這樣認為)的這種相遇,卻是絕無僅有的。因此它更具有典型意義:它有著在實驗室進行實驗的純正性。

戰後的波蘭,因政權垮台而破產的大家族,會用盡心思賣掉手邊的古籍書刊,一般人因此能夠輕而易舉買到。一九五四年,我從克拉科夫的一個舊書商那裡購買了一套遊記,是一位顯赫門第的倖存者脫手的。這套遊記蓋有亞當.澤齊.恰爾托雷斯基親王[1]的藏書章,這位波蘭親王在一八〇二年因波蘭被瓜分而反常地當上沙皇亞歷山大一世的外交部長和總理大臣。在一個半世紀內,俄國的入侵造成先輩的榮升和後代的不幸。這些貴族遭遇到可怖的命運,從宮殿被投入卡廷的萬人坑;一些歷盡滄桑的書籍失而復得,真是不可思議……

1 我們在本書中可見到這位親王所起的作用(第八十三章〈戈洛夫金〉)。

這套藏書曾在兩種意義上惹人注目。首先，在十八世紀的後半葉，歐洲興起長途旅行的狂熱。這種狂熱於十五世紀末、十六世紀初也曾在歐洲出現過，接著他們用兩個半世紀的時間來消化自己的發現。這一次他們又跨出了新的一步：一個「有限世界」的時代即將開始。

其次，這些著作大多譯自英文。在西班牙人與葡萄牙人，然後是荷蘭人共同壟斷遠征的時代後，輪到英國人上場了——這是個人口不多，卻如巨人般有力的民族。他們遠遠超過了布干維爾和拉佩魯茲[2]的法國。他們無所不在。他們將去衝撞大部分的古老社會，並迫使它們——儘管它們並不願意，就是英國人自己也並非真正願意如此——進入現代世界。隨著他們殖民地的相繼解放，英語成了世界通用的語言，這又有什麼奇怪的呢？

「世上最強盛的國家」對上「天下唯一文明國家」

在所有記敘中，最吸引我的是跟隨馬戛爾尼勛爵使團在中國與韃靼的旅行紀實。其中一篇為使團的第二號人物喬治．斯當東所著；另一篇的作者是使團的總管，曾敘述過「邦蒂號兵變」[3]故事的那位約翰．巴羅。我承認，這十二卷書對我來說完全是新發現。對於十八世紀的中國，我幾乎一無所知，除了耶穌會士、萊布尼茲和伏爾泰曾經說過的：這是一個神奇的帝國，由一個歐洲人應該羨慕的「開明君主」所統治著。

你是否知道，正值法國大革命之際，英國人卻派遣了一個浩大的使團前往中國，以使它對英國開放？你是否知道，他們就像面對巨人哥利亞的又一個大衛，儘管只有八百萬人，卻認為自己是「世上最強盛的國家」，並打算同一個擁有三點三億人口（全球人口三分之一）的國家平起平坐？而中央帝國——「天下唯一文明國家」——竟粗暴地拒絕了他們所有的要求？

2 譯注：布干維爾（Louis Antoine de Bougainville, 1729-1811）、拉佩魯茲（Jean-François deGalaup, comte de La Pérouse, 1741-1788），兩人都是法國航海家。

3 編注：指一七八九年四月二十八日，在英國皇家海軍邦蒂艦（HMS Bounty）上所發生的一個叛變事件。後曾改編為電影《叛艦喋血記》。

你是否知道他們的使節發現的，是一個完全不同於在啟蒙時代被理想化了的中國？你是否知道他們曾竭盡全力徹底摧毀這個神話，並指責天主教傳教士的書信全是謊言？你是否知道這個「不可超越的榜樣」開始在禮儀上顯得僵化，並因虛榮而顯得做作？

最奇怪的是，一件表面上微不足道的小事竟導致馬戛爾尼最終的失敗：他拒絕叩頭，即根據宮廷禮儀，在皇帝面前跪拜三次叩頭九次。這一插曲會使孟德斯鳩欣喜若狂，他曾用一件小事來解釋凱撒之死：暴君違背慣例，忘了在全體元老院議員面前起立。以前最專斷的行為也沒有引起共和主義者的反感，但是這種傲慢的態度卻導致了謀殺：「沒有比違反他人習俗禮儀更得罪人的事了，因為這總是蔑視他人的一種標誌。」

「天朝」被得罪了。皇帝縮短了使團逗留的時間。兩國關係破裂引發悲劇性的連鎖反應：兩個民族的對抗；中國的崩潰；十九世紀英國在東南亞的統治；二十世紀西方與第三世界間因仇恨引起的誤解。

禁止革新

馬戛爾尼及其夥伴是去提議進行交流和貿易的，但他們在中國見到的卻是一個封閉社會的典型。那裡的制度猶如撞球般結實——它是那麼完整、精確、苛求，以至想不服從就得冒很大的風險。要擺脫它要麼靠貪汙舞弊，要麼靠惰性（即什麼都不做），而極少靠積極性來實現。一切禁止革新，只要參照慣例就夠了。給予孔夫子啟示或孔夫子給予啟示的「經文」，就包含了針對所有困難的解決辦法。這本書裡一切都說到了。要改變其中的任何內容都將是自負的表現。

為了維持不變，最好的辦法是避免交流。但是英國人已把買賣做到了前所未有的水準；他們還想更上一層樓。他們明白透過貿易，賣方和買方都能獲利；猶如一對情侶，任一人都不可能獨自獲得只有對方才能給予的滿足。清朝的中國十分蔑視商人，極不信任貿易這件事，拒不接受外國的創造發明，這些情況無一不走到極端的地步。儘管國內的市場經濟相當發達，對外貿易卻被官僚政權的控制和壟斷所扼殺。馬戛爾尼使華，正是自由貿易文化最發達的國家和對此最無動於衷的國家的相會。

那次遠征使人深入了解到傳統社會之所以「不發達」和先進國家「發達」的奧祕，它們之間的相會很可能將支配未來數個世紀的發展。

中國的不變性

一九六〇年八、九月間，我從香港出發，第一次探索了中國。我馬上吃驚地看到這個社會與馬戛爾尼夥伴們描寫的社會十分相似，簡直可以說每個中國人的基因裡都帶有乾隆帝國時的全部遺傳因子。中國以十足中國的方式在造自己的反。要與過去決裂，它卻從中尋找可以依靠的元素來證明自己的不變性。

它的人口一直過剩，並長期受到貧窮、混亂和分裂的威脅。醫學方面，它始終局限於針灸、草藥及十二經絡。尤其是因為生計無定，中國人仍然像過去那樣依賴自己所附屬的群體：每個人應該或不應該想什麼或做什麼，這些都要由群體來決定。

一九六〇年的中國人仍贊同乾隆對馬戛爾尼使華團的看法，這點突出地表現了一種連續性。歷史教科書、大學課本以及和我交談的知識分子，都用馬克思的語言支持傳統的觀點。馬戛爾尼的態度是「帝國主義的」、「資本主義的」和「殖民主義的」。所有的人都贊同乾隆的嚴厲回答：「朕無求於任何人。爾等速速收起禮品，啟程回國。」毛不久前遣返蘇聯技術人員和「顧問」時也是這樣做的，他當時宣布說：「我們要自力更生。」

儘管大躍進導致了災難，許多中國領導人仍認為中國比所有其他國家都優越；西方最多只能提供它一些方法。一百二十年來它遭受的那麼多不幸是因為它遭到貪婪的民族掠奪的結果。錯誤不可能是由它自己造成的。它落後了，但它將在幾年內趕上去，它將恢復已有數千年的優勢。

在文化大革命中

一九七一年七、八月，我率團前去中華人民共和國，是文化大革命五年來獲准前往的第一個西方官方代表團。當時的國家政權和與馬戛爾尼打交道的政權離奇地相似，使我驚訝不已。

同樣崇拜皇帝，只是毛代替了乾隆；一切都取決於「皇帝」的意願。同樣將日常的管理工作委託給一位總理，而總理領會這位活神仙的思想，並周旋於陰謀詭計和派系鬥爭之間，除了來自上面的贊同之外，他得不到任何支持。此外，對恪守傳統和等級制度的禮儀表現出同樣的關注，也同樣接受一個共同的、可以解釋一切的衡量是非的標準，只是「毛的思想」代替了「孔子思想」，康熙詔書之後是小紅書而已。[4]

土地占有同樣的優勢：乾隆蔑視英國工業革命的產品和各國商人，毛主要依靠農民而非工人，這都是因為幾乎全體人民都住在農村並以農業為生的緣故……

同樣突然爆發私下的爭鬥，而事前表現出來的某些跡象只有在事後才能理解。

一九七一年九月，我們回到歐洲後，獲悉毛的親信、小紅書的狂熱鼓吹者林彪元帥可能想逃往莫斯科，但在空中被擊斃。我們回想起中國的禮賓司司長在七月中建議我們為毛和周恩來而非為林彪（儘管他是被指定的接班人）乾杯。而當年，馬戛爾尼及其夥伴回國幾年後，他們得知寵臣和珅成了一齣類似悲劇的亡魂。在中國，今天和往昔一樣，塔耳珀伊亞岩石在卡比托山[5]的裡面，而不是在周圍。

同樣不信任外國人：他們只能擾亂中國的秩序、他們的好奇心十分危險、應當嚴密監視他們……同樣的集體反應：在悶熱的夏夜，中國人繼續夜宿大街上……同樣的簡樸；同樣一碗米飯和燒白菜；同樣的筷子……同樣穿著藍灰色棉布衣裳……同樣喜歡抽於。

大革命的暴力本身證明這些遺產具有多麼強的生命力。大革命消滅的是每個中國人身上「反動的」東西。如果說「解放」是用流血止住了動盪，那是因為傳統的包袱過於沉重：解放了的農民仍然在被剝奪了財產的主人面前發顫。僅僅取消舊官僚體制的科舉、等級和特權是不夠的，黨的官僚體系自然而然就取而代之了；還應當粉碎敵對階級，羞辱知識分子，摧毀等級制度。中國就這樣翻來覆去地從過去的殺戮又恢復到過去的狀態。一些金色和紅色的標語牌重複著這個口號：「古為今用！」毛的壯舉就是賦予中國人這樣的感受：他們在廢除其遺產的同

4 僅有的區別是精英們的儒家思想和佛教、道教混雜成一種民間宗教並存，而毛主義則徹底摧毀一切，企圖控制群眾，並成為所有人的唯一信條。

5 譯注：卡庇托山（Capitoline Hill），維馬的一座小山，其西南角沿台伯河處有一塊岩石，叫塔耳珀伊亞岩石。古羅馬時期，凡是判處死刑的罪犯，便會從該處被推下去。

時仍然忠於它。

英國人的看法

一九七三年，我發表了對動蕩中的中國的看法，其中多處提到馬戛爾尼使團。許多讀者詢問我如何能得到那本書。我曾有過再版該書的想法，因為那次出使在法國罕有人知。誠然，斯當東和巴羅的兩部紀行當時很快被翻譯成法文，隨即獲得極佳的銷售成績。拿破崙讀過這兩本書。它們啟發他說出了這句名言：「當中國覺醒時，世界將為之震撼。」但是，過後這段插曲就被我們遺忘了，甚至連學術著作都隻字不提；漢學家限於人手，又都要專攻一個領域，所以對此尚未作出任何研究。於是我便開始了一段蒐集資料的漫長時期。

在英國，因為出使之事曾轟動一時，所以對中國的幻想也就煙消雲散了。如果中國依然閉關鎖國，就應當砸開它的大門！當時除了斯當東和巴羅的兩份官方報告外，還發表過四份匯報。衛兵霍姆斯的日記十分天真；大使跟班安德遜的日記則被有特定傾向的記者孔博「整理」過；亞歷山大是兩位隨行畫師（如同當今的攝影師）之一，他的日記同他的水彩畫一樣富有色彩；最後是赫托南的日記，他是德國人，大使身邊見習侍童的家庭教師，遣使會在北京的傳教士拉彌額特神父談到他時寫道：「不全是他發明的火藥。」

後來又出版了兩本紀行。一本為「天文學家」丁維提所著，他十分震驚於「中國人的幼稚輕信」。第二本是馬戛爾尼勛爵親自寫的，很晚才出版了一部分：一九〇八年海倫．羅賓斯意外發現手稿後出版的；一九六二年由克萊默－平教授出版了經過精心校勘的另一個版本。

偷懶重印這些著作中的某一部是否就夠了呢？然而，這些著作互相補充、互相修正。我繼續尋覓，發現了從未出版，甚至也從未被引用的文章，譬如見習侍童的日記。小托馬斯．斯當東出發時年僅十一歲，他天真地記載了父親和大使由於外交上的原因而掩飾的事情；他的學生作業當場揭露了成人敘述中的不準確之處。還有一八一七年，由阿美士德勛爵率領、他作副手的第二個使團的紀行。最後是他的回憶錄，在一八五六年出版。還有如指揮艦隊的伊拉斯馬斯．高厄爵士的手記。「印度斯坦號」船長馬金托什寫的航行日記，那是一位厲害的生意人，在遠東的商業航行中久經考驗。還有使團祕書，馬戛爾尼的表兄弟溫德的日記。隨團醫師吉蘭博士的科學筆記。東印度公司在廣州的代理人與倫敦的「先生們」之間的書信。馬戛爾尼與內政大臣、波特政府的實力派人物敦達斯之間的書信。這樣，我們就有差不多十五位經歷過英國使團訪華的種種曲折的見證人。

難道不能將英國人的看法與其他西方人的看法加以比較嗎？有一個瑞士人夏爾·德·貢斯當，以及四個法國人，他們是：安特卡斯托騎士，他在一七八七年被路易十六派往廣州；夏龐蒂埃·德·科西尼，此人在廣州居住了相當長時間，一七九九年對斯當東的紀行作出了反應；一七八四至一七九九年在廣州負有使命的吉涅騎士；法國東印度公司的代理人皮隆，他目睹了馬戛爾尼途經澳門的情況。五個見證人中的後兩位，就英國人和中國人之間的彆扭關係撰寫了帶有實質內容的報告，這些報告至今仍保存在法國外交部。

傳教士的觀點

當時生活在北京和澳門的傳教士，不論是法國、西班牙、義大利還是葡萄牙的傳教士，都對使團的活動十分關注。著名的耶穌會神父錢德明生前寫的最後一批信件就涉及英國使華的事。如果耶穌會沒有在一七七三年被取締的話，耶穌會檔案中的數十封信，本來也會在《耶穌會士書簡集》裡發表的。天主教遣使會的檔案和外國傳教團的檔案裡也保存著這類信件。

在澳門，我有幸和葡萄牙最博學的歷史學家戴西拉主教過從甚密。他年幼時便去中國，在有關葡萄牙歷任總督與天主教傳教會的資料堆裡度過了漫長的一生。一九六六年時，他在葡萄牙老城主持的聖約瑟神學院裡有一百多位歐洲教士和中國學生。……文化大革命動亂一開始，所有人都逃往香港。他憂愁地對我說：「如同一群麻雀。唉！尋求殉道的日子早已一去不復返了！」又只剩下了戴西拉神父和年紀最老的幾位教士。他剩下的任務就是致力發表《澳門史》。

按照他的說法，馬戛爾尼的使命既是為了讓中國開放通商，也是為了偵察一下澳門的情況。「英國人本性妒忌。小小的葡萄牙在澳門扎根已有二百五十年了，英國人必須得到另一個澳門，否則就要奪走我們的澳門。馬戛爾尼詳細地記錄了葡萄牙的防衛情況。傳教士們可沒有為這種伎倆所騙！與中國人總是可以融洽相處，而與英國人則毫無辦法！」

多麼荒謬啊！在革命戰爭與帝國的歷次戰爭中，葡萄牙是英國的盟友。然而，它在中國的傳教士卻強烈地反對英國人——這些「傲慢的異教徒」。戴西拉主教只是把試圖阻擋馬戛爾尼出使的葡萄牙神父的爭吵老調重彈而已。相反的，當時法國和聯合王國處於戰爭狀態，然而北京的法國神父卻正竭力幫助英國人……

戴西拉神父一面讓我看他的研究成果，一面模仿馬戛爾尼見乾隆時的情況：「他倨傲地屈起一條腿，就這樣。這對皇帝是種侮辱！葡萄牙教士整天叩頭，即便人家不要求他們也叩！處於馬戛爾尼的地位，我會不只叩一個頭，而是十個，一百個頭！這樣才能有所進展！要是那兩個自大的傢伙——馬戛爾尼和八十年前的鐸羅紅衣主教[6]——沒有把一切都搞砸的話，西方和中國之間的關係本來是可以日趨密切的。鐸羅紅衣主教不但不去平息中國禮儀之爭——他本可以輕而易舉地做到這一點，反而由於他愚蠢地毫不讓步，使傳教士在兩個世紀內所作的努力毀於一旦。」戴西拉主教還誇張地模仿了教皇特使自命不凡的態度。他長長的鬍鬚和他的袖子一樣白，且同樣被汗水所浸透，因憤怒而微微顫動著。

我能蒐集到的已出版或未出版的著作共有一萬兩千多頁，全部出版是不可能的，但若只限出一本則令人十分遺憾。於是，我便著手以敘事作品的形式將這些見證歸納綜合。「英國人的看法」與「傳教士的觀點」至少將摘錄發表在兩本附帶的集子中。

中國人的見解

我還缺少中國人的見解。在一九二八至一九二九年間，中國檔案館編了一份印量有限的簡報。《掌故叢編》裡確實發表了若干有關這個使團的詔書，以前只有從英國的資料中才能讀到這些文件。但是，我認為天朝的官僚政權不可能不就這個史無前例的使團頻繁通信。

6　編注：鐸羅（Charles-Thomas Maillard de Tournon, 1668-1710），羅馬天主教教宗派往大清帝國的教宗特使。一七〇五年到北京，兩次被康熙皇帝召見。一七〇七年抵達南京，不顧天主教耶穌會傳教士的反對，發布南京教令，禁止中國天主教徒敬拜祖先，因而被康熙下令驅逐出中國內地，押往澳門關押，後死於澳門。

一九八〇年，我請求北京大學一位歷史學教授協助我的研究工作。他曾經校對過《法國病》（*Mal français*）的中譯本[7]，且他答應叫他指導的一名學生在中國內廷檔案尋找有關英國使團的朝廷書信和官員回憶錄。

在此期間，即一九八一、一九八四、一九八六、一九八七和一九八八年，我分階段旅行了使團途經之處：澳門、舟山群島和寧波港、北直隸灣、天津、北京，直到韃靼地區的熱河（承德），然後從北京到廣州的內陸旅行，途經蘇州和杭州，再回到澳門。我的熱河之行有幸有侯仁之教授陪伴，他是北京大學發掘清朝文物的專家。他熟知馬戛爾尼及其夥伴曾經居住過的，或是他們在北京、京郊或去韃靼路上可能見到的建築，不論倖存或已不復存在。在熱河，我們花了兩天時間來確定「避暑山莊」中，使團下榻處周圍的形形色色建築物。

一九八七年，在我的第七次旅行中，一件意想不到的事在等著我——一件對研究人員來說再高興不過的事。一位年輕的大學生朱雍，花了一年多時間在挑選堆積在紫禁城地下室裡的文件。他蒐集的數量有四百二十頁之多，均用天朝官員的簡潔語言工整地抄寫而成。我就這麼一頭栽進這批珍貴的史料中了。用墨寫在許多卷宣紙上的，一部分是朝廷文書——皇帝的親筆詔書，或是以他的名義由總理的大臣或五位大學士之一簽署諭旨，另一部分是高職等的官員直接寫給皇帝的奏摺。所有這些規格統一的文件都像手風琴似地折著。批注均為朱紅色：這是皇帝親筆寫的批示，他每天用好幾個小時批閱這些文書。紙張看來完好如新，簡直可以說這些原件是在剛寫好的頭一天的狀態——並用熨斗熨去了皺痕。

他們將文書原件的縮微膠卷複製版交給我時，就像一位教士給我聖體一樣小心翼翼，並表示從未有人蒐集到如此數量的宮內文書。「您優先得到這些文書的複製本，表明一九七八年十二月召開的三中全會通過的開放政策已擴展到檔案領域。」這是個十分敏感的部門——它們是中國人的集體記憶。

這批沒有先例的天朝文書即將公諸於世。讀者在本書中會見到若干有意義的片段。例如你將會驚奇地發現「彩

7　武漢大學就該書（中譯本的書名是《官僚主義的弊病》）開過一次研討會，會上的結論是「法國病」和「中國病」完全一樣……我還不至於這樣看。再說這個觀點在中國並不新鮮。嚴復在一八九五年就寫過：「法國在大革命後，相繼出現三個共和國，但是政府的專制權力卻得到了加強。」

虹勇士號」[8]事件在兩個世紀前已經預先發生；或將了解到英國人曾向中國建議軍事結盟以反對法國。這些書信敲響了危險來臨的警鐘。我們看到龐大的組織開始製造抗體以便驅除敢於進入它內部的外來物體。

我在一九八八年進行了第八次旅行，這次又是雙喜臨門：收到了有關阿美士德使團的全部宮內文書；其次是發現朱雍根據一九七九年歷史性的抉擇重新看待歷史，他的論文嚴厲地批評了乾隆的政策——閉關自守和拒絕現代化。

沿途有三十架攝影機

斯湯達爾把小說看成是「一面沿途漫步的鏡子」。讀者下面讀到的這個故事則是由一套三十多面鏡子，或確切地說是由三十多架攝影機製作成的，它們被安放在書中某些人物的肩上，或被藏在使團路經的途中。我僅限於整理和核實這些見證。通常我只是讓他們自己說。這些觀點各式各樣，以至兩個世紀以後，我們能夠率先勾勒出當時在場人士尚不清楚的事情真相（當不是他們蓄意把事情真相弄得模糊不清時），並把歷史上這次不成功的約會所提出的重大問題揭露於世。

為什麼中國直到十六和十七世紀仍能以大量的發明和講究文明領先西歐而成為世界上最先進的國家？為什麼隨後它卻讓別國趕上，然後被人超過，而到了十九世紀，它的部分領土甚至像石器時代部落民族的處所一樣淪為殖民地呢？以至到了二十世紀，它竟成為世界上最落後、最貧窮的國家之一？某些國家是如何「覺醒」的，而其他國家——或者就是那些醒了又睡的國家——為什麼，又是如何「沉睡不醒」的？中國昔日的命運會不會有一天成為我們的命運呢？

在乾隆皇帝接見馬戛爾尼的四分之三個世紀以前，彼得大帝想讓俄國不惜代價去仿效西方。乾隆的祖父康

8 編注：彩虹勇士號（Rainbow Warrior），一艘在荷蘭註冊的三桅機帆船，為非政府環保組織綠色和平的船艦，航行於世界各地，從事相關宣傳和抗爭活動。一九八五年，它往南太平洋抗議法國在該區域的核試驗，途中遭到法國特工襲擊沉沒。一九八九年綠色和平組織又購置彩虹勇士二號下水，服役至今。

熙——彼得大帝和路易十四的同代人——也隱約感受到這種需要。而在馬戛爾尼使命失敗後的四分之三個世紀，明治天皇更是強烈地感到日本也有這種需要。長期受中國文化影響的日本起飛了，而他們文化的故鄉的文明之火卻被自己的灰燼壓著，正在熄滅。不論從地理角度還是從歷史角度來看，都處於彼得大帝和明治天皇中間的乾隆皇帝，為什麼輕蔑地拒絕外國人向他提供的協助呢？

交流是否會消除我們自身的特性？是否會導致種族和文化上的混雜，從而在可口可樂和口香糖的文明世界中產生眼睛稍帶蒙古褶的、淡咖啡色皮膚的混血兒呢？這種單一化難道是面對必然導致閉關自守、社會動蕩與原教旨主義的民族主義再次盛行能做的唯一選擇嗎？我們的兒孫能否在傳統與現代之間，在忠於自我和對人開放之間，做出一種和諧的綜合呢？

所有的人都猜想這些問題將對各國人民的命運具有越來越大的影響。為了感受一下馬戛爾尼使團事件如何攸關全球命運，只需跟隨見證人之一的小托馬斯．斯當東出遊即可。他那分作三個階段的故事，將會對以上問題給予初步的答覆；它向無人知曉的領域打開了一扇天窗。

前言　三個時期的見證人

（一七九三年、一八一六年、一八四〇年）

你們這些生活在——尤其是剛開始生活在——十八世紀的人應當為之慶幸。

——夏特呂，《論公眾幸福》

一七九三年九月十四日，蒙古，清晨四點：天色依然漆黑。在朝廷避暑的熱河行宮內，紙燈籠照耀著天子的帷幄。在龐大的英國使團中，被允許進入帷幄的唯有馬戛爾尼勛爵、他的副手喬治．斯當東爵士、他的翻譯李神父（出身那不勒斯一所神學院的韃靼[1]教士）和托馬斯．斯當東[2]，他的十二歲見習侍童，也是喬治爵士的兒子。男孩一年前離開英國就是為了眼下這一刻：他負責替大使提他的巴茨騎士斗篷下襬。在旅途中，七百個英國人中無一肯勞神學習中文，而他卻毫不費力地做到了這一點：兒童的天賦給了他優勢。

七點，皇帝終於駕臨。所有的人——朝臣、韃靼親王、附庸國的使臣——都在叩頭：屈膝下跪三次，每次俯伏三次，前額共觸地九次。所有人都這麼做，除了英國人，他們只將一條腿屈膝跪地；勛爵迴避這個禮節，認為這是使他的國家丟臉的事。他希望以他稱之為「大海的統治者」和「世上最強大的君主」的那個人的名義，成為有史以來世界各國第一個向天朝委派常駐使團的大使，第一個以平等身分與中國商談事務的大使。

1　韃靼一詞如今僅在歐洲使用，意指中國漢族以外的北方各民族，主要是滿人和蒙古人。自十六世紀起，習慣上開始把「tatar」拼寫成「tartare」，並透過此一諧音，將其視為可怕的人（譯注：tatar 一詞可能來自俄語，指居住在中亞與東俄羅斯的民族，後受拉丁語中 tartarus，即「地獄」一詞的影響，才有現在的拼法 tartare）。

2　事實上他與父親一樣名叫喬治，托馬斯只是他的中間名。不過，為了避免混淆，我們像他父親那樣稱他為托馬斯。

一位內侍為他引路。馬戛爾尼由見習侍童提著斗篷下襬登上了皇帝帳篷前的台階。他用雙手把一只裝著喬治三世國書的精緻金匣高舉額前。皇帝交給馬戛爾尼一根由硬玉雕製成的白色權杖作為給喬治國王的饋贈；又給了大使本人另一根玉石節杖。馬戛爾尼與見習侍童倒退著走下來。現在是喬治爵士由他的兒子陪同上前行屈膝禮。皇帝同樣賜與他一塊雕刻過的寶石。當他聽說見習侍童會講中文時，他解下掛在腰間的黃色絲織荷包，破例將它賜給孩子，他還表示希望聽他說話。托馬斯自如地向皇帝表示了從他尊貴之手接受饋贈的感激之情。乾隆顯得很高興，似乎孩子得體的表現使皇帝忘卻了他主人的失禮行為。

一個斯當東代替另一個斯當東

二十三年後，一八一六年八月二十八日，托馬斯·斯當東既長了歲數，又升了職務，他與英國使團正準備第二次前往中國覲見天子。皇帝已不再是乾隆，而是他的兒子嘉慶；托馬斯也代替他父親成了使團的第二號人物。新的大使名叫阿美士德勛爵。

英國人抵達北京時已疲憊不堪。因爲有了一七九三年的先例，他們自進入中國領土起便不斷表示其堅定不移的立場；他們不會叩頭。

托馬斯爵士已在澳門和廣州居住了近十二年，先是作為英國東印度公司的專員，後來成為該公司的代理人。作為第一個會說中文的英國人，他是向西方揭示中國另一面（曾被傳教士的烏托邦主義所掩飾）的首批英國漢學家之一。與充當馬戛爾尼顧問的父親相比，他更是阿美士德可貴的副手，因為他熟識中文和中國人。

然而，阿美士德勛爵和托馬斯爵士深夜才剛到北京，便被推入圓明園的一個院子裡。中國人要讓他們當場就俯伏在嘉慶的腳下。有人抓住他們的雙肩，他們抵抗著別人的推推搡搡。他們拒絕見皇帝嗎？於是馬上就把他們趕了出去。

托馬斯爵士，鴉片的代言人

又過了二十四年。一八四〇年四月七日，英國下議院正在進行激烈的辯論。在廣州的英國商人受到處死的威脅；正在準備對中國派遣遠征軍。一位受人尊敬的議員，托馬斯．斯當東爵士起身發言。四十八年前，他隨前往中央帝國的第一個英國使團在樸茨茅斯登船。他正是由樸茨茅斯選出的議員。他說：

「我們進行鴉片貿易，是否違反了國際法呢？沒有，當兩廣總督用他自己的船運送毒品時，沒有人會對外國人也做同樣的事感到驚訝。

「北京朝廷有權強化司法措施以制止鴉片貿易。但迄今為止對外國人最重的處罰是禁止經商或驅逐出境，現在它能粗暴地判處他們死刑嗎？這種追溯既往的做法是對人權的不可容忍的侵犯。中國人要像對待他們的叛亂分子一樣用劍刃來對待英國人，我們要小心！如果我們在中國不受人尊敬，那麼在印度我們也很快就會不受人尊敬，並且漸漸地在全世界都將如此！正在準備中的戰爭是一場世界性的戰爭。它的結局會產生不可估量的影響。根據勝負，這些影響又將是截然相反的。如果我們準備輸掉這場戰爭，我們就無權進行；但如果我們必須打贏它，我們就無權加以放棄。」

全場肅靜，傾聽他的這番論述。所有人都知道，不僅沒有一位議員，甚至沒有一個英國人比他更了解中國。幾分鐘後，大廳裡響起了長時間的掌聲以表示歡迎他的結論：「儘管令人遺憾，但我還是認為這場戰爭是正義的，而且也是必要的。」

一七九三年，兩個第一年

十一歲時作為英國派往北京的第一位特使的見習侍童；三十五歲時成了新特使的副手；五十九歲時當上了議員並極力主張進行鴉片戰爭：這便是那位有幸親身參與半個世紀內世界重大事件的見證人。

遠東和中國的關係並非始於一七九三年，而要早得多。但是一七九三年是令人意外的、長期對抗的起點，無論是中國還是西方，都還沒有停止為此承擔後果。

一七九三年，對法國人來說是個多麼具有法蘭西意義的年份！簡直可以說歷史在其他地方都停止了它的所有能量，包括毀滅性的能量與創造性的能量都凝聚在巴黎發生的事件上。法國開始向歐洲開戰，並非為了擴大一個省分，而是為了「打倒暴君」。

這與世界上另外兩個更為強大的國家裡的平靜氣氛相比，形成多麼鮮明的對照啊！——同一年，這兩個強國以平安無事的方式造就後兩個世紀的歷史！從表面上看，聯合王國和中國什麼都沒有發生。英國人眼見成千上萬驚恐不安的流亡者源源而來，儘管對法國發生的事迷惑不解，但多少還是置身事外。在中國，乾隆皇帝完成了他第五十八年的統治，然而他對國民公會和法蘭西共和國一無所知。當消息最終傳至北京時，除了像一則在不熟悉的海洋上空出現了龍捲風這樣的無用新聞外，還會帶給他什麼呢？

當時，英國是這樣一個西方國家：儘管國土有限，人口不多，卻由於商品經濟、機械化及工業革命而取得了飛速的發展，所有這些在歐洲大陸則還處於摸索階段。中國也達到了鼎盛時期。在乾隆皇帝漫長而輝煌的統治時期，中國本土的人口翻了一倍多[3]，它的領土面積也增加了一倍多，**中國治世**（*pax sinica*）擴展到安南、交趾支那、暹羅、緬甸、尼泊爾、西藏……朝鮮、滿洲里、蒙古、土耳其斯坦及中亞直至威海，甚至裏海。從未有過如此多的人對同一個政權表示順從。

在這兩個人類取得豐碩成果的國家之間，直到那時僅有少量的貿易把它們聯繫在一起。如果這兩個世界當時增加接觸，相互吸取對方最成功的經驗；如果那個比其他國家早幾個世紀發明了印刷術和造紙，指南針和舵，炸藥和火器的國家與那個剛剛馴服了蒸汽，並即將制伏電力的國家把各自的發明融合起來，中國人和歐洲人之間的資訊和技術交流必將使雙方的進步源源不斷。這將是一場什麼樣的文化革命啊！

這就是歷史賦予遠東和遠西的機會。但是聾子——地球上最強大的聾子——之間的對話使這個機會付諸東流。兩個傲慢者互相頂撞，雙方都自以為是世界的中心，把對方推到野蠻人的邊緣。

中國拒絕對世界開放，而英國人則不管別人願意與否想讓世界對所有的交流開放。歐亞大陸的兩極在五十年裡將從文化衝突變成兵戎相見。托馬斯．斯當東是一個錯過了重要機會的「帶有傾向性的旁觀者」。

3　根據當時的普查，並經歷史人口學的最新研究證實，在乾隆統治前不久的一七三〇年為一．四億至一．六億之間，一七九六年，在他內禪時，則為三．三億人左右。

第一部
「地球上最強大民族」向中國駛去
（一七九二年九月～一七九三年六月）

海上的霸權常常給那些握有這種霸權的民族以一種自然的驕傲；因為他們覺得他們能夠到處凌辱人。他們以為他們的權力就和海洋一樣地廣大無邊。

——孟德斯鳩，一七四八年

英國的計畫是在中國沿海地區設立自由與獨立的機構。

——讓－安托萬・安特夫斯托，一七八七年

光是對自己有利又不踐踏他人利益的事，一個人就有權去做。

——埃德蒙・伯克，一七九〇年

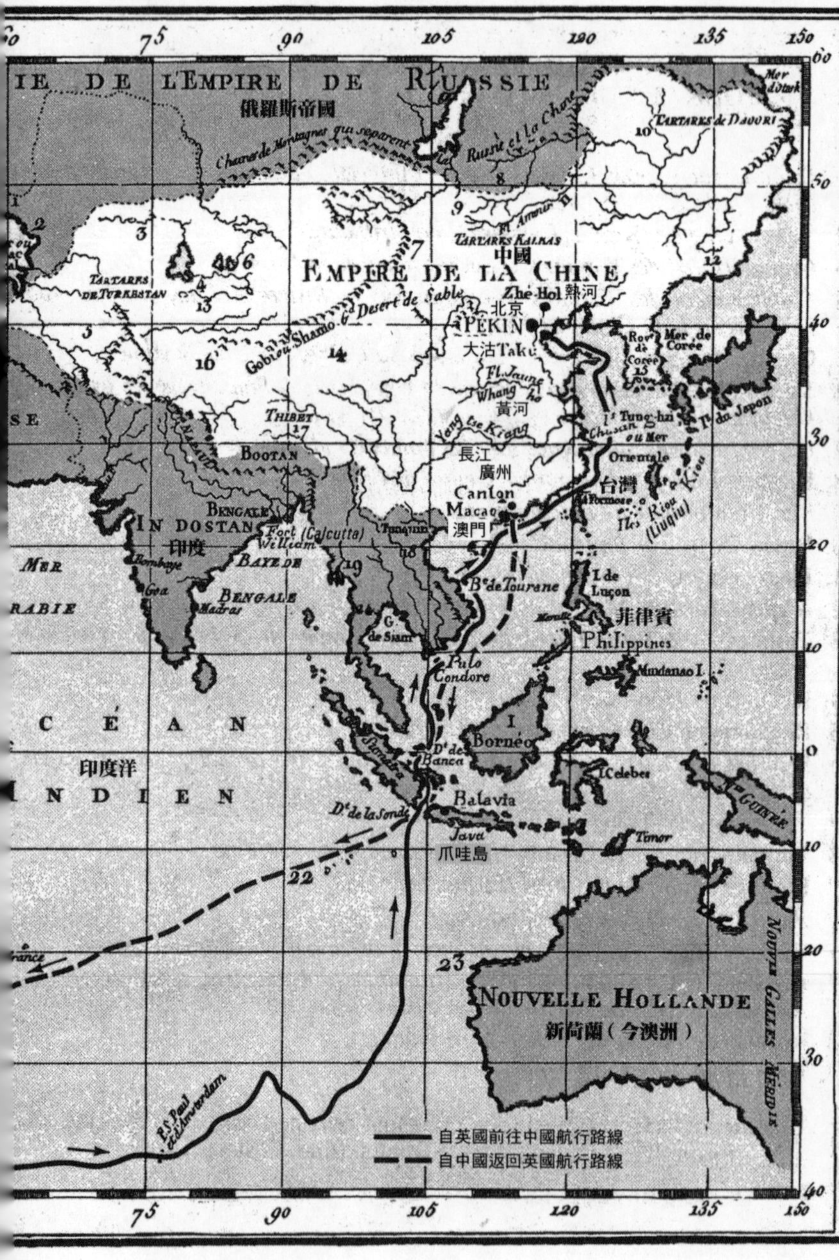

IE DE L'EMPIRE DE RUSSIE
俄羅斯帝國
EMPIRE DE LA CHINE
中國
TARTARES KALKAS
TARTARES de DAOURI
TARTARES DE TURKESTAN
Gobi ou Shamo G.d Desert de Sable
Zhé-Hol 熱河
北京
PEKIN
大沽 Take
Fl. Jaune
Whang ho
黃河
Yang tse Kiang
長江
廣州
Canton
Macao
澳門
台灣
Formose
Iles Riou (Liuqiu)
Mer de Corée
Corée
Is du Japon
Chusan
Mer Orientale
THIBET
BOOTAN
BENGALE
IN DOSTAN
印度
Fort William (Calcutta)
BAYE DE BENGALE
Bombaye
Goa
Madras
Tunquin
Bde de Tourane
G. de Siam
I de Luçon
Manille
菲律賓
Philippines
Mindanao I.
Pulo Condore
Borneo
Dt de Banca
Sumatra
Batavia
Dt de la Sonde
Java
爪哇島
I. Celebes
Timor
Nlle GUINEE
OCÉAN INDIEN
印度洋
MER D'ARABIE
NOUVELLE HOLLANDE
新荷蘭（今澳洲）
NOUVELLE GALLES MERIDIONALE
I. S. Paul et d'Amsterdam
France
自英國前往中國航行路線
自中國返回英國航行路線

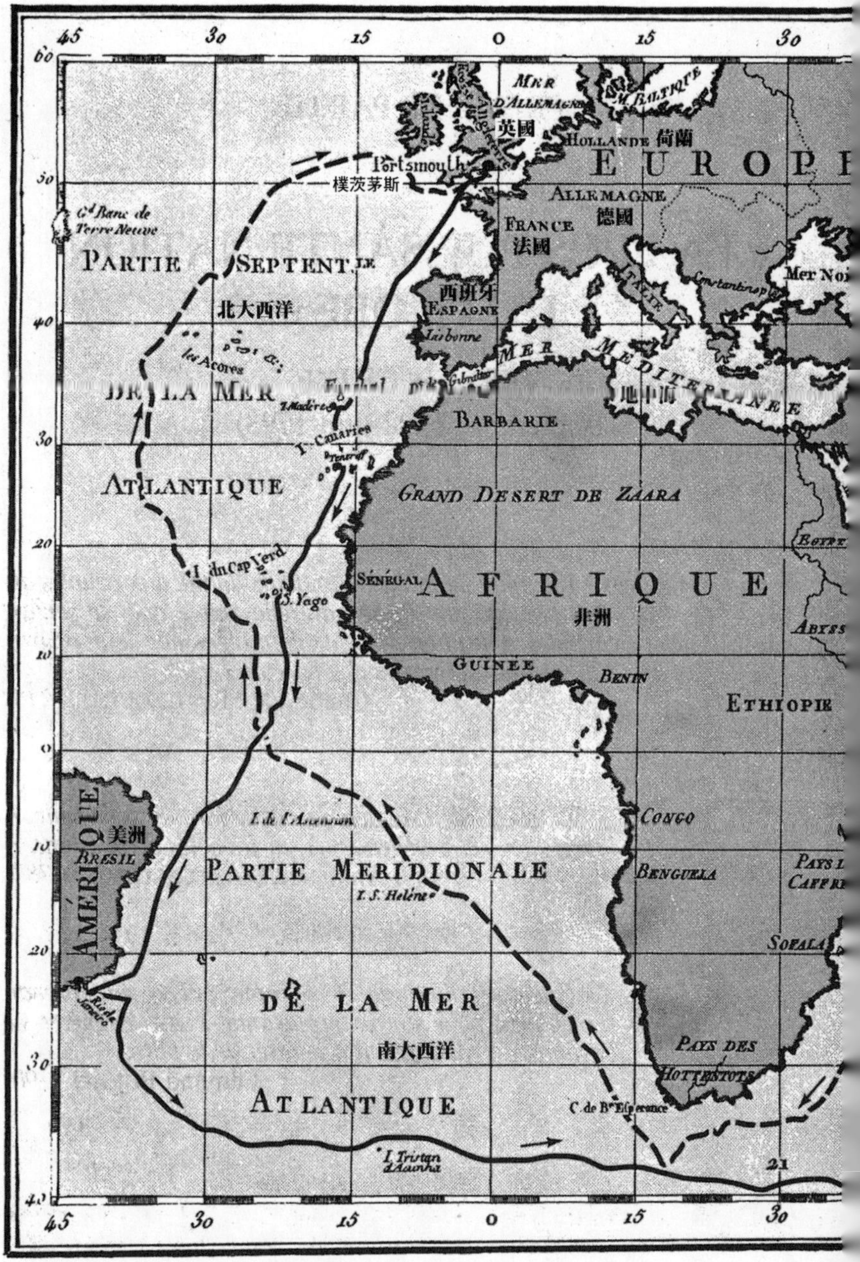

英國使團航行路線圖

上方地圖顯示了「獅子號」與「印度斯坦號」從英國出發
直到中國北京海岸的航行路線，以及從北京海口返回英國的航行路線，
同時標示出乾隆皇帝四下征討後中央帝國與鄰國的疆界。

第一章　啟程時的熱情

（一七九二年九月二十六日～十月八日）

擁有六十四門火炮的戰艦「獅子號」，東印度公司容積登記為一千二百噸的三桅船「印度斯坦號」和一艘小型護衛艦「豺狼號」在早潮時起錨了。樸茨茅斯港很快就被拋在後面。船隊朝西航行。為了利用風向，馬戛爾尼勛爵放棄了在韋茅斯停留。當時英王陛下闔家都在韋茅斯，事先曾約他在那裡稍停。在獅子號的艉樓上，馬戛爾尼深深地呼吸著海上的空氣。他為這次冒險所陶醉：英國國君從未派過如此龐大的使團；歐洲國家也從未委派過同樣規模的使團到中國。

馬戛爾尼並非初出茅廬，他先後曾任駐俄國沙皇陛下處的公使、加勒比總督和馬德拉斯總督。喬治．斯當東[1]也是位老手，在馬戛爾尼擔任上面所說的後兩個職位時，斯當東輔佐他的工作，並表現出了聰明才幹。他的上級如果發生意外，他將領導這個使團。國王喬治三世派遣到中國的都是些傑出的官員。使團人員多達近百人，包括外交官，英國青年貴族、學者、醫師、畫家、樂師、技師、士兵和僕役。若加上水手則有近七百人。光是上船登記就花了幾天的時間。

報紙和郵件帶來了法國的消息：廢除君主制度，監獄裡的屠殺，宣布共和國成立以及普魯士人在瓦爾密[2]戰敗。馬戛爾尼很有經驗，他猜想聯合王國不會處於這場風暴之外。他想起他的朋友埃德蒙．伯克[3]的大膽預言：

1　附錄的第一部分有書中提及的歐洲人、中國人或韃靼人的簡介。

2　編注：瓦爾密戰役（Battle of Valmy），是個戰術上非決定性的炮兵行動。儘管戰役規模小，但戰略上確保了法國大革命的成果，成為歷史上的決定性戰役之一。

3　編注：埃德蒙．伯克（Edmund Burke, 1729-1797），愛爾蘭的政治家、作家，曾在英國下議院擔任數年輝格黨的議員。他最為後人所知的事蹟包括反對英王喬治三世和英國政府、支持美國殖民地以及美國革命的立場，還有後來對法國大革命的批判。

「我發現我們正在經歷著一場全面的動蕩，它將把宗教、道德、傳統以及對權力的尊敬都一起毀滅——這種畸形的變化將使人類回到未開化的狀態。」

當時戰爭正在臨近，但使團仍然出發去中國。這充分說明對於這次使命的重視。英國內閣知道自己將需要這些船隻，也知道這三艘船一旦出發就無法再召回來了。一位信使可以騎馬趕上一支軍隊，但無法趕上一支艦隊，船隊一旦出發就只能聽憑上帝的安排。馬戛爾尼還受命與遠東各國的君主接觸：日本天皇、安南皇帝、朝鮮國王，馬尼拉、東印度群島等。他還有權訪問任何有助於他完成主要使命——為英國商業打開中國大門——的國家。大英帝國已是全球性的強國，它並不把全部賭注都押在一塊大陸上。這是一個有長遠規畫的國家，它為未來而投資。

同一天，在世界的另一端，東印度公司的特派員四月份從倫敦出發，於九月二十日抵達廣州，他們要求廣州安排他們與兩廣總督會面。他們要把公司董事長弗蘭西斯·培林爵士的一封信交給總督。信中特別寫到，「英王陛下為了增進兩個朝廷間的友好往來，為了發展對兩國都有利的貿易關係，決定派遣他親愛的中表，馬戛爾尼勛爵為全權特使赴北京訪問」，在平等的原則下進行交流。正值使團出發時，他們已把遣使的目的告訴了中國方面。

豺狼號失蹤

有利的東風沒有持續多久。風力增強了，海浪也越來越大。大夥兒把高帆放下，收緊了縮帆。暴風雨把升降索吹得嘘嘘直響。一出海就不順利。不知在中國海遇到颱風時將是什麼樣子？

熟讀伏爾泰小說的小托馬斯擔心這艘船是否會像《老實人》中的船在里斯本港外海上那樣被劈成兩半，船隊指揮伊拉斯馬克·高厄爵士認為最好到托貝島去躲避一下。

獅子號和印度斯坦號花了兩天時間修理並等待在暴風雨中失蹤的豺狼號。九月三十日這兩艘船不再等豺狼號便又啟航了。十月一日從韋桑島（Île d'Ouessan）外的海上經過。一股不強的風不久便把船隊送出了比斯開灣（Golfe de Gascogne），約翰·巴羅發現「這海灣就像岸上住著的居民一樣：即使風平浪靜時也是動蕩的」。

是否航行得太快了？獅子號斷了桅：前桅桅樓上的帆張得太大了。損壞的地方很快就修好。小托馬斯十分讚賞水手在橫桁與纜繩間作業時動作敏捷。他的父親對他充滿了希望：小托馬斯是他孩子裡唯一的倖存者。他的舉止無可指責；他能本能地琢磨出一個紳士階級年輕男孩應怎麼做。他邊玩邊學習：報紙一過目他便能背誦下來。幾周以來，他主要的精力就花在學習中文上。他寸步不離地跟著兩位翻譯，與他們只能用拉丁語交流。孩子用拉丁文表達了他的熱情：「Si matres nunc viderent！假如媽媽看到他們就好了！」

獅子號的乘客在估量這艘遠洋船的舒適程度。馬戛爾尼一面聽著由五名德國音樂家組成的樂團演奏韓德爾和海頓的作品，一面在想：豺狼號萬一連人帶貨全部遇難，幸好船上沒有不可或缺的翻譯，也沒有給中國皇帝的貴重禮品。

確實，使團裡最不能少的是翻譯人員，他們找遍全英國、瑞典和里斯本都未能找到。儘管有幾個從中華帝國歸來並精通中文的法國傳教士，但他們不想要法國人——難道他們會不為我們永久的對手法國服務，而來為喬治三世服務嗎？

喬治·斯當東爵士不得不在去年冬天到義大利那不勒斯的中國學院招收兩名願意回國的中國神父。他們是英國駐那不勒斯公使威廉·漢密爾頓（就是那位夫人曾當過妓女，並使納爾遜愛得發狂的漢密爾頓）找到的。李神父和周神父一個英文字也不會講，但他們的拉丁文相當好。喬治爵士還答應讓另外兩名中國人，安神父與王神父，免費搭船去澳門。他們都受過足夠的宗教訓練，可以把福音傳給自己的同胞。五個人在五月份就抵達倫敦。

至於贈給皇帝的禮品，這是使團活動的中心，應使皇帝眼花撩亂。它們將證明英國是「地球上最強大的國家」，是文明程度最高的國家。斯當東事先檢查了獅子號和印度斯坦號上的貴重禮品是否固定牢靠。它們將充分顯示英國人的才華。

鴉片，縈懷不忘但從不提起的東西

我們所說的「東南亞」和「遠東」，即從巴基斯坦到朝鮮這塊地方，在啟蒙時代就像在哥倫布時一樣總稱為「印度」。而對英國人來說，印度就是東印度公司[4]。公司面臨著嚴重的經營困難。埃德蒙·伯克在一七八三年時宣布：「說公司不行，就是說國家不行。」對公司好的就是對英國好的……

為了鼓勵東印度公司獨家經營的茶葉買賣和制止走私活動，皮特把關稅降成原來的十分之一。兩年之內從中國進口的茶葉增加了三倍。但這種貿易沒有補償物。中國人什麼也不需要。東印度公司的一位經理寫道：「我說不出一件能在那兒成功銷售的商品，我們把所有的東西都試了。」一件也沒有？人們避而不提「鴉片」這個詞。販賣鴉片已有幾十年的歷史，從一七八〇年以來增加得更為急劇。大家對它念念不忘，但又不提起它。除了這件不光彩的商品外，中國市場被廣州這個瓶頸卡死，仍是不對英國商品開放。倫敦當局最後明白只有更高級別的協議才能排除障礙。

早在一七八七年，皮特和他的朋友，東印度公司監督委員會主席敦達斯已經決定向中國派遣特使。在孟加拉軍隊中久經考驗的凱恩卡特上校已滿懷熱情地揚帆啟程了。但被諮詢的東印度公司駐廣州的代理人卻直言不諱地說：「中國政府對外國人一概蔑視，它對外國實力的無知使它過分地相信自己的強大。它認為派遣使團只是一種效忠的表示。」

事情進展得極不順利：到好望角停靠前一直是氣候惡劣，疾病流行；後來凱恩卡特也病倒了；他遙望著中國死去。當「萬事安」號在一七八八年底返回倫敦時，馬戛爾尼向皮特建議讓他的合作者斯當東繼續完成這一工作。這個問題在三年裡一直懸而未決。外交家在猶豫，企業家則不斷施加壓力。但越來越多的人認為應把這一任務交給馬戛爾尼本人並增加經費，因為馬戛爾尼先後在俄國、加勒比地區和印度的許多困難使命中接二連三地獲得成功，任命他就是這次使命成功的保障。敦達斯當時已成為內務部長，但仍關心著印度的事務，一七九一年十月他向馬戛爾尼提出了此一建議。

4 除英國外，荷蘭、西班牙、瑞典、丹麥等也都曾經成立東印度公司，法國也有，不過後來破產了。

讓中國看看表現我們才華的作品

馬戛爾尼接受了挑戰。歐洲出現的糾紛將使軍人在長時期裡取代像馬戛爾尼這樣的外交官。最好還是率領一個豪華的使團到遠離戰場之外去捍衛英國的利益。聖誕節前三天，他向敦達斯提出了金錢、爵位以及權力三個方面的條件。他獲得在離開英國期間一．五萬英鎊的年俸[5]和晉升伯爵[6]的允諾——這是英國自古至今激勵人們在各個領域為國效勞的令人敬佩的爵位。

他提出由他本人挑選使團的所有成員。他對敦達斯說：「他們應該對談判直接有用，或者能以他們的才能或知識來增加我們國家的威望。」先從他的副手開始。凱恩卡特的經歷不應該再重演了：只要有一個正式任命的候補人，使命就可以進行到底。馬戛爾尼要求委任他的朋友斯當東為全權公使。至於禮儀需要的侍童，喬治爵士提出讓他兒子來擔任。托馬斯在家庭教師的嚴格要求下學得一口漂亮的法語和拉丁語。這位德國家庭教師名叫赫托南，也參加這次旅行。

特使有一名總管，叫約翰．巴羅，兩名祕書艾奇遜．馬克斯威爾和愛德華．溫德，三名使團隨員、兩名醫師，吉蘭與斯科特大夫，還有一位擔任護衛的士兵與軍官。但這對他來說還不夠。他自信只有英國人的文明才能壓下中國人幾千年來自以為壟斷文明的氣焰。

他們還應該讓中國人欣賞英國在和平時期和用於戰爭的技術力量。「天主教傳教士未能把我們最現代的機器展示給中國人。把我們的最新發明如：蒸氣機、棉紡機、梳理機、織布機介紹給中國人，準會讓這個好奇而又靈巧的民族高興的。」「許多曾去過東方的使團寫的紀行使我們深信每個使團均應配備衛隊。在皇帝面前迅速變換隊形，表演現代炮兵的裝備定會給人留下深刻的印象，因而支持我們的外交活動。」

他希望這些紳士和機器能在中國皇帝面前突顯英國的強盛。敦達斯幽默地反駁說：「他不是率領皇家學會的

---

5 相當於一九八九年的九百萬法郎。
6 他提出的條件被接受了：他馬上晉升為德爾伏克的馬戛爾尼子爵，德爾伏克是他在安提姆郡的領地名稱。他從中國回來時將再升為伯爵。先付一半訂金，交貨時付清。

代表團。」但馬戛爾尼仍然堅持。他沒有忘記英國商人在廣州遭到的不公正待遇，沒有忘記他的國家很久以來就想打開大門的港口，也沒有忘記為了建立一個長期貨棧需要一塊特許土地，更沒有忘記要讓英國商品打入中國市場。但是他的使團也應該是皇家學會的代表團。

因此使團就包括藝術家（亞歷山大與希基這兩名畫家）和學者，為首的是擅長進行機械和光學示範表演的天文學家與物理學家丁維提博士。沒有人比他更能叫中國人欣賞最新的熱氣球和複滑車的性能的了。

從中國榨取統治印度的錢財

馬戛爾尼和斯當東是在東印度公司所在地，倫敦金融城，籌備他們的使團的。公司在倫敦的豪華建築和它們在廣州的不穩定地位形成強烈對比。

凱恩卡特未能開始的談判，六年之後馬戛爾尼要在氣氛更加沉悶的情況下去進行。所以東印度公司先是害怕這樣做會更加激怒中國人而反對此一計畫。它什麼也不敢嘗試了，派遣使團是政治家而不是商人的想法。會不會由於奢望過高而影響到已在那裡獲得的地位——儘管這種地位並不讓人舒服——呢？但是政治家獲勝了。東印度公司不得不屈從。一旦做出選擇，公司就得竭力讓這次行動成功。他把所有情況都點滴不漏地告訴了馬戛爾尼和斯當東。

這位馬德拉斯前總督是把中國事務和印度事務串連在一起的合適人選。他了解廣州的商業對公司的影響重大。印度這個帝國有些不穩定，那裡餓殍遍野。法國人在最近一次與英國的戰爭中煽動一起印度王公造反，英國花了很大的力氣才平息了叛亂。一七八三年和約簽定後，議會認為讓一個貿易公司至高無上地統治人口如此眾多的帝國是不可能的，因此把東印度公司置於王室的更緊密的控制之下。

馬戛爾尼在當馬德拉斯總督時產生的想法在倫敦不斷地得到發展：他和敦達斯都認為，印度的前途取決於中國。征服中國市場將可幫助英國解決在印度行使主權的費用。

鴉片在印度的貿易中占有越來越重要的地位，這曾引起下議院激烈的辯論。可敬的菲利普．弗蘭西斯曾譴責在印度擴大種植罌粟這種「世界上最有害的一種產品」。幸好有一位議會成員為了英國的榮譽對從這幾乎等於慢性種族滅絕的事中牟取利潤感到憤怒。敦達斯平靜地回答說鴉片是亞洲的一種日常消費品，從印度向中國出口鴉片越多，英國為印度花的錢就越少。馬戛爾尼原來想「能用大米或任何更乾淨的東西替代鴉片」。但他很快就聽之任之了。

歐洲與亞洲的貿易逆差越來越大。除了一些小掛鐘和小加工成品外，歐洲產品在中國幾乎沒有市場。而中國則向歐洲出口更多的茶葉、瓷器、絲綢和工藝品。因此歐洲不斷增加的貨物進口量要用出口工業品來平衡。假如中國的大門打開了，就不必從印度走私鴉片了。但在這之前，要用走私鴉片的收入來支付進口的茶葉。英國是從全球的角度，而不是從道德的角度來看待自己的貿易的。現在當工業大國向不發達國家出售武器時，情況又有多大改變呢？

第十六個使團，也是第一個使團

一七九二年九月八日，敦達斯給馬戛爾尼下達正式指示。一個莊嚴的開場白：「在中國經商的英國人多於任何其他國家，但其他歐洲國家的商人或是由使節，甚至由打入北京朝廷開明層的傳教士陪同，而英國商人卻無人幫助，與中國皇帝遠遠地隔開著。可以理直氣壯地說我們的實力在中國表現得不夠。」

英國內閣想了解廣州對歐洲貿易限制的性質。是由於確定的政策，還是一般的排外情緒，是由於腐敗，還是中央沒能控制住的省裡濫用權力，這一切都要靠特使的慧眼去發現了。「根據廣州東印度公司最有經驗、並目睹了我們在廣州的商人受到欺負的人的推薦，我們選中了你這樣一位要人。」

敦達斯還明確地說：「您一到便要受到接見，您要服從中國朝廷的禮儀，既不要損害自己君主的尊嚴，又不要被禮節上的小事束縛住手腳。」您要尊重禮儀，尊重禮儀的同時又不損害我們的體面……

下面是七點建議，馬戛爾尼發現其中也有他自己曾給敦達斯寫過的內容：

一、為英國貿易在中國開闢新的港口。

二、盡可能在靠近生產茶葉與絲綢的地區獲得一塊租界地或一個小島，讓英國商人可以長年居住，並由英國行使司法權。

三、廢除廣州現有體制中的濫用權力。

四、在中國特別是在北京開闢新的市場。

五、透過雙邊條約為英國貿易打開遠東的其他地區。

六、要求向北京派常駐使節。

七、**最後，但絕非最無關緊要的**一點，即情報工作「在不引起中國人懷疑的條件下，使團應該什麼都看看，並對中國的實力做出準確的評估。」

透過這龐大的計畫，已經可以覺察出某種殖民關係……

這次使團當然是有先例的。葡萄牙在一五二一年至一七五四年間已冒過五次險，以後四十年裡則沒有再試。荷蘭在一六五六年至一六八六年間曾試過三次，以後的一百年裡沒有再派使團。俄國離中國最近也最積極，一六五六年至一七六七年間先後派過七個使團跨越沙漠去中國。法國隊沒做過嘗試，它滿足於派遣並不代表國家的傳教士。各國多年來總共有過十五個使團，但絲毫沒有可以誇耀的地方。

二十年之後托馬斯．斯當東是這樣總結這十五個「使團」的不妙處境的：「這個龐大的帝國過分相信自己的智力資源，所以不願和歐洲各國建立關係，它幅員遼闊，所以別人無法強制它，它從不容許與西方發生任何關係。」馬戛爾尼決心打破這些慣例。他的使團只是第十六個嗎？但它將是第一個名副其實的使團。

說實在的，只有俄國人曾真正與中國人談判過。由於兩國在韃靼游牧民族來往的大片土地上互相爭持，他們不可能互不了解。現在馬戛爾尼要讓中國感到西方出現了一個新的強國：英國的軍艦打亂了地理布局，使英國和大草原另一邊的「西方蠻夷」一樣成為中國的鄰邦。他的使命是使英國這個海上的鄰國同陸上的鄰國俄羅斯一樣成為中國必須正視的國家。

第二章 「人類的主人」

（一七九二年十月九日～二十七日）

在我國，貿易引起了對財富的普遍追求，金錢取得了理所當然地歸於知識與效能的榮譽。

——塞繆爾．約翰遜，一七五九年

十月九日，英國人已經到了葡萄牙領地馬德拉海域。「印度斯坦」號的船長馬金托什上次經過這裡時，連人帶貨都遇了難，他和廚師倆只是因為未在船上才得以倖免。島上的總督接到里斯本的通知，船隊到達時鳴禮炮致意。

遭英國人殖民的葡萄牙人

在島上英國人受到尊敬。他們購買那裡產的酒。英國人在那裡共有二十幾家商行，他們的資本及經營手段無人能與之競爭。葡萄牙人在他們自己的殖民地上被英國人殖民了。作為商業文明的使者，馬戛爾尼和斯當東嘗到了它勝利的滋味。葡萄牙人的貧困與英國代理行裡異常的繁榮極不調和。

一路上都可以看到女人們背著當柴燒的染料木。「儘管她們還年輕，繁重的勞動使她們的相貌已是未老先衰。」大家都往街上隨便扔垃圾，這使到處亂跑的豬極為滿意。飲食差使許多窮人罹患流行病和壞血病。而少數的富人又因為飲食過量而患痛風。但不管窮人或富人都得天花而成為麻子。我們的英國人都是虔誠的新教徒，他們便把這種明顯的落後與羅馬的天主教聯想在一起。斯當東聯想起他找翻譯時的義大利南部；馬戛爾尼則想起了愛爾蘭和堪那馬拉耕種小塊土地的天主教農民的落後貧困。

貿易帝國

在向世上最古老、最遼闊和人口最多的帝國航行的路上，馬戛爾尼不斷地想著自己將要向中國證明一個新的真理：英國是「地球上最強盛的國家」。喬治三世是「海上的君主」。特使的信件、筆記和報告中充滿了這類字眼。當然他也設法婉轉地表達讓他主人不高興的新發現：「東方」與「西方」的說法就是用來為此服務的。東方世界最頂端的是乾隆，而喬治三世則占了西半球的首位。但是他行動本身就揭穿了這個純屬禮貌的讓步：東方應向西方開放；西方的統治者以他們的實力和利益為藉口提出只許有一個世界，一個他們可以自由行動和經商的世界。

在伊莉莎白一世時代，冒險家沃爾特．雷利爵士已經聲稱：「左右商業的人左右世界的財富，因此也就控制了世界。」所有英國人都早就記住了歌頌這種野心的歌詞：

統治吧，英國，
英國，統治那浩浩的浪波。

八百萬英國人既然「統治了大海」，他們就能以主子的身分對三億中國人說話了。

英國開始驕傲起來。這是一個日益強盛的民族的驕傲，這個民族知道自己有著壓抑不住的生命力，並把沒有國境的海洋世界視為自己要征服的對象。七年戰爭勝利後，詩人高德史密斯不是已經這樣描寫他的同胞了嗎？

桀驁不馴的目光，舉止高傲，
我眼前走過了人類的統治者。

當亞當．史密斯在一七七六年發表他不朽的著作《國富論》時，他在書中描寫了觀察到的一種商人，資本家與企業家在進行的貿易經濟。和與他同時代的法國哲學家不同，他並不就一個理想世界的從未有過的組織形式進行抽象思辨，而是描寫他周圍那個現實且有效的體系。

史密斯相信自然仁慈安排的幸運結果：供總能得到求。要是不足呢？創造精神就能有所發揮！他把一切都寄託在個人利益上，他認為有了個人利益的推動就會產生無限的智慧和發明。技術上相互啟發，貿易的普遍性——這就是馬戛爾尼準備「販賣」給乾隆的思想……史密斯的觀點是官方的學說，一七八七年皮特舉行盛大晚宴；蘇格蘭經濟學家應邀參加。英國首相在入席時轉向他說：「您先坐下吧，先生，我們都是您的弟子。」

早在一七五三年，愛咕噥而又著了迷的英國文人塞繆爾．約翰遜面對日益發展的消費社會，面對這些「昨天尚沒有，今天已成為必不可少，而明天便將過時的消費品」，從道德上做了批評。這就是「工業革命」？這個說法成問題，它不能完整地概括經濟創造力加強的現象，只是把我們局限在早期機器轟轟作響的工廠裡。而整個十八世紀英國爆發的經濟革命首先依靠的是船隻，就像運載使團的船隻那樣。另外，馬戛爾尼在他整個外交生涯中也總把自己當作這場風帆革命——海上商業革命的代理人。

連鎖反應

一個世紀內，供與求之間的複雜遊戲使商船隊的噸位增加了五倍，國內也開始興建公路、運河、銀行、礦井；鋼鐵和羊毛的生產從手工階段進入工業化階段，並出現瓷器生產和棉紡業。手工作坊平地而起。機器倍增以及投資所需的款項使兩種新人出現了：在工廠工作為生的工人和工業家。

大企業家受人尊敬，有人奉承，並常常被封為貴族，比如小羅伯特．皮爾或理查德．阿克賴特。一七六八年當威治伍德[1]截去一條腿時，所有的倫敦貴族都在打聽他的消息。與歐洲大陸不一樣，英國貴族不用擔心喪失貴族資格，以從事經濟活動為榮：一位公爵從事首批運河的開掘；一位爵士打亂了土地的輪作……英國出現了一個獨特的階層，既不是一下子，也不是按預先設計的階段而產生的，而是無數相互作用力的總和，是一個連鎖反應。

1 威治伍德（Josiah Wedgwood, 1730-1795），英國陶藝家。主要貢獻是建立工業化的陶瓷生產方式，以及創立威治伍德陶瓷工廠。當時許多王室貴族都向他訂購陶瓷。

革命首先在頭腦中進行——人的頭腦同時想到一切。商業財富的積累，海上實力增強，金融發達，農業生產力提高，人口增長都相互促進。假如沒出現一個嶄新的現象，它們就會遇到極限。瓦特和鮑頓在一七七五年是這樣對喬治三世介紹的：「Sir, we sell what the world desires: power.」（先生，我們出賣世界所渴望的東西：實力。）他們在這裡就 power 這個既可表示「動力」又可表示「權力」的詞玩了文字遊戲。這句話顯示經濟實力的時代已到來。驢推磨的平靜景象已經一去不復返；馬力變成了蒸氣——人類所征服最有成效的東西。能同這相比的只有火的控制、農業的誕生，或中國沒有能善加利用的印刷、火藥、指南針等發明。沒有蒸氣，便沒有機器的廣泛應用，而只能像中國那樣出現一些聰明但孤立的發明，且無法推廣。

馬戛爾尼一直關注著這一連串相互促進的發明創造。他在貨艙內帶去了許多樣品。世界變了：是英國人改變了世界。

從貿易中產生的這種經濟爆炸並未停留在島上。是它把馬戛爾尼推向大海。英國的繁榮早於殖民地，但並沒有忽略它們；先從北美殖民地開始，一七六三年又加上了法屬加拿大。一七八三年「十三個殖民地」的獨立是一個考驗，但也順利經受了：英國對新成立的「合眾國」的出口很快就恢復以往。

從十七世紀起，英國人在印度依靠孟買、馬德拉斯和加爾各答三個商埠，它們控制著次大陸產品的輸出，標誌著一條向東方延伸的航線。他們勾畫出一個腓尼基式的帝國：一個他們更喜歡的、沒有殖民地的帝國。打開中國的大門是一個更全面的計畫的一個部分。敦達斯努力說服荷蘭人把新加坡對面的廖內島讓給英國。而首批英國移民（主要是苦役）則在澳大利亞安置下來。

透過這一系列的商埠，英國人要把聯合王國的工人所紡織的、鑄造的與加工的產品獻給世界。就像在一塊寓意的紀念章上，象徵商業與工業的兩個豐滿的身影攜手合作。

一七六三年後不久，克萊夫勛爵在印度戰勝了蒙兀兒大帝和法國人之後，曾建議倫敦用武力征服中國。老皮特否決了提議，理由是想讓如此眾多的人屈服的想法是不理智的。三十年後，外交手段是否會表現得更有成效呢？馬戛爾尼對此抱持希望。

但是「進步」這個概念——當時還未稱為「發展」——是否能用武力、詭計、甚至誘惑來強加給那些認為「子不語怪力亂神」的人們呢？孔夫子沒有讀過亞當・史密斯的書。

大海的君主

從馬德拉島到加那利群島的航行極為愉快。四天以後，特那里夫島突然出現在眼前。士兵霍姆斯感慨地說：「這是世界上所有孤立的山峰中最高的一個。」

原先並沒有計畫在聖克盧斯鎮停留，因為冬天在那裡停泊的條件極差。但是伊拉斯馬斯・高厄爵士認為在此停留有兩個好處：讓豺狼號有機會趕上來；為船上買些比馬德拉更適於長途運輸的酒。使團的隨員發現最好的葡萄酒被稱為「倫敦特產」都感到非常自豪。

馬德拉島、加那利群島、佛得角群島：伊比利亞半島的居民在英國人之前就在這些地方停泊了。但到十八世紀末時，他們好像僅僅是為了英國的貿易，或者說是為了盎格魯・撒克遜人的貿易才保留了這塊地方；因為美國人已到這裡來購買英國人不買的酒了。

西班牙人態度謹慎，所以與該島接觸甚為困難。幸虧有許多英國人在他們的住處殷勤招待。當地的西班牙貴族整天忙於參加宗教活動。霍姆斯諷刺地說：難怪他們的買賣不興旺。

幾個英國人「手腳貼著懸崖峭壁試圖爬上峰頂」。下個世紀中葉英國人將在瑞士和法國薩瓦省創造登山運動，但此時他們已表現出了他們的本性：對自己提出挑戰，用體育運動來保持對冒險的愛好，奮鬥意識和事業精神。

在錨地，一艘船的桅杆上掛著一面不尋常的旗幟：法蘭西共和國的三色旗。船長向船隊鳴炮致意，但其實他是想對抗而不是表示敬意。有幾顆炮彈濺得海水飛揚。「這位船長以為戰爭已經開始，他像加斯科尼人那樣誇口說要向我們舷炮齊射，讓我們遭到重創後再降旗！就是這些人在高喊反對我們行使海上霸權。」

一個既有運氣又有性格的成功者

「馬戛爾尼勛爵，德爾伏克子爵，陛下的特使」。西班牙和葡萄牙的小小的總督在他經過的每一個島都用禮炮或盛宴對他表示敬意。因為他們都來自以貴族偏見維繫的舊制度的歐洲，一見這些頭銜不免肅然起敬。但他們只要閱讀一下《紳士雜誌》（*The Gentleman's Magazine*）大概就會鬆一口氣：馬戛爾尼是一個新人，他的家譜並沒有他的經歷來得光榮。

他善於抓住接踵而來的機遇。最後一次是凱恩卡特的去世。他之所以會有這個機遇，乃是因為他有過其他的機遇：在聖彼得堡的外交經驗、統治加勒比海的實踐以及在馬德拉斯獲得的對東方的知識。假如不是第一位荷蘭勛爵、難對付的巴黎條約的談判者、顯赫一時的亨利·福克斯的幫助，誰有辦法把二十七歲的他派到俄羅斯女皇凱薩琳大帝那裡當特使呢？假如馬戛爾尼不在日內瓦遇到亨利·福克斯的兒子（賭遍歐洲大陸的史蒂芬），他又怎麼能得到這種友好的支持呢？」

但是，偶然性並不足以造就一個命運。必然性還發揮它的作用——內部必然性。他很有性格。在雷諾茲一七六四年給他畫的肖像前，福克斯驚嘆道：「啊！真是像極了！」他認出了熱情洋溢的目光和自信的額頭。而在熱情和自信方面，他是個行家，他剛剛奪走法蘭西帝國幾乎所有的殖民地，並樹立了英國在大海之上的霸權。

運氣和性格，馬戛爾尼的確需要它們才能在專掛先祖畫像的短短走廊裡，加上這張由著名畫家描繪的年輕肖像。他只是一位名叫喬治·馬戛爾尼的蘇格蘭移民的曾孫。他曾祖的綽號叫黑喬治，一六四九年來到信天主教的愛爾蘭的一個居民區。黑喬治、他的兒子以及孫子用辛勤的勞動和巧妙的婚姻手段擴大了他們的方草場：房子、農場和磨坊。他們經營農業，政治上則參加人們開始叫做輝格黨的活動，這使他們生活富裕並獲得了好的名聲。

黑喬治的兒子，即未來的馬戛爾尼勛爵的祖父，一七〇〇年、年僅五十四歲時便在愛爾蘭議會占了席位。晚年時，他把希望寄託在唯一的孫子，即本書主角的身上。眾人關心他的教育，於是小喬治學了拉丁、希臘和法國的經典著作，家裡讓他到都柏林大主教地區的新教學校、著名的三一公學上學，當時他十三歲，而他的同學都已十六、七歲；家裡隱瞞了他的年齡。

敲門磚

一七五七年秋，二十歲的馬戛爾尼到倫敦完成律師實習，但他絲毫也不想為誰訴訟。在那裡，他到一個歐洲大陸所沒有的、被拿破崙稱為「寡頭集團」的圈子結交了一堆朋友。這個圈子把人分成勝者和敗者，即能成功地使自己出名的人和不能使自己出名的人。它把權勢賦予那些善於攫取它的人。

英國精英的真正培養方法是「轉一大圈」——到歐洲大陸旅行。一七五九年末，馬戛爾尼坐船去加來。每年都有超過四萬名英國人根據自己的財力和介紹人的情況，在歐洲大陸旅行二至三年，甚至五年。一塊敲門磚，但代價十分昂貴！在那裡學習觀察、判斷、欣賞，最後體會到自己高人一等——只從獲得全歐洲積累的文化財產這一點來看就是如此。

馬戛爾尼二十二歲就繼承了家產。但他真正交上好運是在瑞士。旅行僅六個月後，他於一七六一年一月在日內瓦與七年戰爭勝者的兒子史蒂芬．福克斯成為朋友。馬戛爾尼成功地讓他的朋友免受詐騙，不再迷戀賭博，從此他與史蒂芬形影不離，並於七月份把他安然無恙地送回倫敦。福克斯一家充滿了感激之情，並對這位年輕的愛爾蘭人著了迷。同年末當史蒂芬重返日內瓦時，他的父親便請馬戛爾尼做他的**良師益友**。

這第二次旅行恰如具有魔法。所有的大門都為他敞開。福克斯的名字使馬戛爾尼會見了連做夢都想不到的人。他獲得符騰堡公爵的接見，在納沙泰爾見到了盧梭，在費爾奈見到伏爾泰。伏爾泰驚嘆地問：「這個年輕人是誰呀？小小年紀便了解這麼多的學科，知道這麼多東西！」馬戛爾尼給這個偉人留下強烈的印象，後者推薦他去見黎希留與舒瓦瑟爾這些當大臣的公爵以及愛爾維修與達朗貝爾等哲學家。伏爾泰寫信給愛爾維修時說道：「我傑出的哲學家，這是一位非常有教養的年輕英國紳士，他跟您的想法完全一樣：他感到我們的民族很好笑。」在這個自稱為「啟蒙」世紀的年代，馬戛爾尼在它的發源地吸取著光的能量。

他找到了心靈能量，也找到了金錢。和福克斯一家的接觸，讓他進入一個有幾千鎊收入的圈子，而當時一個紡織工人兩個星期也掙不到一英鎊。一個不用在候見室等候就可以見到要人的圈子。馬戛爾尼儘管具有寫作天賦與驚人的記憶力，儘管他熟練地掌握法語、拉丁語和義大利語，儘管他精力充沛、不知疲倦，並對成熟女人有著特殊的愛好，要是沒有福克斯一家，他大概也不會有機會躋身社會的最高層。荷蘭勛爵給了他這個機遇，而他又善於抓住不放。

年輕的馬戛爾尼一下子進入了一個以全球為活動範圍的英國巨富世界。海上貿易是寡頭集團積蓄實力、考驗成員和更新能量的中心。英國人成為五大洲的運輸者。英國商船的噸位是法國的兩倍，是荷蘭、瑞典與丹麥的五倍，是西班牙的十倍。他們在巴達維亞出售在里約熱內盧買到的商品，在歐洲出售在印度買到的東西，但這還不夠，永遠也不會夠的。馬戛爾尼出海正是為了說服乾隆讓英國擴大貿易。

第三章 對中國著了迷的歐洲（一七九三年十月二十七日～十一月三十日）

十一月一日已經可以望見佛得角群島了。熱帶的乾旱使這個群島只能作為一個歇腳處。但是它們又顯示了大英帝國在盟國領土上建立據點的實力；他們在伊比利亞人占有的地方有著眾多的「非正式」殖民地。

可是在聖地亞哥港，又有一艘掛著讓人惱怒的藍、白、紅三色旗的法國船。但船的側影讓人想起了什麼。什麼呢？它的前身是「決心號」（HMS Resolution），庫克船長[1]曾在第二次航行中滿載盛譽，但在第三次航行中卻喪了生……法國人修復了這艘船，重新命名為「自由號」！看到被「無套褲黨」[2]糟蹋了的這艘名船時，馬戛爾尼和他的夥伴們表示了同樣的憤怒。「怎麼！這艘曾用於那麼多崇高發現的船隻竟然成了走私船！它還掛著『法蘭西共和國』的旗幟！我要是能隨我們最偉大的探險家的船一起航行就好了！」

停泊五天後豺狼號還是沒有來，大家只好揚帆啟程不等它了。

兩天以前，法蘭西共和國在傑馬普打敗了奧地利人，開始占領比利時。

一名在外旅行的高級公務員

馬戛爾尼的飛黃騰達總是圍繞著貿易而實現的——這次仍然如此。

1　編注：詹姆斯．庫克（Captain James Cook, 1728-1779），人稱「庫克船長」。英國皇家海軍軍官、航海家、探險家和製圖師。他曾經三度奉命出海前往太平洋，帶領船員成為首批登陸澳洲東岸和夏威夷群島的歐洲人，也創下首次有歐洲船隻環繞紐西蘭航行的紀錄。

2　編注：無套褲漢（sans-culotte），法國大革命時期對廣大革命群眾的稱呼，原因是工人階級多穿著長至足部的長褲，而非資產階級時尚、及膝的套褲。然而，他們正是法國大革命早期的革命中堅力量。

他是英國寡頭集團的產物，反過來他也為這集團服務。在法國，一個步步高升的人先被任命為一個區的總監或行政法院的審查官；他的職業可以把他帶到省裡，但很快就又回到首都某地任職了。在英國，這種人會先出國完成某個貿易使命。喬治·馬戛爾尼爵士一七六四年被封為貴族，隨即就被派到俄國重新談判一七四三年兩國簽訂的貿易條約。當外交大臣格倫維爾建議他帶走一六五一年航海條例的複本時，他驕傲地回答道：「為避免增加負擔，我把它全背下來了。」就這樣，二十七歲的他便當上了特使。

他將討得凱薩琳大帝和她的大臣帕寧的喜愛，他從他們那裡得到了意想不到的好處。英國商人將繳交與俄國人一樣的稅率；他們有權在整個俄羅斯做買賣。法國外交大臣博賽侯爵得意地描述了事情的另一方面：在一次騎兵表演時馬戛爾尼沒有被安排在他認為是英國女王陛下的使節應該坐的位子上，他認為這是榮譽問題，因此也就是國家大事。禮賓問題在他的頭腦裡占有過分重要的位置。他開始令人不快了。

一七六七年當他從俄國返回時，社交界授予他著名外交官的證書。此時他娶了前首相伯特勛爵的女兒為妻。對這樁婚事大家議論紛紛。伯特夫人說這樁婚事雙方不匹配。一些好心人則說新郎有野心，另一些人又說新娘長得太醜。馬戛爾尼大概可以像一個世紀以後那位娶了一位有錢醜婆娘的巴黎花花公子那樣說：「從嫁妝看她還真不錯。」——即使把洞房稱作「贖罪的祭台」也不在乎。他們多次分別時，馬戛爾尼在信的開頭總稱她為「我可愛的寶貝」。

他嘗試過政治生活。當了幾個月的議員。後來在一七六九年至一七七二年期間成為設在都柏林的愛爾蘭內部祕書處處長，也就是事實上的總督。

一七七五年他成了加勒比地區的總督。當美國獨立戰爭使這群島處於動蕩之中時，他以有效的管理和勇敢的領導而著稱。一七七九年六月海軍上將德斯坦率領二十五艘戰列艦，十二艘三桅戰艦和六千五百人出現在格林納達前的海面上。馬戛爾尼只有二十四門炮和三百名志願兵可以用來抵擋敵人。我們的海軍檔案保存著馬戛爾尼在對方勒令投降時用法語作的精彩回答：「馬戛爾尼大人不知道德斯坦伯爵的兵力有多少，但他了解自己的兵力，並將竭盡一切努力來保衛他的島嶼。」他的兵力死傷過半，馬戛爾尼也成為俘虜。

一七七九年九月四日他抵達拉羅舍爾；然後又被送到里摩日軟禁，在那裡他很快就成為上層社會的紅人。但是他對自己沒有受到應有的尊敬而被迫投降仍感到受了傷害。他寫信給他的大臣說：「我不知道德斯坦海軍司令如此違反常見的行為，他批准進行的掠奪，以及拒絕我們體面地投降是不是得到他的同胞們的贊成。但是他創立了一個令人痛苦的先例，法國人反過來也必為它付出代價。」他在尊嚴問題上從不讓步。

九月九日他致函路易十六的海軍大臣薩蒂納伯爵：「如閣下不反對，我希望能和我的副官蒙特雷紹先生盡快去巴黎，我們兩人都是俘虜。在格林納達被占領時，我的財產被搶劫一空，因此巴黎之行對我來說是十分必須的。」薩蒂納乾脆就把馬戛爾尼與英國俘虜的德韋蒂埃爾先生交換。於是他在一七七九年十一月回到了倫敦。

但他仍是「憑其保證而假釋的戰俘」。喬治．斯當東在一七八〇年為了他與法國王室進行了談判，然後他才被「釋放」，可以到印度任職。

印度：榮譽和鉛彈

在馬德拉斯，馬戛爾尼將結識東印度公司，不久以後他將在中國同樣捍衛該公司和喬治國王的利益：誰又能把兩者分開呢？

首相諾思勛爵派他到馬德拉斯主管公司三塊「領地」之一，英國財富的這條戰線同樣受到法國人的威脅。為了英國的利益，他悉心維護與印度王公和官員們的關係，因此他處於英國政府最關心問題的核心。

馬戛爾尼並不後悔接受這一極受信任的使命。馬德拉斯總督的俸祿讓他變得富有：三．五萬英鎊[3]的積蓄。但他滿足於此並抵擋住了「這個使成千上萬人放蕩不羈、醉心於享受的危險國家」的誘惑。

在馬德拉斯任職六年後，他能一塵不染心安理得地回國，這在當時是難能可貴的。皮特建議他做印度總督。馬戛爾尼認為這個職位非他莫屬，提出要當英國貴族院的議員，但他當時只是愛爾蘭的男爵。這個要求過高了，他沒能當成印度總督。

3 相當於一九八九年的兩千一百萬法郎。

他的廉潔在議會贏得了榮譽：在下議院，人們稱讚他在馬德拉斯拒絕了卡納提克地方長官為恢復權力而贈送的三萬英鎊。後者已騙過了公司。馬戛爾尼成了唯一的障礙。他寫信給上司：「如果違背指導我行動的準則而仍然決定恢復他地方長官的職權，我將立即辭職。」

他不妥協的品德當時卻讓他中了鉛彈。他曾讓斯當東逮捕犯有貪汙罪的斯圖亞特總參謀長，當他們返回倫敦後，斯圖亞特提出與他決鬥的要求。馬戛爾尼並不讓步。面對一位受過長期訓練的軍人，馬戛爾尼對自己使用武器的能力不抱任何幻想。他不怕死亡。這裡有一封是馬戛爾尼給他夫人的信，從私人藏品中奇蹟般找到的——馬戛爾尼夫人大概並沒有讀過：

我最親愛的寶貝：

當您收到這封信時，我已不在人世了。此時，離開您是我感到的唯一的痛苦。但我相信我們會在另一個更美好的世界重逢。因為，儘管我將要邁出的一步應該得到您的寬恕，但我並不感到還有其他罪行。

喬治·斯當東爵士將把我的遺囑交付給您，它將表明我對您的愛和信任一如既往。我冒昧請您照顧我的侄女芭拉傑小姐，喬治·斯當東爵士，本松上尉和艾奇遜·馬克斯威爾先生。永別了。

馬戛爾尼

一七八六年六月八日於倫敦

為自己的正直而感到自豪；百折不回的勇氣；儘管他對一切教會均持懷疑態度，但對冥世仍充滿了信仰；對他妻子細緻入微的愛；對他三個朋友與合作者的忠誠，七年以後他將帶著他們去中國；表達樸實，自我控制能力強：整個人格都體現在這封信裡——與歷史賦予他的使命相稱。

這封信大概是在清晨四點前寫的。蒼白的晨曦籠罩著海德公園，兩人站在那裡，相距十二步遠。斯圖亞特問這個距離對他的近視是否合適，並提醒他子彈沒有上膛。交火之後，馬戛爾尼受了傷。帳該清了。不，斯圖亞特堅持說：大人冒犯了他，光流血還不夠。馬戛爾尼同意決鬥到一方死為止。但證人們最後把兩個對手分開了。

變化的人在變化的英國

從印度回來後，馬戛爾尼在愛爾蘭恢復健康。公司同意給他一千五百鎊[4]的年金。他在利薩諾爾的城堡裡發現了鄉村生活和自我修養的滋力。他有時到都柏林貴族院出席會議。但主要時間都用來讀書。我們找到了他藏書的目錄，從中可看出他的為人。目錄裡有英國經典著作和法國書籍——哲學書和反宗教的著作，還有很多遊記。全套耶穌會神父從中國寄來的書簡集[5]，旁邊放著《埃及與中國哲學研究》。《法國紋章集，貴族紋章與貴族名冊》和不成套的《紳士雜誌》在我們描繪這位全靠手腕而成為有名貴族的人時則能發揮畫龍點睛的作用。

無論在利薩諾爾，在他曾買了柯森街上一幢房子的倫敦，還是在帕克赫斯特領地（他最後以帕克赫斯特的名字進入令人垂涎的英國貴族院），他都關注著從此緊密相連的王國和帝國的事務；並以行家身分致力於東方事務。一位變化的人在變化的英國。這個國家不僅有財富，勛爵和企業家，在新的工廠周圍還聚集了一個新的無產階級。倫敦有著隨時準備舉行殘酷暴亂的下等人。這另一個英國還是英國：它精力充沛，在為生存而奮鬥中經受了鍛鍊，而且極端的民族主義。獅子號和印度斯坦號的統艙裡都是從這一個英國出來（不管他們是自願還是被迫出來）的人：中國不會給他們留下印象。

當鄰居法國在大革命中發生內破裂時，英國曾一度被新生事物所誘惑。英國卻頂住了——大概因為它自身就有著新生事物的緣故。

中國模式

4 相當於一九八九年的九十萬法郎。
5 即耶穌教會在一七三五年至一七七六年間發表的有關傳教的書信集。

自佛得角群島起，信風迫使船隻繞了一個大彎。在赤道非洲的海面上正好頂風。所以幾乎不得不經過里約熱內盧，葡萄牙人卡布拉爾繞過非洲，但就這樣發現了巴西。獅子號和印度斯坦號好似從球桌邊彈回來的撞球，直奔里約熱內盧，**繞過非洲**。

十一月十八日，船隊穿過赤道。特使不適應赤道的氣候：十一月二十二日馬戛爾尼痛風發作，並延續了一個月。他咬牙忍著。他的夥伴們一點也沒有發覺。

在旅途的漫長白天中，馬戛爾尼有許多書要讀。他幫獅子號的圖書館買了自一個世紀以來歐洲出版的所有關於中國的著作。東印度公司交給他的材料不下於二十一卷。另外他還埋頭閱讀關於中國的筆記。他原來總是仔細地記下各種談話，當時並未想到中國後來會是他命運所繫，今天他又重溫起這些談話來。

他可以想像已經到過中國。他用中國瓷盅喝中國茶。在他的中國漆器做的文具盒上鑲著帶蒙古褶眼睛的貝殼人物。他最有錢的朋友家的花園不用「法國式」的幾何形圖案，而學中國的園林藝術：大家可以在品種繁多的樹木夾雜的美色中，在潔白的大理石小塔下，沿著那沒用的拱形小橋跨越的小溪散步。整個歐洲都對中國著了迷。那裡的宮殿裡掛著中國圖案的裝飾布，就像天朝的雜貨鋪。真貨價值千金，於是只好仿造。在布里斯托爾和里摩日等地都生產中國古玩。塞夫勒或梅森的瓷器，契本達爾的家具或里昂的絲綢使歐洲人的口味習慣「中國模式」。

一七〇八年，英國作家丹尼爾．笛福便嘲笑過這種風氣：「女王本人喜歡穿中國服裝出現。我們的屋裡充滿了中國的東西。」法國小說家路易－塞巴斯蒂安．梅西埃則說：「中國瓷器是多麼可悲的奢侈品！一隻貓用牠的爪子一撥，比好幾百畝土地受了災還糟。」在十八世紀的歐洲，怎麼能不趕中國這時髦呢？

馬戛爾尼是否猜到他同代人對中國執著的迷戀掩蓋了他們對世界這另一部分了解不夠呢？這些美麗的藝術品與他們所習慣欣賞的藝術品完全不同：是這種斷裂而非美在吸引著他們。他們經常把假的當成真的：中國人專門為這些遠方的外行顧客製造成千上萬古色古香、像有幾百年歷史的花瓶……這種對異國情調的追求並不是解開中國之謎的鑰匙。儘管中國在西方無處不見，但它對西方來說仍是完全陌生的。它不給西方任何訊息。西方人以為在中國工藝品裡讀到的訊息，事實上並沒有寫在上面。

「極為神奇的中國」

對中國的迷戀已深入人心。馬戛爾尼覺察出裡面錯誤的地方。耶穌會士的聖火曾引起「開明」人士對根據孔夫子的教誨所形成的風俗和信仰產生興趣。路易十四的家庭教師拉莫特・勒韋耶已經唸誦道：「Sancle Confuci ora pro nobis，聖人孔子，請為我們祈禱。」萊布尼茲則建議西方君主都應該向中國學習，請中國的文人來，並派西方的文人去那裡，以便發現普遍真理並從中產生奇妙的和諧。他曾寫信給太陽王路易十六，請他仿造中國字創造出一種為各國人民所理解的象形文字。愛爾蘭作家奧利佛・高德史密斯以《波斯人信札》的形式在一七六二年發表了《中國人信札》；「中國間諜」帶著清朝官員周遊歐洲，使歐洲感覺到自己風俗的不適合之處。

這種熱情不管高低如何，均出自同一個信念：存在一種由人自己管理自己和由理性來管理人的模式。沒有宗教，沒有教會：自由思想的綠色天堂。這個模式只要照搬就可以了。它的盛譽傳遍歐洲。伏爾泰肯定地說：中國君王的身邊都是文人，在人民苛求的目光注視下，文人的意見，甚至是責備他都認真地聽取。人們曾把這種熱情編成兩句韻文：

沃修斯[6]帶來一本關於中國的書，
書裡把這個國家說得奇妙無比。

像布蘭維利埃這樣的自命不凡之士則譏諷說：「中國人不能得到神的啟示，因此他們是瞎子。但是千年以來，他們的無知並沒有剝奪掉他們這些令人讚嘆的長處：富裕，工藝，研究，平靜，安全。」

重點轉到經濟上來了；中國人在這方面也堪稱楷模。更多地是給法國人而不是給英國人做榜樣，因為英國人講求實際，不需要任何人來幫助他們合併土地，採礦和開動紡織機器，而法國人只重理論。重農主義者吹捧**中國**

6　十七世紀荷蘭的歷史學家。

的專制制度；魁奈[7]發現他自己的體系與中國的天地和諧、突出農業、國家負責組織的概念完全相同。

啟蒙時代的人對歐洲社會的一切都要求重新評價，但對中國社會卻全盤肯定。他們的批評意識一方面是如此尖銳，對另一方面卻遲鈍了。無神論中國的理性天堂使他們能揭露服從於「無恥的人」——即教士的歐洲地獄。由此，他們對皇帝的殘忍，對改朝換代引起的動亂，對焚書，對反對派施加酷刑和對不斷發生又總被血腥鎮壓的反叛都不在乎。當有人決定視而不見時，他會對任何證據都無動於衷。

聾子對話

必須到圖書館的無人問津的地方去尋找極少的不同意見。馬戛爾尼是否讀過十七世紀末當皮埃船長寫的已是無情的報導？貝克萊認為孔子的思想只是些簡單化的教條，與基督的教導無法相比。笛福揭露了這個「竟敢聲稱可以自給自足，而把勇敢的英國商人視為不受歡迎的蠻夷」的民族。馬戛爾尼是否也讀過他們的文章呢？反正他讀過當時偉大的思想家中唯一堅持不懈地反對親中浪潮的孟德斯鳩的文章。後者主要是從耶穌會士富凱那裡了解的情況（富凱口頭上批評了他的同事寫的文章）。他還指責耶穌會由於輕信而犯了錯誤：「我從來都說中國人不像《耶穌會士書簡集》裡說的那樣誠實。」

馬戛爾尼讀過《論法的精神》中對中國的嚴厲批評：「中國是一個專制的國家，那裡籠罩著不安全與恐怖。它的統治只能靠大棒才能維持……」還要靠因襲舊套：「禮使老百姓服從安靜。」改變一個禮儀，就將動搖導致順從的整個建築。

耶穌會士是否受騙了呢？沒有。但是他們被迫只發表那些使中國人讀起來不至感到不快，關於中國的文章——否則就意味著他們傳教事業的結束。他們的書簡是有教益的：他們不但要在信中避免詆毀，還要堅持不懈地寫下去，好讓人稱讚中國，支持他們的事業。許多傑出的漢學家在毛統治的年代裡為了不脫離自己的事業不也自覺不

7　編注：魁奈（François Quesnay, 1694-1774），法國經濟學家，重農主義的領袖、政治經濟學體系的先驅。被稱為「歐洲的孔子」。

自覺地做了同樣的事嗎！

哲學家還中毒就更不可原諒。然而伏爾泰本人最終擺脫了他自己對中國的奇怪想法，也像孟德斯鳩一樣——如果不是更甚的話——批評起中國來。零零碎碎的幾個句子說明了這一點。一七五五年：「我們吃盡千辛萬苦到了中國，但中國人並不知道我們比他們優越得多。」十六年後，他又揭露了中國文字的弱點：「印刷一首詩需要幾年的時間，而中國人假如願意用其他民族的字母的話，只要二天便可以印好了。」最後中國科學被貶成是經驗主義的：「中國人在一五〇〇年前便發明了火藥，對此我並不感到吃驚，他們的土地到處都是硝石。」

伏爾泰本可以在一八五〇年代便設法清除同代人思想中的毒素。他沒有這樣做，而以前他卻那樣滿懷激情地去讓他們中毒。為什麼呢？與他一樣的一個人，《中國人信札》的作者也許能給我們答案：「伏爾泰一點事實都不寫；他寫書只是讓書裡充滿了**空話**。」伏爾泰先後有過不同的信念，但他不屑於一一消除。他不夠誠實，不願公開修正以前經常使用的某個論據，如中國人證明人類可以沒有神學，沒有教會，甚至可以擺脫上帝。他最後同意少數頭腦清晰的觀察家的意見，但不肯公開認錯。

一場聾子對話就這樣繼續進行下去：歐洲扮演一個滔滔不絕說話的角色，自問自答，而中國扮演的卻是一聲不吭的啞巴。

第四章　在英國艦隊的保護下

（一七九二年十一月三十日～一七九三年一月二十一日）

十一月三十日，兩艘巨輪駛入「壯麗的里約港」。「沿岸布滿了景色秀麗的村莊和茂盛的種植園。」我們的英國人感到一切都很美：用方石砌的房子，筆直的鋪著路石的街道，由巨大的渡槽不斷供水的噴泉，使這裡變成了一個「令人愉快的居住地」。

這些新教徒對當地明顯追求享樂和嚴格遵守天主教信仰之間形成的對比感到吃驚，而這種天主教信仰因為富有異國情調而顯得更為正宗：彌撒由鐘聲和鞭炮聲宣布，夜裡唱著歌的儀仗隊伍，所有十字路口都有聖像。清教徒被激怒：「居民懶散而又放蕩，他們迷信、無知、懶惰；而且喜歡炫耀。」

這裡修道院很多；霍姆斯對裡面發生的事做了惡意影射。馬戛爾尼本人也揭露那裡普遍的墮落：「女人們放蕩可恥，男人們則有同性戀傾向。衛隊的軍官對我們幾個准尉提出要求，但這些年輕人充滿了英國式的尊嚴拔出了短劍。」

一條鯨魚值七個黑人

從天主教的地區看，巴西在我們旅行家的眼中算是繁榮的：這令人感到奇怪！但他們自豪地發現巴西人緊緊依賴著英國海軍。沒有英國海軍就沒有抹香鯨——「牠們的油」很珍貴。但「牠們的精液（原文如此），龍涎香」更為珍貴。一艘英國的捕鯨船也在那裡停泊，這艘船捕獲了「六十九條鯨魚，每條平均值兩百鎊[1]」。英國在南大

1　相當於一九八九年的十二萬法郎。

西洋建立了一個真正的捕鯨帝國。

沒有英國海軍，也就沒有販賣黑人。「平均每個黑人值二十八鎊[2]；一頭鯨值七個黑人」。沒有黑人就沒有甘蔗種植業了。

我們的英國人去參觀「從非洲海岸同類那裡買來的」奴隸關押處。他們在那裡看到一種特別有效的以次充好的把戲，但並沒有感到不快：「他們給奴隸洗浴，塗油，將他們的疾病或身體缺陷遮蓋掩飾起來，以便賣個好價錢。」每年運到巴西的奴隸就有「兩萬，僅里約一地就有五千名」。

是里斯本的英國公司承擔了大部分的對外貿易。當時有一個人說：「巴西的所有金子都流到控制葡萄牙的英國去了。」肯定這些間接殖民地比直接殖民地更能帶來財富，因為直接殖民地需要統治的費用。這就是可以推廣到澳門，並為什麼還能推廣到全中國的一個十分有利的制度。

一七九二年十月十七日他們起錨了。在巴黎，對路易十六的審判已經開始。

見習侍童頭腦靈活

托馬斯的目光和他的聲音一樣清澈。他抬頭看他的老師時既不膽怯又不放肆。在船上，他沒有把精力都放在覲見時擔任見習侍童的準備工作上。相反，他和「李子先生」努力學習中文。這個調皮孩子禁不住開心地這樣稱呼李先生，因為他的姓就是指這種水果。他和其他三位老師周先生、安先生和王先生學習書法。他的耳朵好，能分辨聲調；頭腦也能記住方塊字的形狀。

他的父親剛開始也試著一起聽課；但他已經五十六歲了，他那生鏽的腦子跟不上機靈的托馬斯。他很快便放棄上課，轉去獅子號的圖書館看書。他因此發現至少從西元前三世紀起，便有一條可隨沙漠駱駝隊橫穿中亞的絲綢之路，但地中海沿岸的居民卻從未見過中國人。古羅馬學者老普林尼是這樣描述他們的：「做絲的人就像野人

2 相當於一九八九年的一點六八萬法郎。

一樣避免與人交往，只等著買賣上門。」

這就是出使的理由。因為，那時的貿易就已經像乾隆時一樣困難。西方在那個時代已經對中國一無所知，但又離不開絲綢、皮貨和香料等中國產品。塞內卡[3]抱怨他的同胞「為了使他們的夫人能穿透明得令人害臊的紗衣而傾家蕩產」。傾家蕩產：因為中國那時什麼也不需要。它只出口而不進口。羅馬已沒有錢償付了……蠻人入侵中斷了這種單向貿易。絲綢之路中斷了，並在很長時間裡一直不通。但在不同文化的第一次較量中，西方占了上風。

第二次較量在中世紀，當時出現了新的陸上與海上的絲綢之路：結果還是一樣。在諾曼第人坐著小船划槳沿海旅行時，中國人已掌握了舵和指南針。當加洛林王朝的謄寫人還在手抄他們的經文時，中國人已經採用印刷術了。當英國還處於西方未開化的某個階段時，中國的文明已達到盡善盡美，永恆不變的程度。喬治先生正在準備第三次較量。

十五天後，船隊在里約到好望角途中的一塊升出海面的荒蕪岩石特利斯坦．達空雅島附近又遇到了鯨類：「一大群抹香鯨在海面上蹦來蹦去。」一月七日，在離海岸一百多海里的地方，船隊繞過了好望角。儘管當時是南方的夏天，霧裡好像還夾著雪。

聖彼得堡的一個晚會

一七九三年一月十五日，「獅子號在海浪微微的拍打下發出了輕微的嘎吱聲。勛爵俯身在箱子裡找出那本從一七六四年出發到聖彼得堡時開始寫的日記。他翻閱著一個筆記本，它使他回憶起在彼得堡加利欽親王家度過的一個夜晚。他在那裡遇見了一個叫勃拉弟捷夫的人，他曾在伊爾庫茨克任過要職，並到北京和中國人談判過邊界問題。這位少有的懂中文的俄國人對他解釋說：和中國打交道就像「在霧中航行」一樣。

俄國人是英國人在中國的唯一對手。葡萄牙人儘管有澳門，荷蘭人儘管有巽他諸島，西班牙人儘管有菲律賓，

3　塞內卡（Lucius Annaeus Seneca, c.4 BC-AD 65），古羅馬時代著名哲學家、政治家、劇作家，曾任尼祿皇帝的導師及顧問。

但他們都在走下坡路。法國人本來可以在傳教士播下種子的地方坐享其成，但他們不擅經商，此時的動亂將使它長期遠離通向世界之路。美國人的第一艘船隻儘管在一七八四年便抵達廣州，但他們的力量仍然微不足道。俄國人在彼得大帝之前便向中亞大力擴張。但從一七二〇年代以來，他們的野心被清朝皇帝制止了。

英國人便取而代之：由於印度，英國成了中華帝國或它的屬國緬甸和西藏的鄰國。在廣州停泊的五艘深海船中有四艘是英國船。這是利用俄國人的後退和法國因動蕩而造成的無能為力的最好時機。

勃拉弟捷夫還對他說過：中國人對一切中國之外的事情無知得令人難以相信。他們認為中國處於地球的中心；他們把地球想像成一個四方形，其他國家都被雜亂無章地扔在四周，只有向中國進貢或乾脆不被人知的份兒。有一天利瑪竇神父給中國人看一個地球儀。他們根本不信而不是感到窘迫。他們斷然地說：「中國顯得太小了。」這個地球儀離他們所想像的中國，亦即在巨大的烏龜殼組成的拱形下占有中央位置的宇宙觀實在相去太遠了。

生的和熟的

聖彼得堡的這個晚會上，馬戛爾尼記住了一點：自有中國以來，中國高人一等就是一個無可爭辯的原則。「文明」或「未開化」並不是人種問題。歸順的番人官話稱為「熟番」；在這以前叫做「生番」。因此有三等人。他們自稱為「黔首」，是唯一的文明人；熟番是服從天命的人；生番，是未能（這尚可原諒）或不願（這不可原諒）分享文明成果的人。

今天我們從皇宮檔案中得知，所有的外國使團都被登錄在藩屬使團中：古羅馬的拉丁人商人；哥德時代教皇派遣的僧侶；連法國都被寫成是進貢的國家，這是一六八九年法國耶穌會士到達時的事，儘管路易十四小心地沒有給予委任。

任何東西都逃不過這種文明的吸引。生番一靠近中國這爐灶便開始煮東西吃，在那裡一切都要加工，高嶺土和人一樣都要經過陶冶。不管他是否願意，不管他是否知道。

馬戛爾尼在向爐灶靠近。聖彼得堡的晚會又深深地印入了他的腦海。俯首稱臣的事他是不會去做的。從今以後談到所謂的中國優勢時應該考慮實實在在的英國優勢。

一月二十一日在巴黎，路易十六的頭顱落在裝著糠的筐裡。國民公會議員用國王的血奠定了共和國的基礎。聖詹姆斯王室戴上了孝。

第五章　中國味

（一七九三年一月底～六月十六日）

又過了十五天大洋中的孤獨日子，二月一日抵達阿姆斯特丹島，這島的沙灘上擠滿了海豹。意想不到的是：「有人在揮舞著一根綁著手帕的木桿」——三個法國人[1]和兩個英國人。他們被留在這荒島上是為了準備「二．五萬張海豹皮的貨運到廣州出售」。「中國人對修剪海豹皮有很高的技術，他們把長的和粗的毛剪掉，留下一層細軟毛。」這五個人真是「汙穢不堪，但沒有一個人想脫離這種生活」。

就在這個二月一日，巴黎國民公會對英國國王正式宣戰。當他們的國家互相打仗的時候，他們卻在一起費勁地從二．五萬個骨架上剝皮，並把屍體留在岸上任其腐爛。由於達官貴人的喜愛[2]，這股攫取皮貨的狂熱已經到達十分野蠻的地步——因為除了鴉片，皮貨幾乎是唯一可以在中國出售的商品。

第二天獅子號啟程了。二月二十五日抵達爪哇，在此之前它沒有靠近任何一艘能夠認出它的船隻。儘管庫克囑咐大家吃檸檬，船上還是出現了幾例壞血病人。感到寬慰的是獅子號在爪哇西側找到了印度斯坦號。兩艘船曾分開航行許多天。

從巴西到爪哇走了兩個月。兩個月裡沒有碰到一艘船，除了茫茫大海中兩處無人的岩礁外，沒有在其他地方停泊過。這兩座岩礁是海豹的臨時棲身之處——但在那裡大家還是想到了貿易，想到了英國和中國。

漫長的白晝，長時間的閱讀，久久的思索，還有促膝長談。一開始，馬戛爾尼並不太喜歡那四個教士，他們

1 路易十六很關心皮貨貿易，他在給拉佩魯茲的指示中曾命令他去廣州了解皮貨業的情況。
2 這段情節使費爾南．布勞岱爾著迷。他在《物質文明與資本主義》一書中用了很長的篇幅加以分析。

結合了中國人又像天主教徒和那不勒斯人的特點：這是上天給一個愛爾蘭新教徒的考驗！可是，又怎麼能離開這兩個翻譯呢？李神父抽菸抽得嘴都黑了，不管在哪裡見到他，他總是叼著一根長菸袋。周神父有時會嗑嗑瓜子，這對一位紳士來說實在難以忍受。但是他們卻對自己國家的歷史瞭若指掌！馬戛爾尼用拉丁語問他們問題。於是他又像在三一公學裡那樣感到自在了。

開放與閉關的交替

由於不斷聽神父介紹，加上大量閱讀了圖書室裡的藏書，馬戛爾尼最後對各個時期中國與西方關係有了一定的了解。這條中國龍時而安詳地展開它的身軀：時而因不安而縮成一團。永遠是同一個社會解體後又重新組成。治與亂的無休止的循環組成了一部不變的歷史。與不斷進步並想征服越來越多地方的英國恰恰相反。

在這千年的反覆交替中，乾隆皇帝是更接近開放還是更接近封閉呢？他曾接待過傳教士，後者為能在宮內身居要職而受寵若驚。但他也曾迫害過中國改宗的人和神父，殘酷地鎮壓過平民起事，驅逐過歐洲人（除了對他有用的一小撮之外），把歐洲商人關在澳門和廣州兩個集中居住區，查禁一切批評大清王朝的東西，把兩千種書列為禁書，焚燒了另外兩千種書，殺掉了幾百名作家。他擴大了中國的疆土，但沒有讓它開放。

馬戛爾尼知道他將要去見一位耳聾的老人。傳教士們不是已經告訴他這位老人想要一副助聽器嗎？但他是否會對「西方最強大國家」的主動接近不予置理呢？

大清王朝本來可以像成吉思汗和忽必烈的蒙古韃靼人在西元十三世紀所做的那樣打開中國的大門。但是在蒙古韃靼人之後，明朝便重新關上了大門。滿洲人繼承了他們的做法也來個閉關自守。明朝最後一個皇帝崇禎受到平民起事軍的包圍，他感到自己已被上天拋棄而自縊身亡。滿洲人看到明帝國解體而奪取了政權。外族又一次統治了中國。但是馬可波羅讚頌的豐富多彩的中國卻再也不存在了。

除了路易十四的同代人康熙大帝之外，所有的清朝韃靼皇帝變成主人後只想太太平平地享受他們的獵獲物。這些外族所占領的中國已經有了三個世紀對世界封閉的歷史。為了更完整地占有中國，他們又加上了一道鎖。

在中國大門外徘徊了四個世紀以後，馬戛爾尼相信他了解自己要去的地方，也知道如何開鎖。

第一次文化碰撞

一七九三年三月六日，船隻停泊在巴達維亞（雅加達）。終於又回到了文明社會。中國離這裡已顯得特別近了。

英國人的遠行使傳統的對手荷蘭人感到不安。「這些先生並不隱瞞他們駐廣州的商業代理人想阻礙使團的活動」。馬戛爾尼著手安撫他的東道主。最終雙方一致承認兩國貿易可以在中國這巨大的市場上共同繁榮。巴達維亞總督保證馬上給廣州發出和解的命令。

錨地停著無數掛著像蜻蜓翅膀一樣的風帆的帆船，已經體現出一片中國氣氛。「無法形容我們船上的中國人在見到他們祖國的第一艘船時所表現出的高興情緒。」

第一個文化碰撞：很容易就可分辨出中國人的房子和荷蘭人的房子。中國人的房子是用木板，有時是用灰磚造的，矮小而骯髒，住得十分擁擠。而荷蘭人的房子是用紅磚砌的，常常鑲有大理石，裡面還有清涼的噴水池，顯得乾淨而寬敞。

但意想不到的是：「大部分漂亮的房子無人居住。」荷蘭公司的船隻長期停在錨地。馬來或中國的海盜來襲擊這些船隻，甚至還想襲擊城市，但沒有一艘戰艦在那裡保衛它們。另外，大家還擔心從法蘭西島[3]來的法國人的襲擊。城市完全無法應付這樣的侵略：駐軍的一半都在醫院。

天子不承認那裡的海外華人

中國人很久以來便僑居國外：中國人成批來到巴達維亞，尋找生財之道。在城市裡他們是辦事員，經紀人或零售商。在鄉下，他們做佃農，耕種者或僕人。什麼工作他們都不會討厭，甚至連種植甘蔗這種給黑奴幹的活他們都做。許多人做大買賣發了財。中國本土所採取的一切措施都不鼓勵他們發揮這種才能。從一七九三年到一九七八年，這種傾向十分嚴重。

3 模里西斯島，一七一二年起成為法國的殖民地。

他們的人數和獲得的成功讓人恐懼。荷蘭東印度公司於一七四〇年聽到反叛的傳聞後，便開始對中國人展開大屠殺。結果導致兩萬到三萬人喪生：等同幾個小時內發生十起聖巴托羅繆慘案[4]。「荷蘭方面否認這次暴行，公司董事們深恐因此得罪中國皇帝」。他會不會對公司在廣州的買賣——甚至對他們的人——進行報復呢？他們派了使團說明事由並對這一極端措施道了歉。意想不到的好事：皇帝毫不介意地請人答覆說：「我對於這些貪圖發財遠離祖國，捨棄自己祖宗墳墓的不肖臣民並無絲毫的關懷！」

這個皇帝就是乾隆。他對商業、利潤和國際貿易已經表現出同樣的蔑視；對想往外國的中國人表現出同樣的嚴厲態度；同樣喜歡停滯不變——以後他將公開炫耀這一點……

和眾多繁忙的中國人相比，荷蘭人則顯得十分可憐。傳染瘟疫的沼澤，「由於不知道使用奎寧」，「循環熱」[5]第二次便使人喪生。「我們看到一位婦女全家一一口人來到巴達維亞剛十個月，已經死了她的父親，一個姊夫和六個姊妹」。儘管可以很快地發財，歐洲人在此定居的很少。

這裡的風俗習慣也不能使他們增加活力。上午是喝葡萄酒、刺柏子酒和啤酒，並抽菸。「午餐主要是喝甜燒酒，然後喝咖啡」。接著睡午覺；這裡從不讓一個單身男子或過路遊客單獨睡覺，必須有一位年輕的女奴隸來陪伴「直到他入睡」。

一成不變的歷史嗎？不是對所有的人都是如此。一些法國商船在這裡停泊。其中一艘船的船員頭腦裡滿是新思想，他們要求「飲食平等」：「他們認為神聖和不受時效約束的原則使他們可以要求同軍官吃同樣精美的晚餐——不必考慮誰來付帳。水手們拿著他們的晚餐走進軍官的餐廳，邀請長官們與他們共同分享。軍官們要求巴達維亞總督派一支小分隊，以提醒這些反叛者記住組成任何社會的基本規則。」

4 到了二十世紀，印尼脫離荷蘭統治、獨立建國後，在蘇加諾的統治下，五十萬共產黨員或被認為是共產黨員的人（其中許多是華人）慘遭屠殺。（譯注：聖巴托羅繆慘案指的是一五七二年八月二十三日至二十四日夜裡，法國天主教徒在巴黎對新教徒進行的屠殺行動，當時約三千人死亡）。

5 即瘧疾。奎寧是當時治療瘧疾的良藥。

有勢力的人，即使是交戰國之間的有勢力者馬上就重新結成了聯盟以共同對付這些「下等人」。法蘭西共和國對英國和荷蘭交戰已經五周了。但是在巴達維亞卻沒人知道此事，因為消息傳到這裡需要六個月的時間。但是所有的人都感到這場衝突正在到來，它將持續二十二年之久。

死亡在中國海上襲擊

使團在巴達維亞只停留了十天左右。他們三月十七日起錨，以便趁有季風時進入邦加海峽。最後這一段路程開始很順利。高厄和馬金托什船長買下了一艘法國雙桅橫帆船作供應船，為了紀念國王的兄弟海軍上將克拉倫斯公爵，他們以公爵的名字命名該船。

此時豺狼號卻重新出現了，而且全體船員都安然無恙。樸茨茅斯海面的風暴使它損壞得很厲害。所以不得不掉頭回港口修理。它在馬德拉島然後在佛得角群島都差一點趕上船隊。它一口氣繞過了非洲，沿途沒有停泊。船上的水手每天只分得極少的食物，已經顯得筋疲力盡。大家向桑得斯海軍上尉表示祝賀，他竟然能指揮這條護衛艦從世界的另一端來到這裡。

但好景不長，刮起了逆風。「由於船上衛生條件不好」，許多船員患了痢疾。他們等了近兩個月想等風改向。不過，馬來海盜可不會改變他們的航向。海盜是這一地區的禍害，他們在海上搶劫，隨時隨地都會出現。「他們在海上武裝行劫，與船隊相交時，由於我們船艦的外表令人生畏，他們只得在遠處徘徊」。

死亡襲擊著船隊。船員用醋洗甲板和中艙，並用煙熏法消毒。馬戛爾尼寫道：「這簡直不可置信，就像人類可適應各種不幸。由於死亡不斷，加上水手特有的逆來順受心理，大家對朋友的死去已習以為常，就像什麼都沒有發生一樣。」健康的人和馬來人做買賣，有的帶著猴子，有的帶著各種顏色的小鳥回到船上。

「四月二十八日，我們抵達中國海的入口，邦加海峽」。這一次，他們走上了去中國的路。一七九三年五月十日，他們從另一個方向重新穿越赤道。儘管有陣雨，溫度仍超過了攝氏三十五度。因為海水很淺，克拉倫斯號和豺狼號不停地測量水的深度。「唯有沒有新鮮空氣和新鮮的食物，絕無希望制止痢疾流行」。「幾個人從頭到腳已不像人樣，由於天氣悶熱，痛苦更加劇了。只要想到是在向北航行，我們才有自己的勇氣。否則絕望早把我們變成了瘋子」。

就是在這片海上，今天還漂流著「船民」……

法國野心的墓地

船隊很快便沿著交趾支那海岸航行了。這個名字是歐洲對整個越南的稱呼。航行變得容易了，風也變得討人喜歡了。種滿莊稼的丘陵清楚可見。一路上遇到了帆船、舢板和漁船。五月二十五日船隊向托倫灣（峴港）駛去，「到了中國大陸的最南端」。

事實上，「交趾支那」曾是中華帝國的構成部分。後來它從中國獨立出來，但仍保持了附庸關係。安南的國君向他們的宗主天子叩頭上貢。馬戛爾尼認為它與中國的這種關係足以引起使團對它的興趣。

靠岸可不容易。極不準確的航海圖不可信任，於是只好招呼在近處錯身而過的小漁船，但它們都嚇跑了。印度斯坦號派出小船追上了一艘漁船，把嚇壞了的老人帶回船上。船上的人給他認得的幾塊西班牙銀圓[6]，他就安定下來了。老人用手指著航道。到停泊處，老人拔腿就逃。交趾支那人可能認為這是一次入侵：因為這個國家生活在無休無止的變革中。兩派中的一派自信將會得到法國的幫助——而法國自己正在動蕩不定，實在無力介入。

使團申明了自己的和平性質。當地的官員很謹慎，要等待首都的命令。船上只得到極少的供給。四十八小時後，托倫的總督乘著兩排槳，有甲板的帆船靠近了。後面跟著九條裝著補給的小船。馬戛爾尼被請上岸作客。當他們向馬戛爾尼表示希望購買武器時，他明白為什麼受到這種款待。馬戛爾尼不想太介入內戰，藉口急於去見大皇帝而推辭了：作為恭敬的進貢者，總督當然聽懂此話的意思。

至少他們接受了總督的宴請。「給每個客人的不是麵包而是一大碗米飯。」

6　在中國又稱本洋、雙柱、柱洋、佛頭、佛銀、佛頭銀，是一種銀質硬幣，在當時的中國民間很流行。由於廣泛適用於歐、美、遠東，讓它在十八世紀末成為史上第一種國際貨幣。

英國人高興地參觀了法國一次野心破滅的地方。一七八七年在凡爾賽宮簽訂了與安南安親王聯盟的條約，法國得到了托倫灣和崑崙島。法國的保護使安親王戰勝了他的敵人。法國人在大古島定居。斯當東評論說：「他們只是把這看成是占領整個交趾支那的第一步。但是革命使這個國家在東方所做的一切努力都成了泡影。法國人計畫實現的目標大概是以比歐洲人在中國本土便宜許多的價格獲取中國商品。」[7]

法國的計畫應該成為過去了。在馬戛爾尼的眼裡，未來是在中國本土——在一個對他開放的中國。船員經過休整，貨艙裝滿了補給，馬戛爾尼的船沒有耽擱就向最後一站澳門方向前進了。

7 中國政府確實不向它的屬國裝在自己船上的商品徵收出口稅，但斯當東這麼寫不正是在把並非是法國人長處的經商才能，賦予了這個民族嗎？

第二部

另一個星球

去中國覲見皇帝

（一七九三年六月～九月）

假如有某個外國人祕密進入中國，那麼他就不准再回國，怕他萬一在自己的同胞之間策畫旨在顛覆中央帝國的陰謀。所以，凡未經皇帝同意，擅自和外國人交易或商談者，一律嚴懲。

——金尼閣，耶穌會，一六一七年

當法律不准一個公民離開自己偶然出生的那塊國土時，這個法律的含意是很明顯的：這個國家管理得如此糟糕，以至我們禁止任何人出境，免得所有的人都移居國外。

——伏爾泰，一七六四年

韃靼漢皇朝的政治目的僅僅是要人民安分守己，它極不重視和外國通商。只有那些被認為俯首歸順的外國使團才被中國接受。外國使團一旦被接受，使團的外交官員都由中國政府配備車夫、翻譯和僕人。這些服務人員受某部尚書領導，並必須向他匯報情況。外國大使講什麼話沒有不被匯報上去的，他們一步也不能離開指定的館舍，他們只能接見屬於禮貌性拜訪的客人，外出拜訪也只能是禮貌性的。他們也只能出席皇帝賞賜的宴會和演出。

——錢德明，耶穌會，一七八九年

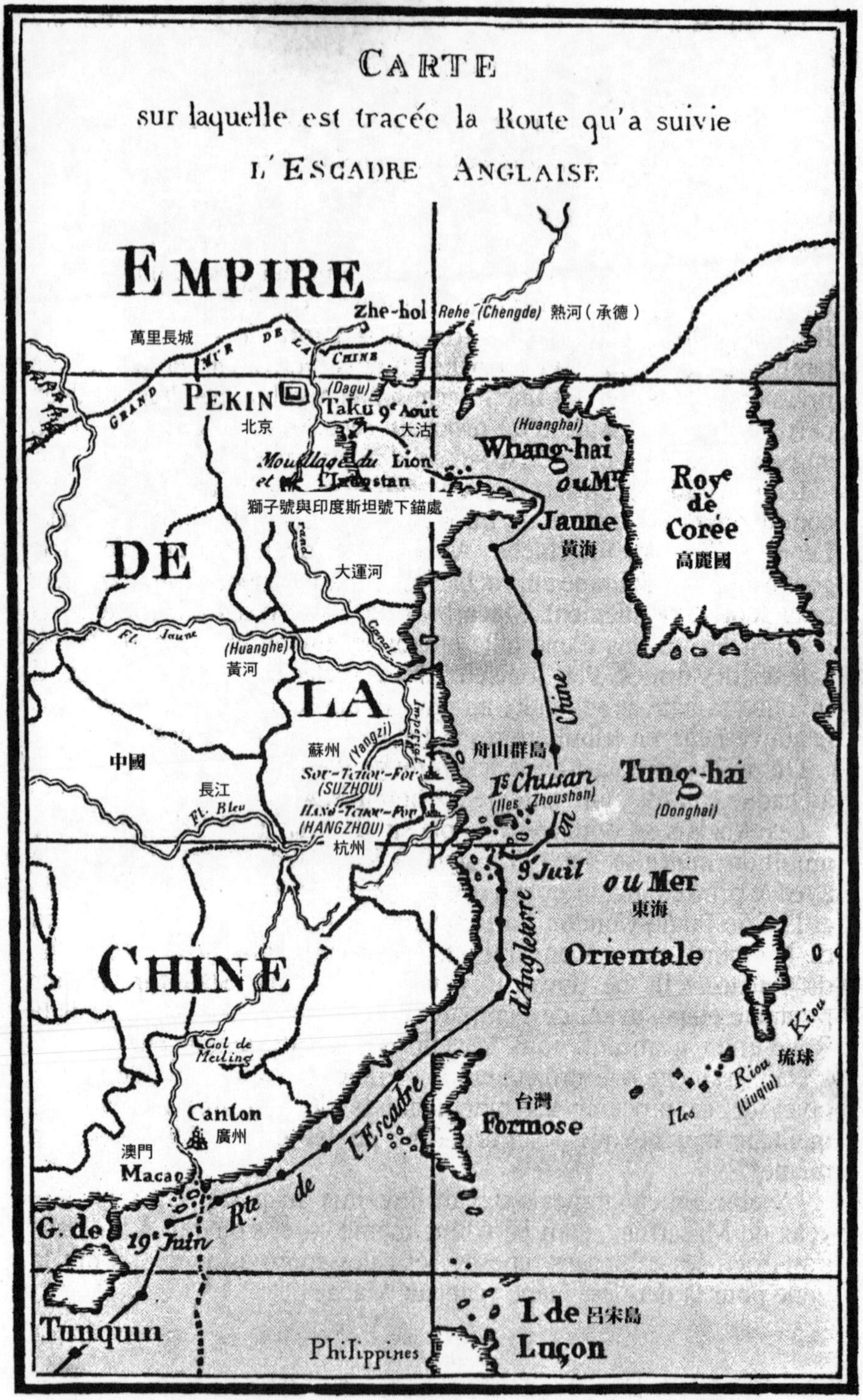

英國使團航行路線圖：去程・中國沿海段

第六章 澳門，銜接兩個世界的緩衝地

（一七九三年六月十九日～二十三日）

葡萄牙人在澳門得不到任何利益。我們可以從他們手裡把澳門買過來。如能買來，則對我們是一個極大的收穫。

——大衛．斯科特，一七八七年

英國人終於在出發九個月之後，即一七九三年六月十九日看到了中國。第二天早晨，他們在澳門海面上停泊。中國就在那邊，相距不遠。但馬戛爾尼不敢靠岸，生怕中國把他的船扣了。馬戛爾尼拒絕從規定的口岸進入中央帝國，連澳門也無法吸引他，因為澳門雖已是中國，但它還不完全是中華帝國。英使只派斯當東去澳門，向英國東印度公司的代理人打聽情況。

喬治爵士沿著一些荒蕪的小島航行，並在一座殖民老城的城下靠岸。城裡的房屋盡是淺綠色的斑斑點點。小巷曲曲彎彎，條條通向一座裝備有大炮的城堡。他在這塊非同尋常的共管地逗留了四天。這裡由一名葡萄牙總督和中國官員共同管理。葡萄牙總督對歐洲人享有權威，而中國官員則對他們的同胞擁有司法權。中國人和葡萄牙人的區別在於葡人是被隔離的，他們不能離開這個半島。這半島被一堵帶有門洞的圍牆隔斷，只有華人可以越過界限。中國官員則可以隨意出入。

在這座中葡共管的城市裡，遠東和西歐的兩種文化交融在一起，它成為所有歐洲商貨公司和傳教士的「大本營」。在將近兩個半世紀裡，澳門一直作為銜接兩個世界的緩衝地，這個角色後來被香港取代了。

斯當東透過英國東印度公司蒐集有關北京意圖的新情報。使團的英國人在巴達維亞時就從到那裡的一位信使嘴裡獲悉公司的生意做得不錯，但他們很想詳細了解中國政府對他們即將到達的消息有什麼反應。他們從樸茨茅斯港出發的日子，不正好是已抵廣州的英國東印度公司代理人請求會見中國當局的日子嗎？

十月十一日，他們獲准與海關監督會晤，十八日與廣東巡撫郭世勛會晤，後者代替正出征西藏的福康安總督。

非同一般的夷人

這些高級官員已經知道廣州的英國人不像一般的外夷那麼好對付。葡萄牙人、荷蘭人和其他所有的商人或傳教士都能隨便叩頭，但英國人則始終拒絕叩頭。英國人不叩頭也同樣已成為一種習慣。正當中國人和英國人在海關監督那裡開會時，突然聽到一聲炮響，這說明聖旨到。英國人於是退避。他們是出於謹慎而迴避的嗎？不是，他們是為了避免在內裝皇帝諭旨的黃色絲盒面前叩頭。當海關監督接下聖旨後，英國人才再次被帶進來。英國人和廣州人之間達成的這種**妥協辦法**，北京方面不一定知道。

今天，我們透過查閱內閣檔案知道，廣東巡撫向皇帝稟報了十月十八日會晤的內容：「嘆咭唎國夷人來廣求赴總督暨粵海關衙門具稟事件，臣等當即會同傳見。稱系該國王前年大皇帝八旬萬壽未及叩祝，今遣使臣馬戛爾尼進貢。惟是外夷各國，凡遇進貢，俱由例准進口省分，先將副表貢單呈明督撫。該國王又無副表貢單照會到臣，所遞稟札僅據該國管理買賣頭目差遣繼投，臣等未便冒昧速行具奏。」

由商人這種卑賤小人來通知英王國使團的到來，這禮貌嗎？呸！那東西是不能遞給皇上的。中國官員們很清楚，如果轉呈這種違背永恆禮儀的書信，他們是要冒很大的風險的。「據稱該夷人啟程之時貢船尚未開行，貢物尚在備辦，伊等不知是何名目。又貢品繁重，由廣東水陸路程到京紆遠，恐有損壞。此時已由洋海徑赴天津。若任由擇地收泊，於事非宜；現在若再照會該國王，令其至粵候旨遵行，則洋海遼闊，往返無時。……請敕下浙閩及直隸省各督撫飭令所屬查驗放行，由天津進京。」

乾隆皇帝接到這份奏摺後當即用硃筆批示：即有旨。

沒多久，諭旨就發出了，但不是一次，而是兩次。諭旨對英國使團的到來感到滿意，認為它可能會「榮耀大皇帝的光輝」。

「臣實不勝踴躍欣忭之至」

乾隆皇帝是在一七九二年十二月三日發出諭旨表示同意的，並由福康安總督親自傳旨到廣州，當時福康安剛在西藏打敗尼泊爾廓爾喀軍隊後回到京師。皇帝的諭旨是在一七九三年一月五日由公行[1]傳到英國東印度公司的。在這方面，不存在任何違反禮儀的問題：商人本來就是應該和商人談判的。

要好好接待英國人，但同時又要對他們嚴密監視的命令已發往中國沿海各港。沿海的所有督撫很快都回文表示接到皇帝的諭旨。下面是直隸總督梁肯堂的奏摺：「臣仰見皇上德威遠播聲教覃敷，似此海隅外夷人亦不避重洋，輸誠入貢。當航海獻瑞之時，正勁旅凱旋之候。熙朝盛事，亙古罕聞。臣實不勝踴躍欣忭之至。優查該使臣馬戛爾尼等既由天津進口登陸，初履中華之土，得近日月之光，似宜量加犒賞，以勵其向化之誠。」

以下是山東巡撫金簡的回奏：「該國貢使如於該處口岸收泊，自應地方官加意照料護送，令其迅速進京。俾萬里[2]航海遠夷早遂瞻天嵩視之誠。臣[3]接奉諭旨遵即飛飭該管道府等就近督飭沿海各州縣。臣一面奏聞並專派明了大員照料貢使先行進京，並將貢物等項起岸運送，不敢稍有守候耽延遲誤。」

面對從地球另一端來的卑謙的朝聖者洋洋得意，同時由於對外夷總是存有戒心故而又對他們十分警惕：接待方針就這樣定了。

至於斯當東，他已想好針對將來的困難作出解釋和澄清的一套辦法：作為回顧全部交往歷史的官方發言人，他要揭露歐洲競爭者的嫉妒和地方貪官汙吏的敵對態度。

的確，澳門和廣州的一部分歐洲人是有憂慮的。從巴達維亞帶來的信件使荷蘭人平靜了，但英國人必須對付

---

1 公行或hong（行——譯注）是自一七二〇年起有權壟斷對外貿易的聯合會。「公行」一詞有可能讓人理解錯誤。和中世紀的西方不同，hong並非自由商人的聯合組織，它是在某個國家機構嚴密控制下的一個組織。因此，它是一個官辦商貿組織，其權力與任何其他權力一樣，都來自皇帝。

2 一市里等於半公里。所以此處「里」的計算與實際相差甚遠。「萬」就是我們所說的「無數」、「許多」。

3 一般滿蒙官員對皇帝自稱「奴才」，漢族官員則自稱為「臣」。中國人頭腦裡的官員，這概念並不指對草原君主的實力表示順從的奴隸。

來自葡萄牙人「利用其權力所設置的種種圈套」。自從諭旨下達後，中國官員變得比較合作。但就實質而言，他們「依然像過去那樣不樂意」。海關監督由於「深信英國使團的目的是要求對英國人所遭受的損害作出明確的賠償，擔心自己的行為會因此而被嚴肅追究」。於是，他一開始就設置種種障礙來進行阻撓。

門戶全部敞開

馬戛爾尼在寫不供發表的日記時，只想記下好的消息。斯當東在澳門待了四天後向他匯報的情況使他完全放心。中國皇帝給地方官員的指示已向他打開了中國所有的門戶。暫時還能提出什麼要求呢？斯當東告訴他，廣東巡撫向英國東印度公司代理人強調指出，英國使團應像所有外國來客一樣，在廣州上岸，然後經由內陸進京。只是由於英國人「託詞說送給中國皇帝的珍貴禮品極易損壞，不宜取陸路長途運輸」之後，廣東巡撫才作罷。

馬戛爾尼饒有興趣地聽斯當東說，英國東印度公司代理人曾不得不提供有關英國使團帶來的貢品詳情，因為中國官員指出，如果沒有一張貢品的詳細清單，他們就無法把英國使團的到來稟奏朝廷。皇帝要根據貢禮的質量來「判斷送禮的君王對皇帝的尊敬程度」。於是，英國商人開列了第一張貢品清單，其中有一半禮品是臨時編造出來的：後來還要編造禮品清單。

如果英國船隊在廣州靠岸，中國官員肯定會再次施加壓力，但他們無法阻止船隊從海上經過，因為他們怎麼能禁止中國皇帝已經批准做的事呢？因此，一切都很順利。

我們現在談中國制度的實質。在中央帝國各地，地方官吏代表皇帝：同時施行行政權、立法權和司法權。他們就是皇帝：「百姓的父母」。他們貫徹皇帝的旨意，而且往往容易做過頭，因為做過頭是不受懲罰的，而違抗諭旨則會受到嚴懲。此外，他們隨意徵收賦稅。他們徵收的賦稅與上繳的稅款之間有一個差額。官吏越貪心，這個差額就越大。這個差額反映他們的實際權力：正是這個差額令人生畏，使人腐敗。

在廣州，公行擁有與歐洲貿易的壟斷權。總督和海關監督把這個壟斷權高價賣給商人以滿足私利。他們強迫公行將其利潤的一大部分上交給他們。其結果是，外國公司吃大虧。巴羅獲悉「政府派遣的主要官員在上任時總是一貧如洗，到卸任時就已是腰纏萬貫了」。事實上，由於外國商人不能向北京上訴，他們只能透過公行向地方當局送「禮」。

這就是啟蒙運動時代人們對中國羨慕不已的天朝官僚制度。英國的英國人想抨擊的正是這種制度，他們要的是一個門戶開放的中國，然而澳門和廣州的英國人則喜歡和閉關自守的中國妥協——即使讓他們的歐洲客戶吃點虧也在所不惜。

當中國人害怕中國的時候

在澳門停留時，陪同英國使團一起來的四個名中國神父突然和他們分手了。安神父和王神父原先獲准免費從樸茨茅斯港搭船去中國，可突然他們到澳門時，突然提出上岸的要求。周神父是兩名翻譯之一，和他們一樣也要求上岸：儘管他上船後即成了每年可拿薪金一百五十鎊的雇員。這是在撕毀合同。

的確，這些譯員的境況並不好。他們在巴達維亞看見中國帆船時膽戰心驚，因為法律禁止中國人離開中國，除非有皇帝的特批。法律也不准中國人為夷人效勞。周和李犯有雙重罪：一是未經允許擅自離開中國；二是為某個異邦——甚至為兩個異邦效勞；先是羅馬教廷，後是英國。

有時中國人的好奇心勝過恐懼心理：「有的廣州人去英國。但由於害怕被人發現，他們便一有可能就馬上回廣州，隻字不敢提及他們去過英國的事。」

不顧斯當東的百般勸說，周還是辭別了。李答應留了下來。「他的處境和周相似，但他表現得比較堅定」。他是滿人，屬於占統治地位的上等民族。他冒的風險是否少一些呢？他特別希望別人把他當作是個西方人。「這位韃靼人絲毫不像中國人。他身穿一套英國軍服，還佩帶著軍刀和綬帶」。斯當東似乎沒有發覺這些中國教士的壓抑心理：他們現在的身分使他們不能留長髮。但任何一個中國人都必須在腦後留一條辮子，這是滿人的規定，違者有死罪。只有李長得像歐洲人，因而他可以不遵守這條可怕的規矩。

馬戛爾尼是個很想得開的人，雖然周神父走了，他還是很寬心：「他的夥伴留下來和我們在一起。他雖沒有周神父知識淵博，但性格要好得多，而且相貌和善，對我們很有感情。」馬戛爾尼把困難估計過低。李雖然有這些方面的好條件，但他的宮廷語言水準太差。在這個科舉制度的國家裡，當你只有小學畢業水準而要想寫出博士水準的文字來是不可能的。

三個神父就這麼離開了船隊。但又有二人上了船：安納神父和拉彌額特神父——他們是法國天主教遣使會教徒，在澳門等機會去北京，想以數學家和天文學家的身分為中國皇帝服務。兩名神父先上了印度斯坦號，因為馬戛爾尼顯然不願意法國人和英國使團的核心太接近。

正當獅子號、印度斯坦號、克拉倫斯號和豺狼號於六月二十三日啟航時，澳門的許多教堂正鐘聲四起，召喚著信徒們去做彌撒。馬戛爾尼和斯當東眼望著這個擁有眾島環抱的錨地的半島漸漸從視野裡消失。這個半島如果屬於英王和英國皇家海軍管轄，那該有多好！

第七章 避開了廣州

（一七九三年六月二十三日～二十四日）

船隊沿著海岸航行，和陸地始終保持十海里左右的距離：馬戛爾尼很想觀賞一下珠江口。和其他所有來自西方的船隻不同，他的船可以不必駛入。他感興趣的是北京，而去那裡最近、最自由的路線就是海洋。走海路的好處不僅比走陸路快一個多月，而且還可以免遭貪官汙吏的坑害。他知道他們正貪婪地等著英國使團的到來呢。

斯當東在澳門時還曾聽說，根據皇帝諭旨，每個港口都有領航人在待命，他們隨時可帶英國船隊去天津，或任何一個英國人想去的港口。英國使團來華的消息已經在廣州發生效應：貿易障礙減少，人們對英國東印度公司代理人的工作給予更多的尊重，甚至聽說還要取消使澳門貿易十分困難的苛稅。

這些消息證實了馬戛爾尼的預感：要想改善廣州形勢，必須避開廣州。這些消息也讓馬戛爾尼鬆了一口氣：在這之前，所有蒐集到的有關廣州的消息都曾使他焦慮不安。

出發前，馬戛爾尼和斯當東在倫敦英國東印度公司總部向那些曾在廣州經商的代理人提出大量問題。他們在馬戛爾尼和斯當東面前把西方人居住區的生活描寫得淒淒慘慘。既是商店、倉庫、辦公室，也是住所的外國商行代理處一家挨著一家，門前掛著他們的國旗。這些**代理處**實際上是老鼠出沒的破房陋室。這些與中國做貿易的英王陛下的臣民所過的生活「既和時代不相配，也和英國臣民的稱號不相稱」。西方人在那裡不能和中國人有任何接觸，中國人不准向夷人教授中文，違者問斬。每一次危機都對所有歐洲人構成威脅。

英國海軍上將安森遭遇的挫折就是一例。一七四一年，由於船艙裡躺滿了病號，他就把船開到珠江以便在廣州獲得補給。當局告訴他，他那艘裝備有六十門火炮的「百人隊長號」戰艦不能停靠廣州港。他獲准乘坐小艇去廣州。他希望能會見總督，但英國東印度公司的代理人勸阻了他：還是由他們直接和公行協商。

「百人隊長」號取得補給後便重新啟航了。在海上他截獲了一艘西班牙船，便又領著需要補給的西班牙船回到廣州。這一次，廣東當局要向兩艘商船索取關稅。事情正要變糟時，廣州一片木造房屋著火了。多虧這場火災，一切問題都得以解決，因為正是安森的水手們把火災給撲滅了。

於是，總督接見安森，並向他表示感謝。安森便乘機就稅款的高昂、官僚的苛刻以及各種各樣的刁難提出了抗議。安森回國後便吹噓說是他的強硬措詞獲得了中國人的尊重。馬戛爾尼當然很樂意借鑑此一經驗，但他知道，安森的船一開航，英國商人便又遭到更惡劣的刁難。人們以為和中國人達成了協議，但衝突一過這種協議就等於從未存在過一樣。安森的教訓不正是說明這一點嗎？談判的地點不應該在廣州，而是在北京。

假毒藥與真詐騙

馬戛爾尼還曾聽說過一次不尋常的遭遇。那事發生在安森到中國後的二十八年。一七六九年，裝載有英國東印度公司「金庫」現款的「格蘭比」號過海關。一些關員上船檢查，但遭到一陣拳打腳踢，全都被扔到泥漿水中。於是，船被扣下。英國東印度公司的代理人表示，裝載金庫的船是不受檢查的，但毫無效果。格蘭比號船被扣，船員們便上岸尋歡做樂去了。

一天晚上，一名代理人發現有幾個水手喜歡按中國方式躺在碼頭上睡覺。當天夜裡有三名水手死去。第二天，又有五名水手死了。船上人都驚呼是中國人下了毒，要報仇！然而屍體解剖時都沒有發現任何中毒症狀。不過，中國當局大概是良心上感到不安，遂放棄了對「格蘭比」號的追究。於是，船又啟航了。

安森事件以火災告終，「格蘭比號事件」是在八個人離奇地死亡後不了了之。在廣州的歐洲人和中國人的關係中有著某種令人不安的陰影。反過來看，大家會發現中國商人在他們的歐洲客戶面前趾高氣揚。啊！如果中國政府不對歐洲人採取恐怖政策的話，中國人該是多麼可愛！

什麼事都可能出問題。中國人禁止一個叫埃爾芬斯通的船長繼續為他的船裝貨，原因是他竟敢把一名在馬德拉斯碰到、長得嬌小漂亮的印度姑娘帶到英國代理行，並打算再把她帶回英國當女僕用。這名船長大肆宣傳中國人其實根本不重視禁止外國人帶女人到中國的法律，他們看重的是他的錢。關於這一點，他的看法是正確的：他為此付了五百美元。但他也錯了，中國不允許有家庭或婚姻之外的「重新組合」！只允許有單身漢。這是一種貞潔的願望！在這方面，中國人很認真，是不肯讓步的。他們是不是想排斥比男蠻夷更危險的女蠻夷以保護中國人種的純真呢？不管怎麼說，他們堅持認為外國人不帶女人居住在中國的狀況將是暫時的。

馬戛爾尼對歐洲人在中國的生活情況非常了解：沒有任何自由，沒有任何尊嚴，還受到窮凶極惡的官吏的敲榨勒索。那是一個令人生畏的地方。

洪仁輝船長的嘗試

馬戛爾尼的使命就是要跳過這塊中國對外貿易的必經之地。在他之前曾有過多次嘗試，但每次都以失敗告終。最接近成功的一次嘗試正好比馬戛爾尼早四十年，冒險者是洪仁輝船長[1]。

一七五三年，英國東印度公司要求洪仁輝船長在廣州以北的中國海港寧波開設一個分公司。兩年以後，洪仁輝船長和他的水手們抵達寧波，並受到熱烈歡迎。回國時，洪仁輝船長帶回了滿艙的中國貨物。第二年，他又來到寧波做生意。可在一七五七年，當他再次到達寧波時，中國人先讓他等著，繼而沒收了他半船的貨物，並且不做任何解釋就收繳了船上的所有火炮。

接著，乾隆皇帝發出諭旨，規定對外貿易只能在廣州進行。中國又恢復其本性，重新把大門關上。皇帝把英國人再次推回到原出發地：廣州。

浙江巡撫當即命令洪仁輝離開寧波。洪仁輝揚帆啟航，但他卻往北航行！他沿著白河一直開到天津——他是第一個進入天津的英國人。他打算去北京見皇帝，但後來不得不放棄這一打算，轉而說服一名地方官員，請他把申請報告遞交朝廷。，然後便又從天津回到廣州，等待皇帝的答覆。

在廣州等著洪仁輝船長的是總督的召見。英國東印度公司的代理人很不放心，便陪同前往。他們一進總督府，

1 編注：洪仁輝，原名詹姆斯・弗林特（James Flint, 1720-?），是十八世紀的一名英國商人和外交家，曾為英國東印度公司職員。他少年時曾在廣州學習中文，故長期在廣州擔任翻譯之職，是英國第一位中文翻譯。

腰間的佩劍立即被摘下，並被推到總督面前，想強迫他們叩頭，但遭到拒絕。最後洪仁輝被判流放澳門三年，不准再來中國。其罪名是他違抗皇帝旨意去了天津。至於那名好心替洪仁輝向朝廷轉交申請報告的天津官員，聽說被砍了頭。

馬戛爾尼對洪仁輝的做法持嚴厲的批判態度：「一個人只帶很少隨從，在沒有安全通行證的情況下駕一艘小船去告發廣東巡撫的不法行徑，能有什麼結果呢？」這次，馬戛爾尼有「海洋主宰」、「世界上最強大的」君主做後盾，他是受合法的委託，乘坐一艘大型戰艦來中國的。

洪仁輝的嘗試由於一七六〇年清朝廷發布的法令而失敗。這項法令使外貿條件變得更加困難：

一、外國人必須在春節離開廣州，撤到澳門，直至秋天；

二、中國人不得同外國人做生意，也不得為外國人服務，否則判流放罪；

三、外國人不准學中文，他們只能和廣州公行的翻譯人員接觸；

四、任何外國商船在中國領土停泊期間船上都必須有中國官員；

五、外國人不准攜帶武器，他們送寄信件都必須透過中國當局；

六、外國人如和中國人發生糾紛將按中國法律處理。

克萊夫勛爵將軍是在聽說中國皇帝這一法令後，向英王內閣建議占領中國的，他當時是印度地區的總督。中國皇帝發布這項法令已有三十年了，但這三十年又算得了什麼呢？中國在「四千年間」不管怎麼變動、分裂、解體，最後總是恢復原來樣子。直到這次英國使團抵達廣州前，廣州的情況依然是外國人受到壓抑和侮辱。現在馬戛爾尼奉命要結束這種狀況。

馬戛爾尼必須相信自己的好運氣。他像過去熟記《航海法案》[2]那樣熟記錢德明神父關於「韃靼中國朝廷」的記述。錢德明神父是在中國資格最老的、著名的耶穌會傳教士，馬戛爾尼希望能在北京與他見面。錢德明在書中指出：「只有那些被認為俯首歸順的外國使團才被中國接受。」

馬戛爾尼現已避開了廣州這個陷阱，那麼他也要設法避開北京朝廷裡的那些荒唐規矩。船隊離開珠江口，駛往公海。

2 編注：航海法案（The Navigation Acts）又譯作航海條例，指的是一六五一年十月，克倫威爾領導的英吉利共和國議會所通過的第一個保護英國本土航海貿易壟斷的法案，該法案後來幾經修改，為此還引發與海上強國荷蘭的戰爭。它在另一方面也限制了英國殖民地經濟的發展，最後甚至成為美國獨立戰爭的發生背景之一。

第八章　稀奇的怪物

（一七九三年六月二十六日～七月五日）

下一個停靠的地點是浙江省的舟山群島。由於一路順風，六天時間航行了七百海里——平均每天航行兩百公里。船上有本世紀初英國人繪製的航海圖，那時英國人在寧波有一家分行。再往北去，就沒有航海圖作依據了。

第一次叩頭

這期間，廣東巡撫郭世勛於六月二十六日稟奏皇帝[1]：貢船「因風仍由粵省口岸收泊事未可料。臣郭世勛先經飭行澳門同知香山縣並香山協一體查探。如遇該國貢船進口，遵照護送，列營站隊，以示整肅。據香山協副將和澳門總口稅務委員稟報，查該貢船既由澳門外海洋面順帆駕駛，似系經田浙江一帶外洋直達天津。」

馬戛爾尼順利地駛往舟山群島。一封封急件送往北京。英國蜜蜂已經觸及了天朝蜘蛛編織的絲網。

獅子號首先抵達舟山群島的邊緣。它選擇一個地方拋錨，等待其他船隻，後者再等三天就可全部趕到。數以千計的小帆船都駛來觀賞這前所未有的壯觀。異國情調是雙向的：「一名中國領航員和他的幾名同胞上了船。他們非常好奇地參觀了船上的一切設備。當他們在英使會客室裡看見他們的皇帝畫像時立即跪下，十分崇敬地叩了好幾個頭。」

在一張畫像前叩頭！馬戛爾尼見此覺得很有趣，但並未引起警覺。然而，英使見到的第一批中國的中國人的行為已向他表明了英國使團今後必須對付的主要困難。不過，他不願加以考慮。早在一七九二年二月，他就曾收

1　斯當東抵達澳門一事，廣州當局六天後才有所反應。不過，當時從澳門到廣州並非十分容易——即使再順利，也需三天。

到過凱恩卡特使團隨團醫師的一個十分明確的報告：大使將必須行三跪九叩禮，而且還不一定被理解為歸順。助爵聳聳肩說：「沒有任何新意。」他了解這個問題，但不願承認。

「中國威尼斯」

不論在澳門還是在舟山，英使都把和地方官吏接觸的任務交給了他的副手。他本人留在獅子號船內，船則停泊在離主島五十海里附近的安全處。喬治爵士登上克拉倫斯號。這艘雙桅橫帆船在舟山群島行駛，首先停泊於六橫島。這是他們首次和中國陸地的真正接觸——他們感覺似乎來到了另一個星球。

他們停靠在一個低海岸處：「這塊向海岸爭奪過來的平原，用堤壩保護著，已完全開墾，遍地是水稻和縱橫交叉的溝渠。」斯當東對如此精耕細作十分讚賞，但他馬上發現「人糞熏臭了中國農村」。他指出在這些「令人作嘔的糞便裡」，「農民精心地浸泡種子。種子經過播種前的這番處理後容易生成，並能防止害蟲」。從一開始，接觸他們就遭遇不同作物和不同文化的衝擊。

一個農民向這些外星人走來。他身著藍布衫，腳穿半長靴，頭戴尖頂草帽，草帽帶繫在顎下。這個農民見到他們時先是一楞，然後把他們帶進村子，並領到一農戶家裡。這家農戶主人看見這些洋人，驚訝不已。「房子屬木結構。房梁不是方形的，室內沒有天花板，所以屋頂的稻草暴露無遺；地面是夯打結實的泥土地。從房梁上垂下一些草席把屋子分成若干個房間。」直到今天，大多數中國人還是一家人都生活在用草席隔開的一間屋子裡。「屋裡有二架紡車，但都停著，沒人紡：婦女都已躲起來了」。到現在，有些農村的婦女還像過去那麼害羞。

第二天。雙桅橫帆船終於駛進舟山首府定海錨地：「那裡的人早已知道克拉倫斯號要來了，這就是中國的警覺性。一名軍官立即上船進行檢查。」定海總兵的接待還算熱情。檢查歸檢查，態度仍然彬彬有禮：送食品上船，在總兵府設宴招待客人，並有戲劇表演。寬敞的宴會廳四周是紅柱長廊。飾有各色流蘇的掛燈把宴會廳照得通明；有些掛燈是用繡花薄紗做的，有的則是用角質薄片做的，十分透亮以至誤以為是玻璃罩子。斯當東指出：「把羊角放在滾燙的開水裡泡軟，然後展平、刮淨、拉長。這種製作方法雖然簡單，但除中國以外，在別國都未曾見過。」這是首次技術交流。定海鎮還派專人請英使上岸，只是當英國人表示要立即謁見皇帝時，節日氣氛才告結束。

由於定海總兵已接到清廷諭旨，所以他向英國人提供領航員，準備沿著中國海岸把他們領到下一個省，然後一省一省地照章辦事，直到天津。但斯當東不願意沿海岸航行，他告訴總兵他要從公海取捷徑駛抵天津。這名中國官員聽了十分震驚。「他從未想過還可以從公海駛抵天津。他要求考慮一下，第二天再給答覆。」

經查閱中國檔案，這名不知所措的中國官員名叫馬瑀。英國人沒有料到他們因此而給馬瑀帶來了災難。這名總兵幾天前曾見過一艘英國船，這艘船是由英國東印度公司怕英使船隊有可能不經過澳門，而派遣來定海迎接英國特使船隊的。定海總兵對斯當東隻字未提此事——對此，清廷是不會指責他的。但是，定海總兵對清廷也隱瞞不報。為此，他以後會遭受皇帝諭旨的譴責。馬瑀「應嚴處」。可見，受監視的不光是英國人。

英國人利用停靠的機會遊覽市區。城內溝渠縱橫，河上架有一座座弓形小橋。街道都十分狹窄，路面鋪的是平板石。定海在英國人的眼裡便是「中國威尼斯」。如果您去定海的話，您會發現這個比喻多少有點誇大：比作威尼斯是為了頌揚這次來訪——以及來訪者。

忙忙碌碌的螞蟻群

在歐洲人眼裡，一切都是令人驚異的。這裡新奇的東西目不暇接，英國人真不知道先看什麼好。「這裡的房子都只有兩層。曲線優美的屋頂上，彩瓦猶似獸皮。屋脊頂端上有一些怪獸塑像」。這些理性主義者能想像得到屋脊上的怪獸是用來驅趕邪魔的嗎？

商店裡擺滿了衣服、食品、器皿，甚至油漆得很漂亮的棺材。攤位上擺著活的家禽，水缸裡放著各種魚和鱔魚，市場上還可買到供食用的狗。供寺廟裡焚燒用的香則到處可見。這是中國集市上常見的景象。

「男人和女人的衣著沒有區別，一律都是藍布衫，寬袍長褲。男人只留一綹長髮辮外前額都剃光頭。」十七世紀，征服中國的滿族人強迫所有中國男人都必須留這根標誌效忠的「豬尾巴」，違者往往處以極刑——這種懲罰一直執行到一七二〇年。到了十八世紀末，已經沒有人會想違抗這種侮辱性的規定了。

「那裡天氣熾熱，處處都是令人吃驚的忙碌景象。每個人都似乎必須努力工作，大家都像是忙得不可開交」。於是便有這麼一種說法：「中國無閒人。街上也看不見有閒逛的人，因為大家沒有時間閒逛。」無論是過去還是現在，這種螞蟻般的忙碌景象使外來遊客驚嘆不已。

「街上沒有一個乞丐。」法國目擊者則說得不那麼絕對：「乞丐是有的，特別是瘋瘋病人。」拉彌額特神父指出：「英國人之所以沒有看見乞丐，是因為乞丐都被藏起來了。」而赫托南的看法至今仍然是正確的。他說：「數以千計的窮人願意用肩膀扛運車子所無法裝載的東西。」任何一個中國人都隨時願意為掙到一枚銅錢或一團米飯而賣力氣。此外，中國家庭有互助精神，同甘共苦是一種習俗。叔叔會對侄子這麼說：「親人之間，不必客氣。」

經濟繁榮，乞丐很少；十八世紀的中國是繁榮的，但後來由於人口膨脹而衰敗。

小腳與盆景

遠遠見到的中國女子的雙腳都是殘廢的。「她們的腳趾好像都因傷而被切除。從小時候起她們的腳就被裹住，不讓其長大。大拇腳趾保持正常位置，其他腳趾則被壓緊，和腳掌形成一體」。做母親的應該監視她們的女兒，「防止她們去掉令人痛苦的裹腳布。這些女孩子後來沒有人攙扶就走不了路，她們走起路來顫顫巍巍的。」

習慣看法是不能改變的。「平民女子和農家婦女不裹腳，但別的女子非常看不起她們，認為她們只能做些最卑賤的活。」

中國女子要承受這種痛苦，這使斯當東產生一種想法：「像這樣一種習俗並不能用暴力來讓人接受。如果男人只是想把他們的妻子關在家裡，那麼他們完全可以用別的辦法做到這一點。印度的婦女比中國婦女更不自由，但她們的腳並沒有弄殘。如此荒謬的習俗只有婦女自己也願意才能得以普及和延續。男人鼓勵她們這麼做。就像在印度，男人鼓勵一種更加野蠻的習俗，即婦女在丈夫去世後由於害怕公眾的蔑視而不得不自焚。像這種觀念必須經過許多世紀後才會被人們接受下來。」如果孟德斯鳩還活著的話，他也許會同意斯當東的這種比較社會學的觀點。

馬戛爾尼的看法則不那麼絕對：「也許我們的習俗沒有弄到中國人那種程度。可是就只拿鞋子來說吧，我們不也是欣賞高跟鞋嗎？」他揭開了紗幔的一角。一名傳教士帶著一絲寬容的微笑悄悄對他說：「從愛情角度看，一只嬌美的小腳是非常撩人的。」今天我們知道，這種小腳性感很強。在吃了許多苦以後，小腳變成了使人意蕩魂銷的玩物。男人在作愛前必須首先撫摸女人的小腳。一個女子想要吸引男子的注意，往往會把穿著絲繡鞋的小腳——「金蓮」——露出裙邊。媒人會對風流男子說：「您大膽地摸她的腳。如果她讓您摸，這事就成了。」中國的情色畫裡就有全裸女子只穿一雙藏著受人崇拜小腳的繡花軟鞋的場面。

在定海總兵府裡，斯當東發現另外一件怪事。「許多桌子上擺著矮樹盆。有松樹、橡樹、結滿果實的橘子樹。所有這些灌木都不超過二尺高，然而看上去都顯得非常蒼老。盆裡的土上點綴了幾准小石頭，同這些矮樹相比，可以稱為岩石了。」

「盆景」的歷史可追溯到西元四世紀。一千年後被日本人摹仿，稱之為Bonsai（盆栽）。盆景和小腳的區別只是前者屬植物，而後者屬人類。中國人精心製作盆景和小腳，其方法是相同的：用結紮捆綁的辦法進行壓迫，抑制生長。兩者都由於嬌小精緻而出奇地引人注目。

反之，「黑髮人」發現了「紅毛人」。雙方都為之驚異：「他們蜂擁而至，把我們團團圍住。人們走近我們時親切但又不喧嘩。」「他們看見我們塗有髮蠟、撒有香粉的頭髮不禁哈哈大笑。」英國人身穿窄版緊身的歐洲服裝，根本不適合亞熱帶的炎熱天氣；而他們周圍眾多的中國人則穿很薄的衣服。

一個人的初次印象是很有影響力的。這些英國人敘述的見聞充滿著熱情的新鮮感。對他們來說，即使定海這麼一個普通的港口也具有新事物無與倫比的魅力。他們是在定海首次聽到當地百姓的哄笑聲，他們後來在中國走到哪裡都引起這種哄笑。他們以為自己是作為世界的主人來中國的，也正是在中國他們發現自己成了嘲笑的對象。

第九章 搜羅領航員（一七九三年七月六日～十八日）

第二天，即七月六日早晨，英國人再次為定海總兵接見。總兵穿的袍子上繡有一隻雄獅，這是他軍職的標誌。陪同他接見的有兩名文官和好幾名下級官員。大家在鋪有「英格蘭猩紅呢」的扶手椅上落坐，然後按照傳統習慣喝著中國茶。先是總兵打著手勢發言。「李子先生」把他說的要點歸納如下：「中國人自古以來都是沿著海岸從一個省到另一個省這麼航行的，因而這是我們唯一可以採用的做法。」又是傳統習慣。

斯當東答道：「英國船比中國船大，所以應該走公海。如果舟山無法提供領航員，那麼我們就到寧波去找。」

總兵怎麼能承認一個來華進貢的夷人的航海優勢呢？但他看見斯當東決心已定便驚慌了起來。他老老實實地承認說，如果英國人去別的地方尋找他所不能提供的領航員，別人一定會怪他接待工作沒有做好，皇帝「可能會罷他的官」。他指指他帽上的一顆紅珠——二品官的標誌。「因為害怕丟官，他便派人滿城尋找去過天津的人。」這名高級官員對皇帝表現得如此敬畏，使英國人感到十分奇怪。

派出的士兵帶回來「一些搜羅來的可憐蟲。他們趴在地上回答問題。他們當中有些人去過天津，但從未當過水手；還有一些人雖是水手，但從未到過天津港」。於是，總兵命令再次搜尋。派出的士兵終於抓到兩個符合條件的男子，雖然這兩個人已經很久沒出海了。這兩名男子跪在地上懇求放他們繼續做生意，但怎麼求也沒有用。巴羅總管不禁為這兩名男子抱不平：「總兵非常嚴酷無情。他要求這兩名男子準備好，即刻出發。」

「中國人那種令人難以置信的惰性」

巴羅最後寫道，中國人千方百計「避免作長途旅行。沿海一個口岸到另一個口岸的貨運使大批中間商獲益，因此運到京師的物品十分昂貴。同樣地，從亞洲到歐洲陸運的貨物也由於透過商隊一站站地轉運而變得十分昂貴。

運輸網起點的商人和運輸網終點的商人之間沒有任何聯繫。」

因此，這些龐大漂亮的英國商船讓他們驚愕得目瞪口呆：「從一些小港裡駛出的帆船蜂擁密集，使英國船隊很難在穿行時不撞壞幾艘。可是，帆船上的中國人毫無懼色。」

巴羅驚奇地發現中國帆船很不結實。由於船隻吃水太淺，無法抵禦颱風的襲擊，然而船上仍裝滿供建築用的木材。「所以好像只要一陣風就可使船隻傾覆。」安德遜看了兩個世紀以前的圖畫後發現：「帆船沒有任何變化。」如果安德遜活到今天，他還會發現，到了二十世紀八〇年代，帆船仍無變化；不過，越來越多的船已沒有帆，而裝上了馬達。

航行技術是陳舊過時的。「他們沒有任何手段來確定經緯度」。然而他們聲稱，他們有好幾位古代航海家曾經出洋遠航過，「靠的是刻在一只葫蘆皮上的航海地圖」。我們英國人雖很難相信，但不得不承認中國人發明了指南針，甚至「在歐洲尚未開化時」已會使用指南針。

奇怪的是，中國人發明了指南針，幾個世紀過後，歐洲人從中國人那裡借來了指南針，並依靠它出海遠航，發現各大洲。另外一點也很奇怪，那就是早在歐洲人之前就曾遠航至非洲海岸的中國人，就在歐洲人靠著他們發明的指南針來到遠東時，他們卻不曾再離開自己的海域了。為什麼航海業經過宋、元和明初的盛世之後到了清朝便變得衰敗了呢？

不過，中國人看指南針與歐洲人剛好相反。乾隆的祖父康熙皇帝的看法就很說明問題：「我聽說歐洲人硬說指南針的磁針是朝北的。我們最早發明指南針的祖先說磁針是朝南的。我越想越堅信我們的祖先處處有理。」

在守舊派和現代派之間的無休止爭論中，皇帝明確地表了態：「今天只是退化了的過去。」雖然皇帝是來自北方的滿人，他的論據卻是始料不及的：「在北方，一切活動在凋萎、在衰亡，吸引磁針的力量怎麼可能來自北方呢？」的確，所有的宮殿、寺廟及紫禁城全都是朝南的。「力量、精氣和繁榮都在南方」。今天，人們在作南北對比時，看法則相反了：南方不幸，北方走運。

然而，始終令人吃驚的是，雖然有指南針，中國船的構造根本不適應航海，但「居然能進行像駛往巴達維亞那樣的危險航行」。另外，海難經常發生：「光在廣州港一個口岸，每年海上遇難人數達一萬至一萬兩千人。」每當一艘中國船準備啟航去國外時，「人們認為它很可能會沉沒」。

擅於思考的馬戛爾尼提出了一個很好的問題：「中國人首次看見歐洲船隻至今已有二百五十年，他們毫不掩飾對我們航海技術的讚賞。然而，他們從未模仿我們的造船工藝或航海技術。他們頑固地沿用他們無知祖先的笨拙方法。由於世界上沒有一個國家能比中國更需要航海技術，因而中國人這種惰性就更加令人難以置信。」

中醫「十二脈」

克拉倫斯號有一人因為吃水果吃得太多而腹瀉。在那年代，病魔與死神不斷降臨到海船上。因此，稍有「拉稀」，人們都要認真對待。當時，克拉倫斯號上既沒有醫師也沒有藥品，只得向一名中國醫師求救。「他神色莊嚴地抓住病人的左臂，對病情和病因不提任何問題。先是用四個指頭，然後用三個指頭，二個指頭，最後只用一個指頭號脈，並不斷變換位置；他的手推前推後，好像在彈鋼琴似的。他雙眼注視地下，一言不發，似乎脈搏的跳動會顯示出病的性質。他說，病的起因是胃（根據症狀，這無疑是胃的毛病。上船前就應該有人告訴他病人的症狀）。然後，他開了一副由病人自我調理的藥方，病很快就好了。」

這種有教養的懷疑態度預示了之後兩個世紀西方醫師對中醫的態度：在他們看來，除了西醫這種科學和合理的醫學外，世上沒有任何其他辦法可治病救人了。中國人的「十二脈」，他們的草藥與針灸都是「江湖騙術」。

航行不靠領航員

定海總兵上雙桅橫帆船作回訪。桅杆的高度以及爬在桅杆上收帆的水手都使總兵感到詫異。「中國水手幹活時都不離開甲板」。克拉倫斯號帶上中國領航員後便出發，和獅子號會合。

七月七日，克拉倫斯號和英國船隊終於會合。兩名中國領航員，一名安排在獅子號，另一名安排在印度斯坦號。斯當東自豪地說：「英國船隊已到達歐洲航海家曾到達過的最遠海岸。在沒有航海地圖的情況下，英國船隊需要跨過十個緯度，只有那些沿海居民才了解的海洋：即介於中國、韃靼和朝鮮之間的黃海。」

七月八日啟航。中國領航員從看不見他們所熟悉的海岸線時起就沒有什麼用處了。「歐洲領航員一上船就儼然以主人的姿態發號施令起來，而這兩位中國人一見到這種新的場面似乎驚呆了。」他們是否還認為中國位於世界中心，而周圍的海洋則通向烏有呢？英國人毫不猶豫地駛往深海，「為了謹慎起見，他們讓兩艘雙桅橫帆船作先導」。測航儀器比領航員要更有用。

兩種速度

英中雙方的交錯見證突出了雙重文化差距。英船航速之快，且又是在中國人所不熟悉的海面上高速航行，這使朝廷大為吃驚。一位中國官員在報告裡表示不明白為什麼英國船能有如此水準。但是，正當英國船隊駛往天津時，清廷驛傳奇蹟般地向北京報告英國船隊的航行情況。中國驛夫騎著驛馬從陸路奔馳。下一站的驛夫一聽見前站驛夫到達的馬鈴聲便立即跳上馬，接過郵件。中國郵政超過英國郵政，就如英國船隊超過中國船隊一樣。中國航海業停滯不前已有三個世紀。從十六世紀起，英國選擇了海洋，而中國則選擇了陸地。它們在各自選擇的領域裡所取得的成就都是任何它國所沒有達到的。

關於中國人不發展航海技術的原因，斯當東客氣地指出：「需要是發明的最大動力。希臘人雖然以他們的眾多發現而令人讚賞，但他們從來都不會確定一艘船在海上的位置，因為地中海上布滿了無數的小島。中國人具有同樣的優越條件。歐洲人只是從他們必須作遠洋航行時起才開始完善他們的航海技術。」

這種看法可說明許多問題，但為什麼中國人沒有感到這種「需要」呢？尤其是為什麼中國人缺少促使西方人探索的激情呢？西方人的開拓精神並不來自於需要，而純粹來自於一種探索新天地的求知激情，來自於一種不斷進取的激情。

七月十二日，「濃霧瀰漫，站在船首不見船尾」。這片海域對西方人來說是完全陌生的。探險者的習慣是對發現的陸地加以命名。伊拉斯馬斯．高厄爵士也不例外。他在航海地圖上標上了新的地名：馬戛爾尼角，高厄角，斯當東島。幸虧中國人什麼也沒聽說。否則，他們對這些象徵性占領中華帝國海岸的「貢使」會怎麼想呢？今天，由於民族主義和意識形態的原因，情況恰好相反：在文化大革命期間，北京的「使館區」取名為「反帝路」，蘇聯使館所在的那條街取名為「反修路」。天津的維多利亞大街改名為「解放路」。出租車司機已把維多利亞島叫做

「香港」。為一件東西命名，就是要讓它為自己誕生。

正當英國人得意地把中國的地方用自己的名字命名時，中國人則在準備把他們控制起來。由中堂和珅發出的朝廷諭旨通知直隸總督梁肯堂說：「查嘆咭唎國貢船於五月十三日（即西曆六月二十日）經過澳門，二十七日即抵浙江定海。自屬風色順利，行走妥速。其行抵天津後，因貢船笨重，天津內洋水淺不能進口。必須另換駁船方能收泊內洋。前至內河又須再用小船。貢物甚多，輾轉起拔，不無尚需時日。臣現又恭錄諭旨，行知天津道等隨同鹽政徵瑞俟該貢使抵津後妥為應付。」

梁肯堂回奏說：「嘆咭唎國貢物甚多，臣已飭令所屬設法徵租所有船隻。」

七月十七日，巴黎。馬拉[1]被刺四天後，夏綠蒂．科黛[2]身穿殺害父母的罪犯所穿的紅袍走上斷頭台。

1 編注：馬拉（Jean-Paul Marat, 1743-1793），法國大革命時期著名的革命家和政論家，一七九二年九月當選國民公會代表，翌年五月參與起事，推翻吉倫特派統治，建立雅各賓專政。後遭暗殺身亡。

2 編注：夏綠蒂．科黛（Charlotte Corday），出身破落貴族家庭，是溫和共和派的支持者，因不滿馬拉的專制獨裁，遂在吉倫特的號召下，前往巴黎刺殺馬拉，後遭逮捕而被判處死刑。

第十章 「英國的名聲」

（一七九三年七月十九日～三十一日）

七月十九日。獅子號在芝罘拋錨。中國領航員以為是廟島，其實廟島位於北邊更遠的地方，這證明了英國人瞧不起他們是有道理的。

由於使團下船的時間臨近了，馬戛爾尼命人向四艘船的全體人員莊嚴地宣讀關於行為準則的通告：「使節團任務的完成全賴能否取得中國人民的好感，而中國人民對英國的好感則又完全取決於我們在他們面前的言行表現。不幸由於過去在廣州的少數英國人的不軌行為，在中國人的心目中英國人被視為歐洲人中最壞的民族……即使是一名最卑劣的中國人，當他和外國人發生爭執時，中國當局也會站在中國人一邊。如果中國人死了，那麼中國當局會為他報仇[1]。在廣州，一艘英國船的一名炮手因不慎打死了一名中國農民而被判死刑[2]。因此，即使對最貧賤的中國人也必須態度穩重、和善。」

因此特使要求使團全體成員為「光耀英國的名聲」必須表現出有秩序、待人溫和與守紀律。如果發生不端行為，他「認為有責任懲辦任何違反者」。不僅如此，他「將讓中國司法機關處理」。這是一個可怕的威脅！由於他的指示是為了避免他的同胞落到中國司法機關之手，所以萬一出事，他會因為不得不這麼做而懊悔不已。不過，他的隨行人員沒有見到這些指示……

未經他的允許，任何人都不准上岸。一旦上岸，不能離開駐地，尤其是絕對不能做生意。「當談判進展到使團

---

1 最近還是如此。假使發生一起車禍，一名在華工作的西方人不慎撞死一名中國人，即使他沒有任何肇事責任，也會被立刻遣送回國。決定這一切的不是動機，而是結果。

2 根據其他消息來源，一七八四年，休斯夫人號上的炮手打死了兩名中國船工。他是想發射禮炮，卻不知火炮裡已裝上炮彈。

認為勝券在握時，特使閣下將很樂意取消這一規定。」

就這樣，雖然這次出使完全是為了做生意，但在目的沒有達到之前卻不得不禁止做生意。這是虛偽嗎？不是。就這一點而論，這是對中國人心理的透徹了解。斯當東和巴羅都沒有忘了告訴讀者，中國人——至少是中國官員——蔑視貿易。巴羅寫道：「中國人從小時候吃奶起就逐步養成了對外國人和商人的偏見。」斯當東指出：「在中國只有四個階級：文人以及從中選拔出來的官員、農民、工匠，最後就是處在最底層的商人。」

英國東印度公司機密委員會甚至允許馬戛爾尼免除印度斯坦號指揮官或其他軍官的職務，如果他們「違抗特使閣下命令或做生意的話」。馬戛爾尼頭腦很清醒，他知道英國人的名聲不好；英國人既是商人又是壞人——不能有比這更壞的名聲了。

英國人要擴大貿易關係就必須以嶄新的面貌出現。然而，羞於談貿易也有麻煩之處。和英國使團接觸的中國地方官員發現除了給皇帝的貢品外什麼也沒帶來時，他們定會流露出失望的神情。對中國地方官員不送一點禮物嗎？這些手錶和八音盒一個也沒有嗎？中國官員很想得到或者至少按賣給朋友的便宜價錢買下來，然後再以好的價錢轉賣出去或贈送給有勢力的保護人。友誼需要維持，否則就會消失。

正當英王特使把他的意願告訴給他的隨行人員時，皇帝關心的是提醒他的官員們應遵守不可變更的規矩：「應付外夷事宜，必須豐儉適中，方足以符體制。此次嘆咭唎國貢使到後，一切款待固不可踵事增華。但該貢使航海遠來初次觀光上國，非緬甸、安南等處頻年入貢者可比。」

真是對英國特使特殊對待嗎？並不怎麼特殊！「若該貢使等於六、七月內始到，維時帶往熱河，與蒙古王公及緬甸貢使等一體宴賚觀劇，較為省便。」

「對遠來貢使不可頂撞」，皇帝硃筆批道。對嚮往我國文明的夷人不可熱鍋快炒，而只能文火慢煮。

天朝官僚機器開始運轉

突然出現一艘歐洲造的小型船隻。「這是勉勵號，船長叫普羅克托，奉東印度公司之命接應我們。由於沒有找到我們，他們便在黃海口巡邏。」原來，英國東印度公司擔心萬一馬戛爾尼在澳門不停靠。為保險起見，決定派該船向馬戛爾尼報告北京的最新消息。「勉勵」號便加入英國特使船隊，成為特使船隊的第五艘船。

七月二十日。英國人靠岸想去登州府。他們發覺廟島並不是原來想像的中國大陸的一個港口，而是一個島；還發覺他們停泊的地方很危險。

登州知府是一名高級官員。馬戛爾尼寫他「彬彬有禮，聰明好奇」。他登上獅子號，向英使介紹經由陸路去北京的各種辦法。「朝廷已就此問題給了他指示」。中國人非常不喜歡海上旅行。馬戛爾尼則想繼續他的海上航行。再說，他從一名新領航員那兒得知，這個季節北直隸灣沒有任何危險；而且經由內河把行李運到天津的帆船都已準備好了。「這些帆船船體大，結構好，因此我們的箱子絕不會受損或受潮。」

七月二十二日，五艘船揚帆起航了。它們花三天時間抵達白河口，但由於河底的沖積土層很厚，船隊無法開進去。因此，二十五日凌晨，船隊在離海岸五海里，水深只有七英尋處停泊。「豺狼」號往前行駛，抵達大沽。

晚上，豺狼號回歸船隊；坎貝爾和赫托南向馬戛爾尼匯報，介紹他們所受到的相當不錯的接待情況。

當然，他們也不得不回答了許許多多有關使團的問題：人數、年齡、人員的職銜、獅子號與護衛船的馬力、禮品，等等；有一名祕書把回答記了下來。中方告訴他們，有兩名高級官員將上「獅子」號向英使致意並一起商量去北京事宜。

這是和天朝官僚機器的首次接觸；它龐大的機構既負責接待英國使團，也負責把它碾得粉碎。

第十一章 運送禮品（一七九三年七月三十一日～八月五日）

七月三十一日，中午。所說的兩名中國高級官員來了。「他們從未見過像獅子號那麼又高又大的船隻。他們不知道怎麼從船舷上船。我們只得用繩子捆住一把扶手椅，降到他們的帆船上，然後靠滑輪把他們升到甲板上。」還有一名官員，他的品位最高，「由於怕海」，寧願留在陸地上。

清廷檔案使我們知道了英國人所沒有弄懂的原因。欽差大臣徵瑞之所以沒有上船，完全是出於禮儀上的考慮。朝廷大臣是不屑於上外國船的。通常是他們的士卒先爬上外國船，然後接過從朝廷帆船的高處拋過來的竹製跳板。這位要人就藉由這個跳板下到外國船上。可是獅子號船體高大，無法安排這種傳統的下船儀式。皇帝的欽差如果像蜘蛛似地搖搖晃晃地被吊在纜繩一端，那是有損尊嚴的。他丟了面子，也就是丟了他所代表的皇帝的面子。

七條大帆船跟隨在後，船上裝滿了食品：「二十頭牛、一百二十頭羊、一百隻雞、一百隻鴨以及數十簍各種食品。食品是如此之多，以至我們只接受了一小部分。」「外國人只有在東方才能遇到如此殷勤的」款待。中國的好客，「十分講究形式，即使對敵人也如此」。

兩名上船的中國官員分別姓王和喬。王是武將，頭戴二品紅珊瑚頂戴，上有一根皇帝特賞的花翎。喬是文官，他的帽子上那顆圓珠是藍色的，比紅色的低一級。「經過一番寒暄之後，我們開始工作」。商談了有關禮品從英國船搬運到中國船上的一切細節。當然，他們又要求開列禮品清單。把所有禮品倒到中國船上的工作將需要四至五天。

談判完後雙方便在獅子號上用餐。飯菜豐盛，氣氛友好。這兩名中國官員十分靈巧地學用刀叉進餐。他們很喜歡喝英國酒：刺柏子酒、朗姆酒、櫻桃白蘭地酒。馬戛爾尼寫道：「他們走時緊緊地和我們握手告別[1]」，這是不足為怪的。他們走時比他們來時更需要借助於安樂椅了。

馬戛爾尼為能在獅子號上款待客人而感到十分高興。但那一天卻成了他作為船上和海上主人的最後一天。英國人還不知道，他們一上岸就會由這兩名友好官員陪同，並受到監視。一會兒被帶到一個地方，一會兒被拒之門外，一會兒又被帶回來。總之，他們的行動將完全失去自由。

文官與武將

王與喬將要陪同英國使團幾個月。斯當東對他們從上到下做了一番描寫：「喬是一名文官。他講話始終不慌不忙。一切都表明他有很強的判斷力。他唯一關心的似乎只是不折不扣地完成他的任務。他曾是皇家某個孩子的家庭教師。人們都認為他是一位學識淵博又十分通情達理的人。」這就是一名英國文人對一名典型的儒家文人的很好描繪：沉著、謙恭、有威信但又毫不炫耀。

「王是一名武將。他為人純樸、豪爽、勇敢，這是軍人生涯所需要的品質。他體魄強健，身材高大。他身上傷痕累累，站立時十分挺拔。由於他氣力過人，武藝高強，所以他在使用弓箭仍然多於使用火器的中國軍隊裡很受敬重。他對新交的朋友十分隨和，就像對待相識已久的老朋友一樣。」

文官加武將，這就是統治中國的「天朝官僚體制」的雙重結構。天朝官僚體制一直在尋求某種平衡：文官占領導地位——文官在中文裡的意思是「文人」；武將擁有強大的影響力。作為長征的光榮倖存者、紅軍的絕對主宰的毛與鄧不也是身為文官而執掌國家最高權力的嗎？無論在中國還是在羅馬共和國——同樣也像在所有的民主國家——官袍勝過武器。

在不同年代裡，這個規律也會遇到例外。作為征服者的滿族人曾一度突出軍人地位。二〇年代的「軍閥」是

1 此舉讓人覺得十分不可思議：清代中國人是不握手的，而是多次鞠躬。

如此，後來的文化大革命由於需要控制局勢，也再次提高了軍人的地位。軍隊至今仍然是制止動亂的手段。中國人對此習以為常。不過，王的地位並不始終高於喬。

禮品清單

正當苦力把禮品箱從英國船搬運到中國帆船上去時，馬戛爾尼再一次令人開列禮品清單。他認為，為了增加禮品的光彩，最好用「東方」風格來介紹這些禮品。

所謂「東方」風格，只是馬戛爾尼自己對「東方」風格的看法——描述時要用誇張手法。但他卻忘了中國禮貌的首要一點就是應該貶低所贈禮品的價值，以免受禮的人感到羞辱。可是，馬戛爾尼怎麼願意說他帶來的禮品「只是一些紀念品」、「小意思」，「我們窮國的一些小玩意兒」呢？他自然就顯得狂妄自大了。

「如果贈送一些只能滿足一時好奇心的時髦小玩意兒，那是有失禮貌的。因此，英王陛下決定挑選一些能顯示歐洲先進的科學技術，並能給皇帝陛下的崇高思想以新啟迪的物品。」

下面是主要禮品的介紹：「**天體運行儀**，它代表宇宙，而地球只是其中的一個小點。這是天文學和機械學最佳結合的產品。該儀器準確地模仿地球的各種運動，月球繞地球的運行；從儀器上還可看到太陽的軌道，帶四顆衛星的木星，帶光圈及衛星的土星等。這架天體運行儀最後還能模擬各天體的蝕、合和衝。它指出人們觀察時的確切月、周、日、時和分。該儀器是歐洲最精美的，它所設計的天體運行情況可適用一千多年。

「一個**地球儀**。它上面標有地球的各大洲、海洋和島嶼。人們可從上面清晰地看到各個君主的國土、首都以及大的山脈。該地球儀標有受英王陛下之命在世界各地遠航所發現的新地方，並畫出所有這些遠征的航海路線。」

各種類型的武器

禮品介紹中巧妙地塞進了政治，甚至恫嚇：「歐洲其他國家都承認英國是世界上最強大的海洋國家，因此英王陛下想在給皇帝陛下派遣使團的同時派遣幾艘最大的船隻，以示敬意。但鑑於黃海裡有暗礁，而歐洲的航海家又根本不熟悉這段航路，英王陛下不得已派遣一些較小的船隻。另外，英王陛下贈送給皇帝陛下英國最大的、裝備有最大口徑的火炮一百一十門的君主號戰艦的模型。」這是想暗示裝備有六十四門火炮的「獅子」號及其四艘護航艦只是英國強大海軍艦隊的微不足道的一部分。倫敦方面可以派遣它的強大艦隊開赴廣州，如果……

禮品介紹中還專門提及了「榴彈炮、迫擊炮」以及手提武器：卡賓槍、步槍、連發手槍。這也是為了暗示英國武器的絕對優勢，但同時也是為了謹慎地大量推銷世界上最好的兵器。當然，禮品介紹中也提及「削鐵而不捲刃的利劍」——這是為委婉地介紹英國特種鋼方面的優勢。

接著，禮品介紹又同樣詳細並同樣浮誇地談了赫雪爾望遠鏡、碼錶、威治伍德瓷器、帕克透鏡、布料……

禮品介紹中最後開列的是油畫：「王室成員」和「著名人士」的畫像；「城市、教堂、城堡、橋梁、陸戰與海戰、船塢、賽馬等真實寫生畫」。

中國人的看法

王和喬說他們感受的印象非常深刻，英國人更加喜歡他們倆，這是一種突然產生的好感。可我們對這兩名中國人是否喜歡英國人則一無所知，因為他們無權直接與皇帝通信。馬戛爾尼與天朝官僚的首次接觸情況是由第三者，即欽差大臣徵瑞寫奏摺給皇帝的，儘管他本人並未在場：「嘆咭唎國貢船仍來天津海口停泊。奴才擬赴該船時先告知儀注，該正貢使馬戛爾尼自以品級尊崇，須平行相見。若奴才先行往見，有失體制。」（在奏摺的邊上，皇帝硃批：「又太過了。」這位欽差大臣比皇帝還更維護帝制。）

「是以即令同出海口之天津道喬人傑、通州副將王文雄過彼船內，諭以『欽差出海查看表文（喬治三世信件）貢單，令我等過船來取』。該貢使免冠，遙向奴才口稱：『蒙大皇帝如天之德。』其接待道協二員亦極恭敬。大船艙內正中供奉皇上聖容，外邊裝金鑲嵌珠石，外罩大玻璃一塊。該貢使十分肅敬，不敢在此起坐。

「其貢物內有見方一丈多者一件，現已分裝數箱，易於運送。據稱貢品俱可運至熱河，惟此件製造精巧，國王極為珍重。如在熱河安設，再行拆動，必致損壞，不能收拾。奴才未敢擅便，理合請旨遵辦……嘆咭唎國遠在重洋，經數萬里之程，歷十一月之久，輸誠納貢，實為古今所未有。」

欽差大臣的奏摺與其說是向皇帝報告實情，還不如說是揀皇帝愛聽的匯報。

怎麼讓對方明白

最初是周、安和王諸位神父，後來是安納和拉彌額特神父，甚至小托馬斯也都參加，他們非常吃力地翻譯了禮品清單和國書。中文譯本是從赫托南提供的拉丁文本譯過來的，至今仍保存在清廷檔案裡。不過，這中文譯本很不易懂。例如，英國人所稱的「天體運行儀」是用的音譯。

在皇帝身邊的傳教士又把中文本重譯了一遍，因為「朝廷用的文字只有經常出入朝廷的人才熟悉」。他們把「天體運行儀」巧妙地做了解釋性翻譯，寫成「天文地理音樂鐘」。

可以想像，這雙重翻譯會有多少曲折與困難。中文和英文都有各自的高雅語言。中華帝國的所有官員都使用古典漢語——不是文人是無法懂的。拉丁語是歐洲知識分子的交際語言——不錯，它在「世界性的法語」面前正在衰落。但不管怎麼說，英國人可以靠拉丁語和一名曾在義大利學習過的中國傳教士對話。

在二十世紀的中國，古漢語幾乎只在大學裡教，而且學的人寥寥無幾。在歐洲，即使在教堂裡也已經不用拉丁語歌唱了。而現在法國或德國商人到中國講什麼語言呢？他們講馬戛爾尼的語言。英國使團在這次文化碰撞中戰勝了兩個「天朝的」官僚體制——並戰勝了他的所有競爭對手。

第一次中英對話也使英國使團的翻譯力量經受了考驗。在澳門時，英國使團的兩名翻譯中的一名因為害怕而出走了。留下的那位滿族人便繁忙不堪。喬治爵士和小托馬斯欣喜若狂地一試他們的才幹。斯當東很容易承認孩子的才幹，因為父親為孩子成功所感到的驕傲大大沖淡了自己失敗後的不快。「我們想考考使團裡兩個人的才幹。在整個海上航行過程中，他們都學習中文。一個人以成年人鍥而不捨的精神全力以赴地學。但使他感到羞辱的是，中國官員講話時，他一個字也聽不懂，而他講的中文，中國官員一點也不懂。另一個是位小男孩，他肯定沒有那名成年人那麼用功，但他腦子靈。需要時，他的確能充當一名相當可以的翻譯。」

這真是一種超現實的情況：一個使團在中國能否成功的一切希望都寄託在一名滿族傳教士和一個英國孩子的身上。前者少年時代便到歐洲，對中國除了一些記憶外毫無了解；後者對中國只有一些書本知識。至於政治，兩個人都一竅不通。

他們的首次翻譯工作是否成功呢？不成功。徵瑞在奏摺中指出：「錯字很多。」他們在描述禮品時傾注那麼多的熱情，寫得那麼詳細，可中國官員只用禮品單上的號碼作為標誌。中國官員並不問這些禮品有什麼用，重要的是，一件也不能少。

忙碌的蜂群

八月二日開始把禮品箱搬運到中國的大帆船上。這可不是一件輕而易舉的事情：梁肯堂總督在八月三日的報告中寫道：「貢物起撥進口者連前共有五百九十餘件。現在陸續撥運。尚未完竣。該船人等於貢物起完後隨同進口。」的確，只是在中國人運完了所有禮品後，使團才獲准下船，「貢物」當成護照用了。

裝卸工作於八月四日結束。到了大沽又得把進貢禮品搬到小一些的帆船上才能沿河而上，開到離北京十二英里的通州。內河航運到此就結束了。「中國人做得很好。他們不停地唱著、喊著，但很守紀律，聽從指揮。他們很聰明，有很多好主意與竅門。一些中國官員統計禮品數並發給收條——任何禮品都不必擔心會丟失。」

溫德承認：「我們以為中國人很不擅長使用機械設備，我們向他們提供了一些滑車，但這種擔心是多餘的。他們依靠自己的技術，用綳緊在桅杆間的繩子上的滑輪把最重的箱子搬來搬去，靈巧得令人難以置信。」赫托南也同樣感到吃驚：「我們本來擔心那些大件禮品搬上中國帆船時難免會受到損壞：這種擔心是不必要的，因為他們人手很多，又非常小心謹慎。中國人的主要食物幾乎只是大米和水，但他們的力氣卻很大。而我們的水手每天有肉吃，有酒喝。」

這些看法至今仍是正確的。中國人搬運時的靈巧是確鑿無疑的。他們今天的主要食物依然是大米和煮熟的蔬菜。一七九三年英國人享用的牛肉或羊肉至今在中國還很少食用。

勛爵看到中國人如此認真也就放心了。他決定讓獅子號與印度斯坦號兩船離開。海底情況不明，船員又受到疾病的折磨，因此他把船隻都派往舟山群島，停泊在水深且能肯定獲得補給的地方。但他把印度斯坦號的指揮官馬金托什船長帶往北京，將來可讓他在初步談判後把首批報告帶回英國去。

當英使在八月五日離船上岸時，他受到十九響禮炮和三喊「烏啦」的歡迎，而水手們則受到了委屈，因為他們千里迢迢來到中國卻無緣「一睹中國著名首都的風采」。

有兩人因為必須待在船上而特別感到遺憾。他們就是安納神父與拉彌額特神父。兩人是從澳門上的船，中國官員不准他們上岸。想靠外藩使節到宮內為皇帝當差是不行的。因此，他們必須返回澳門，向兩廣總督申請入境。這是不可變更的程序，即使為了取悅於一個大國使團，這程序也不能更改。

第十二章　「對你來說，一切都是新鮮的」

（一七九三年八月五日～七日）

禮品一搬運完就開始上行李、兵卒和僕人。船上擁擠不堪。這種帆船由於吃水淺所以可一直航行至大沽。馬戛爾尼及其隨行人員很高興能乘三艘英國船靠岸——這是三艘最輕型的船：豺狼號、克拉倫斯號和勉勵號。

八月五日，小船隊進入白河口。船隊四周有許許多多的小船，河灘邊也站滿了人群，對此英國人不勝驚訝。「河岸兩邊有許多草頂泥屋，和罕布夏郡[1]的茅屋十分相似。」「孩子們幾乎都赤裸著身子，個個長得漂亮」，成年人「長得健壯，儘管很少吃肉」。這種飲食上迫不得已的節制反而有利於健康。馬戛爾尼對此百思不得其解，他的同伴說他之所以「因痛風而行動不便」，原因就是他「好吃」。

馬戛爾尼勛爵的視線尤其被婦女所吸引。「一些年輕女子沿著河岸輕快地奔跑著：她們的腳都完好無損。」聽人介紹說，女子纏足的習俗在北方各省比其他地方較為少見。女子的頭髮粗黑，編成髮辮後用一根束髮針束在頭頂上。」英使被所見的情景迷住了，一股意外的激情湧上心頭。「我情不自禁地想起莎士比亞《暴風雨》中米蘭達的驚嘆讚詞：『觀此芸芸之眾生兮，嘆造物之神奇！』」

馬戛爾尼忘卻了普洛斯彼羅對公主所提出的清醒警告：「對你來說，一切都是新鮮的。」他像那自以為終於抵達中國的克里斯托弗·哥倫布那麼興高采烈。他開創了一次出色的航行。「我的兵士被帶到岸上。他們個個喜形於色。王和喬走來邀請我們出席一個宴會。由於我感到疲乏，所以婉言謝絕了，並又向上游航行了一海里，一直

1　罕布夏郡（Hampshire），英國英格蘭東南部沿海的郡。

開到那艘供我使用的「遊艇」[2]才停下。這艘遊艇將載我開往離北京十二英里的通州。遊艇寬敞、整潔、舒適。在那裡我又見到王與喬，他們是來歡迎我的。」馬戛爾尼以為使團的每個成員都會受到同樣的接待：「使團的其他所有紳士似乎都受到了同樣的關照。」

此話說得早了點。「天文學家」丁維提的回憶可不太美好了。他只能在船上的一條長凳上過夜。他感到非常不適，所以「跑到甲板上，靠在一捆繩纜上試圖睡一會兒」。

無論在帝王中國還是在人民中國，代表團的團長、「貴賓」都受到體貼入微的照料。與此相反，其他的人就只得承受粗俗簡單的接待。中國社會過去是，至今仍然是等級森嚴的社會。

設施齊備，獨缺一樣

英國使團在大沽逗留了三天。所有的禮品、行李和人員都必須撤離原來乘坐的大帆船，改乘能續航至通州的小船。這就需要三十七條小船，浩浩蕩蕩，完全是一支船隊。

使團成員有一百多名中國官員隨行。英國人高興地發現他們將要坐好幾天小船去北京，特別是還要坐這些小船從北京返回。現在他們坐船進入中國錯綜複雜又非常廣闊的內河航運網。亞當·史密斯對此讚不絕口：「在中國，多種多樣的內河航運手段使搬運工作大大減輕，而且還降低了製成品的價格。」這位英國經濟學家之所以那麼稱讚「中國模式」，是因為英國人正是在十八世紀七〇年代才透過運河把各個工業基地聯繫起來，填補了與中國近千年的差距。

按照他們對舒適的標準，這些遊艇比起以前見到的簡陋的帆船要好得多。英國紳士們在艙裡有六個艙室，另外還有兩個作廚房用，一個作飯廳用。「掛在窗上的透明絲質窗簾隨風飄揚。」木船漆的是「黃漆，無論從光澤還是從細膩程度看，這種漆的質量都遠遠超過歐洲的各種油漆」。但赫托南悄悄地指出一點遺憾之處：「船上一切

2　這是英國人所用的詞，就是指「木帆船」。

都很方便，唯獨缺少我們歐洲人認為最主要的設施。」這個缺陷長期存在。

好幾名高級官員過來告訴馬戛爾尼說，受皇帝派遣來迎接他的直隸總督剛剛從離京一百英里外的保定來到。八月六日那天早晨八點，特使、喬治爵士、小托馬斯和翻譯「李子先生」坐上轎子。這種轎子是「竹子做的，上面鋪著緞子。每項轎子由四個壯漢抬著，兩個在前面，兩個在後面。」

威嚴從容的大臣

他們在一隊騎兵的護衛下來到海神廟。「那是高官顯宦公務旅行時下榻的行宮」，總督就在這裡宿營。海神廟的柵欄前有幾座飾有小旗的帳篷。好幾隊士兵，手持軍刀；一些騎兵背著弓箭，但都不帶火器，總督在廟門前友好地迎接四名客人，他請他們進入一間很大的客廳。很快，這間大廳就擠滿了總督的隨行人員。

照例是喝茶，「問我們身體如何」，「皇上對我們的到來十分滿意，並希望盡早與我們見面」……大家終於開始談論正事了：「We now entered upon the business.，我們現在開始談生意」馬戛爾尼的急切心情十分明顯。但不先說些空洞無益的恭維話，正事就沒法談。直到今天，這種習俗仍使許許多多西方商人感到惱火，因為他們的日程很緊，有時在飛機起飛前幾分鐘才簽好合約。

「我們告訴總督，由於使團人多，所帶禮品體積又很大，所以我們在北京需要寬敞的住處。」總督這時告訴英使說，皇帝想在熱河，即他的「避暑山莊」會見他。

馬戛爾尼頓覺手足無措，一切都變得複雜化了。如果去熱河，就必須把一大批禮品留在北京，因為從陸路這麼遠途運輸，禮品必然受損。但他只能強調表示他希望「使團將受到應有的禮遇」並在「相當寬敞的住所下榻」。

那麼究竟是誰通知馬戛爾尼必須去熱河的呢？真的像徵瑞的奏摺所說的那樣，是七月三十一日王和喬在獅子號上通知馬戛爾尼的嗎？還是像馬戛爾尼在日記裡說的是梁肯堂在海神廟裡通知他的呢？是誰在編造呢？難道是徵瑞想隱瞞喬和王沒有向馬戛爾尼轉達本應由他親自轉達的口信這一事實嗎？還是馬戛爾尼想讓人相信，所有重要口信都只能是由中國最高級官員向他轉達呢？但不管怎麼說——檔案是這麼記載的——中國人早就決定夷人要到熱河謁見天子。

暫時，英使先向總督提出要求，希望生病的船員能夠得到治療，伊拉斯馬斯・高厄爵士能得到一張通行證以便去廟島或舟山修船：「因為，時光迅逝，船隊應盡快離開北直隸灣。」

馬戛爾尼熱情洋溢地寫道：「在整個會見期間，總督聽取我們的請求時十分認真，同意我們的請求時也非常自然。他那泰然自如的神態實難用言語表達。他甚至還提出供應我們船隊足夠吃一年的食物。」這位英國勛爵在日記上只提了一筆：「我希望他送那麼多食物並不意味著他希望我們盡快走。」可他不知道，中國人從來沒有想過他會想長住中國。

但怎麼能對這位滿臉慈祥，銀鬚白髮，兩眼閃爍著智慧光芒的老人有任何猜疑呢？梁肯堂的仕途是有代表性的。他生於一七一五年，一七五六年考中舉人。先後擔任知縣、知州、按察使、湖南署理巡撫，最後在一七九一年擔任直隸總督，便身加黃馬褂、頭戴花翎頂戴。今天，他和馬戛爾尼相逢，他將繼續官運亨通。他在八十多歲時參加為「一千名德高望重的老人」舉辦的盛宴。後來由於他年事太高，不能再從事繁忙的政務，便在八十五歲時改任河道總管這一名譽職務。這就是巴羅所說的文官典型，其「禮貌和尊嚴是歐洲最機敏的權臣所不及的」。

英國人給人印象不佳

英國人回到遊艇，發現桌上擺著從未享受過的豐盛餚饌。馬戛爾尼一邊品嘗佳餚，一邊思考著和梁肯堂談話中出現的兩個新問題。

皇帝住在熱河這件事打亂了他的計畫。他的目的是創建一個永久性的使館，這個使館只能建在首都，一個和當時歐洲各國首都一樣固定的首都。因此，他需要有寬敞的房子——不僅僅是用來保護禮品。他不願聽到徵瑞七月二十六日對先遣人員坎貝爾和赫托南所提的古怪建議：英國人要賣的任何貨物都可以存放在天主教會。英國使團和基督教傳教士毫無關係——而且也沒有任何貨物要賣！他們只想要有屬於他們自己的房子！

馬戛爾尼的另一目的是要讓舟山港對英國商人開放。他巧妙地利用船隊遇到的困難使船隊獲准在舟山港臨時停泊。

關於在北京住下來的問題，馬戛爾尼開始以為他的要求已得到同意。至於船隊的停泊問題，他的要求也將得到滿足。他相當高興。可中國人並不如此。總督很快就發現英使對禮儀一無所知。有關接待他的諭旨也已向他宣讀過，可馬戛爾尼甚至連這個禮節問題都隻字未提，好像在他看來那是無關緊要的。

然而，中國朝廷正是根據這一點對馬戛爾尼作出判斷。正如中國官員隨即寄往熱河的信中所指出的那樣，對馬戛爾尼的印象很壞，因為這位西洋國王的使者沒有像所有在場的中國人那樣磕九次頭，而只是脫掉帽子。總督執行皇帝的指示：在禮儀方面先不要過嚴要求，但要注意觀察並隨時稟報。總督一眼不眨地注意觀察，而且還考慮了許多並寫道：

「次早，馬戛爾尼等上岸求見。臣等恭宣大皇帝有旨。該貴使向上免冠諫立。臣等恭宣：『大皇帝特命我等前來照料爾等前赴熱河。沿途館舍俱有餼廩。叩見大皇帝後又有筵宴賞賚。其留看船隻官員隨從人等，又命我等寬給食物，將來回國時並犒賞爾等一年米石。其肉食等物，船內難以攜帶，自有地方官資送接濟。』該使臣等敬聆之下極為感激歡欣，並據通事代稱：『我等萬里遠來叩祝大皇帝萬壽，盡一點誠心。』臣等宣傳恩旨後另邀該貢使等至東廳以禮接待[3]馬戛爾尼等復向臣等免冠合掌，亦極誠敬。」

總督的奏摺避而不談送禮人的願望。送禮人的願望充滿敬意，但他舉止失當。

總督送名片

總督寫完奏摺後開始對英使保持距離。第二天一清早，總督派王大人通知馬戛爾尼，說總督很想拜訪他。但由於年事已高，他不能走跳板上遊艇。馬戛爾尼回答說，他「因讓總督冒著生命危險或損害健康的危險來作一次普通禮節性拜訪而感到不安。」王指出，總督將坐轎子到跳板處，然後遞送他的名片，希望英使把這種做法看作是一次實際拜訪。

拜訪就是這麼進行的。總督來時排場十分隆重：前有軍事儀仗隊開道，後有一長串官員相隨。總督的座轎一

3 應理解為：在香案前三跪九叩，案上擺有表示皇帝「真身」的銘文牌。

落地；所有的人都同時下跪。這時，他派一名軍官把他的名片交給翻譯，隨後便立即啟程返回宿營地。

馬戛爾尼簡直不相信自己的眼睛，但他決定不因此而表示不快。總督前天旅行一百英里後依然精神抖擻，現在怎麼就不能走一段跳板了呢？別騙人了！他想接見馬戛爾尼，而又不願被馬戛爾尼接見。然而他事先曾巧妙地派人對英國人作過試探，他是在獲得對方同意之後才表現出自己高人一等的，這真是一堂出色的外交藝術課。

說到名片，當時在中國十分流行。

巴羅挽回了使團的面子，他強調總督的名片很大，與馬戛爾尼應受的禮遇相符：「總督送給英使一張用大紅紙做的巨大名片。把它打開的話，足可把房間的牆都蓋上。」

「駕馭遠人之道」

就在總督、欽差和英使交談時，一名驛卒正快馬加鞭地把皇帝的一封諭旨送給梁肯堂和徵瑞。如果馬戛爾尼知道聖旨的內容，那他一定會感到震驚的。「總督職分較大，若該督與貢使偕赴熱河，恐該貢使益足以表其矜傲。」因此，這位可敬的老人被建議去監督永定河治理工程。「是亦駕馭遠人之一道」。這是一名出色的韃靼騎士的行話：抓那困住馬嘴的籠頭牽著馬走，軟硬兼施。

不過，考慮到不同的風俗習慣，乾隆在同一封諭旨中對叩頭問題似乎表現得很通融：「倘伊等不行叩見禮，亦只可順其國俗，不必加以勉強。」

原先對英國人非常嚴厲苛刻，現在又這樣放鬆，這不令人吃驚嗎？中國皇帝是否放棄皇家禮儀了呢？根本沒有。他善於區分主次。他的寬容只限於對他的象徵物的態度？在聖旨或皇帝賞賜的宴席面前，在香案或欽差大臣面前都可以不必叩頭。乾隆願意放棄這些象徵性的禮儀，因為這些禮儀的意義顯然對智力低下的西洋夷人是無法理解的。這些情況馬戛爾尼並不知道，如果他知道原本會引起多大的麻煩，那麼可以想像他定會感到吃驚和沮喪。

乾隆以尖酸刻薄的幽默口吻訓斥徵瑞說：「試思該使臣向徵瑞行叩見禮，亦無足為榮；即不行叩見禮，亦何所損。」如果夷人叩頭的話，並不是衝著欽差大臣，而是透過欽差大臣的軀體，向皇帝的靈魂叩頭。而如果在不知道他叩頭意義的情況下叩了頭——叩頭表示順從完美無缺的天朝制度，表示歸順天朝文明——這對英使來說，也同樣沒有任何榮譽可言。難道一隻裝模作樣的狗向你致意就變得高貴了嗎？

不過，乾隆後來在給這兩位官員的信中又做了修正。他把馬戛爾尼比作安南君主。後者雖是國王，但心甘情願地順從中國禮儀，在一道簡單菜餚前也叩頭。馬戛爾尼不是國王，他只是一名**貢使**。因此，他應該尊重欽差大臣。

乾隆的指示不斷地在苛求和寬容之間搖擺。苛求，因為夷人「待之愈厚，則其心益驕」；寬容，因為應該讓外國人隨他們的「習俗」，俗——粗俗的禮貌——，和「禮儀」不同，禮——成為儀式的禮貌的最高形式。只要沒有在天朝熏陶過，夷人就沒法掌握它。

羅廣祥神父曾給吉涅騎士寫過一封信。當時後者還認為自己是法國國王駐廣州的代表，而路易十六早在七個半月前已被砍了腦袋。羅廣祥神父在信中寫道：「英使馬戛爾尼的船隊已到天津，有六名傳教士已被召去熱河。」確實，八月七日，和珅[4]在熱河召見好幾名最有能力的西方傳教士，他們是一些鐘錶專家和精通天文地理的人。他們之所以被召見，是因為他們精通西方事務和西方語言；皇帝也在作準備。

4 乾隆所寵的權臣、中堂大人。他同時主管內閣、軍機處和其他權力機構。

第十三章　禮品還是貢品？

（一七九三年八月八日～十日）

啟航的準備工作和航行秩序的安排都十分順利。馬戛爾尼非常高興：「中國行政機構是如此完善，如此有權威，以至隨時可迅速解決任何困難並做出一切人力所及的事情。」世上最反對官僚制度的社會的特使不禁對最官僚的制度倍加讚賞。

八月八日晚，為了慶祝已取得的成就，馬戛爾尼命令他的衛隊演奏銅管樂。天文學家發現，這些西洋樂曲「對中國水手沒留下什麼印象」。

第二天早晨——作為中國方面的回禮——鑼和皮鼓聲震耳欲聾。這是啟航的信號。溫德指出：「所有的船上都有這種聲音很響的樂器，不習慣的乘客因此從睡夢中驚醒。當船在航行時，鑼用來發信號，特別是用來指揮拉縴人的步伐。」

不到一小時，整個船隊都啟航了，並以每小時四英里的速度溯河而上。到達下一個停泊港天津需要兩天時間：八十英里蜿蜒曲折的河道。「河流由於彎彎曲曲而景色迷人，」天文學家寫道，「不用幾個小時，羅盤上的指針就轉了整整一圈。」赫托南說：「每時每刻我們都遇到一些急於看看我們的船夫。他們的臉上流露出吃驚的神情，很多人放聲大笑，用手指頭指著我們的長相或衣著上的怪異之處。頃刻間，河岸上人頭攢動，擠滿了好奇的人群。」

這些長期在海上航行的英國水手仔細觀察這數不清的內河駁船：「有些船很大：船身可達一百六十英尺。造得很結實。船形頗似給牲畜飲水的平底飲水槽；船的兩頭都往上翹，船尾比船頭翹得更高；船帆是用席子做的，成扇面形，依靠竹杆把船帆折疊起來。中國人不會使用雙滑輪滑車。」

安德遜數了數，在二十四英里的航程中一共遇見六百艘船，而在兩岸停泊的船隻至少有這個數的兩倍。「根據最保守的計算，我們至少見到五十萬人。」「迷人的鄉間小屋」，「精緻的花園」，「一塊塊整整齊的莊稼地」。

兩個世界的撞擊

給船隊增添許多光彩的旗幟中，有幾面旗卻令人擔憂。赫托南寫道：使團乘坐那麼多的船隻遠道而來，中國人見了一定非常得意，因為在長幡上用中文寫著幾個大字：「𠸄咭唎貢使。」無論在旗上還是在英使提供的禮品清單上，中國官吏都把禮——「禮物」改為貢——「貢物」。這一個字的改動使英使十分不快。中國官吏稱送給皇帝的禮品從來就叫做貢。

這是一種解釋，但沒有解釋對。再說，馬戛爾尼的使命並不是充當臨時的使者，只是送表示歸順的**貢物**來的。他作為首任常駐大使派往中國，並給皇帝帶來了禮物。我們現在掌握的文獻說明，中國人從一開始就不接受這種區分。他們對英國使團猶如對其他國家的使團一樣採用同樣的措詞和禮儀。

中國皇帝對此親自過問。他在熱河收到了禮品清單。讓乾隆十分生氣的是馬戛爾尼在中譯本中自己給自己封的「荒誕頭銜」：欽差，即「君主特使」——查理大帝稱之為「missus dominicus」。這正是徵瑞的頭銜。皇帝馬上在八月六日的諭旨中作出反應：「此不過該通事仿效天朝稱呼，自尊其使之詞。無論該國正副使臣總稱為貢使，以符體制。」

要和禮儀相符，要和過去曾有的、並將永遠不變的禮儀相符。「在今後的一切譯本中，一律改為**貢使或藩使**」。世上只有一個皇帝，那就是中國皇帝。同樣用「欽差」這個詞就等於把英王升格為平等的皇帝。馬戛爾尼不該以他和派遣他的人的關係來定銜，而應以他的使命來定銜：其使命是表示效忠天朝。

皇帝是世界秩序的中心，也是上天在這世上的唯一代表。他不能設想某個人竟要和他平起平坐。他是最有權威的文人，也是傳統習慣的捍衛者。孔夫子說：「君子博學於文，約之於禮，亦可以弗畔矣夫。」難道能讓一個不先適應中國的文字與禮儀的夷人接近中國嗎？永遠不能。

後來，徵瑞奉命在談話中加進一句話：「至爾國所貢之物，天朝原亦有之。」這樣，貢使就再也不能以這些奇特的禮品自吹自擂了。

顯而易見，他們想要打掉英國人的傲氣。有些不偏不倚的見證人，如朝鮮貢使，揭露中國皇帝的不良用心：「𠸄咭唎進貢物品製造奇巧，西洋人所不能及。」這正是英國人自己的看法。

與馬戛爾尼一樣，皇帝對一切都作周密安排。這遠不只是因為那一方極度敏感所引起的問題，而是兩種根深柢固的信念——一方是對宇宙秩序的尊重，另一方則是榮譽感——準備就一個禮儀問題進行較量。分歧的產生並不是像英國人以為的那樣由於低級官員不合時宜的干預；也不是像中國人以為的那樣由於夷人的無知。其真正原因是：一方覺得自己處在歷史的先進地位後就不願放下架子，而另一方則認為禮儀永恆不變，它是文明的基礎。兩個世界正是透過禮賓上的困難相互撞擊著。

馬戛爾尼暫時設法避免發生任何爭端，好像他懼怕撞擊似的。他裝作把旗上的「貢」字看成是用詞不準確，但他頭腦是清楚的。他在一七九三年九月三日寫的、至今尚未發表的出使報告中解釋說，他擔心他如就旗上的文字提出指責的話，不僅得不到糾正，甚至會使這次出使半途夭折。

即使你是來自一個海洋國家，當船就在岸邊，只要走過跳板便可踏上陸地的時候，你卻始終待在水上，這多讓人厭煩。有幾個幸運者曾在澳門、舟山或大沽上過岸。大多數英國人只曾離開自己的船登上中國帆船。天文學家決心要把大量資訊帶回以饗歐洲的學者專家，他記下了八月十日這一天。

首先，他對這條河的緯度「做了第一次測量，這條河的緯度在歷史上還從未測量過。」結果是三九．一〇度，和西班牙的托雷多在同一緯度上。接著，丁維提在採集植物標本時發現一種用來染色的植物，便拔了一棵。這種植物以前林耐[1]都未能辨認出來，這又是一個「第一」，丁維提為此感到十分自豪。一個中國人走過來給了他一棵毫無價值的蔬菜，這引起大家的哄笑。「低層的中國人一有機會就敢這麼隨便」。由於他的好奇心被中國人的好奇心所壓倒，他只得撤退，免得尷尬。

在陸地上自然要比在遊艇上更受本地人——看熱鬧的人或被認為是保護看熱鬧者的軍人——的擺布。「每當一個歐洲人上岸，必有士兵陪在旁邊。這表示他受到中國政府的保護，也可能這些中國士兵是奉命來監視的。」

1　編注：林耐（Carl von Linné, 1707-1778），瑞典植物學家、動物學家和醫師，瑞典科學院創始人之一。為現代生物分類學之父，也被認為是現代生態學之父。

從八月五日起，英國人就吃中國飯了。他們對有些菜讚不絕口，而對另一些菜則不敢恭維。「人們以當地方式給我們上燉肉。這炖肉是用切成小方塊的肉，加上很多醬油佐料做成的。最講究的菜餚要算是魚翅和燕窩了。」

侍從安德遜顯得挑剔：「收到食物後，」我們自己動手做，因為中國人太髒。如果不是餓得不行絕不吃中國人做的菜。」不過，他承認中國人善於做米飯。這是中國菜中唯一看起來乾淨的食物：「他們把米放在冷水中洗，然後用籮淘，再放到開水裡。當米粒綻裂後，再經過篩把水濾掉，放進鍋裡，直到大米變得雪白，裹上一層硬皮為止。這種米飯比我們的麵包好吃。」克洛岱爾的看法也是對的：「黃種人不會咬麵包，他們用嘴唇嘬，吞吃一種半乾半溼的食物。」

吃飯方式也不討安德遜的喜歡：「他們吃飯用的桌子不超過一英尺高。他們圍著桌子，席地而坐。米飯鍋放在中間，每人盛一碗，用兩根小尖棍子夾煮熟了的蔬菜吃飯。中國人吃飯時那種狼吞虎咽勁是無與倫比的。」對中國人來說，吃飯是頭等重要的大事。每頓飯的時間都非常有規律。「水手三餐飯的時間分別在日出時、十一點和晚上七點。」「人世間倘有任何事情值得吾人慎重其事者，那不是宗教，也不是學問，而是『吃』，」一名本世紀的中國人說，「吾們曾公開宣稱『吃』為人生少數樂事之一。」

撒謊與偷竊

事實上，說到對中國人的了解，英國人主要透過伺候他們的中國人。他們靠打手勢跟中國人講話，因為使團唯一的一名翻譯給大使占用了。但這並不妨礙他們得出一種理論。在我們眼裡的中國人的典型形象就是撒謊、奸詐，偷得快，悔得也快，而且毫不臉紅：「他們一有機會就偷，但一經別人指出就馬上說出窩藏贓物的地方。有一次吃飯時，我們的廚師就曾想厚顏無恥地欺騙我們。他給我們上兩隻雞，每隻雞都少一條腿。當我們向他指出一隻雞應有兩條腿時，他便笑著把少的雞腿送來了。」

孟德斯鳩指責中國商人用三桿秤，其中二桿是不準的：「買時用大秤，賣時用小秤，對警覺性高的人用準的秤。」巴羅則推而廣之：「在中國，商人欺騙，農民偷竊，官吏則敲榨勒索他人錢財。」「在我們的總管看來，偷盜在中國是司空見慣的事。可是，無論他還是他的同伴同中國商人及農民都從未打過交道。因此，這完全是一些誣陷之詞——是從廣州的英國人那兒聽來的。」

中國人個人與集體之間有一種反差：一個貪吃、撒謊、不講道德的個人使英國清教徒式的個人主義者反感；但英國人感到吃驚的是，組成集體的中國人則守紀律，有力量。眼前我們還在產生這種使中國人不滿的新的成見，那就是巨大的「螞蟻窩」和反常的「螞蟻」。特寫鏡頭中的中國人引起英國人略帶蔑視的微笑，但在全景鏡頭中，英國人所看到的中國人必然是一個集體，一個極端有秩序的集體。

船隊溯白河而上，看到的是一幅全方位的活動畫景。即使在夜裡，依然熱鬧非凡：「白河兩岸，無法計數的紙糊彩燈點亮了。燈籠有白的，有藍的，也有紅的。加上掛在船桅上的燈籠以及船艙窗口上的燈，倒映在河面上，真是光彩奪目。」

我們的目擊者對這場奇特的聲光表演的音響效果補充說：「河岸上站著的每個哨兵都拿著一段空心竹子，他們有規律地用木槌敲打，表示自己並沒有睡覺，並且每隔二小時敲打一次，以表示換更的時間。我從士兵們那兒聽說，這種做法在所有中國軍隊裡都通行。」

猶如在尼羅河邊，我們看到一些金字塔。不過，這些金字塔是鹽堆。在天津周圍，你還可以看到這種鹽灘，以及把鹽裝到船上的情景：那一帶全是含鹽的沼澤地。「巴羅先生估算這些鹽有六百萬磅。在法國，根據鹽稅統計，每個法國人每年平均消費鹽二十磅。假如每個中國人鹽的平均消費量和法國人相等，那麼這些堆成金字塔的鹽就足夠三百萬人食用一年的了。」正當中國人用夜景吸引他們的客人時，這些講實際、會做生意的英國人卻在估算消費者人數以及他們將來的商業利潤呢。如果這個省的老百姓消費六百萬磅食鹽，那麼曼徹斯特的棉布在這裡不是可以大量推銷嗎？

一七九三年八月十日，即君主政體垮台一周年之際，巴黎正隆重慶祝理性的勝利。旺代省陷於戰火之中。[2]

---

2 編注：這裡指的是發生於同年三月的旺代戰爭（Guerre de Vendée）。此乃法國大革命期間發生的保王黨反革命叛亂，又稱旺代叛亂（Rébellion Vendéenne）。

第十四章　沿白河溯流而上

（一七九三年八月十一日～十六日）

沿著白河溯流而上的航行變得單調乏味，因為唯一構成地勢起伏的就是那些不起眼的鹽堆。因此，大家在八月十一日到達天津時十分高興。天津是第一大城市嗎？這是毫無疑問的：那裡人口集中。英國人過去從未見過這麼多的人，哪怕是在倫敦和巴黎也都沒見過。天津位於三條河流的匯合處，「中國北方所有海運和內河航運的交叉點」。然而，英國人眼裡的天津好像是廣闊的市郊，猶如泰晤士河流經的萊姆豪斯，而不是威斯敏斯特；塞納河流經的雅韋爾市，而不是巴黎聖母院。「那裡的房子即使和倫敦最貧困區的房子也都無法相比。整個城市都顯得貧窮和破爛。」今天，天津給人的印象也還是這樣，城市缺乏生氣，即使生活在那裡的老百姓似乎也感到乏味。

像馬木留克一樣[1]

「無數的人群，不分男女老少，一見到我們便像潮水一般擁向河岸。」世界上只有在中國才能見到這麼稠密的人群。「老百姓擁擠著，一直走到河中心。婦女們一點也不怕把她們的小腳浸溼了。」

在英國人眼裡，中國人都長得一樣：「真怪，那麼多青銅色的人頭擠在一起，就像在一系列賀加斯[2]的油畫裡所畫的那樣！只不過人的面貌缺少英國畫家擅長表現的各種變化。」

巴羅很欣賞中國官方喧鬧、多彩的豪華排場。鑼聲、鈸聲和喇叭聲響徹雲霄；河岸邊搭起了一個戲台，台上

1　編注：馬木留克（Mamluk），即九至十六世紀間服務於阿拉伯哈里發和阿尤布王朝蘇丹的奴隸兵。隨著哈里發的式微和阿尤布王朝的解體，他們逐漸成為強大的軍事統治集團，並建立伯海里王朝與布爾吉王朝（Burji dynasty），統治埃及達三百年之久。

2　編注：賀加斯（William Hogarth, 1697-1764），英國著名畫家、版畫家、諷刺畫家和歐洲連環漫畫的先驅。

有一些演員在高音樂器的伴奏下唱戲；各式各樣的樓台亭閣用綢帶和絲質帷幔裝點得格外漂亮。他喜歡「人民群眾那種無窮無盡的快樂」，但他頭腦也很清醒：「埃勒菲－培[3]到倫敦時所吸引的英國人不到這些中國人的一半；我們把馬木留克當作野蠻人，而中國人更把我們當作野蠻人。」嘲笑，用手指指點點——人群以各種方式來否定一切奇形怪狀的東西。除中國人民以外，幾乎沒有其他民族更符合弗洛伊德對群居天性的定義：「人在孤獨一人時覺得自己是不完整的；但一個群體則排斥一切新的、不尋常的事物。」

這種豪華排場，這種人山人海的場面，只不過是給中國人自己安排的，「西洋人」則是其中最精彩的部分，並且也是人質。在馬戛爾尼的日記裡已可看到這種擔憂，因為在許許多多面帶微笑、殷切友好的主人中突然出現一個鐵板著臉的人。在中國官員迎接船隊順利抵達的碼頭上，站在總督身邊的正是那個曾拒絕上獅子號的欽差大臣徵瑞。

天文學家對這情景有過仔細觀察：「船一拋錨，紳士們大概早已作好準備，個個穿好節日盛裝。大家被帶到臨時搭的牌樓下。一些中國公務員用鞭子無情地抽打人群，讓他們後退。馬戛爾尼勛爵、喬治爵士和翻譯在台上左側入座，面對坐在台上右側的總督和欽差大臣。台下一邊坐著英國紳士們，另一邊坐著中國官吏。牌樓是用包了紅色絲綢的竹子做柱子，染色棉布圍成的，地上鋪了地毯。」

英國紳士們再次應邀出席宴會。欽差大臣露骨的敵視和總督的彬彬有禮形成明顯的對照。最後雙方還是就英國使團以後的日程達成了協議[4]。使團用一周時間沿河航行到通州，然後用一天時間從通州取陸路到十二英里外的北京。使團很可能要在首都待好幾天，因為需要卸禮品和行李，並召集去熱河的挑夫和馬車。

這時，馬戛爾尼又再次向中方表示要把禮品中最好的一部分留在北京。欽差大臣不同意，他剛接到皇帝諭旨：「所有一切貢物著交徵瑞一併押送前來。」馬戛爾尼再次向他指出，把這些禮品運到熱河有可能受到無法修補的

3 埃勒菲－培 Elfy-Bey，馬木留克王朝於一八〇三年派往倫敦的使者。巴羅寫這段文字是在一八〇四年。
4 看過清朝內部檔案後，對此段敘述有所懷疑。馬戛爾尼把幾個星期前就已在文件中確定下來的安排，視為經過微妙的談判才取得的成果。

損壞，「沒有任何理由能強迫他贈送損壞了的禮品，因為這樣做無論對英王陛下還是對皇帝陛下都是不體面的。」幸好總督看來理解馬戛爾尼的解釋。因此，最後決定還是採取最初的安排，但馬戛爾尼勛爵仍對「欽差大臣那令人惱火的性格感到很害怕」。

不過話也要說回來，徵瑞是遵循中國的邏輯辦事。一個進貢的使團應該把全部貢品送到皇帝腳下。英國人把最珍貴的禮品留在北京就自己貶低了自己。欽差大臣之所以讓步，那是因為他想：「這些夷人真是瘋了！」這是兩種文明之間本質上的誤解。

脫帽還是叩頭？

馬戛爾尼驚奇地發現，和別的地方舉止嚴肅的陪同官吏相反，天津官吏好奇心強。他們毫無拘束地仔細察看英國人的一切東西：衣服、書籍和家具。請法國讀者來判斷斯當東所作的比較是否正確：「如果必須把他們和歐洲人相比較的話，那麼他們像君主制度下的法國紳士：舉止瀟灑，對人一見如故——但是，內心卻是孤芳自賞，並有強烈的民族優越感。」[5] 好像斯當東無意中看過總督的奏摺似的：「臣等擬於公所筵宴，俾初履中華之士，欽睹上國之光。」

從清朝檔案看，事實上，這些表面上輕鬆的朝臣對英國人的行為十分震驚。這精美的晚宴不是總督而是**皇上恩賜的**，這些英國人不問問就吃，胃口極好。中國人本以為他們也會像中國人那樣在菜上來時跪倒在地。

欽差大臣和總督在給熱河的奏摺中悄悄地提了一筆：貢使「向上免冠叩首」。這後兩字是表示叩頭的固定說法。但不拜倒怎麼「叩首」呢？這兩名大文豪把西方式的脫帽和中國式的頭搗地兩種不同概念揉合成一種含混不清的表達方式，從而創造出一個表示虔誠的隱喻來說明馬戛爾尼是恭恭敬敬的。

這位可敬的老人就此脫身，只說：「遵旨」前去指揮永定河防汛工程了。

5 一八〇四年的法國翻譯謹慎地刪掉了這個比喻。

徵瑞則比較囉嗦。他在報告中談了貢使如何裝腔作勢，獅子號船艙裡掛著皇帝畫像，但他沒有見過。他還談到英國人希望把貢品留在北京，在聽說要去熱河覲見皇帝時表示不安和吃驚。最後，他說貢使錯用的頭銜已從貢品單上劃掉了，而且哪裡都沒有傳出去，云云。

冒險通信

斯當東極其重視一個年輕中國人悄悄來船隊的事情。這位年輕人在遊艇周圍轉了很長時間。他寫道：「一名年輕人被帶到船上，他穿著整潔，舉止謙虛謹慎。這名新近改信基督教的教徒表示他忠誠於把他從偶像崇拜中解脫出來的傳教士，現冒著生命危險來完成一件使命。他給英使帶來一些信件，這既沒有得到出發地官方的批准，也沒有得到所在地官方的許可。」

斯當東從這新信徒偷偷送信那種謹慎小心的態度發現，即使中國人之間也沒有通信的自由，在中國的外國人之間就更沒有通信自由了。在中國，沒有公共的郵政局。「只有皇帝個人可以透過驛站收寄信件。有時，作為特殊待遇，私人信件也允許由驛人傳遞。中國政府就是這樣猜疑不安，它壟斷向公眾提供或封鎖消息的權利。」

這些信是用法文寫的，寫信的是一個法國傳教士，名叫梁棟材。他曾是耶穌會傳教士，四十七歲，住在中國已有四分之一個世紀了。

第一封信是三個月以前寫的。該信既表示願意提供幫助，也向馬戛爾尼發出警告。無論從信的內容還是從信被送達的過程看，這信都讓人捉摸不透。梁棟材神父請求馬戛爾尼同意讓他在北京安排接見的一切準備工作，同時又要馬戛爾尼裝出沒有接到他的信的樣子。這位神父寫這封信是因為在五月誤聽傳聞，以為使團已經抵達天津。「閣下，我已做了一切努力為使團進行最好的宣傳。我要立即告訴閣下的是，在閣下到達北京之前，切勿將他的[6]使命的祕密和主要動機告訴任何人。如果閣下收到我的信後，要我做什麼事的話，我將不勝榮幸，一定全力

6　傳教士用第三人稱來稱呼馬戛爾尼。他裝作像英使一樣了解使團來華的目的。因此，英使後來沒有讓他繼續做蠢事。

為閣下效勞。」

如果這提議出自英使之筆，那就沒有什麼可大驚小怪的。一個初來乍到的歐洲人寫信給一名已中國化的歐洲人，請他給予幫助，那是十分自然的。反之，則不然，因為大家都只知道這名神父是為皇帝做事的，所以他無權給任何其他人提供服務。

第二封信是幾天前寫的，信中讓英使提防一個名叫索德超的葡萄牙傳教士。雖然大家都知道後者敵視英國人——或者正是由於他敵視英國人而聞名，他將在熱河做英使的翻譯。「如果有關英國使團的事務像我希望的那樣是在北京處理的話，我也就放心了，因為我可以輕而易舉地消除因這個葡萄牙人的冒失話而可能給人產生的不良印象。可是皇帝和朝廷官員現在都在熱河，中國政府不叫我，我就無法跟隨閣下去熱河。因此，我對這個葡萄牙人的行為深感不安。」一句話，梁棟材神父毛遂自薦，要取代索德超。

難道這位前耶穌會傳教士在搞他個人的權術嗎？馬戛爾尼暫時不給他任何答覆。不過他一到北京就要對這消息進行核實。儘管索德超神父既不會說英文，也不會說法文，但他的確已被朝廷指定為英國使團的正式翻譯。

馬戛爾尼要求允許他從在宮內任職的歐洲傳教士中選一名會講中文的擔任管家。王和喬告訴他，朝廷很可能會同意這要求。英使還不知道，「對中國人說來，對任何性質的要求都不直接加以拒絕，否則就顯得缺乏教養。因此，他們總是先對提出的要求表示贊同。」後來，馬戛爾尼因為有了教訓便懂得了這一點。但他對這種做法從不贊同：「他們腦子裡沒有絲毫履行諾言的概念。因此，他們對一切要求都答應，但又根本不願兌現所做的承諾。」

連續演戲

使團其他成員沒有像馬戛爾尼那麼操心，他們興趣更多的是觀看為他們安排的演出。演員在許多飄帶和五彩絲質旗子簇擁下舞弄著劍、槍和矛，同時還表演驚險的筋斗，引起觀眾陣陣喝采。戲中的女角都由男演員扮演，「因為中國人不讓女人演戲」。有人告訴他們，演女角的都是些兩性人。

樂隊的樂器都是吹奏樂器，很像喇叭、打獵用的號子和蘇格蘭風笛。樂隊演奏的音樂很不和諧，英國人的耳朵無法忍受。「不過，總的說來，由於新鮮和演奏方式特別，我們還是很滿意的。」今天，如果您去看「京戲」，您將會有同樣的印象。

讀馬戛爾尼的日記，讀者會以為這戲是專門為英國人演的。不過，總會有一個見證人說出真相的。天文學家就透露說，這場「乏味的」演出早在英國使團到達之前就已開始。當使團的船隊重新啟航時，演出仍在繼續進行——觀眾對英國人的走毫不在意。中國人看戲真是全神貫注。

船隊就這樣啟航了。天文學家對排立在河岸上的中國兵士的服裝指責甚多：他們頭戴沉重的頭盔，加上額下結扣的皮帽帶，很容易被勒死。他們的弓箭就像在倫敦展示古代打仗用的那種弓箭。他們僅有的少數火槍已經破舊不堪。

霍姆斯覺得很開心：中國兵士人人嘴裡叼著煙斗，手裡拿著扇子。有的站著，有的坐著。他們衣服上「有許多銅質或鐵質的小薄片，使人覺得他們像英國那種布滿銅釘的保險櫃」。

斯當東聽說這些一點也不威武的兵士並不是職業軍人。他作為來自一個對徵兵這種辦法始終不滿意的國家的高級公職人員，自然對這裡的招兵方式發生興趣。「儀式一結束，士兵就都放下武器，脫掉軍裝，直到下一次需要他們時再來。在這期間，他們就去種地或者做工。」這種情況有點像瑞士。

不幸落水，無人營救

正當演出仍在繼續時，使團上船了。歡送使團的禮炮轟鳴，這些禮炮實際上是「一頭埋在地裡的空心木炮，塞滿火藥後向空中發射」。安德遜指出：「船隊啟航時周圍是不計其數的船和人，這種景象是我前所未見的。我真害怕船與船相撞。」

事情比他擔心的還要糟。一艘陳舊的帆船由於船尾上看熱鬧的人太多而傾翻，大約有四十人跌落水中。「只有很少幾個人抓住拋給他們的繩子而得救。中國人的好奇心超過了他們的人道心理。觀看英國使團的興趣超過對他們同胞生命的關心。」

「見死不救」？一名現在的中國人對這種行為是這麼看的：「有些英雄真有點怪，為救一個小孩可以跳到水裡。一個結了婚的男子是不會這麼做的。人們無動於衷，因為他們需要保護他們自己。」對工作刻苦耐勞，對新鮮事物興致勃勃，對他人不管死活；中國的大眾至今還是這樣。

拉縴人的節奏

從此，船隊靠人拉縴，日夜兼程在白河航行。英國乘客感到十分詫異：「中華帝國的所有河流上都有以拉縴為職業的中國人。每個縴夫身上都套有一根木條，木條的兩側拴著兩根繩，與帆船的桅和船頭連在一起。」「他們把木條橫跨在胸前，指揮者等大家準備好了就發出信號。」

就這樣，縴夫們像牲口似地按著有節奏的號子一步步前進。中國的「號子」是這樣喊的：「Hoy-alla-boa。」「這個號子在中國是通用的」。直到二十世紀七〇年代還可看到這種中國式的拉縴。

安德遜對這些不幸的人十分同情：「有時我看見泥漿水一直沒到他們的肩部，他們不得不互相牽曳而行才能拉動後面的船。」天文學家讚賞縴夫們在頂逆流，從齊腰深的泥漿水中脫身，甚至游泳橫渡白河支流時所表現出來的靈巧。「出於一種自然要履行義務的良好願望，他們拉縴時始終高高興興的。」不只如此，在回來的路上，他們還看到一些農民逃避苦役。的確，如果他們無法逃脫時，他們寧願顯得高興也不願露出愁眉苦臉的樣子。

從八月十一日離開天津到八月十六日抵達通州，一共連續航行五天沒有上岸。這裡的蟬聲震耳欲聾——從北方到南方，人們在夏天至今仍能聽到刺耳的蟬鳴聲。蚊子飛來飛去盯人。在這些潮溼的平原地區，蚊子至今尚未絕跡。馬戛爾尼以農藝家的目光仔細觀察各種莊稼：玉米、高粱、穀子、水稻、黃瓜、果樹。他聽說經常發生的旱災和蝗災造成饑荒。「那時強盜盛行。但當局不加鎮壓，因為這些偷盜是迫於飢餓，年成一好就自然消失了。」許許多多的船隻始終成為緩解住房緊缺的替代辦法，「每隻船的甲板上有十間或十二間房間，每間住一戶」。

在觀看運往首都的貨物時，英國人發現一種「很難猜出其用途」的「商品」：「這是一些乾燥、棕色的餅狀物，很像我們一磅重的麵包。這種餅的成份是拌合、晒乾了的糞便。人們把餅狀糞便運到首都市場，京郊的菜農買了後放在尿裡溶化，用來肥田。」這成了外國人常常提到的話題。

安德遜還寫了一件事，但未做更多評論：「晚上，我們船上的兩個中國人脫了衣服後，從衣服上找到許多虱子。他們吃虱子就像吃山珍海味一樣津津有味。」

中國官員跳舞

日子過得比較單調。因此，中國陪同極力想把氣氛炒得活躍些。喬是一位愉快的伴侶，他在喝茶時做出驚人之舉：「他又跳舞又唱歌。在我們一名畫家托馬斯．希基的笛子陪奏下，他一邊輕聲哼唱，一邊用扇子在茶杯上打拍子。」一五十年後，古伯察神父證實說：「有修養的中國人講究禮貌，待人細微周到。」在中國人的頭腦裡，講究禮貌這一點似乎是不需思考就固有的。

為了使英國人高興，喬甚至還不怕笑話，學說英國話。天文學家承認喬說「Very well」或「How do you do?」時毫無困難，但說「broth」——「湯」時就怎麼也不行。可又有誰發英語中的「th」和「r」兩個音時從未碰到過困難呢？

單調的風景終於結束，英國人看見皇帝外出巡視時住的行宮。「屋頂上蓋的是茅草，有時甚至就是草皮，牆是柳條加泥土糊的」破房子，與這座金光閃爍的琉璃瓦屋頂的豪華建築相比，形成多麼強烈的對照啊！只有國家才敢於炫耀自己的財富。在這方面如其他許多方面一樣，皇帝的中國和共產黨中國沒有太多的區別：任何個人的富足都是可疑的，或至少在共產黨中國建國後的最初三十年是如此。

斯當東很快發現，這裡和到處是城堡的歐洲鄉村明顯不同：「所有高大的建築都是公家所有，或者裡面住著高級官員。繼承祖輩巨額遺產而又沒有一官半職的人，都只能偷偷地享用其財富。」[7]

的確，蓋房子即表明一種永恆性。可在中國，持久不變的地位是沒有的。榮譽和官職都由國家給予或撤銷；而蒼天收回對天子的任命時就引起了改朝換代。德日進[8]後來說：「中國人所創造的巨型建築物（宮殿、門樓、城牆……）都是泥土做的，其唯一牢固的成分（玉、青銅、瓷器）只能當小擺設用。」孔子說：「用之則行，舍

7 也許不該說得那麼絕對。蘇州和杭州的那些宅院又怎麼說呢？對西方美學影響很大的蘇杭園林藝術就是由一些有錢的文人所創造。當然，四周圍以高牆。後來由一些商人繼續發展。

8 編注：本名德．夏爾丹（Pierre Teilhard de Chardin SJ, 1881-1995），中文名「德日進」，法國哲學家，神學家，古生物學家，耶穌會教士。他在中國工作多年，是中國舊石器時代考古學的開拓者和奠基人之一。

之則藏。」有一件很平常的小事就說明了這一點。

由於天氣太熱，有些食品因此變了質。有關人員立即受到懲罰。馬戛爾尼對這件事始終感到驚愕不解。根據王和喬的命令，負責食物供應的官員被摘掉頂戴，就是貶黜；而僕人則被施以杖刑。

馬戛爾尼在兩位陪同官員面前為他們說情。「他們滿口答應，但我們很容易發覺，他們是不會給任何寬容的。」他知道中國人總是說行，但實際上總還是按老規矩辦。

第十五章　一堂叩頭課

（一七九三年八月十五日）

總督和欽差大臣就貢使對天津宴會的態度已向朝廷做了謹慎的彙報。這些報告一到熱河便使內閣感到困惑不解。那個隱喻按字面被理解為：馬戛爾尼「叩了頭」。在大沽他在聖旨面前竟會表現很壞，而到天津出席宴會時怎麼就會表現得那麼好呢？他真的有那麼大的進步嗎？

和珅立即於八月十四日給總督回函，要求進一步說明情況。「向聞西洋人國俗不知叩首之禮。而該督等摺內聲敘未能明晰，遂指為叩首，亦未可定。」

如果馬戛爾尼真先叩了頭，事情也就完了。假如他只是低頭，那就應該告訴他，他應該遵守一切朝貢者、甚至藩屬國王覲見皇帝時都應遵守的禮儀。不久，有人以推心置腹的口吻警告說：「不學此禮，必為各藩部所笑，談你們夯。」不僅如此，他將完不成英王交給他的使命。「不必隱瞞實情」。

這口氣已不再像前一個月那麼客氣了，當時皇帝想作為例外特殊對待這些遠洋來的使者。也不再像一周前那樣各人可以按本國的習俗行事。這一定發生了什麼事。那麼究竟出了什麼事呢？天主教遣使會檔案中記錄的一段話清楚地說明了發生變化的原因：「開始，叩頭禮似乎沒有成為很大的難題；中國官員並不強調要叩頭。當獲悉英國使團的目的時，中國政府的安排就突然改變了，因為英國使團所要的東西並不是可以用一些首飾和甜言蜜語所能買到的，拒絕叩頭是一種藉口。」

那麼英國使團來華的目的告訴中國人了沒有呢，喬治三世的信件並沒有遞交，只有英國人才可能知道馬戛爾尼要和乾隆談什麼問題。

那麼是否發生洩密呢？可能的。但也可能皇帝對隨禮品一起送去的那封信中的不妥措詞，有了更多的忖度：他認為這些不妥措詞並不可能是出於無知。有一點是肯定的：英國使團訪華出現決定性轉折是在八月的上半月裡，不過現在還看不出來變化的確切原因。

和珅十四日寫的信第二天送到欽差徵瑞的手裡。後者馬上就意識到他有可能因這事而丟掉他的頂戴。馬戛爾尼只得「停止觀賞景色」，因為中方陪同官員要拜見他。

徵瑞來了，隨同他一塊來的還有王和喬。他們比平時禮節性拜訪時顯得嚴肅。他們說，皇帝已表示滿意。他給英國使團兩處住所供挑選：一處是在城裡，另一處是在六英里外的鄉村，但更加舒適，而且離夏宮即圓明園很近。接待日程也確定下來了：九月中去熱河為皇帝祝壽，然後立即回北京。皇帝也將很快回京。因此，不必把所有禮品運到熱河了。馬戛爾尼鬆了一口氣。

「接著他們談論宮裡的規矩。他們在做暗示時那麼藝術、機智和巧妙，以至我情不自禁地對他們產生欽佩之意。」他們是從衣服談起的。中國的衣服比西方的衣服好多了！因為穿中國衣服無論屈膝下跪還是匍伏在地都不受影響。「因此，他們擔心我們的鬆緊襪帶和褲扣可能帶來麻煩；他們建議我們在去朝見前先脫掉這些東西。」馬戛爾尼請他們放心，他假裝深信皇帝更喜歡看他像向英王一樣向自己施禮。

這時，三位中國官員便向他介紹叩頭禮，好像馬戛爾尼不知道似的。馬戛爾尼說他打算到北京後交給他們答覆的信件。中國官員們便改換了話題。「他們告訴我們皇帝今年秋天不去圍獵，而是很快返回北京，免得耽誤我們的時間。我對他們說，皇帝陛下可根據英王的信以及我的活動來判斷我需要多長的時間來完成我肩負的使命。」

馬戛爾尼是否用委婉的方式把他拒絕叩頭的想法表達出來了？難道是翻譯把意思譯擰了？還是欽差大臣由於深信能讓外國人悔改，過於樂觀而出了差錯呢？不管怎麼說，徵瑞謊報朝廷，說英國人「亦深以不嫻為愧，連日奴才察看該使臣等學習漸能跪叩」。徵瑞知道自己在撒謊，並知道他有可能為此付出巨大代價。他悄悄給自己留了一條出路：「惟（該使臣等）善於遺忘。」

人們談論西藏叛亂

中國官員還談及另一個不滿的話題：西藏。談話中又涉及服裝問題。馬戛爾尼聽說駐孟加拉的英國軍隊向西藏叛亂分子提供了援助。「這條消息使我感到不安，但我毫不遲疑地回答說：不可能。」歐洲人會在「世界屋脊」

與中國軍隊打仗？只要根據他們的帽子就可以認出他們了。應該加以否認。他否認了。

幾天以後，中國人問他，英國人是否願意幫助他們和西藏叛亂分子作戰。馬戛爾尼覺察出這是個圈套，便立即回答說，英國屬地離戰鬥地區太遠，因此無法進行干預。「因為，如果我們的軍隊能夠支援皇帝的軍隊，那麼也完全可能已經支援了皇帝的敵人。」

由於信件傳遞緩慢，馬戛爾尼便處在一種微妙的境地。他是一七九二年九月離開英國的，但當時他一點也不了解六個月前在喜馬拉雅山進行的戰爭：尼泊爾善戰的廓爾喀人在一七九一年秋向西藏派兵，促使當地百姓叛亂。這個中國保護國的當局向北京求援，乾隆便急忙干預。一七九二年春，一支由兩廣總督福康安率領的中國軍隊擊敗了廓爾喀人。尼泊爾不得不向中華帝國稱臣，西藏人為中國的干預付出了巨大的代價。可是，當英國使團離開樸茨茅斯港時，倫敦並不了解這個結果。當英國使團一七九三年六月底抵達澳門時，那兒的英國人對此仍然一無所知；消息是九月八日才得到的。馬戛爾尼後來回到廣州時才放下心來，後來事實證明他否認英國人支持西藏叛亂分子是對的。

在整個世界關係史中，通訊的困難往往造成悲劇性的誤解。但就這件事情說，主要是印度總督康沃利斯勛爵的疏忽，他沒有想到派人到巴達維亞給馬戛爾尼送封信。

如果英國人沒有介入，那麼中國人在許多包頭布中看到的帽子實際上又是怎麼回事呢？難道是中國人故意找碴？還是由於海拔太高而看花了眼？或者也許是幾個從英國軍隊中逃跑的印度兵……

馬戛爾尼盡其所能擺脫了困境，但他在大沽時還很高的熱情現在已減少了許多。看得出他困惑不安。由於對西藏情況不了解，他的決心受到了動搖。事情已經過去，可只有中國人了解內情。難道是使團的目的暴露所以要破壞這次使命嗎？散布這些謠言的正是指揮鎮壓西藏叛亂的兩廣總督福康安將軍。他有一切理由不信任英國人。

中方問馬戛爾尼，他本人是否帶了送給皇帝的私人禮品。馬戛爾尼本沒有想到這點，不過他很機靈，回答說他希望皇帝能接受他送的一輛四輪華麗馬車（這是他自己的馬車）。他趁機補充說，他還為中國的新年——一七九四年一月三十一日——準備了一些禮物。

他想這麼說可使中方明白他很願意在北京至少待到春節。「許多次的暗示使我認為，出於習慣，他們不允許我們在他們那裡待很長時間。」他又想到別人悄悄告訴他的消息：皇帝由於放棄秋季狩獵，很快就要返回北京。難道這是為了要和使團作深入的會談嗎？或是更可能為了不讓使團久等免得影響他們的歸期呢？如果不同意使團超過禮部通常給予貢使四十天的逗留期限，又該怎麼辦呢？

他很清楚欽差大臣抱有明顯的敵意。相反，他認為自己已把王和喬爭取了過來。只要欽差大臣一轉身，他們就毫不掩飾「他們對這位韃靼同僚的敵視態度，因為他有與皇帝通信的特權，他們倆害怕欽差大臣的可惡性格」。

馬戛爾尼在通州上岸時考慮了一下他目前的處境。他做了許許多多的筆記。使團受到殷切的接待：食品供應非常充足，不斷受到軍事儀仗隊的歡迎，「旗子飄揚，鑼鼓喧天，而且夜晚還燃放煙火」。一切東西都是贈送的，從不允許他們付錢。可勛爵開始從這些慷慨大方的接待中發現禮儀的一種效果，這些禮儀正在逐漸捆住他的手腳。

因為英國人的行動自由受到嚴格限制：「每當我們想出去散散步，中方總是不同意。可他們又是那麼友好，以至我們如果不是愉快地接受這種約束的話就顯得太不懂禮貌了……我們受到嚴密監視；我們的一切行動，哪怕是很平常的行動都受到明目張膽的注意。」

馬戛爾尼學得很快。他雖然對寫有「貢使」字樣的長幡採取睜一眼閉一眼的態度，但他猜想到這裡存在一個根本性的、難以消除的誤會。「道不同，不相為謀。」孔子曾這麼說過。馬戛爾尼坐船去中國是帶了一些經受了時間考驗的原則的，他原以為這些原則是放之四海而皆準的，他現在開始發現這些原則打不開中國的大門。他覺得自己被一隻戴絲質手套的手推進了困境。

第十六章　分配住進廟宇

（一七九三年八月十六日～二十一日）

船隊開到通州就停下來了。人們差不多已經到達目的地，離北京只有十二英里了。不過，使團在離開小船，坐上馬車去北京之前還得等幾天。馬戛爾尼很想先走一步，讓他的副手照看行李的裝卸。但不行：在中國人眼裡，他只不過是一個押送貢品的人，他不能離開貢品。

使團被迫在離嚮往已久的目的地很近的通州休息。「八月十七日，上午七點，勛爵和喬治爵士離船上轎，由中國兵士護送，後面還跟著一大群百姓。」使團其他成員被迫留在船上，他們從那裡觀察一種傑出的新型搬運方法。所有行李從二十七艘帆船搬出，並安放在兩個巨大的倉庫裡。倉庫是在幾小時內用竹竿交叉搭成的。「那麼多的箱子，而且多數分量很重，那麼快就都搬完，這只有在中國才可能做到。因為在中國，每時每刻都是由國家來指揮一切的。」

這些主張資本主義的英國人十分讚賞國家經濟。「想不到在一個如此專制的政府統治下，一切最艱難的任務竟然完成得那麼輕鬆愉快。中國人能夠搬運任何重量的物件，只要投入相應的人力就成了。他們在貨物的兩側捆上兩根竹竿；如果兩根不夠，他們又交叉放兩根竹竿。」在中國，勞力有的是，竹子也不缺。

中國人的精細使安德遜佩服得五體投地：「每個倉庫的門前都站著兩名公務員，他們檢查並丈量每個箱子，記入清單，不經過這道手續，即使是最小的盒子也不能搬進倉庫。」

使團隨行人員到達使團住宿地，或更確切地說分配給使團住宿的廟宇裡，他們在那裡和馬戛爾尼會合。廟裡十二個和尚，只有一個留下來照看廟宇香案上的香火。其他和尚都走了，把貴賓用的房間留給英國人住。

旅館是有的——但都是破舊的茅草屋。一般旅客花一個銅錢就可以在旅館裡喝上一杯茶，找一個角落躺下。不過，旅客必須自帶被褥。如果旅客付不起房租，「他就把被子留下」。在北京，出差的商人在他們同業公會的房子裡住宿。進京會考的人則有專門的住所。中國的旅館十分簡陋，——直至二十世紀八〇年代還是這種狀況——為了接待貴賓就必須徵用寺廟了。

寺廟也是地方上聚會的場所。情人幽會就在廟裡；必要時，軍隊也在廟裡紮營。寺廟是每個城鎮最美的地方。由於寺廟都布置得富麗堂皇，因而它們成為今天遊覽中國城市時唯一吸引人的建築物。不過，這些寺廟幾乎總是空空蕩蕩。許多寺廟在本世紀裡，遠在文化大革命之前，就被兵痞洗劫一空了。

然後是吃午飯。宴會共上十二道菜，每道上十二種菜：總共一百四十四種菜。直至今天，每逢盛宴還是上那麼多菜。英國人離開船以後，就再也無法不讓中國人看見自己了。他們吃飯時那狼狽相——啊，這些筷子真難使！——都被中國人看在眼裡。圍觀的人越來越多，見了他們的笨拙樣放聲大笑。

怎麼使中國人敬服呢？馬戛爾尼只得求助於軍事機器了——這是未來的先兆。他命令他的私人衛隊在大門外站立，「旨在使中國人對我們使團有一個高度評價，而使團的成功完全有賴於此。」

英國人來到了佛教的寺廟，他們驚奇地睜大眼睛觀看。他們覺得奇怪的是，和西方不同，佛教並沒有產生一種有特色的建築藝術。寺廟和宮殿或者漂亮的王府沒有區別。根據風水，所有這些建築都是座北朝南，屋頂部呈角形，上面有一些守護神的小塑像或者令人生畏的獸頭。在這些建築物裡，每個石塊鋪地的院子後面就是由紅漆木柱支撐的殿堂。

即使那許許多多的書法也不是寺廟所特有的。中國作為一個文字大國，它本身就很像一座巨大的圖書館：「寶塔、公共建築、商店招牌、房屋大門，到處都寫有警句、格言。」後來，書法家可以有變化，但寫格言警句給行人以思考的愛好卻始終未變。

「我們發現有好幾尊木質或瓷器的男女神像。」這些塑像按照人間等級社會的模式來反映天堂的等級制度。這些塑像「從解剖學角度看，身體比例失常」。英國人為之目瞪口呆。

被英國使團驅走的和尚在唸誦經文時回到「一座四方形的小屋，那裡有一個祭壇，上面放有若干瓷器做的巨型人像。每當有一個人來許願時，只要付點錢就可點燃香燭。在一個小燈裡有幾根香捻在燃燒。」和尚讓出來的房間舒適、涼爽。「木板搭的台，配上一些毛毯和一個枕頭就當床用。老百姓夜裡和衣而睡。」

只有夏天時才例外，他們光身子睡覺。直到今天還保留了這兩種睡法。

似乎見到了聖母瑪利亞和方濟各會僧徒[1]

中國是等級森嚴的國家，中國的僧徒也分等級。接待夷人也分不同規格：「寺廟高僧的住房安排給使團的高級人士住。使團的其他人則安排在蜈蚣出沒的房裡住。」天文學家不得不和七個同伴合住一間房間：「房間裡太熱，以至他們中有兩個人寧願去迴廊睡，第三個人在看見一隻蠍子後也去迴廊睡了。」

雖然廟裡有英國人，信徒仍然蜂擁而至。斯當東發現佛教和「羅馬天主」教十分相像，覺得很有趣。聖母像呈坐狀，懷裡抱著一個孩子，「頭上圍有一圈佛光，供奉聖母的香火在像前焚燒，她和聖母瑪利亞完全一樣」。和尚們身穿棕色粗絨長袍，腰裡縛紮白繩，他們的修道生活包括苦行、齋戒和懺悔，這不能不使人想到方濟各會的僧徒。

儘管在原則上政府「不干預宗教信仰，但它禁止所有它認為有可能影響公共秩序的宗教」——基督教就屬於被禁的宗教。英國人對此遠沒有像對禁止與西方貿易那麼感到不快。禁止基督教並沒有損壞中國在歐洲知識界所具有的寬容形象：「中國沒有占統治地位的宗教。皇帝信他的宗教，即藏傳佛教。好幾名大臣信奉另外一種教。多數中國人則信奉佛教。」

這麼介紹有點簡單化了。中國最普遍的宗教是一種混合性宗教：一半是佛教，一半是道教。某個教區、某個社團、某個個人之所以找某個真福者而不是別的其他真福者，那是因為當地人都信他，或者出於個人的偏愛，而不是宗教神學的選擇。大眾性的道教在中國官吏中間受到歧視，因為它的多樣性不符合官方的秩序，另外政府也控制不了道教的入教儀式。對這些英國人說來，「沒有什麼國家比中國更迷信的了」。馬戛爾尼發現人們向孔夫子

1 編注：方濟各會（Ordine francescano）又稱方濟會或小兄弟會，是一個跟隨聖方濟亞西西教導及靈修方式的修會，為天主教托缽修會派別之一。

祭供「一頭豬、一隻羊和一頭牛」，這和拉丁人稱之為「三牲祭」的祭禮完全一樣。

中國人在結婚、出門旅行或做其他重要事情之前總要去廟裡拜佛。他們在求神問卜之前「先要拜倒在地。這和乞丐向路過的官吏或者官吏在皇帝面前所做的一樣」。他們把一顆木頭骰子往空中一扔，當骰子掉在地上時，骰子上面的數字就是指命運簿上的頁碼。和尚就把它打開。「如果看到裡面的答案是吉利的，問卜者就跪倒叩頭以示感謝。否則，他就問第二次，甚至問第三次。第三次問卜的結果則是不可變更的。」您今天還可以在紅色中國的寺廟裡看到有人求神問卜。中國在文化大革命期間關閉了寺廟以後，現在又讓寺廟開放了。

斯當東寫道：「很少有中國人到廟裡去求來生之福的。」斯當東的話說得太早。有許許多多的例子證明中國人是信人死轉生的——正像李明神父[2]所講的故事那樣：一位老人曾要求神父給他洗禮，因為他要逃脫和尚說他來生要當馬的命運。

月蝕與知識的壟斷

八月二十一日，在中國天空應能看到月蝕。天文學家事先已做了全部測算。開始，他對王給他的年曆一點也不懂。後來，當他克服了因翻譯水準不高所帶來的困難後便發現這本年曆是準確的。不過，他清楚朝廷裡歐洲傳教士的任務就是預報天文現象，而中國政府賦予天文現象某種政治解釋給英國人留下更深的印象。他們見到「在房屋的牆上貼有將要發生月蝕的官方通告」。

皇帝利用人民對日、月蝕的敬畏，把不讓人民驚恐的專有權留給了自己。皇帝對日、月蝕的先知先覺，使中國人對能給他們如此有益指示的政權產生極大的崇敬。

當朝廷識破蒼天祕密時，天朝的說法就不只是個隱喻了。皇帝有知識，但他壟斷對知識的所有權。他利用他

2　編注：本名勒康提（Louis le Comte / Louis-Daniel Lecomte, 1655-1728），中文名李明，字復初，法國人，耶穌會傳教士。一六八四年受法國國王路易十四派遣來華傳教，被授予「國王數學家」、法國科學院院士。回國後出版《中國近事報導》和《論中國禮儀書》，向西方世界介紹東方的儒家思想並批評西方的墮落，引起廣泛討論。

的知識來表明他是神聖的；因而也就使群眾遠離了知識。皇帝身邊的基督教天文學家們使皇帝成了大占星家：

整個宇宙之祕密地無所不曉，
他對我們的命運瞭如指掌。

皇帝將其政權建立在少數人掌握知識、多數人愚昧無知的基礎之上；這種統治藝術使群眾永遠愚昧無知，轉而對少數掌握知識的人無限崇敬，使人民永遠處於被統治的地位。

最確鑿可靠的知識是統治的知識。「皇帝在日、月蝕來臨之前不做任何重要的事情，他假裝改正在公共事務中所犯的錯誤，因為日、月蝕是對這些錯誤的懲罰。皇帝請他的臣民向他發表意見，提出批訊。」那時，一個專制暴君已經號召大家自由表達自己的思想，百花齊放純粹是天方夜譚。

「月蝕開始時，人們可聽到一片可怕的嘈雜聲。鐘聲、鑼聲、響板聲和鼓聲轟響不已，以至用爪子抱住月亮的龍嚇壞了，丟下月亮逃之夭夭。」龍是中國最受尊重的動物。牠是另一個世界裡的生物。牠偶爾也穿過雲層出現在天空。牠會深藏在湖底，醒來時就把世界搞得天翻地覆。龍是好的不是壞的？龍存在於世界秩序之中。人們用喧鬧聲使龍嚇得丟下月亮，也用喧鬧聲招回垂死親人的靈魂。這種做法十分方便。

英國使團對傳教士的態度並不客氣。這些傳教士「在設法使中國人民掌握歐洲科學方面沒有做任何工作。他們和皇帝一樣，不想讓中國人民獲取科學知識」。那麼為什麼要讓中國人民始終愚昧無知呢？巴羅指責說：「因為如果讓中國人分享他們的科學知識，那麼高等知識給予他們的聲譽就會消失。那樣的話，他們要做出的犧牲就太大了。」

根據這些英國旅行家的看法，這個制度之所以能持久，那是因為天朝官僚體制及其西方的配角都有共同的利益。維護那永恆不變的制度的人從中獲得利益，而這些利益又保障了永恆不變的制度。傳教士們成了迷信的同謀者，而人們還以為他們的使命是破除迷信呢。他們在愚弄人民、隱藏知識方面成了皇帝的夥伴。

但至少有些英國新教徒主張普及西方知識，揭露天主教士的蒙昧主義。不過，這種說法是不公正的。恰恰相反，自十六世紀以來，傳教士在中國努力傳播西方科學的歷史，正說明了我們這些英國人的無知。人們不能指責這些遭到冷漠或敵視，最後只爭得很可憐的一席之地的神父。現在該輪到英國使團自己去量量這垛牆的厚度了。

第十七章　一座由木結構房屋組成的城市

（一七九三年八月十九日～二十日）

安德遜是一名膽子最大的旅遊者：「八月十九日，我遊覽了通州及市郊村鎮，非常疲勞，也遇到了一些麻煩。」這座城市和中國大多數城市一樣呈方形。「通州城四周的城牆外有護城河環抱。城樓上有幾門火炮並由許多紀律嚴明的兵士守衛。這座城只有三個城門，每天晚上十點關，早晨四點開。」

房屋都是木結構的二層樓房，只有官吏的房屋才是用石塊或磚頭建造的。「窗戶都沒安玻璃，而是在木框上糊一層半透明的紙。有錢人家則在窗框上繃一塊絲綢。」屋裡根本沒有家具，或者只有很少一點家具。牆通常是粉刷了的，其顏色表明房屋主人的身分；除了官吏外，其他任何人的房牆都不能粉刷成紅色。商店門前掛著旗幡，以表示所售商品的性質。「最貧困的家庭都供奉偶像。沒有一艘船不在艙內擺設神像和祭壇的。」

這裡有人行道——當時在歐洲還很少見——街道很窄，街道兩側的房屋前張掛著席子，以遮擋太陽。如果沒有急急匆匆的人群，在那裡散步一定會十分舒適。中國人也喜歡在街上看熱鬧。「我受到二三十人的圍觀。有好幾次我不得不走進一家商店，直到那些好奇的圍觀者散開才出來。我在店裡只買了一把扇子或者一根煙斗。」

任何到中國旅遊過的人都曾經歷過這種小麻煩。直到二十世紀八〇年代初，中國對外開放後，外國人在大城市裡才不再引人注目，但在偏僻的城鎮仍然遭到圍觀。

英國使團裡的黑人

身穿短裝，頭戴搽粉假髮的英國人使這裡的人感到新奇。但他們看見一名黑人僕役時則完全目瞪口呆了。這個黑人是使團一個英國人從巴達維亞帶來的。「人們從未見過這種人，有的人甚至懷疑這黑人不是人；孩子們叫他『番鬼』，就是『野蠻的魔鬼』。」今天，在中國大學上學的非洲留學生依然引起同樣的好奇，這種好奇並不總是友善的。

安德遜認為，這個黑人之所以使中國人吃驚，並不是因為他的皮膚是黑的，而是因為他是一個奴隸。安德遜是從哪裡得到這個消息的呢？難道在中國就沒有奴隸嗎（即便他們為數不多）？巴羅指出：「一個男奴值一匹馬的價錢。」斯當東說：「一個男子可以自己主動出賣自己，例如為了幫助處於困境的父親或能為父親操辦一個過得去的葬禮。」

當人們後來讀到安德遜寫什麼長城「只花了幾年便建成」後便能發現他過於輕信。他眼光敏銳，但一旦他的看法不以確切的觀察為基礎，即一旦他把他的筆交給他的……「黑鬼」庫帕斯[1]，他對「最美好的世界」的天真態度就使其看法脫離了現實。

皇帝的糧倉：天佑國家

英國人沒有看見一個像乞丐樣的人。「許多人看來相當貧困，但沒有一個淪落到乞討的地步。」一旦發生饑荒，皇帝就出面賑濟。「國家糧倉打開。災民免徵賦稅，甚至獲得金錢上的救濟，這樣，皇帝在某種意義上代替了保護生靈的天公。他把慈善的特權占為己有，不允許他人分享。有一次，某省遭災，一些商人表示願意出資救濟，但這個建議被皇帝憤怒地否決了。」實際上，雖然有皇帝的賑濟糧，中國人仍有許多人餓死。

不管是災年還是豐收年，國有制度始終存在。個人的財富是無法使人民永遠感恩戴德的。很明顯，英國人現在與本國相距甚遠，而過去的中國與今天的中國則十分接近。

英國人的注意力被一座十二層的奇異建築物所吸引。那是一座寶塔嗎？「最下面三層沒有門窗，也沒有任何樓梯的痕跡。」雖然塔身長滿了莠草和青苔，寶塔依然保存完好[2]。據說，建塔的時間比修築萬里長城還要早。

1　譯注：庫帕斯是安德遜《英使訪華錄》一書的代筆者。法語裡俗稱捉刀代筆的人為「黑鬼」，故有此說。
2　一九八六年八月，我在通州找到了這座當時正在修繕的十二層寶塔。

今天，該塔雖已無用，卻仍十分壯觀。斯當東說，該塔在很長的時期裡「作為瞭望塔，一旦發現韃靼人侵襲便發出警報」。

受束縛的婦女

幾個英國人曾騎著十分健壯的馬匹外出幾次。這種馬頗像豹似的，身上有不少斑點。一路上，這幾個英國人像農學家似地觀察農作物，他們對農村的富饒讚嘆不已。秋收即將開始：穀子和玉米——玉米是十六世紀從美洲引進的，這是少見的靠引進革新的實例。小麥用連枷拍打或靠馬蹄踩踏脫粒，有時也用粗大的碌碡壓場。簸箕和歐洲農民使用的簸箕十分相像，以至這些英國人認為，這證實了簸箕是中國人發明的。由於傳教士向歐洲介紹了中國的農業生產，西方農業在十八世紀發生了革命。配有播種器的輕犁就是從中國傳到西方的。

一路上看不見牲口，牲口都在牲口棚裡飼養，人們餵以蠶豆和鍘碎的稻草。中國缺少建牧場的土地。一路上也看不見村莊，只看見一些分散的、四周沒有柵欄的茅屋。「沒有任何防備野獸和盜賊的設施」。這種安全感使英國人十分艷羨。那時，英國社會暴力事件很多——在城市裡、大路上、鄉下，暴力事件都時有發生。

農民的妻子被迫做家務，「餵牲口，養蠶，紡紗，織布，還要效仿上層社會婦女那樣把腳裹得很小。丈夫對妻子擁有絕對的統治權，他們不允許妻子同桌吃飯；他們讓妻子在一旁侍候。」

這種習俗在遵奉儒家思想的家庭裡始終存在。一個盧埃格[3]或科西嘉的農民對這種習俗就不會像這些英國人那麼反感了。

敬重老人和崇拜祖宗

斯當東完全陷入了理想化的狀態：「中國人從小就受到做人要和氣，待人要禮貌的教育。一些純屬道德性質

3 譯注：盧埃格（Rouergue），位於法國南部，在今阿韋龍省境內。

的格言張貼在祠堂裡。每個家庭總有人能向其他家庭成員宣讀這些格言。」這些格言至今還有約束力。令人費解的是，在中國歷史上怎麼會發生那些包括後來年輕紅衛兵暴行在內的大規模流血事件。

老年人和家裡的年輕人住在一起，「和緩年輕人暴躁激動的性格」。敬重老年人的美德從未中斷。錢德明神父講乾隆在一七八五年把一百九十二個六世同堂的家庭請來北京，他們中有四名老人超過了一百歲。「皇帝給所有人都送了精美禮品，並親自為他們寫詩誌賀。」在毛的中國，這些古老的傳統曾被共產黨繼承。大家聚集在家庭裡或街道的工作單位裡——學習「毛澤東思想」的警句。根據周恩來提出的一個原則，人們設法在各種委員會裡實現，「年齡三結合」，結合青年人、中年人和老年人的相結合。隨之就產生了相對應的「性格三結合」：衝動急躁、精力旺盛和溫和穩重等等性格，就像在原始社會裡一樣被恰如其分地混合在一起了。

對老人的敬重和對祖宗的崇拜都是最高原則。每家都保留家譜。祖宗的榜樣不斷被援引。本家族每年至少一次在一起祭掃祖墳，同一家族的成員之間從不中斷來往。

這些英國人的驚訝與欽佩現已成為今天西方人的驚訝與欽佩，因為在西方，減少到只有夫婦與孩子的小家庭已成為普遍情況。而在中國，每個父系家族成員都必須相互幫助。斯當東由此得出結論——說得早了一點：「甚至不需要有醫院。」這是由家族保障的社會保險，國家只是在發生重大災害，家族無力互助的情況下才賑濟災民。不過，我們似乎也可把喬治爵士的話倒過來說：正是由於國家缺少資金，因而家族不得不擔當這一角色。今天也還如此，正因為集體無力給農民退休金，所以農民才那樣激烈地反對一對夫婦只生一個孩子的政策，畢竟如果沒有兒子，將來誰給長者送終？

社會團結、尊重等級、力盡孝道、崇拜祖宗。直到今天，這些儒家思想的道德始終經久不衰。

第十八章　出現烏雲（一七九三年八月十六日～二十一日）

在這期間，馬戛爾尼的精力都放在使團工作上。困難的跡象越來越多。首先，他又收到梁棟材神父的來信。信是八月十六日發出的，信中含糊地提及在北京流傳的各種消息：「我請求閣下不要忽視我願效勞的建議。在這裡辦事情和在別處不同，在我們那兒有理、公正的事到這裡就常常成了無理和惡意的了。」

這位固執的教士的意圖是什麼呢？是要感謝英國對耶穌會提供了保護？是希望英國使團的成功能改善在華外國人的命運？是相信英國使團在設法促進傳教活動？如果是這樣，他就大錯特錯了。這次七百人的遠行未帶任何一位英國國教牧師，就足以說明啟蒙運動時代的特點了：對自己的國教不予置理，對羅馬天主教則公開蔑視。這位神父不該如此天真，而且他一而再，再而三地來信，其重要原因可能是在傳教士的小圈子裡鬥爭激烈。不管怎麼說，害怕朝廷報復這一點就足以說明為什麼他那麼鬼鬼祟祟。馬戛爾尼八月十七日收到的信並不比前兩封信寫得更明白；但信中的這些暗示使馬戛爾尼感到不安。

第二天上午，王告訴他車隊準備在二十一日出發，穿越北京，直接去圓明園。到那裡後會有一名歐洲傳教士為他服務。王沒有說這名傳教士是哪國人。這個消息證實了梁棟材神父的警告，中國方面準備強加給馬戛爾尼一名翻譯，可能就是神父告訴他的那個名字叫索德超的葡萄牙人。無論在皇帝的中國還是人民中國，在沙皇俄國還是蘇聯，翻譯人員並不是以對訪問者最方便的方式，而是以對當地政府最恭維的方式進行翻譯的。因此，任何中間人、合作者、僕人都得由當局親自選派，這一點是至關重要的。

那天晚上，王和喬單獨來拜訪馬戛爾尼：「韃靼人」由於突然感到身體不適而不能和他們一起來。馬戛爾尼猜測他得的是外交病。

事實上，徵瑞正不安地等著朝廷對他從天津發出的那份十分樂觀的奏摺的反應。由於情況不明，他寧願避免和英使接觸。中文的指示在八月十八日從熱河發出，徵瑞可能第二天收到：「札者在函已悉。該貢使到（熱河）後亦須先為學習禮體，倘有不合儀節之處，尚應逐一指示，拜跪嫻熟方可帶領瞻覲，」

命令十分明確，剩下的就是貫徹執行。徵瑞意識到自己走得太遠了。

貓耍耗子

這就把問題說清楚了：必須讓英國人遵守「儀」，「儀」是「習俗」的雅稱。英國人開始體會到中國是一個怎樣的禮儀之邦，可能比任何其他國家都講究禮儀。孔夫子說：「不知禮，無以立也。」禮是儒家學說的根本，而直到今天，儒家學說仍是中國文化的根本。在《十三經》中有三篇是專談禮的。朝廷六部——相當於西方政府的部——中的禮部，其唯一的工作就是使禮儀在以下方面得到不折不扣的執行：管理屬國使節的活動以及接收貢品，監督「科舉制度」等。科舉制度是不斷選拔官吏的主要手段之一。因此，這一叩頭事件的突然惡化也就可以理解了。

過早樂觀的徵瑞現在懂得他是在拿他的前程在冒險，他便把這個任務推給王和喬，因為他們倆比他更有辦法使馬戛爾尼就範。馬戛爾尼十分不安地發現了他們的企圖。

這兩個串通好的夥伴是在送英使從「竹棚」回來時開始行動的。「他們告訴我皇帝同意我們關於請一名歐洲傳教士陪同的要求，還說我們可以挑選任何一名在北京為皇帝當差的歐洲人。」這是一條好消息，但後來知道這條消息是假的。「他們還說皇帝十分敬重我們。」這是一種令人不安的開場。直到今天，中國人還是先樂於說一些好聽的話，接下來的準是麻煩事。

果然，話題轉到禮儀問題。這兩位官員解釋說叩頭是無關緊要的細節，但同時又說這也是一個巨大的困難。為了支持他們的觀點，「他們跪倒在地上，同時求我也跟著學。由於我不同意，他們便要求我的翻譯試試。這名翻譯雖是中國人，但他回答說他只能根據我的指示行事。他們因為發現我不夠靈活而顯得十分失望。」

馬戛爾尼也感到失望，因為覺得他們說話不夠嚴肅。「他們一會兒這麼說，一會兒又那麼說。當我們指出前後有矛盾時，他們也不掩飾，好像那是小事一樁。」他們為人相當文雅，所以一點也沒有流露出因失敗而不悅的神色：「我們的音樂家站在平台上演奏了好幾首曲子，他們聽後覺得歐洲音樂非常優美動聽。」

火炮表演

八月十九日，馬戛爾尼在「竹棚」附近遇見王和喬以及看來已恢復健康的「韃靼族欽差大臣」。英使請他們觀看八門小型銅質野戰炮表演。這些炮已準備好要和其他禮品和行李運走。天文學家說：「這幾門炮每分鐘能發射七顆炮彈。」欽差大臣評論這些火炮時輕描淡寫，說這些炮在中國算不了什麼新東西。馬戛爾尼對他的話一句也不信，但他開始懂得中國人在任何方面都永遠不會承認落後。這是一場悄悄的實力較量。對中國官員說來，不能流露半點欣賞的神情，他們採取不予理睬的態度。這種輕蔑態度像是咒語：英國的優越性與中國制度相悖，因此這種優越性就不可能存在。

在這次火炮表演中，有一件事使中國官員大發脾氣。當他們看見在河對岸五百公尺處有人時，便驚慌地拚命揮手，大聲吆喝，叫他們走開。霍姆斯報導說：「中國人膽子很小，他們一聽見炮聲就像受驚的羔羊似地逃跑了。」在開炮的時候——當然是放空炮——巴瑞施中尉站在炮口前幾公尺的地方。天文學家富有哲理地總結說：「中國官員對此非常惱怒，人越是無知就越因其無知被敗露而生氣。」

首次葬禮非常成功

馬戛爾尼在八月十九日的日記裡寫道：「昨夜，外病不癒的亨利．伊茲犯痢疾病故。」伊茲是一位銅鐵工技匠，他是英國使團在中國第一個去世的成員。痢疾後來還奪去更多成員的生命，特別是在回程中，他們的葬禮就辦得草草了事。但對伊茲，葬禮則辦得大張旗鼓。安德遜說：這是「為了讓中國人知道我們的宗教葬禮儀式」，——也是為了讓中國人看看他們的軍禮。

安德遜說：「由於我們根本就沒有牧師隨行，所以由我來唸悼詞。」假如路易十五或者路易十六派使團來中國的話，使團裡肯定會有一些神父，從而表示基督教與儒家思想的會合。這些英國人首先是想作為英國東印度公司的使者吧？不管怎麼說，他們是新教徒，他們從事「普遍性聖職」：每個新教徒就是本人的神父。

「八月二十日九點鐘，送葬隊伍開始出發。先後秩序是這樣的：炮兵分隊開道，全部槍口朝下，槍托朝上；接著是抬棺材的男子；後面是兩名笛手吹奏哀樂；接著是充當牧師的人；最後是機工、僕人……我們就是這麼莊嚴肅穆地朝墓地走去。」同意英國人把他們的一個成員安葬在那裡標誌著「一種我們在歐洲某些開明國家所沒有見過的寬厚。」——開明的國家，但是——天主教國家。如果在中國土地上安葬意味著和天朝文明永遠、徹底的同化呢？意味著永恆的叩頭呢？

送葬儀式獲得預期的巨大成功，中國人非常重視葬禮。「即使是最優秀的文娛節目也永遠不可能在歐洲某個城市吸引如此眾多的人群。士兵們圍著墓穴站立著。悼詞唸完，棺材蓋便重新蓋上。炮兵分隊排槍齊發三次。」安德遜好奇地看了看身邊的墓地：「墓地有許許多多刻有銘文的、用大理石或普通石塊砌成的墓，其中有些墓鍍金並配有圖畫和漂亮的雕刻。這個墓地面積很大，但沒有圍牆。在中國，只有大城市附近才有墓地，其他地方都是隨便找地方埋葬的。」

英國人了解到當地的習俗：埋葬地點是一個微妙的問題，只有看風水才能得到答案。棺材是由好幾層油漆密封的，在找到一塊風水好的墓地（例如，在長滿莊稼的田裡建一個墓穴）前，往往要安置在屋裡好幾個月。在中國那些地形不太平坦的地區，墓地往往建在高處或不長莊稼的亂石區。孔子說：「所重民食喪祭。」在種植莊稼和崇拜祖先這兩種義務間必須找到某種妥協。

第十九章 路經北京

（一七九三年八月二十一日）

八月二十一日，英國使團要抵達並穿越北京城，事先，使團已被指定住在位於北京西邊六英里外的圓明園。使團一行是在頭天運去的長凳和行軍床上過夜的。「因此，我們沒怎麼休息好。」凌晨兩點，鼓聲一響大家便起床。在中國城市裡，人們夜裡是用鼓來報時的，就像過去歐洲的喊更人一樣。四頂轎子是給英使、喬治爵士、喬治的兒子和「李子先生」乘坐的。至於其他人，「我們乘坐的兩輪車，既沒有彈簧也沒有座椅。沒有辦法，只得像中國人那樣盤腿坐在車板上。」

是不是這種旅途的不舒服使冷漠的英國人變得煩躁起來了？「我們正要出發時，突然為了座位的分配問題，我們中間發生了令人不快的爭吵。中國官員橫勸豎勸才把吵架平息下來。」四點鐘，車隊啟動出發。

先頭部隊由三千名腳夫開路，他們負責搬運六百包東西，其中有些包體積非常大，必須有三十二名搬運工才能搬動。相應數量的官吏負責維持秩序並管理這些腳夫。跟在後面的是二十五輛四輪馬車以及三十九輛獨輪車，上面裝著葡萄酒、啤酒及其他歐洲食品、軍用物資及其他非易碎物品，最後是八門野戰炮。

行李後面才是韃靼族欽差大臣、朝廷官員以及人數眾多的隨行人員，他們或坐轎，或騎馬，或步行。然後是英使，後面是他的隨行人員。他們乘坐的兩輪車和「我們的柩車幾乎沒什麼區別」。走在最後面的是王和喬。

就在車隊不斷顛簸前進時，英國人又一次想到他們的四輪華麗馬車的優越性，並計算著向中國出口這些四輪馬車能賺多少錢。

大隊人馬穿越通州城，一路上只見大批人群聚集在兩旁、隨著中午的臨近，天氣變得越來越熱，氣溫高得讓人難受。

馬戛爾尼坐在他的轎子裡看著石板路，這些石板長二十英尺，寬四英尺，這麼巨大的花崗岩石板是怎麼運來的？有一座漢白玉五孔橋[1]很受英使讚賞。溫德寫道：「通往北京的道路有一百五十英尺寬，路的兩側種有遮雲蔽日的參天大樹。路中，一些高高的旗杆上飄揚著巨大的旗幟。」英國人終於在九點左右到達北京城，這是「他們渴望已久的目標」。

從城牆高處鳴放多發禮炮。「城牆的外側牆面幾乎是垂直的，而內側牆面則十分傾斜。層層牆磚是以金字塔方式逐級向上砌的。」不過，英國人並不是作為旅遊客來觀察城牆的。這座方形城牆有什麼用呢？誠然，這城牆無論從高度還是從厚度講都給人以深刻的印象，然而，城牆沒有配備火炮，只有一些用於放箭的箭孔。城門上有一座「箭樓」，每層之間有一些專門供插槍筒用的射口，但實際上這只是一些畫得逼真的假射口。斯當東不無諷刺地指出：「就像有時人們在商船兩側畫的舷窗一樣！」

不停的喧鬧

進了京城後首先映入眼簾的是人的海洋——像海潮般地不斷湧來。「一批批快樂的人群在震耳欲聾的樂曲聲中」送新媳婦到夫家；一些戴孝的人家在送葬的路上「哭得凄凄慘慘」；一些衛隊「打著遮陽傘、旗幟、彩燈」護送官員；一群群駱駝運來韃靼區的煤炭；一些三輪手拉車和獨輪車滿載蔬菜……「這裡是一片喧鬧，從無間歇」。

車隊艱難地開道前進：「許多燒炭商、修鞋匠和鐵匠擺設的流動攤，屋前搭出的小涼棚下展賣的茶葉、水果、木炭、大米」，「熙熙攘攘的顧客和商人」，使這條寬闊的大道變得很窄，以至走在英使前面的官兵馬隊幾乎無路可走。

各種聲音嘈雜不清：叫賣商品的「吆喝聲」，剃鬚匠「弄響鉗子的聲音」，吵架聲。但尤其是在街上擠滿了許

1 此橋與著名的通州八里橋（音譯）相似。一八六〇年，英法聯軍指揮庫贊-蒙托邦就在那裡挫敗了皇帝的軍隊。否則，文中提及的就是八里橋——我傾向這麼解釋，因為在文中所指的路線上，我沒有找到其他橋。

許多多看熱鬧的人：「我們兩側都有兵士保衛，他們揮動鞭子迫使人群後退。」他們十分靈巧，鞭子只打在地上。鞭子的拍打聲就足以讓人群後退了。

安德遜估計，這「人山人海的觀眾」與其說是出於尊敬，不如說是出於好奇：「使團一出現，人群中就爆發出陣陣哄笑。使團來此是要使中國人敬畏，要求獲得任何國家都未曾能獲得的特權。應該承認，我們這一行人的樣子卻不像。」驕傲的侍從為此感到不快。

看熱鬧的人群很守紀律，嘲笑完英國人後又變得冷漠了：「玩樂了一陣後，每人便回去各做各的事了。」

北京婦女

女人呢？在天津時未見女子出現。到了北京就看見了！安德遜見到一些女子「相貌很美」，「皮膚白皙」。她們抹粉以使皮膚白淨，並在嘴唇中央「抹上很深的口紅」。她們的眼睛十分明亮。她們頭戴飾有寶石的絨帽或者絲帽，「帽沿上的瓔珞幾乎下垂到眼睛處」。（今天，北京老年婦女仍戴這種小帽子。）特別是：「她們並不纏腳，而完全是天足。」安德遜不懂，事實上這些女子並非是中國人，而是滿族人。北京是征服者韃靼人的首都。斯當東看見一些漂亮的女騎士。「幾名韃靼女子騎馬代步。她們像男子一樣，兩腿分開跨騎在馬背上」，她們是草原女騎士。

安德遜聲稱曾利用車隊行進緩慢的機會和這些漂亮女子搭訕：「我抓住這個機會下車。」他不會中文，但記住一個字 Chouau（俏）——「美麗的」。「她們好像很得意，並有禮地把我圍起來。她們仔細觀看我所穿衣服的款式和布料。」他在走時抓住她們的手，但心裡惴惴不安，擔心她們的丈夫會有什麼反應。可「他們似乎並不生氣」。他由此推論說（結論下得快了點）在中國，婦女比人們所說的更自由，男子的嫉妒心也沒有人們所說的那麼重。可他一點也沒想到他本人只是一個短暫受人嘲諷的對象。

奢侈是死人的特權

把安德遜從打情賣俏中吸引過來的是另一種根本不同的場面，即「排場豪華、引人注目」的葬禮。送葬隊伍八個人一排，一共有六十四人。他們步履莊嚴、緩慢。他們用交叉的長竹竿抬一個擔架，上面放著棺材。棺材上覆蓋一塊「飾有繡花和鑲邊的緞子棺罩」。一些樂師吹奏一首哀傷的樂曲。死者的親友身穿白色衣服，走在出殯隊伍的最後（在中國，無論過去還是現在，白色是服喪的顏色）。斯當東甚至說得更明白：「不過，禮儀要求的這種白色不能太明亮，因為穿喪服的人為了更加顯得哀痛，不應對自己的裝束過於講究。」巴羅認為：「我們最漂亮的棺材如和一個富裕的中國人的棺材相比將顯得很寒磣。」

在中國，除了皇帝以外，只有死人有權顯示其富有，因為死人不會引起皇帝的猜疑和不快。奢侈是死人的特權。巴羅強調指出：棺材業「雇用許多工人，並在中國生意興隆。」英國使團訪華五十年後，古伯察神父寫道：「有錢人總是在死之前就買好自己喜歡的棺材」，並把它放在自己家裡。死之前把棺材放在家裡，死之後仍把棺材留在家裡。關於這一點，溫德是這麼寫的：「在廣州，我拜訪了一個商人。他父親的遺體抹了防腐香料後放進紅木棺材[2]。他把棺材保存在家裡。他為這棺材花了四千兩銀子。棺材在家裡停放已有一年多了」——在等風水先生找到一塊能使子孫興旺的墓地。

「黃牆上的珍貴材料」

斯當東寫道，在北京，街道路面寬闊，而房屋低矮。這正好與歐洲道窄樓高的大城市相反。因此，北京的街道「通風、暢快」。

他們走的那條街事先已灑了水，免得塵土飛揚。街上橫跨著幾座類似凱旋門的木製牌樓。上面寫有表示建築物意義的金字：一位有豐功偉績的大臣或一名戰功赫赫的將軍，甚至一名守住貞節的寡婦。這些建築物至今仍是中國城市的一個特色。[3]

2 內棺還套一層槨。在一個缺少木材的國家裡，這真是十分奢侈。

3 在成賢街至今還有一個高大的牌樓，位於國子監前。

喬治爵士十分欣賞房屋「上面有欄杆圍起來的大平台。平台上放著一些盆景花草。門前掛有角質或絲質的燈籠。」可巴羅卻想念歐洲的圓屋頂和鐘樓。整齊劃一的街道，「排在一條直線上呈直角交叉」，朝街的一面沒有窗戶，而且屬於又矮又小。他覺得這像一座「巨大的營房」：「成千上萬矮小呈弓形的房屋讓人聯想起一排排的帳篷。」如果是鄂圖曼[4]或者美國建築師，他們不會討厭這種幾何形的建築藝術，但一個從房屋建築都是哥德式和巴洛克式城市來的人而言，是會感到失望的。

路上，這些旅行者還瞥見另一個北京：紫禁城。他們沿著紫禁城外的「黃牆」走。「人們這麼稱呼它，是因為城牆上面是用黃色琉璃瓦蓋的。」英國人看得很清楚，但他們不會解釋。這種突出城牆高度，並在冬宮[5]屋頂上像金子似閃耀的黃色，是皇帝專用的神聖顏色。

中午，英國人從西門出北京。他們又在城外走了若干里路，終於在艱難的長途跋涉後到達位於海甸村附近的住地。不過，他們奉命待在住處的走廊裡，站著等已去談判住宿問題的馬戛爾尼歸來。他們等了又等，慢慢變得不耐煩了。於是他們去找英使，發現他正因房子窄小而在和中國官員爭吵。

不過，英國人必須讓步。大家實在太累了，沒勁爭論。天文學家因為筋疲力盡便上床睡了。他在日記裡只寫了一句：「使團到達了旅行的目的地。」從樸茨茅斯港上船算起已有十一個月了。

4　編注：喬治－歐仁・鄂圖曼男爵（Baron Georges-Eugène Haussmann, 1809-1891），法國都市計畫師，因獲拿破崙三世重用，主持了一八五二年至一八七〇年的巴黎城市規畫。當今巴黎的輻射狀街道網的型態即是其代表作。

5　譯注：這裡指的是紫禁城宮殿。現在西方人把頤和園叫做「夏宮」。

第二十章　在圓明園旁邊

（一七九三年八月二十二日）

英國人住進他們的新住所——在圓明園旁邊的一座「別墅」[1]，後來歐洲人把圓明園叫做「夏宮」。「別墅」本身建在一個巨大的花園裡。園內有一些架有拱橋的小溪。

房間裡裝飾有圖畫。斯當東很欣賞這些風景畫，配景規則在畫裡得到不折不扣的執行。他不像天文學家那麼嚴厲，在後者看來，這些風景畫「說明對配景規則一無所知。遠景的人物比近景的房子還大，而且腳離開地面」。不過，兩人都一致認為中國人不懂陰影與倒影。喬治爵士補充說：「如果一個湖泊的四周有樹和房子，畫家就不畫樹和房子在湖水中的倒影。」啊！西方藝術家是多麼為掌握了立體藝術而自豪！

在斯當東看來，光線的變幻、明暗對比、閃色等這些歐洲的發明標誌西方的絕對優勢。西方制訂了「科學的規則」。同樣地，它又掌握了「藝術的規則」。這些英國人在中國畫面前就像在「十二脈醫學」面前一樣有一種優越感。歐洲的藝術和科學已經完全成熟，而其他文明的藝術和科學尚處在初級階段。而王致誠神父卻承認，應該改信中國藝術才能懂得中國藝術：「我曾不得不忘卻我已學的一切。」啟蒙時代的英國人對不同於他們風格的另一種風格無法想像。因此，他們便歸罪於中國畫家的笨拙。這種解釋是錯誤的；恰恰相反，中國人是很手巧的。使團最好的畫家亞歷山大說：「他們非常精細地根據別人給他們的歐洲油畫複製品臨摹歐洲油畫。」

那就是兩種文化互不相容的撞擊。

1　馬戛爾尼住的別墅專供貴賓下榻，位於海甸鎮附近，名叫宏雅園。它位於今北京大學校園內，原址已建有留學生宿舍。

憤怒的囚犯

斯當東對後勤工作感到不安，這些房子「過去是給外國使節住的；但很明顯，這房早已沒人管了」。安德遜說得更加直率：「屋子裡到處是蜈蚣、蠍子和蚊子。」

英國人不得不睡他們海上航行時用的吊床和行軍床。「這個國家老百姓睡的床都很不舒服。」或更確切地說，不同的文化有不同的床。今天大多數的中國人仍然滿足於睡木板床；或者，在冬天時睡磚砌的炕。睡前，從炕下把炕簡單燒熱。

住地圍有高牆，戒備森嚴，和外界完全隔絕：「不管我們用什麼藉口，他們都不讓我們出去。所以通道都派有官員和兵士把守。這座宮殿對我們來說只是一所體面的監獄而已。」

本松中校是一名傑出的軍官，但為人脾氣暴躁。他「因為沒讓他出去而覺得受到極大侮辱。他惱羞成怒，但結果遭到衛兵的粗暴對待」。「英國外交官在世界文明國家裡享有最大的特權，現在竟受到如此對待，他們覺得是一種恥辱……」從高貴的爵士到普通的兵士，人人都把自己看成是征服者，因此他們永遠沒想到會受到這種陰險而輕蔑的對待。

無論是霍姆斯、安德遜還是其他同級的英國人都不知道馬戛爾尼和中國高級官員會談的進展。但是每個派往國外的使團其每一級別的成員，都與對方相應級別的官員作正面的較量。英國和天朝的低階官員之間的這種較量變得激烈起來；英國使團的低階官員毫不懷疑他們沒有受到皇帝所希望的那種接待，指控中國官員惡意待人。使團不正是想要在北京為在廣州的英國人所受到的歧視鳴不平嗎？現在他們已到達北京，可他們就先不得不考慮要求皇帝糾正其下屬在首都所犯的錯誤！

霍姆斯支持本松出去，而安德遜覺得最好不出去，「勇敢地順從命令，雖然這些命令非常令人不快。不過，這些命令出自我們來請求照顧的政府，而且可能就是這個國家傳統制度的組成部分」。馬戛爾尼一開始就認為這所館舍是「無法接受的」。誠然，「這座鄉間別墅及其花園十分幽靜雅致」。但他尋求的並不是來隱居！

他的希望是住在北京。如果他在中國的逗留期不該像他所希望的那樣長，那至少能讓他在中國生活的中心居住吧！他不相信在那裡會像在這座皇家園林裡那樣被嚴密隔離起來。他在帝國皇權位置方面犯了一個錯誤：他越接近北京，離皇帝的駐地卻越遠了。

一次騙人的旅行

馬戛爾尼從徵瑞八月二十二日的禮節性拜訪起就提出住宿問題。「欽差大臣告訴我，一名負責解決我們問題的大學士[2]正從熱河前來，還說第二天就給我派一名或兩名歐洲傳教士。見他情緒顯得比平時好，我便乘機向他談起我們的住宿問題。」使他十分吃驚的是欽差大臣竟立刻回答說「他認為這不會有問題」。

實際上，一座在北京的館舍已安排好供英國使團從熱河歸來時使用，以便使團參觀首都美景。和珅曾指示：「派內務府人員量為糊飾打掃以備給住。」這些修繕活尚未開始做。不過，既然馬戛爾尼堅持要住，那就用四天時間把館舍修繕完畢。

在這同一個指示裡還安排了一個細緻的旅遊日程。英使將看到該看的東西，規定以外的一律不准看：「可以允許他遊覽圓明園[3]以及萬壽山湖，他可以在萬壽山湖觀賞水上遊戲。等他來首都聽取諭旨時，可允許他觀瞻富麗堂皇的宮殿。這些地方都要做好水上遊樂的準備工作。最後，皇帝同意英國貢使乘坐龍舟遊覽昆明湖[4]。湖水必須相當深，你們要派人疏浚昆明湖，務使一切完美無缺。」

政府對一切都做了精細周密的安排。即使普譚金[5]給凱薩琳大帝看的村莊也沒這布置得好。這是一次事先為欺騙馬戛爾尼而安排的旅遊。不過，即使這麼一次裝門面的遊覽，仍如同深入中國內地，一樣可了解不少情況。

2 即內閣大學士。
3 圓明園內有一座宮殿是根據耶穌會士的圖稿所仿造的凡爾賽宮。
4 就是在昆明湖，慈禧太后於一八九〇年左右用籌建海軍的經費命人建造了著名的石舫（編注：這個說法最早是康有為提出的，但經後來的歷史學者考證，與史實不符）。
5 編注：格里戈里．亞歷山德羅維奇．普譚金（Grigory Aleksandrovich Potemkin-Tavricheski, 1739-1791），俄羅斯帝國軍人及政治家，凱薩琳大帝著名的情人之一，曾任克里米亞總督。傳說他統治當地時，為應付女皇巡幸而刻意營造當地開發頗上軌道的假象，下令在她巡遊經過之處搭建許多造型悅目的假村莊，因而有「普譚金村」的典故。

第二十一章　和傳教士初次見面

（一七九三年八月二十三日～二十四日）

八月二十三日，欽差大臣徵瑞又來拜訪馬戛爾尼。陪同欽差的是六名留有絡腮鬍子的歐洲傳教士，他們的衣著都像中國官員——他們已是中國官員。無論對哪一方，初次見面是多麼讓人激動啊！站在英國人面前的六名傳教士中，有幾位曾寫過《書簡集》。整個歐洲有文化的人都曾讀過這部好奇多於教益的《書簡集》——生活在中國的傳教士寫給歐洲的基督教徒的信以及歐洲基督教徒寫往中國的信。馬戛爾尼之所以到中國，難道不該感謝這些不知疲勞的說客嗎？正是他們向西方灌輸了一種神往中國的好奇心。從神父的角度看，他們是否把這些新穎的傳教士看成是在皇帝面前爭寵的對手呢？不過，無論是貿易上帝還是亞伯拉罕的上帝，天子都不關心。

在中國人看來，這是兩個歐洲的會合。

最高天主教官員中，有四個是以前的耶穌會士。索德超神父是欽天監監正——梁棟材神父特別要馬戛爾尼提防的就是這位葡萄牙人。另一位神父也是葡萄牙人，名叫安國寧，擔任欽天監監副。一個是法國人，名叫賀清泰，他是皇帝的官方畫師。一個是義大利人，方濟各會修士，也是一名畫家，名叫潘廷璋。最後是兩名鐘錶機械匠：一個是法國人，天主教遣使會教士，名叫巴茂正，另一個是義大利人，奧古斯丁教派的修士，名叫德天賜。此人後來在巴羅和丁維提負責安置禮品時給他們當翻譯。

這些在中國因其科學知識或技能而被接納的外國人，只能使皇帝更加相信他的國家不需要國外新帶來的東西。難道不是耶穌會士先為明朝鑄造大炮來抵抗滿人，後來又為滿人鑄造大炮來消滅忠於明朝的殘餘分子的嗎？既然一些外國學者不停地為天朝帝國的最高榮譽提供無償服務，那乾隆皇帝又為什麼要對英國使團的要求作出哪怕是點滴的讓步呢？難道不是英國人把兩名期待有幸能為天朝效勞的遣使會士一直帶到天津的嗎？

馬戛爾尼獲悉派往熱河工作的傳教士在英使來京之際，都按中國品位制得到晉升，這是敬重英國使團的一種方式。我們從八月十九日一封朝廷信件中得知，索德超和安國寧被提為藍寶石頂戴三品官。賀清泰、潘廷璋和德天賜他們三人被提為硨磲頂戴六品官。

索德超的晉升使馬戛爾尼感到不安。看看這位欽天監監正的面孔，馬戛爾尼相信對此人情況的描繪是真的：此人平庸，除了本國人外，他嫉妒所有其他的歐洲人。但馬戛爾尼找到了應付辦法。他對那個應該給他當翻譯的人先用英語說一遍，然後又用法語說一遍，索德超在窘困的中國人面前一聲不吭地站著。索德超在公共場合充分暴露了他的無能。這位葡萄牙人為此惱羞成怒。「由於無法掩飾他所受到的侮辱，他當即把他對英國人的所有不好看法都告訴了旁邊一個義大利傳教士。他們倆是用拉丁語交談的，所以他很可能以為我聽不懂。不過，即使他一句也不說，他的態度就足以讓人猜出他心裡是怎麼想的。我正在跟欽差大臣說我希望能重返北京時，索德超便放肆地表示反對。其他的傳教士對他這種行為都顯得十分吃驚。」

馬戛爾尼最後給了這葡萄牙人一箭：他讓一個法國人轉告索德超，說由於他本人不懂葡語，不得不謝絕他的效勞，他對此感到十分惋惜。

拉丁語問題

理由是離奇的。馬戛爾尼和他的同伴既不用英文，也不用法文，而用拉丁文講話，「李子」神父才能為他們譯成中文。因而他們以不懂葡語為理由回絕索德超是站不住腳的，因為那時任何有文化素養的人都會講西塞羅[1]的語言。

馬戛爾尼假裝除了法語不會別的外語，這就給法國人一種事實上的特權。為什麼呢？那時，法語確實是國際語言，同盟軍首領們在討論和法國交戰的作戰計畫時用的語言就是法語……再說，馬戛爾尼那時已不怕法國人了。

1 編注：西塞羅（Marcus Tullius Cicero, 106 BC-43 BC），羅馬共和國晚期的哲學家、政治家、律師、作家。他因其作品的文學成就，為拉丁語的發展做出了不小的貢獻。

正當英國為澳門而嫉妒的時候，法國由於國內動亂而退出了遠東地區。荷蘭公司駐廣州代理人文譜蘭不是公開說「法國在中國等於零（原文如此）」了嗎？

此外，法國革命切斷了傳教士和法國的一切聯繫。人們可以相信他們對反宗教的共和國是持敵視態度的；由於他們的處境不佳，因此可以爭取他們做盟軍。

在索德超去熱河之前，英國人絕對不能講拉丁語。無論是馬戛爾尼還是斯當東都隻字不提這條禁令，但丁維提由於被這條禁令激怒而披露了出來。那時，大多數科學著作都是用拉丁文寫的，因此怎麼能設想一個真正的學者不懂拉丁文呢？「大家難以想像為什麼不能講拉丁文。」有一位傳教士問吉蘭大夫：「Tuloqueris latine, Domine?（先生，你說拉丁語嗎？）」這位醫師用蹩腳的英語回答說：「知識淵博的先生不說拉丁語。」「企圖讓人相信使團不會拉丁語，這有損我們的尊嚴，也不符合事實。」喬治爵士寫信到圓明園，不准丁維提博士在葡萄牙人和一個名叫德天賜的義大利人面前說拉丁語。此信落到這個德天賜的手裡，德天賜把信交給天文學家時，對信封上寫的拉丁文意味深長地瞥了一眼：Fiatresponsio ——「請回信」。

最後，這個騙人的把戲還是結束了。使團接受了德天賜作翻譯。不過，他只是協助英國專家和中國工人之間交談，而且是用拉丁語，即「幾天前，他們還說不懂的這種語言」作為中介。不過，馬戛爾尼已經贏了：他保留「李子先生」和小托馬斯作翻譯。

他們的翻譯不夠準確，因此馬戛爾尼以為他已經擺脫了最令人討厭的徵瑞。當時王和喬通知大學士金簡要來。金簡是「皇帝的堂親」，據說由他負責接待英國使團。

事實上，金簡並不頂替脾氣暴躁的欽差大臣。他並不是「大學士」，只是工部尚書而已。而所謂的皇帝「堂親」，事實是他的姊姊曾是乾隆無數妃子中的一個。他甚至還不是滿族人，而是朝鮮人。他奉命組織英國使團在京的接待工作，但他是和工部侍郎伊齡阿、欽差大臣徵瑞共同負責的。從此，他們三個人一起領導接待組。不過，檔案材料表明，這兩位工部官員並不熱心於和徵瑞爭奪陪同使團的危險任務。

皇帝從熱河向這三位大臣提出許多問題。他不相信天文儀器不能運到他那裡；他也不相信這些天文儀器給他看過之後就不能再拆開。他在八月十六日就命令向圓明園派遣「好手匠人數名幫同該國匠役即在殿內安裝，留心學習，以便將來仿照裝卸」。徵瑞單獨一人給朝廷寫奏摺，皇帝不明白為什麼這奏摺沒有另外兩人的簽字；所有這些反常的做法只能引起天子的不滿。後來這兩位受責備的工部官員也給皇帝寫了奏摺。皇帝在關於那些應該觀察並模仿歐洲人操作的中國工匠的那句話邊上用硃筆做了批示。從這批示中可以看出皇帝很不耐煩：「盡心體會必盡得其裝卸收拾方法。」

御座大殿和藝丐歌劇

同年八月二十三日，馬戛爾尼被帶到圓明園，後來自從西方人焚燒該園後，它被西方人稱之為「夏宮」。不過，應稱它為「秋冬春三季宮」，因為乾隆在夏季時去熱河避暑。圓明園這個中國名稱——馬戛爾尼只用這個名稱——貼切地表達了皇帝對宮殿的想法：「最最光明的園林」，中國最好的園林。這座園林是乾隆的傑作——正像凡爾賽宮是路易十四的傑作一樣。

馬戛爾尼對鮮花、綠樹和噴泉交織成的美景十分欣賞。圓明園大得無邊無際，園內數以百計的「漂亮的樓台亭閣」由穿越假山的通道和美妙的走廊相連接，但馬戛爾尼只看到其中一部分。

這座園林由一些法國人在中國建造，這第一位英國使者在欣賞它時其眼神是多麼感人！它後來被另一些英國人和另一些法國人焚毀，但這卻使它變得永遠像神話裡一樣奇妙！那座宮殿是典型的路易十四風格。它周圍是一些地道的中國風格的樓台亭閣，點綴在巨大的花園裡。這座仿凡爾賽宮和美泉宮[2]的巨大建築物可能使乾隆認為西方人再也沒什麼可帶給他的了。因為他早已經採納了他們的好主意。有哪個西方君主可誇口說他有一座中國式宮殿？

不過，英國人如果承認為圓明園陶醉的話，他們會覺得有失身分的：「宮殿外牆繪有許多龍和金色的花朵。

2　編注：美泉宮（Schloss Schönbrunn，又譯熊布朗宮），是坐落在奧地利首都維也納西南部的巴洛克藝術建築，曾是神聖羅馬帝國、奧地利帝國、奧匈帝國和哈布斯堡王朝家族的皇宮。其總面積二點六萬平方公尺，僅次於法國的凡爾賽宮。

從遠處看，真令人眼花撩亂；但一走近，人們就發現工藝粗糙，鍍金質量很差，於是原有的魅力便煙消雲散。」

請馬戛爾尼正式參觀圓明園要等他從熱河回來後才進行。由皇帝確定的日程是根本不能更改的，英使的拜訪只局限於察看合適的地方來安放留在北京的那部分禮品。既然是送給皇帝的禮品，那就沒有比放在大殿御座兩旁更合適的地方了。

大殿建在花崗石的平台上，殿頂由兩根柱子支撐，並飾有許多作為皇帝象徵的五爪金龍——高官權臣只配有四爪的龍。大殿長五十公尺、寬二十公尺，灰色與白色大理石的地面上鋪著地毯。大殿只有一面進光。御座是用紅木雕刻做的，面對窗戶，御座下面有幾級台階。馬戛爾尼發現御座的雕刻手法與英國的一樣精細。御座上方有一橫匾：上寫正、大、光、明、福五個大字。御座兩旁是呈扇形的巨大孔雀羽毛[3]。御座前是祭壇，上面放了一些茶或水果等供品，因為皇帝總是以肉體形式或以精神形式坐在御座上。謝閣蘭[4]曾在其作品裡讓皇帝說過這麼一段話：「我是靠『缺席』所具有的驚人力量來統治的。我那由迴廊相連的二百七十座宮殿裡，都只有我偶爾留下的足跡。」

三名陪同官員（按照皇帝的旨意，他們一起）在八月二十五日的奏章中寫道：「該貢使率領屬下人等拆卸包裹，隨赴正大光明殿丹墀下瞻仰殿宇，相顧肅容。詢問中設寶座即向上免冠，舉掌頂禮。奴才等察具情詞，十分恭順，並瞻仰殿宇輝煌，心欽壯麗。」徵瑞在這麼一份奏章上簽字可能會感到為難：奏章裡並未提及叩頭……

至於那組樂曲，那些「黑頭髮的人」沒有向皇帝匯報，因為他們聽不懂。那麼，這突然響起的樂聲是什麼曲子呢？原本沉醉於對建築物的欣賞中的馬戛爾尼被一種熟悉的樂曲聲所吸引了：在大殿的一角，一座來自倫敦的座鐘每小時奏出一段《乞丐歌劇》中的不同曲子。在天子寶座前，座鐘不知疲倦地反覆奏出那些描繪下層階級樂

3 孔雀所顯現的神祕感與西方的鳳凰相似。孔雀尾部的羽毛可長達兩公尺，被認為是一種吉祥物。

4 編注：謝閣蘭（Victor Segalen, 1878-1919），具法國海軍醫師、人種學學家、考古學家、文學家、探險家、文學評論學家等多重身分。一九〇八年在巴黎東方語言學院通過漢語考試，翌年前往中國，並與友人騎馬遊歷了西安、成都、漢口、南京、上海等地，留下不少遊記。之後全家定居北京，開始研究中國文化。其不少散文、小說作品都與中國歷史、文化有關。

曲，具有某種超現實主義的色彩地。無疑，不論是乾隆還是定期來修鐘的耶穌會鐘錶匠，對此都毫不理解。只有英國人才能體會到這種情景的滑稽可笑。

對馬戛爾尼說來，這是首次，也是最後一次參觀圓明園。後來，阿美士德勛爵從這裡被趕走。第三名進入圓明園的勛爵是額爾金，那是在一八六〇年——不過，他當時是率兵來掠奪和焚燒圓明園的。圓明園作為世界第八大奇蹟，現在只剩下一堆廢墟。它成了東西方之間三次接觸的見證：首先是負責設計並指導建造這座園林的耶穌會教士；然後是來圓明園卻又不理解中國的外交官員；最後是摧毀這座園林的軍人。

第二十二章 科技宮

（一七九三年八月二十三日～二十四日）

在這次由陪同帶領的遊覽過程中，並不是一切都是令人愉快的。在遊覽結束時，欽差大臣又出現了——這使馬戛爾尼感到非常吃驚，因為他以為欽差大臣「突然又得寵了」。徵瑞是韃靼人，他一定是利用在朝廷裡的關係了，這使我們的朋友王和喬不得不對他十分敬重；他們再也不敢想為我們說好話就為我們說好話了。

馬戛爾尼是外交生活裡一種傳統現象的犧牲品。他把陪同者的地位想像得比實際高。中堂對王和喬的情況毫不了解……中國人也犯了一個相應的錯誤：「查暎咭唎國貢單內稱，」一封八月六日的朝廷信件寫道，「正貢使品級尊崇。據云此系國王之舅，又云國王之下，唯此人為最貴。」天朝把歐洲國家宮裡對貴族的尊稱「我親愛的王舅、令人尊敬的馬戛爾尼勛爵」做了完全是字面上的理解。

無論在中方還是在英方，各種信息常常由於幻想、猜疑、隱瞞、沉默而被歪曲——雙方互不理解。「言不順，則事不成。」如果孔子的話有道理，那麼一七九三年英中兩國的事務是沒有任何一點點成功希望的……蒙田[1]也知道誤解的真正原因是「語言上的差異」。這種觀點被第二天，即八月二十四日發生的事再次證明是正確的：斯當東又回到圓明園，陪他前往的有巴羅、丁維提、蒂博和珀蒂皮埃爾以及其他「工匠和技師」。斯當東是去集合大家安裝所有不運往熱河的禮品的。

幸虧他去了圓明園，因為圓明園的中國人員正開始拆箱。中國人認為，這些貢品是給皇帝的，當時就已經屬於皇帝了，而英國使團是靠這些貢品才獲准登陸的。「李子先生」勇敢地對欽差大臣的這種理解表示反對，從而挑

1 編注：蒙田（Michel de Montaigne, 1533-1592），文藝復興時期法國作家，以《隨筆集》（*Essais*）三卷留名後世。

起了一場用詞的爭論：並不是貢使——貢品。如是貢品，那麼東西一運到就是皇上的了。而是送禮——禮品[2]。因此，送禮的人可自由確定送禮的時間。一個名稱就足以改變這次使命的性質。

這裡涉及的賭注比較小：由誰來負責這些精密儀器的安裝？工部尚書金簡「結束了這次論爭，說送禮這個詞是適宜的」。安裝這些儀器畢竟是麻煩事，還不如待安裝好了再接管。

西方工藝的輝煌展示

我們還是看看在圓明園的巴羅和天文學家吧。使團的其他成員在去熱河前正準備在北京住下來。圓明園是觀察天氣惡化的氣象站。

人們動手開箱了。禮品包裝得很好，儘管經過如此長途的運輸，又經過那麼多次的搬運，幾乎沒有一件禮品被損壞。

地球儀應該放在御座的一側；天球儀應該放在御座的另一側。分枝吊燈自然應懸掛在天花板上。在大殿的一端安放天體運行儀。另一端則安放瓦利雅密座鐘、氣壓計、威治伍德瓷器以及弗雷澤天文儀。「無論在全世界什麼地方，人們都無法想像在同一個場所集中如此精美的物品。」

的確如此，這真像參加國際博覽會的未來英國館[3]。這是一次「西方工藝的輝煌展示」——尤其是英國在所謂的技藝方面，即應用科學與技術方面的成就。英國人把重點放在他們眼中中國人感興趣的：瓷器和天文學。

關於瓷器，這是一次有風險的賭博。不過，威治伍德對瓷器工藝做了相當的改進，已經不是簡單模仿中國人了。這次打賭成功了。馬戛爾尼發現，大多數來圓明園參觀禮品的高官權臣在觀看時裝作無動於衷；不過，馬戛

2　英國人遇到的是一個典型的中國式難題。整個社會和政治的制度都極力維護正確的名稱。這些名稱與字詞的用法緊密相連，並被認為是事物本質的表達。天子作為有生命的神秘物，人們越接近他，就越應該注意用字的準確性。每個人道德的修養就是要使自己一天比一天更符合儒家道德的確切叫法。這就是我們經院式唯名論的中國變種。

3　一七九九年法國首屆「藝術品與工業品」展覽會在巴黎舉辦。英國的做法說明當時這種想法正在醞釀當中。

爾尼補充說：「他們對我們的德比瓷器或瓦利雅密座鐘上的裝飾瓷器的精美與雅致表現出無法掩飾的喜愛。」威治伍德特別推出一件巴爾貝里尼的複製品，這是一種著名的古代玻璃器皿，底色是藍色，浮突出來的人物則是用白色玻璃製作的。正是這種古代器皿啟發了威治伍德，製造出仍然叫做巴爾貝里尼的瓷器。

威治伍德公司抓住了這次馬戛爾尼提供給他的機會來推銷它的產品，這是一種新式的推銷技術，到了十九世紀，這種推銷技術獲得成功。

科學的導演

天文儀器比較複雜，要把天體運行儀重新組裝好至少需要十八天。西方人得到當地工人的幫助、皇帝特別命令他們來學習裝配程序。看來，他們對這個任務是完全勝任的[4]。天文學家還提到了他的技師們不得不承認敗北的一件事：中國人成功地用一塊烙鐵切割用金剛鑽未能割開的凸形玻璃板。

相反地，天文學家不喜歡圓明園裡差役亂哄哄的圍觀以及太監們見他做不成功時所發的陣陣哄笑。英國人安裝儀器進展緩慢，這使人對他們的本事產生懷疑。「一些中國人嘲笑我們，說『你們很賣力地在做，不過進展不大』。」

丁維提寧可不讓任何人觀看這些費力的準備工作。「對無知者，永遠應該使其大吃一驚。如果天體運行儀一下子突然光彩奪目地出現在人們面前，那麼效果就會好得多。」天文學家是一名好導演，他知道排練是不該讓公眾看的。

再說，被剝奪了去熱河的機會，並被迫充當工人角色的丁維提和巴羅怎麼會不感到受貶呢？內閣檔案裡把他們倆排在接受禮品人員名單的末尾。工匠和商人難道不是處在最低層——排在農民之下嗎？

4　自從一六〇一年利瑪竇帶來他那奇妙的座鐘以後，中國朝廷的一些工匠已掌握了鐘錶和精密機械方面的技術。

皇帝的自動裝置

儀器的安裝工作進展緩慢，這進一步激怒了皇帝。原先，當英國人聲稱在儀器安裝好、展覽完後必須原封不動地留在大殿裡，皇帝本來就已經很生氣。既然這些儀器在英國安裝後又拆裝，那麼也應該可以在中國安裝後再拆裝。

皇帝認為——他的看法沒錯——英國人企圖表明沒他們不行。「此系該貢使欲見奇巧，故為矜大其詞。」的確，無論徵瑞還是金簡都不敢在他們明顯不懂的這一方面發表自己的意見。於是乾隆指責徵瑞任人擺布。「徵瑞只曾在浙江、天津任職，故天真幼稚。」因為「他未曾見過廣州和澳門西洋人的鐘錶及其他機械裝置」。

中國人很早就愛好精密機械裝置。從十三世紀起，第一個蒙古皇帝忽必烈就曾厚禮款待過一個被他的騎兵在東歐俘獲的法國金銀匠，此人名叫紀堯姆·布歇。他之所以受到厚待，是因為他給皇帝製做了一個巨大的自動裝置：一棵長滿銀葉、結滿銀果的大樹，樹下有能噴射馬奶的四只銀獅，樹上有一個吹喇叭的安琪兒。

乾隆從愛好自動裝置變成了自動裝置大師，但現在他感到玩膩了——而這個粗俗的徵瑞才剛開眼界。在乾隆統治期間，大批座鐘、錶和自鳴鐘從廣州進入中國。朝廷特別喜歡帶人物的八音盒，皇帝擁有好幾套，分別放在他的各個宮殿和行宮。宮廷的天文學家專門為皇帝對這些八音盒進行維修。乾隆對天體運行儀和鐘錶不加區別，誰會拆卸座鐘誰就必然會裝配天體運行儀。

第二十三章　狼狽不堪的「學者」

（一七九三年八月二十四日）

一天，安國寧神父與包括北京主教在內的另外三名葡籍傳教士非常鄭重地趕來出席英國儀器表演。他們是奉皇帝之命來的，完後要向皇帝滙報。他們主持欽天監。他們在步利瑪竇的後塵。剛好在兩百年前，即一五九三年，利瑪竇知道依靠他的世界地圖、刻度盤、地球儀和自鳴鐘可以在天朝步步高升，並能最終加入中國籍。

欽天監

欽天監主要不研究「算術」[1]，而是研究天文學和星相學。它負責制訂一份全國日曆書：如果你想統治人的世界，你就必須與宇宙相協調。《邸鈔》發表的這些曆書為政府舉辦儀式和大事（如大型工程、出征），也為日常生活（如出門遠行、結婚、建房奠基等）確定吉利或不吉利的日子或季節。

直到今天，人們還預測吉利和不吉利的日子，並廣為流傳，這些黃道吉日登載在民間曆書裡。在香港、台灣或在華僑集中之處，這種曆書從未絕跡。現在人民中國也重新開始自由銷售這種曆書。巴羅說：「我無法確定那些自稱為文人的人是否相信這些迷信，或者他們是否由於認為有必要鼓勵迷信而一本正經地在開玩笑。用宗教信仰比用強制手段能更有效地統治老百姓。」古伯察神父是這樣概括這一點的：「中國人喜歡筆的權威甚於刀的權威。」

總之，傳教士們加入了這個體系。他們用自己的天文學來支持星相學，從而加強了中央帝國對星相學的信仰。

1　欽天監在法語裡譯成「算術館」，但並不是國子監裡的算術館。

不過，這種支持變得十分脆弱。

「欽天監」的成員原以為是來看一些八音盒的，「這些在廣州稱之為Sing-songs的，用像烤肉用的旋轉鐵叉那麼上弦的八音琴」。而現在他們看到的是天文儀器，可他們在天文學方面十分外行，英國人無法教會他們掌握天體運行儀的運轉原理。

丁維提和巴羅對此不勝詫異，因為這些傳教士兼天文學家在西方名氣很大。第一位滿族皇帝順治在一六四四年登基時發現曆書十分混亂，沒有一本是正確的。巴羅發現有一件事很有趣，那就是一六七〇年，一名中國天文學家因為說那年有十三個月而被縊死[2]。耶穌會士們立即利用他們的優勢。他們使清朝朝廷相信，宮裡的那些顧問在「對管理國家有如此重要意義的領域」一無所知。

巴羅說第一批耶穌會士是非常有學問的法國人和德國人。「接替他們的是一些不學無術的葡萄牙人；他們走運的是，中國人沒有能力發現他們的錯誤。」真是沒有能力嗎？

格林威治子午線取代巴黎子午線

欽天監成員退場。第二天，北京主教、葡萄牙神父湯士選悄悄地來請求幫助。

這些「專家」是披著懂科學的外衣在中國生活的，但這種掩飾很不牢靠。前一天，他們完全現出了原形。主教向英國人承認他和他的同事根本不能預測日蝕或月蝕，也指不出月相或日出與日落的時間，而朝廷上下卻都以為他們在這些方面是專家。

在此之前，他們由於有巴黎出版的《天文曆書》，所以還能應付；因為他們知道兩個首都之間的經度差，他們只要換算一下就行了。但法國革命斷了他們的來源，他們收不到寶貴的曆書了。現在這場騙局就要暴露，太可怕

2　巴羅對這種所謂無知的嘲諷很可能會變成對他自己的嘲諷。顯然，他不知道農曆每六年必須增添一個月。那位可憐的中國人的錯誤可能是選錯了年份。

了……

這位戀上了中國的傳教士處於被驅逐出境的巨大危險之中；甚至有可能像他的許多教士兄弟那樣因比這種詐騙還要輕的罪名而被砍了腦袋。一七七五年前後，這些耶穌會士在他們的教會解散後所寫的信中流露出一種驚慌失措的情緒。這位高級神職人員的處境則更糟。丁維提同情這位狼狽不堪的「學者」，便送給他一套以格林威治子午線測算，可用到一八〇〇年的航海曆書。這樣，這位對天文學一竅不通的主教兼天文學家還有七年太平日子可過。

天文曆書——時代的標誌。正當內部分裂的法國向整個歐洲大陸開戰的時候，英國替代了法國在中國的位置。格林威治子午線取代了巴黎子午線。

中國文人的抵制

英國人不斷指責耶穌會士為了壟斷，不把歐洲科學介紹給中國人。這種看法很容易混雜著對中國人的仇恨和對天主教的憎恨。尤其是巴羅，他想不到中國文人會抵制。在他看來，科學只能是西方的科學，不把科學與他人共享，就是對精神的犯罪，但他忽略了中國人驕傲的知識傳統——以及他們對外國知識的抵制。

他們受到朝廷的保護這一點是顯而易見的。由傳教士同時傳授的基督教義和西方科學，在多數中國文人眼裡從來就只是一些異端邪說。從十六世紀起，一種傳統主義的反應自始至終都保護中國傳統科學不受「洋鬼子」的影響。

偉大的數學家梅文鼎問道：「難道由於引進夷人方法，我們就必須取消傳統方法嗎？」再說，西方人抄襲了中國，那麼為什麼中國人要抄襲西方人呢？「在秦朝（西元前三世紀），人們把所有的書都焚燒了。有些書逃脫了被燒毀的厄運，即那些已經流傳到西方的書籍。西方人的知識應歸功於未被焚燒的中國書籍。」

誠然，座鐘、望遠鏡、羽管鍵琴、武器等具有誘人的力量，但人們也同樣覺得它們是一種威脅。於是，一種反對西方技術的深層運動就形成了。這不僅是因為尊嚴受到損害，也因為想要保衛受到威脅的本國屬性。為此便有這種有趣但又可悲的貶詞：「會報時的座鐘？它們什麼地方比我們的漏刻好？再說，座鐘非常昂貴，而且還會壞！火炮？敵人還沒打著，打炮的人就先被燒焦了。」利瑪竇繪制的世界地圖？無法接受！「誰不知道因為子夜時分北極星在中國天頂上閃爍所以中國位於世界中心？」

從十六世紀末到二十世紀末，中國文人中一直有這樣一種傾向：為了保護文化遺產的完整，防止西方的滲透，拒絕參閱除中國書籍以外的其他任何國家的著作。這種純傳統主義是以忠於中國價值觀念為掩護的。而當他們不敢否認「科學」的優越性時，他們便迴避問題的實質，自以為真理在握：「漢朝時沒人會測算天體間的相互位置，但這並沒有妨礙他們的朝代經歷長達四個世紀的繁榮。用不完美的天文學要比用夷人的天文學體面。」在文化革命期間，有人聲稱：「寧要社會主義火車的誤點，也不要資本主義火車的準點。」中國人這種只靠自己的偏見猶如一條紅線一直貫串到毛去世為止。「四人幫」──人數應該還要多一些──在十年裡對從貝多芬到安東尼奧尼這些「資產階級秩序」的同謀所帶來的西方影響進行了批判。

當然，在這幾個世紀裡，有一批文人設法把中國的傳統與西方的發明結合起來，但他們始終是少數。乾隆是他們中的一員嗎？我們所掌握的材料說明情況正相反。他後來就英國人送禮所寫的這首詩就證明了這一點。

視如常卻心嘉篤，
不貴異聽物詡精。
懷遠薄來而厚往，
衷深保泰以持盈。

然而，為什麼乾隆後來二次觀看這些陳列的禮品呢？為什麼在這八、九兩個月期間他對這些禮品給予了超出禮儀的重視呢？為什麼皇帝為馬戛爾尼訪華一事異乎尋常地寫了那麼多諭旨，似乎在那年它成為乾隆的頭等大事呢？這裡的真相具有兩重性：公開蔑視，內心欣羨。

英國人嘲笑那些靠中國人的天真而發跡的「主張蒙昧主義的天主教徒」。但實際情況並不那麼簡單。英國人確實是他們那個世紀的人，他們以為啟蒙時代的思想是放之四海而皆準的，並以此自命不凡。他們沒有學會相對地看問題。他們低估了一種歷史悠久的文化所具有的不可動搖的力量。

不過，西方人之間是不互相揭短的。所以，雖然使團蔑視傳教士，譴責他們的無知，但在中國人面前則緘口不言。皇帝可以繼續以為他擁有世界上最優秀的天文學家，並為此洋洋得意：「今貢使見天朝亦有通曉天文地理修理鐘錶之人在旁幫同裝設，不能自矜獨得之祕。其從前誇大語言想已逐漸收斂。」

第二十四章　您有統治國家的科學嗎？

（一七九三年八月二十二日～二十八日）

很快，「從王公到平民百姓」，所有的中國人都參觀了禮品展。前來參觀的絡繹不絕。「所有文人以及所有沒陪同皇帝去熱河的官員都蜂擁來到圓明園」。他們和兩個世紀前利瑪竇遇見的中國人一樣，驚奇地發現地球儀上的中國是如此之小，以至懷疑這些「紅毛人」有意把中國縮小了。他們看了很反感，便很快就轉身走開了。

天文學家把這種反應看作是幼稚：「他們像小孩似的，很容易滿足，但同樣也很容易厭倦。」的確，從那以後，許多旅行家，甚至一些中國人都談到中國人的「孩子氣」。魯迅認為：「政府像對待孩子似地對待大人。」他們之所以像孩子，難道不正是因為他們社會的指揮系統強迫他們停留在兒童狀態嗎？這與盆景的栽培者強迫樹木不長大，小女孩的腳被裹腳布纏得永遠嬌小不是一樣嗎？

弒父

弗洛伊德也許會同意丁維提的觀點，認為中國人不會長大成人。如果一個孩子只能「殺」了親生父親才能成人，那麼在忠孝作為必須遵守的集體品行和禮儀的情況下怎麼「殺」父呢？這種對皇帝和祖輩的崇拜共同構成一種盡善盡美的父權主義。毛幾乎沒有減弱人們對祖輩的孝道，但增強了對皇帝的忠誠。直到今天，這種雙重崇拜仍構成所有中國人共同信奉的宗教。毛使中國人都犯了一種與他們的排外主義以及拒絕新鮮事物混成一體的精神幼稚症。正如德日進神父所說的那樣，「中國人口眾多，由於惰性和講究實際的緣故，本能地敵視外國人。這些外國人來華向中國人建議變革，而中國人自己並不覺得有什麼必要」。禁止自己做任何可能使祖先不快的事，這就等於拒絕新事物。

皇帝的三個孫子每天來看展覽，他們的到來使示範表演中斷。其中一個有一塊鑲有首飾的英國搭扣懷錶（倫敦卡明製造），這支表已有好幾年不走了。經過使團一名工匠的清洗後，這支錶馬上又走了。另一名皇孫講話盛氣凌人：「英國人一定是為他們的科學知識十分自豪才擺出那些機器的。」英國人和中國人雙方各自堅定地認為自己優越，相互傲慢地嘲諷對方。這兩個都自認為是世界最強大的民族，本該因此而相互欽佩，可實際上遠非如此……而這種欽佩之情正是馬戛爾尼以為他所可以指望的。

只要生下來就行

巴羅還是一條巨大的文化鴻溝的見證人，它把英國貴族和天朝官僚分隔開來。

在禮品中有三卷英國貴族精英的畫像。皇帝讓人在每幅畫像下用漢文與滿文寫上人名。但是，如何譯音這個老問題又產生了，它使中國書法家感到為難：Duc de Marlborough[1]便寫成了杜克馬博羅，英國人聽了哈哈大笑。

巴羅向中國人介紹每個人的爵位。當他介紹到貝德福德公爵的肖像——畫家雷諾茲畫的一個孩子——時，巴羅稱「Ta-gin」，「大人」，中國人便哈哈大笑起來。他們以為巴羅是指小孩的父親，想像不到小孩會被稱為「大人」。巴羅努力解釋說，一個英國貴族院議員的兒子要成為議員，他只要生下來，又死了父親就行了。「他們由衷地哈哈大笑起來，因為他們聽說在我國只要生下來就成了議員，而在他們國家裡，需要苦讀許多年才能當上最低級別的官員。」

中國人的笑聲使英國人意識到世襲公職的荒謬。他們對中國人突然發出的笑聲無言以答。他們看不到世襲權是抵禦國家至高無上權力的一道屏障，他們也看不到在唯才主義後面還隱藏有官僚主義國家的意識形態。他們覺得好像被人發現自己犯了錯誤似的，他們很聰明，知道自己的社會不對。

最近兩個世紀以來，中國在越來越多的方面變得西化了，而西方則透過國家公務員制度化與中國靠近了。在歐洲各國，甚至在傳統主義的英國，貴族的特權被取消了；會考制度普及整個西方。這是簡單的趨同嗎？不，作

1 編注：馬爾博羅公爵（1650-1722），英國歷史上戰勝法王路易十四的偉大將領。

為楷模介紹的中國模式大大加強了「唯才主義」在歐洲的地位。[2]

這種家族與權力的結合是否使中國人感到困惑呢？馬戛爾尼一共帶了七名年輕的貴族，他把他們當作自己親戚做了介紹。皇帝命令徵瑞進行了解，他們之間究竟是什麼親屬關係？小托馬斯是否有正式官銜？皇帝出於對這些夷人習俗的尊重，還是送了些特殊禮品給這七名年輕人，儘管按英國禮儀他們只能排在樂師的前面。

皇帝與車夫

除了乾隆，還能有誰比路易十四更理直氣壯地說：「朕即國家」？可是，由君主代表國家的觀念現在被一輛四輪華麗馬車給破壞了。馬戛爾尼堅持要展示浮懸彈簧馬車的優越性。特別是在他吃過坐中國馬車的苦之後，這個想法尤為強烈。斯當東又夢想向這個廣闊市場大批出口英國馬車（西方的夢想沒有改變：出口馬車變成了出口轎車）。

但是，人們的注意力不在彈簧上，而是集中在車夫的座位上。一群官吏圍著車夫的座位來回亂轉，撳撳柔軟的坐墊，摸摸座位的布料。由於車夫的座椅外套飾有月牙形花邊和許多琢磨成玫瑰花的小鑽石，特別是由於這座椅位置很高，因此中國人覺得這座椅頗有居高臨下之勢，只有皇帝本人才能坐。那麼馬車裡的座位又由誰來坐呢？經過對車門、車窗和遮簾的仔細研究，他們最後認為車內座位只能是皇后皇妃的。

當巴羅先生向一名老太監指出他們弄錯了時，這位太監回答說：「您以為皇上能容忍一個人的座位比他的座位高，並把背朝著他嗎？」就像賣牛奶小女孩的牛奶罐摔得粉碎一樣，英國人向中國出口四輪華麗馬車的夢想也破滅了（從此，由於事先未做市場調查便草率出口而造成的失望時有發生。已經交貨的火車頭以及為上海設計的地鐵方案最近就這麼被拒絕了，因為法國標準不符合中國的要求）。

---

2 在這個問題上，馬戛爾尼遠征的記載證實了歐洲傳教士的報導。不過，無論是馬戛爾尼還是歐洲傳教士，他們寫的東西都有些理想化。他們都沒有提到皇族與貴族的世襲地位，也未提免試或允許直接爭取更高一級的品位。既未提那些因祖上曾為國家建立功勛的後代可繼承官職，也未提行賄的問題——這些做法都為專斷的寵愛敞開了大門。

統治機器

丁維提和巴羅要比馬戛爾尼更加感受到來自中國方面的壓力。在圓明園，他們處在第一線。正當他們集中力量準備一次旨在震動整個朝廷和全城市民的示範表演時，突然間他們接到一道命令：「立即送交一切貢品，包括那些尚未安裝或拆箱的貢品。」頭腦清醒的丁維提知道他們在北京待不長了。

他站在無用的天體運行儀前痛苦地感受到這場科學較量已經失敗，甚至這場科學較量會乾脆被取消。同樣地，他也預感到那即將進行的外交較量也會失敗。「您如果問他們發明如此出色的機器的人是不是優等人，他們會回答說：『那些東西很怪，可有什麼用呢？您有統治國家的科學嗎？』」

因為在中國有一種統治國家的藝術，甚至可說是一種科學。這些統治國家的藝術和科學與社會制度混為一體。三十萬滿族人之所以能成功地統治多一千倍的中國人，只是因為他們奪取了一個未做變更的機器——天朝官僚制度，該制度控制了一個永恆不變的等級體系。

難道這不是一部絕妙的機器嗎？難道這部機器不比丁維提的天體運行儀設計並裝配得更加巧妙嗎？各司其事：皇帝負責統治，內閣負責管理，官吏負責行政事務，農民負責種地，工匠負責製造，商人負責做生意。一環扣一環，咬合得很完美，而且人人滿意；那些不滿意的人就必定「挨竹板」，被戴上枷鎖或被砍掉腦袋。難道這不是一種傑出的統治藝術嗎？

天文學家寫道：「他們的偏見是如此根深柢固以至只有用暴力才能消除。」天文學家已經得出——他是所有到過中國的第一個人——在他看來是不可避免的結論，也是五十年後西方得出的結論：只有用戰爭才能打掉中國人如此高傲的氣焰。

第二十五章 富麗堂皇的監獄

（一七九三年八月二十四日～二十六日）

八月二十四日，徵瑞交給馬戛爾尼一封伊拉斯馬斯．高厄爵士的來信。信中說船隊已抵達舟山，請指示。馬戛爾尼寫了一封回信，第二天交給了徵瑞，以便透過皇家郵驛寄出：他囑咐高厄率船隊開赴廣州。就在這時出事了。

欽差大臣要求知道高厄來信和馬戛爾尼回信的內容：他對英國人的一舉一動都要在皇帝面前負責，所以他必須了解有關受他保護的人的一切情況。馬戛爾尼不想把事鬧大，便同意向這位冒昧的對手通報。徵瑞見英使那麼好說話，便向他提出作叩頭練習。這次，英使發作了。他向徵瑞下了逐客令，並說他一、二天後會交給他一份有關這個問題的文件。

這位可憐的鹽政頓時坐立不安，不知所措起來。貢使不練叩頭，甚至還準備親自就這問題提出書面建議。可這問題經過兩千年禮儀的實施是早已解決了的。這怎麼向皇帝和內閣交代呢？事情變糟了。為保住他的頂戴，他決定再等等。有了英使的書面建議，他至少可以知道應該怎麼辦。

暫時他要裝出非常賣力的樣子，讓皇帝覺得他絲毫沒有討好英國人。他不告訴馬戛爾尼一聲就把他的回信扣下，寄往熱河，並附言說必須拒絕英國人把其船隊開赴廣州的請求。

八月二十六日，馬戛爾尼如願以償，英國使團遷往北京，住進內城中心——巴羅、丁維提和兩名機械師除外，他們留在圓明園為科學服務。馬戛爾尼覺得新館舍「不僅舒適，而且十分寬敞」。整個館舍共有十一幢灰磚樓閣，分散在一座園林裡。樓閣的「灰磚間嚴絲合縫，因此磚間的水泥幾乎都看不見。磚塊光滑得像大理石」。這十一幢樓閣前都有一寬石板地面的院子。院子裡建有一個「遮陽平台，由漂亮的木柱支撐，四周飾有十分雅致的欄杆」。房間寬敞、舒適。房間的牆壁或油漆或貼有壁紙。英使的住所甚至還有一座戲台。有些人像十七世紀法國大貴族那樣擁有自己的戲班；另一些人則只能在喜慶日子花錢請戲班來演出。

安德遜欣賞「中國人在建築物油漆藝術方面的高超水準。由於加入了一種可使油漆不怕風吹雨淋的配料，油漆始終保持光澤明亮」。安德遜白興奮了一陣子：根據清廷內部檔案記載，我們發現朝廷曾專門下令把館舍重新油漆一遍。因此，油漆之所以鮮艷，那是剛乾的緣故。

在每個房間裡，有一個用磚砌的木炭火爐，家具很少，而且都十分低矮。過去，中國人像今天的日本人那樣總是盤腿而坐。從唐朝開始，中國人喜歡坐扶手椅了。可滿族人來自大草原，他們習慣在帳篷裡席地而坐，所以又恢復了老習慣。房內有屏風相隔，除了用紗、紙或透明牛角做的燈籠外，這是室內唯一的裝飾品。牆是光禿禿的。沒地毯，也沒有鏡子。

至於床，巴羅說：「磚砌的炕上鋪有席子，但沒有床幃，也沒有床單，枕頭很硬。」巴羅看見的只是睡覺用的床，他如果看見女人房間裡的床，評價就不會那麼嚴厲了。這些床很寬，床上鋪有柔軟的褥子並掛有幃帳，既可防止蚊子叮咬，也不怕僕人在床前來來往往。

皇帝的一句好話

這所館舍是剛從廣州海關監督穆騰額手裡沒收來的。此人因為從歐洲人那裡過分敲詐錢財而被罷黜。中國官員們情不自禁地在英國人面前重複皇帝說的一句好話。當有人向皇帝建議把英國使團安排在那所館舍時，皇帝同意了：「為建這館舍，該貢使的國家花了很多錢，因此不能不讓他住在那裡。」巴羅不喜歡這種厚顏無恥的俏皮話。難道這不正好說明皇帝是同意他的官員搞敲詐勒索的嗎？他處分敲詐過分者，但他不想根本取締。

馬戛爾尼曾以為使團遷往北京可結束與世隔絕的處境。然而，他們連從圍牆探頭往外瞧一眼都不允許。「我們之中有幾個人偶然探頭往外瞧，他們一被牆外的人發現，就有人大喊大叫。一下子，就會有一大群中國官吏趕到，並大聲威脅。」

英國人的反應像囚犯；他們對日常生活中的每個細節都大驚小怪。他們怎麼也不習慣吃中國菜。所有的菜都是切碎的或煮熟的，中國人「想不到還可能有別的做菜方法」。啊，如果他們會做英國菜該有多好！只有湯還算符合英國人的口味。赫托南對中國人不喝奶感到遺憾；他想喝點牛奶真比登天還難。

中國官吏對所有僕人看得很緊，因為他們「非常善於小偷小摸」。「他們老是偷掉我們一半的麵包、糖、茶和肉。這倒並不是因為他們缺少這些東西，而是他們把這些偷來的食品以三分之一的價格重新賣給原來提供這些食品的商人，第二天又買來給客人吃。」

「他們對外國人的懷疑簡直無法想像。」服務與監視完全像中國菜的甜與苦一樣混合在一起。「出於關心或者出於多疑，朝廷派給我們的官員起碼有十二人：瞧著他們整天在宮裡忙碌地轉悠，真可說是一幅奇特的景象」。他們看起來忙忙碌碌。這個人負責送奶，那個人負責送麵包，另一個人負責開門。他們主要監視來作客的囚犯，以便向皇帝彙報[1]。他們甚至一直跟蹤到房間裡。由於「每名官吏都有一名替主人拿著煙槍的僕人跟隨」，因此儘管與外界隔絕，英國人並不因此就能離群索居。中國有句俗話：「十羊九牧。」

這些旅行家一回到國內，出版商們就馬上請他們寫點東西。他們不能不描繪一下那座他們曾經生活過，卻從未遊覽過的城市。他們關於北京的介紹，與其說來自他們的親身經歷，還不如說來自他們與歐洲傳教士的談話。的確，在外國，最好的情報來源莫過於在這個國家長住的自己同胞。他們在觀察事物時比較平穩，因而頭腦清醒。對使團來說，歐洲傳教士正好起這個作用。他們與英國使團促膝談心，他們的談話要比他們寫的東西更加誠懇。

在屋裡，老百姓「擠得像罐頭裡的沙丁魚似的」。一個祖孫三代的大家族帶著妻子小孩合住在一起的情況並不罕見。家族的每個支系只住一小間房間。床與床之間用從天花板垂掛下來的席子隔開。大家在一間公共的屋子裡吃飯。」幾代人同住在一起，這既是儒家的教導，也是條件所迫——今天比任何時候更嚴重。

因此，「中國人非常喜歡在戶外生活」，這是毫不奇怪的。這樣，住房雖然非常擁擠，衛生狀況並不受到影響。中國人是那麼喜歡室外生活，以至到了夏天，全家一起睡在馬路上。直到今天，在夏季仍可看到這種習俗，特別在像「三大火爐」的重慶、武漢和南京這些最熱的城市裡，這種現象尤其普遍。

1 這是吹噓。這些彙報是寫給欽差大臣徵瑞和另外兩名負責接待工作的工部官員的。只有他們才獲准與皇帝直接通信。

赫托南指出：「街道很寬。但一到夏天，必須在街上灑水。儘管如此，灰塵仍然嗆人。」在北京，灰塵依然無孔不入，它侵入人們的肺部與住房。灰塵從北京草原被風刮起來後，就像雨點般地散落到北京，使京城蒙上一層黃土色——皇帝的顏色。

社會監督與放蕩生活

在這亂哄哄的背後隱藏著一個組織形式，它使斯當東說出了這種帶有預感性的話：「這裡和兵營相比同樣安全，但也受同樣多的約束。」怎麼回事呢？「人們維護最嚴厲的秩序，因此犯罪極少。這裡有一種和英國古代的十戶聯保制非常相似的制度：每十戶中有一戶要為九戶鄰居的行為作保。」在解決糾紛時，家族和同業公會在政府同意的情況下代替政府裁決。至於對娼妓的監督，「妓女只被允許在市郊賣淫。她們必須登記註冊。她們為數很少，因為京城單身漢和不住在家裡的已婚男子很少。」

斯當東的敘述是理想化了的。無獨有偶，一九五〇年至一九八〇年間的熱情訪問者同樣把中國描繪成一個既完美又嚴酷的國家，就保甲制度而言，根據天主教遣使會士拉彌額特的說法，斯當東在這裡講的是許久以前的事。「孔子就曾對這種治安制度很早就被廢除而感到遺憾。」負責陪同的中國官員一定是向使團宣傳了一通——沒有犯罪，沒有腐化墮落——同時不讓他們看到不該看的東西——乞丐和娼妓。這種消了毒的氣氛並未能阻止這些中國官員中的一個去「尋花問柳」，又因被「愛神踢了一腳」後回來。藉由廣州從西方進口來的汞丸也許可醫治他的病。這種病就是所謂的「廣州病」[2]，因為來自美洲的梅毒於一五一一年前後——發現新大陸還不到二十年——經由廣州港傳到中國。而美洲的玉米和白薯傳到中國卻花了比這長得多的時間……

廣州那些被絕對禁止攜帶女人的歐洲人說：「在廣州，只要不怕花錢，不怕搞壞身體，想要多少女人，就有

2　今天，正是在廣州，人們可以看到許多廣告吹噓醫治梅毒的有效療法——這個地區由於比其他任何地區更受開放政策的影響，梅毒似乎又突然流行起來了（譯注：這是作者在一九八八年夏季於廣州市場上所看到的廣告）。

多少。」

但錢不光是到妓女的手裡，也到天朝官僚的手裡。一位在廣州住了十幾年的見證人在廣州見到馬戛爾尼時說：「如果中國官員或兵士突然抓到你在〔妓女〕船裡，他們會對你百般侮辱。只有在根據你的社會地位敲了你一大筆錢之後才放你走。」安德遜吹噓他曾在廣州的一艘船上「量過一個女子的腳」。但他是否知道他所冒的風險呢？

丁維提嘲笑那些曾在歐洲非常吃香的作品，這些作品「把中國人描繪成世界上最有教養的民族。說如果兩個趕驟的在一條窄道上相遇，他們就會相互施禮。像這樣的事我們根本就沒見過。他們的施禮形式就是相互拳打腳踢或互扔石頭」。天文學家得出了這樣的結論：「人們是根據孔子的說法向我們介紹中國人的，理論上的中國人，而不是事實上的中國人。」宮廷的走廊裡也免不了有人吵架。事實上，中國人在講禮貌時非常禮貌，火上來時也非常粗暴。

不過，由於受到嚴密保護，使團沒有見過光棍。這些地痞人數眾多，成為平民起事的骨幹力量。

精神叩頭

這些目擊者看事物的角度並非都相同。馬戛爾尼和斯當東經常碰到朝廷禮儀問題。他們堅持不提使團所遇到的艱辛；他們珍惜英中關係的前途——也不忘他們自己的前途。總而言之，他們與傳教士一樣要考慮自己受到的束縛與限制。這些傳教士在介紹中國時用盡了歌頌讚美之詞，從而使人不禁要問：為什麼不讓中國往歐洲派傳教士呢？丁維提和巴羅不受馬戛爾尼和斯當東所受到的約束。由於經常來往於圓明園和北京之間，他們有更多的機會觀察普通老百姓。他們和安德遜或霍姆斯一樣，但他們能像演配角的人那麼超脫，所以他們的頭腦要比前兩人清醒得多。

中國是個講究用詞和姿態的帝國；用讚美頌揚之詞談論中國就意味著同意進入中國體制，這就等於作一次精神叩頭。斯當東常常作精神叩頭。為了保住面子；這種精神叩頭應該看作是逢場作戲。他的同伴則拒絕這樣做。於是，他們看到了現實的中國與想像的中國間的差別，甚至忘了對中國人說來，想像的中國也就是現實的中國。

第二十六章　已變成中國人的歐洲人

（一七九三年八月二十七日～二十九日）

馬戛爾尼在北京住所接見了早就要求拜訪的情報員：「傳教士們穿的是當地衣服，講的是中文。從外表看，他們和其他本地人沒有什麼區別。」

奇怪的是，梁棟材神父一直不露面，而另一名法國人卻很快成了馬戛爾尼的常客，他就是羅廣祥神父。使團搬來後第二天他就來了。馬戛爾尼寫道：「他告訴我他獲准為我們效勞，並且每天來聽取我的吩咐。」

大家鬆了一口氣。索德超令人不安的陰影消失了，他已經上路去熱河了。教宗克雷芒十四世屈服於整個歐洲知識界的壓力，在一七七三年解散了耶穌會。在華的耶穌會士便由遣使會士接替，而羅廣祥神父就是這些遣使會士的頭。他是一七八五年四月作為「數學家」來到中國的。和他同來的還有兩名會友——一名「畫家」和一名「鐘錶匠」。馬戛爾尼十分讚賞這位臉色紅潤、肥胖、健談的神父。他非常了解他已與之融為一體的中國實情。

他在給他姊姊的信中談到了他的工作：「我領導一共有七十三人的傳教會。每天我要講四種語言：法語、拉丁語、漢語、滿語。我要回許多信。我要講授教理，聽懺悔，做其他聖事，而且有時還要去拜訪要人。」一七九五年見過羅廣祥神父的荷蘭大使蒂津是這麼描述他的：「他本身就是健康的象徵。中國衣裳穿在他身上非常合適。他講中文十分流暢，而且優美動聽。」

羅廣祥神父為人隨和，性格開朗。他「每天帶一些他修道院出的小禮物：美味的法式麵包、歐式甜食、白色無核甜葡萄。這葡萄樹是從位於戈壁大沙漠邊緣的耶穌會Chamo[1]葡萄園移來的」。羅廣祥神父又說：「自從我

1　Chamo（Shamo）意思是「沙漠」。中亞的穆斯林並未遵守禁酒的規定，仍然種植葡萄並釀酒。

們在北京發現了在葡萄汁裡加一定量的糖可釀製高質量的葡萄酒這祕密後，我們不再為沒有歐洲葡萄酒而發愁了。歐洲葡萄酒在中國出售，價格昂貴。」位於北京郊區柵欄[2]的傳教士一直到一九四九年還自己釀造葡萄酒。羅廣祥神父帶來的麵包和彌撒酒說明這些傳教士不管多麼像中國人，但這種中國化總不是十全十美的。

馬戛爾尼也收到一封錢德明神父寫來的「親切的信」，裡面還買了一幅他的畫像。錢德明是屬於傳奇式的神祕人物。這位可敬的老人在中國已生活了四十二年，經歷了耶穌會的興衰——獲得過榮譽也受到過迫害。他是《北京傳教士關於中國歷史……回憶錄》和《耶穌會士書簡集》的主要編者之一。他身體十分衰弱，不能走動。這個介於歐洲和中國兩個世界之間的人已是半截入土了。

一種奇特的傳教方式

羅廣祥神父向馬戛爾尼介紹了中國基督教的驚人狀況。京城有五千名基督徒，全中國有十五萬基督徒。平均每兩千名中國人只有一人受過洗禮，這就是歐洲傳教士拚命傳教所取得的可憐成績。為什麼聖方濟·沙勿略在廣州附近死了兩百四十一年、利瑪竇到達澳門兩百一十一年後，信仰基督的弟子還那麼少呢？梁棟材神父解釋說：「在工藝和政治方面，中國人也許比別的民族更高明，但在宗教方面，他們則很愚蠢。在我們國家，一個七歲的孩子都會覺得他們的迷信是荒謬可笑的。但他們死抱住自己的偏見，夜郎自大，以至很少有人改信宗教。」

羅廣祥神父承認吸收新教徒的唯一來源就是……棄嬰：「每天一大早，政府派一輛馬車到城郊轉，見到哪兒有棄嬰就撿起來，送到義冢。傳教士常常把棄嬰中看樣子還能活下來的嬰兒接回來撫養。其他的嬰兒，不管已死的或是還活著的，都扔進坑裡。羅廣祥神父向我鄭重保證，他的會友總是首先給那些還有一口氣的嬰兒洗禮，以拯救他們的靈魂（這話是用法語說的）。」這個新教徒流露出對這種「迷信」的奚落。神父在談這些事時就像沒有感覺到這是件可怕的事似的。

2 「柵欄」位於現在的公車庄大街，一九四九年之前是聖母會和文生修道院所在地，教士們在那裡曾經營一間「尚義酒廠」。

在中國發生的殺嬰給最近三個世紀去過中國的旅客留下深刻的印象。不過，中央帝國在十八世紀並不是丟棄不想要的嬰兒的唯一國家。就在普普通通的一七七一年，巴黎的棄兒收容所共接收了七千六百個嬰兒，其中一大部分由於缺奶和無人照料而死亡。一七八八年的一份陳情書中有這樣的記載：「新生嬰兒丟棄在街上，結果就讓狗吃掉了。」在英國，《孤雛淚》的出版比馬戛爾尼遠征中國晚四十五年……不過，在中國，根本沒有或者幾乎沒有棄嬰收容所，因此幾乎所有棄嬰都被扔進義塚裡——或者送到天主教會。

這些英國人毫不掩飾他們的困惑。巴羅說：「大家那麼頌揚中國人對父母孝順，但既然他們毫無顧忌地殺害自己親生的孩子，那他們實際上還能有什麼孝心呢！」斯當東說：「習俗似乎告訴人們，初生的生命可以毫無顧忌地犧牲掉。」赫托南說：「我們見過一些例子：在饑荒年代，一些窮人吃他們的孩子。」古伯察神父冷靜地寫道：「人們狠心殺死新生兒。生男孩是一種吉利，而生女孩則是一種禍害。」主要原因過去是，今天依然是：女孩一結婚就要做婆家的女僕，父母等於白養她二十年；而男孩不僅永遠和父母在一起，在他們年老時贍養他們，在他們去世後為他們上墳祭祖，而且還替家裡增加一名女僕——他的妻子。

殺嬰並不受到禁止。政府不管。在馬戛爾尼那個時代，據統計中國有些地方男女孩的比例竟達到一百五十比一百！今天雖然從一九四九年以來已嚴禁殺嬰，但殺嬰現象並未根除。在人民共和國的某些村子裡，男女孩的比例甚至可達到五比一。就算是中國的年輕婦女強烈地祈求天上織女給她們一個漂亮的小男孩，現在男女孩人數的差別與自然比例相比實在大得驚人。這種殺嬰現象在遇到反人口膨脹的強硬措施時又死灰復燃。現在一對夫婦只能生一個孩子，如果命運安排第一個孩子是女孩，怎麼不希望殺了女嬰後生一個男孩呢？[3]

為了上帝最大的榮耀

在中國，只有傳教士從這種屠殺中搶救出一些生命來。中國基督教徒主要是收養來的，而不是改宗來的。因

3 從一九八四年起，中共當局已注意到夫妻們的抵制態度，並做了一些讓步。

此，他們不太引起天朝政府的懷疑。教會既是他們的自然家庭，也是他們的宗教家庭；這就是為什麼他們如此熱愛教會的原因。

一七九三年，由乾隆下令對基督教進行的迫害已產生效果。馬戛爾尼說：「由於現在傳教士謹慎行事，中國人對改信宗教已不像過去那麼敵視了。」但馬戛爾尼沒有理由高興，乾隆的迫害令並不是官樣文章。上一次對基督教徒的迫害發生在一七八五年。不久又將再次迫害基督徒。在地方各省受到迫害的基督教只有在北京才被允許存在——朝廷需要傳教士們的知識，而且慢慢也對他們習慣了。

這些善良的神父只能向被父母拋棄的孤兒講授教理，而他們自己難道不也被西方拋棄嗎？羅廣祥神父年復一年地盼望巴黎能給他寄些錢來，他現在已經費枯竭。在同年八月寫給住在廣州的原法王官員、現也被法國遺忘的吉涅騎士的信中，他簡要地說明了自己的處境：「我在四月曾請您在專門負責財務的法國傳教士到來之前負責照看我們在廣州的事務。」後來，這名法國傳教士一直就沒來。

處境如此艱難的傳教士當然就不會引起朝廷的懷疑，但他們也並不因此而放棄為上帝的最大榮耀而努力工作。羅廣祥神父說：「只要靠上帝幫助，一切都會順利的。」「我對我的命運是滿意的，因為我有理由相信上帝知道我在這裡工作。不管是生還是死，我們都屬於上帝。」這種對上帝的篤信使這些英國人感到困惑不解：「這是一種奇怪的現象。這些人永遠離開自己的祖國和親人，獻身於一項艱巨的事業，即改變那些他們從未見過的人們的信仰。他們面臨許許多多的危險。他們靠堅韌不拔、忍辱負重和一絲不苟的精神贏得了某種保護。他們在一個排斥外國人，認為拋棄祖墳是一種罪行的國家裡成功地擺脫了外國人的不幸地位。」

那個「極端無知」的湯士選主教在各國神父的陪同下再次拜訪馬戛爾尼。隨同來的神父都告訴馬戛爾尼勛爵切不可信任湯士選主教：「葡萄牙人想了一套辦法排斥其他國家在中國立足。」一位義大利傳教士對我說，所有非葡籍傳教士都是英國使團的真誠朋友，而葡萄牙人除了他們自己以外沒有任何朋友。」

馬戛爾尼沒有用一種嘲諷的態度對待這些派別鬥爭，而是按照敦達斯和梁棟材神父的建議充分利用這些人為英國效勞的願望來擴大自己的利益，至少他向這些來訪者了解到朝廷裡的情況。

第二十七章　受他人影響的君主

（一七九三年八月二十八日～二十九日）

羅廣祥神父向馬戛爾尼提供朝廷內部的情況。皇帝共生二十個兒子，但活下來的只有四個。「皇帝為人非常謹慎小心，因此沒有人知道他想立哪個兒子為繼承人。」由於中央帝國沒有長子繼位制度，而是像羅馬法規定的那樣「確立繼承人。」康熙統治六十年，他在接班人問題上曾有過不幸的經歷：他曾不得不廢黜指定的接班人，讓他死在牢裡。康熙的兒子雍正了解這個失敗的先例，便祕密地把他的繼承人的名字放在一只封好的盒子裡，並寫在隨身攜帶的一份文件上。這個名字就是乾隆。乾隆學他父親的辦法。不過，這種謹慎做法並無必要，因為乾隆在一七九六年八十五歲時宣布內禪，公開指定嘉慶繼承皇位。

「乾隆不准任何一個兒子插手國家事務。」他一個人統治國家。「他親自批閱所有奏摺。事無巨細，他都親自過問。」馬戛爾尼錄下羅廣祥神父的這段話時，卻沒料到「皇帝事必躬親」這一點正在他本人率領的使團問題上得到證實。不過，皇帝是聽取六名國家主要人物、內閣大學士的意見的。這六人原則上是平等的，但其中一人的實際地位比其他五人高。

附體再生的人

皇帝最寵信的人就是和珅。他是「一個出身貧微，靠自己的才幹爬到最高官職的韃靼人。」但他靠的還不光是才幹。「乾隆把他從皇家衛隊的一名小官一直提拔到受寵的宰相[1]位置。二十年前，乾隆在一次檢閱皇家衛隊時

1　確切地說，英國人給和珅的「宰相」這個官職當時是沒有的，稱他為「主要的大臣」可能更合適些。

被和珅的魅力所吸引。和珅深受皇帝寵愛，不斷得到提升。」人們可以估計到這位善良的神父向馬戛爾尼談了更多有關和珅在責任心很強的乾隆皇帝生活內占有充滿浪漫色彩的位置的情況。不過，一個大使的報告必須有一定的分寸。關於那個問題，他只在報告中做了暗示。其他一些同時期的材料表明，和珅不僅是皇帝的寵臣，而且也是皇帝的孌幸。

皇帝後宮儘管有過許許多多的愛情故事，但這恐怕是中國皇帝所經歷的最奇特的事了。乾隆在很年輕的時候發瘋似地愛上他父親的一名妃子。他的母親皇后娘娘發現此事後，想消除誘惑他兒子的這種力量，皇后召見那名有罪的妃子，強迫她用白綾自縊。四十年後，一天乾隆皇帝檢閱皇家衛隊，他發現站在第一排有個漂亮的小伙子，長得和他曾經熱戀過的妃子幾乎一模一樣。中國人都相信暴死的人死後靈魂到處遊蕩，然後附體再生。乾隆更相信這點，因他是藏傳佛教徒，相信靈魂轉生。他不懷疑他曾熱戀的妃子的靈魂附在這個小伙子身上再生了。據說，他和這個年輕人在一起嘗到了很久以前沒讓他嘗到的幸福。

寵臣和寵妃

和珅迷住了比他大三十五歲的皇帝。他漂亮、健壯，熱愛生活。他聰明機靈，談吐動人。他並非真正是一名文人，只是善於辭令，會寫一些短詩，然而他當上了總督、尚書、中堂，並是後來登基當上皇帝的嘉慶的太傅。

對於和珅的地位，一位前耶穌會士曾用一句話來概括：「皇帝年事已高，再說，所有國家都有一些龐巴爾和龐巴度。」龐巴爾是葡萄牙國王約瑟的寵兒和首相；龐巴度則是路易十五的情婦和顧問，對和珅的最好形容就是他既是寵臣，又當寵妃。

通常，作為最高官員的中堂是代表天朝政府在皇帝面前說話的。乾隆與和珅之間的曖昧關係打破了天朝制度的平衡。他使文官等級制度不能行使其建議權，甚至不能向皇帝進諫。他成了皇帝前面不可逾越的屏障，加劇了專制體制。

至於同是韃靼人的「二號大學士」福長安，羅廣祥神父沒說什麼，只說他讓哥哥娶了皇帝的侄女。的確，其兄福康安將軍功績突出，他成功平定了台灣和西藏的叛亂，出色地管理過對外接觸最多的廣東省。福長安很年輕時就被任命為內閣大學士，「雖然他像一個得寵的人，而不像是一個有才幹的人」。他之所以有這麼高的地位，主要是因為他與和珅的關係十分密切。

這兩名閣老後來成為宮廷積怨的犧牲品。乾隆一死，他的兒子嘉慶就把他們抓了起來。和珅被勒令像他的前身那位妃子一樣用白綾自縊而死。福長安原判死刑，後被免死，但他被迫幫助和珅自殺。

至於第三位滿族內閣大學士阿桂，因為年事已高，他已不再怎麼過問國事了。不過皇帝還徵求這位老臣的意見。皇帝常在批文中寫：「通常有遠見卓識的阿桂對此有何意見？」

另外三位國家最高權力機構的成員（兩名漢人和一名蒙古人）的影響要小些。讀者將會遇到他們中的一位，即蒙古人松筠，他在馬戛爾尼回國途中陪送到杭州。不管他們的能力有多強，他們對君主的影響就小多了。

由於所有一切都取決於年邁的皇帝本人以及他的寵臣和珅，馬戛爾尼懂得他必須親自與皇帝或和珅談，吸引他們，向他們解釋，並說服他們——總之，要跟他們談判。但是，羅廣祥神父介紹的朝廷情況使馬戛爾尼感到十分困難。難道朝廷裡有權的人是否會不像躲在無形的禮儀屏障後的幽靈那樣在他面前走過呢？

與此同時，船隊……

中國人像關心英使那樣關心他的船隊。英國人向浙省地方官要求「指給空地一塊，俾伊等支立帳房，將船內患病之人送至岸上暫行棲息」。皇帝立即作出答覆：「毋許僭越所指地方滋生事端，沿海居民亦著禁止前往該處。」這種隔離是有道理的。從八月六日至二十九日，獅子號上死了五人：一名兵士，一名木桶修理匠，兩名水手，一名軍官。水手們用醋沖刷甲板，做煙熏消毒，給船艙通風。

八月二十七日，浙江巡撫長麟在一份奏摺中寫道：「且船泊珠山，四圍皆系沙泥，不能支立帳房。查珠山之西北有一岑港，在此停泊可以避風放心，且船泊山下即可在船旁支立帳房。」人和船都在一個地方，負責監視外國人的部門就感到方便了。皇帝硃筆批道：「好。」

無論是英國船隊的航行情況還是夷人的表現，皇帝都一清二楚。但皇帝受他人影響，全朝廷的人都知道這一點，唯獨他自己不知道。

第二十八章 皇帝的硃筆（一七九三年八月二十八日～三十一日）

徵瑞自以為得計，他把馬戛爾尼八月二十五日交給他的那封寫給高厄的信寄給了朝廷，而不是寄給收信人。皇帝估量了此一失策的影響，這等於讓那六百名只求起錨開船的夷人推遲行期。當皇帝發現這個鹽政又一次未與他的同事商議就一人作主時，怒不可遏，大發雷霆。八月二十八日，和珅寫了一封措詞非常嚴厲的信，這三個夥伴三十日收到此信，他們一定出了一身冷汗，因為皇帝的怒氣向他們發來。

硃墨

此信有皇帝的印記，信是由中堂以皇帝名義寫的，旁邊有皇帝的硃筆批示。他們在這朱墨前叩了九次頭，就像皇帝陛下當面斥責他們一樣。

和珅在信中首先提到徵瑞上次奏章中的主要一點：「船內眾人不服水土，可令先回本國。」這是高厄的希望，也是馬戛爾尼的意見，但徵瑞沒有向朝廷報告他是如何答覆貢使的，也未說他是否做了答覆。皇帝對這個漏洞用硃筆批道：「奏章中隻字未提。」

和珅繼續寫道，徵瑞在這個問題上一聲不吭是否意味著他認為停泊在舟山的船隊不必馬上出發。他是否認為應該等所有的夷人一起出發？可怕的硃筆批道：「糊塗已極！」中堂命令把貢使的要求盡快寄給巡撫長麟，讓停泊在舟山的船隊立即起航。

「應該想到，船隊官役人等不下六七百人。他們滯留在浙江，開銷很大。既然他們自己願意先回去，為何不想省這筆錢呢？」皇帝現在算錢了，當初他發現英國人主要吃肉時，難道他不是曾傳諭別給他們太多的大米和麵粉嗎？

信最後警告金簡、伊齡阿和徵瑞，沒有他們三個人共同簽署就寄來的奏摺暴露了他們三人之間的不同心。他們三人是一起被任命陪同進貢使團的：他們應該合作無間！「朕又節次降旨令三人會商，何以此摺僅系徵瑞一人列名單奏？[1]或徵瑞以欽差自居，遂爾目無金簡、伊齡阿，不與會銜；或金簡、伊齡阿因徵瑞係內務府[2]司員，不屑與之聯銜。」

朝廷用最嚴厲的言詞指責「此等卑鄙之見」，「實屬內務府下賤習氣」。通過對這三名不稱職的高級官員的斥責，整個內務府都受到了辱罵。

一場家庭糾紛

儘管這三名高級官員並不知道皇帝發怒的全部情況。但我們從中堂以皇帝名義寫的信中的批示了解到皇帝盛怒的痕跡。藉由這些硃筆批示，我們看到了乾隆與他寵臣之間的內部糾紛。

顯然天子感到厭煩了。朝廷裡每個人都因此而遭殃。和珅作為信的起草人也受到皇帝的指責。由於他在「遵旨」前面只寫金簡一個人的名字，乾隆便指責和珅：「這次，你忘了伊齡阿和徵瑞，你怎麼會這麼糊塗？」

三名陪同官員不大可能知道皇帝對中堂如此嚴厲的批評、因為那是不符合天朝規矩的。但應該知道，皇帝硃批的信是寄給收信人的，收信人收到信後就抄錄下來，並立即將原件寄回皇帝。皇帝還可以在信件上再作批示，所以很可能是這種情況：天子發了兩次脾氣。

這位八十三歲的君主在他韃靼區的行宮裡低聲抱怨英國使團——原來為他的壽辰所獻的花束已變成一團扎人的刺了。徵瑞使官僚機器的運轉發生了故障。他離開了鹽政和海關就成了草包一個：這就是和珅在八月十六日對徵瑞惡意的嘲諷。徵瑞的無能破壞了像鐘錶機械那樣精密的指揮系統。

1 這裡是指八月二十六日隨馬戛爾尼寫給伊拉斯馬斯．高厄的信一起發出的那份奏摺。
2 設立在紫禁城內的獨立行政機構，負責管理內務後勤。

不過我們今天知道，馬戛爾尼認大沽到熱河之所以由一名普通的鹽政官員陪同，那全是皇帝的有意安排，也是皇帝非常講究儒家思想級別思想的緣故。不應該讓馬戛爾尼因有像直隸總督那麼重要的官員陪同而沾沾自喜：「該貢使以天朝多派大員照料，益足以長其矜傲。」皇帝想透過把英國人交給一個鹽官來打掉他們的威風。可結果未能如願：徵瑞是個蠢材。

皇帝的怒氣一封信比一封信高漲。在平時說話微妙的官僚階層裡竟用了這麼強烈的字眼，實在令人難以置信：「鹽政司有幸出了一個如此愚蠢的官員。」「所奏糊塗已極。」「所有不令先回一節，更屬不成事體。」皇帝呵斥徵瑞的同時，金簡和伊齡阿也挨了罵：

至昨奏到之摺係徵瑞一人出名單奏，殊事可解。實屬拘泥糊塗，可鄙、可笑。

朝廷檢查官員的內心想法

和珅再次進行斥責。他向有關的人解釋為什麼他們做錯了事。這是一種特有的方法。在中國，朝廷檢查官員的內心想法，權力就是透過這種方式得到承認的，它應該使下屬產生犯罪感。對於某些官吏說來，有做錯事的想法比「客觀上」做了錯事更要嚴重。和珅作為皇帝的發言人，對誰都不客氣。他指責金簡和伊齡阿「可鄙」、「可笑」、「可恨」。

朝廷與這三名官員之間的信件交換可以這麼無限止地繼續下去，每次，一方引用對方的話，一方將對方的話進行輕蔑的指責，另一方則表現得惶恐不安。直到大約九月二日，皇帝在三個犯錯者前一天寄出的奏摺上硃筆批示後，這場爭執才暫告結束：「亦不值向汝等煩言矣。」這也許既是針對這三名官員，也是針對內閣大學士的。

官僚主義產生如此荒謬的效果，這並不罕見。處於等級制度低層的官員的主動性被高層官員扼殺，高層官員反過來又像失去冷靜的高雅人士那樣激烈地指責低層官員無所事事。乾隆沒有因為替他效勞的人的疏忽而上當，這第一號中國人似乎瞬間清醒了，走出自我陶醉的孤立狀態；而整個中國民族一直被一個有兩千年悠久歷史的制度封閉在這種狀態之中。

中國方面遠比英國方面緊張。由於制度僵化的關係，中國人患有宗派思想，打鈕扣戰爭[3]。而對方，英國人由於身處如此陌生的環境，加強內部團結。「Right or wrong, my country（不論對錯，這總是我的國家）。」他們把中國人當作應該對付的威脅。儘管他們失望、疲憊而且有點惱火，但在我們的史料中找不到他們間有任何真正不和的證據。

不可抗拒的恐懼

皇帝的怒氣平息了，但不幸的徵瑞還沒有吃完苦頭。夷人真不會做人。

的確，英使在八月二十九日交給徵瑞一份曾說起過的有關禮節的照會。要壞事了。

因為這份照會而膽戰心驚的不光是徵瑞一個人。馬戛爾尼曾為把這份照會譯成中文而到處找翻譯，但卻沒找到。中國官吏、歐洲傳教士、甚至他自己的滿族翻譯，沒有一個人願意捲進一件如此重大的國事中去。有的官員做事不慎，只因為同意為一個夷人向朝廷轉呈違背禮儀的信件而被「打板子」、蹲班房，甚至砍腦袋。這類事難道還少嗎？洪任輝不是就經歷過這種不幸的遭遇嗎？最後，羅廣祥神父同意翻譯照會，但不謄寫，甚至也不願借他的祕書。風險實在太大了。

幸虧馬戛爾尼還有小托馬斯。他現在已能湊合著寫漢字。據斯當東和安德遜說，這份照會的翻譯與謄寫過程真是出奇的複雜。由於羅廣祥神父不懂英文，所以必須首先從英文譯成拉丁文，然後再譯成普通中文並改為宮廷文字。最後謄寫照會就只得靠一個倫敦的孩子來完成了。

既然全國上下都懼怕任何與傳統習慣不嚴格相符的首創精神，那麼中國的發展除了通過危機以外還能有別的什麼途徑嗎？馬戛爾尼寫道：「對傳統習慣是否有效不經過認真研究而近乎迷信地盲目贊同，這就是中國的主要特徵。」

3 編注：這裡引用的是法國作家路易·佩爾戈（Louis Pergaud）於一九一二年所著的小說《鈕扣戰爭》。

「贊同」：馬戛爾尼本可以說那是對神的恐懼。滑稽、殘酷和重要的插曲，這概括了英國使團整個活動。

馬戛爾尼在這份令人如此懼怕的照會裡提出了什麼解決辦法呢？一名和他級別相等的中國官員在喬治三世畫像前就像他在乾隆皇帝面前一樣施禮。兩人同時分別在東西方最高君主面前叩頭。

徵瑞讀了照會後臉色陰沉。把兩國君主等同起來是荒謬的，世上只有一個皇帝，他就是天子。其他國家的君主都只是些小國王而已。王和喬興高采烈地建議馬上就施禮，這畢竟是讓貢使叩頭的一種辦法。馬戛爾尼勸他們不要著急，他很清楚，沒有皇帝的贊同，他們在喬治三世肖像前的叩頭沒有任何意義。

馬戛爾尼是否想到徵瑞直言不諱的看法是對的？他是否估計到：即使通過一名官員出面，皇帝也永遠不會同意英王與他地位相等呢？不過，馬戛爾尼雖然預料到困難重重，他仍繼續按既定方針辦。

皇帝反覆強調說：「我們應該使這些英國人敬服，向他們展示我國本制的效率及文明的優越性。」這是以後兩個世紀裡中國與西方關係中的另一個永恆不變的因素。即使是吃了敗仗，天朝優越的思想也不會改變：「我聽說夷人在他們的信函和文章中把那些微不足道的小人叫做皇帝，並和皇帝陛下相提並論」，一八六七年，即火燒圓明園七年以後，一名中國高級官員還這麼寫。

馬戛爾尼由於太不了解這種官方語言因而抓不住要害。他不知道徵瑞之所以被選上負責接待英國使團，正是由於官職卑下。他卻以為，既然徵瑞有幸奉旨接待尊敬的英王陛下的使節，那他的級別一定很高。兩百年以後的今天，我們了解中英雙方的用意——我們比他們自己還了解得更清楚，因為我們掌握他們雙方的隱祕。不僅如此，我們還掌握歷史的隱祕。

第二十九章 談判不在熱河進行

（一七九三年八月三十一日～九月一日）

馬戛爾尼勛爵本應該來廣州，並在現場以強硬而有節制，不屈不撓的態度就貿易協定進行談判。

——夏爾．德．貢斯當，一七九三年二月

八月三十日星期五，馬戛爾尼把準備工作做完。他打算九月二日星期一上路。出發前還有兩天空閒時間，他提出來要「在北京稍稍遊覽一下」。他立即被告知說，他「應該等從韃靼區回來以後」，因為「在皇帝接見前就在京城露面是不太適宜的」。馬戛爾尼指出：他已經「在京城露過面了」——見過他的人數以百萬計。

根據歐洲的外交慣例，只要還沒有呈交國書，大使是不能進行任何正式活動的，但他可以隨意閒逛。天朝的傳統則禁止護送貢物的人在完成正式使命之前在外頭露面。也許這也是對貢使的一種暗示：如果他缺乏靈活性，那麼他們也會同樣採取強硬態度。

人們不會在星期六或星期天上路去完成一件官方任務，馬戛爾尼想像不到中國人居然不明白這麼明顯的道理。然而，對中國人說來，那天並不是一七九三年八月三日星期五，而是乾隆五十八年七月二十四日。觀察家驚奇地發現：「中國人沒有固定的休假日子。」

今天，這些差別已基本消除，儘管中國人的節日還保留用農曆。可是在很多世紀內，中國並沒有用世紀來計算時間。登基的皇帝就像基督徒眼裡的耶穌基督一樣是開創新紀元的上帝。在一七九三年，法國的革命日曆誕生了：這是第一部想擺脫與基督教關聯的曆法。但毛澤東的中國沒有這種勇氣。然而，直到今天，中國人在講自己的歷史時仍然既不用西元前或西元後幾世紀，也不用西元前或西元後幾千年。「元朝？那是在哪個世紀？」能回答的人寥寥無幾。但沒有一個小學生不知道元朝是在宋朝之後，明朝之前。

索要禮品

按照慣例，貢使應把「一件私人禮物交到」皇帝「本人手裡」。因此，馬戛爾尼的四輪華麗馬車就「不適宜作為禮物，因為無法把它放到皇帝本人手裡。」另外，朝廷的主要官員、皇帝的兒子、寵臣和其他一些人「期待著收到一份相似的禮品。」

馬戛爾尼所有的禮物全部都寫在禮品清單上了，因此他只得向使團成員買那些本來他們欲帶來中國出售的東西——但按明文規定他們是不准這麼做的。馬金托什上尉賣給馬戛爾尼一批手錶，價格按他本打算在廣州脫手的價格——因而賺了不少錢。Business is business，在商言商。

後來，「禮品問題解決了」。梁棟材神父又一次來信。這位前耶穌會傳教士恰好是八月三十日寫來的信。他的來信使馬戛爾尼繼續抱有達到目的的希望。下面是一篇公開吹噓個人和陰險詆毀他人的新傑作：

中國官員似乎對閣下莊重的舉止和精美的禮物都十分滿意。他們越阻撓我實現為閣下效勞的願望，我就越到處誇獎閣下的傑出國家，誇獎它的強盛，它的富有，它的信譽，它對科學的熱愛……

我強調中華帝國可以從與英國貿易中獲得好處。我指出，每年有五十或六十艘左右的英國船抵達廣州，在那裡留下大量的金錢；其他所有王國的船隻加在一起也不及英國船隻總數的四分之一；儘管中央帝國與英國做生意已經很有利可圖，將來它還可獲得更多的利益。條件是排除英國貿易在廣州所遇到的障礙，讓英商還能到另一個口岸做生意。英國商船在新口岸就可不必等四、五個月才能裝上貨物，也不必頂著季風，冒著沉船的危險回國。

閣下最好能了解他的好朋友。葡萄牙人索德超進了欽天監，可他連天文學的基本原理都不知道。他有幸給和珅治好了一次輕微的不適，那就是他發跡的原因，也是他為什麼敢於爭取當閣下翻譯的原因。他現在有錢，有地位。但如果閣下能阻止他在熱河當翻譯，那麼他就會很快喪失他的錢財與地位。……再說，我對這個傳教士唯一的意見就是他有意反對英國……

閣下從熱河回來時，在北京需要贈送許多禮品（下列一張名單，馬戛爾尼後來派上大用場）。重要的是千萬別讓索德超影響這些禮品的分配。我只是好意提醒閣下，賀清泰先生和羅廣祥先生不懂人情世故。

這個教徒是一個光榮家族的後代，侯爵的兒子。他不顧教士間應有的團結和基督教倡導的仁慈給勛爵寫信。的確，在全世界所有的宮殿裡，「人情世故」與「地位」在當時總是壓倒任何其他考慮。

「根據閣下寫給我的信，我知道在閣下去熱河之前我不能拜見他。而且，根據我聽到的某些消息，我估計在閣下回來後我也不易見到他。」這兩句話可能使馬戛爾尼有點擔心。難道梁棟材預感到從熱河回來後，英國使團的日子就不長了？

法國的意外出現

第二天，即八月三十一日，馬戛爾尼終於見到了這位寫信迷。梁棟材為不能早一點來看他而表示歉意，但他把這歸咎於「欽差大臣的嫉妒」，「他又不了我關於英國偉大以及它對中國很重要這一看法」。馬戛爾尼承認這個神父消息很靈通。但貌恭必詐，難道不是嗎？他最後離開話題說：「我將安心地留在這裡，因為我深信閣下不會在熱河談判。」馬戛爾尼心想：「如果不在熱河談判，那我去那裡做什麼呢？」

馬戛爾尼準備乘坐四輪旅行馬車去熱河。這輛舊馬車「引起中國人的極大興趣，他們畫下了車子的圖像」。但是，「儘管馬車十分舒適，工藝精良，但車身顏色黯淡，因此樣子不好看。」中國人喜歡鮮艷的色彩，他們不明白「英使竟會坐顏色這麼黯淡的馬車」。這又是一個誤會。

在分發去熱河行宮穿的禮服時，人們打開一個大箱子，裡面裝滿了鑲有金色飾帶的綠呢禮服。「這些衣服都是已經穿過的，甚至經常有人穿。」拉呂澤爾納先生的名片還縫在禮服的襯裡上。拉呂澤爾納先生曾在一七八八年至一七九一年期間出任法國駐倫敦大使。「這些衣服根本不適合一個在華的外國使團穿。」英國人用幽默的態度看待這件事。「中國人對我們穿上這樣的禮服可能發現不了什麼可笑之處，可在我們之間，你看我，我看你，都不禁哈哈大笑起來。」

然而，使團的畫家亞歷山大在一位頭戴藍頂的官吏陪同下去圓明園取一張天體運行儀的圖紙。「路上，我們迎面與一位親王的隊伍相遇。按照中國禮儀，必須給親王讓路。我的陪同試圖說服我在這位皇族成員過來時下跪叩首。這位令人敬畏的老爺見我明確拒絕行這種禮時似乎樂了。」天真的亞歷山大有很濃厚的英國意識。他一刻也不會想到微笑裡也會充滿了對他「野蠻表現」的譴責。

野戰炮將不出征

敦達斯和馬戛爾尼原先不顧東印度公司的警告，堅持要把速射炮列入給皇帝的禮品單中：「聽說要介紹一些中國人無法仿造，而且他們會知道是無法抵禦的武器，我們對此感到某種憂慮。在中國，火器從來就是招惹麻煩的東西。」英國政府和特使不聽這些謹慎的勸告。難道是想把野戰炮與威治伍德瓷器和蘭開夏[1]呢料一起賣給中國嗎？還是想炫耀他們強大的軍事力量和先進的科學技術呢？

使團的武器裝備使欽差大臣感到不安：「此人原先強調要把全部禮品都運到熱河，現藉口皇帝不久就要回北京，要求不把野戰炮運到熱河。他還要求把火藥桶全部交給他。」早在一七五七年，中國就曾發布過一項告示，絕對禁止外國人在華攜帶火器。規章制度總還是規章制度。

九月一日，徵瑞寫信給他的主人：「明天早晨，奴才將帶貢使離開京師。到熱河後，即十天後，他就可覲見皇上。」

金簡來看望馬戛爾尼，預祝旅途順利。他告訴馬戛爾尼，皇帝十分讚賞馬戛爾尼所採取的措施，即「讓在舟山的獅子號上病員隔離紮營，不讓水手們到處亂走。」朝廷已發出命令，高厄可以「隨時起航出發」。

馬戛爾尼似乎沒有發現中國人最關心的是在他們的同胞周圍建立一條防疫隔離帶。皇帝祝他們「一路順風」，意思是說：「這下可輕鬆啦。」這樣，少了六百個需要提供大量肉食的飯桶，也是少了需要監視的六百個間諜。

1　譯注：蘭開夏（Lancashire），位於英國英格蘭西北部的郡，十八世紀時，棉紡織業很發達。

第三部

傲慢對自負
在皇帝的庇陰下

（一七九三年九月～十月）

中國人和歐洲人之間，總是習慣和差不多在起支配作用。這樣一來，人們得到的印象是生活在一種模糊而把握不定的環境之中。

——德日進

我們由於各自的皇位而似兄弟。如果一種兄弟般的情誼永遠建立在我們之間，我們會極為愉快。

——喬治三世致乾隆皇帝

外國人的話裡沒有真話。

——《方士祕錄，馬雅詩篇》

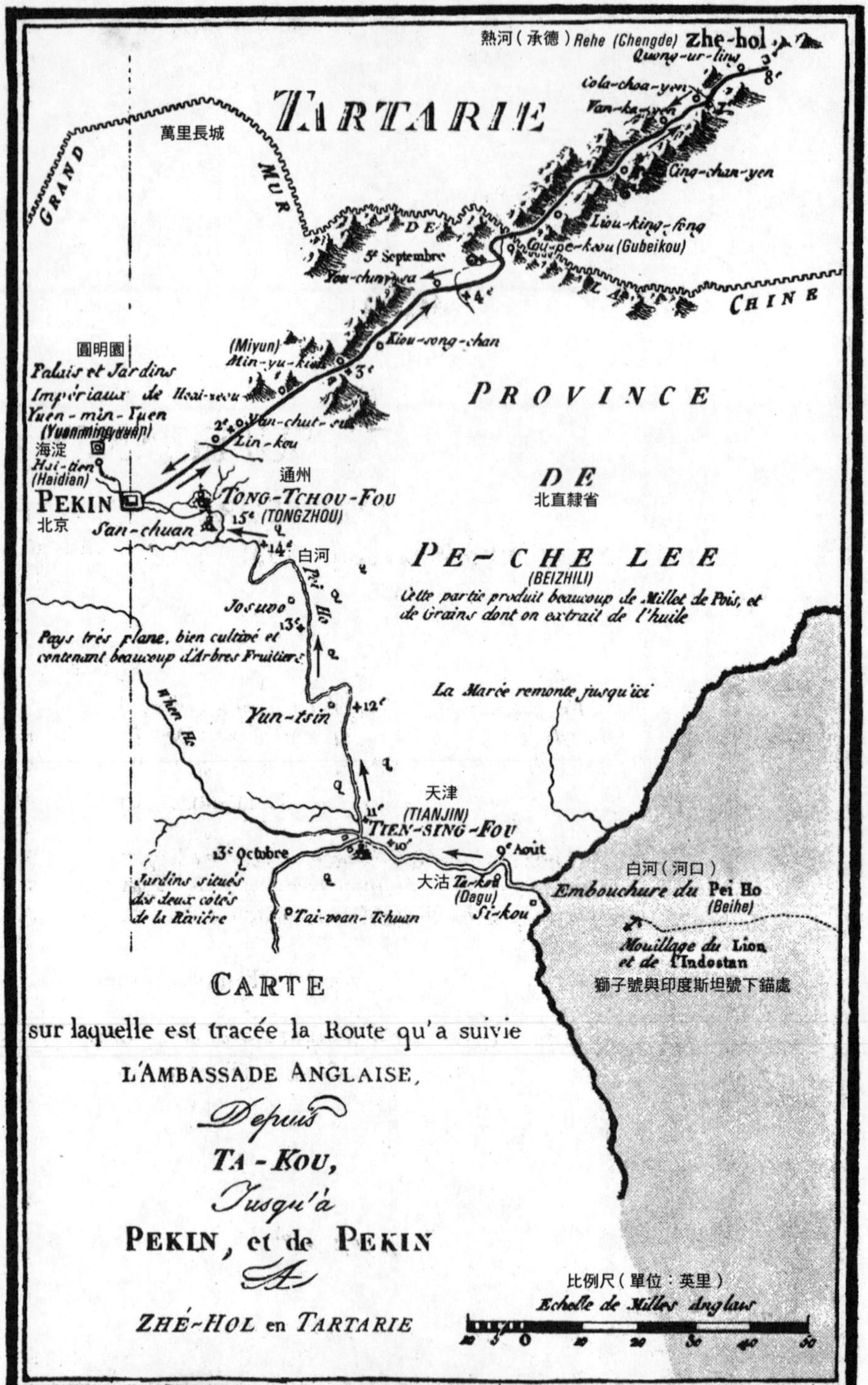

英國使團行進路線圖：大沽→北京→熱河

第三十章　長城路上

（一七九三年九月二日～五日）

九月二日星期一，凌晨一點，鼓聲震天。「我們的寢具統統裝上了車。在一支強大的馬隊護送下我們離開了住處。」出城花了四小時，因為儘管時間很早，沿路還是擠滿了人。「七時，我們出了北京城，來到富饒、精耕細作的郊區行走。」

馬戛爾尼和小托馬斯乘坐馬車。斯當東的父親因痛風發作，故坐轎而行。七十名隨行人員中有四十人是軍人，分別騎馬或乘車，由兩百名中國挑夫運送禮品和行李。隨馬戛爾尼來中國的人員中有二十一人被留在北京。畫家亞歷山大因此而十分氣惱：「只離長城——這人類的奇蹟，智慧的見證——五十英里了，卻不得而見，乃是這次旅行中最最掃興的事了。當使節團走過風景如畫的地帶，卻把畫家們強行關在北京，這簡直不可思議！」

車隊行走了二十五英里之後停了下來，此時已是下午兩點鐘了。使團一行在一座花園附近的皇帝行宮南雪軒安頓下來。他們只能在這處欣賞皇宮，因為他們只住其中的一座樓。官員越來越多。王大人和喬大人坐上了特使從英國帶來的馬車。他們對「馬車的靈巧，對玻璃窗和百葉窗可隨意開閉，讚美不止」。食品和飲料都「存放在密封的容器裡」。一路上由人挑著，供使節團人員用餐。「晚飯時，招待我們飲用當地的一種略帶苦味的酒和一種用米和黍類釀成的酒。後者酷似我們的刺柏子酒。」

從北京到熱河，英國人用了六天時間，行程一百六十英里[1]，沿途住宿在皇帝的行宮。有人告訴他們這些行宮不是國家公用住宅，「甚至連朝廷內那些最高級官員都未曾享受過」。英國人能下榻在皇帝的行宮感到受寵若驚。

1　相當於兩百五十七公里，平均每天走四十三公里。

這樣厚愛他們，說明已決定要滿足他們。

但他們並不知道最初的安排。徵瑞原打算讓馬戛爾尼住進當地居民家，而從安全考慮，想把貢品放在皇帝行宮。住居民家！難道就不考慮要禁止接觸的問題嗎？乾隆生氣地用硃筆批示：「所奏尤屬拘泥。貢件既在行宮朝房安放，貢使等何必又令住宿民房？沿途行宮如膳房軍機直房皆可住宿，即或不敷，阿哥所亦屬空閒，盡可與之居住。貢使與貢品同在一處，豈不更有照應乎。」

朝臣、太監們的住處很適合使節團的身分，談不上讓他們住進皇帝的住處。實在必要時可動用皇子的住所，只是不要向特使說明，否則他們就會不可一世。白費心思，英國人後來還是對讀者說他們住進了皇帝的行宮。

御道

乾隆對使團行走速度也下了御旨：不必匆忙。「陰曆八月上旬[2]抵達即可。」要「照顧使團，緩步行進。」皇上絕不希望這些會帶來諸多麻煩的賓客在熱河長時間居住。他採用了徵瑞編造的藉口：「夷人軟弱，憚於車馬。」他們是嬌氣包，膽小鬼！英國人認為「走得很快」，並對此感到滿意。中國人安排他們慢慢走，而英國人則認為自己走得很快。閱讀中英雙方的資料時，我們的感覺是在讀兩次不同的旅行。

英國人炫耀他們獲准住進了皇帝行宮，但他們並沒有享受走御道的特權。從北京至熱河的大路中央為御道，十尺寬，一尺高，由砂土和黏土混合而成，經澆水，夯實後具有磨光大理石的硬度，赫托南曾說：「這條路像客廳地板那樣乾淨。」溫德也說：「像彈子台那樣平坦的路中央只供皇帝陛下通行。一般行人走御道兩側的兩條道路，它們修建得也十分好，樹木成蔭，每隔二百步，就有一個總是盛滿水的池子用來噴灑以免塵土飛揚。」赫托南又說：「在皇帝經過時，當時世界上或許沒有一條比這更美麗的路面了。在我們來回的路上都見到大批民工在修整路面。」馬戛爾尼計算過：全程共有兩萬三千名民工，分成十人一組，相隔百公尺在勞動。

2 即九月五日至十四日之間，特使實際上於八日抵達。

馬戛爾尼使團隨行畫師

威廉・亞歷山大

珍貴彩色手稿

威廉・亞歷山大（William Alexander, 1767-1816），英國畫家。25 歲時獲選為馬戛爾尼使節團隨行畫師，隨團訪問了中國的天津、北京、承德、杭州、廣州和澳門等地，所到之處以大量的速寫和水彩畫記錄了所見所聞，包括乾隆皇帝接見使團的場景，乃至民間的士兵、仕女、商販等各階層人物，展現了歐洲人眼中的大清盛世。回英國後繼續創作了一系列有關中國的風俗畫，再現中國的人物和景物。作品曾在倫敦的皇家藝術學會展出，並出版相關畫冊和書目介紹中國風光，促進西方對中國的了解。

畫師威廉・亞歷山大（當時滯留北京）想像使節團謁見乾隆皇帝的場面。

身著長袍的大使馬戛爾尼勛爵。

1793 年大英訪華團副使喬治・斯當東爵士。

上　飄著彩旗的中國帆船艦隊，團團圍住英國使團的戰艦「獅子號」，正等著將使團帶來的禮物送呈乾隆皇帝。前景有兩艘小船。

下　出巡外省的官船。船裡的官吏正由隨從服侍著享用晚餐，而立著的羅傘和官旗正是官吏的權利象徵，船尾寫著中國文字的旗幟和木板，則表明了他的官階和頭銜。

左上　1793 年 11 月 2 日，英使船隊駛至大運河，受到河岸清兵舉著旗幟列隊歡迎。

左下　英國使節團的船隻正通過一道水閘，附近有幾艘駁船。坐在岸邊的人，站在小屋外的群眾，全都在看熱鬧。石閘門上還站著幾位士兵。

正在吃飯的縴夫。因風或潮汐不利於行船時，會雇用縴夫在河兩岸以繩索拉船前進。

北京白河（今稱海河）河岸風光。一群縴夫正沿著河岸以繩索拉動駁船，後方小丘上一群婦女、孩童正在圍觀。

大運河畔的官邸。
宅邸前的兩根大柱
子為官舍的標誌，
飄揚的旗幟則顯示
出他的位階。

大運河畔軍事堡壘一景。人群聚集在河岸邊，左岸是看熱鬧的婦女、孩童，右岸則站著六位士兵等著向英國大使致意。遠處牆上裝點著龍的紋飾，連接著的塔樓，有位士兵正敲著鑼，預告使團即將到來。

大英帝國使節團抵達天津時的熱鬧景象。

英使馬戛爾尼在北京的石舫住所。建築的上層用來作為餐廳。

深受英使團信賴的陪同官員喬大人。他身穿全套官服，以絲線刺繡的襯衣之外，罩著絲綢開襟馬褂；胸前繡著禽鳥圖案的方形補子正是官吏的象徵；官帽的藍色頂珠和孔雀翎羽代表其官階；脖子上掛著一串朝珠。

官吏攜聖旨自北京前往通州。他的長袍外穿著斗蓬，肩上背著兩個捲軸，騎在有鋪面的道路上。兩位隨從正下馬在路旁等候。

左上　身穿戰袍的步兵。因為衣服上彷彿老虎斑紋的紋飾和帽子上的「耳朵」，傳教士稱他們為「戰之虎」。畫面中的士兵手持彎刀和盾牌，盾牌上裝飾了恐嚇敵人的怪物。

右上　身穿軍禮服的步兵。頭戴鐵製頭盔，上有染色馬毛；胸前的字樣顯示其隸屬的軍隊。佩掛在胸前的盒子內裝有箭頭和弓弦，而弓收在護套內，左手持劍。

下　持火繩槍的狙擊兵。其右側背著一個漩渦紋飾的小方盒，左側則是佩劍。後方是個軍哨，一名哨兵正敲著鑼呼喊衛兵向軍官行禮。

富貴人家的母子和女傭。婦人穿著綢緞長袍，裡面是背心和塔夫綢的襯褲。緊密編織的髮型油亮滑順，並以金銀髮簪固定；前額繫著髮帶，一縷劉海聚攏呈尖狀，裝飾以鑽石或珍珠；頭兩側別著花形飾品，還戴了耳環和一串念珠。小孩跟隨當時的流行梳著兩條辮子，女傭則在一旁替貴婦撐著綠色陽傘。

農民家庭。農人腰帶上繫著菸草包、煙槍、打火石和刀鞘，一如其他中國人，能迅速點菸，而背著孩了的農婦也正抽著菸。小女孩纏足不讓雙腳長大。

一群勞工正在擲骰子賭博。後方立者手執農具的是名農人；前方穿黑色罩衫的是名船夫，他腳邊的銅鑼是用來告知縴夫停止拉船用的。

一群人玩鬥鵪鶉。畫面後方頭戴涼帽的官吏抽著煙斗，手上拿著一串銅錢；一旁頭戴暖帽的官吏正與前者下注賭博中。

上　跪著的女子被控賣淫，由地方行政官吏審訊中，一旁的師爺正在做會議紀錄。官吏朝服胸背正中央皆有塊圓形補子；師爺的腰帶上掛著手帕、錢袋，還有裡頭放了刀、筷的盒子；而押著犯人的僕吏，其官帽會寫著隸屬的行政首長名字。

中　官吏下令施以杖刑的場面，即孟德斯鳩所謂「中國靠棒打統治」。相較之下，杖刑多用在較輕的罪行。

下　枷刑，是以沉重的厚木板套在脖子上作為懲罰，木板重量和佩戴時間取決於罪行的輕重。畫面中的罪犯正由一位僕吏，以鐵鏈牽著帶往城區遊街示眾。

1793 年 12 月 19 日，京劇演員為馬戛爾尼大使獻藝。當時中國戲劇多作為晚餐時段的娛樂演出。戲劇雖為中國主要娛樂，卻沒有公共劇院，而是在各官府內設有舞台，培養自己的戲班子為官吏自己演出。

中國特有的風帆獨輪車，藉由桅與帆，能減輕腳夫的負擔。畫面中的腳夫推著滿載著蔬菜、水果、竹竿和一罈酒的獨輪車，車身外側則掛著草帽和工具。

揚州一隅。畫面右邊描繪了寺廟、紀念碑、堡壘和遠方的城邑，左邊則可見一群士兵在塔樓上展示著盾牌，作為對英使的歡迎與敬意。

中式拱橋。駁船從橋下穿過，兩旁是房屋，左後方還有座寶塔。

送葬隊伍。領頭的是位道士，手持燃香和鞭炮，在經過廟宇或住家時點燃鞭炮作為報喪之意。身後跟著四個人敲鑼、吹笛、吹嗩吶，兩個人舉著白幡，然後是悲傷的親友。後方棺木則由四個人抬著，最後則是馬車，車上坐著三位披麻戴孝的女性。

廟裡祭祀時的樣貌。生動描繪了信徒求籤、跪拜和廟祝翻閱解籤簿的場景。

路上日夜都有衛兵守衛，禁止行人進入。皇帝駕到前夕，任何人都不允許在此落腳。皇帝一離開，馬上就沒有人管了，路面也很快被損壞，所以一年必須修兩次，一次是皇帝去韃靼區，另一次是皇帝從那裡回來之時。因而溫德稍帶諷刺地說：「如果中國人能像管土地那樣管空氣與陽光的話，他們也許會向皇帝獻上專用的更純潔的空氣和更柔和的陽光。」

設防的城市

第二天使節團全體人員走山路從南雪軒到了密雲。他們看到西面十英里處一座山頂上的長城。但使團在更朝北的地方才穿越長城。

在密雲，晚上他們與一位韃靼族軍官一起聊天，他與王大人官銜相同，但前者卻對他表現出極大的尊敬。這位軍官知道英國在歐洲享有優勢，知道「它是一個文明的、有創造性的強大國家，任何一個西方國家都無法與之匹敵」。馬戛爾尼誇他「通情達理」，「有教養」。一個韃靼人怎麼會了解歐洲情況呢？據羅廣樣神父說，法國傳教會會長承擔的諸多任務中，有一項是「須去大人物家中拜訪，回答他們提出的各種有關歐洲、海洋與科學的問題」。這位軍官可能參加過這類談話。

景色變了；風光秀麗，畜牧業興旺。牛羊成群。「羊身很肥壯，尾短而粗，好似一個肉球。」觀察得很準確，今天的蒙古羊還是具有相同的特徵。

第三天，使節團到了玉新山。在下榻處附近，馬戛爾尼和衛隊軍官從容不迫地察看了這座要塞：圍牆，碉堡。他們都作過精細的描述，好像要去攻克它一樣。

為什麼城堡上沒有一門大炮呢？喬大人認為它沒有用，因為中國的敵人也不擁有這玩意。壁壘僅僅是為使皇帝的財寶和糧倉免遭強盜的搶劫用的。馬戛爾尼都做了記錄，但未作評論。這個國家沒有炮兵，而英國卻有。中國人自稱從一三世紀成吉思汗時代以來就使用大炮。當一六二一年澳門的葡萄牙人獻給明朝皇帝三門臼炮時，該市的議會不得不「派了三人去教中國人如何使用。」怎麼原先比西方先進後來卻變得落後了呢？英國人相信不斷地進步。然而，倒退的情況畢竟也是有的。中國遇到了這種情況，應驗了自己的一句諺語：「不進則退。」

秀麗景色

山路越來越高。這隊人馬沿著懸崖行進著。見到了小河邊上有棵垂柳。「此樹為納蟬之所，諸鳥亦集，長夜不寂寞，得時鬨鼓吹者，是樹皆有功。」

連安德遜都被陶醉了。英國人在這片廣漠的中國土地上，離開了熙熙攘攘的人群感到十分自在。

當年馬戛爾尼走了六天的路程而今坐車只須六小時就能走完。昔日的河流，溝壑，尾巴粗短的羊群，長城，村莊依然存在。垂柳及金字塔形的岩石照樣屹立在峰頂，只是皇帝的行宮不見了，沒有留下半點痕跡。[3]劫掠圓明園的肇事者已為世人所共知，西方人良心上不停地自我譴責，但至今無人知道破壞御道上皇帝行宮的肇事者，也沒有人為此感到內疚。

欽差即將離開使團，去熱河安排使節團抵達事宜。他在一次交談中轉彎抹角地告訴馬戛爾尼他一直未向伊拉斯馬斯．高厄轉交信件。特使對此大為驚訝，卻未追問。這種冷漠態度令人奇怪。究竟是外交需要，是順從上面的旨意，還是清閒者無牽無掛時脫口而出呢？

菸草國家

儘管痛風發作，斯當東還是觀察到「這個省的低窪地區種植菸草」。中國人「用竹子做的菸袋」抽菸。抽菸的習慣很普遍，「男女皆有」。巴羅指出：婦女「佩帶一個小絲袋，裡面裝著菸袋和菸草」。安德遜寫道：「小孩從能拿菸袋時起，就學著父母樣抽菸。」「十歲的女孩，甚至更小些的，嘴上都叼著一根長菸袋前來觀看使團隊伍。」馬戛爾尼寫道：「在社交時，中國人把相互交換菸袋，抽上一口視為高雅。」安德遜又指出：「中國人指望抽菸來預防傳染病。」他們菸抽很凶，為表達一個人已病入膏肓，他們用「他連煙都抽不了了」這種說法，就像我們說：

3 與我一起考察這段路程的中國考古學者侯仁之說這些宮殿是在「近幾十年中」消失的。是軍閥？抗日戰爭？國共內戰？還是文化大革命？沒有人能向我做進一步的說明。

「油盡燈滅了」一樣。

在去廣州的路上，英國人看到大片菸草種植地。斯當東注意到「菸葉都在地裡露天晒乾。」他匆忙地下了結論，認為菸草在中國是土生土長，「並沒有採用外國習慣」。我們的旅行家不斷做出各種無法得到證實的猜測。但他們敘述的內容卻又成了不容置疑的事實，因為這是他們親眼所見，而且這些人又都是外交官！

大膽的論斷。今天，大家都知道菸草是由首批西班牙和葡萄牙航海家從南美輸入中國的。在明朝走向衰落的時期，菸草和其他貿易作物如茶葉、棉花、靛藍植物與甘蔗一樣得到了發展，而糧食蔬菜作物卻受到了影響。這樣，商業隊伍和城市得到了飛速的發展，而經濟貿易的增長削弱了中央集權。中國還有另一個常數：一旦集權解體，到處都出現改革。

中國持續在菸草的生產和消費上保持著世界紀錄。在中國內地，離寧波不遠的一家小旅館裡，我遇見了一位美國工程師，他要在中國待三年，為「萬寶路」建造菸廠。他用統計曲線向我證明，中國將長期成為一個無可匹敵的香菸銷售市場，我們法國菸草專賣局卻似乎沒有看到這點。它更注重保護自己在國內的壟斷地位，而不是去占領國外市場。

毒品鴉片

在一個人人都抽菸，而只有政府才有權提供這種需要的國家裡，走私在今天能獲得暴利。他們公開揭露那些龐大的走私集團的頭子，稱他們是「香菸大王」，軍隊的卡車、火車、郵政車輛都參與了私賣香菸的交易，產生了一個貨真價實的黑手黨。他們能買通國家公職人員，並能隨意挪用資金。

一七九三年，英國使團發現中國人除了人參和辰砂，對鴉片又有了癖好。馬戛爾尼指示不許提及這個問題。因此使團在中國期間，從未提過這個問題。但馬戛爾尼對印度公司幾乎不加掩飾地進行的牟利走私活動瞭若指掌。荷蘭人文譜蘭是這樣寫的：「近二十五年來中華帝國吸食這種麻醉劑的人數劇增，每年消費量為兩千四百箱。」這位同時代的人還透露了廣州當局在這類走私交易中與外國人勾結在一起。

無論是鴉片的種植還是鴉片交易，在共產黨中國也尚未徹底根除。在雲南、越南、寮國、泰國和緬甸交界的地區一直種植著鴉片。現在輪到西方來接受這些毒品了。

英國人沿途看到負載了很重的木材和木炭的駱駝商隊。「兩百匹駱駝只由一人看管。駱駝是所有大自然獸類中最馴良的一類，牠能長期忍受辛勞，並且馱運重量大。」[4]這種「為奴役而生」的駱駝總帶著一絲憂傷到處溜達。

終於見到了威武的軍人

九月五日上午，隊伍穿越了一座峻峭山峰：南天門，即「上天之門」。英國人在那裡見到了久負盛名的長城。阿姆斯壯後來則說長城是唯一能從月球上見到的人工建築物。[5]

旅行者到了一個四周都是陡壁的山谷。狹窄的道路蜿蜒曲折，下面就是一條激流。長城截斷了這條小路，往山上延伸，並且已有些塌陷，而整個景色至今未變。

英國人進入了一座人口稠密的城市——古北口，受到三響禮炮的歡迎。「為歡迎我們，搭起了一座牌樓，上面裝飾著各種彩色的絲綢緞帶。」士兵們列隊雙排，從牌樓一直排到長城腳下。這支威武的軍隊第一次給英人留下了深刻印象。「不可能有比它更好的軍容和隊列操練了。士兵們穿著一種鎖子甲，頭戴鋼盔，從頭頂蓋到肩膀。」共有十個連隊，每連有八十人，排成密集的隊伍。各連士兵服裝不同，也都有自己的軍旗。

這些是滿族的「八旗兵」，不是溫良恭儉讓的漢族軍隊。他們既不帶遮陽傘和扇子，也不帶菸袋。斯當東詳細地指出：他們的弓由一種「具有彈性的木頭」做成，弓弦由「絲線編成」。漢人和韃靼人都很重視「使用弓箭的技巧」。欽差向皇帝報告說：「一切旗仗隊伍尤須鮮明整齊，以肅觀瞻。」這對雙方都很體面。

4　至一九五〇年代初期，北京還可見到成百的駱駝群。今天，除長城外的滿洲里、蒙古或土耳其斯坦外，再也見不到駱駝了。

5　法國漢學家艾田蒲（René Etiemble）反對此一說法，認為一條寬幾公尺的牆即使長六千多公里，也不可能從那麼遠的地方看到。一根頭髮在一定的距離外就看不見了，它的長度根本就沒什麼用。《地理雜誌》證實了阿姆斯壯的「長城」只是一條雲帶。但中國人卻堅持此一討人喜歡的關於月亮的說法。

思想上的長城

馬戛爾尼和他的同伴走了半小時就到長城腳下。他們爬了上去。馬戛爾尼記下了巴瑞施中尉和他的士兵按照他的命令丈量的城牆，女牆，巡查道和碉樓的尺寸。他認為這「無可比擬的建築物」是帝國強大和英明的標誌，因為「它能一勞永逸地保證未來若干世紀裡國家的安全」。

他把事情簡單化了。他不知道統一中國的秦始皇帝於西元前二二〇年至二一〇年間只是連接了早已有的長城各段，他並沒有修建長城，而且當時只是一條簡單的土牆。在千年之後，長城才用磚和石頭砌成。明朝時又得到了加固。它不止一次地讓入侵者過了關。它把兩邊的景色都隔開了。結果更多是制止了出逃而不是制止了入侵。今天，從中國出來還是比進去更難。長城更多是一種精神狀態，而不是一種軍事防禦物。

英國人手拿筆記本從各個角度測量了這建築物，如此細緻的觀察惹惱了中國人。他們認為這些古老的城牆屬於風景的一部分。可以看，卻不能仔細檢查。他們幾乎懷疑到了英國人是否有什麼壞的企圖。他們的嗅覺很靈，本松中校和巴瑞施中尉關心著他們肩負的一項祕密使命：一旦和平使命失敗，就得準備不那麼和平的遠征了。

但大部分英國人希望帶一些「紀念物」回國。他們撿爛磚塊，把它們像金條一樣珍貴地收藏起來。

同一天，另有一些英國人應當地居民之請在法國土倫登陸；無套褲漢潮水般地湧向國民公會，後者「把恐怖提上了日程」。

第三十一章　在韃靼區

（一七九三年九月六日～八日）

長城以外，就是韃靼區了。英國人發現這是一個荒無人煙，未加開發的不毛之地，不是山脈就是谷地，再也見不到「金黃的麥穗，花園及漂亮的房子」了。他們到達一座高山腳下。這是一條在岩石上開闢出的崎嶇山路，若不增加馬匹，他們的車輛就無法攀登上去。「這又一次顯示中國人在進行公益事業上表現出來的才智。」

「韃靼人總歸是韃靼人」

晚上被指控偷了東西的一名韃靼僕人和兩名漢族官員之間發生了衝突。韃靼人出言不遜。王、喬兩位大人讓人用竹棍打那名僕人，僕人對在韃靼土地上遭到漢人鞭笞怒不可遏。再一陣打後，他還未平息下來。「王大人無奈地對我們的翻譯說：『韃靼人畢竟是韃靼人』」（然而，他卻不知李先生也是韃靼人……）

韃靼僕人覺得自己有特權。馬戛爾尼欲出來調解：現在是在韃靼上地上，不是漢人自己的家園。兩位官員笑而不答，因為漢人人口眾多和自己在天朝等級上高人一等而感到了不起。

這天晚上，馬戛爾尼從喬大人那裡高興地獲悉他有關禮儀的建議很有希望被皇上採納。

混淆視聽

九月六日，走了第五段路共十三英里。不要走得太快。越往上走，天氣越冷。馬戛爾尼發現這裡許多人「患甲狀腺腫，與在瑞士瓦萊州一樣」。

赫托南報告說有位官員來見他們，要求看看「我們給皇上帶來的稀珍物品」。這位官員說：「聽說你們帶來了一隻食煤為生的母雞，一個只有一尺半高的侏儒，一頭只有貓那麼大的象，還有一個魔枕，只要把頭靠在上面，想去哪就去哪。」他又補充說：「這肯定都是真的，因為他是從報上看到的消息。」

這些無稽之談純屬中國人的想像，矮象是一種盆栽式的象，中國的神話故事裡充滿了這類稀奇古怪的動物。為什麼這些「蠻夷」不能乘飛毯旅行呢？使團在他們的行李中正裝著一個在歐洲盛行的熱氣球。一貫謹慎的馬戛爾尼證實了赫托南的說法。翻譯為他們唸了一份傳播這些無稽之談的報紙，把他們都逗樂了（他還加了一則：一匹只有耗子大的馬。）他很平淡地說這是天津出的一家報紙。是李先生在一個月前，路經天津時買的，難道在這之前他不敢讓他的主人們看嗎？

自發的謠言。就像對海外奇談頗有興致又缺乏批判能力的群眾那樣，輕而易舉就傳開了。或者是遠距離操縱的故意歪曲，旨在把西方人說成是天生的怪物。現在他們的形象就是一些可笑而無足輕重、脫離社會的人。這種巧妙的方法，是在人們的腦子裡建立起一座分隔文明和野蠻人的紙的長城，它與凝聚著鮮血的石頭長城同樣有效。

身懷絕技的農民

我們的旅行者已有好久沒有見到耕種的地了。在一個陡峭的山峰上，他們見到了一些開墾地。今天，頑強耕作的業績在這條路上仍然流傳了下來。人們在峻峭的山坡上填方挖土，打造出一塊塊小花園式的耕地。

在高處，有個人正在陡坡上翻地，只要他站起來就會掉入萬丈深淵。我們的旅行者用望遠鏡觀察，發現這位農民身上繫著一條繩索。「那位堅韌不拔的墾殖者就用這種方法在絕壁上耕耘，播種和收穫，只要一個人就可以減輕這大山的荒涼程度。」中國畫就是如此：在遼闊無際的景色裡，只有一個小小的人物在活動——融合進大自然的一個小人物。

大山丘上，這位身懷絕技的農民蓋起了一間小木屋，周圍還有一個小菜園。他就這樣冒著生命危險種植一些東西來養家餬口。這種勇氣和智慧使英國人讚嘆不絕。安德遜引了「一首四千年前的中國古詩」，法國人把它譯成了德里爾教士的語調：

君主愛憎何足道，

掘井自飲樂陶陶，
春種秋收足自給，
碩果纍纍豐年兆。

這是正在發展的工業文明與農村傳統、未來的英國和持久不變的中國之間，驚人的相遇。

九月七日，熱河在望。官員解釋說，附近鄉村都為皇家所用。孔子說：「所重民食」，甚至在「喪祭」之前。乾隆認為不愛惜肥沃的土地，就有失帝王的職責。

這次旅行將是一場盛大的「首次演出」。英國人誠然沒有走在光滑得像鏡子一樣的御道上。他們騎的馬有的瘸了，有的失足或拒絕前進。有的馬鞍只剩一個馬鐙，或者兩個都沒有了。「中國官員的僕人卻清早騎著好馬就走了，留給我們的都是些瘦骨嶙峋的劣馬。」這些都沒關係。旅行者們一想到自己正在完成一樁歷史使命，馬上就精神振奮。他們為一點小事就樂不可支，如獲悉鞭打別人的馬是重視對方的標誌，而過去卻把這當作是失禮的行為。在這裡算禮貌，到別處則成了一種粗魯行為。一種人在另一種人眼裡總是野蠻人。

這六天是使節團的假期。「簡直以為是在法國的薩瓦省或瑞士旅行。」是因為山上稀薄的氧氣的緣故嗎？他們陶醉在愜意的朦朧狀態裡向熱河前進。

莊嚴的入城式

第七天，九月八日星期日上午八點，旅行者到達離皇帝行宮一英里的一個村莊，儀式之前進行一翻梳洗。「全體人員準備參加莊嚴的入城式。」

這支隊伍必然會使人想起國王的入城式，想起佛蘭德斯主保瞻禮節街頭景象，聖體瞻禮節的儀式行列。讓·博丹在《共和國》一書中對此做了十分具有啟發性的回顧：整個社會都在這一天展示自己，並在擺闊。隊伍的排列程序應該產生出最佳效果：

一百名朝廷官員騎馬開道[1]

本松中校

十二名輕騎兵，排成三行，每行四人

巴瑞施中尉

鼓手，笛手

八名炮兵，排成兩行，每行四人

一位炮兵下士

克盧中尉

十六名步兵，四人一行

一名步兵中士

八名侍從，共四行，每行兩人（穿著法國使團漂亮的綠、黃色號衣）

兩名使者（穿戴同上）

四名樂師（穿戴同上）

六名使團的男士，兩人一隊，穿著繡金的鮮紅外衣

馬戛爾尼勛爵，喬治．斯當東爵士和他的兒子乘坐輕便馬車

最後是一名穿著號衣的傳者在他們後面壓陣（安德遜具體指出這是那位黑人男僕）。

隊伍這樣排好後，用了兩個小時走完了最後一英里路，到達了熱河的宮殿，禮品在他們之前已經運到。隊伍在「眾多的人群中行進，這些觀眾都為他們從未見過的景象所吸引，這樣的景象他們今後也不會再見」。

1 吹牛？托馬斯．斯當東描述只見到幾位（several）。

安德遜越過了幽默與諷刺挖苦的這條界線。「我們這支隊伍確有可笑滑稽之處。」如說軍人和外交官員們穿著漂亮的話，「但隊伍裡的其他人員卻顯出一種非常難看的樣子：有些戴圓頂帽，有些戴尖頂帽，還有的戴著草帽；有人穿長靴，另一些人則穿短靴，有的皮鞋還配上帶色的長襪」。「華麗的侍從號衣不合體。整個還不如改穿雖破爛卻劃一的服裝來得合適。」

當這支穿著可笑的隊伍隨著「上帝保佑吾王」的樂曲慢慢向前行進時，外交官都在想這樣做是否會對英國產生好印象。想來觀看一個奇怪的民族的觀眾肯定不會感到失望。

第三十二章 禮儀危機

（一七九三年九月八日～九日）

熱河[1]是帝國的第二首都。這種說法並不過分，因為權力高度集中，而皇帝又在這第二皇宮中度過夏天的三個月。羅馬不再是羅馬，寡人所到之處就是羅馬……

「熱河是我選定的。」乾隆的祖父康熙這樣寫道，「我令人把亭台樓閣建築在松樹林中，清澈河水流淌，見到這迷人的蘭花，一種完美的感情就油然而生，松樹、竹林使我聯想到正直。我站在小溪邊讚賞那清澈見底的流水，叢生的野草則讓我產生對雜亂無章的厭惡。」我們簡直是在閱讀法國浪漫主義作家夏多布里昂的文章：「他就是神，峽谷中的野草，高山上的雪松都為他祝福，昆蟲為他低聲唱著讚歌……」

熱河又是一座貧窮的城市，街道彎曲而骯髒，由簡陋的木板房組成。若不是乾隆效仿他的祖父在此築起夢幻般的宮殿和花園，若不是他每年夏天來此奢華享樂，熱河真不值得讓人「長途跋涉，艱苦地繞這一大圈」。

這裡也是一個巨大的軍營。「皇帝逗留期間，這裡駐紮著十萬軍隊。」乾隆不願冒險。他離開北京，一支滿族軍隊就擔負起保衛他假期生活的任務，他不怕有人叛亂。

這裡也是藏傳佛教的聖地。我們的旅行者到達時，就遇見了一大批朝聖者和穿著黃色袈裟的喇嘛。「百姓們似乎不怎麼尊重他們，而他們的行動舉止也體現不出有身分人表現出的那種尊嚴。」

確實，我們這些基督教新教徒帶來了反教權主義思想，尤其是自亨利八世的英國國教改革以來，反修道制度

1 「熱河從詞源上看指熱的河。」在熱河（今稱承德）現在還有溫泉，熱河這名字自康熙年代以來，既是夏季三個月皇帝居住的行宮的名字，又是韃靼省分名。

的思想一直很強烈，但這些意見不會激起乾隆臣民的憤慨。他們把和尚看成是戲劇舞台上的那種形象：小偷、饞鬼、酒徒和色鬼，就與中世紀歐洲的諷刺劇中形象固定的僧侶一樣。中國古典文學甚至對尼姑也不客氣，把他們寫成為傷風敗俗之事穿針引線的人。

遲遲不見的接待委員會

陰暗的星期天！監獄式的宮殿再一次地在等候英國人。在山坡上有三進院子，鋪著石板，四周有走廊。第一進院子是廚房和附屬建築。第二進院子為特使和斯當東的住處。第三進院子是使團的隨行人員和侍從的房間。

至於高級官員，他們一個也沒有出來迎接，只有「下層的」一些無所事事的人在觀看。安德遜毫不掩飾這種受到屈辱的感覺：「沒有一位官員出來迎接大使。我們走進館舍的排場很大，受到的接待卻微乎其微。」再說馬戛爾尼事先曾宣布「和珅要親自迎接大使進入熱河。」

為等待他的光臨，本松中校命令士兵隨時準備，「我們至少集合整隊了十二次，我們把每一位出於好奇來看我們的官員當作閣老來了。」一白天過去了，直到吃晚飯時，和珅還是沒有來。

這一天，廣州得到了兩條重要消息：二月一日法、英宣戰；由阿克帕特里克上尉率領的一個英國使團進入西藏。東印度公司沒有可供使用的船隻，又拒絕把信件託付給皇帝驛站。他們匆匆裝備了一艘小帆船，於十月五日把它派往天津，結果還是沒有遇見特使。

馬戛爾尼和他的夥伴一樣感到不安。但他十分冷靜，並竭力設法挽回面子：「欽差前來退還我關於謁見禮節問題的照會，建議我直接面交閣老，由他來答覆我。據王、喬兩位說，皇帝在花園的一處高台上觀看我入城及我們的儀仗隊伍，他十分欣賞，命令閣老來迎接我。」

不久，又下了道相反的命令；閣老的隨從人員太多，大使的館舍太小；所以要馬戛爾尼去叩見和珅，再說他膝蓋受了傷，行動不便。[2]

馬戛爾尼報復了和珅。究竟把他當什麼人了？不把他當作世界上最強大國家的使節看待！他藉口路途疲乏謝絕了邀請。你藉口膝蓋受傷，我就說腿不好。當晚由斯當東出席了閣老的晚宴。

始終沒有照會的消息，馬戛爾尼可以認為它沒有引起異議。喬大人不是暗示過這一點嗎？斯當東指出：照會原封不動地退了回來。徵瑞在退還的時候還說「他一直把此照會留在自己手中，但沒有讀過」。英國人絲毫也不相信，準是有人授意這麼做的。但這意味著什麼呢？

大使要進行艱巨的較量。他有這個能力嗎？他的外交病只能激怒皇帝。王大人和喬大人害怕朝廷會懷疑他們授意寫這照會。他們懇求斯當東讓他兒子用中文名字在照會上簽字「以證明是他寫的」。激怒的皇帝會赦免一個孩子的腦袋，卻不赦免他們的腦袋！

面對天朝政府

喬治爵士只由小托馬斯和李先生陪同來到閣老官邸。小托馬斯直言不諱地承認，他們受到了非禮的待遇。「晚上，我們去見大閣老。[3]我們見他與另外四位大臣坐在官邸的一間大廳裡。他見了我們也不起立，態度冷漠，語氣傲慢專橫。不過，他請我們喝了熱奶，為我父親準備了一個座位。李先生和我都站著。我們談了約一小時，然後就告辭了。」在這冷漠的接待中，還是有點兒客氣：他們早已發現英國人愛喝奶。

父親沒有兒子說得那麼多，作為公使。他極力「說得輕描淡寫」，但與他兒子說的沒有衝突：「閣者接見全權公使時，坐在一個鋪著綢子的高椅上，兩旁是四位內閣大學士，兩位漢人，兩位韃靼人」。

斯當東談到另外幾位官員時好像他們都是和珅的屬下。事實上，坐在他面前的是六名內閣大學士中的五名（很

2 據小托馬斯不慎透露的內情，我們才了解到天朝高級官員從不率先進行拜訪，只滿足於別人的拜訪，然後再回訪。

3 「閣老」是英國人對大臣的稱呼，尤其是對主要大臣和珅的稱呼。

可能就阿桂缺席，因為他年齡大大）。他沒有意識到天朝政府成員幾乎全都在場。和珅避免在這第一次較量中單獨行動。

他首先照例詢問斯當東關於「使節團訪華的意圖」，語氣十分冷淡。斯當東讓托馬斯把英王寫給皇帝的信的中文譯稿唸了一遍，這封信的主要內容如下：

> 嘆咭唎國王喬治三世蒙天主恩，嘆咭唎國及佛朗西（原文如此）及愛爾蘭國王海主衛道者，恭惟大皇帝萬萬歲。……
>
> 本國造了多少大船，差了多少明白的人漂洋到各處，並不是要想添自己的國土，自己的國土也夠了，但為著要見識普天下各地方有多少處，要讓別國能得著我們的技術和好處；我們更想明白各國的技術。如今聞得各處只有中國大皇帝管的地方風俗禮法比別處更高，至精至妙，各處也都讚美心服的，故此越發想念著來向化輸誠。……
>
> 如今本國與各處全都平安了。……從前本國的許多人到中國海口來做買賣，兩下的人都能得好處，但兩下往來，各處都有規矩，自然各守法度，惟願我的人到各處去安分守規矩，不叫他們生事，也希望他們不要受到委屈。故此求與中國永遠平安和好，必得派一我國的人帶我的權柄，住在中國地方，以便彈壓我們來的人，有不是罰他們，有委屈亦可護他們，這樣辦法可保諸事平安。
>
> 我如今為這些緣故特差一個人到中國來照管這些事情，我所派的喬治·馬戛爾尼是本國王的親戚，忠信良善議國事的大臣（後面約有二十行關於他仕途經歷與才能的文字）。我又恐正貢使到那裡或有別的緣故，所以又派一副貢使臨時替他也與正貢使一樣，喬治·倫納德·斯當東（後面約有十五行關於他的長處的文字）。如今我國知道，大皇帝聖功威德公正仁愛的好處，故懇准將所差的人在北京城切近觀光沐浴教化，以便回國時奉揚德政化道本國眾人。至所差的人，如大皇帝用他的學問巧思，要他辦些事，做些精巧技藝，只管委他。
>
> 我本國的人或是在中國管的地方住著或是來做買賣，若是他果能安分小心，求大皇帝加恩。……

惟有禱求全善天主保護大皇帝長亭太平之福，庇佑暎咭唎國永遠平安受福。

暎咭唎國王喬治[4]

當見習侍童用中文唸英王信的時候，大學士仍然坐在那裡。若是他們皇帝聖旨的話，他們早就全都跪下了，而且要英國人也跪下！他們有著兩種衡量標準。

接著，斯當東呈上那份被退還給特使的關於禮節的照會。他要求有個書面答覆，以供正使研究。和珅「裝出毫不知情的樣子」，但他的反對意見卻「早已準備好了。」雙方都堅持自己的立場，「閣老請公使把他的意見轉告給特使，會見就這樣結束了。」

他沒有提及書面答覆之事，談判大門是否還敞開著呢？

無知的文件

禁止旁聽嗎？根本不是。「在整個會見過程中，大廳內擠滿了官邸的服務人員，他們可以隨意聽談話內容，似乎與遠方來的外國人打交道時對中國人沒有什麼可保密的。」在與外國人的關係上政權並不保守祕密：這不是一次談判而是讓人看看一個不變的程序。由於在場的人太多，閣老就必須在他們面前保持一種使人敬而遠之的威嚴態度。他不斷地表現出天朝對英國給予恩賜優待，但這並不妨礙中國人覺出英國人的傲慢態度。

雙方都談了自己的理由。禮儀危機產生了。皇室檔案說明乾隆對這個使團的看法越來越壞。他對特使避而不見而只派他的副手出席十分惱火。派副手有什麼用？送「一紙無知的文件？」是指國王的信？還是那份關於禮節的照會？可能是兩者兼指，而且兼指它們的內容和形式。

在使節團抵達熱河時，皇帝在九月八日的聖旨裡已經確定了一項作為最大限度讓步的禮儀安排：他同意簡單

4　譯注：此段譯文除了依據本書法文版譯文外，還參照了當時的正式中文譯本。

地只下跪一次，而不必行三跪九叩之禮：「領臣等即將該正副貢使由西踏跺帶至御前，跪候皇上親賞該國王如意。宣旨存問畢，臣等仍由西踏跺帶至地平前中間檻內，向上行三跪九叩首，禮畢即令其入西邊二排之末，各行一叩首禮，歸坐賜茶。」

現在英國人對這些禮節要提出異議！中國人還有另一個發怒的原因。「夷性貪得便宜，待之愈厚，則其心益驕。」

斯當東建議的對等原則能被乾隆理解嗎？他是宇宙秩序裡至高無上的人物，並是這秩序的保證者。世界上沒有一個人能與他相比。從精神病理學的角度可以更好地理解這種不相容性。一個精神病患者對世界的感知無法還原成其他人的感知；要感知同一世界，必須屬於同一世界，也就是說要具備同樣的心理結構。英國人和中國人間的狀況並非如此：兩者在對方眼裡都是精神病患者。提出體現互相平等的儀式純屬荒誕可笑；一紙無知的文件。

喬治三世的建議也是無知的文件，荒唐透頂。讓中國得益於英國的進步——好像中國不能自給一樣！要求在廣州的英國公民不要受到委屈——好像皇帝委屈過他們一樣！想在北京派駐一位常駐代表——好像蠻夷送完貢品後不該離開天朝帝國！自稱是乾隆的兄弟和朋友——這位唯一的天子難道會有兄弟和朋友嗎？寥寥數語中竟有如此多無法原諒的失禮之處！

九月九日乾隆憤怒地說：「朕意深為不愜。」

第二天他的怒氣就煙消雲散了。但在像奧古斯都一樣息怒之前，他曾打算中止一切有關英國使團的活動，不接見馬戛爾尼，把他打發回直隸——他的登陸地點。

馬戛爾尼認為的聰敏的妥協方案並沒有被接受，並比第一天更嚴肅地向他提出了要求：見皇帝時他必須叩頭，不折不扣的叩頭。他遇到了麻煩。他得設法免得被處死。

他接下來思考了兩天，中國人把他孤立起來，並不斷向他施加壓力，想以此使他屈服。

就這樣做！

馬戛爾尼確實下了決心。他甚至沒有覺察到有危險。當欽差、王大人與喬大人再一次勸說他放棄自己發明的那套禮節時，特使仍堅持對屬國君主與獨立國家的國君應當區別對待。他仍確信皇帝不知道他的建議，只要這些建議呈遞上去，皇帝必定會接受世界上兩個最強大的國家同時向對方致意這方式。

馬戛爾尼是否像他在日記中所寫的那樣自信滿滿呢？[5]如果是的話，他是否把中國人的惱火當作虛弱的表現呢？他又一次指出了中國人的自相矛盾的說法：一會兒中國官員懇求馬戛爾尼叩頭禮，說這只是無足輕重的例行公事，一會兒卻說要中國官員在英王像前趴下叩頭事關重大。

他沒有想到中國人的邏輯與他的看法相反，但是無懈可擊的。他們認為按多少世紀以來的日常習慣在皇帝面前叩頭是天經地義的事。但從未見過一個中國人在別的君主前叩頭。因為世界上只有一個天子。

對方甚至提醒他注意自身安全，他傲慢地回答說「他對國王的忠誠要比考慮個人的安全來得重要。」他習慣這樣說，就這樣做！英國的榮譽面臨威脅，擔子落在他的肩上。他沒有忘記自己向凱薩琳大帝的典禮官提出的抗議，也沒忘記對海軍司令德斯坦的高傲回答，也未忘記接受決鬥時視死如歸的決心。

然而，斯當東卻感到這威脅越來越大。氣氛變得敵對起來：「特使與閣老交涉的消息迅速傳開。許多人看到使節團中就這麼些少數處於孤立無援的外國人，無法想像他們怎麼敢對皇帝提出條件，甚至拒絕服從聖旨。」有些人推測馬戛爾尼會遭受葡萄牙首任特使貝勒的命運，他是因為「不遵守中國習慣」在十六世紀二〇年代死在獄中的。對一個具有幾千年歷史的帝國來說，兩個半世紀又算得了什麼呢？

斯當東驕傲地指出，中國人對英國人的固執感到吃驚。他沒有覺得中國人對他們的不順從感到氣憤，對他們的頭腦不清醒感到奇怪。開始謠傳說皇帝將不接見特使了。如果說皇帝的怒氣不被和珅與王大人平息下去的話，這種情況很可能真會產生。

5 千萬不要排除回程途中他從容不迫地抄寫原來逐日記下的日記時，不會做某些改動。

第三十三章 贏啦！（一七九三年九月十日）

九月十日，徵瑞、王大人、喬大人三人再次來訪。小托馬斯不加考慮就在他的日記本上記下了一個變化。「第一位的官銜降了二級，氣氛變糟了。」

尤其對徵瑞說來，確實糟了，但為什麼要處罰他呢？他一轉身，兩位漢人就急於向馬戛爾尼介紹這位韃靼上司受處分的事。他們對此十分開心。在獅子號的大廳內，馬戛爾尼掛過一幅皇帝御像。乾隆從徵瑞的報告中獲悉了此事。當他見到這位欽差時就問他這幅肖像畫得是否像。徵瑞驚慌失措，不得不承認他未親眼見過，因為怕暈船，所以他沒上去。但聖旨明確地要他上船拜見貢使。聖旨說得十分明確，所以他在奏文中只說已遵旨辦理。這件事充分說明乾隆頭腦清醒，所以諸臣對此十分害怕。可以對任何人撒謊，但對皇帝必須說真話，否則就是犯罪。

但透過皇家檔案我們了解這次王大人和喬大人也對馬戛爾尼撒了謊，或許是別人讓他們這樣說的。欽差失寵的主要原因不是「御像事件」。當皇帝聽說獅子號上掛著自己畫像時，他當然感到詫異。這幅像是如何到英國人手裡的呢？為什麼沒有列入贈品的單子？但皇帝在八月初的一個硃批中已責怪過徵瑞不上獅子號。此事已了結好長時間了。

欽差丟臉丟官的癥結所在

這位韃靼族欽差失寵的原因遠比這嚴重得多，事情發生在最近，但很簡單。八月十一日在天津晚宴後，大家記得徵瑞曾說過貢使曾在賞賜的吃食前「叩謝」。這下他卻作繭自縛了。而馬戛爾尼的照會卻揭穿了謊言。到了熱河，當問及此事時，面對特使的照會，徵瑞不得不承認沒有此事。馬戛爾尼沒有在宴會上「叩頭」，也沒有每天練習叩頭。王大人和喬大人不便直截了當地向貢使作如此解釋：這會動搖整個禮儀系統。而有關御像的輕微過失受到重罰，反倒增加了皇帝陛下令人生畏的權威。

欽差過於樂觀，以為隱瞞沒有問題，這為今天爆發的危機創造了條件。懲罰不只是因為他撒了謊，而是這件事反映出他沒有能力操縱英使。中國的檔案材料記載他被降了一級。他原來因為擔任這次使命而專門升了一級。他這工作沒做好，就被退回到原來的位置。皇帝還褫奪了他的翎子，他得到了烏鴉毛，預示著要帶驢耳紙帽。

這種懲罰方式一直延續到現在。西方的懲罰往往體現在職務上：你會被停職，調動……或者更多的是升級，官運亨通。中國的懲罰往往涉及到人的尊嚴。可以留在原職，但需蒙受恥辱。一眼就能看出頂珠的顏色。被降級的中國官員要在他們的書面檔案中註明：「曾任過哪一級，現降到哪一級。」

徵瑞本該得到更壞的處境，杖刑，流放。巴羅說，被罰去「監督建造皇陵」是所有懲罰中最恥辱的。這說明此人「已不能為活人所用，只配去為死人辦事」。

今天在中國可以看到一些部長或黨內官僚突然受到公開批判：他們只要稍稍做些自我批評，就還會有官職。新聞和布告運動替代了被褫奪的翎子。

快到頭了！

然而，徵瑞仍在繼續他的使命。為重新博得君主的寵信，他該更加賣力工作。但英國人仍是毫不動搖。忽然顯露出一個缺口，中國官員正在焦急地尋找解決辦法。在皇帝御座後面掛一幅英王喬治三世的像如何？這樣馬戛爾尼或許可以叩頭了；他是在向他的國王叩頭，而在所有中國人眼裡，他是在皇帝面前叩頭。這是一個既保留特使面子，又不違反天意的迂迴辦法，很得體，又純屬中國式的。

然而，馬戛爾尼仍不向他的君主叩頭，不叩九次，甚至連一次也不叩，只是行單膝下跪禮，而向上帝他才雙膝下跪。

他重申絕不對別國君主施高過自己國君的禮節。中國官員只有改變自己對世界的看法，才能承認他的看法正確。他們困惑地詢問謁見英王時行什麼禮？馬戛爾尼單腿跪地，作吻手狀。為什麼不能以同樣方式謁見皇帝呢？馬戛爾尼奇怪地發現三位官員似乎非常滿意。

肚皮戰

正當一道曙光在最高層出現時，基層的焦慮不安情緒卻在上升，這就是時間差。頭頭們在討論，手下人則在相互觀察。清室官員的韃靼隨從仔細地察看英國僕役的法式制服，觸摸磨擦衣服的飾帶：不是金的，而是單純的黃色料子。安德遜感到滿族人在嘲笑。要是他們發火呢？又一個誤會：黃色是皇帝的顏色，任何人沒有特准是無權穿戴這種顏色的衣服的。

被排除在談判之外的英國人顯得不耐煩了。他們對滿族人的傲慢態度難以忍受。溫德叮囑他們：要是對食品供應表示不滿只准把意見對大使提。為什麼呢？伙食供應一向過剩，而且質量很好。下一頓午餐時我們對這警告就恍然大悟了：這頓飯菜只夠使團的四分之一人員食用。勉強餬口而已。全體人員的反應與馬戛爾尼的預料相符：有挨餓與被監禁的可能，但絕不會屈服！他們把這種惡劣待遇看成是「對他們偉大國家的尊嚴的侮辱。」這一恥辱應該落到肇事者的頭上！英國人把飯菜放著不動，通知了大使。後者立即派李先生向負責供應的官員要求「遵守最基本的待客之道。」五分鐘後，桌上都擺滿了各式熱菜；這些菜已做好了，準備上桌的。為什麼不端上來呢？不就是想折磨一下英國人嗎？「是想開個玩笑。」這種假設很可笑。想節約開支？「對一個如此富有的大國來說這算不上是一筆很大的開支。」「下一頓飯菜一端上來，大家就誰也不想去刨根問柢了。」

懲罰一下蠻夷；向他們表明若不遵守禮儀，慷慨的招待隨時可以中斷；給他們的精神上施加壓力，這是一種變相的騷擾……

飯後喬大人馬上告訴馬戛爾尼，他剛與閣老進行了長時間的討論，正在朝從適合英國人的兩種方式中選擇一種：要麼雙方都行中國式的叩頭禮，要麼按英國方式單膝下跪。

馬戛爾尼勝利何在？

不久，欽差通知已採納了屈膝下跪的方式，只有一點不同：吻皇上的手不符合中國的習慣。做為補償，馬戛爾尼也必須雙膝下跪。馬戛爾尼答覆說，他早就明確表示過，只是在按照習慣中國人要叩頭時，他才行單膝下跪禮。對方堅持「取消吻手禮」。馬戛爾尼同意，並指出：「按你們的意願辦，但請記住，是你們提出，我才只施半禮的。」不僅是徵瑞，整個朝廷及和珅本人都做了讓步。

馬戛爾尼贏了，他拯救了這次使命，免去吻手禮使他開心；他都不必對乾隆表示對本國國王表示的那點敬意。歐洲人認為是表示謙遜的行動，中國人認為是對皇上人身的褻瀆。英國人正求之不得！

在他眼裡，這次事態圓滿結束要歸功於皇帝本人。是皇上克服了下屬的生硬態度，因為下屬總是「比國王還要王權主義」。馬戛爾尼認為已經穿透了皇帝周圍的人築起的這堵沉默之牆。另外，皇帝陛下若知道那裡發生的事，廣州形勢也會好轉。只要向不了解情況的君主上訴，只要求助於了解情況的君主。這樣使團的任務就說清了，前景明朗了；一切都接上茬兒了，對話也暢通了。

馬戛爾尼形式上取勝，但從他自己的日記裡仍能見到他實際上失敗的痕跡，但他似乎沒有意識到這點。十一日，他提到了皇帝壽辰的準備工作，閣老幾乎把所有時間都花在這上。十三日的日記是這樣寫的：「明天宮內將舉行盛大慶典。這天又被定為我們謁見皇帝的日子，我們忙於準備工作。」

英國人被安排在大喜日子去謁見皇帝，但這個慶典不是為他們，而是為皇帝準備的，英國人不過演個吸引人的節目罷了。他們如此狂熱地準備表演，但從中能獲取什麼呢？誤會並沒有消除，卻在越來越加深。

德日進稱中國是個「既可塑又堅韌的整體」。馬戛爾尼將以很大的代價去發現這個事實。

第三十四章 各有各的理（一七九三年九月十日）

為什麼會有這種變化？英國人滿心喜悅。朝廷感到受了凌辱，同時又想侮辱對方，但仍未下決心取消接見儀禮。把英國人灰溜溜地打發回去，不讓他們參加接見，這就徹底得罪了他們而無法挽救。這些「紅毛鬼子」會從中得出什麼結果呢？任何人都無法預料；另外任何人也想像不出他們在離自己本土如此遙遠的地方能對帝國造成什麼損害。

皇帝為什麼態度軟化？

轟走我們會真正引起麻煩的地方是在內部。皇帝的生日不但沒有增輝，反而被攪亂了。這就等於承認皇帝遭到了侮辱；承認他的大臣們沒有識破對方的真正動機就讓一個蠻橫無禮的夷人使團接近皇上。更嚴重的是：公開宣傳這次違反禮儀的事就暴露了上天曾任人侵犯「皇朝的天授之權」。

上層官員們的安寧，皇帝的尊重，甚至清朝皇朝的前途，這一切都要求盡快找到挽回面子的辦法。先只要挽回面子。至於實質方面的問題，他們有更多的時間。在一個具有五千年歷史的國家裡，報復則比任何其他地方更是一道等涼了才吃的菜。馬戛爾尼提出的解決辦法不合禮儀。雙方換禮意味著皇帝和國王處於平等地位。賭注十分清楚：如果中國人接受派一名大臣在英王喬治三世畫像前下跪，英國人就把全部賭注一掃而光。

現在的辦法暫時對雙方都說得過去。馬戛爾尼覲見皇帝就像覲見普魯士國王一樣，就少吻手。中國人則可以把這種單腿下跪看成是生番的混沌不清的頭腦裡與叩頭對等的禮節。

珍貴的最後一刻鐘

在這場艱苦的較量中，馬戛爾尼贏了，他已決定了自己要做的事。他得到指示有權自由決定。他可以得意地在等著進入接見大殿時，決定是行單腿下跪禮還是行叩頭禮。而朝廷卻不能等。在一切都要安排得井井有條的體制裡，臨時決定被看作是大逆不道的事。皇帝、大臣、禮部的官員都需要事先知道一切。他們要求解決辦法，哪怕是不怎麼好的解決辦法。中國人之所以接受在前一夜都難以想像的這種叩見儀式，是因為在離接見只有四天的情況下，朝廷尚不知如何才能擺脫由徵瑞的盲目從事和馬戛爾尼的無禮固執造成的困境。

但馬戛爾尼似乎並沒有理解這種解決辦法會引起誤會，並且要付出昂貴代價。英國人認為單腿下跪是一個大國國王的特使對大國皇帝表示尊重的合適方法。而在中國人眼裡，這是一個粗俗的人表示臣服的粗野方式，但毋庸置疑，它是表示了臣服的。

馬戛爾尼可隨意解釋他的英國式下跪禮節。中國朝廷卻是按中國方式來作解釋。馬戛爾尼曾用明確語言作過說明，但沒有留下任何書面痕跡。他的照會也在檔案中消失了。唯一留下的是他的動作。英國人按他們的說法向英國人解釋：表示獨立。中國人也按自己的說法向中國人解釋：表示臣服。對這跪在地上的一條腿各人有各人的真理。

中國官方文件對這違背世界秩序的行為（用粗野的「風俗」——俗，來代替文明人的禮儀——禮）隻字不提。很久以後，《清史稿》的編纂者們在翻閱了禮部檔案後寫下了這樣的話：「（嘉慶）二十一年，英復遣使來貢，執事者告以須行拜跪禮，斯當東等遂稱疾不入覲，帝怒，諭遣歸國，罷筵宴賜物。嗣是英使不復來廷。」[1]

但這道詔書也消失了。

不管怎樣，到下一個皇帝時，大家都說那位口稱要按拜見英王的禮節來拜見中國皇帝的馬戛爾尼在御座前悚然跪倒：「不敢注視皇上那可怕的目光。」中國官員的說法！最初帶點惡意，但幾經重複，也就覺不出惡意了，

1 譯注：參見《清史稿·禮志部》第十卷第二六七七頁。

最後真心誠意就信了。人都會中自己說的話的圈套。一八一六年，嘉慶皇帝在一份詔書中聲稱他親眼見到馬戛爾尼在他至高無上的父親面前叩了頭。

贏者失利

馬戛爾尼沉浸在勝利的歡樂之中，英國的禮節戰勝了古老的中國禮節。但與此同時，一些報復措施正在醞釀。

乾隆怒氣沖天，與他遭到的羞辱一樣大。他要懲罰這些無禮的傢伙。必須毫不留情地把這外來物驅逐出去，這就是盛怒之下發給我們的朋友——王文雄閣下——的諭旨的目的。自徵瑞被貶黜之後，王大人是護送官員中級別最高的官員。而當天大家還在裝出一副寬容的樣子呢。

> 此次嘆咭唎國使臣到京，原欲照乾隆十八年之例，[2]令其瞻仰景勝，觀看伎劇。並因其航海來朝，道路較遠，欲比上次更加恩視。[3]
>
> 今該使臣到熱河後，遷延裝病觀望，許多不知禮節。昨令軍機大臣傳見來使，該正使捏病不到，止令副使前來，並呈出一紙，語涉無知。當經和珅面加駁斥，詞嚴義正，深得大臣之體。現令演習儀節，尚在托病遷延。似此妄自驕矜，朕意深為不愜。已令減其供給，所有格外賞賜，此間不復頒給；京中伎劇，亦不預備，俟照例筵宴，萬壽節過後，即令該使臣等回京。
>
> 伊等到京後，……王大人應照行在軍機大臣傳見之禮，按次正坐。使臣進見時，亦不必起立，止須預備几凳，令其旁坐。
>
> 所有該國貢物業經裝好安設，自可毋庸移動。其發去應賞該國王物件即於是日陳設午門外。[4]令其下

2 乾隆十八年（一七五三年），最後一個使團是巴哲格率領的葡萄牙使團。當禮儀不十分清楚時，總要參考上一次的做法。
3 可以反駁說，葡萄牙人也是從遠處來，幾乎與英國人的距離一樣遠，但中國人對地理一竅不通。
4 紫禁城內的大門。

人並差人送至伊等寓所。
求進貢件已諭知徵瑞不必收接代奏。俟其在寓所收拾十二日，妥為照料，繼發起身。該使臣等仍令徵瑞伴送至山東交代接替，亦不必令在京伺候回鑾接駕。
朕於外夷入覲，如果誠心恭順，必加恩待，用示懷柔。若稍涉驕矜，則是伊無福承受恩典，亦即減其接代之禮，以示體制。此駕馭外藩之道宜然。
將此諭令知之，欽此！

這裡還加上了皇帝御筆硃批：大意為：「阿桂對此事有何意見，他平日處事明達，務將此諭轉知。」

現代的讀者讀到詔書裡如此粗暴的內容時，定會像與馬戛爾尼一樣感到震驚——如果後者讀了這份詔書的話。這裡已不是外交的範圍，而是神聖事物的範圍了。這份詔書與《聖經》的詩篇一樣充滿了可怕的信念：「現在你們君主應當省語，當存畏懼夷奉耶和華，當存戰兢以嘴親他雙腳。恐怕他發怒，你們便要滅亡，因為他的怒氣快要發作。凡投靠他的，都是有福的！」

若是夷人表示臣服，他們便會得到良好的對待。要是他們狂妄自大，就將受到懲罰。飯菜不夠是伙食上的一種刁難，是皇帝命令的。其餘懲罰也將接踵而來：取消馬戛爾尼在北京的遊覽娛樂活動，然後很快就把他趕出去。

但這份詔書的目的在於使朝廷、天朝官僚機構和了解情況的北京輿論放心；使受到動搖的秩序恢復穩定；並透過歷史使人忘卻為了避免引起無法估計的後果而不得不容忍的違背定制行為。「夫禮，禁亂之所由生，猶防止水之所自來也。」河堤決口是要迅速堵上的。他們淡漠地說幾句裝裝樣子：夷人會屈從於朝廷的禮節，然而他們卻要因為未遵守禮節而受到懲處。報復就消除了違例行為。但這次違例又是沒有說出口的。

馬戛爾尼既沒有猜到自己差一點要遭到的命運——不被接見就被轟走，也沒有料到正在醞釀的事——接見完馬上被轟走。懲罰先於犯罪，並且是一尚未犯的罪。在儀式前要對官員宣布，以避免產生壞影響。而當時馬戛爾尼正滿懷希望以為至少可以在北京待到春天，並準備把他的船隻調往南方。

第三十五章 衝擊波

（一七九三年九月十一日～十四日）

正當皇帝和大臣們強裝笑臉時，這場風浪的消息已傳到北京。巴羅和丁維提一直忙於機械裝備工作。九月十日的諭旨在那裡產生了地震般的迴響。

像往常一樣，他們來到金鑾殿，發現大門緊閉。掌管鑰匙的老太監和一些官員激動不安地聚集在院內，好像發生了什麼災難一樣。誰也不理他們。最後，德天賜神父告訴了他們一個令人吃驚的消息：勛爵拒絕叩頭，朝廷已接受英國式的禮節。

北京禮部衙門的高級官員張皇失措，「無法預料在帝國歷史上這種史無前例的事件會導致什麼後果。假若皇帝開始認真地思考這件事，他或許會把為他出主意的人送上刑事法庭，他會想到國家的歷史將把這件使他的朝代黯然失色的事告訴後代。在中國人看來，沒有任何東西能彌補對傳統習慣的破壞」。

不論是在北京或在熱河，英國人在飯桌上嘗到了苦頭：菜比過去少了。往日使親王和官員們著迷的機器安裝工作也不再吸引他們了。老太監也罵起那些「驕矜的英國人」——皇帝的詔書就是用的這個修飾語。

兩個世紀後，當我與中國的歷史學家和文獻檔案專家談起這件事時，儘管有著許多反面的證據，大部分人還不承認馬戛爾尼免行了叩頭禮；他們認為這樣違背他們國家自古以來的禮儀令人難以置信。衝擊波始終存在。微笑外交在熱河重新恢復。特使拜會了首相，但這不過是像中國京劇裡的一套變臉象徵罷了，西方人根本不懂。

馬戛爾尼拜會和珅

九月十一日，王大人、喬大人和徵瑞來接馬戛爾尼和斯當東，領他們去和珅家。和珅在一套簡樸的屋子裡接見了他們。這次他十分客氣，與三天前見斯當東時的冷漠態度人相徑庭。他有四十來歲，相貌堂堂。他直率，活躍並善談。他右面坐著福長安，更年輕，「同樣令人感到很正直」。左面是兩位上了歲數的官員：禮部尚書和戶部尚書。

馬戛爾尼裝得像什麼也沒有發生過那樣，表示很高興能「這樣快」就見到和珅；他希望盡早向皇帝遞交英王的信件。他注意不去利用取得的勝利。

他表示很高興聽到皇帝身體很好。「西方最偉大的國王能獲悉有關東方最偉大君主的如此好的消息感到由衷高興。」原來英國人未言明的平等原則這裡被明確地提了出來，而不再用修辭的偽裝，使它不要顯得太傲慢。

對和珅來說這種說法是無法接受的，但他不動聲色地讓特使說下去。他十分和藹地回答問題。「考慮到使團遠道而來，又攜帶了珍貴的禮品」，禮儀可略為靈活。馬戛爾尼將於星期六慶典時覲見皇帝。

和珅問了一些關於歐洲形勢的問題，馬戛爾尼告訴他英國與世界各國都和平相處。就在土耳其問題上與俄國有些糾紛。印度的形勢如何呢？一些富豪與幾個歐洲大國勾結，頻頻叛亂反對英國。這些歐洲強國的野心不僅是控制印度王公們，而且也想左右中國皇帝的政府。

話裡充滿了攻擊法國的弦外之音。法國革命者難道不會把「對暴君的仇恨」帶到中國嗎？馬戛爾尼在背著東印度公司教他的話。英國不是殖民主義者，都是那些該死的法國人與葡萄牙人（他避免點名字）迫使英國不得不把它那些很小的貨棧擴大成一個帝國。特使一再聲明英國熱愛和平，說：「英國國王是和平的朋友」。他這樣做並非毫無道理。因為中國人曾把英國人看成侵略成癖。當然他們以後會知道自己並沒有錯。

在告別時，和珅表示願意再一次見到馬戛爾尼，但不在熱河，這裡朝中事務占了他全部時間。特使把這句話信以為真。騙子也總會有上當的時候……

小托馬斯倒不那麼天真。他陪著父親和特使。「閣老在行宮的僻靜處見了我們，他比那天要客氣得多。他兩次請我們喝熱奶。」儘管有這兩碗熱奶，可孩子卻不像大人那樣天真地把這次會見看成是一件幸運的大事，而只是把它看成是一次毫無結果的事件。還是孩子對了。

喬大人和王大人都感到鬆了口氣。當天下午又趕來增添一些歡快的氣氛，殷勤地重複著和中堂私下對他們說的對馬戛爾尼表示好感的話。不一會兒，徵瑞又拿來了和珅讓他送的蜜餞。

竄改歷史

對這次毫無結果的事件，中方的說法被做了驚人的手腳，並以詔書的方式出現。乾隆與和珅都曾思考過，最後認為發怒無濟於事，只會幫倒忙。要懲罰，就得承認有人犯罪。諭旨中原沒有說犯罪的事，這次卻要公布於眾，也就是所有官員都會知道。他們會感到懲罰適當嗎？天朝的統治者或許不懂歐洲人的邏輯，但他們了解自己的中國。馬戛爾尼曾正確地指出「中國人正在從韃靼人壓迫下所處的政治麻木中覺醒過來。只要一有撞擊就會激起火花，並燃遍中國各地」。這次違背禮儀的事在明天或在十五年之後就可能成為這種撞擊。所以最好對輿論改寫這件可惡的事情。要不惜代價做到讓每個中國人相信例行禮儀已被嚴格遵守。

無法取消前一天發出的諭旨。有更好的辦法：用它來編造這個出於好心的謊言。和珅用接二連三地改正的辦法來解決馬戛爾尼這問題。

九月十一日的皇帝詔書便讓人以為夷人做了讓步：

「昨因嘆咭唎國使臣不諳禮節，是以擬於萬壽節後即令回京……今該使臣等經軍機大臣傳諭訓誡，頗知悔懼。本日正副使前來，先行謁見軍機大臣，禮節極為恭順。伊等航海遠來，因初到天朝，未諳體制，不得不稍加裁抑。[1]今既誠心效順，一遵天朝法度，自應仍加恩視。」

但在十日、十一日兩天中，什麼也沒有變。十一日英國人沒有同意多跪一條腿；中國人則從十日就決定忍氣吞聲。但他們十日的發火暴露了天朝秩序受到侮辱；乾隆與和珅或許覺出這樣發火暴露得太多。因此決定做得好像英國人已經讓步的樣子。皇帝的面子就可挽回。這叫反敗為勝。

和珅乘機把這所謂的態度變化歸功於己。是他讓夷人了解他們原先根本不懂的禮儀的。在這個因循守舊的國

1 指出這點顯然是為了解釋同時在北京與熱河對使團膳食的限制措施。

家裡，和珅要說明他那不循規蹈矩的成功就要抓住一切機會顯示他的權威。天朝的等級缺席只是讓事情變得複雜起來。百官之首禁不住要得意地讓他的下屬丟一次臉（他們將讓他為此付出代價）。

像在中國歷來所作的那樣，可從此事件中吸取一個訓誡。和珅說本該「改造」夷人。這個詞在毛時代的中國用得十分普遍，但是早已有之。誰要偏離上面規定的路線就要得到糾正。違背正統觀念的案件在中國歷史上一直受到審理。不循規蹈矩的文人從來就是最好選擇隱居或什麼也不要寫。若有足夠的悔改誠意，當權的就可能表示寬容。

但許多跡象表明，這份新的詔書純屬瞎編。不明真相的讀者可能推想貢使終於有了悔改表現，並遵守了天朝永恆的禮儀。但仔細研究後，發現詔書沒有這樣說。這謊言的編造用的是暗示忽略法。皇帝沒有明確指出哪些定制遭到違反，也沒有指出對方突然服從了什麼東西。同樣地，儘管聲稱要恩視，但任何一條懲罰措施都未取消。驅逐日期絲毫未變。詔書最後要求住在北京的王公大臣不得私自會晤特使，而要把他關在住地。旅遊項目的安排，也要等著看。大家會看到旅遊還是被取消了。

假的真相

我們找了前後十八個月裡的所有文書，有的詳細到只談一些瑣事：皇帝關於對英國人持什麼態度的指示，向皇帝報告英國人的行為。但沒有一份匯報談到這場令人難以置信的禮儀衝突。相反地，九月十一日的詔書很快就編入《清實錄》。它取代了覲見皇帝事件，對後者只是一筆帶過，因為要描寫覲見過程就要洩露真相，或者就要說謊說得更厲害。

實質問題是馬戛爾尼並沒有叩頭——這一點被掩蓋了，被扣住了。然後事實就被遺忘了，被竄改了的敘述就成了事實。這種巧妙的偽造卻帶來了長久的影響。一八一六年，阿美士德勛爵在官方的「真相」上出了問題：他的前任「在乾隆面前叩過頭」。但他拒絕這樣做，於是被趕走。和珅採取的措施——集體洗腦或把記憶抹去後再重建——儘管結局不好，卻取得了成功。一九六〇年代火燒圓明園之後編的一本清詩選裡，收入了陳文述寫的這幾句詩：

純皇在御癸丑春，
爾國入貢羅奇珍。
不貴異物不勤遠，
任爾化外為藩臣。
唉咭唎，
爾誠傾心皈依大皇帝，
表文宜合格，
使臣宜習禮。

接下來的兩天忙於開箱把貢品送往宮裡，之所以沒有早做，因為那時什麼都未確定，貢品計有：二百匹呢料；二台大望遠鏡；二支氣槍；二支漂亮的獵槍，其中一支嵌金，另一支聯銀；二對加長了像步槍的馬槍（可一次連射八發子彈）；兩箱愛爾蘭特產波紋絹，每箱裝七匹；兩箱高級英國手製華貴地毯。

英國人對這些貢品會產生的效果毫不懷疑，儘管那些最貴重的禮品都留在了北京。他們沒猜到乾隆竟對此十分厭煩。錢德明神父告訴我們那些精明的耶穌會士早就把乾隆慣壞了：皇帝已有了一支「豪華」錶、奇特的轉動噴泉鐘、一隻能走動的機械獅子、人形自動木偶等。神父們就怕一句話，就是皇帝對他們說：「好，既然你們能製造一個會走路的人，那麼現在你們讓他說話吧！」

第二天全部時間用來為覲見皇帝作準備。斯當東召集全體成員轉達特使的最後指示。全體人員必須在清晨三點到位。僕役們穿綠色鑲金帶的號衣，腳穿絲襪和鞋，不准穿靴子。接見時，士兵與僕役不必在門外等待特使，應立即回到住宅。「特使閣下嚴正要求絕對服從命令，因為有希望在幾天之內取消限制使節團成員自由的障礙，任何一些違背命令的舉動都足以導致失去正在謀求的優待。」

第三十六章 覲見那天的早晨
（一七九三年九月十四日）

九月十四日星期六，重要的時刻終於到了。馬戛爾尼將馬上能和皇帝談話。但他已預料到這次會見並不能促進他的使命完成。因為他將不是單獨被接見。接見儀式倒像是羅馬聖彼得大教堂的一攬子接見。

對這次歷史性的會見，中國方面未作任何報導，只在《清實錄》中稍稍提了一下。沉默也說明了問題。在六名當事人——馬戛爾尼、斯當東父子、溫德、赫托南和安德遜——中，後面三位只在開始時在場，他們尚不能被排入聖人中的聖人的行列。

摸黑趕路的隊伍

「拂曉三點，大使和他的隨行人員身著禮服向皇宮出發。」

安德遜是這樣描寫的：先在住宅院中整隊。院子的走廊上掛著燈籠，自從馬可波羅把它們從中國帶回歐洲後就被稱為「威尼斯燈籠」。「隊伍離開了燈籠，黑暗就幾乎使我們彼此都無法看見」。

然而中國人是很善於用燈照明的。與黑暗搏鬥的安德遜幾次提到了「官府內照明燈火的數量」。他還具體地說：「這些燈足以照亮某個歐洲王宮整整一個月的時間。」在中國文學中常常見到描寫「被燈籠照得猶如白晝的行進隊伍」。隊伍到了皇宮大幄附近，馬上就燈火輝煌起來。

中國人為什麼要讓英國人在一片漆黑中走四公里多的路，像瞎子一樣互相碰撞呢？其實只要請幾個人拿著火把照一下就行了。難道這不是一種刁難嗎？這難道不是朝廷以此來對叩頭禮做出的讓步要求對方加倍償還嗎？

儘管天黑，本松中校還是把隊伍在大使乘坐的轎子周圍整好。「但這種努力沒有奏效。」轎夫實際上是在按習慣一溜煙小跑。安德遜和他的夥伴們不得不飛跑著才能趕上他們。轎子在苦力們小跑的步伐中在黑暗裡鑽來鑽去最糟的是家畜造成的混亂。「或許是被我們美妙的音樂所吸引，或許是純屬偶然事件，一些狗，豬和驢竟混入到我們的隊伍中來了。使我們的隊伍亂成一片。」中國的動物都是夜中之王。曾在北京住過的巴羅說：「在北京，一過晚上五、六點鐘，就見不到人影，但會遇到許多豬和狗。」

一直保持尊嚴的馬戛爾尼避免提起這些意外事故。隊伍走了「一個多小時，行程約三英里。」像中國的史學家一樣，他也故意不提某些事實。但僕役和士兵卻把他出賣了：「步行的人跑得氣喘噓噓，騎馬的想到剛才在黑暗中奔跑還直後怕。」四點左右，英國人到達宮前，隊伍已亂成一團。「想設法讓我們出洋相，這實在是極端可笑，因為天黑，沒有一個人能看清我們。」

大使步出轎子，托馬斯拉著他大衣下襬，其餘官員緊隨著他。「四周都是人群。士兵遵照命令在短笛和鼓聲中馬上就回去了。」僕役們也是如此。他們大約會問為什麼要來。

貼身男僕安德遜也退場了。真遺憾。因為他目光敏銳。

「等待異常事情」

親眼見到皇帝駕臨的赫托南接著寫道：「中國的禮儀要求大家恭候皇帝駕臨，至少需要幾小時。這就迫使大部分朝臣在皇宮前搭的帳篷內過夜。」

韃靼人的帳篷呈拱圓形。它不是用直杆支撐的。「而是用竹子非常藝術地編在一起支撐的，然後蓋上厚厚的毛氈。其中有一個帳篷比其餘的要高大得多，用黃氈蓋成，鋪著地毯，彩燈和花環光彩奪目。中間是皇帝的龍椅。」一年中最隆重的儀式在帳篷內進行。恭候皇帝駕臨的帳篷，皇帝受人朝賀的帳篷。皇帝不在宮內，而是在營地接見，他在熱河又重新變為滿族韃靼人的可汗了。

特使和他的隨行人員耐心地在附近一個小帳篷內等候。「一群韃靼朝臣用手指著我們，並用習慣的粗魯方式碰我們。中國漢人相對地說比較有禮貌。」奇怪的評語。這些中國的主人——人們那時把他們描寫得與中國漢人截然不同——因為淹沒在漢人之中，今天卻被漢族同化得無法區分了。

至少英國人對朝廷可以有個大概了解：皇帝壽辰時所有人都在。有全體韃靼親王，好幾位總督，道台府台，各種各類戴著不同頂珠的官員，連同他們的僕役，共有五、六百人。外加士兵，演員和樂師。好幾千人一起恭候太陽和皇帝同時出現。真是一派節日氣氛。

英國人並不是唯一的外國人。「有人指給我們看另一些膚色黝黑的使臣，他們也是在這天上午覲見皇帝。他們頭上包著頭巾，光著腳，口中嚼著檳榔。中國人不太精通地理，他們遲疑著，只能用中文告訴我們這個使團來自哪個地區，我們猜測大概是勃固[1]。」

這就是關鍵所在。有幸參加集體覲見的人並不像赫托南所說的都是「大使」，他們是專程來為皇帝生日進獻貢品的。中國人也搞不清他們究竟從哪裡來！

日出半小時後，一名騎兵過來，大家都站好了隊。一片寂靜。遠處傳來了音樂聲。「所有人的臉上都露出在等待發生異常事情時特有的表情。」

赫托南態度冷靜，得出了這樣的結論：「一位亞洲君主的奢侈肯定會在感觀上，進而在東方迷信的百姓心目中產生強烈的印象。」赫托南本人在這位君主面前也非常東方化了。

幾位身穿黃袍，騎著白馬的大臣率先到達，下馬後站在大幄旁，形成了一堵人牆。馬上傳來了音樂聲和侍衛的吆喝聲。終於皇帝駕到。他坐在一乘全是包金的，無蓋的肩輿中，由十六個人抬著。一些大臣和主要官員尾隨著。

當皇帝經過由朝廷官員們組成的人牆時，全體人員下跪，連連叩頭。英國人單膝跪地。

皇帝進入大幄，王公大臣緊隨其後，接著是各國使臣，包括馬戛爾尼，斯當東父子和李先生。赫托南被告知停留在入口處。他有充分的時間來呼吸新鮮空氣了：「太陽剛剛升起，照亮了這座廣闊的花園，這是一個令人陶醉的早晨，由柔和的器樂和洪亮的鐃鈸伴奏的莊嚴悅耳的國歌聲，打破了大自然的寧靜。」

1 即緬甸。

鏡頭定格

安德遜和大使侍衛返回住地。溫德、赫托南以及隨行人員中的其他人都在聖殿大門外停了下來。讓我們用慢鏡頭來細看一下他們的活動吧！先著用好幾部攝影機拍攝的幾組鏡頭。

安德遜談到了馬戛爾尼和斯當東的穿戴：他們身穿長袍和外套，這更符合中國人的打扮。並沒有產生追求別致和光彩奪目的效果的打算。英國人懂得：中國的高官要職是與長袍聯繫在一起的。它遮掩身體的外形，與野蠻人或低賤的苦力區分開來，以突出地位與職務的顯貴。

他們見過朝廷顯貴們的長袍，胸前繡有金色圓形紋飾。大臣和親王的長袍後背有方形紋飾，他們注意到凡穿黃色上衣的人屬皇家血統，或享有特殊的恩准。因為任何中國人沒有獲得皇上特殊的允許是禁止穿黃色服裝的。他們也會區別孔雀羽毛，一、二、三根，插在瑪瑙管內。表示皇帝的恩典。「能獲得陛下恩賜的三根羽毛的人真是三生有幸。」在西方，這類服飾的語言已逐漸消失了。但在十八世紀時很普遍，本世紀在軍隊，大學，司法機關或教會中還殘留一些痕跡。

馬戛爾尼利用他所帶的衣服「來表明他很尊重東方習俗」。斯當東也效仿他。馬戛爾尼是這樣寫的：「我在繡花天鵝絨衣服的外面再套上一件巴茨騎士的外套，[2]綴以該級勛位的飾物：頸飾、金剛鑽石、星章。喬治爵士同樣也穿著繡花絲絨衣服，外面套上一件英國牛津大學[3]法學博士深紅色綢長袍，寬大而飄逸。」

英國人尤其受不了因他們的緊身外衣、套褲和長襪引起的一片笑聲，這下真成了他們所說的「鬼子」了，因為在中國戲劇中，只有鬼怪才穿緊身外衣。斯當東把中國人對歐洲服裝的嘲笑歸因於中國人的廉恥心理——一個永久的特點。「中國人對體面的想法是走得很遠的。他們只穿寬大下垂的衣服，把身體各部差不多都掩蓋起來。他們一見裸體或雖有遮蓋卻露出人體的曲線的畫像或雕塑都會發怒。」

2 這是聯合王國騎士勛位的第二級，繼嘉德勛章之後。後者只須給極少數人。

3 他其實是法國蒙彼利埃大學的醫學博士，所以也可穿法國人的寬外袍，但當時他必須穿國服，故套上牛津大覺得長袍。

不准有裸體——要麼就是春宮畫。那些最色情的雕像也必須把纏足金蓮掩蓋起來。中國唯一能全部裸露的人體像，是醫師用來檢查——既不可摸，又不能看到裸露部分——有求於他們醫術的婦女身體塑像。

在朝貢的王公中間

接見前的等待，馬戛爾尼把它縮短到「一小時」，少說了兩小時。各種證詞核對後表明：使團是凌晨三點離開住宅，四點抵達皇宮，而皇帝是上午七點才進宮的。禮賓上要求這樣的時間差，而這也是中國的習慣：等的時間越長，榮譽越高。最小的官員對待求見者就這樣。馬戛爾尼和斯當東的自尊心使他們很難承認覲見前等了三小時，可能他們也不希望太挫傷英國人的民族自尊心。

在這等待的夜間，王公大臣，高級官員同樣都著急萬分。特使和副使都沒有提他們與前來進貢的使臣們待在同一個帳篷裡。

然而，馬戛爾尼剛到澳門就已經知道這令人不快的混雜情況。因為三月二十四日的一份詔書就說：「該貢使等與蒙古王公及緬甸貢使等一體宴賚觀劇。」廣東是五月份知道這條消息的；它使公行裡的行商大為驚愕。東印度公司的人不會不知道這消息。也無法向大使隱瞞。在讀馬戛爾尼和斯當東的敘述時，大家還以為他們是這次盛大節日的唯一主角。小托馬斯玩得很開心，話也多：「使團和從各處中國屬地趕來慶賀皇帝大壽的王公混在一起。」這孩子有多蠢呀！

他的父親對一切能滿足英國愛國心的東西十分在意。他倒發現了一個他認為是貿易吉兆的細節：「好幾個朝廷官員穿著英國呢料服裝，而沒有穿中國人覲見皇帝時必須穿的絲綢或毛皮服裝。這次特別允許在朝廷內穿英國呢料是對大使的一種榮譽，他們還設法讓大使閣下注意到這一點。」拉彌額特神父對這種傲慢的言論不以為然：「早在這次出使前，歐洲的所有料子都已被允許在宮內穿了。」

真證人的偽證詞

人的數量也是對皇帝表示敬意的內容之一。平日這些被人前簇後擁的大人物這次也混在朝臣的人群之中。斯當東十分精彩地寫道：「在皇帝陛下面前他們失去了尊嚴。」

沒有一個人對浪費時間表示奇怪，他們等著日出，難道豪華富貴還沒有使這狩獵民族的習慣消失嗎？主要是幾千年以來的傳統：在北京，恭候覲見的朝臣們必須要在半夜到宮門前等著，而皇上只在黎明時才能出現。

然而，有人給馬戛爾尼介紹了幾位人物，這些人出於好奇拜見了大使；「皇帝的一位弟弟，兩個皇子和兩個皇孫。」其中一位皇子是以後接乾隆位統治天下的嘉慶皇帝。在阿美士德使華時，這位真正的目擊者做的偽證在叩頭的爭論中起了很大作用。那種緩慢的壓抑過程主要是在他身上進行的，最後竟成了官方事實。

大家隨便聊上幾句。和一位住在裏海附近的屬國君主談了談。他顯得比別人更懂一點歐洲事務，他當然不懂那裡的語言，但「講阿拉伯語」。儘管一點不懂，我們的英國人卻感到像是到了一個「較親切的地方」。在蠻夷之間很快就能找到共同點。

還有一位是老熟人，總督梁肯堂，他在天津迎接過英國人，後來皇帝派他去監督河防工程。他努力使他的同僚分享「他對使團發生的好感」。

第三十七章　在皇帝腳下

（一七九三年九月十四日）

現在是皇帝出現時的景象。我們已經拜讀了赫托南激動的敘述，通常言談謹慎的斯當東此時也變得抒情起來。中國有句宿命論諺語：「天高皇帝遠」。現在皇帝近在眼前，斯當東感到無比幸福。「他從身後一座樹林繁茂的高山中出現，好似從一個神聖森嚴的叢林中走來。」御駕之前侍衛唱的全是歌頌皇帝的「聖德和功業」。他坐在一把無蓋的凱旋椅上。

皇帝身穿棕色絲綢長袍，頭戴天鵝絨帽，使斯當東想起蘇格蘭山民的帽子。皇帝所戴的唯一首飾是帽前綴一巨珠。

一七九〇年錢德明神父曾這樣描繪這位八十歲的老人：「他步伐穩健，聲音洪亮，看書、寫字眼不花，就是耳朵有些聾。」一七九五年，荷蘭人范罷覽則肯定地說：「他已具備了老年人的一切特徵。眼睛常流眼淚，抬眼皮有困難，面頰鬆弛並耷拉下來。」相差五年時間，得出了截然相反的兩種評語。這段時間的中間，老皇帝是否顯得老態龍鍾了呢？大使不這樣認為。赫托南說他只有「五十來歲，動作敏捷」，「風度翩翩」。溫德也肯定他的臉上「沒有一點老年的痕跡」，總是笑咪咪的，「看上去不超過六十歲」。馬戛爾尼也認為他只有六十來歲。兩人都認為他的健康要歸功於有規律的生活方式——黎明前起床，太陽下山便就寢。

他從英國人面前經過，我們的見習侍童是怎樣記敘這一歷史時刻的呢？「我們離開了帳篷，因為有人通知我們皇帝快過來了。我們站到皇帝要經過的路邊，他坐著由十六個人抬著的大轎。他經過時，我們單膝下跪，把頭低到地上（We went upon one knee and lowed our head down to the ground）。」

而「把頭低到地上」（down to the ground）這幾個字在手稿裡被劃掉了。為什麼呢？僅僅是一種筆誤嗎？因為這說法不貼切，並只能理解成像要雜技一樣把頭一直彎到地嗎？孩子作這樣的彎曲是容易的，而對成年人來說是否困難，而對像他的主人和他的父親那樣患足痛風的人來說則根本是不可能的呢？因為他知道爭論的事，所以是否先寫了中國人希望使團做的動作，然後抹去關鍵的字眼表示使團拒絕做這動作？或者在他父親的命令下，從記事本上把這形象抹去，因為他父親擔心別人不要以為是天朝禮儀勝利了？

這劃去的三個字的存在本身不正好在馬戛爾尼對中國禮儀的態度上留下了疑點嗎？是否應該排除有人串通孩子向我們隱瞞了一些東西呢？這孩子十分聰敏，他清楚自己保持沉默的重要性，而他一生會發現這種沉默在他精神上越壓越重。

我們先承認有值得懷疑的地方。另一個證人說話了。事情卻變得複雜起來。這個證人就是溫德；我們在都柏林發現了他的手稿。按他所說——他也是唯一這麼說的：「當皇帝陛下經過時，有人通知我們走出帳篷，讓我們在中國官員和韃靼王公對面排好隊伍。我們按當地方式施了禮，也就是說跪地，叩頭，九下。」九下，「按當地方式」？這不就是叩頭禮嗎？馬戛爾尼和老斯當東這兩位官方陳述者難道對我們撒了謊？他們投降了，而又不敢承認？證人溫德是不容置疑的。每天，他把觀察到的事記在紙上。是信手寫來，可是如實記載。

事實上，大家看見的是同一場面，只是眼光不同罷了。讓我們再現一下現場情況吧！

為了想像一下英國人須解決的問題，請您在鏡子前作一次真正的叩頭動作。您先站著，然後跪下，您彎下身來直到頭碰地。您抬起上身，再彎下去，頭第二次碰地，再第三次。然後起身站直；再這樣重複一遍。跪三次，每次都要起立站直；每次跪地都要叩三個頭。計算一下這套體操需占去您多少時間：不磨蹭，一分鐘，如果做得莊重些，就要兩分鐘。當時就是這種情況，近千名官員集中起來，一起做這套動作，而在兩分鐘的時間內皇帝的轎子威嚴地穿過人群。

再設想一下英國人的處境。當全體人員第一次跪下時，英國人也照樣做了，但只是單腿。當大家在叩頭時，英國人只是低下頭。就像在彌撒中揚聖體時，當別人下跪時，某些信徒站著，只是眼睛向下。大家抬起身子，英國人為什麼還要低著腦袋呢？於是，他們也抬起了頭。當大家又重新趴下時，英國人低頭。大家站起來時，他們總不至於仍然跪著，他們就站了起來。依此類推……他們跟著大家做集體動作，只是動作有些刪減，卻無法不做任何動作，在這兩分鐘內，中國人站起來三次，英國人總是跪著不覺得太卑躬屈膝了嗎？是否會英國人一直站著，中國人卻不停地在叩頭行禮呢？直至讀到溫德文章前，我一直認為第二種設想是對的。但溫德的文章解開了謎。

馬戛爾尼提到的問題——單膝下跪，頭不著地——僅僅是動作的形式問題，而不是動作的重複問題。由於對形式提出異議，馬戛爾尼忘記了叩頭的一個重點就在於這一奇特的重複動作。英國人遇到的第一次叩頭是集體性的，幾乎不可避免地要求英國人跟上每個節拍。所以溫德說：「我們按當地方式施了禮」。不過，中國人區分得很好，英國人的頭沒有叩著中國地面。這根本不是真正的當地方式。

馬戛爾尼和斯當東在匯報中強調了不同點：動作的不同。他們掩飾了動作重複。但他們並沒有撒謊。他們寫的所有文章中沒有一篇說他們只跪過一次。如果他們真的只跪了一次，而他們周圍的人卻在多次下拜，他們對這種區別就會引以為榮。溫德是有道理的。英國人已完全被周圍人的榜樣所帶動，所以給人的印象是他們已做了讓步（當然最好不要講），但這並沒有使中國人完全滿足。

「得體」的禮節

皇帝進入了覲見大幄，群臣拜君主的大彌撒可以開始了。鴉雀無聲。站在門外的溫德證實：「皇帝坐上龍椅，立即萬籟俱寂。時而有音樂聲打破這寂靜，鈴鐺發出的清脆悅耳的丁當聲更增添了儀式的莊嚴肅穆。」這鈴鐺的丁當聲與教士進入祭壇時輔理彌撒教士手搖的鈴鐺聲一樣。十三世紀方濟各會修士們說蒙古人喜歡聽這個鈴鐺聲。溫德是唯一注意到這聲音的人。

讓我們和馬戛爾尼一起進入韃靼皇帝寬敞的蒙古包吧！它酷似一個劇場。有三排台階可以上到放龍椅的台上。中間那排是專讓皇帝走的。左側那排供朝覲的人走，右側那排為跪著輔佐皇帝——就像他們跪著參加內閣會議一樣——的大臣們用。所有朝廷官員都站在正廳中，讓我們看一看托馬斯演的那場戲吧！

孩子進入帳篷時，皇帝已坐在龍椅上了：「使團成員都站在門外，馬戛爾尼勳爵，我父親，李先生和我，四人一直走到正中台前，我們像剛才那樣下跪。然後馬戛爾尼勳爵拾級而上，呈遞了英王的信，並送了一些小禮品：幾支錶。皇帝回贈大使一件雕刻得十分精緻的蛇紋石禮品，另一塊同樣形式但發白的玉石贈送給英王。待大使走下講台，我父親和我上去行了『得體的禮』。皇帝贈我父親一塊與大使一樣的玉石，解下他身上的一個黃色荷包送給了我——特殊恩典。他要我講幾句中文，我用中文感謝他送我禮品。」

這就是一位西方孩子目睹的情況。可以認為每人都在現場即席表演，那裡充滿了親切和新鮮感。然而，禮儀問題卻是完全安排好的。

小熟番

用中國人的眼光來看一下這個場面吧！這是一些固定不變的眼光。他們認為進獻真正「貢品」的是這位孩子。他講的是中國話，他已中國化了。他來覲見皇帝，把自己變成一個文明人，也就是說中國人。他應該享受特殊的恩典，他彌補了周圍大生番的無禮舉動，成為一個小熟番。

我們沒有中國人的直接證詞，但我們有禮志，只須翻開看一看即可。小托馬斯描寫的禮儀是按九月八日的詔書進行的，也就是說除了叩頭，都是按照官方禮制一成不變的規定進行的。進幄，台前的行禮動作，然後在第二級台階上下跪，再與皇帝交談。在這個文明開化的社會裡，一切最細小的情節都是自古以來就預先安排停當的。只有專門的敕令才能改變或免去三跪九叩禮。其他都嚴格按照規定辦的，從台側御林軍的安排，或者貢使由一位禮部尚書[1]領見，到禮部尚書穿的朝服的顏色和上面繡的龍。「皇帝以熱情友好的語言向貢使發問，禮部尚書轉達問題，由通事譯出；特使回答問題，再由通事譯出貢使的答覆，禮部尚書再轉達給皇帝……」貢使不直接對皇帝說話，皇帝也不直接回話。特使也不是直接向皇帝遞交國書，而是由一位大臣代接，叩完頭才轉呈給皇帝。英國在場的人都刪除了所有可能表示臣服的話。他們至少是用故意疏忽的方式撒了謊。

皇帝經過時，英國人措手不及，不自覺地跟著大家多次下跪。但到了御座旁，因為只有他們自己，他們便行了說好的得體的禮節：單膝下跪一次。

但馬戛爾尼和老斯當東還是不說在台前就得停下，行禮時皇帝隔著一段距離，並是在台下，使人十分感到恥

1　清朝時，各部均有兩名尚書，一名是漢人，一名是滿人。

辱。孩子的誠實使我們掌握了事實的真相。馬戛爾尼羞答答他未敢說出的動作現在已經恢復了，讓我們繼續來讀這位特使的敘述吧：「我雙手捧著裝在鑲鑽金盒子裡的國王的信，一直朝前走去，拾級走到御座前，把它呈到皇帝手中。皇帝親手接過，遞給了大臣，後者把信放在一個墊子上。」

真是親手接的嗎？在敘述中他有沒有把動作的順序顛倒呢？根據禮制他的盒子不應交給皇帝，因為他與皇帝保持一段距離，而是交到一位大臣手中，大臣先叩頭，把信放到墊子上，再轉給皇帝。朝廷能接受這種從未事先磋商而作出的更改舉動嗎？這值得懷疑。

如果對英國人來說，遞交英王的信只是這次遠航的一種藉口；而皇帝認為交完信英國人的旅行也就結束了。馬戛爾尼還不知道這點。「皇帝交給我一塊象徵和平繁榮的玉石，是獻給國王陛下的第一件禮物；他希望我的君主和他永遠和睦友好相處。這是一根白玉如意，約有一尺半長，雕刻得十分奇特。中國人非常珍惜這件禮品。而我並不認為它有多大價值。皇帝也贈我同樣一根如意，綠色絞石上刻有同樣的圖案。同時他十分友好地接受了我的禮品：兩塊十分精緻鑲著鑽石的琺琅手錶，他看過之後遞給了大臣。」

輪到斯當東父子了：「喬治．斯當東走上前去。他像我一樣單腿跪地，行過禮後，獻上了兩支漂亮的氣槍。皇帝回贈他的也是與我一樣的綠色玉如意。」

皇帝與孩子

馬戛爾尼不屑於描寫皇帝與孩子的對話場面。可是出於父親的驕傲，斯當東卻禁不住高興地突出一下他的兒子。文中語氣充滿了詩意：「在整個接見儀式中，皇帝顯得愉快直率，洛落大方，不像他的畫像上那樣顯得嚴肅、沉悶。」然而，談話須經翻譯，顯得累人。「皇帝有鑑於此問中堂使團中有無能直接講中國話的人。回答是一位年僅十三歲的童子是唯一能略講幾句中國話的人。皇帝高興得命令將該孩童帶至御座旁邊[2]，讓他講中國話。或許是因為孩子的謙遜，或許由於他講話的漂亮用詞使皇帝十分高興，後者欣然從自己的腰帶上解下一個檳榔荷包，親自賜與該童」。

大家知道乾隆不討厭漂亮小伙子，這從和珅閃電式的提升中已得到了證明。但並不是光乾隆這樣。巴羅用一種譴責的口吻指出：「中國人對於這種墮落行為並不感到丟臉和羞恥。許多大臣還毫不猶豫地公開談論此事。同性戀在他們身上沒有引起絲毫憎恨的感情。」

乾隆被這小伙子的風姿所迷惑，從腰帶上解下荷包，荷包還帶著他身上的熱氣，更具有一種神奇的性質。「這些荷包從某種意義上說是皇帝賜給有功臣民的一種綬帶。但賜給自己身上的荷包可說是一種特殊恩惠：東方人把皇帝身上帶過的任何一件物品都視為無價之寶。」正如毛送一籃子芒果給前來致意的代表團一樣，由偉大舵手贈送和觸摸過的普通水果立即就進入了神聖的範圍。有的積極分子出謀畫策想弄到一個。這些芒果被裝進了酒精瓶裡保存起來，「讓毛澤東思想的寶貴見證世世代代傳下去」。兩個世紀前，皇帝的賞賜「引起許多官員對這位年輕寵兒的注意和親近，也許還引起了許多人的暗暗羨慕。皇帝的荷包並不漂亮。黃色絲綢質地，上面繡了一個五爪金龍；這種顏色和龍爪是皇帝的象徵」。

朝貢者的隊伍

馬戛爾尼勛爵走下台階立即又有別的貢使走近御座。英國使團的兩位頭頭在文章中都避免談及這混雜場面。在這之前，他們還沒有提過有其他使節在場。現在他們提到了，但突出不同之處；一筆帶過，還要帶點挖苦。

2　禮制要求馬戛爾尼在上皇帝坐的台階時，要在最後第二級台階停下。而孩子卻被邀走上台。因為皇帝耳背，托馬斯必須走近，他才能聽見，而特使講的話是透過譯員和大臣傳上去的。

勃固王是否是緬甸王？[3]」這兩位英國人一想到此便洋洋得意，並在算著他們對天朝政府所取得的勝利。這位夷王如此恭順地遵循中國的禮儀，馬戛爾尼不過是國王的一位使臣，也就等於一位普通官員，竟敢強加自己的意志並取得了成功。這是多大的勝利呀！不！這是多大的錯誤呀！

「穆斯林親王」指的是哈爾麥克和土爾庫部落首領。一七七〇年因俄國擴張，他們被趕出了伏爾加流域，逃到了東部。乾隆把他們置於自己權力保護之下，讓他們在烏魯木齊——就是今天中國的土耳其斯坦——定居。

禮節性拜會後，宴會開始。三位英國人以及他們的翻譯被邀請坐在「皇帝左手邊一張桌子前的坐墊上」。馬戛爾尼強調了此事，而且很有道理：左為上。韃靼王公和朝廷大臣穿著朝服，按九月八日排定的座次，根據各自的等級大小就座。馬可波羅曾這樣寫過：「大可汗設宴時，他的席位所處的位置總比別的席位高出許多，在他下面就座的是他的兒子，侄子和皇親國戚。他們的座位很低，各人的頭只有大可汗的齊腳高。而其餘貴族就坐得更低了」根據皇室檔案記載，這種分級制度一直延續到五個世紀之後的清朝時期。英國人對此隻字未提。

筵席奢侈豪華。馬戛爾尼仔細記下了皇帝給他的所有恩惠：皇帝送去了自己桌子上的好幾個菜及幾種「用米、蜜、薰草釀成的酒」。

席間，乾隆命人召馬戛爾尼和斯當東至御座旁，各親賜溫酒一杯。「我們當著皇上的面一飲而盡。」皇帝親切地問及英王的歲數。「他祝願英王也能與他一樣長壽。」當時喬治三世只有五十六歲，比他年輕二十七歲。[4]

他的舉止「高貴，但很和藹，他十分高興地接見了我們」。服務井然，有條有理，十分值得讚賞。一切都在「肅靜」的氣氛中進行，又有「那麼多的禮儀，就像在舉行某個神祕的祭禮，」英國人對他們以什麼方式感謝皇帝給他們的恩惠這個問題上卻又滿腹狐疑，隻字不提。他們不可能比單膝下跪和俯首做得更少。但做到什麼程度呢？

3 按馬戛爾尼和斯當東的說法，克萊默－平一直以為勃固使臣就是君王本人。然而，皇室檔案卻認為不是。緬甸國王博都拔雅（一七八二年至一八一九年）從未親自到過中國，但派遣過使臣（相關檔案裡有記載特使的姓名）。

4 老皇帝的祝願幾乎全部兌現了：喬治三世死於一八二〇年，終年八十三歲，統治英國六十年，與乾隆一樣。只是幾乎一樣：後來他瘋了，他的兒子喬治四世於一八一一年起攝政。

做了多少次呢？

然而，為照顧那些無幸進入皇帝大幄的人，文娛節目在外面舉行：摔角、雜耍、走鋼絲、啞劇等節目在五小時的慶典中一直演出。這個習俗與中國一樣古老。從漢朝起，可能還要早些，歡迎外國代表團就像過盛大節日一樣演出節目。「宮內的生活，就是節日的生活。」

有關這次慶典，我們只掌握一份中國的敘述材料——十分簡潔，這是這類文體的規律：「上御萬樹園大幄次，暎咭唎國正使馬戛爾尼，副使嘶當東等人覲。並與扈從王公大臣，及蒙古王貝勒貝子公額駙台吉，暨緬甸國使臣等賜宴，賞賚有差。」這完全在重複三月二十四日發的詔書，五月十二日又重複了一次。天朝官僚體制喜歡一再重複：重複是避免犯錯誤的最可靠方法。詔書後面有一首御製詩，紀念英國人的「臣服」。詩是這樣開頭的：「博都雅昔修職貢，暎咭唎今效盡誠」。英國人的盡誠是可笑的，但儘管英國人只做了個叩頭的樣子，顯得那麼笨拙，但英國畢竟已列入向中國效忠的「西洋各國」的正式名單之中了。

宴畢，覲見儀式也告結束。特使在門外找到了大隊隨行人員；按照禮制，重新整隊回府。

馬戛爾尼見到了這位負有盛名的皇帝。他還與他講了話，卻什麼問題也沒解決。

第三十八章　「萬樹天堂」

（一七九三年九月十五日～十六日）

第二天開始了四天騎馬參觀皇宮御花園的旅遊活動。首先遊覽東園。「皇帝聽說我們對一切都十分好奇，就讓閣老陪我們參觀熱河的御花園——萬樹天堂[1]。」為享受這份「難得的恩惠，我們早晨三點就起床，與朝廷的主要大臣一起在宮內等了三小時，皇帝才到來。」[2]

皇帝與前一天一樣的排場：衛隊、樂師，打著旗和華蓋的太監。「他在門前發現了我們，特地停下來親切地要我們靠近問話。」這次大家認為的意外相見，其實卻是九月十三日制定的覲見活動中早就詳細安排好了。我們從皇室檔案中了解到以下情況：「他與我們交談，親切地告訴我們他早晨要去廟宇拜佛，他不邀請我們陪他去是因為我們信奉的宗教與他的不同。」乾隆和清朝歷代皇帝都鼓勵藏傳佛教，儘管湯若望神父做了巨大努力，清朝的第一位皇帝順治，還是改信了這個佛教的派生教。

乾隆通知馬戛爾尼，他已命令他的首相和幾位大學士陪同參觀御花園，讓他看一切他感興趣的東西。「我向皇帝陛下表達了對他熱情款待的感激之情，及對在熱河所見一切的仰慕之意。」皇帝抓住機會向托馬斯說了句話，要求他把昨日贈賜的荷包畫出來。孩子十分驕傲地談起了此事。

特使應該衡量一下他受到的恩典。御花園是不供遊人參觀的，大使是在皇帝的花園內，這些花園又都是他個人的傑作。

1　「天堂」一詞似是東方的，實是純粹英國式的誇張。中文「萬樹園」就是指有「萬株樹的公園」。
2　馬戛爾尼今天承認等了三個小時，而在炫耀他覲見皇帝的文章裡只說等了一小時。

「為安撫邊境百姓，聖祖建造了熱河。熱河絕不是一時心血來潮之作，而是完善武功的一個舉動。」祖先的目的就是：採用別的方法繼續戰爭。但孫子不像祖父那樣嚴峻，承認從中感到的樂趣：「這裡高山叢林，懸崖峭壁，河流森林，鶴立鹿跳，鷹翔魚躍，樓台亭閣，或建於深谷之間，或倚於小溪兩側，野草茂密，百年老樹聳立，這一切構成了一幅絢麗的風景，塵世之憂鬱可忘卻。」

迷人的住所

當皇帝在廟宇拜佛時，馬戛爾尼和大臣們到一個樓裡吃了些早點。然後在崗巒起伏的園裡騎馬逛了三英里，那裡一切都安排得錯落有致，景色十分秀麗。這「布置得最美的」花園使馬戛爾尼想起了他的岳父布德勛爵在貝德福歇的拉頓花園，該園林為著名的蘭斯洛特．布朗所設計。「要是布朗來過中國，別人肯定會說他全是借鑑了熱河的藝術。」

貴賓們來到了湖邊，登上一艘「又大又漂亮的遊艇」，為隨行人員也準備了幾艘小船。所有船上都飄著風信旗、窄條旗與燕尾旗。沿岸時而出現港灣，時而出現岬角，「姿態各異，每往前划一段，就有一派新的景色呈現在遊客的面前」。形狀不同的小島都處於與整個景色十分協調的位置：有的聳立著寶塔，有的島面平緩，有的島面陡峭，有的綠樹成蔭，有的一片莊稼。遊客觀賞了近五十座宮殿：每座都布置著皇帝狩獵或出巡的畫，裝飾著碧玉或瑪瑙的花瓶，還有「中國、朝鮮與日本的瓷器」，加上「歐洲的掛鐘。」

「如何來細說這迷人的住所呢？幾小時之內，我見到了各種迥然不同的景色，我原以為在英國之外是無法見到這樣美的景色的。」在自己的國家之外居然存在那麼多美好奇特的東西，馬戛爾尼驚呆了，他身不由己地也像中國人一樣自戀起來。

沒有一位大臣向馬戛爾尼透露在這仙境般的地方發生的、差點要使乾隆朝廷過早結束的悲劇。羅廣祥神父在一封未發表的信中這樣敘述：「一七八八年十月十四日，皇帝在熱河附近打獵，突遇一場暴雨。他坐在轎子裡，水一直沒到他的脖子。和珅中堂及幾位主要大臣竭盡全力抬高轎子，他們自己掉到了河裡，被河水沖走，幸虧幾位勇敢的蒙古人救了他們的命，他們騎著駿馬，個個水性很好。皇帝的六十三名隨從淹死了，老百姓的死亡人數則沒人知道。」中國遭受水災是屢見不鮮的事……

中國園林與英國園林

馬戛爾尼對這次參觀留下了深刻印象，他在「論述」中用了大量篇幅對東、西方園林做了比較。英國與中國的花園有著共同之處：都不同於法國式花園。它們的風景藝術在於模仿自然，而不像法國式花園，迫使自然去模仿藝術。

英國園藝匠刻意在尊重自然的基礎上去美化自然，而中國的園藝匠則讓自然成為他們要它成為的樣子。「若這兒是一片乾地，他們就引進河水，或在這裡挖一個湖。若這是一片平坦的土地，他們就在此堆個小山，挖出山谷，並鋪上岩石，總之，中國人在安排風景時都十分霸道。馬戛爾尼批評這種方法，他認為這正證明英國園藝匠在園林藝術上沒有照搬中國，因為他們酷愛自由，包括植物的自由。「我們在完善自然，而中國人在奴役自然。」在英國的園林裡，也有著培根的哲學：「控制自然時要服從自然」；而中國的園林卻表現了一種再創造的意願。一方具有靈活性，另一方則是強制性——普羅米修斯想把他的作風強加於人。

這些觀點毫無價值嗎？英國和中國在園林藝術上都很出色，兩者水準相近，所以更具有競爭性。彼此爭著稱霸。馬戛爾尼沒有懷疑英國的優勢，他對中國園林表示了四點保留意見：假山太多，金魚池太多，青銅陶瓷的龍虎太多，睡蓮太多。「奇怪的是在六個小時的嚴格審查之後，我竟沒有找出其他可批評之處。」

在分手時，和珅對馬戛爾尼說他所見到的還不算什麼。看完東園後，他還該看看西園的美景。

奇怪的盲目病！馬戛爾尼對中英園林的異同滔滔不絕地發了一通議論，但他沒有抓住熱河的實質：它是天朝的一個縮影，再現了中央帝國某些最著名的建築與風景：拉薩的布達拉宮，日喀則的扎什倫布寺，鎮江金山的塔，新疆的清真寺，長江與大運河上的景色，昆明湖……就在蒙古的土地上，馬戛爾尼面前出現的是中國的南方、是西藏與土耳其斯坦，但他卻視而不見。這是一個迪斯尼樂園，儘管當時還沒有這個詞。它重現了中國大地上的奇觀——一個建築上的盆景。乾隆從首都乘坐六天轎子，就享受了整個中國能獻給他的樂趣：帝國的縮影。英國人卻沒有意識到這一點。

在宮內

馬戛爾尼又有了勇氣。遊覽時第一次有機會與重要人物交談。他想就此開始他的外交使命。陪他的是國家最重要的人物。他們都是韃靼人。每個人都在長袍外面套著一件黃馬褂。馬戛爾尼開玩笑地稱他們為「黃衣騎士」：中堂和珅、「副相」福長安、他的哥哥、平息叛亂的將軍福康安，以及剛升為大學士的松筠。這位四十一歲的韃靼——蒙古人享有廉潔的好聲譽，他從邊境城市西伯利亞的恰克圖歸來，在那裡他與俄國人為簽訂一項貿易協定進行了長時間的談判，因而避開了叩頭這個難題。由於禮儀方面的原因，歷史上也有過一些在邊境上舉行儀式的事：路易十四在比達索阿的婚禮[3]、提爾西特的木筏[4]、板門店的木棚[5]。聽說馬戛爾尼曾是駐聖彼得堡的大使，松筠向他提了有關俄國的一些很聰明的問題。[6]

和珅盡量在外表上像一般朝臣那樣很客氣，但總顯得缺乏熱情。勛爵發現這點是從一句奉承話產生的壞效果開始的。大使說這座樂園的建立「反映了康熙的智慧」，和珅頓時露出猜疑與吃驚的神色。一個英國人怎麼會知道這些呢？馬戛爾尼回答說中國的威望已一直傳到了他的國家。和珅對他就中央帝國表示的興趣並不領情。這種好奇心並不得體。了解中國就已經損害了中國。

「福相」福長安的熱情友好與福康安將軍對「紅毛」的仇視形成鮮明對比。後者當過廣州的總督，對他們瞭如指掌，並不得不表示懼怕。那天上午，當馬戛爾尼覲見皇帝時，將軍神態嚴肅地碰碰他的帽子，要他脫帽行禮，但中國人是從不這樣行禮的。要是馬戛爾尼硬要行「歐洲禮」，他也不應該迴避謙恭的表示。

3 編注：比達索阿是法國與西班牙交界處的一條河流。一六五九年十一月，兩國在此簽訂《庇里牛斯條約》（Treaty of the Pyrenees），結束了多年來的爭戰。翌年法王路易十四娶西班牙國王腓力四世之女瑪麗．泰蕾莎為妻。

4 編注：提爾西特是俄羅斯的一個城市。一八〇七年七月，俄羅斯帝國的沙皇亞歷山大一世與法國的拿破崙相約在其附近的尼門河中央的竹筏會面，並簽訂合約（《提爾西特條約》），正式結束法蘭西第一帝國和俄羅斯帝國之間的戰爭。

5 編注：板門店是位在南韓與北韓之間北緯三十八度停戰線上的一個小村落，南北韓的代表在一九五三年七月韓戰末期，於此簽定《朝鮮停戰協定》。

6 松筠寫過回憶錄，但對曾一起度過五週的馬戛爾尼卻隻字不提。一位中國大學學者認為，可能他害怕有人批評他們的關係太好。

馬戛爾尼竭力想搏得他的好感，就邀請他觀看使團警衛的操練，福康安拒絕了，他認為這毫無新意。馬戛爾尼卻想：「真蠢！他一生中從未見過連發槍，中國軍隊還在用火繩引爆的槍。」半個世紀之後發生了鴉片戰爭，中國仍然停留在這種狀況。

英國人看到園內的各個樓層都放著玩具、掛鐘和地球儀，感到十分掃興。「這些東西做工完美，相比之下，他們的禮品就可能黯然失色了。」那裡甚至還有一架行星儀。陪同馬戛爾尼遊覽的官員告訴他，比起后妃們宮殿內陳列的珍寶和圓明園內西洋珍寶館收藏的東西，這些都算不了什麼。一陣尷尬的沉默。中國居然到處是與英國人引以為榮的禮品一樣珍貴的物件。

馬戛爾尼稱讚了英國製造的八音盒，他發現這些八音盒原是考克斯博物館的藏品。福康安見英使對此興趣盎然，就推斷他從未見過這類東西，他便「傲慢地」問英國是否也有這些東西當他聽說「這些東西就是從英國運入」時，他也感到十分掃興。

監視下的自由

複雜的情感；極度敏感的民族自尊性，……馬戛爾尼提出了一個具體問題；他要求把仍在北京的馬金托什船長派回舟山，讓他報告皇帝接見的情況。他先去廣州，從那裡再回倫敦。福康安立刻打斷地的話：「中國的法律不允許外國人隨便往來內地」。

這就是馬金托什事件的起源。文獻資料表明：馬戛爾尼以為是這位將軍因嫉忌英國的優勢而一時衝動表示了拒絕之意。事實是皇帝不同意這樣做。乾隆不明白為什麼馬金托什一定要去指揮「印度斯坦」號，沒有他，這艘船不是也從大沽回到舟山了嗎。為了這次多餘而耗資的旅行就要驚動天朝的行政機器。皇帝對這些自負的英國人很生氣。時至今日，凡在中國的代表團必須全體待在一起，中國人討厭旅游者分散活動。

談話無法再繼續下去，特使要求與和珅商談。後者藉口準備皇帝壽辰，提出以後再說。他反覆地說：「我們一定會有機會在圓明園相見的，我們可以在那裡重敘友誼。」

因此，在熱河沒有談到任何具體事務，梁棟材神父早就料到了這一點。但馬戛爾尼還是讓和珅同意收下了一份照會。

九月十六日，禁止使團人員外出的禁令取消了。斯當東及其他幾名隨行人員決定騎馬出遊——但仍是監視下的自由，有中國的官員和士兵尾隨著他們。這些陪同人員千方百計地阻止他們與老百姓接觸。斯當東指出：「他們懷疑我們在從事間諜活動。」霍姆斯也說：「這種不可思議的懷疑令我們驚訝不已。」

現在一切都沒有改變。中國人也許有道理。一個國家失去了它的神祕感，就會變得不堪一擊。中國有個寓言正說明了這點：貴州省來了一頭驢，當地從未見過這類動物，老虎先是被驢叫聲嚇怕了，躲在一邊不敢出來。待牠仔細觀察後，就竄出來咬斷了驢的脊骨，把牠吃了。英國獅子是否也會折斷中國龍的腰骨呢？龍最好還是蜷縮起來。

英國人觀察著、測量著、記錄著。這已經是情報活動了。中國人內心深處的恐諜症就是建築在對此一危險的充分認識的基礎上的。但在熱河又害怕什麼呢？他們被迫提供了馬匹和導遊。英國人先是登高眺望熱河山谷全景，灤河之水澆灌著，那裡土地十分肥沃，還可看到近期一次洪水留下的痕跡。鄰近山脈失去了覆蓋著的森林，伐樹與水災，今天中國還是這兩大禍害，它們互為因果。

在各處宏偉的景點上有幾座喇嘛廟。英國人看見在一座山上有塊形似蘑菇的巨石[7]，他們想走近去看，但不許他們爬山。「這就不合適了。」岩石高懸於皇帝嬪妃的花園之上，從上面可以看見她們散步。「然而兩地之間有四公里之遠。」

醫對醫：「另一個星球」

就在九月十六日這一天，和中堂遣人來請使節團的醫師。在「萬樹園」騎馬之後，他感到一用力全身就疼。吉蘭大夫發現御醫就在他的床邊。和珅描述了自己的病情：關節痛，小腹時隱時現地感到腫脹。中國醫師並不知

7 自然界的怪物，一根像棒槌那樣的東西直插在山上，至今仍令人印象深刻。

道這些詳情，「因為他們從不詢問病人，他們通過脈象歸納出病情，認為身體各部位的脈跳不一樣，所以脈搏可以指示生病的部位。他們診斷和珅是中了邪，必須驅邪。因此，他們要用金針與銀針深扎患處。和珅的手臂和腿上都扎了針，但他拒絕在肚子上扎針。」

為了不得罪中國同行，英國醫師也一本正經地在病人的兩臂上號了脈。但他解釋說：沒有必要在身體別的部位再號脈，因為血液循環的強度到處都是一樣的，所有的動脈都同時和心臟相通。中堂和他的醫師們對這種理論都感到驚愕不已。和珅用右手食指按左手脈搏。同時用左手食指按右足踝部脈搏，發覺兩處脈搏跳動完全一致。

據吉蘭大夫診斷，和珅患有四肢風溼病，小腸疝氣。他反對在腹部扎針或切口。和珅請他把病情說明與處方都寫了下來。

中堂是否像英國人炫耀的那樣「很快從急病中痊癒了」呢？即便如此，使節團的工作並沒有因此而取得進展。馬戛爾尼記道：「我知道，儘管我們做了極大努力，中國人還是處處對外國人表示不信任。」因為無法與和珅見面，馬戛爾尼只得給他寫信。小托馬斯負責抄寫李先生的譯文並檢查譯得是否準確。真像瞎子與癱子的合作……和珅終於展現出友好的態度和言語。他對吉蘭大夫十分滿意，送了他一匹絲綢，並說他的見解「十分高明，合乎情理，並與亞洲公認的概念完全不同，像是來自另一個星球」。

這種說法真是千真萬確！在這遙遠的韃靼地區，兩種分開發展的文明相遇了，不管雙方是否願意，它們必須共處，同甘共苦。西方可以沒有中國，中國也可以不管西方。在此之前，歐洲人對中央帝國的看法更多是來自幻想，而不是出自現實。但現在英國人將面對現實，驅散幻想，它不能不介入。中國人很快就將遭到源源而來的西方技術的侵襲。

一七九三年的相遇好似兩顆流星在相撞。不是探險家到了獵頭族之中，而是兩種高雅而又互不相容的文化在互相發現。一個是天朝幻想中的月球上的世界，另一個是現實的世界，這就是從事貿易工業與科學的英國。和珅知道這是一個歷史時刻。中國到了仍能保留自身特點，即停滯不變狀態的最後時刻。不過，他沒有認識到：無論中國怎麼做，不管她是拒絕還是接受，對她而言，一切都要發生徹底的變化。

第三十九章 韃靼皇帝

（一七九三年九月十七日）

在熱河，滿族皇帝從他們祖先的傳統中汲取營養。這時他們並不是完全在中國，也不僅僅只是在中國。清朝是靠互相支持的兩大系統來控制帝國的：一是司武的韃靼世襲貴族[1]，二是透過科舉考試錄用的漢族文職官員。我們這批英國人在韃靼中心逗留時，對這種延續了三個世紀的奇特現象比別的遊客更是印象深刻。

馬戛爾尼接見過一個名叫博達望（音譯）的年輕韃靼貴族，帽子上飾有紅頂珠和雙眼花翎，他自豪地談到了本朝的來歷。按他的說法，皇上是成吉思汗和忽必烈的直系後代，元朝征服了中國，並統治了一個多世紀，後來被明朝推翻。[2]與馬戛爾尼一起被宴請的韃靼親王都是各部落首領，他們都能招兵，稱之為「旗」。

滿洲貴族打仗愛用弓。馬戛爾尼寫道：「當我告訴他們，歐洲人已放棄了弓而只用槍打仗時，他們顯得十分吃驚。乾隆愛用的武器也是弓。」在奔馳的馬上射箭，比下地放槍更加令人激動。高貴的武器打高貴的獵物。獵人與獵物的運氣是相等的。

在馬戛爾尼回程路上寫的「紀事」中，強調了韃靼這一方面：「我們的許多書裡都把漢族和韃靼族混淆了，好像他們是同個民族。可是清君卻時時刻刻關注著這權力的誕生地」。

東方與西方在這問題上是不同的。「在歐洲，不論是波旁王朝還是哈布斯堡王朝的人，登上那不勒斯或西班牙的王位都無關緊要；君王完全與西班牙人或那不勒斯人同化。」漢諾威人一旦掌握英國王權，他們就不再是德國

1 世襲繼承是遞減的，每一代降一級，到第七代就不再有世襲官職了。

2 這完全是異想天開的家譜。清王朝是女真金部落的後代，熱河的通古斯游牧民族並非蒙古人，也不是真正的滿洲里土著，而是滿洲里的征服者（譯注：金不是部落名，而是朝代名，建立金朝的是女真族完顏部）。

人了。相反地，亞洲的君王「念念不忘自己的祖根」。「兩個世紀過去了，換了八個或十個君主，但蒙古人還是沒有變成印度人；過去的一個半世紀也沒有把乾隆變成一個中國人」。

馬戛爾尼指出的滿人與漢人間無法消弭的差距，在不同省分的漢人中是否也存在呢？每個省都有自己固執的特性。古伯察神父說：「存在於中國十八個省間的差距就像歐洲多國間的差距一樣大。」一直到今天，出生在台灣的年輕人在正式場合還被看成是他們父母所來的那個大陸省分的人。甚至到了法國，北京來的中國人也很難和語言不通的廣東人交流。帝國龐大的結果就是產生這種地方主義。但漢人總感到屬於同一種文明，同一個祖國，而把滿族統治者看成是外國的暴政。

馬戛爾尼沒有提到的是：滿人在以鐵腕統治中國的同時，自己卻逐步在漢化。他們接受了漢人的文字和儒家文化，最後竟放棄自己的語言。就像賀拉斯[3]所說的「征服了希臘之後的羅馬」一樣，被征服的中國又征服了野蠻的勝利者。一九一一年革命之後，滿人融合在漢人之中。出於謹慎，為了求取個人生存，最好放棄集體生存。直至一九七九年，才有人敢於承認自己是滿人。

馬戛爾尼忽視的漢化現象，卻被巴羅和赫托南誇大了。但他們還是蒐集到許多暗地裡互相仇恨的例證。這仇恨激起地方上的反抗。六十年之後，它又引發了一場導致大量死亡的太平天國運動。

餡兒餅

巴羅認為滿人的做法堪稱「政治上的傑作，這對一個半開化的民族來說是難能可貴的」。為樹立起自己的影響，他們採取了十分靈活的實用主義態度。被漢人召來鎮壓一場造反運動[4]的滿人把自己的頭頭推上了空缺的皇位。

3 編注：Quintus Horatius Flaccus（西元前六五年十二月至前八年十一月），羅馬帝國奧古斯都統治時期著名的詩人、評論家、翻譯家，代表作有《詩藝》等。他是古羅馬文學「黃金時代」的代表人之一。

4 二十年來中國一直是戰火綿延、屍橫遍野。瀋陽的滿族皇帝依照中國模式建立起自己年輕的帝國，並對明朝的北部邊境施加越來越大的壓力。西元一六四四年，李自成攻占北京，明帝崇禎自殺。明將吳三桂為了驅逐僭位者，向滿人求助。滿人為討伐李自成而進入北京，隨即掠奪政權，建立大清王朝，並延續了兩百六十七年。

他們採用了中央帝國和天朝的官僚體制的模式。奇怪的是他們僅限於強迫別人留他們那令人屈辱的髮式：頭剃光但留一條辮子——後來漢人把辮子塞在帽內，並一有造反行動就把它剪掉。

巴羅和赫托南認為，鑑於蒙古人的不幸榜樣，滿人得出了放棄武力和宗派主義的結論。「韃靼人寧願把文職授於最精明的漢人，而不給本族人。他們學習當地語言，鼓勵迷信活動。似乎戰敗者的文明戰勝了野蠻的征服者……滿人與漢人通婚……總之，他們不惜一切促使兩個民族合成一個。」

然而，「隨著韃靼人勢力增大，他們就越來越對漢人不客氣了。」英國人看到的是一個作為統治者的韃靼民族，「他們把所有要職和應由可靠者擔任的職位都留給了自己」。「儘管在宮內還講漢語，但很可能隨著權力的增長，他們會越來越驕傲，最終會用他們的方言來取代漢語。」

今天我們知道這些說法全是錯的。清朝初期，他們表現得非常凶殘。建國後的最初幾年，整批整批的百姓遭到屠殺。強迫留辮子引起了騷亂，結果都被鎮壓在血泊之中。都是老爺的種族坐穩了江山，對一個奴隸的民族實行統治，種族隔離是全面的，嚴禁不同種族間通婚，北京的整個北城都沒有漢人，專供滿人居住。宮內女眷（包括奴婢在內）無論如何只要清一色的滿人：要防止一切種族混雜的情況。而宮內太監又毫不例外地全是漢人。這多有象徵意義呀！讓韃靼人繁殖，讓漢人絕種。這就絕對保證了沒有任何不純的混雜。

巴羅對重大職務分配的描述也是誇大其詞的；一般遵守著均等原則：一個韃靼人對一個漢人。當然這掩飾了一種極不均等的現象。三十萬人口的滿人對三億漢人；這是馬略的餡兒餅原則：一匹馬，一張餡兒餅。

當我們這些旅行者企圖概括或探測未來時，他們的觀點並非總是正確的。與他們的看法相反，最初滿人表現得十分野蠻，慢慢地漢文化才占了上風。

當然，他們的診斷是正確的。巴羅發現「漢人中醞釀著一種強烈的不滿，韃靼人在公開場合的專橫語氣可以解釋這種不滿的緣由。漢人若想謀個一官半職，就必須保持沉默，但內心深處所有漢人都一致仇恨韃靼人」。

但他們的預言卻完全錯了！英國人以為韃靼人最終會制服漢人。然而，就在前者以為自己永遠是統治者的時候，可能已經遭到了滅頂之災。沒有任何人能預感到這個大轉變，因為任何人都未估計到被整個民族所保護的文化具有不可摧毀的力量。日益活躍的祕密會社越來越想趕走滿人，恢復一個真正的漢人帝國。最終韃靼人被趕走了，但帝國也不復存在。一九一一年，這是個多大的報復呀！滿人一下都銷聲匿跡了！農民希望很快恢復明朝。然而明朝就是在農民起義的壓力下崩潰的。革命很少能達到大家期待的目標。

相反，英國人猜測這個自以為是世界中心的國家將會成為以後的第三世界的中心，這點他們倒是看對了。

「呀，這個韃靼人」

總之，當英國人不在預言而是在寫自己的見聞時，大家可以相信他們。巴羅記下了別人對他說的一段心裡話：「圓明園內年輕的王子們談到漢人時總報以一種極大的蔑視。一位王子見我想學漢文，就竭力使我相信韃靼語比這要高尚得多。他不僅答應給我識字課本和書籍，而且還要親自教我。」他擔心巴羅還想學漢文，就對他說：「人一輩子也學不會它」。

斯當東寫了十五頁的文章來談漢語官話與它的不利因素，黑格爾對此印象深刻，他由此得出了兩個有影響的觀點。第一個在《歷史哲學》一書中，「漢語是科學發展的極大障礙」。第二種說法在《精神現象學》一書中：「向世界開放貿易促使了拼音文字的需要和誕生。」它的發明者腓尼基人不就是首批大商人嗎？一旦要進行思想傳播和交流時，就需要有靈便的工具。後者又幫助了科學思想的發展。巴羅筆下的韃靼王子，不管多麼不開化，他也感到了漢字會使人處於無能為力的境地。英國人覺得這種語言與拉丁字母的簡潔以及代數語言的豐富抽象能力相差甚遠。[5]

韃靼人說笑話總以漢人為靶子。「我不可能不注意到，只要有人拿漢人說笑話，那些年輕的韃靼王子就會興高采烈。在取笑女人裹腳時，他們拍手叫好；但聽到把韃靼婦女的木底鞋比作漢人的帆船時，他們就惱火。」赫托南發現「地位最低的韃靼人，在服從漢族官員時也會表現得十分勉強」。

5 馬戛爾尼的夥伴們用這類觀點，在整整一個半世紀裡說服了西方知識界，但日本的例子證明它們並不正確，今天大家已對此產生懷疑。再說，資訊科學又給表意文學帶來了新的機遇。文章可以傳遞得更快，讀起來一目了然，而且，任何懂中文包括方言和日文或韓文的人，都可讀懂。

如果說韃靼人輕視漢人，漢人雖然不得不順從，但心裡也瞧不起他們。在漢人看來，韃靼人與野蠻人如出一轍。赫托南記下了類似的觀點：「在中國，韃靼一詞就指粗野。一次，一個英國人說牙疼，一位漢族官員問他為什麼不去請牙醫止止疼？英國人回答說：『去了，他想把我那顆疼的牙拔掉』，『呀，這個韃靼人！』這位官員叫了出來。」

對藏著的神的崇拜

馬可波羅已經描寫過忽必烈「每年為慶賀壽辰籌畫的慶賀活動——這是一年中除新年之外的最大節日」。馬戛爾尼沒有好好讀這篇文章，他開始理解他被邀請參加這一活動是為了襯托節日氣氛，而韃靼人和漢人卻把這點看成是他這次使命的真正目的。

九月十七日，英國人受邀參加一次奇怪的儀式。神藏起來的神聖儀式。

清晨三點，大使和隨行人員由王大人、喬大人陪同去皇宮，在那裡讓他們喝著飲料，吃著水果，飲著茶和熱奶，等了好幾個小時。慶典在花園裡舉行，所有王公大臣都穿著禮服在皇宮前列隊排好。

這次，皇帝自始至終不露面，他藏在屏風後面。「我推想，他從那裡能毫無顧忌地一直看著我們。所有眼睛都朝向設想中皇帝坐著的那個地方。」鼓聲震天，鐘聲四起，一陣寂靜之後，又響起了音樂聲。對於一路上聽慣並演奏韓德爾[6]和普賽爾[7]樂曲的德國音樂家來說，中國音樂實在令人吃驚。演奏的所有價值就是用鈸、鑼、喇叭和一些弦樂器奏出震耳欲聾的聲音。他們沒有任何對位與和音的概念。

官員們都不知在忙些什麼，似乎在準備某個重大的戲劇性變化。一會兒樂聲四起，一會兒又寂靜無聲。最後

6 編注：韓德爾（George Frideric Handel, 1685-1759），巴洛克音樂的作曲家，出生於德國，後來定居並入籍英國。創作類型有歌劇、神劇、頌歌及管風琴協奏曲，著名作品為《彌賽亞》。

7 編注：普賽爾（Henry Purcell, 1659-1695），巴洛克時期的英格蘭作曲家，吸收法國與義大利音樂的特點，創作出獨特的英國巴洛克音樂風格。

樂隊和合唱團發出了最大的音量。全體官員朝著「看不見的尼布甲尼撒下跪叩頭」。

尼布甲尼撒？三天中事情竟變得那麼壞！十四日，馬戛爾尼這樣記著：「我見到了光榮輝煌的所羅門。」語氣裡帶著挖苦，怨恨中帶點苦澀。好像他預料到《實錄》裡會用這樣的字句來記載他九月十七日出席慶典的事：「……扈從王公大臣官員，及蒙古王貝勒貝子公額駙台吉，並緬甸國、嘆咭唎國使臣等，行慶賀禮。」十四日他還以為是特意為他安排的覲見；十七日慶典時，他竟被列到滿人、蒙古人與緬甸人之後！

鞭打紅布的祕密

英國人驚愕地見到了另一個奇怪的儀式。地上鋪著一塊巨大的紅布，每個角上站著一名手執鞭子的人。當大家猜測皇帝已登上御座時，這些人就間歇著用鞭子抽打紅布九次，每抽三次，執鞭人就放下鞭子，幾分鐘後拿起來再抽。沒有人能向赫托南解釋這儀式的含意。

也沒有任何漢學家能向我解釋這件事，最後還是古代歷史提供了線索。當統一中國的秦始皇帝巡幸湘山時，一陣狂風阻擋他過長江。皇帝大怒，下令伐盡湘山上的樹木，又遣人把山塗成紅色，就像在處決弒君者之前先給他披上紅褂子一樣。那鞭子呢？暴雨沖垮了亞洲另一個專制君主[8]的艦隊，他命令鞭責浪濤以示懲罰。可能熱河的紅布象徵受到鞭笞懲罰並被征服了的敵對勢力……除非只是單純地命令大家靜下來。

叩頭

有人為馬戛爾尼翻譯了為皇帝壽辰寫的頌詞中的迭句：「叩頭，叩頭，天下百姓，向偉大的乾隆叩頭。」他又仔細地做了補充：「每當唸到這句話時，除了英國人外，所有在場的人都下跪叩頭。」在成百名用頭搗地的人

8　波斯國王（西元前四八六年至前四六五年），曾征服埃及與古希臘（編注：這裡指的是大流士一世與居魯士大帝之女阿托莎的兒子薛西斯一世）。

中間，有幾個人只用單腿跪地，這種場面實在太令人吃驚了。這些異教徒們！因為，他們這種輕蔑態度讓中國各處的百姓感到憤慨。那天，帝國的所有廟宇中，大部分人的家裡都在「萬歲爺的祝壽牌前」放上了供品。

馬戛爾尼越觀察這種虔誠行為，對這虔誠的民族的評價就越低。不僅是他一人如此。他的表弟溫德寫道：「這儀式不像是臣民在御座下拜見君主，而像是在拜神。」拜壽儀式結束，大家都走了。「我想沒有任何大臣接近過皇帝，因為他們都是和我們一起離開的。」這位君王當天一直未露面。毛的做法並不是獨創，他始終作為人民群眾無法接近的英雄而深居簡出。

任何人都不能妨礙乾隆與上天單獨相處，只有他的後代有點時間可以接近他。兩年前，他寫道「時值八十又一萬壽，陽光普照，上蒼賜福。雨順風調，五穀豐登。邀四代皇子皇孫彎弓比武，竟有八歲五射三中，喜而賞黃褂。願百姓永沐天恩。」

我們從檔案中獲悉，同一天，英國國王陛下的艦隊在舟山，也一艘船一艘船地輪著被邀請參加這種表示崇敬的活動。九月十七日，知府克什納報告說：「該夷官率領眾夷人在船頭恭設香案，望闕行禮，恭祝萬歲。當經運使阿林保等傳旨賞給牛羊果麵等物。該夷等領受，又復行禮謝恩，甚為誠敬」。

在獅子號的航海日記上，我們讀到的文字則更簡練：「從下層甲板上發禮炮二十一響，為中國皇帝祝壽」。

第四十章 但願慶典仍繼續
（一七九三年九月十七日～十八日）

慶祝活動結束，勛爵儘管沒有見到皇帝，卻受到和珅及陪同遊覽東園的高級官員們邀請，又去參觀了西園。東園嫵媚優雅，而西園卻充分顯示出大自然「荒蕪壯麗的本色」：岩石嶙峋，森林遼闊，常有野鹿和猛獸出沒。當然就成了獵人的樂園。杉樹、松柏、栗樹伸向峻峭的山頂，或延伸到谷底。處處可見宮殿、廟宇、寺院。近處，溪水潺潺，遠處，瀑布咆哮。

在石階路上騎馬漫遊，幾小時後到了建在山上的一座宮前：「極目遠眺，至少可看出三十多公里，我從未見過這麼雄偉的全景。」這種遠景產生了幻覺：寶塔、宮殿、城鎮、牛群、平原、山谷都像是伸手可及。馬戛爾尼覺得這龐大的帝國就在他的腳下——只要邁出一步就能得到。

和珅指給他看一群被牆圍著的建築，除了乾隆、后妃和太監之外，誰也不准入內。任何一名真正的男子都不能看皇帝的后妃。不知郎世寧神父是如何為被后妃簇擁著的皇帝畫像的？他正是在那位桀驁不馴、身上散發香味的穆斯林女子香妃邊上。或許這位耶穌會教士是在自己畫室內，根據他教的一位太監畫的西洋畫素描畫的。

有些旅行者隨便對這座宮裡皇帝尋歡作樂的情景做了富有想像力的描述。「不計其數的太監讓他們的主子及后妃尋歡作樂，窮奢極欲，並絞盡腦汁搞些新花招。但我並不相信真有那些所說的荒唐事。」馬戛爾尼仍然持懷疑態度。

糕點、小丑與布達拉宮

皇帝的慷慨大方仍有增無減！英國人參觀一座宮殿時，為他們莊重地送上了各色甜食。「中國人製作的甜食與糕點比世界上任何人都遠為出色。」這種讚揚今天則顯得有些離奇了。是不是製作的方法失傳了？

要帶走的禮品有：整箱的絲綢、瓷器與景泰藍，都是皇帝的贈品。馬戛爾尼單腿跪地領賞致謝。在中國人看來，他又犯了最初的錯誤。但他們裝箱時，卻沒有流露出絲毫的不滿來。

遊園活動的最後一項節目是觀看木偶戲。馬戛爾尼為駝背丑角和他的妻子潘定迷及斯開莫的經歷開懷大笑。這個故事他是熟悉的，儘管演員們穿著中國服飾。角色的類型世界上都是一樣的。觀眾的口味也是永遠不變的。這些人物使兒童著迷，並在各個時代與各人的身上喚醒了他們對童年的回憶。

馬戛爾尼感到他的使命沒有進展，他已發了一個照會；後來又口頭談過：對方很有禮貌地聽他講，但卻聽而不聞。中堂迴避問題，然後告辭了，讓大學士松筠陪同大使遊覽仿照西藏布達拉宮造的廟宇。

這座廟宇周圍有幾十座塔，都建築在不同高度上，每座塔都有圍牆隔開，整個廟宇則被一堵更大圍牆圍住。這座拉薩宮的複製品是為紀念滿、蒙、藏各族團結在藏傳佛教之下而蓋的。乾隆這樣寫道：

> 歲庚寅為朕六帙慶辰，辛卯恭遇聖母皇太后八旬萬壽。自歸隸蒙古喀爾喀青海王公台吉等，暨新附準部回城眾蕃，聯軫偕徠，臚歡視嘏，念所以昭褒答、示惠懷者，前期咨將作營，構斯廟。

今天這座巨大的建築物空著，而在馬戛爾尼參觀時，那裡住著八百名喇嘛。他讓人丈量了這座共有十層高的方形寺院的大小。寺院中央還有一座金禮拜堂。喇嘛們過去曾在這裡唸經拜佛。「這裡的祭壇、神像、聖體龕、燈與蠟燭都與羅馬教會的那一套東西驚人地相似。」馬戛爾尼還是流露出這種反教皇的情緒，它是伏爾泰時代的特點。

禮拜堂的中央，有三座神龕，「供奉著三座巨大金佛像」。馬戛爾尼認為是菩薩，他的妻子及一位韃靼神道——實際上是菩薩的三個變身。今天這些佛像已不是金子鑄成，要是金的，也只是些鍍金的木頭。

這座聖廟取名布達拉，也就是菩薩山的意思。菩薩騎著龍、犀牛、象、騾、狗、鼠、貓、鱷魚等，並化身於這些形象。這些巨大的神像使馬戛爾尼感到恐懼，他不無諷刺地說：這麼多的菩薩真可以與「天主教的教曆相媲美」。[1]

馬戛爾尼說乾隆自認為菩薩再生。他評論道：「他對自己想入非非，他慷慨地修建塔宇不是沒有目的的。他的花費全是為了他本人及他的家族。」這座廟宇的建成不是出於虔誠，而是反映了世界上最有權力的君主的專橫暴虐。

他說這些不滿的話，疲倦也是一個原因。馬戛爾尼已騎了十四小時的馬。他可不像韃靼人那樣習慣於「一動不動地整天騎在馬背上度日」。

他的奚落或讚賞本可涉及到一個問題，但他卻一直沒有發現。拉薩的布達拉宮並不是熱河唯一的複製建築物。中國許多著名建築都被仿造，儘管不是按實際大小，而是按照它們的精神。有些風景也是如此。就像路易十四一樣，在凡爾賽宮複製了蘭斯教堂和聖．米歇爾山，以及為了安撫他的新阿爾薩斯臣民而複製了斯特拉斯堡教堂。在這點上，蒂沃利的哈德良別墅早就如此了。康熙和乾隆當然不是從他們那裡得到的啟發。安定的和諧，人的普遍性……

熱河就這樣蒐集了全中國的景色，從而也掌握了全世界的精華。韃靼皇帝把它們都禁錮在熱河，但他自己不是也遭到禁錮嗎？世界上難道還有比他更有權勢而更不自由的人嗎？

九月十七日這天，巴黎通過了有關可疑者的法律，下令逮捕出逃者親屬，以及一切以關係、言論或文章支持「暴政」或吉倫特派的人。

對先人的幼稚崇拜症

第二天，九月十八日，馬戛爾尼和斯當東應邀進宮。皇上請他們看戲。整個上午，即從八點至十二點，中間沒有間歇，皇帝坐在正中，面對舞台，兩側的觀眾都站立著。上面包廂用簾子擋著，女眷們在那裡看戲，而又不

1 編注：天主教教曆一年三百六十五天，每天都以一位聖徒的名字命名，故有此說。

被人看見。

小托馬斯又受到一次特殊待遇，他是否意識到了這點呢？很奇怪，他沒有把這件事記下來，但他父親卻寫了：皇帝內眷從她們封閉的包廂內接見了他。「可能從她們所在的地方見不到最低一層的廂位，皇帝就根據她們的要求讓她們見一位英國人。他令太監把年輕的見習侍童領到台上，她們就能很方便地看到他。」第一位也是最後一位被天子的女眷接待的英國人，也就成了她們的寵兒。

乾隆客氣地歡迎大使，謙遜地說：「我們國家疆域廣大，政事紛繁，我平時處理庶政，很少空閒娛樂。」在他成年後，有次為慶祝母后萬壽，他親自登台演戲。他扮演老萊子這一傳說中的八旬老翁，這是一位典型的孝子，為使父母不為年邁煩惱，他在他們面前總跟孩童一般。皇帝四肢爬行，把一個玩具一直推到舞台邊上，蹦蹦跳跳，做著鬼臉，手舞足蹈，最後到樂壞了的母親面前虔誠地叩頭。虛偽和真實的界線在哪裡呢？

這樣一位百姓之父在他的雙親面前還像一個孩子，這裡觸及到的或許就是中國之所以一成不變的關鍵所在。「在這樣一個帝國中。父親般的遠見藉由訓斥與懲罰等方式維持整個國家的統一」，黑格爾從斯當東的敘述中見到了「一個臣民沒有獲得權力的國家……歷史上的幼稚階段」。弗洛伊德則更一針見血：「人不能永遠停留在孩童時期，要投入敵對的生活中去。」「因與父親對立而產生的故意得不到自由發展」是有害的。因為不能象徵地殺死父親，男人就會受到神經症的威脅，處於壓抑狀。若父母想得到持久的愛，就必須無限期地抑制殺父的願望……

馬戛爾尼想把乾隆拉到外交事務上來：「我竭力向他表明我這趟使命的目的，但他好像不準備與我進行這方面的談話。」皇帝的回答卻是再一次賜給禮物。馬戛爾尼得到一本乾隆畫的畫冊，斯當東獲得了一個景泰藍盒子，所有英國人都收到了禮物，沒有一個人被忘記。王公大臣們則「恭敬地」接受了絲綢、瓷器等物，演出就開始了。

演了好幾齣戲：有悲劇、喜劇、歷史劇、神話劇。唱與道白交替進行，間有武打與殺人。演員都「戴雙面面具，因為永遠不能把背朝向皇帝」。錢德明神父說這是表示最高敬意的一種方式。

最後一個節目是大型啞劇：象徵大地的演員由龍、象、橡樹，和把樹圍著與海怪出沒的大海結合。演員都戴面紗，「演得都很出色」。最後一條鯨魚「噴水，水流入在地板上打的洞內」。「看到這精彩場面，觀眾掌聲雷動。坐在我身邊的兩名官員喊著『精彩！真棒！』以引起我的注意。」

可能觀眾都想舒展一下腿。馬戛爾尼接待了數名韃靼人。有兩位不像別人那麼拘謹，他們問大使是否會講波斯語。這是兩名喀爾麥克人，他們受俄國人迫害，卻被中國人保護。

壓軸戲

上午看戲，下午是雜技演出。四點鐘馬戛爾尼來到了大幄前。皇帝就了座，「演員就表演變戲法和歌舞。」因為在他出任駐印度總督時常看雜技，馬戛爾尼對此已經膩煩了。他所描寫的雜耍與兩個世紀之後上海或北京雜技團演出的節目完全一樣，簡直無與倫比：「一個人背貼地躺著，兩腿豎起與地面成直角，在腳尖上放一個大壇子，讓它轉動並越來越快。又讓一個孩子坐在壇子邊上，做著各種姿勢，然後跳回地面。」

另有一位手技演員同樣背著地躺下，讓插在輪子上或拿在手裡的九根棍子上的九個盤子轉動，「九個盤子以同樣的速度連續旋轉幾分鐘之後，演員一個個地將它們收回，沒有一個被打碎」。永恆不變的中國，未能在十八世紀當過馬德拉斯總督的西方來訪者，對如此高超的技巧都讚賞不已。

馬戛爾尼因為疲勞，越來越不能專心致志地看戲了。他對未能看到的節目深表遺憾，而對看到的節目又說沒有太大的興趣。他想：「那些神奇的韃靼騎手怎麼不出場？」王大人和喬大人可能輕率地告訴過他。這些節目原定是有的，廷宗的書信證實了這點。馬戛爾尼可能沒有看到這些節目。

最後是煙火。馬戛爾尼承認，這些煙火，無論從花色優美及創作造型上「都比我看過的同類煙火高出一籌」，包括在巴達維亞看的中國煙火在內。一個巨大的火網，有圓的、方的、六邊形、八邊形和菱形的，發出各種顏色的光亮；接著「一聲爆炸，天上布滿了像太陽、星星和金蛇般的煙火」。

皇帝沒有忘記大使，但始終不談及使團來的目的。「他遣人給我們送來各式飲料與點心，儘管剛用餐不久，我們還不得不吃上幾口」。整個演出期間，「寂靜無聲，甚至沒人敢笑一下」。

慶祝活動的高峰時這樣寂靜無聲，馬戛爾尼和我們對此都感到十分驚訝。像這樣神聖的典禮是以前任何一位西方旅行者都從未見過，也從來描繪過的。

第四十一章　內宮祕史，床笫隱私

三個月後，當馬戛爾尼準備離開中國時，護送他的兩位官員喬大人和王大人向他吐露了令人瞠目結舌的隱情。難道他竟贏得了他們如此的信任？兩位官員是考慮到在這無疑是永別的前夕，他們已沒有任何得失的問題，就說話隨便起來？在分析這位使熱河所有人都感到膽戰心涼的、沒有血肉的人物時，我們應把他們的說法與當時的環境聯繫起來。

喬、王兩位大人首先向馬戛爾尼談了皇帝的起居。他生活裡的一套儀式與唐、宋兩朝的皇帝沒有什麼區別。天朝皇帝的生活本身就是個一成不變的慣例。

清晨三點起床去私人佛堂拜佛。拜佛之後，他便開始批閱獲准能給皇帝寫信的高級官員們的奏章。七點用膳。早飯後就去花園或宮內找他的后妃。

然後，他召見中堂商談日常事務。其餘軍機大臣與內閣大學士前來召開內閣擴大會議。他們徒步進入朝廷，不准坐轎靠近皇帝。在御座前叩頭九次，即使當時皇帝不在場也須這樣做。他們跪地接旨，從不抬眼。

下午三點，皇帝午餐，花一刻鐘時間，身邊只有一位太監伺候；滿桌菜餚，皇帝只是品嘗一下就作罷。廚房很遠。菜都用雙層碗盛著，用木炭使菜始終保溫。下午是娛樂活動時間。之後，皇帝回房讀書，直到睡覺，從不超過晚上七點鐘。

皇帝與女人

「一位太監在夜間值班，由他給皇帝領去一位他希望寵幸的妃子。」王、喬兩人說到這裡就不再往下說了。實際上他們完全可以往下說，因為即便是這些嬉耍也遵循著一定的儀式。

確立這套慣例是防止皇帝對任何女人產生眷戀、大太監向皇帝獻上寫有名字的牌子供挑選。皇帝用手一指。

被選中的美人就赤身裸體地裹在一條毯子裡。由另一名太監扛進來，放到御床邊。入選的女子必須先叩頭，然後再爬上床。

大太監及輔助他的太監等候在窗下。若床上嬉耍超過了正常時間，大太監就會大喊一聲，直到皇帝回答。兩名太監就進入屋內，把女子拉下床，像來時那樣用毯子把她裹著帶走。任何一名妃子不得與皇帝過夜。大太監在走前要問皇帝：「您的奴婢是否會有喜？」如果說會，就要取出一本冊子，上面不僅要記下這次相遇的日期、時間和過程，還要記下一些更為詳細的情況。若回答不會，大太監就負責不再安排她再次親近皇帝。

在熱河和圓明園裡，皇帝召幸嬪妃的規矩比起在紫禁城內要隨便得多。事實上乾隆很會擺脫這套規矩的束縛。他與和珅上床時，當然毋需求助於太監。

東方國家的後宮，一向令只准一夫一妻的歐洲人神往。對得不到女人的遊客來說更是如此。或許不必把他們所說的事完全信以為真，但也不必馬上就完全不信。赫托南說：在韃靼，所有達到結婚年齡的女子都必須讓深知皇帝口味的太監過目，為皇帝逐個檢查和挑選。要等太監宣布她們不適合為可汗服務後，這些女子才可獲准結婚。斯當東寫道：「據說，皇帝駕崩後，他的所有后妃都要集中住在一所特殊的房子裡，與世隔絕，了此殘生。這所房子名為貞節宮。」

皇帝與皇后生有四子，皇后去世後，皇帝僅有八名后妃，前兩名為貴妃，剩下六人為妃，尚有上百名官人。同各朝的末代皇帝相比，這些嬪妃的人數就少多了，那些昏君擁有數千嬪妃，究竟有多少，連他們自己也說不上來。這至少是戰勝他們的後朝皇帝給他們按上的罪名。因為勝者可以左右歷史事實。喬、王兩位大人最後透露：皇帝的女兒只嫁給韃靼王公貴族。從不嫁給漢人。[1]

1 直至二十世紀初，滿、漢一直禁止通婚，這不是只針對皇族，而是對所有滿人均如此（就像婦女裹腳一樣）。

既是君王又是人的乾隆

王、喬兩人把皇帝描繪成一位學識淵博的學者。他信奉宗教，和藹可親，對臣民百姓充滿感情，對敵人則毫不留情。他們並不掩飾他的缺點：驕傲，困難前顯得急躁，唯恐失去他的權力，對大臣們的不信任、易怒。皇帝對自己的兒子同樣也不信任，在承繼問題上讓人捉摸不定。他的一名孫子綿凱似乎受到他的寵愛，有時還參與一些政務。

前幾年，乾隆就確定了退位的日期。但隨著日子的臨近，他總找出種種藉口設法推延。現在確定在一七九六年退位。他身體健壯，沒有任何老年病，喬和王懷疑他到時是否會讓位。[2]

皇帝對歷史很感興趣，對藝術富有感受力，他寫了許多詩詞。他厭惡荒誕的做法。連他的寵臣和珅都穿上了大紅色的上好衣料，乾隆卻仍然衣著樸素。

然而他一點也不使人掃興。他是一位不知疲倦的獵手，並喜歡美女和佳餚。他認為在這幾個方面都得天獨厚。他也不討厭來次感情冒險，有時甚至鑽進眾多住宅中的一座或騎馬穿越熱河伊甸園式的山丘，去做逍遙遊。但他總是照顧家庭；這位家長式的多妻丈夫珍惜妻妾們的尊嚴，對她們總是彬彬有禮，慷慨大方。他嚴厲監督著兒子們的學業。

馬戛爾尼忠實地記下了喬、王二人的談話，因為他認為兩人十分了解情況。不過乾隆的實際年齡又讓他覺得喬、王兩位在皇帝的風流艷史上的能力有些誇大其詞。他覺得中國的君臣關係在他看來過於拘泥於儀式，他們兩位伴同官能對他們的君王作這樣的評價令他十分奇怪。現在他聽到的是真正的人在評論一個人。性格、事件，傳記都透過了神聖的君主國的外衣暴露出來了。

2 他們錯了，乾隆遵守了他的諾言；他尊重六十年統治這個神聖的數字，一天也沒有超過他顯赫的祖父康熙統治的時間。

回族香妃

乾隆一生有過三次熱戀。還在他十分年輕、但已是太子時，他已愛上了他父親雍正皇帝的妃子馬佳。與皇帝的任何一位嬪妃保持曖昧關係是一種不可饒恕的罪行、格殺勿論。但犯罪的是皇帝的親生兒子，還得多加一條亂倫罪。當時的皇后、乾隆的母親召見了馬佳，用白綾賜死了這位妃子。

他始終未能使身上發出沁人心脾的天然香味的「回族香妃」順從。這位異族的女囚一心懷念著在喀什附近被乾隆士兵殺死的丈夫。她對乾隆這樣說：如果想用武力占有她，她會把他殺死。一天她不就從袖內抽出一件匕首來了嗎？而在天子面前誰也不准亮出武器的。當衛兵們從她手裡奪走武器時，她不是傲慢地高喊：「我還有許多呢！」皇帝想方設法來改變她的冷淡態度，甚至在中國鼓勵伊斯蘭教，甚至讓耶穌會的建築師在紫禁城內仿照她的故鄉阿克蘇為她建築一座清真寺。耶穌會士為信藏傳佛教的君主建造一座清真寺，真是各種教會合一了。

皇帝日見衰弱。太后第二次出來中止這樁令人議論紛紛的愛情故事，讓肇事者自盡了事。乾隆對她說「天地靈秀之氣，都讓妳一人占盡了」。為她的死而久久地痛哭。他為她寫了碑文：

浩浩愁，茫茫劫；
短歌終，明月缺。

在喀什綠洲幾公里外，在戈壁沙漠和蘇聯土耳其斯坦的邊上，為紀念「回族香妃」而建立的清真寺內供人憑吊的碑石上，仍然可見這篇碑文。

最後，乾隆六十歲時愛上了和珅，在乾隆看來，他就是馬佳再生，並把他當成了孌幸。他違背了天朝的規矩，把未為公眾建立過任何功勛的情人提拔到了首要的位置上來。兩年之後就要去世的母后這次對這事情未加干涉。因為這不是女眷們的事；而是男人間的事，與她無關。不過這次是最嚴重的。

亨利三世和他的孌幸、路易十四和蒙提斯斑女侯爵、路易十五和龐巴度夫人或杜巴利伯爵夫人，還有蘇埃托尼烏斯寫的《羅馬十二帝王傳》（*De Vita Caesarum*）。[3]所有的朝廷裡都有這些嗜好，它們孕育了、同時又扼殺這些事情，能否要求一位深感寂寞的君主完全避免這些事情呢？

太監的權力

與馬佳、香妃不同，和珅一直是他的主子和情人的心上人。他既有權欲，又貪汙成性，他已逐漸在首都和外省建立起忠於他的一個龐大關係網。這些做法腐蝕了公共事業，激起了百姓的不滿。

為除去對他的晉升表示不安的大官，和珅依靠除了高官外唯一能接近天子的一類人：太監。馬戛爾尼和斯當東發現由於太監們又找到了干預朝政的方法，乾隆時代滿人政權的腐敗與公眾和個人的道德下降是聯繫在一起的。

受賄、淫蕩好色、任人唯親，在大權在握的和珅的壞影響下又大量產生，宮廷太監重新獲得明末之後已被剝奪的參政權力。斯當東對這些令人畏懼的人物做了辛辣的描寫：以卑賤下等的僕人開始，太監是主子暗中尋歡作樂的積極服務者，他們阿諛奉承，逐步接近主子博取他的歡心。然而，他們終究得到了威信與權力。在明朝覆滅之後，曾驅逐過一萬名太監，但之後他們的人數又增加了。目前，至少在北京宮內和圓明園內所有下級職位都由他們擔任。

斯當東從官員和傳教士口中了解一些情況，詳細描述了這些人的經歷：「為擔任這些職務，他們必須接受外科手術。這種手術在歐洲某些地方也做，它能使聲音變好，但同時也使被施手術的人失去生育能力。為照看宮內的婦女，為了靠近她們的住房，必須先失去男性的一切標記。手術即便是給成人做也很複雜，既要成功，又不會危及生命。因為中國人不僅不懂解剖學，而且他們對此十分厭惡；加上外科在中國知之甚少，他們連放血都不會，所以施行這種手術更令人吃驚了。實際上他們不用鐵器，而用塗上苛性溶液的結紮線。手術後幾天，病人就能若

3 編注：蘇埃托泥烏斯（Gaius Suetonius Tranquillus, c. 69 or 75-130），羅馬帝國時期歷史學家，屬於騎士階級。他最重要的現存作品是從凱撒到圖密善的十二位皇帝的傳記，即《羅馬十二帝王傳》。其他作品內容包括羅馬日常生活、政治、演講等等。

無其事地外出。如果一個人想脫離平民身分去當太監，他立刻可以去宮內領一個差事，這就會給他帶來好處，也就成了一名有身分的人了。」

傳教士把這些太監稱為「耳目」。這些「耳目」小心地把他們失去的身上的那些器官泡在酒精裡，以便在他們死去時再放回到屍體上。

第四十二章　天氣轉陰

（一七九三年九月十九日～二十五日）

慶祝活動結束，九月十八日，王大人建議勛爵二十一日動身返回北京，以便趕在皇帝之前到達。

馬戛爾尼還想給和珅送一份照會，提出種種要求：讓馬金托什艦長重返停在舟山的印度斯坦號；允許此船運載茶葉或其他貨物；允許軍官從事個人經商活動；希望安納和拉彌額特神父得到較好的安排。他本人則希望能自由地與廣州聯繫。斯當東訴苦說：「使團無法與外界作最必要的聯繫。」對十八世紀的歐洲人來說，外交官的首要特權就是通信自由不可侵犯，中國人對這點毫不在意。誰也不願抄這份照會，只好讓托馬斯來寫。

這封信怎麼送走呢？馬戛爾尼不能把這一使命託付給徵瑞。王和喬拒絕插手屬於韃靼人的事務。馬戛爾尼在日記中用法文寫道：「應該考慮這個問題。」

最後他把任務交給了李神父。托馬斯是這樣記載的：二十日，星期四，李先生帶著由我用中文抄寫的照會去閣老家。這位使者躲過了警衛的監視，試圖進入和珅府內。因為他穿著歐洲人的服裝，結果被一群人攔住，遭受了責罵。他掙扎著闖出一條路，和珅的一名祕書接見了他，並答應把信件轉上去。

晚上，徵瑞、王大人和喬大人帶來了和珅的回信。他接受馬戛爾尼的要求，但有一個問題除外。馬金托什是隨使團一起來的，應該與使團待在一起。這也就是他寸步未讓；經商的許可幾個月前就下達了，只是英國人不知道而已。

東印度公司最好的船隻印度斯坦號的船長馬金托什除了是一位遠洋艦長外，還是一位對英國擴張作出有力貢獻的商業冒險家。他個人參與印度貿易。他堅持要去北京是希望獲得一些價值連城的信息。至少，他要去舟山，試圖在那裡做買賣，免得白來一趟中國。中國人的看法則不同。首先，馬金托什只是個「可鄙的商人」。再說他是隨團來的，所以不應同使團分開行動。此外，不應該由於他的旅行而貽誤船隻啟程。最後應避免他隨身攜帶任何信件。四條理由中最後一條就足以不讓他走了。奇怪的是徵瑞大聲唸完了和珅的答覆後，不高興地拒絕留下抄件。

馬戛爾尼想道：「我提的這些要求過分了嗎？」和珅召見了所有的負責接待使團的官員；原兩廣總督福康安將軍，甚至還專門從監獄裡提出了原廣州海關監督。[1]一點風聲都沒有走漏；馬戛爾尼不得不「預測最壞的情況了」。

白人的抽泣

九月十九日，一名叫詹姆士·科蒂的英國士兵違紀事件發現後，氣氛變得更為憂鬱。他從一名中國士兵那裡拿到了一點他已喝上癮的燒酒。他無視馬戛爾尼的誡令，就要嚴格地執行紀律。對這名士兵的懲罰會讓黑頭髮人高度評價英國人的紀律嚴明。

詹姆士立即交軍事法庭審判，被判挨棍打。隊伍集合在住宅外院，受刑人被綁在一根門柱上，當著眾多的中國人，重重地挨了六十棍。

據安德遜記述，這個場面讓中國人大為震驚。他們不明白為什麼這個以講正義、仁慈而顯得高人一等的信基督教的民族會有這種作法，這與他的宗教信仰能聯繫在一起嗎？一位中國官員這樣說：「英國人太殘酷，太壞了！」

我很懷疑安德遜是借中國人之口表達他對體罰的不滿，至少是他的出版商孔博的不滿——後者是一位具有進步思想的政論作者，他利用一切機會在安德遜的書裡塞進自己的思想。鞭打真的令中國人感到厭惡嗎？並非如此！巴羅在同一時刻證實「所有中國人從苦力到首相都可能挨竹板打」。

巴羅的說法與安德遜的矛盾嗎？不。當時的種種說法基本一致。孟德斯鳩在說中國「靠棍棒統治」時，並沒有什麼不對。中國文學裡不乏這類文章。「統制不問長短，喝令軍牢五棍一換，打一百棍，登時打死。」從元朝到

1 此人就是穆騰額，他的住宅被充公後用來作為英國使團在北京的住所。

明清，人並沒有變得更有同情心。

安德遜認為，棍打有對有錯。當一位中國官員命令對兩位中國僕人行笞刑時，他對此一點也不憤慨：「他們趴在地上，由兩名士兵按住，板子重重地落在他們的腰部。」沒有落淚，也無評論。安德遜，或者孔博是這樣一種人：對當地人的做法顯得麻木不仁，寬宏大量，卻為自己同胞的行為震驚自責，這是白種人的抽泣。

九月二十日，啟程的前夕，大使清點了皇帝送給國王的禮品：宮燈、絲綢、瓷器、景泰藍全都裝入帶有「R」標記的箱內。裝箱時，中國官員不時下跪。他們對禮品表現出無限崇敬，並非因為這些禮品是送給國王的，而因為這些都是皇帝的贈品。在中國，是送禮人的地位，而不是禮物本身的商品價值決定禮品的價值。在英國人眼裡，這些禮物的商品價值幾近於零。

王、喬兩位大人告訴馬戛爾尼返程不必走七天，只需六天就夠了，因為他們帶的東西要比來時少。馬戛爾尼忍著沒說皇帝的贈品的確不會造成行動不便。聽說徵瑞要護送他回北京，而且每站都要拜會他，對此他並不高興。

一七九三年九月二十一日，特使登上停靠在樸茨茅斯的獅子號船上的周年，隊伍出發了。馬戛爾尼背對熱河，他留下了落空的希望及另一位成員：王家炮兵部隊的傑里米．里德。他「貪吃了四十個蘋果」而死亡。雖然英國人在中國並不順利，赫托南認為這位炮手不是死於愚蠢的打賭，而是死於可怕的痢疾。「我們的兩位護送官一想到這死亡消息傳播出去會使他們失寵，就感到害怕。」因為任何人不准「死在皇宮內，為的是不讓皇帝聯想到自己也是會死的」。在傳統的社會裡，這是一個常見的主題：有權就永生，他與死亡並無緣。同樣地，在凡爾賽宮內也不能死人。必須「裝作死人還活著」，然後把他葬在遠處的路邊。托馬斯證實道：「今天早上，當我們停下吃早飯時，傳出士兵里德死亡的消息。我們為他舉行了隆重的葬禮。」

山下，一條河裡有許多鱒魚。馬戛爾尼望著笨手笨腳地摸魚的夥伴在沉思：這些魚就像中國人那樣從手指縫裡滑脫了。

不合適的要求

他們滑脫了，比他想像中還要滑。

九月二十一日，皇帝從熱河發出一道命令，接旨人是浙江巡撫長麟——舟山位於該省。他被提升為兩廣總督。御旨令他盡快讓英國船隻啟程，並提出了兩種設想：如果馬戛爾尼在前幾天給伊拉斯馬斯．高厄爵士的信中沒有提起馬金托什，那就下達啟程命令。如果信中要求等馬金托什，長麟應告訴船上軍官這絕不可能，船隻不能總在舟山停著。「若該夷官等……必欲等候嗎庚哆嘶（即馬金托什）到船方可開行，……當飭令該貢使等即由京前往斯省，回原船與該夷官等一同回國，無須繞道廣東。」

這就是朝廷的難處。它無法強迫船隻啟程。高厄若願意繼續留著，他就可以繼續留著——那就改變使團返程的路線。不是馬金托什一人，而是全體人員都返回船隊。

正當使團緩步憂傷地離開熱河時，驛站的駿馬卻以六百里的速度向長麟，向山東巡撫吉慶，向廣東巡撫兼代兩廣總督郭世勛飛馳而去。又是一道新詔書。皇帝及和珅終於悟出了使團的真正目的，尤其他的主要目的：建立一個常設外交機構。他們是反覆讀了英王的來信才發現這點的。他們在平淡無奇的讚揚之詞外，驚訝地發現了這難以相信的要求。在這以前，除了叩頭事件外，使團沒有再讓他們為難過。這個問題已經解決。他們不加宣揚地走出了困境。大使沒有發怒，即使在他經受從未想到過的精心設計的報復之後也如此。現在突然冒出一個常設機構問題，對此沒有任何妥協餘地。

已做了一切來推遲拒絕，但這一時刻遲早是會到來的。中國的兩名主宰擔心著英國方面的反應。要與馬戛爾尼爭取時間，要求與夷人打交道的各地督撫謹慎行事。這就是九月二十一日上諭的主要內容。「嘆咭唎國表文懇請派人留京居住，其事斷不可行。此次該國航海遠來，是以請加體恤。今該貢使到後，多有陳乞，屢為煩瀆。看來此等外夷究屬無知。該國王奉到敕諭後，或因不造所欲，借詞生事，也未可定。雖該國斷不敢妄生釁隙，但或於澳門地方串通勾結，欲滋事端。長麟到廣東後，務直隨時留心，臨時當先安頓西洋別國人等，使其不致為所勾結，則嘆咭唎即有詭謀，亦斷不能施其伎倆。不可略有宣露，稍涉張望，轉致夷人疑慮。」

皇帝責怪他的大臣不會對付洋人：「或因朕令稍加恩視，即踵事增華，過於優厚，以至長其驕恣；或令稍加裁抑，即過於減損，又失懷柔之道……總當酌量事體輕重，照料得宜，方為妥善。」官僚體制無法解決的問題，層層加碼。

九月二十二日，長麟寄了一份報告給在熱河的皇帝：「臣因在海塘防險，當即專差鹽運使阿林保令夷船無行回國。據阿林保稟稱，初八日隨同鎮臣馬瑀親赴定海，適值夷官患虐甚劇。遲至十一日夷官病勢稍平，當將奉到諭旨令通事明白宣諭，並將夷書給與閱看。據稱蒙大皇帝准令先行回國，夷人實在感激。」「因房間寬敞，醫藥周備」，他們都已恢復。再寬停數日，則病人「俱可就痊，那時即便開行回國」。

信件的傳送

官方文書按一成不變的程序透過皇家驛站頻繁傳送。天子下旨給地方高級官員。驛站以每天三百公里的速度經過幾天奔波之後把聖旨送到官員——通常是督撫——手裡；他們都得先下跪，然後才能閱讀，最後再讓人抄錄一份留下。接旨人要寫出報告，與聖旨一併透過驛站，以每天六百里的速度送回去。當這份附有報告的聖旨送回宮內，皇帝用硃筆加批，成為硃批上諭。抄錄後，驛夫仍以六百里的速度送回省內。接旨人下跪、閱讀，令人抄錄後留在省裡。這種三合一文件：聖旨—報告—硃批由驛夫每天二、三百里的正常速度送回北京，隆重地存檔。皇帝親筆寫的字使這份文件成為神聖之物。帶有硃批的上諭只能入紫禁城皇家檔案館保存起來。我們在那裡見到它時仍完整無缺。

經常皇帝給所有督撫下達同一諭旨。可以想像這些騎士向四面八方疾馳，然後帶著地方官的報告返回朝廷，等候硃批，不管白天黑夜，也不管什麼樣的天氣，他們必須上路，奔往全國各神經中樞，送去皇帝陛下的旨意，這是一番什麼樣的情景呀！

這部不尋常的機器是怎樣使用的呢？為使「奴才們」的意見與皇帝的旨意絕對一致，官吏們情願講他們不知道的事，對他們已發現的危險閉口不談，竭力讓人相信夷人恭敬備至，因為阿諛奉承易表現出人格的兩重性。

皇帝下旨、訓斥、說教。他不是向臣下，而是向在各省的三十來名耳目下旨。他猶如在對自己說話，勉勵自己，教訓自己。每個人都努力為天命唱讚歌，不使其變調——至少在他們交談的信中是如此。

充滿敵意的欽差

熱河到北京是北京到熱河的逆向行程。新鮮感已經消失。我們的旅行者的文章裡只寫了淡淡的幾筆。隊伍來到長城腳下時，一些人再次上去參觀。他們發現那個缺口——上次就是從這裡向上攀登的——已經修復：長城又使外人不得進入。當然他們是想告訴夷人：中國人不光靠長城保護自己，一旦它們被損壞，就會馬上修復。

修復缺口的工程並未阻止向上攀登。托馬斯在九月二十三日記著：「我和吉蘭大夫在長城的一段上散步，一直到了一座高山的山頂。從那裡眺望風光旖旎，能看到長城以及兩、三個村莊。我們撿回幾塊長城的磚和一些似乎是從磚及水泥漿中掉下來的小貝殼。我們看到了長城。它蜿蜒穿越最高的山峰，又在山的兩側盤旋而過。我們回到旅館時已疲勞不堪，住的條件十分一般。」

六天的旅程平安無事。在皇帝行宮的附屬建築裡的逗留根據成年人的記述是無可挑剔。但小孩子又一次洩露天機：中等旅館。王、喬兩位與過去一樣友好，而欽差仍懷有「同樣的敵意」。

馬戛爾尼在離開北京幾乎一月之後於九月二十六日回到首都。沒有任何進展。他甚至在想熱河之行是否是一次失敗的會見。

第四十三章 回到北京

（一七九三年九月二十六日～三十日）

九月二十六日臨近中午，大使和他的隨行人員回到他們在首都的館舍。托馬斯說：「好幾名中國官員在門口向我們致意。我們見到了使團的其他成員，但巴羅和丁維提兩位先生不在，他們當時在圓明園，到晚上才回來。馬克斯威爾給我們講了一些有關歐洲的消息。這是他從傳教士那裡獲悉的。我們也收到了安先生的來信。聽說李先生的弟弟（藍頂子官員）剛從中國南方來，周先生和他一起來的，現在都在北京——這裡比熱河熱得多。」

周先生不是別人，就是從那不勒斯聘請來的第二位翻譯。此人膽小怕事，到澳門就留下不走了。他又鼓起勇氣，冒著險捎來了東印度公司給馬戛爾尼的信。信是七月三日寫的——正是使團船隊六月二十日經過澳門後不久。這十五天的時間足以使人得到確鑿的消息了：法英交戰已迫在眉睫。考慮到傳遞消息需要的時間，戰爭也許已經爆發了。因此組織返程時對此應有考慮。獅子號已不是在平靜的海面上光帶著使團航行了。因為它擁有六十四門大炮，獅子號將於一七九四年春的季風季節領著東印度公司的一個船隊回去。

馬戛爾尼要等所有船隻集中起來，為什麼不利用一下這段時間呢？既然他的中國之行瀕於失敗，為什麼不可以去日本一趟取得些成果以資彌補呢？倫敦曾令他去日本作一次探索性的旅行。這就要去舟山找獅子號。馬戛爾尼已經要求他的船隻立即離開舟山，他是否又要提出讓它留在那裡等他呢？

暫時他什麼也不提。他不願放棄仍在中國逗留一段時間的希望……人們發現他在九月二十七日的日記裡這樣寫：「我們忙於準備把剩下的貢品送圓明園。陪同我們的中國官員好像在催促我們加快行動。這種態度以及我們自己的觀察和獲悉的情報，使我認為我們不會在這裡過冬。」

知情者與不知情者

在使團這個小圈子裡，消息是不傳播的。馬戛爾尼認為保密是他指揮的一個原則。他不允許散布壞消息。安德遜和他的夥伴們還天真地準備在北京過冬。「馬金托什船長感到使團的工作朝有利方向發展，決定單獨於下周一動身回到停在舟山的印度斯坦號，然後駛往廣州，載貨後前往英國」。

九月二十八日，安德遜樂觀異常：「勛爵在與朝廷會晤之後，似乎十分肯定地認為我們要在北京過冬，以便結束業已開始的會談。趁馬金托什回國之際，我們這天都用來給英國寫信。」

馬戛爾尼欺騙他的同伴以維持士氣。但他並不知道自己的這種悲觀預感全都寫在驛夫們疾馳送往全國各地的聖旨裡面。參觀首都兩座皇宮、乾隆設宴招待以及預定的各項娛樂活動與接見都被取消了。馬戛爾尼唯一得到恩准的是去大東門接駕。幾天之後，皇帝給英王的覆信以及一些禮品到了大使手中。

馬戛爾尼並不知道他究竟失去些什麼東西。可能出於謹慎，事先沒有告訴他專為他安排的我們已知道的娛樂節目。英國人首先該履行所有必不可少的禮儀，然後捲鋪蓋回國。「該使臣等亦更無餘事耽延，不過令其料理行李，收裝賞件，數日後即可於九月初五日[1]以前啟程回國。」

皇帝命令徵瑞要他監督所有貢品都要在同一天送到圓明園：如果某些貢品未送，則使團又可藉口不走。馬戛爾尼寫道：中國官吏已顯得迫不及待，反覆說「我們可以叫上百名，甚至兩百名勞力，要多少可以來多少」。馬戛爾尼已不再像最初那樣欣賞一大群人的效率了。童話已經不靈了。

時間局促

使團又一次被弄得措手不及。應該把一切都準備好，等候皇帝駕臨。加快速度就可以達到目的。小托馬斯總是記載得最為詳細：「九月二十七日。上午，我們打開了給皇帝的其餘貢品。有些真是美極了。行星儀已全部安

1　即一七九三年十月九日。

裝好了，並已開始運轉。」

英國人不只是顯示他們的高超技術，他們還竭力想促使朝廷提出合作或作指導。耶穌會士十分耐心，兩個世紀之後還只是算算日蝕、月蝕或擺弄擺弄鐘錶。英國人的野心希望激起中國人的好奇心，以便超過傳教士滲透所取得的微小成果。他們枉費心機。為什麼他們不去問問和善的羅廣祥神父呢？這位遣使會會士關於我們的新發明是這樣寫的：「熱氣球理論、動物磁力說[2]、赫雪爾行星[3]，冷漠的東方人對這一切反應冷淡。」

丁維提寫道：開始時，「傳教士們在圓明園裡非常客氣地當翻譯。後來他們顯得厭倦了」。人也都消失了。這些仁慈的神父不來的原因遠比天文學家設想要嚴重。完全是不讓傳教士見到英國人。遣使會的檔案證實了這點：使團完全被隔離了。

痢疾

九月二十八日，欽差通知說皇帝將於第三天到。馬戛爾尼因風溼痛發作不能動彈。但怎能錯過這次或許能作一次真正對話的機遇呢？徵瑞出於同情，建議分為兩段走到接駕的地方，先到圓明園附近到京時先住的別墅裡去。直到星期天下午大使才感到有力氣走。一到海淀，他就精疲力竭地躺下了。

病的不只是馬戛爾尼一個人。痢疾襲擊了使團。為把病人隔離起來，北京的一部分公館改成了醫院。吉蘭大夫和斯科特大夫在那裡照顧病人，五十名警衛人員中有十八人得病。疾病暫時奪走了我們的主要見證人之一，赫托南先生。

2　編注：這是十八世紀德國醫師梅斯默（Franz Anton Mesmer）所提出的理論。他根據當時英國科學家牛頓的力學原理，認為既然日月之磁力，能影響地球的潮汐變化，想必行星的磁力也會影響人體功能（人體內也像潮汐一樣有規律的變化）。他相信有些人之所以精神錯亂，乃是由於體內磁力失常所致，於是在他的學位論文中，用動物磁力說（animal magnetism）來說明此種影響人體的超自然力量。但他的這種論述並不為當時的主流醫學所接納。

3　編注：赫雪爾（Sir Frederick William Herschel, 1738-1822），出生於德國漢諾威，英國天文學家及音樂家，曾有多項天文發現，包括天王星等（該行星最初以他的名字命名）。被譽為「恆星天文學之父」。

小托馬斯走在勛爵之前。他興奮得像個在探險館裡的乖孩子：「九月二十九日上午，我和巴羅先生一起去圓明園。我看見所有禮品都整齊地陳列在大廳盡頭。效果極佳，中國人很欣賞。」

但按荷蘭人范罷覽的說法——他於一七九五年初到京——連那出色的行星儀都對英國人不利。「傳教士們發現有幾個齒輪已經損壞，零件上標的是德文。他們將這些情況報告給了早就對英使團的許多地方感到不滿的中堂，中堂就報告給皇帝，指出英國人是騙子，在招搖撞騙。」這位荷蘭人還說：「皇帝大怒，命令使團二十四小時之內離開北京。」

這種因果關係站不住腳。軍機處的檔案裡沒有這份報告的任何痕跡。乾隆早就定下了驅逐特使的時間。十八個月以後顯然是從傳教士那裡散布出來的小道消息，還是說明了英國人的失敗，尤其是在他們引以為榮並想以此取勝的科技發展方面遭到了失敗。

最後一次見皇帝

與皇帝的最後一次見面再一次把英國人在皇室典禮中放到了跑龍套的位子上。一七九三年九月三十日，馬戛爾尼清晨三點起床去密雲，它在圓明園北面，幾千名朝臣、大小官員和士兵都在那裡等候。

讓我們從童子的眼中看看這場面吧：「我們候在路旁，兩排士兵手拿著彩旗，一眼望不到盡頭。皇帝和一長串隊伍終於來了，中堂本人也在隊伍中。」

皇帝是坐轎子來的，轎後有一輛沒有懸掛彈簧的二輪馬車。馬戛爾尼在邊坡上想：皇帝一定樂於拿這輛破車換他送的十分舒適的馬車。喬治閣下又一次想入非非：「把這輛如此可憐的車子與我們贈送的漂亮、舒適而輕便的轎式馬車相比，民族感情很可能無法抵抗如此明顯的實用價值。總有一天英國車輛也會像鐘錶和毛料一樣成為向中國進口的商品。」人們似乎在聽當今的一位英國外交官自吹：不久會向中國出口羅伊斯和美洲豹牌小轎車。英國人已準備汲取兩個世界中最好的東西，而中國人則猜到：若要採用英國車輛，就必須改變世界。

隊伍在英國人身邊通過。馬戛爾尼行禮。「我們按習慣單腿跪地」，小托馬斯確切地寫道。多少次呢？隊伍未停就過去了。人群逐漸散去。馬戛爾尼除了返回北京別無它事可做。他感到疲勞不堪。走了那麼遠的路，為的就是來跪一下。然而，皇帝又得再一次見到這一小部分人。當別人叩頭時，他們的上身高出所有其他人。傲慢無禮的英國人。

驅逐與你追我趕

鍘刀突然落下了。乾隆向山東、浙江與江南的督撫又下了一道聖旨：這是一道驅逐令，而當事人只是在幾天之後才獲悉：「嘆咭唎貢使擬於九月初三日即令起身，由水路前赴浙江，仍坐原船開洋回國：所有經過水程地方督撫不必親自接見。只須照常供應，不可過於豐厚。倘使貢使有借詞逗留等事，應催令按程前進。」

朝廷就此最後確定了日程、禮賓規格和行走路線。既然要加速啟程，朝廷決定讓使團去舟山。為了這個解決辦法，可憐的徵瑞被說成「愚蠢無比」。當然，他本人可能是不會指出這點的。

禮儀結束後，在返回公館的路上，巴羅和幾名夥伴與一隊韃靼騎兵同行。突然，因為長期被關著，加上又跑得性起，他們調轉方向，朝城內奔去；他們從另一個門進入新市區。「我們的引路官拚命喊我們回去。我們就越跑越快，穿過了城門。人們在後面大聲喊著追趕我們。我們穿過一條橫街。回到住地時，至少有一百多名士兵在追趕我們」。

除了有意逃走，是不可能跑出嚮導手掌的。嚴密的監視使這批旅行者成為故意起哄的中學生。如今在中華人民共和國境內旅遊的歐洲人，誰不想有朝一日也像巴羅那樣開次小差呢？

那天在巴黎，國民公會通過了最高刑法。這個法令沒能阻止駭人聽聞的通貨膨脹，卻把許多人送上了斷頭台。

第四十四章　遭難

（一七九三年九月三十日～十月二日）

皇帝一到圓明園，便前來觀看禮品——這是當時在場的丁維提告訴我們的。他寧願表現出這一合乎情理的好奇姿態，因為他知道馬戛爾尼不會來向他誇耀這些「貢品」。特使只是在第二天才獲悉皇帝參觀的事；他可能為在皇帝參觀時沒讓自己在場而感到受了凌辱。因此他沒有提及這次不引人注目的視察。又是小托馬斯洩了密：「今天，九月三十日，皇帝賜予安裝儀器的每位先生四兩銀子」，形狀如「韃靼人穿的鞋子」的銀錠。

皇帝和西方兒童

天文學家按部就班地迅速安裝著。氣泵、赫雪爾望遠鏡和帕克透鏡還都在箱子裡沒有打開。如此緩慢的進度使朝廷大為不快。中國人以為重現星球的運行並不比轉動絞車手把更困難。動員「大量的工人」來完成這項工作不就行了嗎？但是，「需要的是某些個人的技能，而不需要大批小工的力氣」。中國人把尖端技術和大批的勞動力混為一談。

十月三日，透鏡終於安裝完畢。皇帝立即再次前來參觀示範表演。英國人中只有天文學家在場。「我們轉動透鏡，由於我站在鏡子前，我得以清楚地見到皇帝。他離我們十分近，他的臉毫無表情。他觀察透鏡不到兩分鐘。他看了一眼氣泵，臨走時冒出這麼一句話：『這些東西只配給兒童玩。』」丁維提沒有把這句刻薄的話向馬戛爾尼報告，或者後者認為最好不要重複這話。

天文學家熟練地做著各種示範。在大量的科學玩意中，他挑了幾件他認為會引起轟動的樣品。[1]他在閣老和幾位大官面前起勁地擺弄這些東西，卻引不起他們的興趣。他感到失望：「中國人的某些思想對一位歐洲科學家來說是種侮辱。」他表演帕克透鏡如何熔化中國的錢幣。和珅用它來點他的煙斗——似乎這個儀器只是個「笨重的打火機」——並提出幾個問題：「是否可以用這透鏡去火攻敵方的城市？陰天時它們如何使用？」但他並不聽回答。一個冒失的太監伸出手指被燒痛了，匆忙把手縮回來，引起哄堂大笑。示範表演到此為止。這太可憐了。

軍事技術也沒有更多的展示機會。「來了一名官員，他要求把炮彈即刻送到圓明園去試射。但中國人自以為技術熟練，沒有要用我們的炮手。」他們是否確信自己單獨會使用大炮呢？他們是否寧可失敗也不願意承認在這個敏感的領域裡處於劣勢呢？英國炮兵把炮送去後馬上就被打發回來。一八六〇年「火燒圓明園時發現這些大炮與炮彈完好無損地仍在那裡。它們從未被使用過。它們被重新運回倫敦」。

安德遜，或者說他的書的編輯庫帕斯，又在胡編亂造：「皇帝欣賞製造這些死亡工具中表現出的發明才能，但也無法掩飾他對使用這些工具的國家的反感，他很難理解為什麼這個國家既聲稱人道主義精神為其宗教的基本原則，卻又在毀滅性的技術方面取得了巨大的進步。」這正是法國大革命風起雲湧時盎格魯－撒克遜托馬斯．佩恩式的「左翼自由黨人」的想法。而肯定不是乾隆的話……

在禮品中，有一具「君王號」的縮小模型，這是一艘裝備著一百一十門大炮的戰列艦，是英國艦隊中最出色的戰船。皇帝被它吸引了片刻。但是他提的問題卻遇到了翻譯上的困難。他的翻譯德天賜神父是個鐘錶專家，他明顯缺乏船舶方面的知識。他對航海術一竅不通。怎麼能把英國人的航海拉丁語——可能本來就有漏洞——翻譯成漢語，並把漢語譯成拉丁語呢？皇帝的興趣索然而止。

有些好奇的人露面了。馬戛爾尼寫道：「把使團孤立起來的局面多少被打破了。一個聯絡系統建立起來了。」

1 編注：例如氣泵、力的平行四邊形、操縱桿、凸輪、滑輪、無頭螺絲、複滑車、絞盤和阿特伍德機（由英國牧師、數學家兼物理學家的喬治．阿特伍德在一七八四年發表的〈關於物體的直線運動和轉動〉一文中提出的，用於測量加速度及驗證運動定律的機械。此機械現在經常出現於學校教學中，用來解釋物理學的原理，尤其是力學）。

他很容易知足。但這些看熱鬧的人補償不了對去熱河前常來看他的傳教士下達的不許再來使團的禁令。

傳教士的困境和當扒手的官員

傳教士的痛苦在增加。德天賜神父向斯當東和巴羅吐露的知心話反映了他們所有的苦惱。他低聲向他們透露說，傳教士在華麗的外表下過著痛苦的生活。他們被禁止離開北京，除非得到皇帝的准許。他們衣袋裡的掛錶或辦公桌上的小擺鐘如果被人看到，他們最好盡快送掉：如果遭到拒絕，窘迫的官員便會叫他們完蛋。富人根本不可能「太平地享有其財富」；當官的就會「看中他們的錢」。「作為獎賞，告密者會得到被揭發人的職務。探子多如牛毛，一切都逃不過他們的眼睛。而傳教士是首先受懷疑的對象。」

一天，丁維提博士感到一名官員的手伸進了他坎肩的口袋裡，迅速地扒去了他的小折刀，把它藏在自己的一隻袖子裡。這個人見博士沒有反應，便把另一隻手伸進另一個口袋。天文學家猛地把他推開，大聲說：「這樣不行」，「在英國，只有扒手才這麼做」。

皇帝慷慨地賜予每個安裝機器的英國人一件禮物：「一位老太監堅持要我們在接受禮物前先行三跪九叩禮。」巴羅回答說，他的同事及他本人認為自己沒權做特使認為應當拒絕做的事。想找個台階下的韃靼親王高雅地承認了失敗：這是個誤會；只要他們像特使在熱河那樣行禮就行了。巴羅及其夥伴於是就行了單膝下跪禮。

從一份宮內文書裡我們得知給使團的許多禮物來自附庸國的貢品。六百五十名英國士兵和海員每人被賞賜高麗料子，穆斯林土產的白布和緬甸的黃麻布各一塊。這真是貢物的大循環，就像在聖誕節和元旦之間轉送了好幾次而未打開的盒裝巧克力。

離京的傳聞和意外的召見

馬戛爾尼在十月一日的日記末尾這樣寫道：「在我們來到之前，有的大臣就說在住滿四十天時就會要求我們離開——這是帝國法律為外國使團規定的期限。」**在我們來到之前**，馬戛爾尼強調他的行為對於他感覺到要求離京的威脅沒有關聯，也就是說他沒有錯。他開始明白，他的使團事先已注定只能演出一曲以進貢為主題的刺耳變奏曲。

一聽到這傳聞，他便寫信給和珅。他再次要求准許馬金托什重返在舟山的印度斯坦號船。至於他本人，他希望一俟氣候允許，[2]便在春節後去廣州。他屆時可乘在澳門的英王的船隻返回英國。英使打算告辭……但要在春天。和珅則在「第二天即十月二日上午」，在圓明園召見了他。

不對！馬戛爾尼得知離開的消息不是二日，而是一日。小托馬斯的日記明白無誤地記載著：「十月一日，星期二。今天上午，勛爵和爸爸去圓明園。閣老說我們最好在冰凍前動身。」丁維提證明是這個日子，他是乘坐同一輛車前去圓明園的。是記錯了嗎？除非馬戛爾尼往後推了一天，以使人覺得他採取了主動，這樣可以減輕匆忙離去造成的丟臉程度？

以下是他記的召見時的情況。中堂把一切都歸結為天氣、健康、厭倦情緒、思念家鄉，這是上流社會人物的談話。使節感到他握有第一次也是最後一次機會來談正經事——談他來的目的。他滔滔不絕地說了起來，好似在外交上遭難時扔入海裡的一個瓶子。

「今天上午，儘管身體很不舒服，我還是去了圓明園。開始中堂交給我幾封信，他說這些信從舟山由帝國驛站剛送到。其中一封是馬金托什的大副寫給他的；還有兩封是伊拉斯馬斯．高厄爵士寫給我的。」目擊者丁維提報告說這些信都曾被中國人打開過。德天賜神父未能為他們翻譯。和珅把打開了的信交給收信人，不客氣地打聽信的內容。作為整個秩序的保證者，他難道不應當了解一切嗎？在當局沒有比收信人先知道之前，任何消息都不應流傳。這種做法直到最近還很常見，中國人自以為有權決定是否轉交來訪者的信件。

馬戛爾尼便告訴和珅——他自己也同時獲悉——印度斯坦號沒有船長不能啟航，但是獅子號準備離開舟山。和珅說：「我希望獅子號還沒有離開，因為你們離家這麼長時間後可能急於回去。想想您的病號。有些已經死了。皇帝十分擔心你們的身體。北京的冬天很冷！你們應當在嚴寒來到前就動身。」

2 這一年的春節是一七九四年二月一日，這季節運河被冰封住。馬戛爾尼一直不打算在春季來到前離開北京。

馬戛爾尼堅決表示他完全禁得住寒冷的氣候。既然中堂在熱河曾對他表示希望「在圓明園經常見到他」，並「在那裡發展他們間的友誼」，他就在這座宮殿裡抓住「初次交談」的機會「三言兩語地闡述他的主人國王託付給他的使命」。

他一口氣都沒喘，終於向和珅說明了使團的目的：「我的國王希望皇帝恩准我根據歐洲的慣例，作為常駐使節留在朝廷，費用由我國負擔。這樣便能在世界上最強大的兩個君主之間建立起牢固的友誼。作為交換，皇帝亦可向英國派駐使節。我保證一切都會安排得完全使您滿意。皇帝的特使可舒適地乘坐英國船隻旅行；他們將受到尊重，並能安然無恙地返回。」

請求恩准離京

馬戛爾尼順勢向和珅解釋種種商業上的照顧，他的任務就是來提出這些要求，但這只會給中國帶來好處。

魚兒再次從手指間滑走了。和珅以他慣有的機靈避免「進入討論」。他重複說：「皇上只是為了使節及其夥伴的健康才希望使節動身的」。否則，英國人延長在京逗留「只會使他感到高興」。當馬戛爾尼最後起身告辭時，和珅和兩名副手錶現出加倍的友好。李神父在馬戛爾尼耳邊說他對使團的前景抱有信心。

馬戛爾尼回到住所後便獲悉傳教士正在把皇帝致國王的信從中文譯成拉丁文。不一會，王和喬前來告訴他中堂將於第二天再次接見他，可能是為了把詔書交給他。他們補充說：「為了他的使命的成功」，他完全應該「懇求恩准馬上動身」。馬戛爾尼在日記中寫道：「這番話是對他們悄悄說的」。

中國人建議他自己提出結束在華使命。孔子說：「朱攆而先退，善人之舉也。」[3]這是習慣化的做法。如乾隆極為喜愛的兩個女人就被說服去懇求太后恩准她們自盡，而太后出於仁慈，也就表示同意。

馬戛爾尼尚未甘心接受這種免遭侮辱的做法——而他認為這種做法本身也是侮辱性的。他垂頭喪氣，猶豫不

3 譯者查不到該句的對應古文，只得根據法文意思譯出。

決，而伊拉斯馬斯・高厄關於獅子號馬上要啟程的信本應使他做出迅速反應。

當中國人害怕報復時

英國人並沒有意識到他們的處境如此之糟。但中國人並沒有獲勝。和珅的舉止是急不可耐，而又小心謹慎。他為達到目的而迂迴前進。英國人固然是蠻夷，但他們是其中一個危險的種族：他們的船隊十分強大。應該消除他們報復的企圖。首先就要拖延。

朝廷主要害怕的是馬戛爾尼竭力想自己留在北京，或者留下一個親信，比如喬治・斯當東。奇怪的是中國人如此擔心的這個想法馬戛爾尼竟從未有過。徵瑞奉命等著瞧；wait and see 在所有國家皆通用。

因為和珅擔心出現難以預料的反應。首先是禮儀方面的：「此時若再將留人住京，斷斷不可各情節向該貢使提及，恐該貢使復生疑慮，托病遷延，或不肯收拾貢物，又推故不領敕書皆未可定。」朝廷沒有忘記馬戛爾尼是如何使他們在叩頭一事上讓步的。誰知道這個洋鬼子會做出什麼事呢？還要注意的是按業已程式化了的禮儀去做：不要引起任何可能打亂程序的事。禮儀要是受到嘲弄，那將是多麼可怕呀！

乾隆也表現出某種內心的憂慮。另一封信表明他在英國人背後看到的是整個英國。蠻夷建立常設公使團實為「心懷窺測」；「其事斷不可行」。但「該國王具表陳懇。非若使臣等自行稟請之事」。

另一份文件具體說出了這種擔憂：澳門容易受到英國艦隊的攻擊。「今悉嘆咭唎居西洋各國之首。」更糟糕的是：「在西洋諸國中較為強悍」。它還「對各國夷人在洋搶掠」。雖貢使眼見「天朝法制森嚴，萬方率服」，然而在澳門和廣州，「嘆咭唎商船較之西洋別國為多」。若此國「捏辭煽惑」別國夷商「稍滋事端」，「不可不留心籌計，預為之防」。如果英國人利用在北京的固定崗位，便可成為各國夷商的「必然的中間人」而「壟斷謀利」，這對他們將是一張多好的王牌啊！

驅逐外國寄生蟲

規定的期限結束了。英國人必須請求恩准離京。十月二日，騎士們提前把這個消息送到各地，以便對此事產生的後果進行預防。老皇帝反覆地講他的憂慮並不斷對沿海各省的總督和提督下達命令：「採取措施提防英國人的任何反應。」

首先採取軟的做法：「長麟赴粵後」，務必「先向別國夷商詳悉曉諭英國未受恩優渥」……「讓別國夷商安心，悉心經商，不與該貢使往來」……「再澳門似有西洋尼僧，夷商俱報信奉。未知嘆咭唎人是否一氣交給？如是，則向其詳悉曉諭，囑令謹慎從事。」「似乎」：難道不是以索德超為首的在京葡萄牙「尼僧」在向和珅提示他可以信賴其他「尼僧」，即在澳門的同樣也是葡萄牙籍，同樣也是人質的「尼僧」？

然後採取恫嚇手段：要讓軍人鎧仗鮮明，以使英國使臣有所畏忌。慑以兵威，以達到不求之兵戒的目的。已經在搞威懾了。

「各省海疆最關緊要。近來巡哨疏懈，營伍廢弛」；必須振作改觀，方可「使知畏懼」，「弭患未萌」。「毋任嘆咭唎夷人潛行占據」特別是「珠山等處海島及附近澳門島嶼」。飭屬認真巡哨，「嚴防海口」！要「不動聲色，妥協密辦」。要防止「內地漢奸」私行勾結外夷，「希圖漁利」。正是此等奸民「最為可惡」。重要的是「毋任濱海奸民勾結外夷」，要「嚴切查察，究出勾引奸商數人，從重治罪，以示懲儆……」

帝國的機器開始轉動以驅逐外國寄生蟲並揭發可能存在的同謀。它用的文字風格有些像咒語，裡面除了對有效性的考慮外，還有一些妖書的成分。

第四十五章　御座上的一卷紙軸

（一七九三年十月三日）

中國人認為思想準備工作已經夠了。現在該行動了。十月三日夜裡，欽差徵瑞把馬戛爾尼從病榻上叫了起來，他「被邀穿上朝服去參加一次大臣會議」。他想不起一生中是否聽到過「如此令人討厭的消息」。他勉強起身，還是服從了，他穿上禮服，匆匆忙忙前去紫禁城。

有必要如此急嗎？他應當等候接見。不論皇帝直接或間接出現，按規定要求等候三小時。馬戛爾尼很難壓制他的怒火。

奇特的典禮將在太和殿進行。於是他便第一次來到這紫禁城的中心。只有極少的外國人被允許進入太和殿；然而，不論是他還是斯當東都沒有對此提過一個字。他們沒有心情欣賞景致，而是一心想知道詔書的內容。一個高大的台階下，擺著一張鋪著黃緞的椅子。皇帝並沒有坐在那裡，上面是他的詔書，這是一回事。當中國人在一卷紙前叩頭時，馬戛爾尼和他的同伴們則行「習慣的屈膝禮」：低頭，單膝著地；也許做了九次，因為他們參加了集體叩頭。然後，他們列隊從椅子背後繞一圈。

拒絕禮品

和珅告訴馬戛爾尼說，詔書將隆重地送到他的住處。他避而不談內容，似乎形式比內容更為重要。他用手指漫不經心地指著幾張桌子，上面擺滿了黃紙包：這是送給使團的最後一批禮物。

閣老不再像以往那樣客氣。馬戛爾尼很快便發現他的敵對情緒，因為「他斷然拒絕我送給他的幾件高級禮品，而起初他是表示接受的」。難道不是他親自提出要給誰送禮的嗎？特使和副使為禮品被拒而深感不安，甚至當著托馬斯的面談起了此事。孩子明確指出：「我因為不太舒服，所以沒有去。皇帝給使團成員。僕人和士兵們送了禮。

我們也給閣老送了幾件禮品；他沒有接受。皇帝也不願意接受馬戛爾尼勛爵贈送的一輛四輪馬車。」完了，車輛的輸出……

馬戛爾尼感到「筋疲力盡，都快支撐不住了」。他尚有毅力重新提出前一天的要求，但是要求先走一步，留下喬治爵士代他討論這些問題。和珅簡單地回答他：「您隨時可以給我送照會來」，然而從語氣中特使沒有感到有任何希望。「再說他對前一次照會尚未答覆呢。」

直到最後一分鐘馬戛爾尼仍試圖分析中堂臉上的表情：昨天是詼諧活躍，今天卻面有慍色。可能惡劣的情緒比愉快的表情更為真實，愉快的表情是想讓使團自覺動身——而得到的卻是為其想長期逗留所作的放肆的辯解。

馬戛爾尼是作為局外人來參加他失敗的最後一場戲的。他覺得這種儀式極為荒唐！御座上不是坐著皇帝，而是放著他的詔書；對這張紙片要求行屈膝禮；他的禮品遭到拒絕，而他本以為會很受歡迎。我們知道九月十日的皇帝詔書禁止接受這些禮品。馬戛爾尼閉口不談他遭到的羞辱。無疑他是這樣感覺的：他對在熱河取得的禮儀上的勝利還在抱有幻想呢。

但是，馬戛爾尼贈送給和珅的裝有彈簧的馬車已經送走了。安德遜介紹了中國人如何對英國人「一再侮辱」。英國人要求把車子送回以便拆卸包裝。沒有答覆。他們當時有「那麼多的事情要做」，所以沒能打聽「車子的下落，以及如此失禮地拒絕禮物的原因」。閣老拒受作為禮物的車子，那麼他是否會將其作為戰利品攫為己有呢？

馬戛爾尼先走了，斯當東則留下；和珅陪他遊覽一圈：散步可避免進行外交談話。和珅領著斯當東觀看了幾個樓。「只是讓他們從遠處看了看皇帝的宮室」——紫禁城必須名副其實。

斯當東曾誇張地描繪過一些毫無價值的地方，這次卻以微不足道的口氣介紹了這個最為神聖的地方。如果說中國是中央帝國，那麼紫禁城便是中央的中央。斯當東平時十分敏感，現在卻對一切都似乎視而不見。處身於潰敗的境地，英國人再也無心欣賞了。

這時，皇帝的詔書在緊跟著馬戛爾尼。他一回到住所，便接到了詔書。詔書由一乘奢華的轎子送來，必須在它面前屈膝低頭，在場的十六名清宮官員叩頭九次。隨後到了禮品。又重複了同樣的儀式。

如此急於召見讓人不再有疑惑了。馬戛爾尼也不再裝作聽不懂他們的暗示，否則很可能以不那麼婉轉的方式向他明確指出。他決心要求准予離京。

同一天，在浙江

就在十月三日這天，還是浙江巡撫的長麟上書皇上：「臣渡洋至停泊夷船之定海縣。據夷官回稱：『我們前蒙貢使代奏仰沐大皇帝恩典准令先行回國，實願及早開行；惟因病人尚未痊癒，懇恩准令暫緩數日。』臣驗明病夷尚有二十餘名，現在醫治未痊屬實。臣若催行迫促，不惟該夷等妄生疑懼。臣當即傳諭該夷，爾等不服水土，既然懇求聖恩要在浙江醫治，大皇帝矜恤爾等至優極渥自蒙恩准。並遵旨傳諭該夷，以爾國貢使奏稱尚有夷官一名嗎庚哆嘶欲在浙江置買茶葉，順帶回國，已蒙大皇帝恩准，並蒙格外加恩免其赴關納稅。宣諭之際，眾夷人同聲感頌歡忭之情動於詞色。」就這樣，在舟山的英國人獲得了馬戛爾尼為他們請求的照顧。而他本人在北京則並不知道此事。

這份報告是給內閣所有成員閱讀的，而一份附片則是專為皇上而寫的。我們找到了這份文件，上面有皇上親手寫的硃批。它有點像一次遠距離的對話：

臣長麟謹密奏：唊咭唎國夷人患病詢屬真情；而其實系有意耽延欲候嗎庚哆嘶回船置貨。

——是。

——臣思此次若令該夷在浙得有便宜，將來又必貪求無厭懇通貿易，仍須禁止駁飭似屬不成政體。

——所想甚是。

——臣查從前該國夷人曾經屢來貿易。彼時原有浙江人郭姓，能通夷語，為之交通引過作為夷人經紀。此時郭姓已經病故，是經紀人已屬無人，雖尚有伊子郭傑觀亦能略司夷語。知。

——臣已密囑地方官將其嚴行管住，不能與各夷交通。且二十一年間，該夷等正在貿易，仰蒙諭旨飭禁，該夷等即潛行起身回國，尚欠浙江鋪戶商人銀一萬五千餘兩，至今無著。臣已預令地方官密諭浙江鋪戶各商，如爾等復與夷人貿易，該夷等勢必仍前拖欠。該夷至浙江時鋪戶商賈均不願與之交易。

如此辦理不惟不必明拂該夷之意，亦可永絕其來浙貿易之心。

——所見甚正，是見留心。即有旨。

紫禁城內有好幾個層次。十二名內閣或軍機處的成員應當感到放心；朝廷就是透過他們行使權力的。但是，皇帝作為附片的唯一對象——他只將此信給和珅看——將知道所有可能引起他猜疑的事。任何認識夷人的中國人或認識夷人者的後人，或可能與夷人交談的中國人都是潛在的公敵。不僅應當喚起中國人對夷人的警惕，而且也要引起他們對可能與夷人交談的中國人的警惕。這是中國的一個不變量！耶穌會士早在十七世紀初就寫過：「利瑪竇神父熟悉的官員不願意在自己家裡與神父們交談，因為他們處處對外國人表現出極大的恐懼。」一直到八〇年代初，仍然只有少數中國人敢於在自己家裡接待西方人。

然而，展示禮品鬧出了笑話。老太監前來對丁維提鞠了幾個躬，然後告訴他要立即卸下大水晶吊燈。這是皇帝的命令，他要把它們掛在自己的屋裡！丁維提拒絕了，十分反感地回到城裡。他剛一轉身，便來了七個人把吊燈拿走。這是掠奪。皇帝不明白科學儀器的價值，表現出一副傲慢冷淡的態度，卻抵擋不住中國人對燈具的熱愛。

巴羅和吉蘭第二天早上到時，已是破壞殆盡。吊燈不見了。盒子被扯得粉碎，帕克透鏡橫在石板地面上。這有些像第一次「火燒圓明園」。丁維提禁不住詛咒起來：「這些透鏡舉世無雙，現在卻永遠也不會讓人知道了。」接著他聲稱：「中國除了被一個文明的國家征服之外，沒有任何辦法能使它成為一個偉大的國家。」在下一個世紀瓜分中國的歐洲人也將具有這種信念。

第四十六章　君主給封臣的信

（一七九三年十月三日）

以下是乾隆給喬治三世的覆信，馬戛爾尼是十月三日下午獲悉內容的。信上簽署的日期是九月二十二日。其實經由宮內文書，我們現在知道七月三十日起草了一份稿子，並於八月三日呈報皇帝：在馬戛爾尼見到皇帝前六個星期，即在他把國王的信交給皇帝前六個星期！而這份敕書本應是對國王信件的答覆！也就是在禮儀危機爆發前的六個星期！因此使團的失敗並不僅僅是因為拒絕叩頭。這早就策畫好了。我們現在猜測敕書的措辭由於這些蠻夷的傲慢而更為強硬；但是，從實質上來說，回信的內容不會有什麼不同。

先是接受對方稱臣。慣例式的回答可以事先就擬好，因為它基本上沒有變化；只是要考慮該國臣民或貢使的特點適當填寫而已。

相反，變化大的是敕書的三種文字譯稿的先後譯法。

原文是用中文古文寫的，裡面不斷使用高傲的接近於侮辱人的語氣。

將原文譯成拉丁文的傳教士仔細地刪除了最傲慢的詞句。他們自己就說要刪去「任何帶有侮辱性的語詞」。最後，就是這個樣本，使團的頭頭也不願意在他們生前予以發表：只有在他們死後才——部分地——為人所知。他們僅滿足於把拉丁文的譯本概述成英文。為此，就出現了一份以後被認為是正式的譯本，但實質上完全是偽造的文本。因為，在被善良的神父們刪改過的譯文中，馬戛爾尼與斯當東還刪除了所有可能刺傷英國人自尊心的內容。這是一個刪節本的刪節本，味道是淡而又淡了。

那麼，我們就借助於中文原文，首次發表下面的全文譯文：[1]

奉天承運皇帝敕諭暎咭唎國王知悉[2]，咨爾國王遠在重洋，傾心向化，特遣使恭繼表章，航海來廷，叩祝萬壽，並備進方物，用將忱悃[3]。朕披閱表文，詞意肫懇，具見爾國王恭順之誠，深為嘉許。所有繼到表貢之正副使臣，念其奉使遠涉，推恩加禮。已令大臣帶領瞻覲，賜予筵宴，疊加賞賚，用示懷柔。其已回珠山之管船官役人等六百餘名，雖未來京，朕亦優加賞賜，俾得普沾恩惠，一視同仁。至爾國王表內懇請派一爾國之人住居天朝，照管爾國買賣一節，此則與天朝體制不合，斷不可行。向來西洋各國有願來天朝當差之人，原准其來京，但既來之後，即遵用天朝服色，安置堂內，永遠不准復回本國，此系天朝定制，想爾國王亦所知悉。今爾國王欲求派一爾國之人居住京城，既不能若來京當差之西洋人，在京居住不歸本國，又不可聽其往來，常通信息，實為無益之事。且天朝所管地方至為廣遠，凡外藩使臣到京，驛館供給，行止出入，俱有一定體制，從無聽其自便之例。今爾國若留人在京，言語不通，服飾殊制，無地可以安置。若必似來京當差之西洋人，令其一律改易服飾，天朝亦不肯強人以所難。設天朝欲差人常駐爾國，亦豈爾國所能遵行[4]？況西洋諸國甚多，非止爾一國。若俱似爾國王懇請派人留京，豈能一一聽許？是此事斷斷難行[5]。豈能因爾國王一人之請，以至更張天朝百餘年法度。若云爾國王為照料買賣起見，則爾國人在澳門貿易非止一日，原無不加以恩視。即如

1 好奇的讀者可以在與本書有關的《文化衝突：中國人的見解》一書中對三種文本進行比較。

2 在拉丁文譯文中，這段開場白被細心地省略了。

3 若以文件為依據來看這段歷史，英國是叩了頭的——皇帝就是這麼寫的。好心的神父把這一段譯成：「咨爾國王遠在重洋，生性高尚，特遣使前來恭敬致意，祝朕壽辰。所賚表章，朕已批閱，備進萬物，用將忱悃，朕已嘉納。」這樣一改便令人歡喜了。

4 和珅可能對馬戛爾尼建議用他的船把中國常駐使節帶到倫敦感到驚訝和不滿。他不僅沒有對此一侮辱性的建議給予答覆，而且還加上了一句話。他假裝相信如果中國人提出這樣的要求，它肯定只會被拒絕。這就是對這種可能性關上大門的最漂亮的做法。

5 「非止爾一國」，這就把英國放在一群小附庸國裡了。「此事斷斷難行」，為什麼難行？因為從來沒有過。從未做過的事是斷斷難行的。這裡我們就觸及到僵滯不變的帝國的精神上的深層實質。

從前博爾都噶爾亞（葡萄牙），意達哩亞[6]等國屢次遣使來朝，亦曾以照料貿易為請。天朝鑑其悃忱，優加體恤。凡遇該國等貿易之事，無不照料周備。前次廣東商人吳昭平有拖欠洋船價值銀兩者，俱飭令該管總督由官庫內先行動支帑項代為清還，並將拖欠商人重治其罪。想此事爾國亦聞知矣。外國又何必派人留京，為此越例斷不可行之請，況留人在京，距澳門貿易處所幾及萬里[7]，伊亦何能照料耶？若云仰慕天朝，欲其觀習教化，則天朝自有天朝禮法，與爾國各不相同。爾國所留之人即能習學，爾國自有風俗制度，亦斷不能效法中國[8]，即學會亦屬無用。天朝撫有四海，惟勵精圖治，辦理政務，奇珍異寶，並不貴重。爾國王此次繼進各物，念其誠心遠獻，特諭該管衙門[9]收納。其實天朝德威遠被，萬國來王，種種貴重之物，梯航畢集，無所不有。爾之正使等所親見。然從不貴奇巧，並無更需爾國製辦物件[10]。是爾國王所請派人留京一事，於天朝體制既屬不合，而於爾國亦殊覺無益。特此詳晰開示，遣令該使等安程回國。爾國王惟當善體朕意，益勵款誠。永矢恭順，以保義爾有邦，共享太平之福。除正副使臣以下各官及通事兵役人等正貫加賞各物件另單賞給外，茲因爾國使臣歸國，特頒敕諭，並賜繼爾國王文綺珍物，具如常儀。加賜彩緞羅綺，文玩器具諸珍，另有清單，王其祇受，悉朕眷懷。特此敕諭。

6 「義大利」（意達哩亞）當時尚不存在，它從未派過特使。可能是指教宗，他並不從事貿易，但他先後於一七〇五年、一七二〇年和一七二五年派遣三位特使，企圖解決禮儀問題，但未成功。

7 固定熟語。嚴格地說，這是明顯的誇張。應當把這個數字除以二。

8 信件行文的精確令人讚嘆。身為文明國家的中國具有用書面法典化了的理法（拉丁文 statuta，意為「被確定和固定下來的東西」）。而被視為蠻夷國家英吉利則只有口頭相傳的風俗制度，他們透過口頭留傳給後代（拉丁文為 consuetudo）。

9 天朝帝國與國際社會不一樣，它沒有外交部（也沒有駐中國的或駐外國的使館、公使館或領事館），而僅有理藩院。擔任翻譯的神父謹慎地避而不提這個令人感到羞辱的機構。要等到一八六〇年火燒圓明園的刺激後，中國才終於設立總理衙門，隨後向外派駐第一批使團。

10 這些字眼在禮品開箱前幾週就已確定，當時朝廷還只有禮品的臨時清單。

世界上唯一的文明

這就是那封信，未經修改的、在傳教士為美化它而施行整容術之前的那封信，現在原封不動地展示出來了。馬戛爾尼本人不了解原信內容；在他死後，人們不好意思地將它改頭換面了。

喬治三世希望傳播英國的先進技術，並與中國進行技術交流，希望在澳門－廣州的貿易正常化並使之擴大到其他港口，改善歐洲人的居留條件，開闢新的市場，所有這一切都以百餘年法度為理由而遭到拒絕。被法典化了的東西不能有任何改變。被鎖閉的東西不能去打開。可能誰也沒有見過比這更僵滯不變、更封閉的社會。

這份恢復了原貌的敕書不僅是從馬可．波羅到鄧小平時代有關中西關係的所有文件中最奇特和最重要的文章，它也是我所知道的給人印象最強烈的變態的典型。儘管在許多民族的行為中可以發現變態的跡象，但沒有哪個國家比滿族統治的中國在這方面走得更遠了。對於一個民族——一種文化，一種文明——來說，這種變態不僅表現為自視比他人優越，而且在生活中認為世上唯有他們才存在。我們可以形象地稱之為集體孤獨症。

第四十七章　扔入海裡的瓶子

（一七九三年十月三日～四日）

在十月三日這一陰沉的日子裡，畫家威廉・亞歷山大奇怪地寫道：「倘有一線希望對公司提出的要求予以滿足」。這又一次反映出使團中情報落後於時間。

馬戛爾尼現在該著手草擬曾向和珅宣布過的照會。他把尚存的精力都花在寫這份文件上面了。第二天，十月四日，李神父和小托馬斯兩人忙了一天，一個翻譯，另一個抄寫。

大不列顛國王請求中國皇帝陛下積極考慮他的特使提出的要求。

國王指示特使懇請皇帝陛下恩准：

一、英國商人在舟山或寧波港，以及在天津，像在廣州一樣經商；他們必須服從中國的法律和習俗，並安分守規矩；

二、英國商人有權按俄國人從前在中國通商之例在北京設立一所貨棧，以便出售商品；

三、英國商人可以在舟山附近擁有一個小島或一小塊空地，以保存他們未能賣掉的商品；在那裡他們將盡可能與中國人分開以避免任何爭端或糾紛；英國人不要求設立任何像澳門那樣的防禦工事，也不要求派駐軍隊，而只是一塊對他們自身及其財產安全可靠的地方；

四、同樣地，他們希望在廣州附近獲准擁有一塊同樣性質、用於同一目的的地方；或至少被允許在需要時可常年住在廣州[1]；另外，在廣州和澳門居住期間，他們應有騎馬、從事他們喜愛的體育運動和為健康進行鍛鍊的自由——他們將注意在得到准許後將不打擾中國人的生活；

五、對航行在廣州和澳門之間或在珠江上航行的英國商人不必徵收任何關稅或捐稅——至少不要比一七八二年前徵收的稅更高；

六、對英國商品或船隻不徵收任何關稅或捐稅，除非皇帝簽署的文件有所規定，這時應給英國商人副本，讓他們明確知道他們必須支付什麼稅項，以避免向他們徵收得過多[2]。

本使節希望得到和珅閣老對此作的書面答覆，以使英國國王滿意。

一七九三年十月三日

這正是敦達斯的指示：「除非遭到全面拒絕，要得到一份書面答覆。」馬戛爾尼並不明白他剛收到的敕書的真正意義。令人奇怪的是：天子對這位理性主義者的散文看得十分透徹；而這位理性主義者卻不能穿透中國修辭的帷幕。是出於疲勞的緣故呢，還是由於傲慢引起的懷疑？

對新的觀念感到害怕

這些要求與在北京設立常駐使團的要求一樣「荒謬」嗎？否，馬戛爾尼巧妙地在文中塞進了幾個先例。英國人確實曾在寧波和舟山經過商，俄國人則到北京經過商。但後者很久以來就被趕到恰克圖，「就像你們的人被趕至廣州一樣」。

1 春節一過，中國人就馬上要求外國人乘最後一艘歐洲船離開廣州去澳門，他們只准在秋天下一個季風時節乘第一艘船從澳門回廣州。每年進行此一來回遷徙的花費越來越高。

2 帝國的稅款由公行的中國商人繳納。他們把稅完全轉嫁到外商身上，並隨意添加他們宣稱必不可少的賺頭，並且，不只一個官員還會再加上他們所要的錢數。歐洲商人從不知道他們到底要付多少。另外，他們可能提出的申訴也必須經過這個公行。也就是說這種申訴根本沒有成功的希望。

現在該是總結的時候了。勛爵自忖：一切都在促使他動身，而他卻為什麼要留下呢？然而，這是多麼令人痛心的失望！但想到是在自己那麼重視的事業中栽了跟頭，他不覺得自己有什麼可責備的地方，這種自慰又是那麼的微不足道。從那些一點新鮮事物都為之膽戰心驚、從那些生活在乾隆末年為保自己的前途而玩弄陰謀的大臣們那裡能期望什麼呢？因為馬戛爾尼認為：「我遇到的大多數中國人坦率、真誠，並隨時準備幫助我。下層階級渴望的只是發展貿易，並會以讚許的目光來看英國商人的到來。」

再說，這些被人稱為不可變更的慣例真的不可變更嗎？它們反映的不只是偏見的量嗎？永恆不變的叩頭這慣例不是為了他，而且也是被他打破了嗎？馬戛爾尼不得不承認乾隆朝廷的墨守成規；他並不相信中國的僵滯不變。十月三日晚，他收到了病倒在床上的錢德明老神父寫給他的一封信，這封信使他的預感得到了證實：「當中國政府不再對一種新的觀念感到害怕時，它是會認真加以考慮的。」在此之前，那位耶穌會士堅決勸他動身。

既然是必須，馬戛爾尼也就決定離開。他讓人給和珅送去一封信，信中指出如果獅子號尚未啟錨的話，他就等對他的要求作出書面答覆後，馬上重返獅子號。他附上一封給伊拉斯馬斯·高厄的信，信中請高厄等著他。否則，他必須經由陸路去廣州，因為印度斯坦號裝載不下整個使團。

這正是和珅所期待的。夜間很晚的時候，欽差前來告訴馬戛爾尼，他獲准可以告辭，他給伊拉斯馬斯爵士的信已以最快的速度送往舟山。皇上出於極大的關懷，為了避免使團在寒季旅行，把出發的日子定為十月七日——即三天之後。

保持警惕

自十月四日早上起——甚至馬戛爾尼還不知道他是否要動身和什麼時候動身，信使已在策馬加鞭把一份聖旨送往直隸、山東、江南和廣州的督撫：「暎咭唎國貢使瞻覲事竣，於九月初三日啟程，由內河水路行走，赴廣東澳門。」

朝廷尚未收到長麟十月三日的奏摺，裡面說英國船仍在定海，並還要在那裡停好幾天。他只在十月一日收到一條消息，和珅將它告訴了馬戛爾尼：獅子號即將出發。看來皇帝預見到要通過內河去廣州。只要蠻夷盡快到達澳門！他們以什麼方式動身對他來說無關緊要，只要討厭的使團不惹出亂子就啟程就行。長麟從浙江調任兩廣總督，他將使用一切手段注意使團的行蹤。

第四十八章 「我們像小偷似的離去」

（一七九三年十月五日～七日）

在馬戛爾尼的隨行人員中，由於那麼多的消息都很晚才傳到，所以到第二天才爆發騷動。「有人說我們要在後天動身，」托馬斯寫道，這天的日記裡他其他事一點都沒提。丁維提憤怒至極：「十月五日，上午十時，不肯定的情況終止了。使團獲悉它在北京的時間還有兩天。夢幻破滅了。從科學角度看，這是一次十足的慘敗。做的幾次實驗並不能戰勝中國人的偏見。特使曾建議其他的試驗：熱氣球、潛水鐘、煙火，然而他的對話者的眼裡沒有露出絲毫對此感興趣的神情。」馬戛爾尼寫道：「事情已經了結。」

如果只限於馬戛爾尼和斯當東這兩位高級官員的記述，我們感覺不到幾乎整個使團表現出的驚訝狀態。但是只消讀一下安德遜、丁維提、托馬斯的記述以及兵弁們寫的未發表的日記便能了解英國人的驚慌失措和怒氣沖天了。

王大人和喬大人以自負的神氣向勛爵透露，皇上指派一位大人物松筠來陪使團。馬戛爾尼在熱河遊覽庭院時已見過他；他們相互談過對俄國的回憶。徵瑞將陪伴使團到天津。王大人和喬大人尚不知他們是否也參加旅行。選擇松筠（他是六位組成內閣的大學士之一）表明押送出境時還給了他們很高的待遇；好像在對你百般凌辱之後以加倍的恩惠來給以補償。

十月六日，欽差徵瑞，王大人和喬大人一大早就來「幫助準備工作」。或是為了加速準備工作？他們客氣地說：「朝裡許多人對使團馬上就走表示遺憾」，「可惜使團不能留下更長的時間」！

十月六日小托馬斯只記了一件事：「今天，一名士兵死去。」人們以為是在讀《女人學堂》。但死的並不是小貓，而是英國的一名軍人。又死了一個人。為了這一失敗多少人白白地死去！伊茲的葬儀要遠在通州舉行。

安德遜（更恰當地說庫帕斯）冷靜地寫道：「我們的整個故事只有三句話：我們進入北京時像乞丐；在那裡

居留時像囚犯；離開時則像小偷。」

最初閣老同意馬戛爾尼的請求，答應增加兩天準備時間，後來這兩天時間又被取消了，所以準備工作十分倉促。由於和珅想為自己辯護，乾隆已作出決斷：「你讓使團滯留不歸就錯了！要讓它盡快離開，因為冬天臨近，可能影響他們的歸程。」

所有的東西必須在白天打包。許多箱子不見了。匆匆忙忙釘上幾塊木板就算保護國王和王后肖像的箱子了。由於時間倉促，畫上的華蓋不是卸下，而是扯下來的；因為缺乏包裝用品，便把它給了馬戛爾尼的僕人。其他東西則成了中國人的掠獲物。「他們竊走了大量的酒，我們自己亂成一團，無法防止他們的順手牽羊。」

他們整夜準備，直至清晨。沒有人能睡眠。最後，筋疲力盡的英國人把被偷剩下來的行李裝上車。丁維提總結說：「難以描述的混亂。」

最後的召見，最後的凌辱

十月七日。動身那天的早上。但在離開北京前，使團將被朝廷最後一次召見。

禮儀再次成為凌辱，除非凌辱被禮儀所掩飾。召見只不過是順路停一下。使節中午離開住所。他穿過城市，來到閣老的府邸，後者與「二閣老」福長安，他的哥哥福康安，以及幾位大學士一起接見馬戛爾尼和斯當東。所有的人都身著朝服。因為要對貢使完成最後兩項禮儀：「送交皇帝的禮品」和「送別使團」。

老皇帝拒絕告別時再召見使團。他肉體上並沒有在場；但是他還應該再一次光臨。和珅用手指著放在一張鋪著黃緞的桌子上的兩個紙軸：一個是皇帝賜的所有禮品的清單；另一個是皇帝對勛爵提的六個要求的答覆。

「我對和珅說，我希望這個答覆是有利的；這樣它就會多少緩和人們離開皇帝陛下居住地時很自然地產生的遺憾心情。閣老似乎對在這樣的場合說出這樣一番客氣話感到意外。」也許令和珅意外的是英國人竟把第二個紙軸看得比第一個紙軸更重要，因而表明他始終沒有明白中國人是如何理解使節這個概念的。

和珅改變了話題，他希望使團的成員在「其逗留期間吃得很好」，希望馬戛爾尼對皇帝「親自選擇松筠」陪伴使團去舟山感到滿意。「閣老裝出一副親切的笑容，但我覺得福長安和他的兄弟卻表現出一副不冷不熱的神情。

我有理由懷疑朝內的勾心鬥角在這些大人物之間引起了分歧。」

從這最後一次召見中，馬戛爾尼堅信自己是陰謀的犧牲品。他在聖．詹姆斯宮裡時這種事情見得多了！「我是在宮廷長大的，我了解內中的祕密。」他揣測在當時最專制的君主制度國家比在已經實現君主立憲制的國家裡這些勾心鬥角要更為厲害，他正是後一種國家的一位傑出的官員。

他顯然沒有錯，即使陰謀並不是他失敗的唯一原因，但也不會與他的倉促離京無關。梁棟材神父的一封信暗示說：「這些先生和那些只從書本上了解中國的所有外國人一樣，他們不了解這個朝廷裡的習慣。他們帶來的翻譯比他們更不了解情況……再加上皇帝年邁，到處都是狡詐、不公正的人，而所有的大人物和寵臣都貪婪地只想收禮和發財。」

使團既然被打發走了，那就不得不上路。欽差大臣，王大人和喬大人，百餘名英國貴族、士兵和僕人，一大批中國陪同人員——這些人組成了大隊人馬浩浩蕩蕩地離開了北京，開始穿越中國的長途跋涉。

隊伍出發前，叫來了一名五品官——他帽上鑲有一顆白色透明的頂珠。他跪倒在地，保持這一姿勢，讓人在他背上用寬的黃緞帶繫上兩個紙軸：如果說其中的一個，即禮品的清單在馬戛爾尼看來是微不足道的話，那麼另一個，即皇帝對他的六個要求的答覆則將決定（實際上已經決定了）使團只不過是自尊心受到些損傷，但得到了具體的好處作為補償；還是以徹底失敗而告終。

五品官跨上馬，走在大隊人馬的前頭。馬一跑，緞帶便飄了起來，輕拂著決定命運的紙軸。馬戛爾尼追逐著仍在迴避他的答覆離開了北京。

第四部

真正的使命開始

（一七九三年十月～十一月）

慎終追遠，民德歸厚矣。

——孔子，《論語》

如果一個民族的每個成員都是弱的，這個民族就不可能長期強盛，現在尚未找到把一個由懦夫組成的人民變成一個強大民族的社會形式和政治組織。

——阿歷克西·德·托克維爾

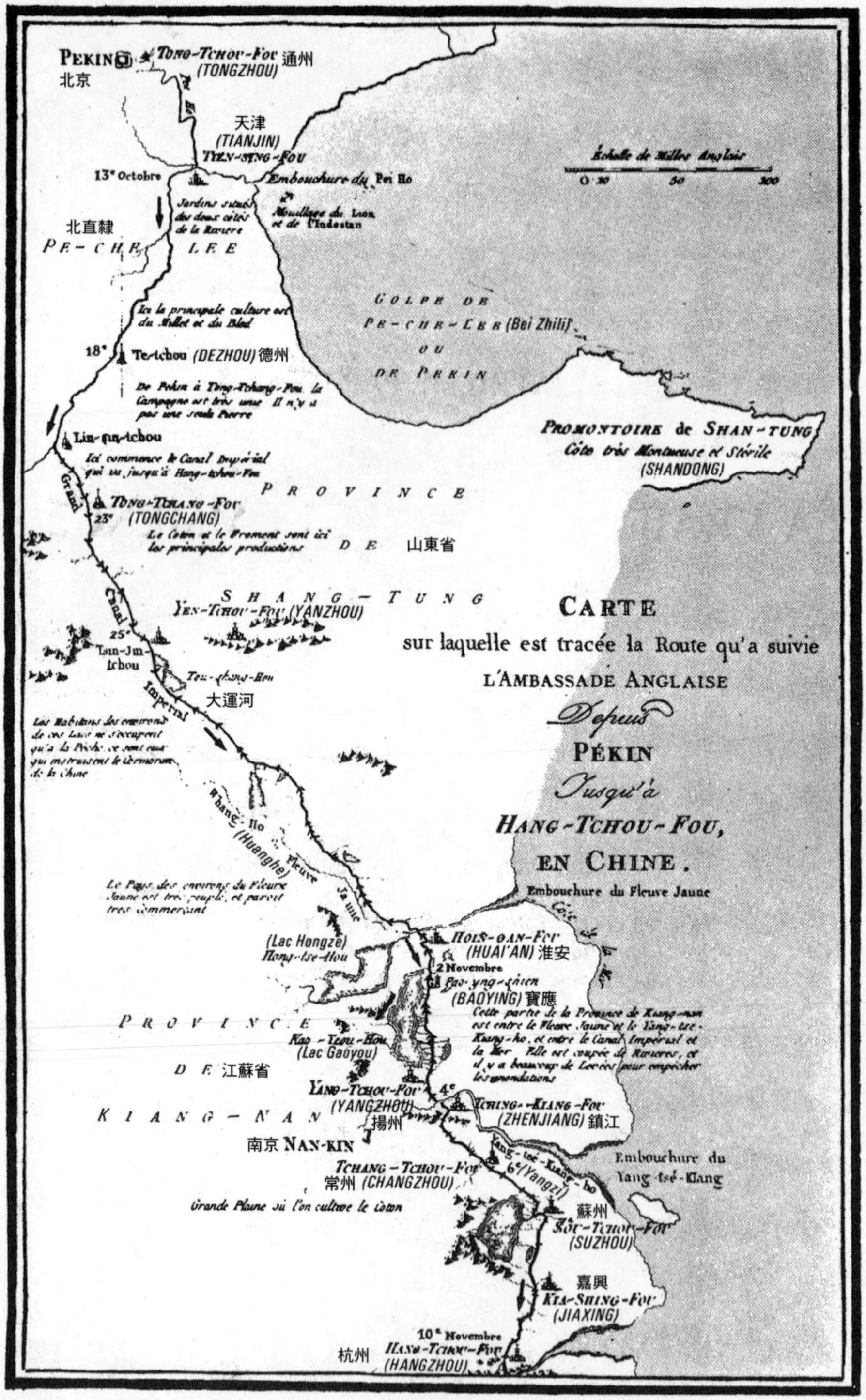

英國使團行進路線圖：北京→杭州

第四十九章 遲到的答覆

（一七九三年十月七日～八日）

正統觀念能回答一切。

——歐內斯特·勒南

告別了和珅，馬戛爾尼在獲准在通州得到信件之前，還有五個小時的路要走，通州是將延續七十三天的「黃色旅行」的第一站。人馬在作為招待所的寺院前止步，使團在來的路上已在此住過。背著信的官員下了馬，跪在勛爵面前，以便卸下皇帝的信件。這樣，馬戛爾尼只能在遠離京城後才能得知信的內容。太遠了，已無法對此作出反應，這就像在束手無策的惡夢中一樣。

陪同官員們天使般的微笑和帶信官員的禮儀給又一次嚴厲的拒絕蒙上了一層不現實的光環。中文的原文又使我們看到了神父翻譯的拉丁語譯本和後來的英文報告都仔細地改得緩和了原來的粗暴語氣。這不是閣老對一位特使照會的答覆，而是中國君主致英國國王的第二份敕書——以此來結束這些討論。

爾更張定制

今爾國使臣於定例之外，多有陳乞，大乖仰體天朝加惠遠人撫育四夷[1]之道。且天朝統馭萬國，一視

1 這是對帝國疆域以外國家的傳統稱呼。

同仁。即在廣東貿易者亦不僅爾暎咭唎一國。若俱紛紛效尤，以難行之事妄行干瀆，豈能曲徇所請。據爾國使臣稱，爾國貨船將來或到浙江寧波、珠山及天津收泊交易一節。向來西洋各國前赴天朝地方貿易，俱在澳門[2]設有洋行收發各貨，由來已久。其他海口均未設有洋行，亦無通事，不能請曉爾國語言，諸多不便。除廣東澳門地方仍准照舊交易外，所有爾使臣懇請向浙江寧波、珠山及直隸天津地方泊船貿易之處皆不可行。

「對北京貨行」和「既無洋行又無通事純屬無用的小海島」亦一樣。六個要求的其餘內容透過沉默的方式，遭到同樣的命運。

「人們向我提出一個問題……」

奇怪的是，敕書不僅拒絕了備忘錄中的六個要求，還拒絕了並未提出的第七個要求——就像戴高樂在一次著名的記者招待會上回答了一個沒有人提出來的問題。乾隆拒絕讓「英國國教」講道，何況它「與以前的基督教並不相符」。

英國內閣從未有過這種傳布信仰的念頭。中國人是否想透過把此一禁令載入將具有法律權威的文件中以做到有備無患？他們是否想採取主動，對這些蠻夷——如法國人、義大利人和葡萄牙人已經做的那樣——有朝一日會探索的這個領域先關上大門？

一年後，賀清泰神父在寫給馬戛爾尼勛爵的一封信中，有趣地敘述了中國人是怎麼做的。當他正與羅廣祥神父在城裡吃夜宵時，一位官員命令他們立即陪他去圓明園附近的海淀住所。他們不得不把握時間，因為城門就要

2 皇帝每次講到澳門，總要同時提到廣州。因為通商是在澳門和鄰近的城市廣州之間進行的。在廣州進行貿易只是因為它靠近葡萄牙的商埠，而該商埠為兩個半世紀的共處創造了條件。

關了。他們一到，官員就要他們翻譯和珅答覆馬戛爾尼的要求的稿子。但草稿字跡潦草，難以辨認，唯有這位官員能看懂，於是他便逐句唸給兩位神父聽。

當唸到關於教會的那段時，兩位神父「十分驚訝」，試圖使那位官員相信這段可能錯了：「英國先生們並沒有要求傳道，而只是要求為他們的商人開闢商埠。」這位官員固執地不肯改動。這使兩位傳教士「十分反感」，因為讓他們譯成拉丁文的那份文件表示：他們在中國「僅僅是為皇帝當差」，並沒有允許他們傳道。

兩位翻譯照例緩和措辭的語氣，而不敢更改內容，生怕中國人叫第三個傳教士檢查他們的譯文。賀清泰神父補充說：「至於責怪變了宗教，中國人一個世紀以前就知道這事了。再說，英國商人帶往廣州許多有些猥褻的細密畫的鐘錶。」（從英國自澳門向廣州運進「猥褻的細密畫」，到從香港祕密傳入廣州，又被講究道德的人民中國查禁的黃色錄影帶，真是一脈相承！）

這兩位神父向馬戛爾尼作出如此這般的解釋，是否想消除對他們會在該事端中起什麼作用的猜疑？難道他們不會在應朝廷要求翻譯英國備忘錄時悄悄塞進第七個要求？他們這樣就能趁機厚顏無恥地提出一個他們知道不可能被接受的要求導致中國拒絕，以便長期排除英國國教的可能競爭。這種玩弄權術的設想我認為站不住腳。當馬戛爾尼在路上向松筠提出這一問題時，後奏並不否認皇帝的答覆超越了國王的要求。特使和大學士的見解不謀而合。

相反地，可以想像以索德超為首的葡萄牙傳教士給和珅出主意，多餘地拒絕對方沒有提出的要求，——葡萄牙人的猜疑激發了中國人的猜疑。索德超減輕了和珅的慢性風溼痛。錢德明神父寫道：「一個外科大夫透過給人看病，可以比所有其他富有才華的傳教士加在一起為我們神聖的教會獲得更多的保護人。」

美夢破滅

馬戛爾尼接到這份敕書猶如挨了當頭一棒。他在啟程前曾說：「要使人類的知識更趨完善，要不顧我們天性裡的缺陷去建設一個幸福的社會，這就不光需要我們與中華帝國間建立起自由的、不受限制的關係。」但是，這種樂觀的衝動卻已被粉碎了。

在中國人眼裡，這位啟蒙運動時代的人只不過是一個低下的商人，一個蹩腳的傳聲筒。使團耷拉著腦袋回來了，但使團的榮譽卻要求不把難以忍受的拒絕透露出去。敦達斯對馬戛爾尼下的指示就像是要求保守祕密的命令：要是**朝廷全部拒絕**，寧願它沒有存在過。應當不予洩露。

像第一份敕書一樣，英國人給予其同胞的第二份敕書也是經過刪改的譯本。一七九三年十一月九日，馬戛爾尼從杭州給亨利．敦達斯寫了一封長信，信中只談到兩份皇帝敕書：「委派常駐北京大使的要求被拒絕。所有其他問題不加具體說明就被簡單地排除，皇帝陛下認為泛泛地盡應對我們的商人優加體恤就夠了。」

馬戛爾尼美好的夢想破滅了，這是多麼令人傷心呀！「這是英國派往中國的第一個使團，許多人，首先是我，對它的訪華滿懷著希望，作為該團的使臣，我不能不感到最痛苦的失望。我不能不為失卻了最初的前景而感到萬分遺憾。」

人們並沒有讓馬戛爾尼長久地沉浸在這沮喪的思考中。當地知府[3]向他指出水位低了，而且每日都在下降。「皇上對您表現出多大的關心啊！他親自過問讓您盡快動身。幾天後，這些河流就不能再通航了。」馬戛爾尼也許沒有完全了解中國，但是這一次他卻沒有上當受騙：「這位官員也學會了。」對於皇帝的「關心」，他已經吃盡了苦頭。

3 馬戛爾尼在注釋中寫道：「一個滿族韃靼人。」此外，他明確指出「副將王大人倒是漢人。」這是一種少見的情況：滿人與漢人的對等安排——根據慣例，在政府的最高職務中是如此，而在地方上則靈活些——通常是相反的，漢人文官輔以韃靼武將。

第五十章　一位文人大學士
（一七九三年十月八日～十日）

沮喪之外，又增添了無聊。通州，都已經見過。船隻，也已經見過。然而，馬戛爾尼寫道：「準備工作還需要好幾個小時；但是它們進行得如來時一樣認真。」人們感到他下決心要使自己放心，就像一名觀察軍官食堂的將軍。在普通士兵方面，安德遜則不那麼熱情高漲。還是一片混亂：「沒有人能認出自己原來乘的船。行李還扔在岸上，因為缺少足夠的苦力把它們搬運上船。在來時對特使給予的照顧此時都已消失不見了。」托馬斯補充道：「我們將沿河而下，但這些船隻不如來時那麼漂亮了。」

丁維提也談到了倉促混亂的場面。一上船，這位頭頭就無心再注意周圍的事了。

重新找到拒收的馬車

碼頭上出現了怪事：贈予和珅卻遭拒的那輛馬車，它就停在使團下榻的「寺院對面」，「一大群中國人圍觀」。它處境可悲，後來被扔進艙底，經過中國各港口，最終在馬德拉斯上岸。這又是一件令人感到恥辱的事。

十月八日，船隊解開纜繩。漫長的航行開始了。北方的秋天很乾燥；運河和大江的水位大為下降。第二天白天，船隻三次擱淺。這就有很好的理由——不僅僅是禮儀方面的——要抓緊動身
勛爵說，只是到了十月十日下午，「王大人才來告訴我：松筠剛收到皇帝的一封信，他希望告訴我信的內容。過了一會，我見他的船很快向我的船靠攏。」

馬戛爾尼上了他的船，感謝這位大官在熱河皇家園林裡客氣的接待。松筠告知馬戛爾尼：皇上的詔書責成他保證使團順利到達舟山，並送使團上船。如果船隻已不在舟山，他將陪同使團直至廣州。事實上，朝廷剛才終於要求官員如果大船尚未出發，就讓它們留在舟山。

隨身攜帶大量書籍旅行的官員

馬戛爾尼被吸引住了。大家感到他有些受寵若驚，因為擔任內閣成員的六名國務大臣之一竟然勞駕花那麼多天時間來陪他。他認為彬彬有禮的松筠和粗暴愚蠢的徵瑞相比有天壤之別。斯當東也對這個「生性謙和」、「為人寬厚」的人讚不絕口。他富有「文學修養」，這可能有助於「根除他的民族偏見」。這是他所遇到的唯一在「旅途中攜帶大量書籍」的官員。然而，他是韃靼——蒙古人。他在袍子外面套著一件黃馬褂，表現出「一副凜然不可侵犯的樣子」。「一天，翻譯剛要在他面前坐下，立即被他糾正站起來」。

馬戛爾尼終於找到一位水準相當的對話者——因為他的話不再會引起什麼後果，所以可以自由表達。在馬戛爾尼告辭後半個小時，松筠就來回訪。談話又回到他們在我國期間有過的經驗上去了。松筠奇怪馬戛爾尼怎麼會在我國待了三年。馬戛爾尼則費了不少力氣向他解釋歐洲各國的關係是建立在常駐使節的基礎上的。

蒙古人又一次向馬戛爾尼講解中國的禮節。中國只有在重大場合才接見外國使節，如一位皇帝的葬禮、加冕或壽辰，一般是四十天，超過四十天的情況很例外。只有在皇上龍恩大開時，才允許使團的逗留時間大大超過這個禮儀規定的期限。[1]

「他詳細地談起了中國的風俗習慣；他知道這與我國的完全不同。**違反了風俗習慣而不危害國家是不可能的。因此，外國人不應當對此介意。**」

馬戛爾尼趁機向松筠摸底，以了解清廷對自己的印象。他為自己進行認罪辯護。他當時對那麼多的事都不知道！他肯定沒有像希望的那樣討得皇上和大臣們的喜歡。馬戛爾尼想讓對方說些恭維話。松筠立即使他放了心。不過，他是這樣向主子報告這次談話的：「奴才傳知令該正副貢使至奴才船內，敬謹面宣恩旨。據該正副使俯伏口稱：『我等仰蒙大皇帝格外恩施，因時屆冬令，氣候漸寒，念我等不服水土，恐河路凍阻，諭令及早回國。我

1　包括路程在內，使團在中國領土上度過了半年多。如果包括澳門在內，那就逗留了九個月。但按到達北京至離開首都計算，則正好是四十天整。

等實在感激不盡。』該貢使等感戴情狀出於真切。」我們又掉進了深藏兩種真相的井裡。

大學士走後，喬大人和王大人兩位老搭檔來了。他們又為其君主的寬宏大量唱了一番讚歌；提供了四十艘帆船，一千個民工，從八月五日以來，每天花在食品上的費用就達五千兩銀子。

馬戛爾尼折算了一下：「五千兩銀子，即一千五百英鎊[2]。」他懷疑這麼多錢是否真正花在食品上。他記得喬大人說過山東遭受水災的農民是如何得到賑濟。皇帝發放了十萬兩銀子。「第一位官員扣下二萬，第二位扣了一萬，第三位是五千，以此類推，最後只剩下兩萬兩給了可憐的災民。」馬戛爾尼想：「中國人枉為孔子的信徒，他們在本質上和西方人一樣，並具有相同的弱點。」也像今天接受援助的許多民族一樣。

拉犁的男男女女

十月十一日，馬戛爾尼寫道：河水很淺，縴夫拖著船隻在河底行走。另外，早晚越來越冷，儘管中午時分依然很熱。

我們的旅行家們自北向南穿過中國，見到了各種氣候和作物。這裡主要種高粱——中國人的大多數燒酒都是用它來釀的，包括茅台酒。小托馬斯以其敏銳的眼光進行觀察：「十月十一日，早上很涼，頂風。我們來時見到的穀子[3]現在都已被收割乾淨。在這些地裡已開始種新的作物。」孩子為之驚嘆不已，但這裡的集約耕作是與人口過剩連在一起的；他在英國從未見到過這種景象。

高粱是十六世紀由衣索比亞經緬甸傳入的，它在人口大量增長的中國起了重要的作用。在同一時期，葡萄牙人經由澳門，從美洲引進玉米的和白薯。安南的大米傳入福建。這些新的作物擴大了耕地，帶來了兩季收穫，增加了產量。大家忘了美洲的發現和遠洋航行給中國帶來了也許與歐洲一樣多的好處。從十六到十七世紀，中國的

2 相當於一九八九年的九十萬法郎。
3 托馬斯．斯當東把高粱錯譯成穀子。

人口似乎從八千萬增加到一點六億，而到乾隆統治時期又翻了一番。「土地處於連續耕種的狀態；因此使用最簡便的犁耕地就行了。如果土壤很鬆，男女都可以拉犁。」

灌溉是最為發愁的事。通常打開水閘即可：河流和運河的水位高於地面。但是，水位過低時則出現相反的情況。中國人的無限的耐性就彌補了這一點：「兩人面對面地站在兩塊地上；每個人手裡拽著兩根繩子，繩子繫在一個桶底不透水的水桶上；他們將桶汲滿了水，然後將桶像鞦韆似的晃出去；當晃的力量夠大時，水便注入田埂另一邊的蓄水池裡去了。」

討人喜歡的松筠

十月十二日，與松筠又進行了一次談話。托馬斯寫道：「我們登上了將全程陪伴我們的大官的船。他給我們讀了一封皇帝的信，其大意是我們在整個旅途中應當受到良好的照顧。」聽說伊拉斯馬斯．高厄爵士與他的船仍在舟山[4]。對馬戛爾尼來說這是個好消息，伊拉斯馬斯．高厄爵士有希望收到他十月四日的信。對中國人來說也是個好消息，使團越早上船，他們便越早放心。

還有一個好消息：英國人被允許上岸散步——帆船的速度比人步行還慢。但是，乾隆的命令是明確的：「不令該貢使隨從人等上岸，亦不許民人近船觀看。」松筠因此承擔了違犯聖旨的責任，不過僅僅是允許他們在沒有百姓居住的地方。對這種隨便違背正式命令的做法，松筠只是在幾天後才向皇上報告：「該貢使曾向奴才言及，內河船窄，久坐船內易生疾病，意欲間或登岸隨舟行走幾步等語。奴才因其所請尚近情理，業已飭知管船員弁只許伊等白日在沿堤清靜地方偶而隨船散步。該貢使人等遵守約束，詞色之間頗知感念。」乾隆同意了這個建議。

托馬斯記下了這個建議的局限性：「在離天津上游一英里處，我們停了半小時。我們在與一所寺院毗鄰的一個小花園裡活動一下雙腿。」在穿過天津時，英國人又重新被關進了帆船。

4 這是對長麟十月三日自舟山送出的報告——途經北京——的傳聞。

馬戛爾尼有了信心，便又提起他的使命的「主要宗旨」：「使英國商人得到皇帝的保護和厚待。」松筠急忙回答說皇上已下令要寬容對待所有在廣州的歐洲人。馬戛爾尼還想知道得更多一些。英國商人是否能了解皇帝賦予他們的權利？儘管松筠隨身攜帶著大量圖書，但他似乎不理解「權利」這個概念。馬戛爾尼堅持問道：商人們是否還會不經說明就給課以越來越重的關稅？他說：「如果不停止這種敲詐勒索，每年有六十艘大貨輪駛入廣州的英國貿易今後只得放棄。」

松筠答道：「要知道，稅率隨時要根據情況作些調整。」他承認東京灣和西藏的戰爭加重了徵稅。現在戰事已經結束，和平應當使稅收減輕。

終於進行了一次真正的對話

馬戛爾尼在日記中沒有寫他還談了英國追求的其他目的：為它的貿易開放新的口岸；擁有第二個澳門。馬戛爾尼認為，除了英國自己開闢商埠外，別無出路。而松筠則認為除了為葡萄牙開闢的商埠外，沒有其他進入中國的通道。無論是寧波、舟山、天津，還是其他地方都不會允許通商。特使應該去掉一切幻想。[5]

然而，自從馬戛爾尼來到中國以後，他第一次感到是在進行一次真正的對話。他可以像一位大使在歐洲某個首都一樣花上幾個小時和一位國家要人討論他的事務。

能在好幾個星期中接近六位主要大臣之一、乾隆和和珅的日常談話者，真是意想不到的收穫！他現在終於能夠談起他出使的具體目的，而不是聽憑別人安排，成為一次表示效忠的低三下四的行為。

錯誤的「使命」——依中國人之見，即完成禮儀的使命——完全結束了。他可以開始進行實質性的談判。真正的「使命」——接受西方的見解，就是現實的使命——開始了。

5 我們是透過松筠給皇上的奏摺得知這部分的談話內容的。

第五十一章　天朝文書（一七九三年十月十一日～十五日）

延緩執行聖旨者杖五十。逐日增加，可至杖一百。

——《大清律例》

松筠竟迷住了馬戛爾尼。特使為在熱河和北京時他未作為中間人而直遺憾。勛爵也一度想過：「如果他是在愚弄我呢？」「不會的，他表現出真誠和友誼。他要是不真情實意，那他就是世上頭號偽君子。」他必定具有很大的魅力。十幾年之後，他當了廣州總督，他仍然迷住了東印度公司的代理人托馬斯·斯當東爵士，當時他已長大成人，並稱松筠為「好朋友」。

天朝文書表明馬戛爾尼對正直的松筠和討厭的徵瑞所作的區分完全是想像出來的。英國人天真地認為天朝官僚機構是由好人和壞人組成的。好人幫助倫敦的意圖的實現，如直隸總督、梁肯堂或大學士松筠；壞人則極力使倫敦的目的實行不了，如欽差徵瑞或福康安將軍。然而從他們的奏摺看出只有神聖陛下的臣僕，只是分寸不同而已——因為還有「方式方法」的問題……

當西方人在二十世紀與極權制國家打交道時，這種幻覺仍然盛行：他們試圖不斷地從中區分出「鷹派」和「鴿派」。這些政權則維持這種神話。

「十足的偽君子」？如果說不洩露密令就是虛偽的話，松筠確實是個偽君子。他避而不談他受命在必要時動用軍隊彈壓英國人之事。但是他也奉命「不要稍露形跡，致涉張皇」。要嚴守祕密，讓夷人自我暴露，而自己則什麼也不要洩露。

但是最後檔案暴露了一切。在讀過英國對這些交流的說法後，我們現在來看看中國的說法。先是用套皮頭花劍進行的紳士式的細膩的決鬥，到十月十一日給松筠和有關督撫下達了下面的諭旨，這就是大刀砍殺了。

原船當在寧海停待調治患病之人。並查出從前該國夷人曾在浙江貿易，現已密行曉諭鋪戶[1]嚴行禁止。該貢使等經赴浙江乘坐原船回國，較為簡便，較之赴粵可省過半路程。松筠務須會同長麟，妥協辦理，勿任借詞稍有逗留。

夷人等欲在寧波置買貨物一節，惟當凜遵約束，按例置買茶葉絲斤。長麟查出從前乾隆二十一年該國夷商曾至寧波貿易拖欠鋪戶銀一點五萬餘兩未償，已密諭鋪戶等以前事為鑑，毋庸與之交易，借可杜勾引之弊。此事向未聞之，長麟所查甚為周細。

若該貢使等向松筠懇請置買物件，當諭以爾等夷船現在寧波停泊，已准就近酌買茶葉絲斤，**其沿途經過地方不得再行買物，致違天朝體制**。

浙江人郭姓從前曾經勾結夷商，今已病故，伊子郭傑觀已經嚴行管住。著即派要員伴送由別路進京備詢，不必全帶刑具[2]。

還算運氣。可憐的郭。

皇帝與奴才的對話

松筠十月十三日從天津回覆這個詔書時詳細敘述了前一天他與馬戛爾尼的談話內容——英國人認為這次談話非常鼓舞人心。他的陳情書將在十五日被榮幸地加上硃批。

1　在那些沒有由官員任命並控制的公行做仲介的地方，一切企圖與外國人打交道的商人都是奸商。他們不僅破壞帝國的制度，而且都犯下叛國罪。

2　套在犯人脖子上又厚又重的木板，通常還用鐵鍊鎖住雙腳，以防他逃跑。

該正副貢使免冠屈膝恭聆恩旨。口稱我等曾於何地上船放洋事躊躇再三……令蒙傳旨知浙江留船俱未開行，我等寔感激不盡。

該貢使出至艙外，復轉入舟中向奴才述稱：「我等意欲沿途經過鎮市買些物件。」該夷使貪冒成性。

——小器可笑，硃批寫道。

奴才當即遵旨，諭以內河經過地方，天朝體制，此等處貿易商人向不與外國交易。

——所阻止甚當，乾隆批示。

該貢使聽聞之下點首凜遵尚知感畏。奴才經過各處時亦總不令該貢使隨從人等上岸，亦不許民人近船觀看。

——好，聖上指出。

奴才到浙會晤長麟即催令放洋回國。不令與牙行鋪戶人等經手，致啟奸商勾結之事。

——甚是！不可姑息，皇帝強調。

這不是一份報告，而是給皇上的一面鏡子。乾隆喜歡在其中見到自己的形象。與此同時，還有奏摺呈給皇上。一份來自廣州，出自巡撫郭世勛之手，送到北京時是十月底：「一得該貢使等到境消息，即派撥文武大員多帶員弁兵丁列營站隊，旗幟甲仗務令嚴整以壯觀瞻。夷人性情詭譎，難以深信。候其到粵時，如有妄行瀆請之事，當嚴加駁飭。」

第二份是兩江總督長麟的奏摺，它將於十八日送到北京：「江南境內營訊墩台已飭預備整肅，足壯觀瞻。臣復密札經過所屬道府將備不動聲色，嚴肅彈壓，俾該貢使知所畏懾，不敢少有逗留。臣仍遵旨不與該貢使接見。」

為了驅逐這些討厭的人，一切都已準備就緒。在巴黎，辦事更為迅速。瑪麗·安東尼的案子十月十日開始審理。而十六日她就上了斷頭台。

第五十二章　勞動和日常生活

（一七九三年十月十七日～十八日）

四民之中，惟農最苦……水旱、霜雹、蝗蜮間為之災，幸而收成，公私之債，交爭互奪。穀未離場，帛未下機，已非己有。

——司馬光，十一世紀

十月十三日，當英國人回到天津時，比去的時候吸引了更多的人。他們擠在河的兩岸。霍姆斯估計有兩百萬人。使他感到驚訝的是一個手持鞭子的士兵，甚至只要見到官員就可為使團開出一條路來。「中國百姓一聲不吭，便讓出一條通道。他們習慣於這樣完全順從，稍有違抗就會即刻遭受十分嚴厲的懲罰，所以他們從來不敢進行任何抵抗。」

豐盛的食品擺放在絲綢和錦緞的桌布上。它們很快就被搬到船上。進城後不到三小時，船隊就又重新出發了。

兩頭母牛和英國茶

途中，一艘帆船裡上了兩位不速之客——兩頭母牛。在中國，除了韃靼地區外，牛奶僅用來哺乳牛犢。然而英國人卻喜歡在他們的茶杯中倒上少量的奶。他們現在有鮮奶了。

在被粗暴地攆走後，如此的體貼使馬戛爾尼陷入了沉思。「難道這正是因為他們想讓我們空手而歸？」這一時的清醒並沒有持續多久，「也許他們開始意識到自己的錯誤，並希望轉變態度？」松筠顯然取得了極大的成功。

出了天津，船隊避開他們來時走的左邊那條河流；他們取道南邊一條更大的河道，即把收穫的糧食作為貢賦運至皇帝糧倉的「運輸之河」，這條河也叫「御河」，它是雄偉壯觀的南北交通要道、統一中國的大動脈大運河的第一段。

十月十六日，小托馬斯寫道：「該地種滿了樹木，村莊點綴其間。河流蜿蜒曲折。兩岸呈坡面形以防水災，由於地面比河面低，水災還是經常發生。」天文學家寫得更為具體：「河流蜿蜒曲折有時繞成一個完整的圓圈；由於水運非常繁忙，船隻給人以漂在陸地上並通向四面八方的奇特印象。」

由於水流湍急，每艘船二十來名縴夫還得使出很大的勁。河岸逐漸增高，綠樹成蔭，煞是好看。村莊秀麗如畫，田園規畫整齊。每隔三四英里便有一條小運河通向內地。

岸邊有兵士列隊歡迎英國人：「兵站之間僅隔數英里。他們保護來往客商免遭盜匪的襲擊。」這是一連串兵站中的頭幾個。事實上，盜匪的歷史和中國的歷史一樣悠久。我們的一位傳教士說：「偷盜行為很多，但是很少發生為掠物而殺人的事。」巴羅說：「有時大群盜匪威脅到人口稠密的城市」。根據傳統的說法，冬季不利遠行，因為沿路盜賊猖獗。而有了兵站，盜賊就得謹慎行事。

朝廷驚慌

英國人試圖從甲板上捕獲有意義的景象，以逐漸構成他們對中國的看法。他們的觀察隨著縴夫緩慢的速度而移動。在此期間，中國的官僚系統卻忙碌不停，信使策馬加鞭，文書往返不斷。皇帝激勵高級官員提高警覺，後者則回答：「時刻準備著！」

這就是十月十五日的情況。使團由松筠引導過了天津，溯御河而上。在舟山群島，五艘英國船隻仍然停泊在定海。但是，伊拉斯馬斯．高厄爵士由於得不到馬戛爾尼的消息——他尚未收到十月四日的信——將於第二天動身。在北京，無論是皇帝還是和珅，就像在帆船上的松筠和使團一樣，對此都一無所知。

在舟山隸屬的寧波府，新巡撫吉慶剛一上任便忙碌起來。他的前任長麟已經上路奔赴廣州擔任新職，但突然又中途折回，乾隆要他回到浙江幫助松筠和吉慶監視使團在舟山啟程。

十月十五日這天，皇帝向官員又下達了新的指示。要不斷保持壓力。他在拿破崙之前就篤信「最有用的修辭法就是重複」，他不厭其煩地重複他的命令：

> 該貢使等見小貪利實為可笑。爾等需買茶葉、絲斤業奉恩旨准在寧波置買，外夷在內地購買物件，若令其自行交易，誠恐人地生疏，鋪戶等不無居奇苛刻，且奸商市儈易於暗中勾結，是以不得不派員為之經理，但伊等貿易之事，若竟官為經手與之購辦說合，則似伊等私事官為承辦，不足以昭體制，惟當令派出官役帶同鋪家持貨至貢使前，令其自行交易。
>
> 不妨令該貢使等在船順道觀覽，俾知天朝富庶，只須留心防範，毋使借詞登岸逗留。[1]總須於嚴切之中仍寓懷柔，俾其知感知畏，方為得當。

這個計畫龐大，但不論是在引起畏懼，還是讓人感激方面都沒有到達目的。

同一項命令還解決了懸而未決的人事問題：「直隸原派道員喬人傑、副將王文雄照料該貢使團較為熟悉，一同至浙，可期得力。徵瑞可庸令其前往，批諭松筠自行酌定。」

實際上，他在進入山東省界時，悄悄地沒有告別就離開了英國人，英國人當然也不會對他唱任何輓歌。

任何商人都要受到懷疑

第三天，十月十七日，從浙江送來新巡撫吉慶十月十日發出的奏摺。乾隆加了硃批。以下是皇帝和官員的對話，後者顯然很積極：

> 吉慶：該夷船五隻現俱在浙等候，並未開行。
>
> 乾隆：好。
>
> 吉慶：臣至沿海地方嚴防口岸，振作營伍，備蒙聖主訓諭周詳，無微不燭。除預備貢使過境飭屬，整肅軍容，

1 正是由於一再強調這條禁令，松筠才下決心承認他放寬了命令。

俾知畏忌；並商同提督鎮諸臣督率將備認真操演水師。其各島嶼形勢，將來夷船若至寧波等處私行貿易，自應即行驅逐出洋，斷不容令其登岸。如有內地漢奸勾引，尤應嚴行禁絕。

乾隆：是。此直與松筠酌辦。

吉慶：臣伏思漢奸勾引之由皆系貿易漁利而起，現經長麟奏明查禁商儈經紀人等交通買賣，臣復加申禁。

乾隆：因其（長麟）細心，令其回浙，三人同辦，自然諸事合宜。

吉慶：臣固不敢稍存疏懈，亦不敢過涉張皇，以至內地民人心生疑懼。

乾隆：更是。

十月十六日，當獅子號違背了皇帝和使團的共同願望離開舟山時，英國人就這樣開始了他們的內河航行。馬戛爾尼從北京發出的信件，由於檢查而被耽擱，尚未到達獅子號；而朝廷的反應過慢——直到八號才下令——，因此命令未能及時傳到錨地。

阿瑟．揚的農藝問題

這位十八世紀的英國人熱衷於進步；尤其是農業方面的進步。他時刻窺伺著新技術。在這方面中國享有無窮的聲望，大家知道這是個富饒的菜園和糧倉。

阿瑟．揚交給馬戛爾尼一份關於中國農業和地產結構的詳細調查表。在法國大革命前夕，這位著名的學者曾對法國農村進行過觀察；他現在想了解中國的土地租約、耕地面積和作物產量。如果可耕面積的收成比歐洲高，為什麼窮人還要吞食老鼠、狗和動物屍體呢？專制政權能夠促進農業發展嗎？規定價格難道不是缺糧的原因嗎？他們用什麼工具耕作土地？他們如何拉犁？如何提水進行灌溉？養蠶種的是何種桑樹？他們如何施肥？糧食如何脫粒？這位知識淵博的人士提出的更為叫人吃驚的問題是有關一年剪兩次毛的陝西綿羊，給人口稠密地區造成困擾的大象，用來改良土壤的窮人的屍首……

當喬治爵士看到中國種植小麥的完善方法時，他的驚愕程度不亞於阿瑟．揚在四年前見到法國種植小麥的落後狀況時表現出的驚訝程度：「土地乾旱；然而小麥長勢良好，已有二英寸高。種子被撒在由播種機划出的整齊的壟溝內，這種方法英國不久前才試用。」中國人不用手撒種，撒種者的漂亮動作會浪費過多的種子，以至「麥苗有些地方長得過密，而在別的地方又長得過稀」。

「一位使團成員估計中國使用播種機節省下來的糧食足夠養活英國全部人口。」先把這種估計一筆帶過——使團裡不乏專家學者。這種估計尤其突出了聯合王國和天朝帝國之間極大的人口差異……

如此多的小麥——卻沒有麵包。至少沒有我們那樣的麵包。但是有饅頭，它的形狀如同圓的炸糕，是用蒸水蒸熟的。我們的英國人大為吃驚地發現：在馬可·波羅五百年前帶回製作的方法後，中國人，尤其是北方的中國人仍在食用麵條、通心粉和細麵條。

小土地所有者的喜悅

斯當東觀察到中國人感到為難時就笑，我們稱之為「苦笑」。不過，他在這裡找到了一個經濟學的解釋：這也許是一種叫「小土地所有者的喜悅」。這是指責英國透過兼併而形成的大土地所有制的大好機會：「收穫給農民帶來了喜悅；他們似乎了解到只是在為自己而勞動。大部分農民是自耕農。在他們中根本看不到那種貪婪的英國大地主，後者透過壟斷和狡猾手段企圖使可憐的佃農破產。」

簡直可以說這是一篇競選演說。遠方的謊言拆不穿せ許多中國農民實際上是佃農，他們只耕作幾十畝地。這實在是倉促下結論的危險之處。斯當東貶低他所非常熟悉的英國社會。他把中國的農村理想化了，但他卻只是個匆匆的過客。用一句中國諺語來說，他是在「走馬觀花」地看這些農村。他周圍的中國官員肯定會讓他保持這些有利於中國的見解的。

無論是馬戛爾尼，還是斯當東都沒有覺察到十八世紀中國的貧困化。僅在乾隆統治時期，中國的人口幾乎翻了一番，甚至還多，在六十年裡從大約一·五億和一·八億之間躍至三·四億。

無論耕地面積，還是生產力，都沒有相應地跟上。在一六八五年，人均耕地為三分之一公頃——即維持生命的最起碼的數量；到一七九三年，人均耕地降為七分之一公頃。中國人試圖用越來越集約的經營方式來應付挑戰：

手工插秧，灌溉，刨茬子。這是維持生命的問題。農民越來越窮；起來造反的人越來越多。所有這一切都小心翼翼地向馬戛爾尼隱瞞了。他見不到人口過剩和已經出現的不發達狀況。吃的已不僅是粗茶淡飯，而是吃不飽的問題。他看不到在中國不像在聯合王國那樣，人口的增長和經濟的發展相吻合。在西方，確實發生過工業革命初期貧困加劇的現象；但是，隨後貧困消失了。在中國，在人口膨脹和停滯不前與僅局限於農業的生產間有一條鴻溝：它反映了中國社會已卡住無法前進了。馬爾薩斯認真讀了斯當東的書，貼切地提出了這個問題。一七九三年，中國尚未遭受大的動蕩；但是，它的繁榮已經結束，這是衰落前的鼎盛。

斯當東自欺欺人。小土地所有者的喜悅嗎？他似乎對高利貸的危害一無所知，儘管毛澤東的史學界對此大加誇張，但這些危害確確實實存在過：放高利貸的官員、土地霸占者造就了這些無地的農民群眾，使他們站在太平軍、義和團，後來是毛的一邊進行鬥爭。

英國人「輕信」了官方的說法：即神授的君權保證所有人享福。而傳教士後來讀到斯當東的記敘時，對他倉促作出的某些判斷不免挖苦起來。他沒有看到人民遭受著越來越多的不平等，這就導致出一個越來越警察化的體制。社會的動蕩不安足以說明旗人為什麼懼怕對外開放，乾隆及其官員出於集團的利己主義只是害怕失去他們的絕對權力。

官員們不能自主，他們被關閉在如同蜂巢般的不可改變的結構中；而他們也禁止自身之外的任何自主，不能讓一個商人、一個種植者去做任何違反圍於陳規戒條的官僚等級制度所規定的事。當馬戛爾尼發出了西方入侵的預報信號時，帝國的領導集團——即善於組織為自己服務的文官政府的軍隊中的少數旗人——處於守勢。除了透過無節制地徵收歐洲商人的稅收使自己致富外，中國沒有對付歐洲的戰略……

看鴨子的小女孩

當斯當東不想提出什麼理論而一味描寫時，也許我們可以對他表示更多的信任：「村裡的房屋為了避寒都由一層厚厚的高粱秸搭成的籬笆圍著。牆是用經過太陽曬乾的土坯或抹上黏土的柳枝做成的。屋頂上蓋的是稻草或帶土的草皮。屋間用隔扇分開，上面掛著畫有神像或寫著格言的對聯。」

每座茅屋前都有一個菜園子和小飼養場，「人們飼養豬和家禽，特別是鴨子。人們把鴨子醃好曬乾，然後送到大城市的市場上出售。人工孵鴨蛋長期以來就是中國人的拿手好戲。」

在中國，看守鴨子的小女孩和歐洲傳統的牧羊女一樣普遍。巴羅在往南一些地方看到一個奇特的景象：「人們通常讓孩子放鴨。一艘船上數百隻鴨子擠在一起，牠們聽從哨聲。聽到第一聲哨，牠們便跳入水中，再爬到岸上；聽到第二聲哨，牠們又回到船上。」

今天和昔日在清朝統治下一樣，中國農民住的是破磚房或用木板和土坯建的簡陋小屋，房頂上鋪著茅草或瓦片；還有人穴居在黃土窯洞中。我們的旅行家對飼養場和農作物的描述似乎也適合人民共和國的公民。兩個世紀的動亂竟未能改變一幅具有千年歷史的圖畫。

看不見的農村漂亮姑娘

坐在家門口用紡車紡棉花或忙於收割的村婦都長得粗獷。無法將她們與男人加以區別：「她們的腦袋又大又圓；她們的身體完全裹在寬大的長袍裡。她們穿著肥大的長褲，從臀部一直拖到腳上。」

旅行家們略作解釋：「這個國家裡有著這種習慣，它使得生活在社會下層的美女越來越少。富人或地位顯赫的人把所有十四歲的漂亮一些的女孩都買走。使團的幾位主要英國人都見過幾個這樣的少女。他們十分欣賞這些美人的紅潤面色和優雅的風度。她們不必在田野裡勞動。」最近的研究證實了這個習俗。留在農村的婦女是經過這種篩選後留下的大量剩餘物資。

第五十三章 「破壞夷船」
（一七九三年十月十八日～二十日）

置身這布滿設防城市的平原地區，人們還以為是在荷蘭。冬天臨近。托馬斯寫道：「穀物由於寒冷已停止生長。」據馬戛爾尼的紀錄，這裡溫度變化很大。他認為這是中國人死亡率高的原因。他已在估計透過出售質地高的英國羊毛可獲得的利潤，以及透過貿易刺激經濟發展可為中國人帶來的好處。

王大人和喬大人承認在這些省分經常有窮人凍死，冬天對於數以千計無過冬的寒衣的窮人來說是個致命的季節。「他們家裡沒有爐灶，有時在屋裡生個火盆，但散發出的暖氣持續不了多久。」今天仍是這樣：冬天，中國人寧可多穿衣服而不生火，他們通常穿兩件，甚至四件毛衣。

河流不穿過城市或村莊，因為怕它們氾濫，城鎮建設在離它們較遠的地方。經過一星期單調的旅行，天文學家感到了厭倦：「與羅納河或泰晤士河相比，從船上見到的景色十分單調。」小托馬斯則對一切都感到好玩：「我們從未見過一條河流像這裡一樣蜿蜒曲折。」

唯一出的事故發生在拉縴的途中：「中國官員強迫一大批人來作拉船溯江而上的苦差使，但給的報酬很少。因此，許多人都跑了。官員喜歡在夜間換班，這樣可以讓正在酣睡的村民無所準備，把他們像在窩裡的兔子一樣抓走。一個頭頭手執鞭子，讓村民們俯首帖耳，就像對待安地列斯群島的黑人一樣。」

十月十八日，英使一行到達德州，受到士兵列隊歡迎，岸上樂聲震天，旌旗飄揚，燈火通明。

在藍布衣服下

這天，托馬斯寫道：「今天早上，我們進入山東省。在省界，韃靼族欽差和另外幾名官員離開了我們，又來了幾位頂替他們。」山東至今還是最富裕的省分之一，然而也是人口最稠密的地區之一；當地人離開本地前往關外尋找比較寬裕的土地。

這天正值滿月。「整夜都在進行宗教慶祝活動：炮聲，喧鬧聲，音樂聲，一百多面大鼓響徹雲霄；還放煙火和燒香。」巴羅還嘀咕說：「這些音樂中，誰的樂器發出的聲音大，誰的演奏就越有價值。」赫托南認為「中國人缺乏音樂感。」這也正是中國人對使團裡的樂師的看法。

在河的兩岸，小麥、高粱和菸葉的種植面積很大；托馬斯記道：尤其英國人看到的一望無際的棉花地。但由於大部分中國人都穿布衣服，中國的棉花生產尚不能滿足需要，所以要從孟買進口。這是東印度公司進行官貿易的最重要項目，公司用棉花來換取從中國運往歐洲的茶葉、絲綢和瓷器。

斯當東進一步指出：「在棉田附近種有靛青植物，它的顏色用來染棉布，所有老百姓都穿著藍布衣服。」人們是否還記得，一九五六年《世界報》記者羅貝爾．紀蘭大膽地把中國人比作為「藍螞蟻」，因而激起了我們的知識界的義憤？薩特和博瓦爾把這一小批人帶到互助大廳，對這個肆意侮辱英勇中國人民的無恥之徒進行了猛烈的抨擊。他們當時並不知道自古以來中國人就身穿藍布衫，並心甘情願地自稱「蟻民」。此所謂：「**吾自卑賤吾自願，然勿容人欺。**」

乾隆年代與明朝一樣，藍布衫已經成為勞動大眾的制服。在革命後，這種穿著更為嚴格，發展成所有人都穿得一樣。直到鄧小平上台後，穿藍布衣服的人才少起來，尤其是在夏天，先是女性，然後是男性也紛紛效仿，中國的服裝才進入了一個絢麗多彩時代。

腐爛的屍體

馬戛爾尼記道：在靠近大城市的地方，河流沿岸都有占地很多的公墓；這種對死者的敬重給斯當東留下了深刻的印象：「天津城後有一塊一眼望不到邊的沙土平原，上面布滿了小墳堆，其數無法估計。這是一塊公共埋葬地。中國人十分尊重死者，地面上只要有一點葬過人的痕跡，別人就不敢在那裡再挖一個新坑。」

事實上，破壞墳墓會引起鬼魂的憤怒。中國人就是害怕遊魂。中國的文學作品中有大量關於冥間孤魂野鬼來糾纏子孫的事。活人也可以報復，古今中國都有捉弄惡鬼的故事。把棺蓋揭了，鬼就無法再回到棺材裡去了。有的鬼專門糾纏家中的男孩，因此就把男孩打扮成女孩來騙他們……

霍姆斯嚷道：「他們埋葬死者的方法使我們感到厭惡。」如何來解釋這點呢？奇怪的是，中國人的墳地並不總像他們的花園那樣照顧得好。「有時能見到若干具棺材完全打開著，裡面的屍體已腐爛。有些棺材只有一半埋在地裡，另一半上面蓋著稻草。」這些無人管的死者都是窮人，他們的後代，——如果他們有後代的話，——沒有錢為他們修一座像樣的墓穴。可怕的悲慘景象。

在迷信和崇拜之間

馬戛爾尼注意「民眾極其迷信。他們嚴格按照吉日和凶日的劃分辦事。許多中國人，甚至最有地位的人，都參與算卦、看手相和占星術」。

巴羅說，算命者在各省串來串去，挨家挨戶地為人算命，以此謀生。「他們到一個地方先吹笛子。任何需要算命的人就把他們請到家裡。他們先問要算命的人的生辰八字，然後便為他占卜算命。」斯當東嘲笑說：「（中國人）和義大利人一樣迷信。」這與歐洲人心目中的具有儒家智慧的中國人這一形象完全不同。又是一個神話破滅了。

中國人日常生活中總有一些驅凶擇吉的做法。什麼做法呢？比如一對逃跑的戀人爬上房頂，手裡拿著一炷香，「以便驅走討厭的鬼魂」；又如關心地提醒死者，當有人給棺材釘釘子時，不要被槌子的響聲嚇怕。或建造之字形的橋，以使惡鬼撞上欄杆而跌入水中……

希臘人在死去的親人嘴裡放一枚錢幣以便支付過冥河的通行稅。中國人則把一顆瑪瑙或玉珠放入死者的口裡，為的是讓他順順當當地進入冥府。同一個風俗被傳了下來。

簡樸而好賭

馬戛爾尼發現越往南走人口密度越大。「大量婦女混雜在男子之中；漂亮的不多。她們完全與男人一樣在地裡幹活。」這是勞動時的平等，一種不間斷的勞動：「中國人沒有固定的休息日。他們的繁重勞動不允許中斷。」沒有星期日；很少有停工的節假日。

這種看法並不是一種批評。當時的現實是最新派的歐洲人希望平民不停地工作。某位工業資產者於一七九三年寫的一篇陳情書中說：「我們常常為氾濫成災的節假日而叫苦不迭。」這是宗教改革運動和反改革運動以來一直有的陳詞濫調。「如果允許在這些日子裡工作，一切都會好得多。現在是男人酗酒，而牲畜在挨餓。如果僅在星期日和一年的四個節日裡不幹活，我們的家庭將會太平得多。」

巴羅很欣賞中國的節日少，並過得很簡單：「新年以及連著的很少幾天是民眾僅有的節日。那一天，最窮的農民也要讓自己和家裡人穿上新衣。每個人都去親戚家串門。」

這種熱魯茲式[1]的看法是否有點田園詩的味道？皇帝利用新年舉行親耕典禮，百姓在這天大吃大喝。他們用犀牛角製成的酒杯互相為健康而乾杯。「大家互祝壽比南山——萬萬年！」「如膠似漆難分離。」

但是，熟諳本國民眾嗜好礼松子酒和啤酒的這位倫敦人經由對比，不無道理地認為中國人「樸實並講道德」：「比起同一工種的歐洲人來，中國人更能長期堅持工作。他們很早就養成良好的生活習慣。父母監督他們的時間很長。他們早婚，很少有放蕩的邪念和染上那些影響生活源泉的可怕疾病。」這又是多少有點理想化的看法。中國人也愛喝酒。

觀察別人也是在鏡子裡照自己的一種方式。斯當東的清教主義並沒有受到儒家思想的誘惑，而是要幫助自己說教。同一時期在廣州對中國人進行觀察的一位法國天主教徒提出同英國新教徒一樣的結論：「持續不斷的勞動保持了中國人的體力，並防止他們受到情欲的纏繞。他們不知愛情；野心在他們身上幾乎見不到；貪財是普遍的，但是它刺激競爭，發揮技能和促進工作。」

不管怎樣，儒家思想留下了無法消除的痕跡。儘管毛時代的寺院式的嚴格控制放鬆了很多，最近中國當局仍自豪地宣布在中國除了外國人外沒有發現愛滋病例。

然而，中國人有一個惡習：賭博。巴羅指出：「中國人在分手前總是試圖透過完全憑偶然性的賭博來碰碰運

1 編注：熱魯茲式（Jean-Baptiste Greuze, 1725-1805），法國肖像畫與風俗畫畫家，許多作品反映道德說教的主題。

氣。」這個例子經常被人引用。古伯察神父也曾提到：「帝國的法律禁止賭博，但是執法根本忙不過來，以至中國就像一個巨大的賭場。」

中國人也強調指出這一民族特性：「多少人因賭錢傾家蕩產，墮落變壞，種下了禍根」。

寧波的潛水破壞者

十月二十日，皇帝又記下了與松筠文書來往的日期：

九月十一日又寄信松筠等，令嘆咭唎國使臣在船順道觀看，諭旨系由六百里發往，約計十三日可以接奉，若即具摺復奏，約十八九等日可以奏到，至松筠需十月半前方能抵浙，與長麟等會晤，所有交辦事宜，若於十月二十前具摺復奏，約於十月底可到。

皇帝就是這樣在他遼闊的帝國監視著有關他的命令、被撤銷的原命令、對前者和後者的反應以及一切執行情況的書信交錯往來，考慮著坐船或騎馬送信所需的時間。真是令人難以置信的機構……在某種意義上，歐洲迷戀中國是很有道理的，有哪個國家能比中國治理得更加清明呢？

同一天，乾隆收到了長麟十月十六日的奏摺，當時他尚未收到讓他折回舟山的命令，仍在去廣東的途中。根據五日頒布的諭旨，他下令沿海各地處於戒備狀態。以下是「奏摺和硃批」之間的對話，即中國官員和皇上之間「遠距離會議」的紀錄：

嘆咭唎國以僻地遠夷目睹天朝法制森嚴，諒不敢妄行滋事。今既蒙皇上燭照夷奸，自應領為籌備。臣思水師所恃者弓矢槍炮，而夷船亦復槍炮具備。似宜另籌一制勝之道，伸其所知凜畏[2]。臣於本年夏間訪知寧波府素有蛋民能在海水數丈之下尋覓什物[3]。此等人若能招募為兵，雖無別技可用，即其入水鋸舵，俾匪船不能轉動而返取操縱，悉惟我用。

——備而不用可也，想不必至此。皇帝批曰，雖帶鼓勵語氣，但又十分謹慎。

似亦水師制勝一端。臣屢次諄囑知府克什納設法招募，惟此等人情願入伍食糧者甚少，緣伊等捕漁較入伍食糧之利多。

——自然。

但以臣愚昧之見，水師營內果得此兵，是一兵，即可做數兵之用。每招募一人即給與雙份戰糧。

——亦恐不符其願。

如有撥給別省別營者每名給予安家銀二十兩，如此辦理則蛋民自必貪利踴躍棄業歸營，是不惟可以制勝夷船，亦於平日海洋捕盜大為得力。臣言是否可采恭候聖明訓示。

在中國這個完全靠習慣辦事的國家裡，一名巡撫明白他不能主動去破壞外國船員。至於皇帝，他一方面不阻止巡撫去訓練蛋民，另一方面也明白自己的責任，所以讓對方在接到自己的明文指示前不得採取行動。多麼好的一堂國家管理課。

2 一位高級旗人大官不可能說——真是可悲！——英國人占絕對優勢。他的意思是雙方大體勢均力敵，任何一方都未擁有決定性的優勢——而這正是潛水破壞者可能為中國人帶來的東西。

3 一丈等於十尺，約三點三公尺

第五十四章 「皇上對任何變化都表示懷疑」

（一七九三年十月二十一日～二十三日）

十月二十一日，冬天降臨。托馬斯寫道：「在夜間甚至結了冰。」馬戛爾尼對皇帝給國王的兩封信進行了一番思索。為什麼第二封信要拒絕一個關於布道自由的虛構的要求呢？既然松筠不規避問題，那就應當與他一起對這封言詞嚴厲的信做出滿意的解釋。

他與松筠首先談的是敕諭裡有關把英國的要求歸咎為大使個人提出的那些措辭。他這樣說就超越了他的使命的權限，對於一位使臣來說，還有什麼比這更令人生氣的了呢？松筠讓親手抄寫了皇上給國王信件的書記來回答。這位年輕的官員解釋說，這是朝廷對不能予以滿足的要求採取迴避態度的一種技巧，根據中國的禮貌，不能讓外夷國君遭到拒絕。「在這種情況下，就當做從來沒有提出過這個要求；或者貢使犯了主動提出這個要求的錯誤。」馬戛爾尼則不管這解釋：「在土耳其人進攻時，路易十四本人**不是主張不是對任何人都可以申辯榮譽攸關的事的**嗎？」對於馬戛爾尼把自己比作路易十四，我們並不感到過分驚訝，但有趣的是他把中國人比做土耳其人。

對於第七項自由——布道自由，松筠回答說朝廷認為英國人與其他歐洲人自然一樣，也是自己宗教信仰的熱心傳播者。馬戛爾尼反對說：英國王室對中國人改變信仰問題毫不在意；在廣州的英國商人從來沒有司祭相隨，使團也是如此。傳播信仰與他們不相干。

馬戛爾尼重新談起第一份敕書，他感到吃驚的是裡面的主要內容竟是設法拒絕建立常設使團的建議。為什麼不提貿易問題呢？而為什麼第二份敕書又懷疑英國人謀求特殊利益？「所有的歐洲人都抱怨廣州當局對他們作出刁難。」需要盡快解決這種情況，否則貿易將瀕臨絕境——而中國將為之後悔。勛爵反覆談這事。不是只有中國人才一再重複其主人的話。

松筠安撫馬戛爾尼：「陛下的敕書僅僅是重提一下帝國自古以來的慣例以及皇上嚴格遵守它們的決心。皇上對於任何形式的變化都充滿了懷疑。他拒絕英國的要求是因為它們將會招致他無法接受的革新。但是這對英國的利益並不意味著有什麼惡意。相反地，人們將很快可以看到陛下對在廣州的英國人非常友善。」

另外，中國政府的制度給總督留有相當大的主動權；具體說，作為皇親國戚的長麟在廣東能左右局勢：他的廉正和禮貌應當給人留下極好的印象。他受命結束外國人在廣州遭受的一切不公正待遇。

馬戛爾尼抓住了這個機會。難道不能把這些好話白紙黑字的寫下來嗎？他一心想把一份中國的承諾帶回倫敦。松筠提出禮節問題加以反對。使團的使命已經結束；朝廷和特使之間不能再進行任何書信往來了。

松筠拒絕了客人的要求，但又設法要寬慰他一下，就引用了從收到的書信中摘出的一些恭維使團的話。朝廷給松筠一方面下達嚴厲的可以在必要時使夷人「膽戰心驚」的指令，但這些由松筠自己掌握；另一方面，要求他對夷人表現得客氣，這樣可以使「他們感激涕零」。因此他強調皇上的「善意」，如准許英國人在舟山護理他們的病人，並在寧波以優惠的稅率購買東西。

馬戛爾尼在敵對國家活動，而他的陪同卻受命要他相信天子對他「關懷備至」，翻譯敕書的神父這樣寫道：「usque ad blanditias」（愛撫備至）。

「我們提出了過分的要求」

聽了馬戛爾尼的說法，我們再來聽聽松筠的說法：同一事實，兩種看法。事實是：兩個人交談，中間只隔著一杯茶。看法是：正好相反的兩個世界。馬戛爾尼自我匯報，他分析、思考、探索。松筠則向其皇上匯報，他要給反映亙古不變的秩序的長詩再加上幾段。

奴才松筠跪奏為奏聞事。

正副貢使同通事至奴才舟中，據稱：「我們屢受大皇帝恩典；我們所請各條原是不知天朝體制。恐國王怪我們的不是。」

奴才遵照敕諭指示各條詳晰大皇帝於各外國不請體制之事必據理指駁，爾等不必過慮。

復據稱：「我們償後來所請各條原是我國王之意。』奴才國思此條若不向其凱切說明，恐又生枝節，即諭以：「大皇帝不忍在爾國王處遽加顯斥，以保全爾國王顏面，這是大皇帝鴻慈俯體。若是爾國王將來復以己意另具文呈遞，必致上干斥責。」

伊等點首會意，據稱：「惟敕書內指駁行教一條，我等尚不甚明白。我等……並不敢說要嘆咭唎國的人在京行教。」奴才當即告以：「中國自古以來聖帝哲王垂教創法，華夷之辨甚嚴。百姓遵守典則，不肯妄為致惑異說。」

該貢使等聽聞之際意甚領悟欣喜，據稱：「今見大皇帝所辦之事俱按大理；敕諭各條我等如今已能解說，實在心裡敬服。又肯照應我們在澳門的買賣，我等回去告知國王，國王歡喜。」

事情就是這樣……此間，倒數第二段的主要內容揭示了三個問題。首先，松筠承認馬戛爾尼根本未為宗教問題提過要求，因此信上的有關內容是中國人主動提出的，目的在於預防在這方面提出任何要求。其次，這段內容駁斥了一些歷史學家的論點，他們曾懷疑善良的神父在翻譯時增添了內容。最後，這段內容明顯地預示對布道的限制，甚至要對此進行迫害，事實上，這種迫害很快就開始了。

大運河

十月二十二日，船隊繼續前進，兩岸都是棉田。河流蜿蜒曲折，在數小時內，太陽竟有二十多次改變方向，一會兒在他們的左側，一會兒又在他們的右側；時而在前方，時而又到了背後。從臨清州這個設防的大城市湧出一大群好奇的人。沿河成行的柳樹和山楊比在歐洲要長得高大得多。

傍晚時分，船隊離開這條河道，通過一個船閘進入一條狹窄的運河，托馬斯寫道：「我從未見過如此模樣的船閘。」這是一條人工開鑿的全長一千五百多公里的水道的起點，使團將沿著這條運河旅行。馬戛爾尼寫道：「這個天才工程的完成旨在使帝國的南北各省能夠互相溝通。它並不是條完全由人工開鑿的運河，而是條經過改造的河流；它大部分河道順著一個斜坡流過，因而往往水勢湍急。」托馬斯二十三日記道：「運河穿過高處的沼澤地，兩邊河岸陡峭，高出水面很多。在其他地段，水流像條深溝，低於地面三、四十英尺。」「我們的行進十分順利。」

「任何改進的打算都有罪」

喬治爵士詩興大發：「我們的帆船進入了皇家大運河，它是世界上最古老的這類工程。它流過高山，穿過谷地，還與許多河流湖泊相交。這個傑出的工程與歐洲的運河不同，後者狹窄而無激流。」他對水閘讚不絕口；赫托南數的結果是：「在整個流程中，有七十二個閘。」「當一個人置身船首用一根類似槳的東西駕駛時，其他人站到航道邊上，手裡拿著塞滿了馬鬃的墊子，隨時準備扔入水中以減緩衝撞。夜間，許多燈籠把航道照得通明。」

船夫通過定時開放的閘門時要稍稍交一點通行稅。溫德寫道：「在那些大自然過分妨礙運河走向的地方，就用固定在岸上的絞盤把船拖上斜坡或平坡面，從一個河段拉到下一個河段。有十五或十六個人在操作；每次將船吊起再放入水中的過程不超過三、四分鐘。」丁維提這位講究精確的科學家對此大為讚嘆，他對操作過程計了時：在二分半至三分鐘之間。

不過，斯當東儘管對這項比英國的運河早出十二個世紀的宏偉工程十分讚賞，卻認為中國如借鑑西方的技術就會有更大的進步。他試圖在某些方面誇耀歐洲技術的優越。然而枉費心機。他失望地作出結論：「在這個國家，人們認為一切都是最好的，並**認為任何改進的打算都是多餘的，甚至是有罪的**」。

半個世紀後，古伯察神父寫道：「任何一個有才華的人一想到自己的努力得到的不是報酬而是懲罰，那他就必然會無所作為。」馬戛爾尼也從精神方面對技術上的停滯不前做解釋。陳陳相因是進步的大敵。

永恆不變的種植稻米方法

斯當東描述了種植稻米的古老方法。它們至今一成未變。「河流氾濫給地裡積一層河泥。人們用黏土作埂把一小塊土地圍起來，然後在上面耕、耙，再把先泡在肥料裡的種子播在地裡。」他們利用溝渠灌溉田地。不出幾天，秧苗就長出水面。「當它們長到六至八英寸高時，再把它們連根拔起，掐去頂上的葉片，再插到犁溝裡。最後，用水將田全部淹沒。當稻子即將成熟時，水便消失了。」六月初收早稻。「人們用鋸齒形的鐮刀割稻。一人用一根扁擔挑兩捆稻子，挑到打稻場，他們用連枷，或是用牲口踩進行脫粒。」

早稻收下後，立即準備再次播種。晚稻在十月至十一月收。「這些土地同樣適宜種植甘蔗。中國農民收完兩造稻或一造甘蔗後就滿足了，到來年春天再重新耕種。」在這期間還插入種一次蔬菜。永遠不讓地空閒著。

稻米畢竟是一種嬌嫩的穀物。「在秧苗期，一場旱災便會使之夭折；而臨近成熟時，一場水災將會使它遭受重大損失。最後，與其他任何穀物相比，鳥類和蝗蟲更喜愛吃稻粒」。

做為向上天去說情的人，皇帝在旱災時禁食。一六八九年，康熙的一份詔書回答了他的高級官員的請願書，他們焦急地希望皇上保重身體：「朕可與他人比耶，先人而憂，後人而樂，理固宜然。近因久旱無雨憂勞過甚，以至瘦弱。人或可欺，天亦可欺耶。……荷天之眷，得降雨澤。此後雨澤沾足，朕庶解焦勞也。」

現在的中國領導人可能不再禁食了。人們追捕鳥類，用殺蟲劑趕走了蝗蟲。但是，在康熙之後的三個世紀，乾隆之後的兩個世紀，對糧中之王描寫的這種情況卻沒有變化。真是陳陳相因的慣例。

第五十五章　無與倫比的郵政

（一七九三年十月二十日～二十四日）

英國人注意到朝廷的書信來往頻繁。建立在龐大的物力組織基礎上的郵件傳驛使他們大為讚嘆。他們不像我們那樣自從有了電報、電話、無線電和電傳後就麻木不仁了。他們不停地計算著距離和時間，然後與英國郵政所需時間加以比較。英國人是出色的運動員，他們對優良成績表示欽佩。「騎馬送信相當迅速，通常只需十來天時間就能跑完從廣州到北京的一千五百英里[1]路程。」

官方文書由負責軍馬的部門傳送。大量的驛站從北京開始，星羅棋布地伸向全國。它們由「驛丞」來負責。「使團離京越遠，傳送書信的速度就越快。前往天津途中，傳送的速度是每天四百里──兩百公里──，而南下時，達到了最高速度：六百里。」

根據朝廷和使團間互通的信件上的日期可以看出，一封信從京城到杭州大約需要五天。十天可以抵達廣州，而使團將用八十天左右的時間完成這段行程，對使團行進的路上評論的傳送速度要比使團的速度快八倍。

唯有國家才能通信

英國人的欽佩被證明是有道理的，在同一時代，英國郵政創下的最輝煌的成績遠遠比不上中國驛傳。當然，在中國只有官方郵件才這樣傳送。對於私人郵件，皇家傳驛部門除了少數例外都不管，對帶的信件則無一例外都要進行檢查，以作為傳遞的代價。北京和廣州的傳教士之間的通信需要三個月。「透過謹慎而簡便的途

1　合二千七百八十公里。

徑」——即透過一名樂於助人的官員——，神父們得以把信偷偷塞入官方郵件中。但是幾乎肯定要被拆開看過。

在英國和在整個歐洲一樣，「郵政信件」是為所有人服務的公益部門。它確保社會的無數分支之間的溝通，而不設法進行監督。在中國，唯有國家才能通信，而且只是為自己進行；當它照顧某些人允許為他帶信時，這些人已被當作人質控制在手。

為保證對皇帝的服務，中國的所有效率都越來越高。自唐朝起就是如此。在中國建立傳驛制度十個世紀之後，由於法國王家郵政部門取得的最新進步，塞維涅侯爵夫人在維特雷只需八、九天便能收到在布里尼昂的女兒的來信，他竟然為此驚嘆不已。法國郵政部門的速度只是中國的三分之一。

馬可．波羅描繪過徒步或騎馬的、身上帶鈴的信使。清朝皇帝保留了徒步信使，他們平均每小時走七公里，中間互相替換。這有時是一種可花錢找人代替的勞役，有時則是世襲的差使——儘管酬勞不高和工作辛苦，郵件送晚了或損壞了都將挨竹板子；而且無論什麼天氣都要趕路。

進步路上你追我趕

十七世紀末期，驛站間的距離為七十至一百里，這就使馬跑得疲乏不堪。到乾隆時，出於作戰的需要，驛站成倍地增加。帝國政府買了數千匹馬：每個主要的驛站甚至能有一百匹，只有很少的官員有權使用這些馬，如外地發生叛亂時的炸藥專家等。

皇家驛站還有自己的傳說。八世紀初玄宗時的絕色美人楊貴妃愛吃荔枝；而荔枝長在廣東，離當時的京城長安有三千里。天子為了讓她高興，就動用了他的傳驛。荔枝的保存不能超過三天，驛馬必須每天跑一千里，即五百公里的路程……

我們的英國旅行者多次見到這些馬上驛使。安德遜為他們拍了一張快鏡照片：「我們見到傳驛的信差，他們迅速地沿著運河在路上經過。」信差的背上用布帶繫著一個大竹簍，裡面封著信件和郵包。「有幾名士兵護送信差，其中一名掌管竹簍的鑰匙，他只把鑰匙交給驛丞。竹簍下面掛著小鈴，馬一跑就叮噹作響，成為驛使將到的信號。共有五名士兵騎馬護送信差，以免遭到偷盜。中國的路上不那麼安全，在英國亦是如此，一七五七年，樸茨茅斯的郵車就被劫過。」

我們的旅行者老老實實地承認英國的落後，不少觀察家對此做了證明：「郵政是聯合王國最緩慢的、最不可靠的傳送手段。為了避免偷盜造成的損失，人們習慣把鈔票或證券撕成兩半交給信差，透過不同的郵政渠道寄送這兩片紙。」保羅．瓦萊里認為：「拿破崙的前進速度像凱撒的一樣慢。」

在驛馬傳送郵件方面，歐洲永遠趕不上中國大大領先的地位。然而，雙方速度的比較將發生逆向變化。中央帝國不僅沒有進步，反而在退步；而歐洲藉由革新，不斷地快速前進。夏普發明的光學電報在一七九六年啟用。十年之後，蒸氣船問世。再過了二十年，出現了鐵路。由此開始了進步路上的你追我趕。而在這場競賽中，不久前還領頭的中國卻踏步不前。

英國人要是讀到竹簍裡的內容，他們就不會那麼驚嘆不已了。松筠在他們的眼皮底下把這封信放進了竹簍：「本月十三日，奴才接奉硃批奏摺，並欽奉上諭，貢使等在內地購買物件令其自行交易一節。將來奴才會同長麟、吉慶遵照諭旨令派出官役帶同鋪家持貨至該貢使前，令其自行交易。……該貢使等倍沐皇上恩待，詞色之間頗知感念。又見天朝法制森嚴，兵威整肅，亦頗形凜威。將來令其在船順道觀覽，俾知民物康阜，更足以慰其傾心向化之忱」。

以下是朝廷的官員於十月二十一日放入竹簍內的信件：

欽差戶部侍郎松、兩廣總督長、浙江巡撫吉：

上諭：松筠奏摺，諸凡皆妥，覽奏欣慰。此事松筠在軍機處行走面聆諭旨，其顛末系所深悉。松筠起身時，朕復詳加面諭。令該貢使等沿途行走甚為安靜，能知小心畏法自無虞其耽延，但其人心志詭詐，總宜持之以法不可犯，毋任使巧。現據吉慶奏於初五日已抵浙任事，長麟因其細心亦已有旨令其回浙同辦。計松筠於十月半間可抵浙江。如該貢使等置買茶葉絲斤完竣，限其上船開行回國。固屬其善，倘該貢使等尚有藉詞逗留之處，想松筠等定能面為曉諭，詞嚴義正，飭令即行開船，該貢使自必察遵。欽此！

第五十六章 「迫使中國人挨餓」

（一七九三年十月二十四日～二十八日）

中國人確實是個奇特的民族；但他們也是用和我們相同的物質構成的人。他們不信任外國人；不過，他們難道沒有理由這樣做嗎？

——馬戛爾尼，一七九四年一月

眼前不再是積滿淤泥的平坦地區了。通過一個又一個閘門，運河逐漸升高。托馬斯在日記中寫道：「馬戛爾尼勛爵又去找松筠談話。運河的兩岸普遍陡峭，所以從船窗往外我們幾乎看不到任何周圍的景色。」他的父親說得更明確：「十月二十五日，船隊抵達運河的最高河段。汶河在這裡與它直角交叉。一堵結實的牆用來抵擋河水，河水的一半流向北方，另一半流向南方。如果在此地扔下能漂浮的物體，它們立即會被分離，順著兩個相反的方向流去。」船隊艱難地逆水而上，然後就將順流而下直至黃河。

在人類的行為中，也有分界線。馬戛爾尼和和藹可親的松筠隨便談了一會兒後，禁不住轉起一個對中國充滿威脅的念頭來。

松筠告訴使節皇上很滿意，他曾向皇帝報告旅行很順利。除了稱讚，皇帝還送奶餅一匣。馬戛爾尼沒有具體說明他經過何種禮儀接受了禮品。而松筠則對此做了如下報告：

因正使頭疼，該副使先至奴才舟中，稟稱聞得大皇帝恩賞食品，歡喜之至，但正貢使實因偶感風寒，現在臥病等語。奴才雖知其患病，然未可聽其自便。次日早晨，該正貢使停舟相待，扶病至奴才舟中。該貢使等免冠屈膝，喜形於色。據稱我等受了許多恩典，屢蒙聖心垂念，今又賜以吉祥，我等心裡實是感激。這樣遠路蒙恩賞以貴重食品，我等猶獲珍寶，一定得以平安回國等語。察其意甚真切。

然後就談話。松筠堅持不懈地重複，說英國人從這一新的表示中能夠看到皇上的好意。就以皇上名義鄭重其事地給了這麼一匣奶餅！使節對此無法容忍，他將滿腔怒火發洩在日記中：「如果北京朝廷並不真心誠意，它會期望我們長久地被這些謊言所欺騙嗎？它是否真的不明白只消幾艘英國戰艦便能消滅帝國的整個海軍？只需用半個夏天，英國戰艦便能摧毀中國沿海的所有船隻，使以食魚為生的沿海居民可怕地挨餓？」

乾隆難道沒有考慮過這種可能性？他之所以沒有阻止長麟訓練蛋民，正是因為他估計到這樣一種危險性。現在出色的蛋民也許正在訓練往舊帆船的船體上鑽眼呢。皇帝不斷增加的預防措施正表明了他的不安；但是，這種不安很快就消失了。他在信中暗暗地承認了英國軍艦的強大，但他又馬上強調了他們在陸上的劣勢。

然而，英國即便在陸軍裝備方面也在不斷取得技術上的進步。有一天英國將有辦法把另一種含意——英國的含意——強加給中國的歷史。為什麼乾隆不屑於讓馬戛爾尼贈送的速射大炮當他的面試放一下，並建議大量進口這樣的大炮呢？他是否在想：「身後之事與朕何干？」肯定不是。屬於數千年傳統之中、並希望自己的後代能長久統治下去的皇帝念念不忘的是帝國的永恆。那又為什麼呢？是怕未來的造反因此會更危險，因為對皇朝的危害通常來自內部的背叛，所以他拒不大量配備火器嗎？也許是這樣。但是，恐怕主要還是乾隆本能地對新生事物反感。對任何新生事物均如此。

一架望遠鏡嚇跑了人群

通過山東的高地後，旅行家們發現了使貢使激動不已的新的景色：「現在運河由伸展在我們左側的一個大湖來供水。旭日初升之時，兩岸成行的樹木、房屋、山丘上的寶塔，用篙撐的、用槳划的或用帆行進的無數船隻構成了一幅蔚為壯觀的畫面。我們留意到有許多村莊以及灌溉閘。天氣溫和宜人，真像英國的十月。」

孩子也十分高興：「運河穿過了好幾個湖水不深但面積很大的湖泊，小島、漁船以及無數漂亮的花點綴其間，這種名叫睡蓮的花我們在北京附近已經見過。」不過，他抱怨有風：「風很大，很討厭。」

十月二十六日，勛爵還寫道：「在拉多加湖附近建造一條開始與湖平行的俄國大運河，讓湖水流入運河的想法似乎是從中國人那裡借鑑而來。」第二天，船隊在一片廣闊的沼澤地上繼續行進。由於土堤異常高，運河是在其上方穿過。這是多麼了不起的工程！

托馬斯很開心：「我忘了指出，我們是在日夜兼程地航行，自然就需要經常定期更換縴夫。儘管嚴密監視，縴夫仍能逃跑，結果是在另找縴夫時耽誤了船的行程。這只是發生在某些中國官員的坐船和貨船上。」夷人的撤離則不允許耽誤！所以為他們優先指派了足夠的縴夫。

丁維提將三腳望遠鏡充電，以便看到遠處的優美風景。「這架儀器不只一次嚇跑了大批中國人，他們把它當作一門大炮，因而覺得英國人是地球上最凶惡的民族。」中國官員說服英國人拆除望遠鏡。中國人不願任人仔細觀察，尤其是由洋人來觀察。

用鸕鶿捕魚

十月二十八日，小托馬斯指出：「今天早上，我們進入江南省[1]。由於地面大大高於運河水面，中國人不得不往下深挖以便使運河能夠順流而下。白天溫暖舒適。」他的父親打聽用鳥捕魚的辦法，人們用鳥捕魚，又捕捉這些捕魚的鳥。

這裡把鸕鶿訓練來捕魚，這是一種羽毛褐色、喉部白色的鵜鶘類鳥，黃嘴巴，藍眼睛。湖面上有數千條小船或簡單的木筏，每艘船上站著一個人和幾隻捕魚鳥，最多有十二隻。「隨著主人的一聲信號，牠們便扎入水中，很快就嘴裡叼著一條大魚飛回船上。」牠們被訓練得不經許可不會吞噬任何東西，因此沒有必要在牠們的頸部套一根線以防牠們把魚吞下去。如果對一隻鳥來說魚太重了，另一隻鳥便會前去相助。漁夫們除了小船之外別無他物，小船十分輕盈，可以扛在肩上走。這種捕魚方法十分有效，所以「擁有一隻鸕鶿須向皇上捐很多稅」。

1 清初置江南省，轄今江蘇、安徽二省，實兼轄江北地。

鸕鶿捕魚，人捕鸕鶿。斯當東父子看得十分開心。漁夫們把一些葫蘆漂浮在水面上，而鸕鶿對葫蘆是習以為常的。然後，漁夫們鑽入水中，頭上頂著一個葫蘆。這樣他們便能悄悄地接近鸕鶿。他們抓住鸕鶿時，悄悄地將牠按到水裡，以不驚動其他鸕鶿。他們用這種方法把鸕鶿一隻一隻地都抓住。至今中國許多地方仍在使用這種奇特的捕魚方式。浙江寧波與廣西桂林相距很遠，但我在兩地都曾見到當地人仍這樣捕魚。

英國人還觀察到另一種獨特的技術，即搖板捕魚法：「他們在船進安上一塊上了漆的木板，和水面成四十五度角。當月亮出現在天際時，轉動小船以使月光照射在木板上，好似波動著的水面。上了當的魚便會跳上木板，漁夫用繩拉上木板，把魚扔進船內。」

只有種植業沒有畜牧業

中國人如此精於捕魚，是因為沒有比此更好的辦法。吃烤牛肉已經吃出了名的英國人對肉類短缺感到十分驚訝。中國只不過是一個沒有畜牧業的種植園：「只有在山區的縣裡才能見到牲畜，因為在那裡人的勞動是徒勞無益的。沒有一塊好地用於種草。」巴羅證實中國人絲毫不想改良牛和馬的品種：「他們根本意識不到可以從中得到很大好處。」

敘利公爵[2]給法國兩個乳房。而中國僅有一個：有「種植」，卻無「放牧」。「老百姓沒有吃過肉用牲畜的肉，除非碰到一頭因病或事故死亡的拉車的牲口。食欲打消了他們的一切顧忌。」

中國人至今討厭吃帶血的牛排。他們喜歡熟食而不喜歡生食——但對吃什麼熟食則並不講究：「在中國吃得最多，在市場上能買到的動物是在住宅附近能養的動物，首先是狗和豬。老百姓貪婪地吃著，甚至吃他們自己身上的虱子。」巴羅寫道：「一位中國官員毫無顧忌地當眾叫他的僕人在他脖子上尋找咬了他的虱子；當僕人抓住

2 編注：敘利公爵（Maximilien de Béthune, first Duke of Sully, 1560-1641），法王亨利四世的首席大臣，對宗教戰爭後法國的復興貢獻良多。他說過一句名言：「種植與放牧是法國賴以生存的兩個乳房。」

並給他看時，他就將其放在嘴中認真地嗑起來。」以下是個常舉的例子：魯迅筆下的人物阿Q甚至因為自己身上的虱子比別人少，不能與他人享受同等的美味而忿忿不平。

使團發現中國人素食安排得很好，葷菜則不然。一方面很先進，另一方面又很原始。斯當東指出：「他們賴以謀生的手段僅使他們得以溫飽。只有在大城市和沿海港口工業才有所發展。在農村，有人趁人貧窮時，放抵押貸款。習慣容許高利貸。」

中國只知道資本主義是利用貧窮高利盤剝。這是資本主義嗎？可以說正好相反。這種搗騰錢的方法並不利於投資，而是利於消費。

一個商人如果積攢了一筆巨款，他的子孫馬上就要想得到一定的地位。他們花費大筆錢財為的是無止境地追求社會名譽。除了這個與資本主義格格不入的中國特點外，還有其他兩個阻礙發展的障礙：一個是精神方面的，另一個是社會方面的。對土地投資的傳統偏愛；勞動力的過剩。在西方，機器的進步先於人口的增長，機器能夠節省勞動和時間。中國的人口增長早於機器的廣泛使用，過剩的廉價勞動力對尋求節省體力產生抑制作用。巴羅對此已有明見：「中國人不願意從機器的力量中獲取極大的好處。在這個人口眾多的國家裡，機器甚至被認為是有害的東西。」

除了饑荒年代，中國人能夠勉強生存。但是，他們的活動不利於任何發展：這樣的經濟起飛不了。另外，任何人都不考慮這點。「子罕言利」，而讚揚「博學於文，約之以禮」。英國人指出：這並不是進步的動力。

第五十七章　乾隆發怒

（一七九三年十月二十八日～十一月一日）

二十八日，松筠收到皇帝的一份簡短而口氣溫和的諭旨。英國人正在順利地撤走。他們從舟山上船，可以在廣州停靠；在謹慎的監視下，他們可以和自己的同胞接觸。然而，乾隆沒有擺脫掉縈繞於腦際的想法：「著長麟馳赴粵省，先為密諭西洋別國夷商勿為夷使所惑。」

在給朝廷的奏摺中，浙江提督頗有把握地宣稱：「所有經過營汛墩台奴才先經專委妥員逐加查勘，稍有剝損，立催修葺。」

但是，十月二十九日，晴天霹靂落到了使團頭上：二十六日的一份諭旨飛速追上了船隊，通知松筠定海總兵看見四艘英國船隻起錨。船上的軍官對總兵解釋說他們動身是由於病號的狀況不好。他們只留下印度斯坦號，還有一百二十名船員。巡撫吉慶於十月十八日向朝廷匯報此事，並說留下這條「大船」還是向高厄爭取過來的讓步。

皇帝發怒了：

> 𠸄咭唎船隻到定海時，因患病人多懇留調治，經長麟准其暫留候旨。今又借稱病重，忽欲先行，固屬夷性反覆非常。著傳諭松筠即向該貢使諭知已留大船一隻在浙等候。經浙江巡撫親往看視，足敷乘坐，爾等仍當赴浙乘坐原船歸國。倘或該貢使等借稱船少，又欲遷延觀望，即應嚴詞斥駁。𠸄咭唎夷性狡詐，此時未遂所欲，或至尋釁滋事，固宜先事防範。但該國遠隔重洋，即使妄滋事端，尚在二、三年之後。況該貢使等目覩天朝法制森嚴，營伍整肅，亦斷不敢遽萌他意。此時惟當於各海口留心督飭，嚴密巡防。若即招募蛋戶備用，此等之人素以捕魚為業，於營伍技藝本不諳習，在蛋戶則所缺多矣，必致失所，此事失算，竟可毋庸辦理。

皇帝再次強調害怕報復的問題足以表明他完全明白（儘管他沒有承認）英國人海上軍事力量的優勢。因為他始終想著要盡快擺脫他們，他對吉慶的建議如獲至寶，印度斯坦號一艘船就可以運走整個使團。

松筠將此事告知特使。馬戛爾尼因激動而叫嚷。就是不乘坐印度斯坦號！他怒不可遏：「歐洲人提任何建議朝廷就猜疑有什麼陰謀，這種病態的懷疑給我們造成了最大的困難。因為沒有我的消息，也不了解歐洲的局勢，伊拉斯馬斯．高厄爵士可能已朝東行駛，而要到明年五月才能回來。」

朝東行駛，方向是日本。馬戛爾尼估計伊拉斯馬斯正在進行自己受命要完成的計畫，他也正式讓高厄在時機成熟的條件下獨立完成這個計畫。後者以為使節將在北京度過今冬明春。如果他明年五月才從日本返回，這次在舟山未能會合對於返航會引起災難性的後果：「如與法國衝突，我們的商船將在航行中得不到保護，還能想像到比這更緊迫的危險嗎？」

馬戛爾尼做了十分悲觀的假設。中國人出於習性，可能把他寫給高厄的第二封信像第一封信一樣耽誤了。第二封信抵達時已為時過晚。我們現在有證據表明馬戛爾尼沒有猜錯。

確實，馬戛爾尼十月四日從北京發出的信，本可以在八日或九日就到達浙江新巡撫的手中。這封信未能在十六日前到達定海，這只能用扣信來解釋。此後，任何一名皇家信差都追不上獅子號和三艘護艦了。

也可能浙江巡撫故意放走獅子號，因為他知道由於船長尚未回船，印度斯坦號將會留下。他真心認為整個使團能登上印度斯坦號。這是一舉兩得，馬上就能擺脫一艘巨大的、危險的戰艦；而接著又能遣走使團——既省時間又省錢。這位可敬的官員對於船舶知識如此貧乏，以至他都未能識別印度斯坦號。吉慶十月二十八日寫道：「現留大船即系該正副使原坐之船，極為寬大。」

不知法度的英國人

至於乾隆，他的憤怒不知向誰而發。他不明白這些船竟能隨意啟錨：「這些英國人究竟有什麼法度？」

這正是馬戛爾尼在歸途中發生的主要的事。是誰的錯誤呢？首先，這要歸咎於中國官員的朝三暮四和拖拖拉拉——他們害怕皇上的訓斥。奏摺、詔書和敕令矛盾百出。起初朝廷促使船隊啟程；隨後又認為把它們留著使節便會早些離開帝國。

馬戛爾尼拒絕登上印度斯坦號激起了皇帝的惱怒。乾隆不曾想到英使敢抵制他。他見到使團已經上了船，便向他們最後一次表示善意：「該貢使等應在洋面度歲（指農曆新年，即一七九四年二月一日），著發去御書福字一個，賜於該國王，又御書福字一個，賞給貢使以下人等。」英使的執拗使這一場打算都落了空。使團的行程比預計的要長一倍，耗費也要多花一倍。

可是松筠已竭盡全力設法說服馬戛爾尼。他讓「貢使到他船上」，告訴他英國船離開的消息。他對馬戛爾尼說皇帝希望他能乘坐留下的那艘船。夷使反駁道：「我等乘坐原船回國實所情願，但從前來時系海船五隻，今止留一隻，實不敷乘坐。」

大學士說：「業經浙江巡撫查明，現留之船甚為寬大，足供乘坐。」使節回答道「那裡船隻大小寬窄我等是知道的」；載運過多的人員「易生疾病，恐一以染百，全不能保命」。「伊等復稱『止求大皇帝恩施格外，予以再生，准我等仍走廣東；我等將沉重箱桶等件分撥幾名隨從要人照料，由定海上船。這就是大皇帝天高地厚活命之恩，我等永遠不忘。』該貢使等淚隨言下，實屬出於真情，尚非托故逗留。恭候訓示。」

是否為了哄騙皇上，松筠才聲稱馬戛爾尼哭著懇求讓他經陸路前往廣州呢？介紹這個所謂的情節完全用的是中國風格，而不是英國風格。但肯定接連進行了兩次微妙的談話，因為托馬斯在同一天記道：「松筠大人來到馬戛爾尼勛爵的船上，他們的談話持續了很長的時間。」

如何解釋馬戛爾尼的迅速轉變呢？起初他急不可耐地要在舟山登船；然後又「懇求」允許他走內河去廣州。托馬斯又一次把勛爵的真實感情告訴了我們：「今天，我們遺憾地獲悉獅子號和雙桅橫帆船離開了舟山。」「遺憾地」—— very sorry ——表明了英國人真心誠意是想從浙江啟航。

但馬戛爾尼現在與在叩頭事件上一樣堅決：他要經過內河去廣州。為什麼他不顧皇帝的命令如此堅持呢？並不是因為使團的人馬必須擠在一條為運貨而不是為運客設計的東印度公司的船上不舒適和有失尊嚴。印度斯坦號是東印度公司最好的船，它擁有舒適的艙位。如果這艘寬敞的船容納不了整個使團，馬戛爾尼滿可以與小部分人一起上船，而讓無關緊要的隨從——士兵、樂師、僕人及各種臨時雇員——藉由運河去廣州。

然而，他的頭腦裡甚至沒有閃現過這種念頭。唯一可以說得過去的解釋是：他不願意放棄與國家要人之一再待上四十天的機會。他希望從北京開始與松筠一起旅行中建立的接觸能這樣延續下去。何況要來陪他的要人長麟總督將在未來若干年內成為公司與英國商人真正的對話者。

使團的表面使命失敗了。它的真實使命還將繼續，對朝廷進行以討人喜歡的形式施加心理影響，以使他們對英國人的要求表現得更為理解——這是在歐洲對一位君主身邊親近的人開展的外交工作方式。考慮休息和消遣，馬戛爾尼本應該走完去定海的短途路程，乘印度斯坦號前往廣州。但考慮到他的使命，他想充分利用出現在面前的意想不到的這個機會。

松筠善於應付。他懂得如何同時取悅乾隆和馬戛爾尼。他對皇帝杜撰使節流淚的故事；又對馬戛爾尼編造皇帝的微笑。十月三十一日，馬戛爾尼感到慶幸，松筠竭力「消除這個事件引起的不良印象」，並告訴他皇帝從此後對使團的印象「非常好」，他「現在相信並不是出於不當的動機或惡意好奇才向他派遣使團的，而只是為了向他表示敬意並懇請得到貿易上的特權和皇帝的保護」。

馬戛爾尼利用這個好機會重申他要求得到皇帝的第三道敕諭。松筠答道他就此事已給朝廷寫了信，但是他並不認為朝廷會違反常規。再說，「皇帝的風格是給予一般保證，而不做具體許諾。」

專橫的諭旨，奴性的答覆

松筠就這次談話寫的報告並不客氣。他猜想將會收到越來越嚴厲的諭旨。事實上，十一月一日，皇帝指示他：「倘該貢使以黃浦[1]系伊國夷商泊船之所，稟請欲仿澳門之例，建蓋房屋，砌築炮台，即當詞嚴義正，面加駁飭。以天朝法度向有定制，爾所請與定制不協，不便准行。」如此堅決的答覆「想該使臣亦不敢再行妄瀆也。」

他向乾隆稟告：「茲因正貢使病體尚未痊癒，奴才略示體恤，過舟慰問」。馬戛爾尼從未暗示過他生病。這是

1 珠江的一個島，在廣州下游約十五公里處，西方——尤其是英國——船隻停泊於此。

不是大學士為了避免皇帝責備他親自訪問特使有關身分而為自己作的辯解呢？「謹遵旨先諭，以爾等所請各條與天朝體制不符；爾國王斷不因所請未遂致怪爾等。將來爾國夷商到澳門貿易者仍與各國一體公平抽稅照料體恤。」

馬戛爾尼可能是這樣回答的：「是我國王恭敬的意思，得邀大皇帝鑑照，廣東澳門的買賣得以永遠沾恩，我國王必定喜歡，我等便可放心將來在澳門的買賣。長麟總督一定就近照顧。如有非分妄干之事，他必駁斥。」「據正貢使稱，我們夷商是再不敢妄干多事的」。

接著，松筠對英國人說：「大皇帝敕諭豈可以妄求得的？」馬戛爾尼聽罷「點首」稱是。他甚至承認松筠的解釋使得「我的病也必就好了。該貢使等言及皇上，則歡顏樂道。其感戴敬服之意，較之前此情狀，尤屬出於真誠。將來屆期頒給賞賜福字等件，伊等及伊國王又得普沐恩施，自必倍為感悅。」

乾隆在下一個星期收到這份報告後寫的唯一的硃批有些模糊不清。是否要對此表示遺憾呢？對於他自己聲音的回聲他又能作何回答呢？

第五十八章　用公雞祭河神的地方

（一七九三年十一月二日～六日）

十一月二日，船隊駛入黃河。「我們在一座大城市附近拋錨，並受到鳴炮歡迎。無數條帆船停泊在碼頭。」這是哪座城市？安德遜找不到一個人能告訴他。他嘗到乘坐飛機飛行在一個陌生國家上空的人的失望心情。不過托馬斯的日記指出，那天早上船隊沿著清江浦城航行。

「由於閘門開放水流湍急，船隊以十分嚇人的速度進入一個港灣。」船隊將竭力橫渡黃河，順著激流而下，然後重新進入另一段大運河繼續南行。這種航行很危險，船員們必須得到河神的支持。

渡河前的祭河神儀式

「船老大被所有的船員包圍著，登上船首。他手裡提著祭品——一隻公雞。他割下雞頭扔進河裡，把雞血滴在船的各個部位；他還在艙門口插上幾根雞毛。」為什麼要用公雞呢？同一個音在漢語中，既表示「雞」，也表示「吉祥」的意思。不幸的家禽為用同音詞求神而付出了生命的代價。

隨後，在甲板上擺上「幾碗肉類菜餚；在大碗面前又擺上油、茶、酒、鹽各一杯。」船老大叩了三個頭，雙手高舉，口中唸唸有詞，祈禱神靈。

在儀式進行過程中，人們敲著鼓，焚著香，燒紙錢，放鞭炮。船老大然後把油、茶、酒和鹽倒入河中。「儀式一結束，船員們拿走肉碗，痛快地吃上一頓，然後就信心百倍地橫渡河流。渡過河之後，船老大還要叩三個頭表示感謝老天爺。」

這種儀式後，中國人還是要費很大力氣才能戰勝狂暴的急流。自助者天助！「有些船沒有怎麼偏航便渡過了河；而有些則被水流沖得很遠：必須再費力氣把它們縴回來。」

就在十一月二日這一天，皇帝獲悉特使拒絕登上留在舟山的船隻，再次火冒三丈，隨即又做出了讓步：「諭令松筠傳諭該貢使，今大皇帝俯念爾等下情，准爾等有長麟順便照管仍由廣東行走，其沉重物件即著爾等分撥從人照料，由定海上船回國。」

乾隆又一次做了讓步，但是他也不放過教訓別人的機會：「著松筠再傳諭該貢使，本部堂乘坐之船，令其在何處等候，斷無不凜遵指示，以定行止。若在船官役兵丁擅自開行，必將官員參究，兵役治罪。今爾等在浙船隻並不候爾等之信，輒敢先行開洋，可見爾國法度不能嚴肅，任其來去自便。」最後還要讓松筠告訴特使：「爾等回國後當告知爾國王，加以懲治。」

英國人不該逃脫中國司法的制裁。當他們在中國提出傲慢的要求時自然是如此。甚至在他們回到自己國內時也是如此。

夷人贏了。但要讓他充分明白他只不過是個蠻夷。

漂浮的菜園

十一月三日，通過清江，「巨大的城市，多得令人難以置信的帆船和百姓。」

往前是一片沼澤地，如果沒有中國人的靈巧，那裡不可能種上東西。「他們把一層土鋪在漂於水面的竹筏上。他們在土上種植蔬菜。同樣地，他們也能在船上開闢這種人造菜園；他們在填滿了土的箱子裡，甚至在不斷使之溼潤的絨布上種上菜籽。」

離開了山東便進入江蘇。在此之前，縴夫與所有的農民一樣穿的是破了的一式藍布衣服。剛一越過省界，縴夫則穿著簇新的鑲紅邊的制服，頭戴尖紅帽。這個省的總督受命不接見特使，他是否想以此向使團，或是向飄揚在船桅上端的皇帝的旗幟表示敬意？

這種含糊不清的表示還加上了喧鬧的音樂。托馬斯記載小山坡上種有茶樹。他還說給他喝了羊奶，「有點像奶油」。

這裡是帝國最富庶的地區。但夷人只能從船上來估計其繁榮的程度。然而，使團的幾名成員企圖溜出去看看，但是逃跑者被用武力逮住，並被押送回來。大學士讓斯當東放心：「這種嚴厲的辦法除了關心你們的安全之外別無他意。」

十一月四日晚，船隊抵達揚州。有人對小托馬斯說：「該城因其規模及優美的建築而聞名於中國」，他雙目圓睜，然而見到的只是沿著運河伸展的城牆。「在城牆下，我們受到了二百五十名用弓和箭武裝的士兵的列隊歡迎。」天朝軍隊的炫耀並未給這名西方兒童留下深刻印象。

十一月六日黎明時分，船隊到達揚子江，即藍河，它比黃河更為壯觀。然而，儘管名字那麼叫，它的河水與黃河一樣黃。「為了重新駛入揚子江對岸往南延伸的運河，船隻先是得沿著江的北岸行駛。江面上的波浪如同海濤般洶湧澎湃……我們見到了江豚。」

在經過鎮江城之前，馬戛爾尼發現猶如出自於中國畫的景色。「一個圓錐形的島嶼矗立於江中心；寺廟、鐘樓、小亭被絢麗多彩的樹叢間隔，坐落在井然有序的山坡上。[1]整個景色猶如『一位巫師藉由魔法在江面上變出來的一個迷人的建築。』」馬戛爾尼在他的手稿上畫了一幅素描，並明確指出它叫「金山」。在此之前，他一直不喜歡中國畫，認為畫得不像真的，現在他發現中國畫具有現實主義風格。「怪誕不是在想像中，而是存在於中國的大自然之中。」

皇帝變溫和了

也是在十一月六日這天，皇帝又給松筠、長麟和吉慶下了一份諭旨：

倘該貢使等再三陳懇必欲由廣東行走，有不得已之實情難以拒絕，亦只可俯從所請，不過沿途稍費供支而已，仍當令長麟帶同貢使由水路至江西過嶺赴粵，附搭該國貿易使船回國，以示懷柔。

1 讀者可以攀登這座著名的金山，山頂上有一座寶塔，可供人參觀。

正及時！金錢上的損失不會致命；一切恢復正常。朝廷要花五周時間才能確定英國人離開中國所走的路線。乾隆的意志最終又一次在馬戛爾尼的意志面前動搖了。

擺設用的士兵

受到歷代皇帝大加讚賞的天朝情報工作有如自動裝置那樣精確：「茲貢使船隻於初二日渡江。凡人煙輳集之處，大小夷人並未登岸。該夷人等一路目睹田塍繡錯，人物蕃熙，備仰太平景象，其悅服之情見於顏色。」

在鎮江，等待著他們的是聲勢浩大的軍事操演。但是，馬戛爾尼注意到城牆瀕臨坍塌，這種景象與兩千多名士兵隨著音樂聲在旌旗下接受檢閱的場面形成對比。兵士的裝備如何呢？是弓和箭、戟、矛、劍，還有幾枝火槍。他們戴的頭盔從遠處看像金屬那樣閃閃發光，但大家懷疑它們是用塗了漆的皮革，甚至是用經過燒煮的紙板製成。五顏六色的制服、衣冠不整的形象，絲毫沒有一點尚武氣派；軟墊靴和短裙甚至幫士兵們平添女性的色彩。

王大人明確指出，這種華麗的裝束只「在重大場合裡」才從衣櫃裡取出。相對於作戰，太過笨重的鋼盾牌也只用於炫耀而已。馬戛爾尼很想從近處瞧一眼，但遭拒絕——這是防務祕密……

不必挖苦了！天朝的軍官們不開玩笑：他們護腿套上的扣子一個也不少。指揮隊伍的王炳總兵寫信給朝廷說：「其經過各營汛墩台弁兵俱一律整肅威嚴，該貢使及隨從人等俱甚安靜。」任務完成了。

英國人非但沒被嚇倒，他們還認為獲得了能在這裡輕而易舉地登陸的證明。英國人對示威演習做了如此肯定的結論，以至為半個世紀之後他們在有些地方遭到英勇的抵抗而感到意外。在長江江心矗立著一座小島，叫做焦山。如今你還可以在那裡觀賞在鴉片戰爭中擊退英國人的堡壘。恩格斯曾頌揚此一戰果——這是位善於使用更為巧妙的武器來征服中國的入侵者。

為什麼寧可用這種粗劣的火槍，而不用在歐洲普遍使用的精製步槍呢？巴羅向王大人提出這個問題。這位武官回答說：在西藏，步槍不如火槍有效。巴羅反駁道：「問題在於兵士們沒有養成不將槍管支在鐵叉架上的習慣。」但他不抱幻想：「偏見是根深柢固的。」而取消這些偏見，是否符合英國人的利益？

不夠威武的軍人

王大人和喬大人解釋說：這支到處可見，存在於中國人民之中的軍隊有一百萬步兵和八十萬騎兵。巴羅對此持懷疑態度。但是，兩位官員是分別說出相同的數字的。他們估計全國人口為三點三億，國家的年收入為五千或六千萬英鎊，其中一千萬進入皇帝的銀箱；八百萬[2]用於軍事開支。這筆錢足夠維持以上數目的軍隊了。

如此精確的數字使人感到驚訝。然而，今天從各方面來看這些數字是準確的。如果說帝國的官僚機構意識到在乾隆統治時期人口翻了一倍，難道它會看不到貧困化和爆炸的危險嗎？它擁有準確的數字——它仍保持一成不變？

考慮到中國的人口是法國的十二倍，農業產量也比法國高得多，貿易結算總有盈餘，馬戛爾尼就不再認為兩位陪送官員是在誇大其詞了。

但是，戰爭遠不是這支軍隊日常關注的事。除了分布在北部邊疆沿線和被征服的省分內的韃靼騎兵外，天朝的兵士擔負著警察和司法的任務。他們有時當獄卒，有時管船閘。在另外的地方，他們徵收稅款或看守糧倉。總而言之，他們是為民事機構服務。還有的在路邊、河流和運河沿岸站崗放哨。「這些兵站每隔三、四英里便有一個，駐守的士兵從不超過六名。」

一句話，這些士兵與其說是軍人，不如說是民兵——與滿族的「旗」[3]不同。皇帝甚至撥給他們一小塊地。他們在當地結婚。「除了在重大場合身著制服外，他們平時穿的和普通百姓一樣。他們主要是在和平時期發揮其功效，但缺乏戰爭要求的勇氣和紀律。」

這些兵士要對自己的制服和馬匹負責，他們還得考慮自己和家人的生計，他們的餉銀是不夠養活家人的，他們更像農民而不像軍人。巴羅見到有的士兵拿著扇子而不是火槍向特使致敬。他們有的坐著，有的蹲著，直到當

---

2 分別相當於一九八九年的三百億至三百六十億法郎用於公共預算，六十億法郎用於皇帝開支，將近五十億法郎用於軍隊。

3 在漢學中傳統使用的這個詞彙，在此處則用於法語裡的一個古老意義：在一位貴族老爺的軍旗下作戰的附庸之統稱。「幫」一字也有同一來源。

官的命令他們起立。「當我們突然出現時，他們便匆匆忙忙穿上制服。但穿上制服後，他們更像是要登上舞台而不是去進行軍事操演。」

一條和中華帝國同樣古老的諺語既說到了大兵的作用，也說明了他們不受尊重：「好男不當兵，好鐵不打釘。」

一個武裝的小民族

打仗時，皇帝並不指望這些平庸的「釘子」，而指望他的滿族的「旗」——馬戛爾尼盡可能多地蒐集有關這些戰爭機器的資料。什麼樣的戰爭機器呢？在十七世紀初由清朝創始人努爾哈赤組織的部隊，他們用各自軍旗的顏色來區分：黃旗、藍旗或紅旗。滿族人被編入這些「旗」中。這些「旗」遍布全國戰略要地，任務是為漢人的軍隊配備軍官。與歐洲封建貴族一樣，「旗」中的世襲成員被免除一切勞役和捐稅——除了殺人。

「旗」是政權的精銳部隊，但同時也是一個武裝起來的民族。一個非常小的國家，三十萬滿人控制著三億多漢人。無論是羅馬，還是亞歷山大，或是西班牙，都未能做到這一點。正是除了英國人在印度這情況外，人們見到過征服者和被征服者之間如此不合比例——一比一千——的嗎？每個「旗」由一名韃靼——滿族將軍指揮，它們是這種統治的工具。所有滿人均是士兵。況且他們無權從事其他職業——如工匠、農民，而尤其不能當商人；但是當官則可以，那是為同一個君主政權效力。

這難道不是與旅遊毫不相干的「情報」嗎？

第五十九章　蘇州，中國的半個天堂

（一七九三年十一月七日）

安德遜寫道：「霾霧消散後，富饒的田野、迷人的景色展現在我們眼前，寶塔矗立在山丘頂上。」馬戛爾尼看到一座設計優美大膽的橋：三座橋拱十分之高，船隻不用卸下桅杆便能通過。而這是運河上的船夫熟知的做法。溫德寫道：「通常帆船有兩副桅杆。在橋多的地方，船夫乾脆放下主桅杆，而支起安著續鏈的副桅杆，他們可隨時降下和升起。」

然而，「百姓看上去有些洩氣」，他們還沒有從由於三個世紀前朝廷從南京遷往北京而喪氣的元氣中恢復過來。整個江南地區都遭受到損失。把京師遷往靠近韃靼的北方完全是出於強烈的政治原因。因為江南是帝國最美麗的省分之一，氣候宜人，土地肥沃。

船隊於該日夜晚抵達蘇州。小托馬斯描繪了旅行者和看熱鬧者雙方的好奇心：「我們欣賞著建築在河岸上的房屋，有些甚至用樁基架在水面上。無數的男人和婦女聚集在自家的窗口看著我們，而在河面上，則有許多大大小小的帆船。」

大為驚嘆的小侍從寫道：「夜幕降臨後，我們從一座有九十多個孔的石橋邊經過，這座橋簡直長得沒完沒了。」巴羅則說：「我們的僕役中有一位瑞士人，他還沒睡，就開始數起橋孔來，一直數到頭昏眼花，竟喊了起來：『先生們，看在上帝份上，到甲板上來吧，這是一座我從未見到過的橋，它長得沒完沒了！』」這座橋的橋孔與大運河平行，好似伸向淹沒在黑暗中的無窮無盡的遠方。船隻鑽過橋拱，過了一條沿著運河的路，便能駛進一個大湖。「儘管是在夜間，我們還是能從中央橋拱開始分辨出四十五個孔。」

讀者今天仍然能欣賞這座完好無損的橋。它被稱為「寶帶橋」。是在唐朝修建的，即英國人此次使華的一千多年前。真是一座堅不可摧的橋。

供風流幽會用的畫舫

我們的旅行者因為沒有多少事可做，甚至沒有太多的東西可看，便想像出很多東西。蘇州是「中國的威尼斯」，這不僅僅由於它有運河，小橋和輕舟，也由於它能提供「肉體享受」。至少在它的一些地區「畫舫飄盪，鼓笛聲飛揚，那裡匯集了城裡所有的妓女和藝人」。

按照中國的一種說法，嚴肅的斯當東也「風流」起來，「在英國人看來，這座城市裡的中國婦女比較漂亮，也更會打扮。她們戴著水晶耳墜或金耳墜，而在前額上戴一頂黑緞軟帽在兩眉之間呈三角形。」人們向他列數中國婦人的誘人之處。傳統承認有七點：「誘人的眼睛，甜蜜的嘴，柔軟的身材，靈活的腳，端莊的臉部，優美的脖子和細長的指甲。」

英國人從護送他們的中國人那裡學到一句諺語——至今人們還在引用：「婚在蘇州，吃在廣州，死在柳州。」在四十天後，人們將透過稟請他們證實這個理想的歷程的第三階段。人們對他們解釋說：柳州的木材質地高，能做最好的棺材，所以說要死在柳州，英國人希望能躲開這一階段。但是，他們很快便明白來到蘇州不僅僅是為了結婚。

在城市的郊區，英國人果然欣賞到了「風景如畫、群山環抱的令人叫絕的太湖」。蘇州的居民從湖裡大量捕魚。太湖尤其為「娛樂消遣的幽會」提供場所。人們乘著小船遊湖，船上有一間「非常乾淨的屋子」，而且肯定「漂亮的船女所操的職業不止一種」。

中國所有的小說文學對花船這種提供幽會場所的漂浮妓院均大加讚美！在兩年中不近女色的英國人緊貼這些輕舟而過時又如何能不想入非非呢？當然他們的道德所冒的風險很小，因為他們不能停下。他們只能眼巴巴地瞧著這種肉體享受隨波消逝。

教育學家赫托南透過中國導遊，又印證了傳教士的敘述。蘇州是「最富有的商人的居住地，是培養最偉大的藝術家和最出色的演員的地方。它決定中國的審美潮流，它擁有最漂亮的女人，最小的腳，最時髦的服飾。這裡是整個中國最淫逸奢侈和放蕩者匯集的地方。中國人經常說這句諺語：『上有天堂，下有蘇州[1]』」。

商人的住宅比其他地方的漂亮得多。其他的住所則是「無人照管」，因為居住者成群結隊日夜在水上靜靜地滑行的花船上「消磨時間」，船上載著美貌的姑娘，她們打扮得花枝招展，一看就知道她們的身分……這些居民在姑娘的懷抱中揮霍其錢財。前來出售貨物的富商「由於沉湎於她們所提供的樂趣而淪為乞丐」。

丁維提的望遠鏡並沒有閒著。划船的姑娘待在船首和船尾。溫德寫道：「我見到她們穿著華麗，有的掌舵，有的擦洗遊船。」赫托南的目光更敏銳：「船中間是一間裝著玻璃的屋子，透過薄紗，有時能見到年輕人在配備有靠墊的長靠背椅上演奏音樂，身穿短衣衫的姑娘陪伴著他們，這些姑娘十分放蕩，不像是老老實實地坐著，她們是培養做這一行的學校裡的學生，這座城市長久以來就以這學校而聞名；因此在這個國家，與在亞洲其他各國一樣，肉體享受成為一門學問，甚至成為商業中的一個門類。」

在蘇州和杭州，讀者仍然能見到上了黑漆和繪著花卉的類似的遊船上船女在划槳。但是，儘管她們看上去是那樣討人喜歡，搖櫓時是那樣靈巧，向您介紹沿途風光時又是那樣笑容可掬，您對她們的品行不會產生任何懷疑。而直至一九四九年，她們之中從邊搖櫓邊要價三個銅板的窮家姑娘到傲慢的水上花魁應有盡有。

在整個遠東，長久以來風流韻事一直是對包辦婚姻束縛的一種補償。花魁娘子與普通妓女全然不同，後者只是「濃妝艷抹的陳貨」。根據強制的禮儀，要花魁順從必須先向她大獻殷勤。

在漫長的幾個月裡，他們未近女色，並不得不對每個人的舉止嚴加監督，以免令中國人和特使閣下生氣。現在他們興奮起來了。這是個消遣。旅行中的一點春意。

1 實際上，至今經常被引用的這句諺語還要加上杭州，蘇州和杭州經常被當作一對地理名詞。

第六十章　被出賣的未婚妻

（一七九三年十一月八日）

可有救你女兒的法子？

——既做人家的媳婦，要打要罵，概由人家，我怎能作得主？

——葉聖陶《一生》，一九一九年

我們的旅行者一涉及這個有趣的課題，馬上就擴大了他們的調查範圍。他們不費勁地發現賣淫並不是中國婦女體現其商品價格的唯一現象。一個中國作家寫道：「窮人家中只要有一個漂亮女孩，馬上就會形成彩禮競爭，而父母把女兒許給付彩禮最多的人。」女孩沒有選擇餘地，她將去出價最高者的家裡。因此，中國婦女無論其身分如何，總是被出賣的——出賣一小時或是出賣終身。

巴羅寫道，事實上，男人在這方面沒有得到好處，因為，「在姑娘乘坐花轎被一長列人送到他家之前，他不能見她。然而，如果他用事先給他的鑰匙打開關著他未來妻子的轎子時，發現她不合他的胃口，他可以將她退回給她父母。但這樣他就失去了已經交出的彩禮。」

巴羅難以理解這種感情不起任何作用的家庭包辦。確實，直到那時歐洲大陸的習慣仍然是協商婚姻，但在英國這種婚姻方式開始讓位於戀愛結婚。「人們根本不允許訂婚者事先進行交談。在中國沒有表示關切和溫存的無聲形式。男人娶女人是因為習俗對他的要求。」一個二十多歲的獨身男子就叫「老光棍」，被人瞧不起。

如果說儒家思想社會幾乎不承認婦女的一切權利，首先包括出生後生存的權利，婦女還剩下一個權利，即結婚的權利。結婚為她提供了生育男孩的機會——她通向權力的唯一途徑。

根據巴羅的說法，年輕婦女在其丈夫家中首先「是一件無生命的家具，與在娘家時一樣」。古伯察神父以挖苦的筆調寫道：「打妻子成了具有如此高雅的事情，以至做丈夫的盡量避免錯過機會：否則就會表明他是個笨蛋，有損於他的尊嚴。」

報復也是一道中國菜——有時是熱菜，有時則是涼菜；我們的旅行者如果讀過中國故事中丈夫挨妻子打的不幸遭遇，他們對兩性之戰的看法就會全面一些。最愉快的報復方法就是不忠貞，中國文學中有許多挖苦的話，人們以為它們出自於女人心或弄臣：

水性從來是女流，
背夫常與外人偷。

如果說這個主題在各國到處可見，那麼我們的英國人沒有注意到另一種更為奇怪的現象，所有的年輕妻子都是婆婆的僕人。在中國，年輕姑娘更多是作為媳婦，而不是作為妻子進入一個家庭的。中國人不說娶老婆，而說娶媳婦。

服從父母使年輕的丈夫不能向著妻子反對母親；而年輕的妻子對公婆盡的義務要比對丈夫盡的義務還要多。唯有歲月能解決這種不合常理的現象，使狀況顛倒過來，年齡最終將使媳婦變為婆婆。最初是女孩，當年齡允許她戴簪子時便成了媳婦，後來成為婆婆；這是中國婦女的三部曲，她最後成為受闔家尊敬的老祖母。

兩性間的鬥爭

相反地，一夫多妻的現象沒有躲過我們旅行者的目光。它是正常現象。巴羅解釋道：「當丈夫將第二、第三個老婆帶回家時，第一個妻子『既不嫉妒，也不難受』或者，她『認為什麼都不流露出來更為明智。』」這種克制是有道理的。因為沉默並不能抑制不和：《金瓶梅》中不抱幻想地指出：「一個碗內兩張匙，不是湯著就抹著。」

「妾」這個概念激起巴羅的反感，他對此做了玩世不恭的解釋：「在婚姻是一種合法賣淫的國家裡，當妾的也就不會有什麼羞恥了。」

巴羅繼續說：一夫多妻制「是一種能在自身找到治療方法的弊病。在這個國家裡，十分之九的男人為養活一個妻子所生的孩子尚感到十分困難。如何又能買第二個妻子呢？何況，在一個許多小女孩被遺棄，而習俗又要求每個男子都結婚的國家裡，誰討兩個老婆就會妨礙另一個男人找到妻子。妻妾成群只存在於上等人家或一些富商家庭。限制奢侈法禁止修建漂亮的房子和一切講究排場的行為，而鼓勵人們偷偷地沉湎於聲色之中。」梁棟材神父哀嘆改信基督教的人太少，他把這種情況歸咎為「中國人沉溺於肉體享受」。

巴羅報導說：「國家的每個高級官員根據其經濟狀況和對女色喜好的程度，有六個，八個或十個妻子。廣州的商人也都妻妾成群。」我們今人知道中國有錢人家的私生活就是變著花樣集體戲耍。他們的私生活以「內宅」為舞台。人們在那裡首先翻閱許多床頭經：「兩個並肩疊股而坐，展開春意二十四解本兒，從頭至尾，看了一遍，不肯放手……然後離座上床就寢，在錦帳之中，效于飛之樂」。

在「可愛的英格蘭」與維多利亞時代的英國之間的我們這些英國人真不知道他們應該對此表示反感還是嫉妒。但當有人談到皇帝的後宮有幾百名美女時，他們尤其感到困惑不解。就是他年輕時也怎麼能應付得了呢？

他們不了解道家生理學及由此產生的性實踐。根據這種學說，男性的要素陽為男人帶來了無窮的精力。但是要有若干條件。它應經常與女性的要素「陰」接觸。並在讓女人充分舒服時全部汲取「陰」的精。他自己要全神貫注，但是並不釋放自己的精。男人就這樣延年壯身。

中國男人與眾多的妻妾頻繁發生關係，卻又不讓自己洩精，這樣他就能夠滿足眾多妻妾，因為她們的滿足對增強他的陽是必要的，所以也能使她們感到滿足。當他決定要孩子，他便能生出傳宗接代、強壯的男性繼承人。

但是女性的陰有它自己的利益，與男性的陽的利益發生矛盾：陽達到極度興奮時，陰便得到增強。有些內行的女人成功地挫敗了男人的計謀，使他控制不住。在兩性間的鬥爭中，她們就取勝了，她們的陰精從陽精方面得到增強。這些女人懂得「採戰之術」，道教的傳統賦予她們永恆的魅力。

絲綢的祕密

蘇州是女人的都城，也是女人最珍貴的外衣——絲綢的都城。大運河現在確實經過種植桑樹的地區。出使的一個目的就是調查種植桑樹、養蠶繅絲等有關絲綢的技術，以便把它們引進印度。但是中國人對此保持著警戒。自古以來，絲綢在中國一直是國家祕密，也是整個民族的祕密，出賣這個祕密者要被處死。

在運河的兩岸，只見桑林圍繞的極大的村莊。桑葉已經摘去：為什麼呢？赫托南只得到極少的情報：「種桑樹的人不管養蠶。他們把桑葉按分量賣補給蠶的城市居民。」根本不可能帶走這些小樹的樹苗和蠶的樣品。絲綢還將保持著它的謎。

「總不知足」

還是十一月八日這一天，松筠的一份奏摺似乎離中國卡普阿[1]的樂趣甚為遙遠：

嘆咭唎貢使懇請仍由廣東行走，當經松筠峻詞斥駁。而該貢使等淚隨言下，亦只可准其所請。奴才又將浙江省停泊夷船擅自開行一節向其明切嚴諭，據稱他們管船之人如此不遵教令我等實在羞愧無地。奴才遵將恩旨宣示，該貢使免冠屈膝，喜溢於色，據稱我等蒙大皇帝憐憫從此得有活命平安回國。復稱前蒙大皇帝恩典准我等在寧波地方買些茶葉絲斤，但我等所帶銀兩無多，現在浙省停泊之船原系一隻貨船，不知可以將洋貨兑換否？

奴才諭以寧波地方向無洋行，爾等既稱乏銀，想在寧波斷不能多買茶葉、絲斤，況爾等又可赴澳門、黃埔，爾等所存貨物仍應赴彼處交易。該地方自然欽遵恩諭概免納稅。

皇帝接到該奏摺後，用硃筆批注道：「總不知足。」

1 編注：卡普阿（Capua），義大利坎帕尼亞卡塞塔省的一個城市，建於西元前六世紀，後發展為重要的工商業城市。約西元前四世紀後期屬於羅馬。當時該地風氣奢靡，居民多耽於享樂。

第六十一章　黑暗中的微光

（一七九三年十一月八日～十一日）

船隊在大運河上航行了六百公里後接近杭州，在那裡松筠將讓位於長麟。正赴任的新兩廣總督將陪同使團，因為獅子號突然出發以及馬戛爾尼拒絕搭乘印度斯坦號打亂了整個計畫。

松筠最後一次發揮作用，向馬戛爾尼說長麟的好話。任命這樣高的人為兩廣總督表明皇帝有意與英國商人建立更好的關係。這個任命難道是使團獲得的唯一具體成果嗎？不管怎麼說，松筠使出的心理攻勢說明是有效的，乾隆的形象又帶上了仁慈的光環，而馬戛爾尼又重新抱有希望。他正在草擬的、準備讓馬金托什船長從印度斯坦號上傳遞的文件證實了這一點。

完全紳士派的總督

確實，長麟可以被視為「左右局勢的人」。新任兩廣總督是滿人，乾隆的親戚。他享有正直的美名。一七九二年，他為幾名被和珅誣告犯有陰謀罪的人辯解而失寵，現在他已走出了政治上的低谷。[1]

兩人之間的第一次接觸至關重要。兩個人將互相觀察並作出評價。從宮內文書看不出長麟對馬戛爾尼的看法——中國人一般不做心理分析，他們的記載更著重道德的判斷。而馬戛爾尼作為真正的西方人，喜歡具體說明他的印象，並詳細敘述他們談話的內容。

1　長麟在廣州只待了十五個月，他的政治生涯又將停步不前。是不是因為他對馬戛爾尼和歐洲貿易的態度被認為過於寬容？還是由於和珅的積怨？無論如何，他只有等到和珅死了，才重新在突出的職位上任職（編注：後擔任禮部尚書、兵部尚書、刑部尚書，最後到協辦大學士），直至一八一一年去世。

十一月九日早上，船隊在杭州附近停泊。總督的遊艇立即靠向勛爵的船。馬戛爾尼說：長麟「先與松筠談話，然後前來對我表示歡迎」。[2]

英使馬上對他產生了非常好的印象。長麟除了受過良好的教育外，為人直率、儀態高雅——一個真正的紳士。他的談話與松筠全然一樣。他肯定地說他接到皇帝的命令，要對在廣州的英國人表現出最大尊重；他們有事可以直接找他。

這些西方人把最可鄙的物質主義和天真幼稚如此緊密地結合在一起，東方人如何能不嘲笑他們呢？這個十足的紳士在對英使大獻殷勤的同時，卻希望把採珍珠的漁民訓練成作戰潛水員去破壞英國船隻。

長麟不停地說著如長途航行勞累等寒暄話，並說英使進京「非常討得皇帝的喜歡，他不斷地表示自己極為滿意」。他甚至交給馬戛爾尼皇帝送給國王的又一批禮物：繡金的絲綢，[3]尤其是一張：「福紙」——即天子御筆寫的福字。「一位中國皇帝對另一位君主表達友情的規格不能比這更高的了」，這是馬戛爾尼為他的英國讀者寫的。他沒有指出這種姿態對皇帝來說不要付出很高的代價；沒有指出對於這一巨大的行動來說這只是個微不足道的成功。

大家記得乾隆的本意是，這「福」字應該意味著向即將在舟山登船的使團「告別」。[4]路線的改變使這字蒙上了一層滑稽可笑的含意，馬戛爾尼對此並未察覺。他也不可能知道這些禮物原先應由松筠轉交給他。作為好朋友，松筠把這事留給長麟去辦，後者因此可以借此作為愉快的見面禮。

來年，遭到可怕虐待、備受凌辱的荷蘭使團也將得到皇帝御筆所書的福字，那是送給實際上並不存在的荷蘭國王的！……

2 小托馬斯則透露是英使拜訪了總督。但是有可能不一樣嗎？
3 根據皇家檔案，這是一種「禮袍」。但是，馬戛爾尼並未明白——或者他不願讓人想起身穿天朝服裝的喬治三世的樣子……
4 北京的文人至今仍然為他們的外交官朋友書寫這個字做為告別禮物。新年期間，大家會將這個字倒貼在門上，表示好運自天而降。

迴避的技巧

使團在杭州要停留幾天，以便把人員和行李一分為二，一部分人與物將和馬金托什繼續前往舟山搭乘印度斯坦號，另一部人與物將與馬戛爾尼、長麟一起走陸路去廣州。印度斯坦號留下除了等候船長外，還在等待把在當地換取的貨物帶走的許可。既然它還停留在那裡，最好是把貨艙裝滿！誰知道呢？因為這樣做就將開創一個先例。中國人懂得下的賭注：不是幾噸茶葉，而是一條原則。因此長麟向馬戛爾尼和馬金托什做了迴避技巧的精彩表演。

他解釋說：「舟山的商人沒有與外國人通商的習慣，另外，他們也沒有能使英國人感興趣的貨物。最後，他們希望用現金支付——也就是說用銀幣。」而長麟知道英國人沒有銀幣。可能受馬金托什的鼓動，馬戛爾尼建議以貨易貨。他並沒有明確指出，但是內閣檔案反映出皇帝的憤怒。

實際上乾隆密切注視著事態的發展。松筠的建議使他大為不悅：

「前因該貢使等懇請在寧波置買茶葉、絲斤，原已降旨允准。今該貢使又以銀兩無多為詞，欲將洋貨在彼兌換。」

——真可鄙。

「應赴澳門、黃埔將貨物交易。」

然而他還是個好君主，他允許和珅提出一個改良方案：

「今已將絲斤購備運往，如該貢使等購買無多，不妨酌量准其交易，倘伊等因松筠飭諭不復在彼置辦，即聽其前赴澳門、黃埔購買亦無不可。」

乾隆又一次用硃筆添上：「若聽其一事，彼又生法求恩不已矣。」

長麟重彈松筠一再提出的異議。馬戛爾尼放棄了在寧波貿易的計畫。強行突破行政封鎖是辦不到的。對私人——即「奸商」不能抱任何希望，他們明顯已經起不了作用。為什麼要試圖和這些人做交易呢？天朝的等級制度隨時會使之付諸東流的。使臣抓住賜於他的微薄的補償不放。總督向他宣布，作為特殊的恩賜，印度斯坦號將免付出口稅。馬戛爾尼對這些一本正經地不斷重複的句子已經聽膩了，對那種毫無意義的永恆的微笑也看夠了。

但是，他還是想，皇帝的優待，對自古以來的慣例的違反，儘管並無驚人之處，難道不是具體地說明他的使團並非毫無用處，而新的做法將會逐步建立嗎？

托馬斯從特使和他父親的隻言片語中猜出了他們的想法，他堅持說：「長麟極為謙恭，非常客氣。」

馬戛爾尼對他著了迷。他越來越慶幸自己一再堅持走陸路去廣州，讓印度斯坦號只把使團的一個分隊送走，而不是相反。展望他將要與一個決定廣州和澳門歐洲人命運的人一起度過幾周使他日益感到這是他使命出人意外的延長——一種挽救使團的決定性的好運氣。

「不許民人與之接觸」

從第二天——十一月十日一起，總督又來看特使，並重彈老調：「皇帝陛下對你們大有好感。」馬戛爾尼不愧是個好外交官，他馬上就試圖使這樣的好感具體化。他從另一條戰線發起進攻：關於絲綢的某些祕密在義大利和法國尚不為人所知，而英國人在這方面也一無所獲。正是在杭州附近種植的桑樹最多，養的蠶也最多；而在城裡製造出最有名的絲綢。馬戛爾尼曾詢問過他船上的船夫，一些人認為紅桑起主要作用，另一些人則認為是白桑。究竟如何？很顯然，總督對此一竅不通。中國的等級體系裡從上到下的人都對外國人的好奇心加以迴避。又是一個不適宜的問題，搞間諜活動。

可是，斯當東不是成功地發現了一個工業祕密嗎？「蠶是在特地搭起的蠶室內養殖的，那裡遠離各種嘈雜聲；因為中國人認為哪怕是狗吠聲也會妨礙蠶的生長。」讓我們再往下看：「繅絲之前總是把蠶悶住。為此，他們把繭放在匾上，再把匾用水氣蒸。當繭被繅完絲時，中國人就大嚼蠶蛹。」如果說中國人津津有味地品嘗長滿其身的虱子，他們就不可能對蠶蛹的滋味無動於衷。繼工業祕密後，又發現了一個集體行為的祕密——英國人識破了中國人的心理現象。他們的猜疑不是得到了證明嗎？

這種猜忌不僅反映在絲綢方面，而且也反映在對杭州這座城市的本身。在歇腳的數天時間裡，英國人被關在船上不許登岸。乾隆的硃批一次又一次地重複著：「不許民人與之接觸，不令貢使從人等上岸。」這些蠻人沒有想到皇帝為他們費了這麼多的朱墨。

托馬斯的日記證實了這種隔離措施：「那位大官來到勛爵的船上與他談話。但是我們還沒有到達城牆邊上，我們不得不在郊區夜間睡覺，白天閒待著。」這是他在十一月十日的日記中寫的話。

喬治爵士記敘了一件有意義的事情。一部分運往廣州的行李被錯運到前往舟山的船上。三個英國人被派去尋找行李：唯有他們能認出這些行李。他們由一名官員及其僕人陪同騎馬前去，他們從東面繞過城市。終於可以自由一會兒了！抵達河邊後，他們登上牛車，每輛由三頭並排套在一起的水牛拉著，用一根繩子穿過鼻孔來駕馭牠們。牲口飛速奔向河裡，在水中牠們只要能站得住便前進。隨後，旅行者們從牛車上到船裡。到了河對岸，他們乘坐轎子前去舟山運河。

事辦完後，英國人又騎上馬，用馬刺刺馬的兩側朝城裡飛奔而去。當他們已看見城牆的時候，追著他們的中國官員叫守城的衛兵在他們到達之前關上城門。然後對英國人解釋說城門打不開了，因為只有巡撫有鑰匙。他們因此不得不再次繞著城走。關城門的命令引起了軍隊的警惕，馬上動員起來作好戰鬥準備。王大人「見到三個英國人居然能在中國防禦得最好的城市之一造成驚慌，不禁啞然失笑」。

然而在他們到達的第二天，王大人已經與巴羅和李神父一起去熟悉杭州南面上船的地方；他們那時是穿城過去的。小托馬斯寫道：「他們回來後，對城市和店鋪做了出色的匯報！」他們那些被迫待在船上的夥伴則像被禁閉者那樣表現得十分不耐煩。

望遠鏡裡的漂亮文人

建造於錢塘江和帝國運河之間的杭州是兩條水路的必然通道，貨物在此換船轉運。這是聯繫南北的大商埠。「可以想像貨物的轉口為這座城市帶來了巨大的活力，它的人口幾乎與北京一樣多，城裡到處是店鋪，它們可以與倫敦的店鋪相媲美：絲綢店、毛貨店、英國布匹店應有盡有。」

在鋪著大石板的狹窄路面上，萬頭攢動；夷人一出現就引起交通堵塞。女人們都打扮得十分吸引人，但只是在衣服的顏色、髮型和頭上插的花上作些變化。一件絲織內衣代替襯衫。外面穿著燈籠褲和皮裡上衣，一件厚厚的袍子套在最外面，腰間紮一根腰帶。

中國女人「認為體態豐腴是男子美的標準，而在婦女身上則是個大缺陷。她們極為注意保持自己身材的苗條。」她們把指甲留得很長，「以表明她們有人伺候」，她們把眉毛修成「細長弧形」。

畫家亞歷山大做了如下概括：「我們見到的大部分婦女不能算美，尤其是用小腳快速行走的平民婦女。上流社會的婦女很少出來。我們通常在遠處見到她們。例如我們用望遠鏡有時會無意中見到一名婦女正在關窗。在我們看來，她們是漂亮的，但可能是因為她們化了妝的緣故——主要用補粉和胭脂。」

雷峰塔

古今都一樣，旅遊在中國從來不是盲目進行的。王大人「有禮貌地邀請巴羅先生和其他幾位團員乘坐一艘華麗遊艇遊西湖，一條準備飯菜的船跟隨其後，湖面上蕩漾著無數條供遊人消遣娛樂的小船。岸上有達官貴人的宅第，一座皇帝行宮，還有不少寺廟。自山邊冒出的小溪流入西湖，上面跨著美麗的石橋。」這副景象沒有任何變化。《儒林外史》並不過分誇張地斷言：「這西湖乃是天下第一個真山真水的景致。」

在樹林中，有「幾千個修築得像房屋一樣的墳墓，墓是青色的，配上白色楹柱，排列得像是一條條小街道。差不多每個晚上都有人拿著火把前來湖邊的墳地向其家屬的遺骸祭供。」

在一座山峰上矗立著幾座寶塔；其中一座位於岬角邊上，名叫「雷峰塔」。「塔頂已毀壞，上面長滿了綠苔和荊棘。據可靠的說法此塔是孔子時的建築物。」在傳統戲劇《白蛇傳》中，這座著名的塔被用作布景。始終不變的中國……

第六十二章 「於嚴切之中，仍寓懷柔」

（一七九三年十一月十一日～十三日）

在杭州，馬戛爾尼收到一封艦隊司令的信，此信幾乎是一個月以前寄的。高厄解釋說，所有船員都患了重病，包括醫師；船上藥品缺乏，尤其是奎寧和鴉片。因此必須去廣州。

這封信的旅行速度顯然與獅子號啟程的消息一樣快——馬戛爾尼是在兩周前由松筠告知獅子號啟程的。為什麼這封信又那麼慢呢？馬戛爾尼猜測：先要傳教士翻譯，然後是審查……可是為什麼這麼「猜忌」呢？

如果以為只有英國人在受這驛站拖拖拉拉（而這驛站本來是很快的）的罪那就錯了，它使任何來到中國的人都難以忍受。在同一時刻，羅廣祥神父兩個月來一直試圖與始終待在印度斯坦號上的安納與拉彌額特兩位神父接觸。最後他從澳門給他們寫了封信，在那裡他明白一定會把他們打發走：「八月份，你們離我們是那樣近；我立即想方設法獲得皇帝允許讓你們來。但是，由於懷疑你們是英國人，他們把我叫到宮裡，向我提出了一大堆有關你們的問題……我無法往你們的船上寄信，也無法請使團返回時帶給你們……錢德明神父在十月八日至九日的夜間突然去世；請你們在作彌撒時為他祝福。請多保重。要快活些，要有耐性，有勇氣。」這是在天朝官僚體系推不動的惰性面前一位把自己奉獻給上帝的人表現出來的始終不渝的愉快心情。

要有耐性！這位羅廣祥神父在幾年前就勸其教友要有耐性。一七八九年六月二十五日，他就曾寫道：「我懇請你們不要一遇上中國辦事拖拉就氣餒。這的確是使人感到屈辱，但這是不可避免的。」

高厄的信儘管晚到，卻還很受歡迎，馬戛爾尼獲悉獅子號並沒有動身去日本，便鬆了一口氣。為了更加保險，他給公司駐廣州的代表寫了一封信，總督同意當晚就送出，信中指示伊拉斯馬斯爵士在得到新的命令前留在澳門。

這封信沒有被耽擱，特使想把獅子號留在廣州，這與中國人希望看到英國人盡快離去的念頭不謀而合。事實上，廣州當局擔心「該正副貢使及隨從人等，上下幾及百員名，到粵後雖有貨船可以搭附，恐其藉口買賣未齊，轉多停擱。」當局為預防起見「又派撥熟諳海道員弁前赴該船，令其與前船一同停泊」。[1]收到這份奏摺後，乾隆批注道：「是。」為使中國最終擺脫夷人，一切都已準備就緒。

告別迷人的松筠

前往停泊在舟山的印度斯坦號的使團成員於十一月十三日離開杭州。松筠和浙江巡撫吉慶一起護送他們，以便監督他們動身。

他前來向馬戛爾尼告別。他顯得有些激動。他要求馬戛爾尼寬容些。他解釋說：「兩國相隔萬里，它們的習俗必然相異。因此英國人不應當從壞的方面來理解中國人的態度。他希望他們不要帶著對中國不利的印象回國。」

馬戛爾尼願意相信這些良好的表示不僅代表松筠個人，他的理由是「松筠也經常處於被監視之中」。實際上有兩名中國官員都隨時在協助他；他們肯定是密探。大學士表現得如此可愛，那是因為讓人知道他這樣做對他有利。馬戛爾尼寫道：「他迷人的態度躲不過朝廷的耳目，這種態度應當受到朝廷的賞識。在這撲朔迷離的宮廷內還是可以有一個正直的靈魂的。」他得出的結論是這種和藹可親的舉止預示著未來很有希望。然而從宮內檔案看出，這也是他的任務之一：「速將暎咭唎貢使送走，於嚴切之中，仍寓懷柔。」

松筠精於此道，其證明便是他謝絕馬戛爾尼想送給他的告別禮物的方式。他以如此自然懇切的態度來表達他的托辭，以至特使都沒有想到為他而生氣。然而，這與和珅一樣都是拒絕禮品，也都是對同樣的命令表現出同樣的服從。但是，馬戛爾尼認為松筠有紳士風度。這位中國高級官員都配當個英國人。

如果說大學士對特使表現出熱情，他在皇帝面前可一點都不流露出來。以下是十一月十三日他寫的最後一份奏摺：「本月初九日，該正貢使至奴才船中跪請大皇帝聖躬萬安，敬捧呈詞……口稱我等外夷不識天朝體制，一切禮節全未諳習，仰蒙大皇帝格外施恩體恤備至……其已悃忱。」

1 同一份奏摺寫道郭世勛讓人在澳門調查兩個名叫安納和拉彌額特的人。這就是我們船上的兩位神父。

同一天，小托馬斯寫道：「今天，松筠來船上看我爸爸。我給媽媽寫了封信。由馬金托什艦長帶來。」十二日和十三日，馬戛爾尼也說他接待了松筠的來訪。大學士則讓朝廷相信是特使前去拜訪他，極權社會的等級原則與民主社會的平均主義原則帶有同樣的強制性。一名貢使應當尊重一位大學士，而不是相反。皇帝可能會批注：「好」，如同我們所說：太好了！[2]

私下對話

英國人正在為去廣州作準備，有的走水路，有的走陸路。他們遠沒有料到在此刻透過皇家傳驛，一場無情的對話正在他們穿越的中國兩端進行著。

乾隆十月二十一日從北京發出給廣東以及其他沿海各省巡撫的諭旨，告訴他們夷人的「不適宜的要求」，他們要求或在舟山，或在廣州附近有一個能「長期居留的小海島」。

郭世勛僅在十二天後，即十一月一日回覆乾隆，而又過了十一天，即十一月十二日；乾隆用硃筆批注他的覆件。以下是他們的對話，它確定了馬戛爾尼的徹底失敗：

郭世勛：嘆咭唎國人投澳居住須向西洋人賃屋，形勢儼成主客，是以此次該國貢使進京籲請在於附近廣東省城地方常給一處，以為收存貨物之地，與西洋人之澳門相埒。

乾隆：此必不可行

郭世勛：其所籲求之處止其貪狡之處。

乾隆：是！

郭世勛：西洋夷人在澳門居住始自前明，迄今二百餘年。該夷等在被生長居聚竟成樂土，國朝教化涵儒，不

---

2 可惜的是對我們來說，失去了松筠，也就失去了一位寶貴的見證人。我們有關中國的資料就少了。

殊天幬地載。況廣州附近各處濱臨洋海，尤不便任聽外國夷人紛投錯處。

乾隆：是。

郭世勛：今該貢使貿然陳請，設想非伊朝夕。誠如聖諭，海疆一帶戒備宜嚴。現在督臣長麟莅任在即，臣當與悉心商榷，設法稽查，凡沿海口岸港汊炮台墩汛一律加意防範，不使該國夷人有私自相度地面妄思占住之事。

乾隆：好，實力行之。

郭世勛：如伊等欲擇地居住，必借內地奸人指引。

乾隆：此尤應禁者。

郭世勛：臣現在密飭地方官嚴行查察，倘有洋行通事引水及地方無籍之徒串同暎咭唎夷人詭圖占地，即不動聲色，密拿審究，從重治罪，以杜其漸。

乾隆：是。

使團曾從大學士松筠和藹可親中推斷天朝會聽使團的話，事實並非如此。天朝甚至怒不可遏。

給英國國王的報告

馬戛爾尼在抵達廣州的時候寫完了他長達二十八頁的第一份報告，他委託馬金托什把這份為國王寫的報告送交給敦達斯。他因此就有機會把有關使團的消息先傳到歐洲。我們將從這份奇怪地未加發表的文件中摘錄若干段落。這份文件的內容不僅與我們上面所引的突然發現的無情對話，而且和特使及其夥伴在他們各自的日記中描繪的觀點相距甚遠。然而，主要的事都寫入報告了，失敗後的傷感被搖曳不定的一線希望所緩和：「我滿意地注意到倫敦王室和北京朝廷初次直接接觸的結果開始就英國商人的問題在中國人的思想裡開花結果。」

從一開始，馬戛爾尼就描寫了不可克服的障礙。首先是歐洲人的嫉妒：「我從一些非官方的或私人的消息中獲悉某些代理商行中的歐洲人設法對抗他們想像中的我們的計畫。我們在各方面都要防備葡萄牙人，他們認為自己保持著與北京關係的壟斷權。然而，澳門正在日趨衰落，只是有了淡季居住在那裡的英國人的出現才得以繼續存在。」

其次是中國人的多疑：「儘管對我們接待的排場很大，但韃靼族的達官貴人用懷疑的眼光看待我們的每一項建議，這是再明顯不過的了。就好像我們是來顛覆這個國家的。」

他的使團被禮儀上的義務弄得筋疲力竭，而無法談判任何問題：「我此行的主要目標甚至都沒有提到。我所有的時間都被禮儀占去了，如果我不稍稍地堅持，希望使這個政府對我們懷有良好感情的話，就沒有任何機會實現我使命中最起碼的具體目標。」

幸好，在沿著大運河的歸程中終於和大學士建立了友好的關係，並把事情向前推進了一步：「松筠向我援引他每天從皇帝那裡收到的信中的主要段落，並告訴我最重要的批注。他說透過十分仔細的觀察，他真正相信我們除了想增加貿易之外別無其他想法；但他明確指出，在一個中國皇帝看來，這是件微不足道的事情，不值得麻煩一個使團。」

馬戛爾尼這樣便能回到皇帝給國王的兩份敕書裡令人失望的內容上來：「我向松筠指出，除了聖上提到的有關在北京常駐使節的要求——這一要求被拒絕——之外，沒有提及任何其他各點。他回答說：皇帝陛下認為他允諾照顧我們的商人就足夠了。至於我給和珅的照會，他對我的要求逐一加以拒絕；我提的問題似乎是被故意歪曲，好像有人竭力使它們易於遭到皇帝陛下的拒絕。但是，我還是讓他們知道，由於得不到重新考慮，我們在廣州的人的處境很快就會變得難以容忍，以至有可能中斷一切貿易。……我感到寬慰的是聽說皇帝對我們，即對使團和我們的國家懷有好感，他決心保護這種貿易。如果他拒絕了我們所有具體要求，並不是因為這些要求提得不得體，而是因為皇上年事已高，他不認為改變自古以來的習俗和創立新的先例是件好事。」

在這個衰老的君主之後，較年輕的繼承者將會採取另一種態度……英國人從不認輸；必須維持一點希望之光。

第五部
峰迴路轉，希望復萌
（一七九三年十一月～一七九四年九月）

子曰：能以禮讓為國乎？何有？不能以禮讓為國，如禮何？

——孔子，《論語》

中國人對皇帝說：您是我們的父母，有了您我們才能活著，有了您我們才有今天。請您再次龍恩天開，了解我們的不幸，看看我們所不敢向您說的情況，救救我們吧！

——錢德明神父，一七七四年

人是有感覺，能思索，會考慮，並在地球表面自由行走的動物。

——《百科全書》，詞條「人」，一七五一年

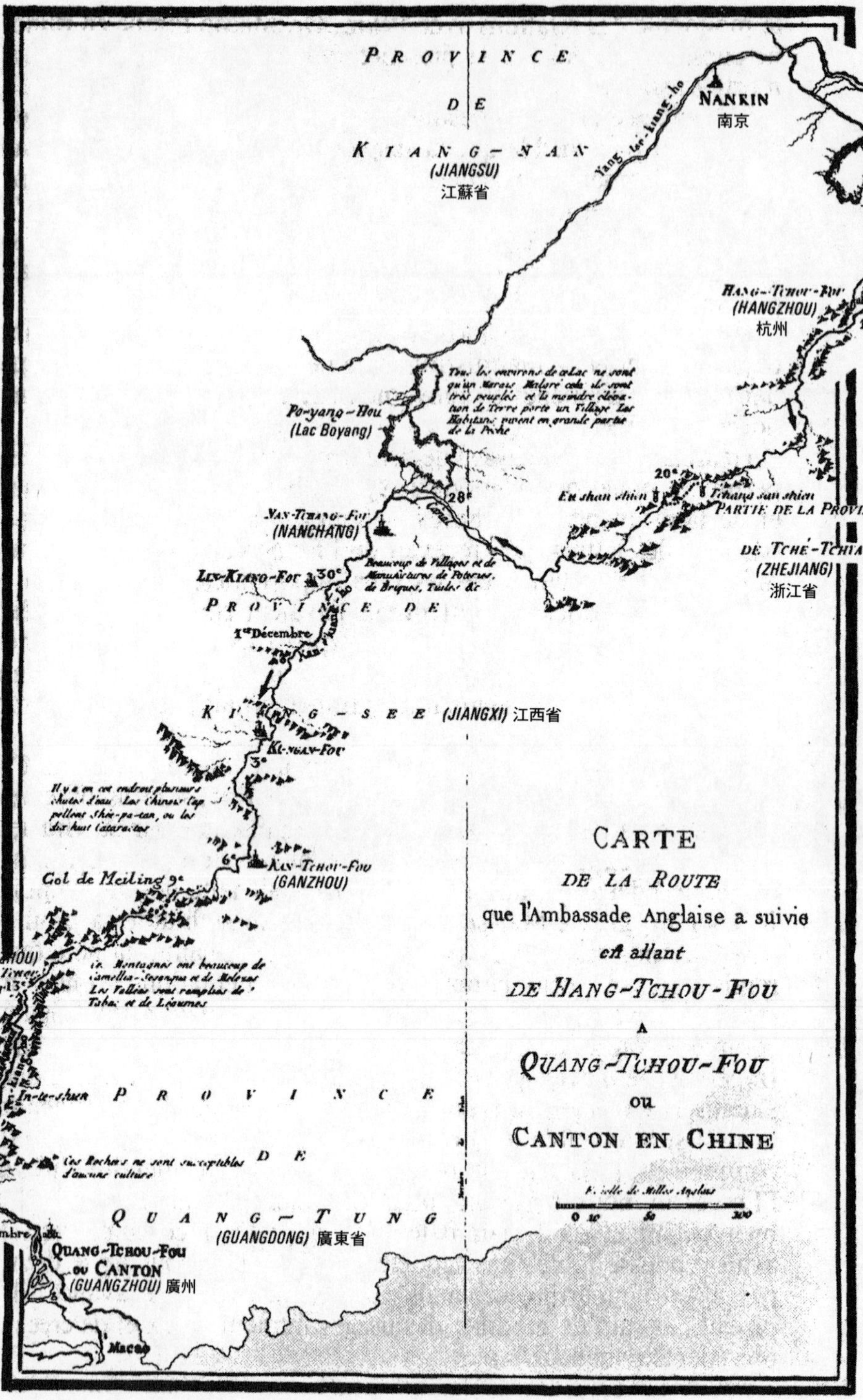

英國使團行進路線圖：杭州→廣州

第六十三章　老傳教士的遺囑

（一七九三年十一月九日～十日）

馬戛爾尼在修改他第一份由敦達斯轉交國王的報告時，就已經認真重讀過錢德明神父的來信，這封信是後者在極其困難的情況下，託人於十月三日——即皇帝第一份敕書下達的當天——轉交的，好像是專為減輕特使因遭拒絕而受到的打擊寫的。

當時，勛爵只是把信大致讀了一遍，認為那只是神父對他這位受辱使者好心地表示安慰而已。但幾經閱讀，他理解信裡的深刻而準確的分析。要是他知道，神父已在十月九日，即在病榻上寫這封信後的第六天離開塵世，他從中獲得的是一份什麼樣的遺囑呀！

這位可敬的老傳教士在信中解釋：「對於中國人說來，使節團的任務不過是在盛大慶典時來互贈禮品而已，它在中國逗留的時間不能比慶典的時間更長。在上個世紀和本世紀，任何一個派往北京的使節團，其逗留的日期均未獲准超過這期限。」他補充說：「中國人不簽署條約。與他們打交道需要許多時間，故而大可不必性急。」

他接著說：在廣州的對外貿易是「下級官吏的犧牲品」。他們的壓力只能有兩條出路：或「完全放棄貿易」，或透過使節團向中央政府提出「嚴厲的指責」。然而，在決定組團和由此可能產生的效果之間，肯定需要好多年的時間。

如果馬戛爾尼「早些到達，在巴黎的消息尚未使政府及六部[1]感到擔憂前就來」，那麼，他遇到的麻煩就會少得多。法國國內的動蕩使他們十分「害怕」，於是他們變得更加「敵視任何改革」。仁慈的耶穌會教士是否在把他

1　指各部及各部尚書們。

自己的恐懼說成是中國人的恐懼呢？

斯當東也提出：法國革命會引起中國人的疑慮：「人權宣言已譯成印度斯坦文。它不可能在性情溫和的印度人中引起騷動。而中國人的情況就不同，他們更容易產生強烈的印象，而且引起民眾騷動。」他試圖在可憎的和珅外再找一個替罪羊嗎？對那丟臉的失敗的一個補充說明？我們在廣州的一位觀察員，前面提到過的夏龐蒂埃·德·科西尼排除了這種論點：「我懷疑法國大革命會引起中國政府的不安。我甚至懷疑它能否理解大革命的原則。與那個一聽到荷蘭沒有國王便放聲大笑的暹羅國王相比，它對民主的概念不會懂得更多。」

垂死人對未來的忠告

神父繼續說：「然而，馬戛爾尼使團給人留下深刻的印象，而且必然會產生有利的結果。」當中國人的思想適應了原先使他們反感的新鮮事物時，那麼，這種印象在他們身上引起的不安也將平息下來；到那時，正使的提議就可能得到重新考慮。

錢德明神父建議每年都派船遞送一封兩位君主間的私人信件，以加強剛剛建立起來的聯繫。另一方面，也可以由國王委派一位常駐廣州或澳門的代表與總督保持接觸；他可以接受朝廷邀請參加節日或新皇帝登基的慶典。這位常務代表將維持有益的聯繫。儘管敦達斯和馬戛爾尼的要求未得到直接的滿足，但使團在中國的這種繼續存在方式將給他們的努力帶來實實在在的利益和持久的報償。

是否應該排除錢德明神父本人受到中國政府操縱這一可能性呢？傳教士們完全是仰仗皇帝每天的恩准才能在中國生活的。他們完全從屬於中國的官僚等級體系。他們怎麼可能不會自覺地或不自覺地按照皇帝的意旨辦事呢？但他們是要留在中國的，眼看英國人一敗塗地地離開中國對他們沒有任何好處。相反，他們可以企盼從英國貿易中改善自身的境況和傳教的機會、馬戛爾尼寫道：「錢德明神父懂得，如果歐洲與中國沒有更好的關係，福音的傳播就不可能有較大的進展。他很明白，如果中國向我們開放貿易，將大大有助於他的任務。另外，他的教派將獨得傳教的好處。在傳道這問題上，他們無須懼怕英國人。」

關於神父的信，斯當東是這樣記敘的：「不該為遭到拒絕而氣餒。在中國人的國民意識中，只要是有點新意的東西他們就一概抵制，但可以反覆提出同一要求，這並不會觸怒他們的。」

總之，在這封信裡，老傳教士重複了他在一七八九年已經寫過，而馬戛爾尼不願意相信的那些話：「中國在接待派來的使團時，只把它們看作是一種歸順和尊敬的表示。」事實證明他是對的。但當他在記下這永恆不變的事實外，再加上一點對開放的希望時，他是否還是對的呢？正使為此絞盡腦汁；老耶穌會教士提議透過廣州互換信件和禮品；沒多久，馬戛爾尼和他的中國對話者就轉而贊同此一主意了。[2]

這就引起了他在給東印度公司的董事長們寫的信中表達出的樂觀情緒，此信是在他寫給敦達斯的第一份報告後的翌日寫的：「我堅信，我國的貿易將受益於使團的訪問。我們蒐集了許多有關中國北方居民的需求和習俗方面的材料，這將使我們能透過廣州向北方出口大量物資，直至時間為我們開闢一條更為直接的渠道。那時，我們將認識到我們選擇了一個明智的做法。我國並沒有在那裡失去任何發財和藉由擴大我國的聲望和貿易來加強地位的機會。」多麼漂亮的曲言法，在紳士之間，大家都克制地進行陳述。

十二月二十三日，他又給敦達斯寫信：「我向總督指出，我第一次閱讀皇帝的敕書時認為中國政府對英國持冷漠甚至是敵視的態度；然而，聽了總督本人以及陪我到杭州的那位大人向我說明皇帝對我們的真實感情後，我就完全放心了。」松筠的話還縈繞在他耳際：「爾等見了長總督，一切更可放心」。

「選擇明智的做法」直至「時間為我們開闢一條更為直接的渠道」。讓時間來安排一切吧……「只要在處理任何事情時不操之過急，只要小心機智地行事，中國是可以與遙遠的國家和諧相處的。」這是錢德明神父最懇切的意見。

2　確實，喬治三世在一七九五年寫信給乾隆，一七九六年寫信給新皇帝嘉慶並送來禮物，祝賀他登基。總之，這正是中國人希望得到的東西：向皇帝表示敬意。

第六十四章　在南方內地

（一七九三年十一月十四日～十七日）

十一月十四日，使團的主要人員動身去南方。他們得到了一份厚禮：准許他們穿過杭州城。

小托馬斯用最清新的筆調為我們描述了這次旅行：「今天一早，我們一長列隊伍與士兵一起出發，穿過城市來到錢塘江邊。第一次為我們打起了華蓋。杭州是一座很大很美的城市。我們從幾座雕刻奇特的凱旋門下穿過。」興高采烈的托馬斯以為——當然他的同胞們也不例外——這些凱旋門是為歡迎使團而搭的。然而，這些顯然是他已經在北京見過的「牌樓」。牌樓大多數是木結構的，但也有像這裡一樣用石頭砌成的。

見習侍童對「又大又漂亮」的店鋪讚賞不已。它們的鋪面懸掛著「珍貴的皮毛」。

兩軍對峙

出城時，「使團的隊伍受到禮炮、樂隊和數百名士兵的列隊歡送」。安德遜看到的士兵人數是托馬斯看到的十倍：「一支由幾千名戴著頭盔的士兵組成的隊伍，排列成十分整齊的隊形，站在路邊。」

「為了便於登船，並使這場面更為壯觀」，架設了「用藤條串聯起來的一排車搭成的碼頭」。它直通停泊在河中心的船隻，因為靠河岸處的水不夠深，成千上萬的人來觀看這一場面。看熱鬧的人有的站在水中拉的車上，有的三、四個人一起騎在水牛背上，這些馴良的水牛竟然對此無動於衷。安德遜指出：「中國人大量使用水牛來做拖運的工作，特別是在農業方面。」這點只在南方適用；現在，我們已到了南方。

檢閱軍隊給英國人留下強烈的印象，幾乎所有在場的人都對此有所評述。「無數的旌旗把中國軍人的漂亮制服襯托得更為軍容壯麗。藍色的制服上繡著大炮就表示炮兵。他們的炮比我們至今在中國看到過的威力要大得多。使團成員從兩座雄偉的凱旋門下經過時，受到這支炮兵隊伍的鳴炮致禮」。馬戛爾尼則認為這些炮「不易操作」，炮口上鐵的厚度與炮的口徑差不多相等。

一小隊英國士兵齊步成縱隊行進，在河邊的中國士兵向使團下跪致禮。[1]他們在河邊，身穿軍禮服倒顯得十分威武。然而，馬戛爾尼喜歡想像他們是在欣賞仁慈陛下的士兵的豪邁步伐和無可指責的動作。英國人在打量著中國人；中國人也在打量著英國人。

在外交官的背後，露出了軍人的面目。外交官明白他已輸掉一仗。而軍人的目光則在估量贏一場戰爭的可能性，儘管這場戰爭在半個世紀後才會爆發。

南方從這裡開始

五點左右登船結束。由帶席篷帆船組成的船隊啟航了。即使這些船載荷量很大，但航行時吃水並不深。

鎮江是揚子江和大運河的會合點，過了鎮江，這一行旅遊者才算真正到了南方。這是另一個中國。中國南北方的差異比我們南北的差異還要大。中國的南方土地肥沃，盛產稻米、茶葉和魚類；在這片土地上集聚著人類財富，人們的生活也更講究排場。

「十一月十五日，早晨醒來時，我們發現自己已置身於一個從未見過的美麗的景色之中。」小托馬斯大聲說。馬戛爾尼是這樣形容的：「美麗和動人的景色。」托馬斯對沿途風光的描寫：「一邊是耕作過的廣闊平原，另一邊高山貼岸聳立，滿是懸崖峭壁，就像是從江中升起的一樣。河深很少超過四英尺。布滿卵石的河床覆蓋著暗綠色的苔蘚。我們的船常常觸著河底。」

赫托南估計這次淺水航行的風險。槳常常碰在峭壁上，船顛簸得很厲害，他直擔心要「遇難」。每艘船由二十來人拉縴，「如果不是迷人的景色分散他們的注意力，」那麼船夫和水手此起彼伏的喊聲簡直令人「難以忍受」。噪音是表現中國生氣的一個獨特方面。

1 拉彌額特神父認為，士兵不是對使團，而是對船上飄著旌旗的長麟下跪。顯然，他的看法是對的。

中國的南北要道真是這樣不方便嗎？並非如此。現在正是因為船隊離開了這條要道。如果船隊選擇北京—廣州的直達航線，那就不必繞道杭州，它就要沿長江而上二百五十公里，而不是橫渡長江走大運河的最後一段，它朝東航行是為了去舟山群島，英國人要搭獅子號回去時，朝廷已確定了這條航線。後來朝廷認為勛爵完全聽任擺布乘印度斯坦號，因此還堅持這條路線。現在只好抄一條「近道」了。馬戛爾尼驕傲地記道：至今還沒有一個歐洲人來過這塊中國內地。馬可波羅沒有到過福州以南的地方；傳教士和外國使臣則被迫走御道。繼熱河之後，這又是一個「第一」。

我們已經來到與開羅處於同一緯度的地方。農作物散發出帶有異國情調的沁人心脾的香味。沿途看到「稻田、甘蔗種植園、橙樹、柚子樹、石榴樹、栗子樹、蔬菜、茶樹、樟腦樹和竹子」。

小托馬斯對烏柏樹入了迷：「任何一種植物都沒能引起這樣大的好奇心。我們感到奇怪的是，一棵樹居然能提供給我們只習慣於在動物界獲取的物質。這是這個特殊地區的主要的優勢之一。」這種樹的葉子是紅色的，它的白色果實裡的籽含有一種可用來製造蠟燭的肥皂般的粉狀物。「中國的蠟燭比較粗短。燭芯是木製的。火苗很亮且一直很均勻。」兒子驚嘆不已，老子補充解釋：「把種子搗碎後放在水中煮沸，從中提取油脂。用這種物質製作的蠟燭比用動物脂肪製作的更堅硬，而且不散發出氣味」。而用這種方法生產所需的成本大大低於歐洲在使用煤氣和電燈前，這是中國在技術上領先的一個項目，但這種地位很快就被超越了。

最早的橘子樹

十一月十六日，特使在王大人和喬大人的陪同下，拜會總督。過了杭州，兩位大人還陪同使團使他特別高興。他認為，這是出於長麟的特別照顧：「總督對他們很了解，他知道我們相處得很熟；為了使我們旅途更愉快，便讓兩人一直陪送我們到廣州」。這純粹是勛爵在情感上的異想天開。我們從皇家檔案中查實：在十月十五日，朝廷就決定派這兩位官員一直到他們上船回國才算完成陪同任務。

托馬斯驚呼道：「啊，原來中國也有橘子樹！」他像克里米亞的一位葡萄合作社的經理一樣大驚小怪。後者曾對我說：「怎麼，在法國你們現在也釀製香檳酒了？」然而，他的家庭教師赫托南先生卻知道這種水果在德語中稱為「中國蘋果」（Apfelsine），它是「透過葡萄牙人傳入歐洲的。里斯本可能保存著第一株橙樹」。像我們萊茵河彼岸的鄰居一樣，我們把希臘人說是在金蘋果園裡成熟的這些「金蘋果」——橘子[2]還給了中國。

赫托南甚至明確指出，中國的橘子分三等。上品是供「達官貴人」的，這種橘子的皮是深紅色的，容易剝開，汁液最多。第二等供應「各類頭目」，皮呈黃色，味道略遜於前者。三等品則是「下層苦力」吃的，也就是在歐洲我們所吃的那種橘子。等級制度還要擴展到哪裡呢？

像馬可．波羅以後的許許多多旅行家一樣，家庭教師按捺不住要說，中國甚至比西方人想像中的還要高超：這種優越性現在波及到他自身了。差異還要擴展到哪裡呢？

祕密外交的內幕

十一月十七日是他們一起旅行的第三天，馬戛爾尼和長麟做了一次嚴肅的交談。有多少次勛爵已感到終於要談到正題了……特使的敘述可謂是一份典型的外交報告。

新任兩廣總督回拜馬戛爾尼。談話自然地涉及中英兩國的貿易問題：「在廣州，從他那裡能得到什麼幫助？」他要求特使寫份書面說明，以便「從容不迫地反覆閱讀，完全掌握問題的質，並在了解事實的情況下採取行動。」他同意北京應該改變英國商人的態度。

誠然，他與皇帝的私人關係以及他在政府中的地位使他有大的行動自由，但他不是一個人。他的行動要觸犯某些既得益。朝廷中有幾位身居要職的大臣敵視英國：「尤其是他的前任福康安，看到他採取與自己相悖的態度可能會不高興。」總督清楚，和珅拒絕使團的要求使馬戛爾尼多麼失望，但他勸說馬戛爾尼切勿貿然行事，以至使朝廷「不敢有任何寬容的表示」，使他可能進行的有利於英國人的嘗試「失去信譽」。

像與松筠談話時一樣，馬戛爾尼毫不遲疑就「坦率地表示深感失望」。他受到「冷淡」甚至是「敵視」的對待，

2　橘子在法語裡叫 mandarine，像是另一個詞 mandarin（中國官僚）的陰性形式，故有此說。

但他尚在信中提及此事，「那是考慮到松筠和長麟」。他們「對使團頗有好感」，並一再肯定地說，皇上對使團亦有好感。因而，儘管北京發生了這一切，他仍有權期望「長麟支持他的要求」。這是他稟告英國宮廷的主要內容。下面就是長麟不要「用他的行來否認」馬戛爾尼所說的內容。

勛爵終於感到談話已進入實質階段。這樣的交談值得從陸路繞個圈子。「總督走了不一會兒，就給我和使團的全體先生送來茶葉、扇子和香料作為禮品。」托馬斯補充說：「還有絲綢禮品」。

令人生畏的對手

長麟藉口缺乏經驗，引導馬戛爾尼「開頭炮」。他確定了自己善意的界限。談到朝廷表現出的不利跡象，他能理解英國人採取報復的態度，但他強調指出，這種態度勢必將妨礙任何積極的發展。馬戛爾尼不會知道，無論是以前的松筠還是現在的新任總督，他們得到的重要指示恰恰是：在必要時用武力來防備英國的任何暴力行為。長麟的機智就在於他審慎地把朝廷的憂慮讓馬戛爾尼知道，把這種憂慮和期望從他那裡得到商業利益做了權衡，這樣他就把威脅回敬英國人。真是手段高明之極。

馬戛爾尼盡量不正面回答。他不對英國人的表現作保證，而是逼長麟做出抉擇：該由總督透過實際行動使他能向英王陛下寫一份他所希望的有利報告。

特使甚至不屑於要求一份書面文件（現在是他本人應該提供一份書面文件，松筠早已使他明白他不會得到這份文件，並勸他不要立足於講話或文件），而要立足於明確實際的現實。

而長麟這位手中掌握歐洲貿易命運的人，對他來說就是最實際的現實，總之，是他可以捕捉到的唯一現實。

第六十五章 逆來順受（一七九三年十一月十八日～二十日）

高明的外交並沒有使英國人忘了他們的「技術情報工作」；他們的固執將又一次戰勝中國人的猜疑。印度總督康華里勛爵曾希望把蠶絲和茶葉的生產引入孟加拉。這個設想也得到東印度公司的贊同，並專門告訴了馬戛爾尼。可能這就是促使他「懇求」松筠讓他從陸路去廣州的理由之一。

南京的蠶絲在原地加工，潔白無疵，而到異地加工便發黃。是什麼原因呢？這就要研究桑樹的質量、蠶種、土質、加工用水的成份等等。顯然，馬戛爾尼不了解這樣要求太高了。他沒有得到預期的成果。然而他弄到了蠶卵。

在長達二十個世紀裡，蠶絲一直是中國的獨家產品。蠶繭的生產祕訣都是禁止出口的。但是有幾個竊賊把祕訣帶到中國境外。西元五五五年，兩個景教教徒把蠶蛾的卵裝在白藤手杖裡帶到了拜占庭。七世紀，文成公主把蠶繭藏在髮髻裡帶到西藏。九個世紀以後，奧利維埃・德・塞爾[1]如法炮製，把蠶繭藏在他妻子豐滿的胸部裡，從義大利帶入維瓦賴[2]。馬戛爾尼的確也把蠶和生產過程的一些情報送到印度。但他並未能推動英國的生產技術。

但他在茶葉方面則取得較大的成功。這種植物引起了英國人的興趣，因為他們與中國人同樣需要飲茶。無論是英國人還是中國人，我們很難想像他們能離得開茶。然而，在中國飲茶是在西元五〇〇年前後才普及的。孔子還要過一百年才能喝到茶。至於英國，回憶錄撰寫人塞繆爾・皮普斯[3]是於一六六〇年在倫敦的一個咖啡館裡品

---

1 編注：奧利維埃・德・塞爾（Olivier de Serres, 1539-1619），法國農學家，曾把多種植物引進法國。

2 編注：維瓦賴（Vivarais），位於法國中央高地的東部，夾在羅亞爾河與羅納河之間。

3 編注：塞繆爾・皮普斯（Samuel Pepys, 1633-1703），英國托利黨政治家，歷任海軍部首席祕書、下議院議員和皇家學會主席，但他最為後人熟知的身分是日記作家。

嘗了第一杯茶（cup of tea——原為英文）。總之，在十八世紀，對茶的愛好形成了英國人和中國人之間少有的共同點之一。當然，在這共同的愛好中有著不同的文化背景。

這批旅遊者不斷談到有關茶葉的資訊。吉蘭說：「它是中國人從早到晚的飲料。」斯當東則像一個熟諳供求規律的經濟學家那樣在計算：「在中國，茶葉的消費量極大。即使歐洲人突然全部不再飲茶，它的價格在中國市場也不會下跌。」他認為喝茶是一種美德：「茶的最大好處是使養成這種習慣的人十分喜歡它，從此就不再喜愛飲發酵過的烈性酒了」。這一評語出自賀加斯的同輩的書中則別有一番風味，因為他們不但對喝茶頗有興趣，而且對杜松子酒和啤酒也同樣嗜好：「茶在英國就像啤酒一樣，在城市的小酒店裡或大路邊上都有出售，付一個小額硬幣，喝上一杯，然後繼續趕路。」

英國人是否知道「喝茶時嘴裡要含一塊冰糖？」他們是否知道，漂亮的女子在給她的情人準備刺激性欲的茶時，放入「一種會起泡沫的胡桃加鹹筍混合物」？茶的魅力是無限的。

飲茶把他們帶到茶葉生長的地方。在南下途中，他們已發現茶樹。斯當東對「一層層排列在山坡上的茶樹」讚嘆不已——沼澤地則用來種稻。「為了便於採摘茶葉，要設法不讓它長得太高。」安德遜把它描繪成一種類似醋栗的植物。他記錄了十月十八日第一次見到茶樹。顯然，他把日子至少提前了半個月。那時他們還在北方；在這個緯度、這個時間，英國人第一次發現的是棉田。不過，作為植物學家，他倒沒有弄錯：「貢茶」是用最早開的花製成的。新葉焙製成「炸藥茶」[4]。

一七九四年二月二十八日，馬戛爾尼從澳門寫信給康華里勛爵：「如有可能，我想弄幾株優質茶樹的樹苗。多虧廣州新任總督的好意——我與他一起穿越了中國最好的茶葉種植區——我得以觀察和提取優質樣品。我責成

4 這種綠茶的名字——gun powder 沿用至今。它的葉子捲縮成小圓球狀，用水沖泡時，葉子舒展開來並像鞭炮那樣發出劈啪之聲。中國人稱這種茶為「珠茶」。它銷往近東地區，當地人在茶中加入薄荷一起飲用。

丁維提博士把這些樹苗帶到加爾各答，他將搭乘豺狼號前往[5]。」在經過一片精心種植著漆樹[6]、烏柏和茶樹的平原時，馬戛爾尼的確順利地叫人挖掘了這些樹苗，中國的陪同人員這一次未加干涉。把優質樹苗引入印度，光這一項也就不枉此行了，而且在下個世紀將要百倍地償還這次出使的費用。

基德上校在加爾各答建立了一所植物園，他想在裡面增加新的品種。為了滿足他的要求，幾株帶土塊的樹苗被小心翼翼地運到了孟加拉。他說服東印度公司在印度大規模栽種茶樹，這種樹以前在印度鮮為人知。當丁維提帶著這批貨抵達加爾各答時，不幸的基德已不能為此而感到欣喜，他剛剛去世。但他的夙願得償：茶樹、烏柏和漆樹在那裡落了戶。隨著它們的繁衍，加爾各答植物園向印度所有的苗圃送去了使團挖來的中國樹苗的後代。一八二三年，在阿薩姆邦發現了一棵野生茶樹，於是把這兩個品種進行雜交。但可以說當今相當一部分「印度茶葉」來自馬戛爾尼挖來的中國茶樹苗。

巴羅將向世界揭露邦蒂號叛變的事實，並把這史詩般的行動描寫出來。此時，這艘船已前往大溪地尋找麵包樹。仁慈的陛下政府想把它移植到安地列斯群島[7]，啟蒙時代是醉心於植物的時代。倫敦懂得科學、航海、殖民、貿易和工業的進步是合成一體的，只有它們互相補充才能在世界上建立霸權。

一次離奇的會見

夜色降臨。船隊在綿延的山脈前停止行進。王大人和喬大人登上馬戛爾尼的船，向他介紹兩位琉球國王派來的使臣，也就是他們的同事。該國王每兩年都要派人到福建廈門進貢，那是允許他們上岸的唯一港口。

據馬戛爾尼所說，這兩個人膚色白淨。而托馬斯卻說：「他們皮膚黝黑」。但兩人對他倆的印象極好。馬戛爾尼說他們「討人喜歡」，他的年輕侍從則認為他們「相貌漂亮」。兩人所穿衣服的樣式與中國的差不多，但衣料質

5 事實上，豺狼號是在一七九四年四月中旬離開駛往歐洲的艦隊，它前往孟加拉。
6 這種漆樹生長在中國和柬埔寨的一些特定地區。早在孔子時代，人們就已經利用它所分泌的乳膠製作東西。
7 編注：安地列斯群島（Antilles），在南美、北美兩大陸之間，包括西印度群島的大部分，為美洲加勒比海中的群島。

地精細，外套一件好看的棕色披肩，襯以松鼠皮。他們頭上分別纏著一黃一紫的絲巾。

馬戛爾尼一直在伺機進入中國。機會來了。這些島嶼離大陸不遠，它附屬於中央帝國，對外國人來說，這是一個既陌生又好客的地方。能否在琉球群島重溫法國人在交趾支那的舊夢呢？這是在英國東印度公司唾手可得的地方實現路易十六的中國夢。假如就在離中國近在咫尺的地方開設一個對華貿易商行，又不受中國官員的控制……因為這兩個人善於交談，特使蒐集了許多情報。

最重要的情報是歐洲船隻從未到他們的國家去過，但只要歐洲人願意去，在該國一定受歡迎。該國在京城附近有一個很大的深水港。

馬戛爾尼帶回去的情報並非沒有結果。當一八一六年英國派遣第二個使團時，阿美士德勛爵搭乘的船到琉球群島進行過察看。當然，最終是日本攫取了這個處於戰略要地的群島。在第二次世界大戰時，大家能看到它所發揮的影響力。它的主要島嶼叫沖繩。

皇帝再度不安

十一月十九日，乾隆發了一道焦躁不安的御旨。他獲悉兩艘英國小型護衛艦將在虎門[8]靠岸；獅子號可能隨後就到。

所稱現到小船二隻催令購辦食物後即開行回國一節所見尚欠周到。所有該國先到船隻務令其在粵停泊等候，其續到之大船二隻，一併飭令灣泊等候貢使。嘆咭唎貢使到粵後，若希圖在黃埔地方蓋房居住，當嚴行斥飭，並禁止內地奸人指引。並著長麟於途次接奉此旨，帶同貢使攢程行走，以便及早到粵乘坐原船回國。若即飭令開行，將來貢使抵粵必更藉口耽延，復萌知智，別有干求，此為最不可行

8 指流經廣州的珠江的入海口。

之事，彼必更多一番枝節。
若原船已經開行，伊等在黃埔居住等候，止當密為稽察，毋許勾結滋事。
其一切食用可以不必照內地之例，官為料理，致令貢使等得以從容坐食，免有耽誤。
免其納稅系指此次貢船而言。外省辦事往往膠柱鼓瑟，竟將該國別項貿易商船概行免稅，轉致西洋各國心生冀望，紛紛籲請一體免稅，成何體統？惟當按照定例收納，以昭平允。

這幾句翻來覆去的老話反映了天朝的本身邏輯。在我們的邏輯用逐條詳細陳述進行逐步推理的地方，他們卻用贅言。語法與邏輯學，也和帝國一樣，是建立在不知疲倦地重複的基礎上的。

準備派新的使團

這是第二次有禮貌的較量，它與那種反覆咆哮形成了對比，總督用可能再派一個使團來華作誘餌。英國人不是希望兩國的交往更為頻繁嗎？「十一月二十日這天，總督來訪。他自稱對可能有的怨恨情緒表示不安，因為它將透過我給國王的報告引起中英兩國間的關係緊張」。

馬戛爾尼一再否認有此事，但長麟仍然疑雲不散：「為了證實我的誠意，他請求我同意他對皇帝說：英國國王將保持與中國的友好關係，並將派遣第二個使團來華。」

這種做法很巧妙，如果英國同意定期派遣使團，那麼最終不就成了像琉球群島一樣的納貢國嗎？馬戛爾尼避免正面回答，儘管他的要求遭到拒絕，他還是體面地受到皇帝的接見；但是，「唯有存在充分的理由，可望從中獲得恰當的好處，第二個使團才會來中國」。

「恰當的好處」指什麼？長麟沒有接話。他可不願意讓對方來提派遣第二個使團的條件。他要對方提出具體的時間。馬戛爾尼避而不答，可是長麟卻說他很滿意，他要給朝廷寫信，說蠻夷國王將在「某日」召見另一位使臣。

讓我們再看看真相的另一方面。長麟在給皇帝的奏摺中，說馬戛爾尼做了這樣的聲明：

「該國王此次進貢實是至誠。我們未來之前，國王曾向我們商議，此次回去隔幾年就來進貢一次是早經議定的，惟道路太遠，不敢定準年月。將來另具表文再來進獻。若蒙恩准辦理，即將表章貢物呈送總督衙門轉奏，也不敢強求進京，只求准辦就是恩典。」

還能想像出比這更假的報告嗎？但長麟並不以為自己在作假。他按照天朝的意旨來解釋含意不清的話。遵守原則遠比尊重事實來得重要。長麟透過馬戛爾尼的嘴說出朝廷唯一能接受的安排，其中包括在廣州先預交禮品單。這次馬戛爾尼一踏上中國領土就沒有按此辦理，所以使北京很為惱火。

而在這種吹毛求疵的描寫中，我們又發現了錢德明神父的忠告：「在中國人的國民意識中，只要有點新意的東西他們就一概抵制……」。朝廷認為重要的是：英國人再次表示敬意。而英國人認為重要的是：不要切斷來往。老傳教士掌握了雙方內心深處的願望。他具有在兩個世界之間架設橋梁的天賦！然而，這兩個世界相距又是多麼遙遠！

特使像他的護送人一樣滿意：「每同長麟會見一次，我對他的敬重就增加一次。他會使東印度公司得到各種好處，對此我抱有希望」。他認為長麟是「一位有個性，非常謹慎又富於洞察力的人」。雖然這種不變的制度是那樣的僵化，他仍繼續幻想不顧這種千古不變的僵化制度，透過私人交情來解決問題。

應長麟的要求，特使交給他一份有關英中貿易備忘錄。這篇有十五個條款的文章，重申以前提出的要求：包括從澳門和廣州間的過境稅直至「有權賽馬」和「進行各種喜愛的體育活動」。裡面還添上了一些新的要求：「英國人可以與所有的中國商人，而不局限於只與公行有接觸。准許中國人教英國人漢語。遇到因刑事犯罪而起訴的情況，涉嫌者的同胞不應受到追究。」

最後一點要求承認了美國的存在，這個國家是在凡爾賽條約簽署後十年誕生的：「不要把英國人與另一些在廣州做生意、講英語的人混同起來，這些人屬於另一個民族，他們居住在世界上一個完全不同的名叫美洲的地方」。

美國人的確在獲得獨立之後不久，即於一七八四年就派出第一批商船到廣州，並於一七九〇年任命第一位駐廣州領事。他們沒有浪費時間。為了不使人把他們與自己的前主人混淆起來，他們也不落後。

第六十六章　一段旱路

（一七九三年十一月二十一日～二十二日）

現在要從陸路翻過這片高地，它把桐江盆地和信江盆地分隔開。這一段路程一天就走完，那是十一月二十一日。

對這段附帶的陸路和山路，見習侍童做了極自然的描述：「今晨，我們離船上岸，我們或坐綁在竹筒上的椅子上，或騎馬，或坐轎子[1]趕了八十英里路，來到另一條河邊。路極好，與花園裡用石屑鋪成的小徑一樣；為了使路保持乾燥，在它穿過稻田時還加高了路面。車行道上沒有車輪壓過的任何痕跡。山上新種了許多松樹，不然群山會是光禿禿的一片；在樹下，有幾座好似小石屋的墳墓，上面還有用鐵柵欄護擋的小窗戶。山谷裡種滿了稻子和蔬菜。」

作物的茂盛使馬戛爾尼驚嘆不已：「沿途每寸土地都是精耕細作的。為了得到最好的收成，地裡都施足了肥。山坡修成梯田。一年至少兩熟，常常是三熟。」

這一段旱路中可以隨意採集植物標本。長麟允許馬戛爾尼再帶走一些茶樹苗和種子。它們將使孟加拉致富，也有助於競爭。小托馬斯說：「這裡是浙贛兩省交界處，走不到一英里就穿過一個村莊。我們看到人們在踩水車，它像我們的鏈唧筒[2]，把水汲上來灌溉稻田或梯田，我們來到一個名叫玉山縣的四周用城牆圍著的城市的郊外。郊區很大。我們沿著長長的石級而下，來到一條河邊，找到了為我們準備的船，不過比原先的船要小。」

1　安德遜記載道：王大人總是關切地詢問我們每個人的特殊愛好，並為我們提供各人所喜好的交通工具。

2　赫托南明確指出，英國的鏈唧筒「肯定受到中國人的啟發」。西元前一世紀，中國就發明了鏈唧筒，而歐洲在十五世紀才開始使用它。

液體黃金

馬戛爾尼不無幽默地寫道：「農民把人糞肥當作最珍貴的財富貯存起來」。這次鄉間出遊，英國人可以不慌不忙觀察中國的此一永恆特色。[3]托馬斯在日記裡是這樣寫的：「比起其他肥料，中國人更喜歡使用人的糞尿。他們有專人和專門的地方蒐集和存放糞便。」這種奇怪的做法既不是只是中國的這個地方有，也不是只是這個時期有，而是這次郊遊讓在場的大多數人都看到了此情此景而已。

對這個微妙的題材，赫托南是拿著鑷子來處理的。他把路邊的小建築用神話的帷幕給遮了起來。「這些克勞阿西納的神殿並非為公眾方便，而是為從中蒐集供品的人而修建的。」

所謂「克勞阿西納的神殿」就是半埋在土中的糞缸，「供行人使用，有人掏糞池，把糞便蒐集起來當肥料使用」。斯當東指出：「老人、婦女和小孩經常身背一個筐，手裡拿一個木耙不斷地拾找糞便」。巴羅已經寫過：人們在這種底肥中摻入其他垃圾使其更肥。「每個理髮匠把修剪下來的髮鬚小心翼翼地收藏在一個小袋子裡用作肥料」。尤其是，「每家每戶有一個糞缸。當糞缸滿了時，就可拿它去換蔬菜和水果。」從糞缸到蔬菜，中間經過施播肥料，這是一個完整的循環，什麼也沒有糟蹋，什麼也沒有創造。

在糞便中摻些土，經過攪拌，製成餅狀，在太陽下曬乾。因此，一個體弱的老人對於贍養他的家庭來說並非是毫無用處的。

在廣州，英國人再次看到這種技術：「這種蓋在房子兩側水池上的廁所可以滿足過往行人大小便的需要而又不造成浪費。在氣候炎熱的地方，用這種方法積肥應是十分有害的。」然而，要保存這種液體黃金，也就「顧不上什麼體面和謹慎了」。

如果巴羅、赫托南或斯當東讀過弗洛伊德的著作，他們就會提出這樣的問題：這種積肥方法會對中國人的行

3 大家還記得喬治爵士一踏上中國的領土時，就對此感到十分驚異。但由於不好意思，或沒有在近處看到，大部分目擊者自那時起都沒有再提及此事。這次，沒有一個人會錯過這個機會。

為產生什麼後果？心理分析學指出，學習愛好清潔對人格的形成起決定作用。喜歡整齊、清潔、嚴於律己以及對金錢的精打細算等均源於此。埃里克・弗羅甚至把創業精神看成是要留下一點文明的痕跡來彌補這可卑的痕跡的願望引起的昇華。他認為，在新教的教育中這種厭惡感最為明顯，這種自我肯定的需要最為強烈……

在中國人自己經常描繪的某些集體的缺點，諸如幼稚、羞愧、群居、無紀律、浪費、骯髒等等和沒有按照要求嚴格地度過「肛門」階段之間，難道不存在著某種聯繫嗎？一個社會一代一代地受到文化裡已有並流傳下來的障礙的影響，發展緩慢甚至陷入癱瘓，這不也是可能的嗎？對糞便幾乎是虔誠的使用，把它們作為好處蒐集起來，而不是感到可恥而拋棄。這種不該利用時的利用難道不會世世代代地影響中國人的心理平衡，甚至使抑制性的神經官能症流傳下去嗎？不上一個精神分析學家試圖作出肯定的回答。我們則滿足於提出問題，僅此而已。

貢院[4]

晚上，使團一行沒有找到旅舍，「他們被安排在縣裡一個年輕書生參加考試時的考場裡住宿」。

旅行者現在面對的是中國體制中的一個幻影。它曾使啟蒙時代的歐洲那樣神往。耶穌會教士在散布讚賞情緒之餘，於十八世紀中葉把這種制度搬到法國他們自己的教會學校，建立一整套的考試和會考，最高的是頗有聲譽的中學優等生會考。斯當東說：「這類考試是在巡撫、縣的主要行政官員和許多觀眾在場的情況下公開進行的。應試人要參加筆試和口試。錄取的人不僅得到一個科名、贏得進入貢院的榮譽，而且他們已踏上謀得高官厚祿的路途。」

做官的道路「對所有的中國人是暢通的。人民確信官的權勢是由自己的功名得來的，因此對當官的表現出服從和尊敬」。斯當東熱情讚揚：「毫無異議，政府實施這種制度對社會秩序是有利的。」

4 一個大膽的比喻把「貢院」視為「硃砂洞」或「玫瑰谷」的同義詞。在中國文學作品中，這些指的都是女子的私處（編注：此處的「貢院」當為縣學。清代只有京師、省城等舉行鄉試之所才有貢院）。

旅行者有沒有看到考生忙於應付考試的情況？他們有沒有受陪同的騙？還是他們滿足於重複在那個世紀已廣為流傳的冗長的無稽之談？對此，他們沒有明確說明。

但任何事物都有它的反面。這樣招收來的官員將成為什麼樣的人呢？斯當東做了這樣的推測：他們組成可怕的官僚體系，剝削既無財產又無知識的人民，或使他們灰心喪氣。「那些窮而無告的人處在當地官吏的淫威之下，沒有任何訴苦伸冤的機會。在這一點上，與下級官吏打交道的外國人的處境倒也與他們相似」。他隱隱約約地看到已被中國人自己批判了二十五個世紀之久的這種制度的缺陷。這種批判始於孔子，雖然官僚政治是受到孔子的啟示而產生的。孔子在西元前五世紀就揭露「出納之吝，謂之有司」。[5]距今不到一百年，還有人這樣寫：「民家被官家害了，除卻忍受，還有什麼法子？」

旅行者在揭露這些小官黑暗專制的同時，卻對這一發現感到興高采烈：除了世襲政權外還有一種社會制度可以行得通。他們批判這種社會制度時，並不是以在他們國家仍占優勢的貴族的名義，而是以正在他們國家產生的民主的名義進行的。為人民服務，並接受人民監督的公職制度，這就是毋庸爭議的理想所在。

使團也像耶穌會會士和啟蒙時代的哲學家一樣，認為中國的考試制度值得稱道，就像到了一九六〇年代和七〇年代，革命的中國成了其西方信徒仿效的榜樣一樣，這些英國貴族像一九六八年的「毛主義者」一樣，對中國完全著了迷。

無疑，馬戛爾尼的同伴暗中在將透過「靠山」（我們叫「走後門」）招收國家工作人員——下至海關管理人員，上自一個部的常務次官——的制度作比較。這種制度在當時的英國就像在法國舊制度的王朝時期一樣占優勢，它是構成人們稱之為「慣見的腐敗」的一個決定因素。在他們對這種制度狂熱崇拜的同時，雅各賓派或者拿破崙對官僚體系的幻想已在醞釀。幾年以後，法國皇帝在他的教育部長的支持下把大學教師變成「國家耶穌會士」，由他

5 譯注：孔子這段話出自《論語．堯曰》篇，全文是：「何謂四惡？子曰：不教而殺，謂之虐；不戒視成，謂之暴；慢令致期，謂之賊；猶之於人也，出納之吝，謂之有司。」對最後一句話一般理解為：同是給人以財物，出於慳吝，叫做小家子氣。「有司」是古代管事者之稱，職務卑微，只能管些小事，不應理解為「官僚體系」。

們負責透過會考招聘國家公職人員。

然而，長期以來在中國就流傳著這種說法：「要被錄用，才能並不是必須的，而且光有才能也沒用。」《儒林外史》裡有一名屠戶對他的女婿說：「這些中舉的都是天上的文曲星！你沒看見城裡張府上那些老爺，都有萬貫家私，一個個方面大耳？像你這尖嘴猴腮，也該撒泡尿自己照照！不三不四就想天鵝肉吃！趁早收了這心！」

走後門就是腐敗嗎？假如有「另一種邏輯」呢？「孔子曰：吾黨之直者，異於是，父為子隱，子為父隱，直在其中矣！」家族要使得到的地位像祖產一樣永遠傳下去。我們能責備它們嗎？在天朝考試制度中，繼承遺產的人要比享受助學金的人多得多。

怎樣教學？透過背誦熟記的課文、透過按照嚴格的規則容不得臨時發揮的作文來教學。只有結結巴巴的背，沒有創作，更談不上評論和批判了。要符合事先準備的範本，就像這位私塾老師所說的：「我都是引經據典。我自己的東西呢？從來也沒有過。」依然援引孔子的原則：「述而不作，信而好古」。

正當英國人大唱讚歌之時，乾隆卻自己揭露起這種制度的無效率來，儘管沒有對它進行否定。他說：「從來內外大小臣工辦事，難得適中，非過即不及」。

在許多方面，英國人漸漸發現那些「啟蒙時代」給中央帝國罩上的恭維帷幕消失了。但是在有些地方，他們的幻想又冒了出來。他們認為政權掌握在知識貴族的手中：「誰要是沒有成功地通過最難的會考，那他就得不到榮譽」。的確有一位像松筠那樣隨身攜帶大量書籍旅行的人，但又有多少學究式的粗人呢？我們的旅行者知道和珅來自哪個階層嗎？且不說被他扶上去和打下來，以及被他收買和被他拋棄的那一群人又是來自哪個階層？

是否應該像人們經常做的那樣，把中國的這種制度與共和政體法國的公職制畫上等號呢？我們能接受他們懲罰一位高級官員的方式嗎？某地遭到了蝗災，巡撫馬上就挨打並被革職；還有一位大官，因為在公眾場合表現得過於高興，損害了他職位的尊嚴而被扣去一年的俸祿。提出任何一個被認為是不好的建議的人，都要受到懲處……

有人問孔子：「何謂四惡？」孔子曰：「虐、暴、賊、有司。」他能否猜到這四惡將並存在這個停滯不變的社會裡，而根據他的學說建立的貢院將在裡面起著最重要作用？

中國的體制不僅僅對歐洲人是個幻影，它也是一個不時實現的中國夢。有多少父親對他們趕考的兒子說：「我的祖上都是平民百姓，只要你能考中，我死也安心了！」對於一個中國農民，無論是過去還是現在，沒有比兒子中秀才和成為「書香門第」對他們更有吸引力了。

十全十美的制度是不存在的。在哪個社會裡「繼承遺產者」不受惠？我們應該承認中國的考試制度有個好處：它給這個停滯不變的帝國引進了一點社會變化。當然這種制度尚有許多不足之處，中國人自己也爭先恐後地進行了揭露。

這種以文取士和形式主義的結構一直延續到帝國的末年。然後文化大革命把兩千年來的能人統治的優點連著它的缺點一掃而光。但它並未取得完全成功。

第六十七章 「我國的造化」

（一七九三年十一月十五日～二十二日）

這期間在浙江，使團的另一部分人正去舟山，有本松上校、丁維提博士、畫家亞歷山大、馬金托什船長，還有包括霍姆斯在內的衛隊士兵、僕役以及維修設備的機械師等人。

這隊人馬經過浙江寧波府。英國人曾在那裡擁有過一個貨棧和一個代理商行，由於「行為不端」他們丟失了這兩個點，直到一八五九年才費了大力把它們奪了回來。這個港口城市位於杭州灣的南岸，是當時那個地區的商業中心。以後被地處杭州灣北部的上海所取代。

馬金托什的貿易問題在那裡被提了出來，但馬戛爾尼並不知道。

無償饋贈換取感恩戴德

大家記得，乾隆設法把寧波變成了一個商業冷落的地方，趕走了在本世紀初與英國商行有往來的所有「奸商」，所有的「買辦」的後裔。馬金托什船長事先被告知，他不能進行任何貨物交換。皇帝再三重申「只能在澳門和黃埔進行貿易」。

然而，讀了士兵霍姆斯的記載就知道，不是所有人都認為寧波是商業冷落的地方。買賣在那裡還十分活躍。「十一月十五日，我們看到了寧波這座著名的城市，它建在一個荒蕪的峭壁的圓丘上。當地百姓對英國使團表現出特別的恭敬」；城裡的頭面人物「更是熱情殷勤」。英國人覺得他們比其他地方的中國人更健談。「寧波用自己的船與巴達維亞、菲律賓諸島以及沿中國海的其他公司進行大量的交易；它透過廣州口岸為歐洲商船提供商品」。

城裡的主要官員給每個英國人送一份禮，有絲綢、茶葉、南京土布、煙絲和其他小玩意兒。為使英國人逗留期間過得愉快，他們費了不少心血；但是天公不作美，一連下了七、八天的雨。英國人只能待著不動。「我們急於回到離我們僅四十公里的印度斯坦號船上，這使我們的情緒變得更壞。中國官員覺察到了這一點，但他們並不生氣」。十一月二十三日上午，畫家亞歷山大確實也這樣記載：「雨下個不停，透過船篷往下流。風從縫隙鑽進船艙，我們在風雨中度過了一個不眠之夜」。

突然間他們看見了一包包的茶葉和絲綢。這是中國送的禮品。為此，浙江巡撫從遠處弄來絲綢，因為寧波並不出產。

中國人的令人驚奇的心理！為了掩蓋拒絕的真正原因，就竭力貶低寧波的重要性。不能在那裡進行貿易。但是這最後一招做得很漂亮，不要任何東西作交換，只要表示皇上的寬宏大量，就像皇帝所指示的，要讓對方「感恩戴德」。

軍人準備彈壓

松筠是這樣向皇帝報告去舟山的部分使團成員的沿途情況的：

奴才等前於十五日經過寧波府時，該夷官等曾向伴送的官員言及杭綢，意甚欣羨，亦未敢言欲購買。奴才等見其頗為恭謹，因而商酌莫若略備茶絲，傳宣恩諭，酌量賞給，更足以昭聖慈體恤。因傳主該夷官四員，諭以此處向無洋行，無從交易，況爾貢使今已前赴廣東，自可在澳門、黃埔地方照例購換。今蒙大皇帝俯念爾等恭順遠來，現在登舟開洋，不無日用之需，特賜爾夷官四人每人杭綢四匹，茶葉各五十斤。絲各六斤；隨從兵丁亦各酌量給予茶葉、布匹。該夷官等當即免冠伏地，連次叩頭祇領，其感激歡欣之狀形於詞色。現在派委寧波知府克什納伴送夷官等過海回其本船，又提督王果於稽查海口之便，亦可在定海就近彈壓照料。

這後一條消息不應引起懷疑。前面一條倒是值得懷疑。無論是哪一種情況，松筠只是按照皇帝想看的方式寫的。

印度斯坦號的底艙裝滿了絲綢和茶葉，當然還有從英國白白帶來的呢絨；甲板上擠滿了使團的部分成員。東印度公司船隊的最好的商船揚帆啟航。「在它的身後拖著一條長長的黃水紋」。

特使一行在去廣州時也被颱風困在路上。狂風大作，大雨瓢潑，這個地區常常這樣：「江水發著虎虎的吼鳴，衝撞著兩邊的山；濁浪吞噬著雨柱，飛著、喊著、跌著、翻著、號著、喘著……」航行推遲了。馬戛爾尼寫道：「十一月二十二日。由於一天一夜沒完沒了地下著大雨，我們整整一天待在玉山縣沒動」。

小托馬斯叩頭

翌日，趁下雨之機，勛爵讓見習侍童把給皇帝的問候信寫好。這封信是總督授意他寫的。長麟發現信裡的中國字字跡娟秀，詢問出自何人之手。「當我告訴他這是小托馬斯的傑作時，他不相信一個十二歲的孩童能在這樣短的時間裡擁有這樣神速的進步。然而當他目睹男孩在由他抄寫的信的下方用端正的楷書寫上自己的名字時，才相信這一事實」。

下面是這封通篇恭維之詞的感謝信的譯文。信是由馬戛爾尼用英文寫的，再由見習侍童用中文謄寫。特使為此十分驕傲，所以把信遞交給了敦達斯。可是在英國檔案館裡，我們沒有找到這封信的蹤跡。相反地，信的全文被細心地保存在皇室檔案裡，而馬戛爾尼提出要求的照會卻一份也沒有。這些照會談到的只是一些微不足道的貿易，它們沒有資格歸檔在皇帝陛下的文書裡。而這個「中國化」了的孩子的恭維對皇帝倒是一份極其寶貴的貢品，因為這封信大大地恭維了天朝制度的本質。

按照慣例，每當寫到皇帝兩字時，就要另起一行。這裡總共換了七次行。比起他的主子對叩頭的態度，小托馬斯對這一套禮儀更為適應，因為他的脊梁骨更柔軟。

> 暎咭唎國使臣嗎嘎爾呢謝
> 大皇帝恩典。我們國王敬

大皇帝大福大壽，實心恭順。如今蒙
大皇帝看出我國王誠心，准我們再具表文進獻，實在是
大皇帝大壽萬萬年，我們國王萬萬年聽教訓。這實在是
大皇帝的恩典，也是我國的造化。
大皇帝又不嗔怪我們，又不限年月。我們感激
喜歡口不能說，我國王也心感激。求大人[1]替我們奏謝
大皇帝恩典
此呈系哆嗎嘶當東親手寫

越來越卑下

這是一篇仿作嗎？當然，但他沒有忘記最主要的：「我國的造化。」他在向朝廷禮儀屈服的同時，又不失掉自己的尊嚴。在索德超眼裡卻可能認為太注重自己的尊嚴了。這位葡萄牙的耶穌會會士翻譯過一封類似的信件。那是早些日子馬戛爾尼寫給乾隆的信，感謝他贈送「福」字條幅。也許他認為那封信還不夠阿諛奉承，沒有一一列舉皇上的恩典。這位葡萄牙傳教士成功地寫了一篇仿作的仿作。這篇文字也珍藏在內閣檔案中。它是這樣開頭的：

嘆咭唎貢使馬戛爾尼跪請
大皇帝聖躬萬歲。仰蒙
大皇帝格外施恩，體恤備至。前蒙賜我國王溫諭並許多貴重稀有之件，昨又蒙

1 這封感謝信應由使團的一位陪同（可能是長麟本人）回到宮內時唸給皇帝聽

御書福字，頒賜國王，我等亦得同沾洪福，又蒙頒賞蟒袍綢緞佩包等件，榮寵無比。又准我等仍由廣東行走……

第六十八章　一名官員當眾遭受鞭笞（一七九三年十一月二十三日～二十七日）

國家設立法制，原以禁暴止奸、安全良善。

——康熙帝

十一月二十二日。儘管有霧，船繼續行駛。沿途景色像幽靈般展現在眼前。馬戛爾尼有這樣一段記載：「我們周圍的東西在夜霧朦朧中變得那樣巨大，那樣令人提心吊膽。」小托馬斯對聳立在江邊布滿松樹的群山印象深刻。傍晚，天色漸漸晴朗起來，我們第一次看見了甘蔗地。托馬斯的記載：「一些榨甘蔗用的小磨坊，有幾個建造在河裡，因為河水很淺。這樣建造並不費事，磨用水力驅動。」在此以前，英國人在中國還未見過磨坊，感到非常奇怪，因為這裡既不少風也不缺水。

次日，江水在巨大的岩石中突露而出。「一些中國人在忙著把岩石鑿成磚那樣大小；有些石塊呈鮮紅色。好幾個岩洞裡還住著百姓。我們船隊過時，他們走出來看。在岩石的開闊處建有花園和房屋。這種奇觀一直延續了六英里遠。」只有到了中國，才能看到在懸崖坡上開鑿出來的路，還有懸空在深淵上方的房子。

十一月二十六日。船隊駛出山區。江面突然變寬。這就是著名的鄱陽湖。說大實話的托馬斯指出，他們根本沒見到鄱陽湖：「我醒來時，有人對我說：昨天夜裡，我們穿過了一望無際的鄱陽湖的一角。」

真是無可救藥！父親不曾料到會被兒子出賣。他不能放過這個大湖而不談談……談談他所沒有看到的東西：

「船隊進入鄱陽湖[1]，它是中國最大的湖，附近的許多河流從四面八方通到那裡。」它給好幾條運河供水，這些運河兩岸都築了堅實的高堤，以防湖浪。「據中國船員講，湖裡的大浪和海浪一樣危險[2]」。湖邊是漁民的草房：「住在裡面的窮苦人以打魚或在浮動竹疏籬上種植蔬菜為生，每家都有自己的一塊地段，可以在那裡捕魚或飼養各種沙丁魚，醃好後曬乾行銷全國」。

船隊在這四通八達的湖上重新沿著北京—廣州的正常路線航行。

愛得深，罰得嚴

托馬斯說船隊總是被安排在夜間穿過城市。船隊的生活幾乎是千篇一律，沒有變化。駐軍站放一通炮表示歡迎；士兵模樣的人穿著露出虎牙的短褂，用鞭子招募來的縴夫，用鞭子驅趕著拉縴；老百姓被小心翼翼地隔離，不讓他們與蠻人接近。使人厭煩的慣例。

十一月二十五日，發生一極意外事件。托馬斯說：「我們的兩位先生上岸步行。他們被兩名士兵推倒在地，還挨了揍。這一切都是在一位藍頂珠三品官的眼皮子底下發生的。」斯當東指出，王大人和喬大人先叫人把這兩名士兵鞭打一頓，爾後，又在總督面前告了一狀，懲辦那位官員。托馬斯說得更明確：「總督摘掉了那位官員的頂子，還鞭笞了他。兩個遭鞭打的士兵還被上了枷。要不是勛爵求情，他們還得挨幾十竹板的打」。

對我們的旅行者來說，這是探討中國司法的一個機會。伏爾泰對這一微妙的主題是這樣寫的：「帝國的憲法是世界上最好的。唯一的一部以寬大為懷作基礎的憲法，但這並不妨礙官吏讓自己的子民挨板子」。「愛得深；罰得嚴」這句格言在中文裡也有對應的說法。

1 從信江口到贛江口，他們順江而下走完了信江這段路程，現在溯贛江而上。

2 時至今日，鄱陽湖仍然有一個多渦流的區域，「像百慕達三角洲」那樣，不時有船沉沒。

中國式的懲罰

「中國政府關心社會安寧，而很少考慮對個人人身安全的保障」，斯當東解釋道。由巡撫或知府宣判的死刑，「在叛亂的情況下，有了總督的命令就可以立即執行」；犯普通法犯人的案卷要送到北京並由「大理寺」核准。死刑「一年執行一次，在秋季」——落葉的季節也是腦袋落地的季節。「死刑犯每次很少超過兩百人。在人口這樣多的國家裡，這個數目是非常小的」。比較普遍的懲罰是：「罰款、坐牢、充軍和鞭笞。只有對犯有危及國家安全以及『殺人罪』的人才處以死刑。不管殺人是否預謀，都無法獲得特赦」。[3]盜賊只有在使用「暴力或作案手段殘忍」的情況下才處以死刑。「中國處刑的仁慈說明犯罪的人不多」。斯當東舉戴枷作為處刑仁慈的例子。這種處罰比起英國用繩子套在脖子上，把小偷勒死要寬大得多。「枷」這種刑罰是把一塊大木頭當中挖一個洞套在犯人的頸部，另挖兩個小洞套住犯人的兩隻手。犯人帶著枷仍然可以行走，也允許他們時不時地休息一會兒。「不過，休息時間稍長一些，解差就要用鞭子抽打，逼使他繼續行走」。

斯當東向王大人、喬大人了解各種情況。這兩位大人除了回答客人因好奇而提出的問題外就無事可做了。托馬斯寫道：「拖欠債款而坐牢是暫時的。皇帝的利益高於一切，任何財產都不受其權利的保護。」中國人不好吹毛求疵：因此，在中國「遺產的轉讓很簡單，家庭很團結」。

此一評語與耶穌會會士的評語一樣讓人「得益匪淺」。為了逼問口供在堂上嚴刑拷打，用來夾腳和手指的夾棍和拇指銬，把犯人的屁股打得皮開肉綻的竹板，這一切英國旅行者則從未聽人說過。對我們知道的過去存在、並沿襲至今的監獄生活裡的一大弊病——腐敗——他們也一無所知。這些犯人，如果家裡無法或不願供養他們，就得餓死。對此他們一無所知。對關政治犯的監獄裡的祕密也一無所知。我們在想，這裡，英國人是否在想透過中

3 如果處決人數等於一般法謀殺犯的人數，那麼兩百人這個數目是非常小的。在同一時期，在舊制度統治時期直至一八三〇年的法國，因犯普通法的罪行而被處以死刑的人就有好幾百名，而法國的人口是中國人口的十二或十三分之一。我們其他的見證人是怎麼說的呢？拉彌額特神父回答說：「被判秋天處死，而皇帝又不給以赦免的罪犯在各省省會處決。在一些省分，每年一次處決好幾百個犯人。」這裡還不包括死於嚴刑拷打的人數。

國來批評西方。對於他們，中國過去是，而且在將來很長時期裡也將是一面反的鏡子。西方人的豐富的受虐狂正在裡面尋找那些殘酷的現實。

第六十九章　旅行者的失望和幸福

（一七九三年十一月二十七日～十二月四日）

景德鎮——「有大德的鎮」——過去和現在都是瓷都，但過去它生產的瓷器只供皇帝享用。與這個皇家大作坊相比，塞夫勒作坊簡直是小巫見大巫了。小托馬斯，這個可怕的小間諜指出，英國人「從外面繞過去了」。他們不能進到市內，更不能參觀城市，打聽生產過程了。

斯當東沉著地斷言：「在我們經過的路旁，有一座沒有被牆圍著的城市，名叫景德鎮。在那裡有三千座瓷窯同時燒著；夜間，整個城市就像著了火似的。」他沒有看到這座城市的面貌，但他讀過耶穌會士寫的信：「在景德鎮，目前足有三千座瓷窯。夜幕降臨時，人們以為看到一座著了火的城市」。這兩篇文章還提到「火神」——這真是奇怪的巧合。

斯當東被當場捉住，他只不過是讀了到過這裡的人寫的文章而已。古伯察神父也將逐字重複同一篇文章，並肯定地說，城裡有一百多萬居民——他不愧是加斯科涅人[1]。這些「旅行者」都厚顏無恥地互相抄襲，而真相則出自孩童之口。

這個季節的江西，麥子開始生長，甘蔗馬上可以收割。斯當東寫道：這個省的農婦擺脫了殘忍的裹腳陋俗。她們是「那樣的壯實，外省的種地人常常跑到江西娶這樣的女人為妻」。馬戛爾尼說得更明確：「出嫁的婦女與未嫁的姑娘的區別是：前者把頭髮梳成髮髻，後者把劉海垂到眉間」。昔日所見，現在仍能見到：還是在同一個江

1　編注：加斯科涅人（Gascon），法國西南部的一個地區，位於今阿基坦大區及南部庇里牛斯大區。傳說該地的百姓講話總是誇大其詞、愛吹牛，故 gascon 也有「吹牛者」之意。

西省，辨認未嫁的大姑娘和已婚的婦女還是看她前額是否有劉海。在中國，即使是髮式也是一成不變的。

婦女常常像拉車的牲口一樣把犁架在身上：「在這個省裡可以經常看到農夫一手扶著他妻子拉的犁，一手撒種」。這種景象您或許還能見到，但已經少多了。歷來，中國人自己先嘲笑這些做法。十七世紀的一篇短篇小說裡寫道：「男人只想晃著胳膊到處遊逛，把腳伸到桌下就吃現成飯。而地裡的所有活兒全由妻子和女兒去做。烈日炎炎，她們就在頭上扎塊破頭巾，還要在泥裡走來走去，鋤去地裡的野草」。

因而裹腳曾是婦女地位提高的一種象徵：小腳解除了她們的田間勞動。天足婦女是勞碌的婦女。裹了腳的婦女是更解放的婦女。這也許有助於解釋為什麼女性心甘情願地毀傷自己的肢體。

「搜刮民脂民膏」的官吏

阿瑟．楊列了一張調查表給馬戛爾尼和斯當東。這促使他們對農村的產權制發生了興趣。在江西，土地以三年、五年或七年為期出租。事實上，土地收益的分成是地主和雇農平均分配。由地主交農業稅：理論上是「全部收成的百分之五」，但實際徵收稅額是「總產量的百分之十」。

斯當東沒有談到的是：俸祿很少的文官，為自己而提高徵收款額。百分之五與百分之十之間的差額就進了官員的腰包。原則上訂得非常適度，而在執行中腐敗又比比皆是。在完美的理論與不完美的實踐之間有著一段距離。今天的中國不也存在著同樣的問題嗎？

我們的旅行者，就像今天他們的後繼者一樣，並沒有覺察出這種差距。安德遜興奮地說：「徵收實物稅實在是明智之舉！它可以激發那些靠辛勤勞動謀生的這階層人的熱情。」只有在中國才能有一種能激發人努力幹活的直接稅……巴羅也同樣讚嘆不已：「在中國徵收的稅一點兒也不高，用實物交付收成的十分之一，加上鹽稅、船來品稅和一些微不足道的、對國家的廣大民眾幾乎沒有影響的稅。」

他忘了談「勞役」。溫德把它補上了：「雇農要強制服封建勞役」。他們得付出勞力去做諸如拉縴的活，違者罰款。「他們服勞役就像為公共事業服務一樣是強制性的」。

中國的大眾輿論用比我們這些看得眼花撩亂的旅行者更切合實際的諺語來描寫當時的情況：「官吏搜刮民脂

民膏」，還有「火往肉上竄，錢往當官的口袋裡掉」。在英國人的心目中，啟蒙時代哲學家筆下的中國還沒有完全讓位於嚴峻的現實的考驗。

船隊溯贛江而上，於十二月一日進入山區。江水迂曲地從峽谷中流過。托馬斯觀察了船工祭祀河神的儀式：「每次啟航時，他們把許多紙錢、紙船、肉、鹽等扔到河裡用以祭佛或河神」。

山頂上「有瞭望塔，它們與卡塔赫納（Cartagena）和馬拉加（Málaga）之間的西班牙沿海的瞭望塔[2]很相似」。馬戛爾尼發現，在離岸不遠處有幾座漂亮的新修復的白色九層寶塔。天氣變冷了。」

晚上，在建府[3]前英國人受到熱烈歡迎。他們對此已經感到不習慣了：「聚集在岸邊的一大群人熙來攘往。來迎接的官員費了好大勁才在人群中開出一條道來，來到我們面前。禮炮聲、煙火的爆炸聲熱鬧非凡。如果沒有經歷過這種場面，我們一定會感到驚慌不安」。還是老一套，但它仍然使英國人感到高興。

當地的官員難道沒有接到不准歡迎「紅毛」的通知嗎？「為歡迎我們而搭的牌樓在燈籠、彩色紙燈和火炬的照耀下顯得非常漂亮。這些友好表示以向使團贈送水果和蜜餞而告終。」

為歡迎我們嗎？我們的旅行者又以為牌樓是為歡迎他們而臨時搭的。那麼，究竟是安德遜患了夜盲症，還是他的「編寫者」又富於想像力？托馬斯說：「我們什麼也沒有看見，因為天太黑了。」在這兩種說法中，我們寧願相信孩子的話。

第二天，贛江裡的船突然多起來。特使的船隊超過了許多輕木[4]原木紮起的木筏，「有的長達幾百英尺」。撐筏的和「他們的家小都住在用木材段支起來的小艙裡。一大群孩子從艙裡跑出來，好像蜜蜂出窠一樣」。

船隊深入江西境內。這個具有革命傳統的省直到二十世紀還相當貧窮。

2 這些西班牙瞭望台源自阿拉伯。假如走絲路的阿拉伯人仿效了中國的瞭望塔呢？

3 馬戛爾尼叫它 Kigan fou（吉贛府），但托馬斯和安德遜叫它 Singafou（清江府）。

4 Batsa（輕木）是一種珍貴的熱帶樹木。他比軟木輕，但很堅固。此一特性讓它成為熱與聲音的絕佳絕緣體。它也是一種製造微型模型的稀有材料（過去用來製造軍艦模型，如今用來製造飛機模型）。

「中國人嚇昏了」

十二月四日，托馬斯記著：河裡充滿暗礁。溫德認為這就是受驚的傳教士所說的「十八灘」，但他不動聲色。儘管他已注意到「河裡遇難船隻的飄流物」，他還裝出一副沉著的樣子。巴羅乾脆把當地險惡的名聲歸咎於中國人的驚慌失措：「他們駕駛技術不熟練。他們一有問題就驚慌失措，嚇昏了頭；而只要冷靜一點，他們是能夠擺脫困境的」。孩童又一次做出恰如其分的評論：「只要不在夜間去那裡冒險，幾乎沒有危險」。對於溯江而上的船隊，急流的危險性要小些，但是暗礁相當多，用了兩天時間我們才通過這段河道。

在過十五灘時，有幾艘小船撞翻在岩石上。這引起了水手的恐慌。他們「口中唸唸有詞，祈禱河神保佑，同時使勁敲鑼[5]並焚燒檀香木，用它的煙來刺激河神的嗅覺神經，以引起他的注意」。巴羅對此不屑一顧。「無動於衷」已成西方人在異國旅行的精神武器之一。

同一天在北京，一個因使團而遭到不少麻煩的清白無辜的人恢復了自由：此人名叫郭傑觀，因為懂英語受到懷疑。朝廷出於謹慎把他從寧波押解到北京。現在懷疑消除了。他從未與英國人有過任何來往，甚至連一個英文字也不懂。他的父親與夷人確實有過聯繫，不過那是四十年前的事。他已不構成任何危險。那麼，他此番來北京就沒起任何作用？當然不是。他消除了皇帝的不安，並促使天朝官僚機構提高了警覺。

還是十二月四日這一天，安德遜看見一座漂亮的建築物。它是寺廟還是某一位大官尋歡作樂的地方？陪同人員告訴他，第一種假設是對的。但第二種假設使他想入非非。他很欣賞中國把建築設計在自然景色之中的藝術。

他不知道的是風水和等級在建築中起的作用。選擇大門的朝向和建房的位置時都要考慮既能辟邪，又能得到神道的保佑。建築物位置的高度與房主在社會金字塔中的地位相稱。建築的漂亮可能與風水沒有多大關係，而僅僅與審美有關。除非中國人的頭腦裡充滿了山水、風景間的強烈順序感，因此，風水和審美已混為一體。

5 鑼被認為可以消災。

第七十章　標誌進步的火柴

（一七九三年十二月四日～六日）

囿於模仿的奴隸生而復死，生命只屬於追求創造的人。

——安德烈．舍尼埃[1]

十二月四日，總督在王大人和喬大人的陪同下，從晚上八點起，與勛爵一直交談到午夜。長麟比往常更彬彬有禮，他談話無拘無束。主要談的是貿易問題：中英兩國的貿易額和數量、與其他西方國家相比中英貿易的重要性。他手頭帶著材料。他懷疑廣州的官員用詐騙來的錢財中飽私囊，損害皇帝的利益。馬戛爾尼說話謹慎：「因為我從未在廣州待過，所以無法說得具體；不過到廣州後，我將運用我的權力，盡可能弄到他想要的情報。」

總督想點火抽菸時，發現專為他點火的侍從不在跟前。馬戛爾尼隨便從自己衣袋中取出一個小磷瓶，燃著一根火柴交給他使用。長麟非常詫異，特使怎麼能把火放在衣袋裡而沒有燙著呢。馬戛爾尼向他說明這類打火機的原理，並把這個磷瓶作為小禮物送給他。

值得注意的是，長麟從未見過火柴。據十世紀的中國文獻記載，火柴在六世紀末就發明了。當時把火柴叫做「火奴兒」。清朝的中國在其鼎盛時期卻忘了它的存在。上個世紀以來，中國人給火柴起了個別名——洋火，「外國的火」。「洋」是指所有來自海外，實際是來自西方的東西。作為大眾所用的一種新事物，火柴顯示了西方技術的優勢。中國有許多東西原先處於領先地位，爾後又落後於別國，這只是許多類似例子中的一個。中國領先於西

1　編注：德烈．舍尼埃（André Chénier, 1762-1794），法國詩人，曾寫詩讚揚十八世紀哲學與科學的進步。

方幾個世紀，甚至兩千年，可是在清王朝時丟失了曾是只有它掌握的許多生產祕密。中國不但沒有進步，反而後退了。侯尼在《尋火》（*The Quest for Fire*）一書中寫過：史前人發明了火，後來把它丟失而無法找回。我們這時怎能不聯想到書裡的這些震撼人心的篇章呢？[2]

沉睡的中國

這一小插曲把談話引到中央帝國與西方的比較。它顯示了「中國人儘管在某些機械領域是出類拔萃的」，但在醫學、外科和科學方面，「今天落後在西方各國的後面」。「我常常看到數量相當大的盲人，但從未見過裝假腿的或殘肢的人。是否應該得出這樣的結論：中國人不會治療眼疾，而骨折常常會引起死亡呢」？

總督只得同意這種推論。「我便趁機向他介紹英國最近的一些發現和發明，並指出與我同行的專家學者很願意把這些發明傳授給中國人。當然這要得到中國當局的許可，例如可以透過治療青光眼或抽出虹膜來使盲人重見光明、骨折復位、截肢、用一個機械裝置使溺水者復甦等等」。

這次談話終於觸及了馬戛爾尼之行的實質，就這一點便可說明不在舟山上船，而選擇與長麟同去廣州是對的。總督給勛爵提供機會，使他能說明那些朝廷不知道或佯裝不知道的事實。

直到十六世紀，中國大大領先於西方。它的工藝能力是無與倫比的，與它的科學相比更處於領先地位，因為中國的發明主要靠靈巧，很少是靠思辨取得的。

中國人比歐洲人早五百年使用十進位制，在一千年前，他們就有零的算術概念和負數了。他們比歐洲早一千年就使用帶軛圈的前胸馬具，而在歐洲要到腓力二世[3]和腓特烈一世[4]時代才普遍使用這種馬具。他們比我們的

2 編注：侯尼（J.-H. Rosny）是博埃克斯兄弟（Joseph Henri Honoré Boex, 1856-1940; Séraphin Justin François Boex, 1859-1948）在一八八六年至一九〇九年間共同創作時使用的筆名，他們的作品多以科幻、史前為主。《尋火》出版於一九一一年，當時兩兄弟已不再共同創作，該小說被認為出自哥哥筆下。

3 編注：腓力二世（Philippe II Auguste, 1165-1223），法國卡佩王朝國王。

4 編注：腓特烈一世（Friedrich I Barbarossa, 1122-1190），霍亨斯陶芬王朝的羅馬人民的國王和神聖羅馬帝國皇帝。

祖先早十五個世紀就觀察到了太陽黑子、製造出瓷器、發明了幻燈[5]、使用游標卡尺。他們比世界其他地方早兩千年用拉線播種、在菜畦裡鋤草、用金屬犁鏵耕地，而西歐在十八世紀才發現的旋轉風選機、馬戛爾尼的隨行人員對其精巧讚嘆不已的播種機，在中國已存在了二十個世紀。還有活塞鼓風機、牛鐵煉鋼術、鑽井提取天然氣或懸索橋技術均領先於西方。

李約瑟在他十五卷巨著中一一列舉了這些發明創造。這位英國學者證實，這些文藝復興時代震撼了西方的發明都應歸功於中國人。它們借助十字軍東征、或穿過伊斯蘭國家、或靠最初幾次遠航的成功，可能很晚才傳到西方。誠然，李約瑟有時也會在論證中加入一個研究人員所慣有的偏執情緒，在研究一開始便提出他應該在以後發現的原理。英國小說家威廉·戈爾丁在《特命全權大使》（*Envoy Extraordinary*）一書中說：在凱撒時期有位希臘人去中國，他帶去了大部分以後我們歸功於中國人的那些發明。我們能否完全排除此一可能性呢？

反正，我們文明的幾個最重要的業績顯然都要歸功於來自中國的發明；甚至有幾種使西歐征服世界的武器也是得益於中國。中國人發明羅盤和尾柱舵[6]遠遠早於歐洲人，但這些發明卻在歐洲導致了遠洋航行和探險；中國人發明了印刷術和紙，卻引起我們閱讀和文化的爆炸——推動了戈登堡活字印刷的發明；他們發明了紙幣，卻有助於我們銀行體系和貿易的發展；他們發明了火藥和火器，卻改變了我們戰鬥的精神。但這任何一項發明創造都沒有在中國產生這樣重要的後果。有些發明在中國甚至根本不用。

十五世紀初，太監鄭和統率四百艘臨戰裝備的船隻，勘測了太平洋和印度洋沿岸。船隊行經路線從馬來群島南端的帝汶島至紅海，可能還到過好望角。然而，在同一世紀末，當葡萄牙航海家瓦斯科·達伽馬從反方向穿過

5 編注：即皮影戲。早在戰國時期就已有。
6 李約瑟認為六分儀的發明也應歸功於中國人，但這只是一種原始的六分儀。西方人改進了它，而中國人卻不再使用了。這又是中國後退的一例，而同時歐洲卻在進步。丁維提肯定地說：中國人沒有從地面測量天體距離的儀器。他們只使用一個很簡陋的羅盤，作為航海的全部儀器。

好望角進入印度洋時，中央帝國卻永遠放棄了海上冒險。那麼它的智能是否就像貝帖翰[7]描寫的自閉症兒童那樣，「從此便控制在保護自己生命這唯一目的上而不顧外部現實」了呢？

被抵制的外國影響

明朝歷代皇帝要求百姓嚴格遵循孔子的教誨，效仿古人，抵制外國的有害影響。正當歐洲人剛剛從黑死病的恐怖中恢復過來，感到有法加快原先緩慢進程，從十八世紀的愚昧跨入已知世界的大門時，中國卻發布了靜止不動的通諭。正當人類冒險在世界範圍展開之時，中國人卻帶著自以為優越的感情把自己封閉起來。但封閉是不可能的，他們很快發現商人和傳教士來到了他們的沿海。

隨著馬戛爾尼訪華，歐洲敲響了他們的大門，把中國卓絕的發明介紹給中國人。歐洲人與中國人一樣，並不知道這些發明來自中國。西方人使這些胚芽長了出來，而中國人卻任其枯萎。從貿易和相互滲透中，中國較之西方更有利可圖。丁維提不無譏諷地說：「中國人總在船頭上畫兩只眼睛。如果問其原委，他們總是回答：如果不畫眼睛，船如何辨別航向？」中國人被迷信禁錮，而西方人卻從迷信中掙脫了出來。

在使命行將結束之際，馬戛爾尼終於找到幾位能正視這一差距的對話者。他們完全被吸引住了。「從他們所提的問題，從他們所做的評論，以及從他們對談話的感受來看，他們的思想開放使我感到放心」。

馬戛爾尼在一七九三年二月一日一篇未發表的日記中就寫過這樣的話，當時他還在海上航行：「如今，使氣球凌空升起的技術就像駕馭雙輪輕便馬車一樣簡單。透過簡單的機械操作，霍斯博士已毫無困難地使死人復活！」特使的想像走在了科學的前面。但確實從一七七三年起，英國醫師威廉·霍斯（William Hawes, 1736-1808）就證實了人工呼吸的原理，之後蘇格蘭外科醫師約翰·杭特（John Hunter, 1728-1793）則發明了一種專用的器械。確實，

7　編注：貝帖翰（Bruno Bettelheim, 1903-1990），奧地利出生的美籍兒童心理學家和作家，以其在治療情緒障礙兒童，特別是自閉症兒童方面的傑出成就而著稱。

法國人雅克·達維埃爾（Jacques Daviel, 1696-1762）手術治療白內障和奧地利人貝爾治療青光眼，讓眼外科有了長足的進步。面對一七八三年在巴黎上空、一七八四年在愛丁堡上空升起，並於一七八五年飛越英吉利海峽的氣球，怎麼能不浮想聯翩呢？這種氣球馬戛爾尼此番帶了一個到北京想表演而未成。

對科學的信仰

馬戛爾尼試圖用他對科技進步的熱情使對方受到感受。「總督及其同伴好像從夢幻中走出來。朝廷對我們的發明無動於衷，他們對此不得不表示遺憾。和珅確實不如他們眼界開闊嗎？還是因為他處處要受到一種比個人的信念更重要的制度的約束？」

馬戛爾尼向和珅建議中英兩國進行科學和技術交流。和珅對此興趣不大。馬戛爾尼感到不悅：「在熱河的一次談話中，我向他列舉了歐洲學者的幾個最新發明，特別提到熱氣球，我特意帶了一個這種氣球和一個當場能做示範表演的人來」。他阻止氣球升空和其他一切試驗。

「康熙皇帝的繼承人並沒有繼承他那種深得傳教士讚揚的對科學技術的愛好」。馬戛爾尼對此感到遺憾。朝廷變得「那樣自負，它竭力對西方的技術優勢進行保密；它不能不看到這種優勢；然而，只要它還沒有找到消除這種優勢後果的對策，它就不想讓中國人了解情況」。讓熱氣球在北京上空升起？那不啻於全中國都知道西方人的優勢，簡直不堪設想！錢德明神父在一七八九年肯定地說：「在我有機會在北京談論過的所有發明中，空中航行引起的迴響最小。他們把氣球純粹當作一件新奇的玩意兒」。這是一種人們不想有的好奇性。為什麼？十九世紀末，嚴復是這樣寫的：「聖祖有道曾孫，處今日世變方殷，不追祖宗之活精神，而守祖宗之死法制」。這種譴責，對於採取鴕鳥政策的乾隆與和珅是完全適合的。

馬戛爾尼與長麟幾乎同時意識到，中國的發明只不過是些修修弄弄的手工產品，而西歐越來越成為科學的產物。當時在廣州的一位法國人接著說：「他們的所有技術手段都是透過經驗和觀察得來的。」

馬戛爾尼沒有認真讀過耶穌會士寫的書。帕雷寧神父在一七四〇年就提出中國人在科學上落後的原因：「他們缺乏那種叫做『好奇』的不安心理，而正是這種好奇心使科學大踏步地前進。」如果說「需要是發明之母」，那麼，何種需要才能刺激這位寫過「天朝無所不有」的乾隆爺呢？

馬戛爾尼用當時時興的信仰上的表白對這次至關重要的談話做了如下的總結：「要阻止知識的進步是徒勞的。人類的智慧不斷發展，這是常理所在。一旦攀登上最初幾個台階，這種努力在達到最後一個台階前是不會停止的。」他的朋友塞繆爾．約翰遜指出：「人的欲望隨著他獲得的東西而增長，他邁出的每一步都使他發現他立即就想得到的新鮮事物。」這種永遠滿足不了的好奇心，還有那些貪得無厭的欲望，天朝的體制對它們一概加以譴責。它這樣做是對，還是不對呢？

中國人能永遠忍受這種制度嗎？丁維提終於使廣州的中國人對他的科學表演產生了興趣。北京對話者的狹隘、固執曾使他沮喪，現在他重新鼓起了勇氣。馬戛爾尼想，中國人不會長期任憑壓制而不起來反抗的。民間動亂頻頻發生，這難道不是那種壓抑不住的內部燥熱的徵兆？

幕後的暴亂

馬戛爾尼曾多次提到動亂的問題：「在那些眾所周知的貧窮省分，儘管政府嚴密監視，仍有祕密會社，它們總能設法避開政府的警戒。它們祕密集會，喚起人們對失去了的獨立的回憶，觸痛新近的傷口，考慮報復的辦法。」

真是看得透徹！陪同的中國官員會向英國人透露這些情況嗎？當然不會。很顯然，這些都是傳教士說的。不管怎樣，勛爵從中得出了結論，而下個世紀將證實他們十分富於洞察力。這些「祕密社團」利用人民的不滿情緒。如果他們是漢族，就煽動他們的反滿情緒；如果他們是異族人，那麼就煽動他們的反漢情緒。這是能避開政權控制的唯一結社形式。對於它的成員來說，這是唯一能推動進步的因素。黑格爾也許會說，這是唯一能擺脫那個既可怖又可敬的父親的方法，因為在這位父親身上集中反映了所有人的祖先、帝國的歷朝以及中國人的集體心靈的特點，因為這位父親對我們這些西方個人主義者認為是不可侵犯的個人意識進行絕對的統治。在這些祕密會社裡，個人並不分散無力，而是結合在一起，就像杜爾凱姆所證明的那樣，組成一個活力遠遠超過所有分散的個體加起來的總和的心理存在。

今天我們知道，乾隆統治期間叛亂四起。有幾次叛亂竟傳到傳教士和澳門的歐洲人的耳裡。有幾次發生在使團訪華前幾年間，它對此亦有所聞。[8]還有幾次發生在使團訪問之後。就是在平息陝西白蓮教的叛亂中，我們的朋友王文雄在一八〇〇年送了命。

下面是我們另一位老朋友梁棟材神父寫的一篇未發表的見證。他抄錄並翻譯了登載在《京報》上的這份作為例子的陝西總督的奏章：

有人通知我，一個邪教派在集合，背誦經文。當地官員派出了弓箭手以制止騷亂，派去的人受到粗暴對待。我親自前往郃州。反叛分子有兩千多人，且全副武裝。他們排成戰鬥行列。兩個婦女站在頭領的左右兩側。她們頭髮蓬亂，一手拿劍一手執旗，嘴裡唸著咒語。這些反叛者作戰十分勇猛，戰鬥持續了五個小時。

在參觀戰場時，我看到他們的頭頭躺在地上，一邊一個女人。我讓人把這些罪人的頭割下來，放在籠子裡示眾。百姓高興極了。

梁棟材神父悲嘆道：去年聖誕節前夕，也是在陝西，天主教會「被當成祕密社團來對待」，並以「夷人會黨」定罪。乾隆是不會仔細區分反叛分子和基督教徒的。

在不變的表面豪華的背後，帝國內部卻動蕩不安。滿族政權不是一個無偏見的政權。它所受到的威脅完全可以解釋為什麼它對所有可能否定這個政權的事物，做出如此膽小的防禦反應。英國人是此一面臨危機的秩序的擾亂者。

8　一七七一年至一七七六年間，四川西部山區的大小金川土司爆發動亂；一七八四年甘肅回民叛變；一七八七年則有台灣漢民起義（編注：即林爽文事件），要求恢復明朝；一七九一年至一七九二年又有廓爾喀（編注：今尼泊爾）入侵西藏事件；一七九五年則發生四川（編注：應該是貴州）和湖南交界處的苗族叛亂，後被我們的老相識、鎮壓叛亂的老手福康安將軍平定。而由白蓮教發動的起義（編注：即川楚教亂）更具有政治色彩、更帶漢族特色、反滿情緒更激烈。白蓮教起事比上述任何動亂都更活躍，它利用被當地官員迫害的湖北百姓的反抗，讓這些百姓紛紛加入他們的行列。白蓮教起事自一七九五年起，至一八〇四年才結束。

一封北京來信

前幾次會談按照規定向北京做了匯報，十一月二十日交給長麟的關於貿易的備忘錄也送到了北京。內閣讓皇帝簽發一份十二月一日的詔書，它未就馬戛爾尼提出的從開設商埠到准許騎馬等十五條要求中的任何一條做答覆。但是，它把擬議中派遣第二個使團的前景變成了許諾。

十二月九日晚上九點，使團一到安南府，總督就把皇帝的詔書拿給馬戛爾尼看，詔書的抄件將在以後給他。以下是詔書的內容：

> 嗣因爾等不諳中國體制，冒昧瀆請。今據爾稟稱，將來尚欲另具表文，再來進貢。大皇帝鑑爾國王恭順悃忱，俯賜允准。但不必拘定年限，總聽爾國之便。此次爾國所請，未邀允准，系格於定例，大皇帝並無怪意，爾國王盡可放心。

馬戛爾尼避免把這封語氣傲慢的信與他的日記摻合在一起，儘管是以緩和的語氣改寫過了。⁹他只記下長麟對他所做的客氣介紹：「他向我解釋裡面的措辭十分友好。如果國王想再次派遣一位使節，後者將受到接見」。但特使明白，他的後繼者將像所有貢使一樣嚴格服從禮節，首先從廣州上岸。這是對他自己溯流而上到天津的不言明的譴責。他補充說：「然而，我毫不後悔選擇這條航線；它讓我們掌握了中國東北海岸的地理」——再次透露這次考察的軍事目的。再說，一八一六年的阿美士德勛爵的使團也沒有順從皇帝的要求：它再次從黃海過來。

朝廷有的是建議，唯獨對叩頭禮沒有提。回到這個棘手的話題就等於強調使團曾敢於違背這個千年習俗。中國人把這件事與他們所犯的種種「失禮」行為混在一起，並認為它們已經被糾正。文件一個接一個，官方的正式說法讓人以為（當然沒有說出來）英國人真行了叩頭禮。歷史就將這樣寫！

---

9 原文仍在他的文件中。讀者可以在「文化衝突」中找到根據中文原版譯過來的全文。

多麼奇妙的煉金術！長麟把馬戛爾尼的備忘錄送到北京，他在裡面加上蠻夷表示後悔並一再申辯對皇上深為敬仰之類的內容。而皇帝像原先一樣粗暴拒絕英國人的一切要求，對他們做出雖仁慈但很尖刻的譴責。總督向特使轉達這些譴責時語氣又很客氣，而李子先生在翻譯時還要把語氣改得更為溫和。馬戛爾尼歸納時用了親切的語調。斯當東對此則隻字不提。

一次又一次的交談，我們看到雙方有意安排的誤解在擴大。皇帝好像不斷聽著馬戛爾尼在對自己說他並未說過的話。馬戛爾尼則做得好像沒有聽到皇帝對自己說他確實說過的話。長麟挽回了乾隆的面子，馬戛爾尼則挽回了喬治三世的面子；總督和特使又共同保障了這次一起旅行時的平安相處。錢德明神父的陰影籠罩著十二月的那幾次會談：「順從習俗，要耐心」。這是一位在中國朝廷生活四十多年的神父臨死前寫的話。在此同時，勛爵在日記中毫不掩飾已準備好用武力打入中國的喜悅心情。

第七十一章　南下廣州

（一七九三年十二月六日～十四日）

十二月六日，繼續溯贛江而上，船隊穿行於群山間，山坡上的梯田裡種著甘蔗。贛州府是一座大城市，四周圍有城牆。使團受到士兵的列隊歡迎。旌旗招展、鑼鼓齊鳴、禮炮陣陣、人山人海。

七日。河道太淺了，必須換乘更輕巧的船隻，除非「把河底的石塊搬開，再用鐵耙在礫石中耙出一條航道來」。經過兩天的緩慢航行，於九日來到南安府。顯然，船再也不能前進了。這已是第二次從陸路穿過一片高地了。這是梅嶺山口。此山並不是因為高而聞名，它還不到三百公尺高，而是因為它地處北京—廣州的正常航線上，它是兩千五百公里航程中的唯一的一次間斷。前面的那個山口是因為英國人要繞道浙江才遇到的。

梅嶺山口馬亂跑

馬戛爾尼的敘述很簡單：「十二月六日。根據各人所好，我們坐轎子或騎馬上路了。」多麼幽默！除了斯當東，其餘人的選擇只限於在不同的馬中進行。「贛粵交界處的群山構成一幅羅曼蒂克[1]的景色，讓人叫絕」。山腰裡鑿出來的崎嶇小道使人免得繞大彎子。下山後，來到一片稻田中間。從一條江到另一條江中間有五十公里的山路，我們用了九個小時才走完。據耶穌會士馬國賢[2]說，一七一〇年時這條道上遊客雲集，說它像一條山路，倒不如

1　自一七五〇年起，在英文中經常使用 romanique 一詞，它指的是那些「能讓我們聯想起小說裡描寫的地方」。法國人在滑鐵盧戰役後才用這個詞彙。如同在許多社會問題上一樣，在表示王朝復辟時期重新流行的對自然的敏感方面，英國人領先了許多年。

2　編注：馬國賢，本名利帕（Matteo Ripa, 1682-1745），義大利那不勒斯人，耶穌會傳教士。一七一〇年初抵達澳門，隨即北上供職於清廷。擅長繪畫，有很長一段時間陪伴在康熙皇帝身邊。一七二四年一月離開廣州返回歐洲，一七三二年得教宗許可，在那不勒斯創辦「中國學院」（即使團翻譯李先生曾待過的學院）。

說它更像一條去集市的路。而在一七九三年，這裡的情況就不能同日而語了。

馬戛爾尼舒舒服服地坐在華蓋下，欣賞著四名轎夫的矯捷步子。你可能以為轎子作為體面人的交通工具，是以莊重的步子向前走的。錯了！他們的轎夫「走得很快，比飛鳥還要快」。給當官抬轎的轎夫每天從早到晚要走一百里。他們這一行可不讓人羡慕。乾隆年間的一首敘事詩對他們的命運有所描寫。

按日輪派聽驅使，
扛抬迎送奔長途。
赤足擊地繭重裂，
禿肩磨扛血縷濡……

這些中國人是多麼的勤勞！「從杭州開始，我們的船夫每天至少有二十次雙腿齊膝被河水弄溼。河水淺時，他們乾脆拉著船走。我看到兩名腳伕把一個幾乎重達一噸的貨物從一艘船抬到另一艘船上」。

他們的訣竅是什麼？「他們只吃米飯，可是結實極了」。中國人的人種是否優於其他人種？「我們不相信在安地列斯群島上的黑人會做那種讓人筋疲力竭的活。而對歐洲人來說，僅僅工作時的叫喊聲就會讓他們疲憊不堪」。見過中國人工作模樣的歐洲人，有時難免會有一種顛倒過來的種族主義：對本民族的蔑視。

使團的其他人只能在圈著三百匹馬中挑選。每人交出在下船時發的號，挑出歸他騎的馬。大家都上馬出發！安德遜運氣不佳：一匹尚未完全馴好的劣馬：「可我已交了我的號，不管牠有多差勁，是我挑的，也只好認了」。就這樣，「外交團成了騎兵團」開始出發，大隊中國士兵緊跟在兩側一起行進。

這支英國騎兵隊裡不是只有認可合格的騎兵：「我們全神貫注地在看著自己出洋相。從沒有人見過這樣的馬隊。大多數機械師、士兵和僕人都是些可憐的騎手，他們都是第一次騎馬」。紳士就值得驕傲了，因為他們所受教育的第一項就是騎馬……現在聽到的是一片嘻笑聲，看到的是他們驚惶失措的滑稽樣。

爬山時，因為道太窄，只得下馬步行。在順利到達李公鄉後，就在那裡用午餐；又是士兵列隊歡迎、鳴炮致敬。

安德遜對婦女更感興趣：「這裡的婦女比起已經路過的那些地方的婦女享受有更大的自由。」

過了山口，從攀登陡峭山坡的危險中解脫出來的騎手們，「欣喜若狂地」從南面的緩坡上往下衝。到達地處平原的南雄時已是傍晚。店鋪和住家都已點上了燈籠。士兵為我們在人群中開出一條道，一直到知府衙門。晚宴設在燈光通明的院子長廊裡。「中國人無法設想，豪華的場面能不張燈結彩」。

馬戛爾尼謝絕邀請，不在「巡撫官邸」過夜。他的隨行人員卻都留在那裡。他急著趕回停在碼頭的船上。不講情面的托馬斯指出，這根本不是「巡府官邸」，而又是「貢院」。運來裝船的行李都有一個標籤，上面標明該下哪艘船。工作是多麼的仔細！

總督先行一步

進入「他的」省界，總督就要離開使團。馬戛爾尼猜想他可能是要為在廣州接待英國人做準備。事後他才明白，長麟抵達他職務所管轄的地區，再陪夷人就不合適了。他先行的原因，不是因為迎接使團，而是要與它保持距離。

又一個說好話的機會。總督「給皇帝的奏摺裡措辭極佳，所以他敢說使團在離開中國前，一定會再一次得到皇帝的恩典」。馬戛爾尼將計就計：「皇帝對我的最大恩典，就是對在廣州的英國臣民表示仁慈」。這下，他對長麟的善意，對王大人和喬大人的樂於助人都充滿了信心，他認為王、喬兩人很受總督的器重。

托馬斯在日記中寫道：「河道太淺，儘管船吃水不深，還是不時要用人力在缺水的河道上拉拽。」英國人緩緩前進，而長麟卻兼程趕路。這次動身時，赫托南突然充滿了懷鄉之情：「我們離非常想去的那個地方只有幾里之遙。在這個多事之秋，我們已有十五個月沒有來自歐洲的消息了。」

任務完成

不管英國人在做什麼，龍的眼睛總盯著他們。十二月十二日，江西巡撫陳淮終於擺脫了英國人，上本皇帝說：

> 兩廣督臣長麟帶領該貢使於十月十八日入江西境，計正副貢使及隨從各夷共七十七名，行李什物

一百九十七抬。贛州鎮臣在交界地方接護。十九日各船裝放行李，二十日開船行走，二十六日經過省城南昌。臣渡江會晤督臣長麟，知該貢使等沿途甚屬小心恭順。十一月七日，轎扛人伕馬匹早經齊備，即於次日登岸過嶺，進入廣東境。並接督臣長麟來札，備述江西一路墩台營汛隊伍俱整齊嚴肅，夷人等均知凜畏。

驛差快馬傳信。夷人順利撤走。龍可以重新入睡了。

多種用途的船女

沿北江到廣州的一段航程有兩百六十海里。廣東是最富庶的省分之一。但其北部還是比較貧瘠。小托馬斯記道：山崗上種著落葉松。在田野裡，相隔一段很長的距離可以看到一座小房子。石壩調節水流，有口子的地方水以很大的速度流了出去。

韶州位於北江與一條從西北方流來的河流的匯流處。巴羅說：「它周圍的風景美麗動人。這一帶平原上種植稻米和菸草。山崗上則種棉花。」托馬斯則說：「山區多岩石且險峻。很少或根本不種樹木。今天我們看到船由婦女划槳掌舵。」安德遜寫道：「沿途我們常常看見這樣的婦女，她們手划著槳或掌著舵，一個孩子捆在背上，另一個孩子掛在前胸。」但划船的多半是年輕婦女。她們身穿白色衣裙，頭戴草帽。

巴羅又說教起來：「她們除了撐船外，還操一種不那麼體面的職業。但她們是得到父母和官方同意的。只要能分享好處，他們是允許這種下流買賣的。」家庭和國家是可恥的同謀……令人反感！

當拉彌額特神父發現斯當東也懷疑國家與這些婦女分成時，他真的驚呼起來並補充道：一個拉皮條的丈夫是要受到「鞭笞和發配充軍的」。但法律不是對與已婚或未婚女子發生婚外性關係判處有「罪」嗎？杖八十。按仁慈的遺使會教士的說法，道德秩序在廣州和北京都已占了支配地位。有誰相信呢？

第七十二章　那裡憎恨洋鬼子

（一七九三年十二月十五日～十八日）

對原始人來說，外族人是敵人和壞人的同義詞。本民族所做的一切都是好的；其他民族所做的一切都是不好的。

——卡爾・古斯塔夫・榮格，一九三一年

直到那時，英國人不高興地感到他們逗中國人樂。一進到廣東省，他們驚訝地發現他們會遭人憎恨。這真是一個打擊。因為在這裡，大家最知道他們。可是他們看到的不是那種對他們既尊重又好奇的心理，而是農民從屋裡跑出來高喊「鬼子！番鬼！」巴羅挖苦地說：「這些如此有教養的中國人，就是這樣對待一切不是他們本國的東西的。」誠然，有人向聖女貞德提了個問題想難倒她：「上帝愛英國人嗎？」她的回答是：「上帝愛待在自己家裡的英國人」。

使團一行越接近廣州，他們遇到的出言不遜的情況就越多。王大人「曾責備南雄府知府這些辱罵英國人的行為；中國的軍官對使團加強了防衛」。英國人發現了殖民地關係中特有的那種一觸即發的奴性和驕傲的混合物。中國人同意為英國人做最低下的雜活，但反過來又極其蔑視他們，視他們為「在人的等級中比自己還要低幾等的人」。

這種敵視不僅針對英國人。在廣州的一位法國人也觀察到這一點：「我和幾個法國人坐轎子出城閒逛。我們路過一個村子，孩子們向我們扔石子，罵我們。別人勸我們對此千萬不要介意。」為什麼「扔碎石」、「石塊戰」

在今天的新喀里多尼亞[1]和巴勒斯坦還沿用？在任何時代，當兩個敵對的種族接觸時，都會發生這種事。

一天，巴羅看到他的僕人在晾曬他午飯時喝過的茶葉。問其原委，僕人說要把這些曬乾後的茶葉與其他茶葉摻雜起來一起出售。巴羅對他說：「真可恥！你就這樣欺騙自己的同胞？」僕人反駁說：「不，我的同胞很聰明，他們才不會上當。」接著，他又補充說：「我們供應你們的所有東西都太好啦。」巴羅生氣了。僕人便說他是指第二地域的英國人（second shop Englishmen），也就是美國人。

也許這還是第二層次的侮辱。因為，與頭泡茶相比，中國人更喜歡喝二泡茶。頭泡茶反而可以倒掉不喝。對中國人來說，茶葉只沖一次水就扔掉，那簡直是荒唐。

煤礦

這裡，「險山峻嶺中的一條長長的隘路」成了煤礦。英國人見到了……熟悉的砂石。見習侍童觀察到：「坑道橫向挖在山坡上」，挖出的煤「直接裝上船，運到瓷窯」。中國人也用煤屑製成的煤餅做飯。

托馬斯對「用手工而不用機器」採煤感到驚訝。英國人為他們的絞車、軌道和鐵皮運煤小車而自豪。已經席捲他的國家的「工業革命」是那樣深入孩子的心靈，天朝的落後使他一目了然。但使用機器又有何用？它只能在已經過剩的勞動力中增加更多的失業者。今天中國面臨的問題，早在兩個世紀前就由一個十二歲的孩子提出來了。

中國人採煤已有許多世紀的歷史了，連馬可·波羅見了也覺得是一種奇蹟而為之瞠目。但奇怪的是中國人十分忽視這種礦藏。因為做飯需要燃料，他們便破壞自己的森林；而亂砍亂伐造成嚴重的後果。木材對於一個中國人來說，就像他們吃的大米或麵條一樣寶貴。中國老百姓世世代代就這樣反覆地說：「小的把錢都還了柴米店裡」。為什麼不要煤呢？這是發展抑或不發展中的一個謎。

1 編注：新喀里多尼亞（Nouvelle-Calédonie），位於南回歸線附近，是法國在大洋洲西南部的一個自治區。該地區整體主要由新喀里多尼亞島和洛亞蒂群島組成。

洞中菩薩廟[2]

江水穿過蘊藏著煤的群山。十二月十四日夜間，船隊進入滑石山峽谷。遠處一座山峰俯臨江上，幾乎看不清它的山頂。「一個奇形怪狀的龐然大物，四周都是可怕的懸崖峭壁」。這裡有一座遐邇聞名的在岩壁上鑿出來的寺廟。

在漫長的行程中，這是一次難得的觀光遊覽。十二月十五日拂曉，馬戛爾尼和幾位特權人物坐了一艘小艇，溯流而上來到一個小灣。他們在一個狹窄的岸邊下船，岸的一邊是水，一邊是絕壁。這裡是進入岩穴的唯一通道。晨光熹微，這一行人來到一座石階跟前。

到了上面，一位年長的光頭和尚把他們領進一座地下迷宮。進門是一個大廳，和尚們在這裡用膳：一個立體形的洞穴，洞口朝河；廳內有漆木桌椅，還有幾盞燈籠。一盞倫敦製造的大玻璃宮燈尤其引人注目。這是廣東一個有錢的信徒施捨的。

拾級而上，他們來到神殿。它比用膳室要大得多。裡面有金碧輝煌的一尊巨大菩薩像。他的臉像撒拉遜人，他獰笑著露出金色獠牙。他頭纏冠冕，手舉著刀，一手拿著杵。但馬戛爾尼說：「我對這位巨神知之甚少。」靠他養活的眾僧對這位神也幾乎一無所知。祭壇設在他的腳下，上面有燈籠、蠟燭和炷香：「簡直像天主教教堂裡的祭台。」牆上掛著許多木牌，上面寫著箴言與佛教訓誡。塑像對面的牆上有個開口處，看出去一望無底。「岩石投下搖曳著的陰影，腳下是沉睡著的深淵，令人害怕的黑暗，這一切都使人毛骨悚然」。

穿過長長的廊子，和尚把這些遊客帶到其他屋內。這些屋子都是在石頭裡鑿出來的，有廚房、禪房、食物貯藏室等。和尚點燃火把。馬戛爾尼看到廟裡的住客：他們就像任憑禿鷲啄食的「普羅米修斯那樣，讓迷信和宗教狂熱把自己吞噬」。他認為這些虔誠信徒的狀況是可悲的：「人的尊嚴、精神力量都被拋入這些宗教地牢，並在那

2 中國的菩薩，在印度或西藏稱為菩提薩埵，意即一個功德圓滿，已可成佛，但他像佛那樣出於同情，同意轉世的人。觀世音的化身千手千眼觀音，幾個世紀以來一直轉世成達賴喇嘛。

裡腐爛。」奇怪的是，一位這樣地位的人，竟一接觸僧侶生活就產生這種無法擺脫的嫌惡情緒。他比伏爾泰還有過之而無不及。後者譯了羅徹斯特的一首詩來質問僧侶：

醒醒吧，好好地做人，跳出你的迷夢吧。
人是生來要行動的，而你卻要想！

在離開這個自己愚昧還要使人愚昧的寺廟時，特使給了施捨，而且給的數目大大出乎眾僧所料。因而他能想像他們準會在祈禱時加進一個新的內容，即祈求中國政府「採取更開放的政策，為英國遊客的自由來訪敞開大門」。馬戛爾尼把他寫的富於「浪漫色彩」的感想給他的夥伴們讀了；他們認為寫得言過其實。他為之辯白，指出那是在他參觀寺院以後十分反感的情況下寫的。

口徑不一致的見證

人的見證具有相對性。「我常常想，要是能讀讀使團成員寫的日記，一定是大有裨益的。即使是隨身僕從的回憶錄，也有某種價宜」。馬戛爾尼說得十分正確！看來他自己並沒有這樣做。而我們卻遵照他的建議閱讀了大量的日記和回憶錄。

安德遜——他恰好是馬戛爾尼的隨身男僕——對這次參觀的見解更有趣。這可能與他的文化修養和階級出身有關。他不像他的主人那樣，滿腦子的浪漫主義，閱讀哥德語小說。岩穴對於他只是件好奇的東西，而不是恐怖的東西。陡直的梯子還是有扶手的。飯廳裡有一扇漆得很漂亮的門。一扇窗照亮神的塑像；而那個「朝著無底深淵的開口處」在他的筆下則成了一個「從那裡可以欣賞河上景色的陽台」。

遊覽這個寺廟使溫德有機會講述一個他從陪同人員那裡聽來的故事。一個菩薩附在一位女子身上。「一次她在清澈的水中沐浴，看見一枝神奇的睡蓮。她覺得睡蓮實在美，就把它吃了。不久她就懷孕，生下一個男孩。她把孩子的教育託付給一個地位低下的漁翁。孩子日漸長大，成了一位文人學者，一位賢人，死後成為神。他的母親像聖母瑪利亞那樣受到尊敬」。

顯然，一切都能使這些西方人趁機在東方尋找維護他們信念的武器。天主教對聖母的崇拜為這個故事提供了材料。霍姆斯承認未從中國人那裡了解到任何有關他們的宗教的情況：「他們很善談。可是一提及宗教，他們就緘口不語了。這是他們不能洩露的一個謎；對於他們的信仰，我們不能發表任何意見。不過，他們的偶像卻相當多，連最小的村子都有一個共同的偶像，幾乎家家戶戶都有自己單獨的偶像」。

一個在洞穴裡鑿出來的寺廟裡住進幾個和尚，這對托馬斯來說沒有什麼可大驚小怪的：「寺廟有三個洞口，一個鑿在另一個上面。第一個洞與水面相平，第二個洞建在五十英尺高處，第三個洞離水面有一百英尺。每一個洞都有一個祭壇和一尊佛像。岩石是一塊巨大的大理石，『大理寺』之名由此而來。樓梯很暗，但還不至於到要照明的程度。洞穴裡很乾燥舒適。和尚為來訪者沏茶」。每個人都用自己的眼睛在觀察。小男孩心平氣和地描繪著寺廟，並對題詞特別注意，因為他的中文有了長足的進步，已能辨認那些方塊字了。馬戛爾尼沒有看到任何能使這個寺廟合乎人情和恬適安靜的一面。

晚上，托馬斯見到「那些巨大的懸崖做出各種怪姿態，奇形怪狀的樹木緊緊貼在上面」。與人工的建築相比，大自然更使這孩子感到不安。

河水在山間迂迴，山上樹木蒼翠，但地閒著沒有種作物。有人問王大人和喬大人。他們解釋說：「所有的荒地都歸皇帝所有；只須通知就近管轄的行政官想在荒地上種莊稼，就能成為這塊地的所有者。但荒地已不多了。」馬戛爾尼補充說：「不管怎樣，在中國不會有一塊土地閒著供那些游手好閒的老爺打獵用的」。透過中國，又給歐洲打了一巴掌。

有預見的結論

航行臨近結束。英國人從北到南穿過中國，歷時十周。圈子就要兜完，他們還未到廣州市郊。十二月十八日晌午前，他們來到一座屬於公行的夏季別墅；人人情緒激動，他們在那裡首先見到自己的同胞。東印度公司的專員布朗、歐文和傑克遜帶著歐洲來信專程來此迎候。「離開英國已有十五個月，這些信件特別受到歡迎」。

馬戛爾尼得到了一些消息。兩國已經宣戰。這並不令人詫異。相反地，路易十六的結局倒是意想不到。亞歷山大在日記中寫道：「指揮孟買城堡號的蒙哥馬利船長於一月底離開英國。他告訴我們法國國王已被處死。又根據國民公會的命令，逮捕了我們的同胞湯馬斯．潘恩。此事在倫敦引起轟動。」[3]

次日，使團進入廣州。更恰當地說，是離開廣州，獅子號到了港口。[4]

有人見到了英國人重逢的場面，那就是中國軍隊。自從來到中國後，馬戛爾尼見過許多士兵向他致敬，但從來沒有在廣州那麼多。長麟辦事辦得不錯！馬戛爾尼至此才真正明白：表面上出於對他的尊敬，實際是向他表明天朝軍隊已做好戰鬥準備。

這樣做時中國人又一次暴露了他們的弱點：這些用弓箭武裝的士兵沒有多少戰鬥力。面對一次指揮有方的進攻，他們的抵抗是無力的。最令入侵者難辦的，是中國士兵的人數。這倒不是因為他們會給入侵者造成損失，而是入侵者看不到使他們蒙受的損失到何時能完。殺掉幾百萬人在中國可能都覺不出來。除了使對方立即歸順，勝者得到的僅僅是從毀滅對方中滿足了虛榮心，而不是從統治對方中收到實利。

這個結論富有遠見卓識，讀了都使人有些眼花撩亂。勛爵稱中國人為躲閃的冠軍。從他們身上還可以發現其他力量，他們當作屏障的文化差異；巨大的空間，有了它，帝國可以四分五裂而成倍地增加隱蔽地點和抵抗力量，還有數量。儘管他們很弱，有了數量就可以保持「後備軍」。因此他們不可能完全被制服。一九三七年，德日進在面臨日本侵略時發現了這一點：「被入侵的中國，在抵抗中化成灰燼，但不知道侵略者有何辦法把這些灰燼黏合在一起」。

3　鑑於他對共和派的信念，湯馬斯．潘恩（Thomas Paine）被宣布為「法國公民」。一七九二年，他入選國民公會。他並未投票支持處死路易十六。與孔多塞（Marquis de Condorcet）一樣，他在譴責死刑問題上的態度是前後一致的。因為他不懂法語，因此在國民公會裡從未發言過。他的監禁顯示羅伯斯庇爾（Maximilien Robespierre）對逃亡或留居法國的外國人極不信任。後來他因熱月革命（Chute de Robespierre）而獲救。

4　獅子號抵達澳門已兩個月。伊拉斯馬斯爵士以為馬戛爾尼勛爵要在北京過冬，因此在船員的體力恢復得差不多後，幾次試圖開往日本，但由於氣候惡劣，只得把這次航行推遲。後來他接到勛爵要他在廣州等待的指示。

第七十三章 廣州

（一七九三年十二月十九日～二十三日）

十二月十九日早晨，使團上了皇家平底大船順著珠江南下。兩個半小時後，英國人在一個名叫河南的小島下船。在那裡，為他們準備了一所公館。總督長麟、巡撫郭世勛，海關監督蘇楞額及本地的主要官員，身著朝服，站在鋪有地毯的平台後面迎接。隨後，所有人走進一間大廳，裡面有兩行排成半圓形的扶手椅。馬戛爾尼就是這樣繪聲繪色地描寫那次隆重歡迎的；兩個世紀之後，「貴賓」代表團在中國受到的接待仍然與這一模一樣。

別這麼性急，英國紳士！您忘了一個準備儀式。但小托馬斯卻在日記裡把它透露給我們了：「我們在一個帳篷下通過，來到一間陳設漂亮的大廳。大廳深處有一御座。我們在那裡受到 Suntoo[1] 及其他大官的歡迎。他們對著御座行三跪九叩禮，感謝皇帝賜予他們一次舒適而又順利的旅行。我們模仿他們也行了禮」。

疑問又產生了。因為當時在場人之一，海關監督蘇楞額在一八一六年斷言，他看見過勛爵在廣州叩頭。那麼，模仿什麼呢？托馬斯沒有確指。久而久之，英國人會不會屈從於天朝的習俗？還是繼續滿足於「英國式的叩頭」——行單腿下跪一次的禮節？這裡省幾個字卻給後來人添了麻煩。

為了拒絕向皇帝行叩頭禮，馬戛爾尼經過了那麼多的周折。現在馬戛爾尼會同意對空御座叩頭，那是不可思議的。可是英國人又再次面臨不利的處境：集體儀式。最大的可能是他們跟著做，就像在熱河，他們在人群中第一次見到皇帝時那樣。可能他們是單腿下跪，略微低頭致意，但是隨著天朝的節拍，三長三短。這是「得體的禮節」，也是馬戛爾尼和皇帝都不願意接受而又接受了的一種折衷做法。

1 小托馬斯在日記中穿插著用音標寫的中國字。Suntoo 顯然是「總督」的注音，但是按滿族陪同人員的發音標的。

「儀式後，我們和中國官吏退到一間又大又漂亮的大廳裡」。馬戛爾尼直接把我們引到這間大廳，而對那段如此難走的彎路卻隻字不提。

中國官員們在英國人對面坐下。談話進行了一小時，談的主要早旅途見聞和獅子號抵達廣州的事。總督讓這艘英國船進入黃埔港[2]，這是對軍艦少有的照顧。

接著是看戲。「一個頗有名氣的戲班特意從南京趕來。」[3]主人準備了「豐盛的中國飯」，還為客人備了禮品。總督「主持了儀式」。他對英國人給以「最高待遇」。這使廣州的中國人為之瞠目，因為他們從未見過外國人受到這般尊重。從此，他們便不能再懷疑皇帝的政府對使團的重視了」。特別是我們無法懷疑馬戛爾尼也在設法使自己相信這一事實。因為，晚上小托馬斯在他那可怕的小本子上又記上了：「我們每人都按身分坐下。總督請我們喝茶和奶。寒暄幾句後，他起身，在幾個大官的陪同下，把我們帶到他讓人為我們準備的一棟房子裡，更確切地說，是一座宮殿裡。他待了幾分鐘，然後所有的人都走了。」

「茶和奶」，「寒暄幾句」，「幾分鐘」。多虧托馬斯，我們才知道是在他們的新住地，在總督及其副手們未出席的情況下請他們吃飯。「總督給我們送來一席豐盛的中國式晚餐」，接著是演戲，「他讓人在我們住所的一個院子裡搭了個舞台，在台上整天不斷地演中國戲為我們解悶」。

不停地演戲

使團的住所是一座中國式的宮殿，由若干個大庭院組成。有幾個樓按歐洲風格布置，裡面有玻璃窗和壁爐。即使是在熱帶，十二月份生上火，馬戛爾尼也感到舒適。還有池塘、花壇、對比明顯的樹以及花叢。

恰好在住所的對面，河的對岸，就是英國代理商行。馬戛爾尼一行本來是可以住在那裡的，它比所有中國館

2 歐洲商船停泊在這個島。
3 演員來自南京，它是崑曲的誕生地。這是在宮廷裡演出的一種高雅的劇種。「京劇」在日後才取而代之。這個劇團路上走了整整一個月才趕到廣州（譯注：崑曲的誕生地應為昆山市）。

舍都舒服。但是「中國人的原則是絕不能讓特使與商人住在同一棟房子裡。在這一點上，只好隨鄉入俗了」。

晚上，終於只剩下了英國人。男孩不無寬慰地在日記中寫道：「晚上，我們共進英式晚餐。代理商行送來了我們想要的一切」。吃了六個月的中國飯菜，烤牛肉和羊肉里脊的滋味讓他們重新回到了「家，甜蜜的家」。

第二天大清早，勛爵推開窗戶，舞台正對著他的臥室，戲已經開演了。演員接到命令，只要使團住著，他們就得連續演下去。馬戛爾尼十分惱火。他設法免除了戲班的這份差使。演員被辭退。巴羅報告說：「我們的中國陪同對此十分驚訝。他們的結論是英國人不喜歡高雅的戲劇。」

馬戛爾尼幽默地設想，如果為了給一位天朝特使解悶，英國的宮廷大臣召來科芬園[4]劇團的明星為他演出，這位特使在倫敦會有何迴響呢？肯定他很快就會感到厭倦。這是一個進步：馬戛爾尼開始同意文化是相對的了。

「別指望改造我們」

小托馬斯說第二場戲不像第一場戲是總督賜的，而是海關監督安排的。但孩子並沒有因此而受到感動：「監督不在位已有兩個月，但他已表現得比前任更貪婪。他毫無理由地向一名中國商人勒索二十萬元。儘管皇帝有旨，他還企圖對我們的商船徵稅」。準是馬戛爾尼和他的副手流露過他們的苦衷，結果讓機靈的托馬斯聽出了說話的意思。這件事使使團的最後希望也化作泡影。

巴羅說得更明確：「印度斯坦號因攜帶過禮品而免徵稅；然而公行的商人已繳納了三萬兩銀子的稅款[5]。他們要求海關監督歸還這些銀兩，但他只交出一點一萬兩，說原來就交了這點錢。從中可以看出，進入皇帝國庫的稅收只是很少的一部分。」這件事本身就說明了問題：三萬兩銀子中有一點几萬兩由他人徵收。對國庫來說，就這一筆稅便損失了三分之二。

4　編注：科芬園（Covent Garden），位於英國倫敦西區，劇院與特殊商店是此區的大特色，位於東側的河岸街是保存無數十七至十八世紀重要建築物文明的區域。

5　即一九八九年的六百萬法郎。

就這樣，堅持事實的東印度公司的專員們讓馬戛爾尼漸漸失去了信心。當提及「中國官吏敢於敲詐勒索」時，巴羅援引其中一個說的話，乾隆本人也不否認會有這種意想不到的訓人話。「你們來這裡幹嘛？我們把你們國內不產的珍貴茶葉給了你們，而你們卻把我們毫不需要的你們廠裡的產品來做交換。你們還不滿足嗎？既然你們不喜歡我們的習俗，為什麼你們又老來我國？我們又沒有請你們來！而你們來了。如果你們循規蹈矩，我們還是以禮相待。請尊重我們的殷勤好客，別指望改造我們」。

這就是中國的聲音！這也許是自古至今一個民族在感到自身受到威脅時發出的激烈言論。

十二月二十一日托馬斯的日記：「西班牙與荷蘭的專員今天早晨來拜會勛爵。晚上，喬大人派來一批雜技演員。他們也是專程從南京趕來的。他們的演出十分驚險。」轉盤、頂缸、飛刀，這些節目孩子在熱河已經看過，再次觀看仍然興致勃勃。他又恢復了孩子的興趣。

商人的航程

從歐洲來看，廣州是「中國的門戶」，是一個整體。英國人發現這個整體是複雜的。廣州離海的距離並不比巴黎到塞納河的距離來得近。稱它為「中國的門戶」，那是對已經穿越了幾道大門的人而說的。

首先要經過澳門。由於河道多暗礁，船隻繞道那裡很危險；要出高價聘請領航員和開貨物通行單。接著要繞過虎門，這是一個由兩個要塞防衛的海峽。還要借助先後三次漲潮通過淺灘上的三個危險的「沙洲」。這之後，才能抵達黃埔島。歐洲的船不能越過這個海島。這是刁難嗎？不是。我們遇到的一名法國人說：「中國的大帆船可以逆流而上直至廣州，而歐洲的船吃水太深。」最後，從黃埔到廣州，要徵收通行稅三次。每處都對小艇要仔細檢查一番，然後方能到達代理行。

英國、法國、荷蘭、西班牙和瑞典的代理行都集中在河的北岸，從旗杆頂上懸掛的旗幟可以辨認。英國代理行前是一排上面有頂棚的長廊，亦稱遊廊（veranda）。這個詞來自印地文。所有的代理行都只有一層，但很寬敞且陳設典雅，英國的風格。

在這些代理行的四周形成了一個占地很大的中國市場，主要是店鋪和手工作坊。歐洲人只准在他們的廣州代理行中居留數月：秋季與冬季的開頭，而春季和夏季禁止他們待在廣州，他們被打發去澳門。兩地安家，兩筆開銷。雖然廣州與安地列斯群島處於同一緯度，但冬季還是相當寒冷，需要穿皮毛衣服。分辨力極強的安德遜能辨別豹皮、狐皮、熊皮和羊皮衣裳；這種衣服做工好，穿的人很多。中國人做皮毛衣服都是毛朝裡。生壁爐，穿皮襖：這裡熱帶地區的冬季倒有些個別。

中國當局的不信任無處不在。對於歐洲人來說，在中國生活是很艱難的。「我們自己去買任何東西都要受欺負，因此，我們的開支要比我們在孟加拉的代理人要多出一半」。

馬戛爾尼在日記中承認被幽禁在館舍裡。安德遜明確指出：「在特使逗留廣州期間，總督只來訪過一次」。長麟已完成陪同夷使的任務。從今往後，他全部投身於行使他的總督職權。職務變了，他的性格也變了：他從體貼殷勤變成傲慢無禮。丁維提透露說：「一直受到嚴密監視的勛爵深居簡出」。

徒勞的外交努力

馬戛爾尼不再天天寫日記，因為生活千篇一律。社交活動反覆不斷但大同小異。會談則在繞圈子。馬戛爾尼對所有的會談都做了匯報。他此舉的目的無非是要使人相信會談仍頻。「我十二月二十一日」與總督、巡撫及海關監督「會談時」，「其他大官也參加」。他自我吹噓：「其中有幾個從遠地來看我」。好像這三天真的在會談中度過似的……事實是——我們從天真的見習侍童及那個說沒有其他大官參加會晤的隨身男僕處得知——特使與總督、海關監督只有過一次會談，那是十二月二十二日。特別值得一提的是，粵海關監督持明顯的敵視態度。他「根本不想改變接任時的海關情況」。但馬戛爾尼指望得到那位總督的保護，他「單獨與監督談了許久」。

馬戛爾尼不甘心只做這麼點事就罷休，就又任其想像力馳騁起來。十二月二十三日給敦達斯的電報考慮到兩種可能性。或由獅子號護送東印度公司的船隊，使它們免遭法國革命者的襲擊，「想到在尚未用盡一切方法完成對華使命前就要回國，我就感到非常難受。當然，能保護這些珍貴船隻平安返航又使我內心得到了某些補償」。——即把沒有完成使命回國歸咎於法國大革命。或者商船隊沒有獅子號的護送先離開廣州。馬戛爾尼留著這艘軍艦去設法完成與日本接觸的使命：「我在交趾支那[6]曾受到熱情歡迎。當時我就打算再去。然而，在此期間，我獲悉北京朝廷把此一王國視為它的屬國，任何一國要排除中國與這王國會談，都會引起中國的不快。相反，與日本打交道就不存在任何這類障礙」。

他想像一七九四年十月底，當他完成赴日使命歸來之時，就可以檢驗新任總督的友好措施在澳門和香港所產生的效果了：

「我對長麟的陪同十分讚賞。他認為（下面是他的原話）：要改變他國家對英國商人的態度，這不僅事關公正，而且有關國家的榮譽。他為能成為推動這一進程的積極工具而自豪……他看到了我們在印度的軍事力量以及在海上所顯示的威力需要人們謹慎地對待我們。

「我提醒他國王陛下希望在中國有一名公使，即使不能長駐，至少也能臨時逗留。皇帝陛下在十二月一日的一份特別親切的詔書中提到[7]，他樂意接待一位新的英國公使。這封信表明，朝廷的態度朝著有利的方向發展。

「將來這位駐華公使的使命之一，可能就是平息北京政府對我們與西藏中國人的敵人之間的所謂聯繫表示的不安……下一位代表可以此為理由和中國結盟，從中我們可獲得若干有利條件，如以我們在尼泊爾對他們表示支持來換取割讓一塊土地讓我們可以方便地經商。」

馬戛爾尼全然是在夢中說胡話。可以說他把所受的侮辱全都忘了，也可以說他從五個月的日常交往中什麼也沒有學到。除非他本人也在要什麼狡猾而虛偽的招數。如果他不能讓美好的計畫實現，那是戰爭的錯誤。他被過早召回國，把一位偉大的外交官變成一個普普通通的護航者。

6 十八世紀，歐洲人對今天越南北方和南方的合稱。
7 指十二月一日的詔書——又是一封君主給附庸的信——我們已在第七十章對其內容做了概述。

第七十四章　會合

（一七九三年十二月二十四日～一七九四年一月一日）

如果說馬戛爾尼深居簡出，他的隨行人員就自由多了。這讓我們得到幾個中西合璧的廣州的珍貴鏡頭。當然，與以往一樣，最生動的描寫來自小托馬斯。

遊覽手工業區

「十二月二十二日。今天我們擺渡到對岸的英國代理行去，這條河要比泰晤士河寬得多，代理行的建築確實非常漂亮。我們逛了附近幾家大店鋪。令我驚訝的是商店的名字，甚至他們所賣商品的名字都用羅馬字寫在每家店鋪的門上。更令我驚訝的是：大部分商人都能用英語交談。他們的英語還相當不錯。我們看到一家很大的瓷器店，品目之多，不亞於任何一家英國瓷器店。街道很窄，兩旁商店林立，沒有住家，很像威尼斯的梅斯利亞區[1]。」

廣州已不再完全是中國了。今天在那裡仍然可以看到許許多多用羅馬字寫的招牌；在那裡，常常可以聽到人們說英語。這些現實已有很長的歷史了。

「十二月二十四日。我們再次過河。在眾多的店鋪中，我們參觀了一間畫室和一家泥人店。我們在畫室觀賞了幾幅畫著船的油畫。這些油畫或運用英國手法、或運用中國手法繪製。我們還欣賞了幾幅極美的玻璃畫。在泥人店裡，我們看到許多用黏土捏成的泥人兒。它們像大玩具洋娃娃，臉上著色，身穿衣裳。有人告訴我們，在衣服裡面，泥人兒的身體像它們的臉和手一樣逼真。」孩子除了手和臉就看不到別的了；中國的廉恥禁止赤身裸體，

1　編注：梅斯利亞區（Merceria）是威尼斯的一個街區，在聖馬克廣場以北，街道狹窄，兩旁都是小店。

即使是玩具娃娃也不例外。我們還發現「在英國見到過的、頭能轉動的瓷娃娃」。

托馬斯和家庭教師一路閒逛。這位先生也給我們留下了他對廣州這個「集市」的印象：「他們把所有在歐洲製造的產品模仿到了以假亂真的程度，從各種家具、工具、銀餐具等器皿直至箱包。所有這些仿冒品的工藝與英國製造的一樣好，而價格要便宜得多。」在歐洲市場上出現過仿造中國的假古物，現在輪到中國來仿造歐洲的新產品了。

這一仿冒工業大有發展前途，只要看看今天的廣州，譬如離夫子廟不遠的自由市場就行了。「中國裁縫簡直可與倫敦的相媲美，但價格要低一半。」由於許多絲、棉織品在原地生產，因此「沒有一個地方穿衣服能比廣州更便宜了」。現在價格沒有變；但想穿英國的布料和裁剪式樣的衣服，那麼最好到香港去買。

「在廣州，漿洗內衣的技術非常好，而且比歐洲任何一個首都的洗染店的價格都便宜。」中國洗染店已經有了使他們日後征服加州的名聲了。「只要不受騙上當，總是有好生意可做的。」因為「中國人認為對洋人不老實是機靈的表現。」這些討厭的中國人把詐騙提高到一門藝術的位置：「很少有歐洲人沒遇過這方面的教訓。」可以猜想赫托南並不屬於那些「幸運的少數人」(happy few)之列。

另一個有關語言的信息：當時就有人說一種英－葡語混雜起來的洋涇濱語[2]。赫托南聽到一個中國人不客氣地回答說：You nosavey english talkey(你不會英國話)。多靈的聽覺！德國家庭教師的面目被揭穿了。

赫托南不知疲倦地又把學生領進一家製造自動木偶的工場：「一個耍雜技的在一根繃緊的繩子上跳舞、一個畫畫畫得好極了的小傢伙、一隻會叫的狗。所有的動作都伴有悅耳的鈴鐺聲。」中國人酷愛這些小玩意兒，並著手仿造。大家就能理解為什麼丁維提的機器並沒有對玩膩了的朝廷產生驚人的效果了。

但托馬斯至少還沒有玩膩，每次他都爭著過河去對岸。「我們去看了中國人是如何切割玻璃的。他們使用的是

2　編注：洋涇濱英語(Chinese Pidgin English)是十八－十九世紀中外商人使用的混雜語言，只有口頭形式，沒有統一的書面形式，變體很多。它是英語與上海話結合的產物，並且在一定程度上受寧波話與粵語的影響。其語法不符合英語習慣，語音受漢語影響。由於該語言流行於當時的上海洋涇濱周邊地區，故由此得名。後引申為「中式英語」。

一種鋼具，而不是鑽石。我們還看了鏡子的製作。中國人把水銀塗在錫片上，然後再把塗有水銀的錫片貼在玻璃上。接著我們還觀看了瓷器的燒製和上色。先把瓷器放在溫度遞增的火上燒，一直燒到它能耐爐溫，它在爐中被燒得通紅。瓷器上的圖案是趁熱畫的。」

紳士們一起過聖誕節

勛爵把下人打發到獅子號上去，與陛下的士兵一起歡度聖誕節。其餘人則過河到代理行午餐。有身分的英國人，相聚在天涯海角是多麼高興！托馬斯在日記中是這樣寫的：「我們在一個掛著巨幅油畫的漂亮大廳裡用餐，有代理行的先生們、東印度公司船隊的大多數船長和我們。」丁維提透露：在這張節日的餐桌旁就座的至少有六十位紳士。

安德遜指出了奇怪的一點：「英國商行的大班們得到特使的允准，請隨使團來的樂師去他們的教堂演奏，因為他們對我們已經沒有用處了。」我們從偶爾聽說的一樁小事中了解到：在廣州的英國人並非全都拋棄了基督教信仰。兩年前去世的衛理公會創始人約翰·韋斯利半個世紀裡沒有在英國騎著馬白跑，結果是衛理公會的復興。為什麼東印度公司沒有從他們那裡給廣州帶來一點火苗呢？」

總是別出心裁的天文學家隨身攜帶科學儀器飄洋過海，現在竟在講授一系列物理課程。一些「英國和歐洲常駐代表和僑民表現出「極大興趣」。一些懂英文的中國人聽起來困難就多些：「一個滿腦子生意經的本地人」以為丁維提「要推銷他的產品，所以才講得這樣頭頭是道」，就問他「要拿多少佣金」。丁維提記下原話，但不再為此激動：「中國人的觀念與歐洲人的觀念形成多麼奇怪的對比。」一個公行的商人問他能否「不站起來就變掉掛在牆上的一幅畫。」對天文學家而言，這真是在另一個星球！

元旦那天，紳士們再次相聚慶祝。三點左右，在英國代理行擺了一桌與聖誕節同樣的筵席。小托馬斯飽餐一頓，但天黑時就被帶回住所。他有點嫉妒了：「其他先生都留下來晚餐。」這個十二歲的孩子的處境真是奇怪。七百個英國人中唯獨他能用中文應付，也唯獨地被打發去睡覺……因為他畢竟還是個孩子。

英國人在一起生活：但並不總是這樣令人愉快。托馬斯告訴我們：獅子號在舟山錨地停泊的數月中，有六名英國軍官發生過三次決鬥。中國人對這種野蠻的習俗有所了解嗎？在他們的書信中未提及此事。否則，他們從中更能證明英國人的「殘忍」了！在中國，人們也同樣重視名譽；但他們不認為非要用劍捅破胃來「挽回面子」。

在歐洲，法國國民公會議員沒有理由抱怨這第一個拋棄基督教信仰後的聖誕節，勝利指引著他們前進。十二月二十一日，旺代人在薩佛奈被打敗。[3]韋斯泰曼將軍當晚在國民公會驕傲地寫道：「不會再有旺代了。我剛才正把他們埋葬。我讓馬踩死孩子，並屠殺婦女。我沒有留下一個俘虜。我消滅了一切。」

花會

中國人會縱情玩樂嗎？巴羅有幸參加過他們的一次活動。使團的總管與護送團的總管喬、王兩位大人成了好朋友。因此，他應邀出席了一次娛樂，沒有其他賓客。由於使命的重要性，使團過著封閉的清教徒似的嚴格生活。巴羅是唯一能看到中國官員不總是嚴格的儒家追隨者。他為我們掀起了帷幕的一角：「中國人在一起時的表現與在外國人面前的表現大不相同；如果他們彼此信任，他們就無拘無束。」

王大人、喬大人遇見了他們一位做官的朋友：「晚上，此人在一艘豪華的遊艇上為他倆擺花酒，我也應邀參加。」巴羅到時，發現三位官員都有女人相伴。每人身邊都有「一個穿著華麗的年輕女子」，她們「嘴唇、面頰和下巴都塗了胭脂」，臉的其他部分和脖子上「抹了一層鉛白粉」。這三個美人兒一一向巴羅敬「一杯熱酒，同時自己先用嘴唇在杯裡抿一下」。與日本上流藝妓完全一樣。

晚飯的菜餚之多，質量之好都是巴羅所從未見識過的。席間，年輕女子吹簫唱曲。穿得挺花俏，可唱得並不好。沒關係：「我們毫無拘束、自由自在地度過了一個十分愉快的夜晚。」在告辭時，主人讓巴羅對此隻字不提；他們擔心「同僚們聽說讓一個夷人參加此一放浪形骸之事會不高興的」。因為巴羅知道——當然這並不難——這些女

3 編注：旺代戰爭（Guerre de Vendée）是法國大革命期間（一七九三年三月）發生的保王黨反革命叛亂。當時反對三十萬人徵兵令的百姓蜂起，以法國西部旺代省為中心一舉擴大，使在法國大革命戰爭期間苦戰的國民公會陷入危機。直到同年十二月，保王黨在薩佛奈之戰敗北，旺代的抵抗就此結束。

人在當時「出租了服務後」，在他走了之後還將把她們的服務延長下去。如果王、喬兩位大人請巴羅留下來，他會承認這事嗎？

第七十五章　與外界聯繫的修士和奸商

（一七九四年一月一日～八日）

潘啟官，廣州公行之首席行商，外表迷人，但內心之邪惡無人可及。不少人目睹他一再背信棄義，甚至就是他的受害者；令人難以置信的是：他們竟還對他十分輕信，且以為也能贏得他的信任。他自稱歐洲人的父親，而出於感激，有人竟握住他的雙手激動不已。

——夏爾・德・貢斯當

正當巴羅尋歡作樂、小托馬斯參觀兼有中西色彩的小手工作訪時，斯當東和馬戛爾尼卻在設法了解他們的大老闆——公行的一些大名鼎鼎的商人。他們都是些什麼人呢？

和今天到一九九七年間的香港「共產黨資本家」相仿，這些實業家操縱著仍是英國的「殖民地」與永遠紅色的帝國之間的貿易流通。一七九三年，中央帝國已經實行同樣的體制，在天朝的官僚體制嚴密監視下，由少數幾個人負責與夷商的貿易。在修道院也一樣，內院應與外界聯繫，這個工作由專門的修士負責。在廣州，則由公行的行商負責。

還是這些與外國人交往的貿易經紀人，在十九世紀被稱為「買辦」；這詞來自葡萄牙語的「買主」。國民政府時期，這個買辦集團在中國發揮極其重要的影響力。蔣介石夫人的娘家——宋氏家族在與國際資本家的交往中發了財。這也是共產黨當時視他們為最可怕的敵人的原因。鄧小平的「開放政策」和「現代化」難道不是在為買辦的東山再起做準備嗎？

馬戛爾尼會見這些商人。「我與潘啟官[1]交談過，他是那些最有權勢的行商之一，為人奸詐、狡猾。章官，論權力不如他大，但比他有錢。他更年輕，也更坦率。」至少當章官聲稱「已完全作好準備與代理行發展商務來往」時，馬戛爾尼是這樣評價的。在潘啟官的問題上，勛爵似乎陷入了我們的瑞士見證人夏爾·德·貢斯當所批評的天真幼稚的狀態。

這些人都屬於受人歧視的商人階層，卻都有官銜。英國人對此感到驚詫。奇怪的是潘啟官在行商中的地位最高，「卻只有一個不透明的白頂珠，而章官卻有水晶頂珠，這說明後者的官銜比前者高」。那是因為潘啟官很謹慎。章官也很謹慎：他衣袋裡還有一顆藍頂珠——它當然更神氣，但有危險。「他肯定地告訴我，他絕對不在公開場合戴它，怕那些官更要纏著他送禮」。還是不要炫耀自己「用一萬兩銀子」[2]買來的這種榮譽為好。

再說這些商人的頂子並「不給他們帶來任何權力」。嚴格地說，這些官銜的標誌不是用賣的，而是在北京一些有影響的要人因為收了商人的禮物「覺得不好意思，把頂子當作榮譽的稱號授予他們的。」

馬戛爾尼所了解的情況與當時在廣州的法國人和瑞士人的描寫以及傳教士們在日記中所反映的現實有出入。正當伏爾泰稱道透過考試選拔官吏的好處時，富官與富商之間就像黑手黨那樣有著一種真正的勾結關係。獲利最多的行業——鹽業和外貿——常常是出租的，鹽政和海關官員要經常受到勒索並交付贖金。在地方行政機構供職的官員絕大多數是漢人。但在公行的人員配備上——也就是說在對外關係方面，因為戰略上太重要——一般都安排的是滿洲人、蒙古人或是入了旗的漢人，有時甚至是皇親國戚。

那些靠了血統或靠了墨水上去的特權人物到了任期滿了的時候，也要給大臣送禮以便連任或提升；他們同時也是讓他們腰包裡裝滿銀兩的商人的玩具……捐官、買頂珠翎子、瀆職以及前資本主義經濟階段的其他特徵與馬克思·韋伯所稱的世襲主義完全吻合：公私不分。「屬於大家的東西都是我的。」還需要說這種制度今天統治著第

1 潘佑讀，當時在廣州的外國人都知道他叫潘啟官，這是他父親（一七一四年至一七八〇年）用過的名字。他繼承了父親的遺產，自一七九三至一八〇八年任廣州公行首席行商，死於一八二一年（譯注：據梁嘉彬所著《廣州十三行考》，他的正名為潘致祥）。

2 相當於一九八九年的兩百萬法郎。

三世界嗎？

南方不知北方

在與行商交談時，馬戛爾尼估計，東印度公司竭力想在中國的中部和北部開設商埠是非常正確的：「公行的商人們從未去過首都，對於北京就像對西敏[3]一樣，知之甚少。只有用強制手段或出於強烈的利害動機，才能讓他們離開故鄉。」然而，英國的呢絨在中國的這個熱帶地區銷路並非最好。

公行的業務範圍不超過南京，它把從歐洲買來的大量商品往那裡發送，再從那裡購進大批運往歐洲的貨物。事實上，「南京是最大的商業中心」；「左右中國市場的人」都雲集在那裡。馬戛爾尼希望在舟山和寧波開設商埠是有道理的，它們可以打開南京的大門。現在，他猜到為什麼獲准在那裡開設商埠如此困難的原因。因為，這不僅與慣例相左，而且還會對廣州的商人和官吏構成威脅：他們是唯一與西方貿易有利害關係的中國人。他們給南方提供一個有限的出口市場，而不供應北方。然而，就像太監那樣，他們自己不能做的事也不讓別人做。

因此，廣州的公行不但不能發展貿易，而且只能限制貿易。此外，它依賴一群官吏而生存。沒有各級官吏的同意，它絕不敢主動做任何事。它不像西方自由商人的行會組織，就如廣州官衙也不像任何歐洲的自由城市的政府一樣。中世紀在歐洲就獲得的對一個地方或一種行業實行免稅的做法，中國對此一概不知，因為它被天朝的官僚政權弄得四分五裂。

中國的貿易只有在其被分割的期間才不受約束，才得到發展，才可以算是前資本主義經濟時期。當帝國統一、官僚政權取勝時，經濟受到約束；投資猛跌，商業的盈利首先造成公職人員的腐化——或商人社會地位的上升：他們進入到官吏等級的行列。在清朝時期，行政權和經濟權成一整體，被皇權牢牢控制。

---

3 西敏（Westminster）是英國首都倫敦中心區內的一區。西敏宮、白金漢宮、西敏寺和西敏大教堂都位於該區。在政治上，西敏一詞常指位於西敏宮中的英國國會。

馬戛爾尼推測，如果在中國有一個政治上強大、經濟上有影響的商人階級，那麼中英間的困難將會少得多。皇室檔案給我們從反面提供了一個確鑿的證據：政府看到「奸商」自發地與夷商接洽就感到害怕。

元日詔書

就像作為西方元旦的新年禮物，馬戛爾尼收到的不是皇帝的一份新詔書，而是十二月一日的詔書。這是乾隆同意讓人交給特使，以便讓他在國王面前替自己解釋的。托馬斯對這段插曲直言不諱：「一七九四年元旦。今晨我們獲悉皇帝的詔書下了。我們來到住所對面的一個大廳。總督已在裡面。」

大家默默注視罩著黃綢、裡面放著詔書的轎子。在樂曲的伴奏下，打著華蓋，轎子由士兵護送著抬了進來，大家都跪拜在地上，猶如皇帝在場。「當轎子經過時，我們下跪，低頭……這時總督把詔書交給勛爵，勛爵用得體的禮節接過了詔書。」我們永遠也不會知道馬戛爾尼把頭朝地上低到什麼程度。他做得很得體，得誰的體？孩子談論這個禮儀時，就像他的長輩談論人糞一樣謹慎。

從一個英國讀者的角度：特使用英國作者感到最輕鬆最討人喜歡的方式描寫這些禮節。據他所述，是總督「身著禮服」先來到館舍，通知他皇帝詔書已到，並「告訴了詔書的內容」。沒有什麼驚人之處，無非是「皇帝再次表示他對使團感到滿意，對英國人有好感，還要對他們表示恩惠和保護」。他提到了派遣第二個使團的前景。他竭力證實，中國之所以拒絕英國的要求是因為它們「與中國的習慣做法不相容；他也無權滿足他們的要求」。這是最重要的解釋。皇帝的權力是帶有宗教性的。神權不容別人去解釋，充其量也只能對它稍作調整。

這封信使特使可以免遭英國政府的責難。信裡對一切都做了解釋：為什麼出使失敗，為什麼帝國停滯不動。

那天早晨，總督「格外地彬彬有禮」；他宣布「兩份告示已經貼出去了，要最嚴厲地懲處那些損害英國人利益，或瀆職使他們受到損失的人」。馬戛爾尼不會徹底失敗？讀者可以這樣認為。

中國人堅持不懈地重複他們的話，馬戛爾尼則又遞交了一份備忘錄。他的固執也不亞於中國人。他確實在廣州了解了情況。直到那時，他的情報都來自設在倫敦的東印度公司總部──六個月之前發出的指示，而總部的指示是依據七、八個月前來自廣州的郵件作出的，中間的時差是兩年。馬戛爾尼後悔在十一月二十日答應總督的要求，把備忘錄交給他。中國人搶在他前面了，他們給了些含糊其詞的回答，而他還得準備一份全面的、把今天的情況也包括進去的材料。

新照會概要重述了代理行的要求。它們是：不再對來自澳門的貨物多次徵稅；東印度公司的船可以直駛黃埔港停泊，以避開澳門險灘；為避免爭端，要校準衡器；讓英國人買塊地擴大代理行；英國人不必每次要求專門准許就可以招募搬運工和水手；如果他們的權益受到損害，他們可以找總督本人！

至少還需要半個世紀和一場戰爭，這份新的陳情書才會得到答覆。

第七十六章 後衛戰（一七九三年十二月二十九日～一七九四年一月十三日）

十二月二十九日晚，人們聽說一艘東印度公司的船駛抵澳門，它是六月七日離開英國的。它帶來了悲慘的消息：「華新漢號把公司的其他船摺在麻六甲海峽。公主號被三艘法國軍艦劫走了。法艦有兩艘分別配備有六十七門炮和五十門炮，另一艘是快速護衛艦。」[1]

翌日，一七九三年的聖西爾韋斯特節，[2]送來了由華新漢號從英國捎來的包裹和信件。這是人們得到的過時七個月之久的有關戰爭、親人和家庭的最新消息。

一月二日，三艘被延誤了的船開到廣州，使本年度東印度公司的所有商船在廣州集中。使團一行於十二月十九日到達廣州時，已有五艘船泊在碼頭；在辭舊歲、迎新年的時候，則有十八艘船在那裡拋錨。有幾艘船以前去過馬尼拉，另有幾艘從紐西蘭科羅曼德爾半島的海岸過來。在回國前，它們都在廣州裝貨。

船隊在地球兩端往返的節奏是這樣：六至九個月的去程，一、兩個月在中國卸貨裝貨，六至九個月的返程，一、兩個月在倫敦卸船裝船。如此，周而復始，從遠西到遠東。英國也正是以這種節奏使財富源源而來，國力不斷強盛。

戰爭的消息使馬戛爾尼回到現實世界。該是順從形勢，結束使命的時候了。也是結束他的「抱負」的時候了。

---

1 除了在一七九三年九月，公主號被劫外，同年十月又有第二艘船波莉號被一艘法國海盜船劫去。國民公會被巴列爾所做的關於「英國對法國人民所犯下的罪行」報告所感動，於一七九三年五月二十六日宣布，法國不再抓英國俘虜。

2 編注：基督徒從基督降生開始紀年。西元一五八二年，教宗格列高利十三世把十二月三十一日定為每年的最後一天。而西元三三五年十二月三十一日，教宗聖西爾韋斯特逝世，為紀念他，這天稱為「聖西爾韋斯特節」（即跨年日）。大家會在這天呼朋引伴，聚在一起跳舞、喝香檳，直到過午夜十二點，才互相擁抱，道聲「新年快樂」。

他克制著內心的悲傷用莊嚴、感人的語氣說：

「在充分考慮了擺在我面前的所有情況，考慮到已準備待運的貨物的價值（至少三百萬英鎊，相當於一九八九年的十八億法郎）；我核實了公主號已被劫，在巽他海峽確有法國海軍力量；認真閱讀了來自巴達維亞的信函；鑑於沒有得到來自英國船隊的任何消息、以及交趾支那目前的形勢，儘管這對我來說十分痛苦，我現在不得不取消原來抱有幻想的一切打算。」

現在甚至想用在日本的成功來彌補在中國的失敗也已為時太晚，「日本始終吸引我，到那裡去冒險可以為發展我國的工業開闢一個新的陣地。」

沒有必要再花上十五個月來等待政府的指示了：「在船上」，他確實就是「僅次於上帝的唯一主宰」。但是目前，他還不能馬上作出具體的決定。商船隊在兩個月內不可能在廣州聚齊裝貨。在這方面他並不著急。他和他的部下可以休息，中國人也不打擾他。

廣州，一座半開放的城市

長麟許諾的告示很快就貼出了：他在一月二日及五日發布的。在這之前，英國人只聽到對他們說的好話。總之，他們現在掌握了可以用來對付第三者，也可以用來對付他們的對話者——中國當局的文件了。但就實質而言，那只是些「連篇空話」。第一個告示規定了粗暴對待或榨取夷人錢財者所要服的刑，它是針對一些「賣白酒給水手的小人物的」。第二個告示是針對向歐洲人敲詐勒索的官吏的。應該指出的是，這兩個告示絲毫沒有改變以往的習慣。對備忘錄不作任何回答。

使團繼續在嚴密監視下生活。丁維提在岸邊散步，看到一種據他說是鮮為人知的藍色植物。他俯身去拾，此時不知從哪裡竄出一個軍人，威脅著不讓他撿。「類似的遭遇發生過好幾次」。

馬戛爾尼在日記中寫道，東印度公司的先生們被圈在廣州城外的代理行裡不能進城。因此，能跑遍這個大城市是很自豪的；歐洲人雖然對其知之不多，但一提起它就像談起一座熟悉的城市一樣。「我很好奇，想看看這座城市。我從它的一端穿到另一端。大家說它有一百萬居民：看到到處是人，也許這並不言過其實。」

人們「都很忙碌」：他們忙於「製作緞子鞋」、「編織草帽」、「鼻梁上架著眼鏡鍛造金屬」。「街道很窄，都是石板路面。在街上既看不到二輪馬車，除了我的僕人騎的之外，也看不到馬。」廣州只是個大市場。而從軍事觀點來看：「城牆完好」，但「沒有　門炮」。

永遠是那位說大實話的聖約翰——小托馬斯——告訴我們，好奇心並非是這次參觀的唯一理由：「一月七日。今晨，我們乘船到城門口。下船後就坐上轎，穿過市區來到總督府。我們到時，一名僕人請我們不必進去了。我們立即轉身離開。中國的禮儀就是這樣」。

馬戛爾尼一言不發就回去了；他十分惱怒，但在日記中對中國這種離奇的禮儀隻字未提。

一堂出色的外貿課

馬戛爾尼發現，在廣州英國人和中國人之間的關係十分奇怪。是否長麟的告示一實施，一切都能解決了呢？在它們頒布後，一些外國人仍然遭到小的敲詐勒索。當然，肇事者受到了懲罰。但馬戛爾尼並不認為這是個解決辦法。「有些更多的事取決於我們，它們比那些告示和懲罰更能保護我們。」

第一件要做的事，就是歐洲人要堅定地團結一致，而不是互相敵對，從而使那些濫用職權或不正派的官吏不能巧取豪奪。這就是工聯主義，儘管這詞還沒有出現。我們在廣州的一位見證人，夏爾·德·貢斯當在英國使團到達前數月，在他的日記中已經注意到這一點：「所有了解中國的人，都將同意這個觀點：這個懦弱的民族在堅定與強硬的態度前總是動搖讓步的。商人們都同意，住在廣州的歐洲人只要團結和一致要求，就足以使他們免受過去一直受到的欺侮。」

但是，歐洲人要靠自己作出努力，改善與當地居民的關係。勛爵指出：「歐洲人躲著廣州人。」他們只局限於與「那些在代理行工作的人有來往」。他們穿與「中國式樣盡可能不同的衣服」。「他們對中國的語言一竅不通；他們甚至不想學漢語」，儘管小托馬斯的例子證明可以在幾個月內取得進步：「他學說與寫已有很長一段時間了，多虧了這樣，他能很自如地說寫。他常常對我們有很大的幫助。」

結果是：歐洲人任憑中國僕人隨意擺布，後者又聽不懂人家對他們說的那種莫名其妙的話。「一個身穿長袍、頭戴軟帽的中國人，來到倫敦商業區做買賣，而又不會說英文，大家能想像嗎？與廣州人對待歐洲人相比，他們不會受到倫敦人的歡迎，就像現在歐洲人不受廣東人的歡迎一樣。」

英國人可以「任意按他們的意旨來左右中國的貿易，就像他們在別處所做的那樣，如果他們表現得有分寸，處處謹慎行事，尤其重要的是，要有耐心和不屈不撓的精神」。不懂中文，只能維持一種不好的關係。

不該把錯誤都歸在歐洲人身上。因為規章制度禁止中國人給外國人教授中文。聯繫都要透過學過英語的中國翻譯，雖然他們是東印度公司的雇員，但仍然處於皇帝權力的控制之下。所有想不顧這些規定的努力都沒有成功。這是十一月二十日的備忘錄裡提出的要求之一；很自然，它是不會得到答覆的。

一切都沒有改變：不經過人民共和國當局的挑選，一個中國人是不能成為外國常駐代表的翻譯、僕人或助手的。儘管中國當局不付給他工資，但他繼續接受它的領導。

該走了

還有兩個月！馬戛爾尼還可以再試試與中國人對話。但自十二月二十二日始，沒有進行過一次認真的談話。那麼傳達詔書呢？它沒有成為一次會談的機會，它倒使他想起那次預示他歸國的陰森的儀式。那些告示呢？那是答非所問。到總督府的拜訪呢？那簡直是一種凌辱。再也沒有什麼可企盼的了。

馬戛爾尼決定在下逐客令前就到西方的領土——澳門去。但他善於辭令，知道怎麼說話：「因為不想太打擾中國人，又怕總督以為特使對他在中國的逗留不滿意」，他以健康狀況不佳為託詞。

長麟抓住了機會。「一致同意」把返程的日期定在第二天，一月八日。在起錨前，馬戛爾尼做了最後嘗試：他邀請總督於翌日晨來英國人館舍共進早餐。他想藉此機會，把東印度公司的專員介紹給巡撫和海關監督。總督接受了邀請，但毫不掩飾他的驚訝：這些商人難道有那麼重要嗎？馬戛爾尼盡量向他解釋英國商人與其他國家商人間的巨大差異，但無濟於事：「中國人永遠不會明白這一點的。」

赫托南說：他們不能懂得這一點，首先是因為「最小的芝麻綠豆官都自視在最富有的商人之上」。更何況這些都是受人辱罵、挨人石塊和遭人打得只能躲藏在代理行的商人。[3]

英國商人在廣州的名聲很壞，因而勛爵要使中國人理解他們的優越地位就更為困難了。赫托南身為一名地道的德國人，開心地指出了這種矛盾：「在中國商人受到歧視，然而，他們的身分在歐洲所有的文明國家都受到尊重……英國商人感到雙倍的痛苦」，因為他們「在本國備受尊重」，但他們在中國卻被視為「西洋諸國中較為強悍的人」。

當然，赫托南誇大了商業在「歐洲文明國家」享有的尊敬：敵視經商和商人的偏見在法國、義大利、西班牙、葡萄牙，甚至在德國的一大部分地區都相當普遍；它們與在中國盛行的那種偏見並無多大區別。[4]但他的觀察很正確，他用了「最殘忍的人」這個我們在皇帝筆下常用過的說法。安特卡斯托騎士的一句話說得再明確不過了：「中國人發現，這個膽大妄為的國家希望獨霸與亞洲的貿易」，它「增加遠航中國的船隻，而這些船隨時都可改造成軍艦」。

對英國人而言，「商人」一詞本身就代表他們的智慧，他們是文明的先鋒。中國人對此則無法理解。當商人不是英國人時，馬戛爾尼與中國人一樣蔑視他們。這倒也不假。

告別

一月八日，在代理行共進早餐，特使把東印度公司的專員們介紹給總督、巡撫及海關監督。這些中國的大官答應給予他們理應得到的關照；對特意為他們準備的點心大加讚賞，特別對甜葡萄酒和雪莉白蘭地酒讚不絕口。

下午一點，馬戛爾尼、斯當東、伊拉斯馬斯．高厄爵士和本松上校登上獅子號的小艇。使團的其他先生們以及王大人和喬大人分乘幾艘小艇。船隊順珠江而下。

3　赫托南不是說在旅途中因為指使他人毆打英國人而被降職和挨鞭子的官員就來自廣州。此人在那裡便養成了這個惡習。
4　自從伏爾泰對此寫了一封在《哲學通報》全書中最為中肯的信之後，這種譴責一直沒有變過。

當英國人起錨時，皇帝還在監視他們。潮州鎮總兵托爾歡一七九四年一月九日上奏說：「督臣長麟委令奴才先將貢使之隨從跟役押送蠔墩各上原船。初七日風色稍定；該貢使當即率領各夷人望闕行禮，叩謝天恩，開行回國。」

托馬斯用他慣有的清新筆調寫道：「順江而下用了一小時十五分鐘。我們先從所有東印度公司的船前經過，船員們在我們過時向我們致敬。有幾艘美國、西班牙、荷蘭和熱那亞的船。[5]除了獅子號與印度斯坦號，大部分船都放下了桅杆。[6]我們終於到了獅子號，它看著真是雄偉。它鳴十九響禮炮向我們致敬。喬大人、王大人和他當官的兄弟很樂意與我們在船上共進午餐。喬大人和王大人和我們經過這段長時期的相處，現在就要分手，感到十分激動。」

馬戛爾尼肯定，王大人和喬大人「沒能忍住眼淚」。「這是他們感情的真實流露。如果有朝一日我忘了這兩位的深情厚意或他們為我們幫的忙，我將是最壞的忘恩負義者。」如今的旅遊者在與中國陪同相處幾周後，儘管可能為他們的奇怪舉動不止一次地罵過街，但在離開之際，又有誰不把他們摟在懷裡深為感動呢？

如果朋友喬大人是……

第二天，馬戛爾尼收到王大人和喬大人差人送來的二十大筐水果和蔬菜。「他們肯定再也見不到我們了。所以我對這種關心更為感動。」

感動促使勛爵為喬大人訂出無法實現的計畫。這位不可救藥的西方人以為兩個人之間建立起來的私人交情可以消除一個否定個人、扼殺私人關係的制度的後果。今天，又有多少在中國或其他共產黨國家的法國外交官抱有同樣的幻想，把希望寄託在他們與二流人物間的「私人關係」上。要克服制度的惰性，只有最高層領導人才算數。

5 沒有一艘法國船。住在廣州的一位法國見證人於一八〇一年寫道，「十年以來」，那裡沒有出現過法國船。
6 因為怕颱風。

有時是在……

喬大人是一位出色的文人。總督很器重他。[7]這位總督遲早要官居首位。有了這層保護，再加上在陪同使團時取得的種種經驗，這就可以確保喬大人仕途似錦。馬戛爾尼在夢想：為什麼海關監督的職位就不能由喬大人擔任？這個位子對他再合適不過了。「如果委任他到廣州任職，對英國人就太有利了。」

馬戛爾尼自以為王大人與喬大人由於做過陪同使團的工作，肯定能升官；將來他們會達到國家權力的頂峰。這兩位可靠的朋友是英國人的利益所在。任何一個對中國的今昔有所了解的人，看到馬戛爾尼這樣，都會禁不住微微一笑的。王大人在維持社會治安的湮沒無聞的戰鬥中送了命。喬大人最後在北方的一個省裡任按察使。

以後的三天從黃埔到公海。為了繞過三個沙洲，每天都要耐心等到天黑漲潮。

一月十三日，獅子號通過兩個守衛虎門的要塞。馬戛爾尼估計後說：「防禦很薄弱。大多數開口處沒有炮，在少數幾處有炮的地方，最大的炮的直徑只有六英寸。」只要漲潮和順風，任何一艘軍艦「可以毫無困難地從相距約一英里的兩個要塞中通過」。

在要塞前的空地上，進行了最後一次檢閱。馬戛爾尼用厭倦的目光看著周圍的一片軍旗、橫幅和戎裝的軍人。只要說明一點，就足以使這條用牛羊的腸膜吹大的龍洩了氣。與獅子號交叉而過的武裝船上裝滿了士兵。但並沒有鳴禮炮。原因就不言而喻了：炮孔裡沒有炮。這些炮孔都是在船舷上畫的逼真畫。這難道不是中國本身的形象嗎？馬戛爾尼思忖。「破敗不堪的舊軍艦，它只能靠著龐大的軀殼使人敬畏了……」

7　這是馬戛爾尼沒有任何根據的固執想法。

第七十七章　明天的中國

（一七九四年一月十三日～十五日）

我們是未來的信仰者，我們信賴的是希望，望著的是曙光。

——儒勒・米什萊[1]

在離開中國之際，馬戛爾尼在專心做總結；他以前在解釋對話者謎一樣的行為時經常出錯，但他總結的預言性質，直至今天仍令人感到吃驚。[2]

經驗讓他擦亮了眼睛。他對此進行了思索，並最後把自己的想法說了出來。當時這些英國人在吸煙室裡評論起（儘管在自己人之間）各人幻想的破滅。這次使命失敗後，還有「更直接的途徑」可以讓英國的貿易打入中國。勳爵不同意這些頭腦發熱人的意見。他陳述了中英交惡可能給兩國帶來的危害。

只要幾艘三桅戰艦，中國就會分崩離析

首先，一個顯而易見的事實：中國將吃苦頭。「如果中國禁止英國人貿易或給他們造成重大的損失，那麼只需幾艘三桅戰艦就能摧毀其海岸艦隊，並制止他們從海南島至北直隸灣的航運。」更嚴重的是：「朝鮮人將馬上就會獨立。」「把中國和台灣維繫在一起的聯繫是如此脆弱」，只需外國介入，它立即就會被切斷。還有「只需在孟

1　編注：儒勒・米什萊（Jules Michelet, 1798-1874），法國歷史學家，被譽為「法國史學之父」。
2　這些總結還有一部分沒有用英語出版（而法語則都沒有出過）。

加拉稍稍鼓動，西藏就會發生動亂」，這是易如反掌的事。

「葡萄牙人在地球的這部分土地上已經死亡」，澳門「依賴著英國的金錢」，葡萄牙人的「存在只是個幽靈」。來自馬德拉斯[3]的一支小軍隊[4]可以輕而易舉地從葡萄牙人手中奪走這個寶貴的半島。「我們也可定居在香港大嶼山」，澳門「會在很短時間內自動崩潰」。

現在我們是在一七九四年，十九世紀中國的全部歷史好像已展現在我們面前。馬戛爾尼的出使讓我們可以畫出這段歷史的輪廓，我們只需按著輪廓，就能確定未來的面貌。

一月和二月，巴瑞施中尉乘豺狼號察看了地處澳門和香港間的島嶼。他的報告指出，大嶼山和香港適合殖民。一八四二年，英國確定把香港變為殖民地。正如馬戛爾尼所預言的，這種安排造成了「澳門的衰落」。勛爵的另一個預言也將實現：守衛虎門的兩個要塞，在鴉片戰爭中將被「六門舷側炮」摧毀。

他預言：封鎖這個海峽，「廣州就會窒息」；數百萬依靠外貿或捕魚為生的中國人將「被迫挨餓、搶劫或起義」。中國將處於混亂的境地，這「將使俄國有機會在黑龍江流域建立統治權並攫取蒙古諸省；面對如此有利的時機，凱薩琳大帝原有的野心就會暴露無遺」。馬戛爾尼擁有在俄國供職以及與松筠會談的經歷，他很清楚兩次被哈薩克攻克，而兩次被中國人收復的阿爾巴贊要塞造成了中俄兩國在黑龍江流域的衝突。

但是，發動戰爭就等於中止貿易。聯合王國也將遭受巨大損失。「我們在印度的殖民地，因貿易中斷，將受到最大的損失」，因為中國是「棉花和鴉片的銷售市場」——是的，這詞終於說出來了。「在英國，毛紡工業很難從這樣的衝擊下恢復過來」：估計每年將損失五、六十萬英鎊，幾年後的損失將翻一番。一個正在發展的白鐵、鉛、五金製品、鐘錶和其他機械製品市場亦將關閉。英國不僅會失去絲綢，而且也會失去一件「生活必需品」——茶

3 編注：清奈（Chennai），舊名馬德拉斯（Madras），印度東南部的一座大型城市，地處烏木海岸，緊鄰孟加拉灣，由英國殖民者於十七世紀所建立，並被逐漸發展成為相應區域的主要中心城市和海軍基地。

4 與馬戛爾尼的計畫完全一樣，以葡萄牙被法國人占領為藉口，該部隊於一八〇八年占領澳門，但沒有獲得預期的成功——中國很快做出回應，而且產生決定性的影響力（詳情請參閱第八十四章）。

葉（馬戛爾尼例確實帶了不少幼苗可以在印度栽種）。這裡還沒有把「商船」和「國庫」的那些一點也撈不回來的損失計算在內。

確實，這些損失都是可以彌補的。中國對於英國並非必不可少。隨著時間的推移，失去的市場可以在別處再找回來。對侵略性經濟的強烈信心，使馬戛爾尼興奮不已。

破敗不堪的舊船

不管英國人進攻與否，「中華帝國只是一艘破敗不堪的舊船，只是幸運地有了幾位謹慎的船長才使它在近一百五十年期間沒有沉沒。它那巨大的軀殼使周圍的鄰國見了害怕。假如來了個無能之輩掌舵，那船上的紀律與安全就都完了」。船「將不會立刻沉沒。它將像一個殘骸那樣到處漂流，然後在海岸上撞得粉碎」。但「它將永遠不能修復」。

於是，亞洲及世界各地的貿易將受到「擾亂……各國的冒險家都將來到中國」，企圖利用中國人的衰敗來建立自己的威望。而「在他們之間將展開無情的鬥爭」。在這種對抗中，富的愈富，窮的愈窮。「英國靠著它的創業精神已成為世界上航海、貿易和政治的第一強國；從這樣的急劇變革中，它將獲得最大的利益，並將加強它的霸權地位」。

從最近的將來考慮，「只要尚有一線希望，可以透過溫和的方法取得成功」，英國的「利益」以及它的「人道精神」應促使它不入侵中國。

馬戛爾尼認為克萊夫勛爵的征服天朝帝國領土的計畫實在「荒唐無稽」。他要給中國人時間，讓他們抓住使團剛剛提供的機會：即對英國人有個好評價，並從而「更有禮貌地與他們相處」。

那怎麼辦呢？應該在廣州安排一位由國王委派、並與東印度公司分開的全權公使。特使又採納了錢德明神父的建議。我們的一位見證人夏龐蒂埃．德．科西尼對此是這樣認為的：「這位代理人在貿易活動中沒有直接的利害關係。他代表國家，這樣他在中國政府面前比一個商行就會更受到尊敬。」

馬戛爾尼明確指出：這位國家代表的任務是，「保持使團所贏得的一點進展」，因為它「已使中國政府對英國人有了一個有利的評價」。因為「帝國的最高層人士」由於使團做了工作而拋棄了「偏見」，進而到了「尊敬英國，表示了對英國人的友誼」。證據就是私下交談時「十分愉快」和辭別時的戀戀不捨。一位精明的外交官應會藉由與總督、巡撫、海關監督的直接聯繫，把這種好感維持下去。

馬戛爾尼深信，在北京讓他負責轉交國王的表示中國拒絕與英國保持經常聯繫的那封信，因為有了最後一份詔書而過時了。在這一點上，他錯了。他不明白，中國人之所以謹慎地對待他，那是因為他們不想給英國人以報復的理由。他卻以為所有中國人對他的看法都和王大人、喬大人的一樣。

他那發自內心深處的人道主義使他透過不同的習俗來看他的同類。在作為中國人之前，中國人首先是人。他們有些怪，確實如此。「但他們與我們一樣也是有血有肉，也受七情六欲的支配。他們不信任外國人，但難道他們的懷疑沒有道理嗎？在英國人去過的世界所有地方，他們哪有不因為意識到自己的優越而不向對方表示蔑視的？」「既敏銳又自負」的中國人必然會發現「英國人的這種乖戾」。

馬戛爾尼是人道主義者，所以也是樂觀主義者。他像孟德斯鳩一樣，認為偏見來自對自己和他人的無知。歌德讀了中國小說《玉嬌梨》[5]後發現，人類感情的相同點超過了異國情調。馬戛爾尼也許會同意這種判斷。只要在廣州有一位英國常駐代表，就能促進兩國人民之間的友誼了嗎？中國當局給予這位代表多大的自由呢？問題不會提出來，因為建議還沒有下文：東印度公司消極抵制。

法國人皮隆[6]看見馬戛爾尼登船回國：「使團沒有獲得預期的成功。」十年後，他這樣分析了馬戛爾尼的失敗：「我們看到他帶著全體隨從人員和一部分禮品回到廣州，而從中國政府那裡什麼也沒有得到。他們為什麼要來呢？當然不是為了擴大貿易，英國的貿易情況很好。中國人在想：他們要做什麼？他們要像在印度那樣干涉我們的內務。」

5 編注：《玉嬌梨》，又名《雙美奇緣》，是一部強調追求自由戀愛的小說，清初張勻著，全書二十回。
6 這位法國東印度公司的代理人在一七九一年被派往中國編製財產清單和處理公司的資產。從此一直沒人管他。

一月八日，羅伯斯庇爾同時揭露了他的「左」派和「右」派——「忿激派」和「寬容派」——對手。十三日，「寬容派」的一員，法布爾·德格朗蒂納由於在清理法國東印度公司財產時瀆職而被捕。

在廣州灣，獅子號船尾朝著香港和大嶼山揚帆南下。而英國的未來卻在那裡。馬戛爾尼已經摸好了這裡的行情。

第七十八章 中國人更興旺發達……

（一七九四年一月十三日～二月一日）

走開！讓我們保持古老的習俗。

——聖·絮·佩爾斯

一月十三日晚，獅子號在離澳門六海里處拋錨。次日，大風迫使它停在原處。十五日，它終於在澳門停泊。英國人將在此停留兩個月；一份給乾隆的奏摺是這樣描寫他們的處境的：「暎咭唎人投澳居住須向西洋人賃屋，形勢儼成主客。」中葡的關係也一樣：可以說在澳門中國人是房產主。葡萄牙人是二房東，而英國人則是三房客。

偉大的賈梅士的住所[1]

勛爵及其一行受到澳門總督唐·曼努埃爾·平托和首席法官唐·拉扎羅·德·西瓦爾·菲雷拉的歡迎。在碼頭的歡迎人群裡，有一連「黑人和黑白混血兒組成、由歐洲人指揮的騎兵」。「他們身材瘦小，臉上有花斑，軍裝破爛不堪，給人留下極差的印象」。總督和他夫人表現得熱情好客。葡萄牙傳教士在北京受辱後，使團現在受到這樣的歡迎，實在出乎意料。霍姆斯驚嘆：「在一個天主教國家舉行這樣熱忱的接待，實在使我們驚詫不已。教士甚至想在殷勤招待方面超過文武官員。」首席法官「善於觀察，很機靈」；他「講一口流利的法語」（今天仍然如此，澳門的神職人員和公務員寧願講法語而不講英語，儘管香港近在咫尺，或許原因就在於此）。

1 編注：賈梅士（Luís Camões, 1524-1580），葡萄牙詩人，被公認為葡萄牙史上最偉大的詩人。

使團住在英國代理行。馬戛爾尼住在上城的一幢房子裡，[2]是東印度公司的一位先生提供的。「這是一個羅曼蒂克的地方，有一個大花園。」賈梅士從一五五八年住在這幢房子裡寫他的史詩巨著《路濟塔尼亞人之歌》。

詩人的名字在澳門和在科英布拉[3]一樣富有魔力。由於他給一位夫人寫了太充滿激情的詩句，被里斯本宮廷驅逐出來；又在一次鬥毆中殺死了國王的一名軍官而被流放。在澳門，他寫詩以使瓦斯科．達伽馬和那個時代葡萄牙海上冒險的先驅們的無畏精神永垂不朽。他那「失蹤和死亡者財產管理人」的職務讓他有些閒暇。在回來時，他自己也差點失蹤或死亡：暴風雨打翻了他的船。有人說他一隻胳膊露在水面，手裡舉著手稿，泅水逃生。對一位作家來說這是多麼富有象徵意義呀！這位被詛咒的詩人真是命運多舛！他被判處為死者服務，像被處罰的中國人一樣——這正是澳門的命運，它在苟延殘喘中死去。藉由文字這個奇蹟，他卻經歷了世世代代而永垂不朽。行動已告結束，而歌頌行動的詩句卻流傳至今。

含糊不清的主權

安德遜介紹環境時表示：「有人以為澳門是一個島。錯了。它與大陸相連。葡萄牙占領的是一塊面積不到四海里長、半海里寬的土地。要越境是很危險的。」這一點始終千真萬確。[4]

城市建築在一塊岩石上，房子都為歐洲風格，街道狹窄，順著山勢而上；有幾座教堂、修道院，還有市政廳（亦稱參議院）。總督官邸和英國洋行。城裡有一萬中國人，受「皇帝任命的一名官員管理」，還有一千左右葡萄牙人，此外就是各代理行的歐洲人，以及「大量的黑人和亞洲奴隸」。小港防禦風浪的條件很好，但碼頭不能容納大噸位的船隻。一個配備有大量火炮的堡壘俯臨全市，可從各個方面防禦。「在葡萄牙領土的對面，中國人也建築了一個

2 這幢房子後面的一個公園以及附近的一個岩洞都以賈梅士命名。房子後被改建成博物館。一九八六年、一九八七年和一九八八年，在這座博物館裡舉辦有關賈梅士和這個葡萄牙殖民地四個世紀歷史的展覽會。在這些展覽中，對也在此居住過的馬戛爾尼卻隻字未提。

3 編注：科英布拉（Coimbra），位於葡萄牙中部，是當時葡萄牙王國的政治中心。

4 只是今天的澳門透過第二道篩子——「經濟特區」——珠海延伸到中國領土，就像香港透過深圳特區一樣。

堡壘，不讓外人入內。」

自負的帝國怎麼會容忍這個刺激人的疣存在呢？葡萄牙的主權並不像在西方大家想像的那樣絕對。事情就像馬戛爾尼對皇帝行的禮：各執一詞。北京可以把澳門視為中國的領土，里斯本同樣也可視它為葡萄牙的領土。赫托南揭開了這種同居的謎：「中國皇帝向葡萄牙人徵收高達五十萬杜卡托的稅額。葡萄牙總督應避免得罪中國官員。」安德遜還說：「雙方有各自的警察。如果葡萄牙人對其強大鄰居的不斷侵權表示反對，那麼他們就很容易被趕走。」一旦發生衝突，那些防禦工事根本不堪一擊。

一月三十日，托馬斯寫道：「我們參觀了澳門的參議院。在那裡，我們看到幾項授予澳門的特權，其文件用中文刻在石頭上。」這些授予的特權完全證明了澳門的從屬地位；而只用中文刻寫這一點就突出了它們與天朝的緊密關係。拉彌額特神父證實了托馬斯見解的正確性：「在參議院這幢房子裡，我們看見中國官員讓人刻在兩、三塊碑上的限制性法令。這與領土贈與的概念完全相反，葡萄牙人不喜歡把它們拿出來展示……」

斯當東曾寫過：「這些花崗石碑上用中文刻著中國皇帝割讓澳門給葡萄牙人的文件。」全權公使又一次輕信了。而托馬斯則再次顯出比他生身之父更為精明。當一個葡萄牙人對父親胡吹北京已同意給葡萄牙的那些虛構的好處時，兒子則一言不發，任其信口雌黃，在一旁辨認刻在碑上的字。

用不著讓葡萄牙人挨餓，中國人自有刁難葡萄牙人的巧妙辦法。葡萄牙人派議員到北京「對他們認為不公正的捐稅表示抗議」。在澳門的中國人決定要「報復這有損天朝的舉動」，儘管葡萄牙人並沒能得逞。「他們叫人舉著偶像，連續三天在街上遊行，因為他們知道葡萄牙人對此很反感並因而不再出門。」主教只得「給中國人送上一筆巨款以讓他們停止遊行」。二十世紀末，時逢中國舊曆的節日，這種舉著偶像遊行的長列在澳門和香港仍然可見。大家越是認為中國人西方化，他們對這些節日越重視：這是他們忠於自己身分的方式。西方人現在已對此習以為常了。

內閣未發表的文書讓我們了解到為什麼葡萄牙人能和中央帝國和睦相處。在中國人面前他們絕不聲稱主權問題，他們只對歐洲來訪者誇誇海口。他們順從地叩頭，從不表示厭惡。他們一個世紀派出兩至三個使團，他們繳納數額很大的稅款並為朝廷盡力效勞。「西洋夷人在澳門居住始自前明，迄今兩百餘年，該夷等在彼生長居聚，竟成樂土。國朝教化涵濡不殊天幬地載，我皇上深仁丕顯，澤及彼臣。」

這些夷人已經漸漸受到了文明的薰陶。

很明顯，英國人則頑固地停留在生番的位置上不動。因此，當他們企圖取代葡萄牙人在澳門的地位時，天朝就做出了強烈的反應。

葡萄牙人奇怪的衰落

對於英國人，澳門是一個必然的基地，也是引起強烈嫉妒的對象。為什麼不是他們呢？為什麼是這些不能從如此有利的地位中撈到好處的葡萄牙占領者呢？唉！要是他們處在葡萄牙人的地位……

再說，他們已經開始為自己尋摸一份好處了。荷蘭、瑞典、法國和西班牙的代理行都遠遠不能與他們相比。赫托南指出：「英國人比別國人多得多，而且也比別人富得多。他們住在向葡萄牙人租來的大房子裡，建築風格和室內陳設都合著他們的口味。」葡萄牙人「非常懶惰」，「根本不想尋找新的財源，因此，所有人都生活在極端貧窮之中」。英國人之間還悄悄地說：這些人不知羞恥，讓他們的妻子去賣淫。「因為窮極潦倒，他們便嫉妒別人，尤其是英國人。主教和教士視他們為最可惡的異端分子，並十分憎恨他們。」

這個小民族的命運是多麼不可理解！在十五、十六世紀時它是那麼引人注目、那麼到處侵略，而它的衰落又是那麼徹底，連在自己的殖民地甚至在宗主國的領土上都被殖民化了……並非只有英國人才明白澳門代表一種被錯過的機會。一位法國觀察家說：「如果澳門從屬於一個活躍的、靈巧的民族，它可以很快達到高度繁榮。它所處的地理位置將吸引大宗貿易。」難道大家不認為在讀一篇對未來香港的描寫文字嗎？

最終，在澳門取得最大成功的是中國人。外國客商，特別是英國商人花費的巨額款項都到了中國人的腰包裡，因為一旦各自獨立，他們就是最勤勞、最會模仿、最善於適應而且是效率最高的人。他們什麼都製造，而歐洲人向他們買所有的東西。在爪哇，英國人已注意到中國人充滿了活力，並已把荷蘭人淹沒。「他們建造所有的房子；對於他們，只要能賺錢，就沒有費力低賤的活兒。他們是洋人唯一的僕人，因為葡萄牙人只有黑奴。」

這座國際性城市的情況真是驚人：貧窮使葡萄牙人處於社會的邊緣，而英國人則由於財富也處於社會的邊緣，其他的歐洲人生活在一個圈子裡。中國人想方設法弄錢，當然那是在他們自己家裡；然而，只要他們不在自己人中間，只要能避開天朝官僚的嚴格控制，那麼他們就能更興旺發達。

但是，出於同樣的原因，天朝很難容忍他們這樣做，就像乾隆不能容忍巴達維亞的中國人一樣。容忍那些專靠與夷商貿易為生並受到後者影響而玷汙自己的人？呸！「在澳門的中國人是這民族中最卑劣的一部分；我想說的是那些該民族都不把他們計算在內的人。」

商埠和傳教基地相安無事。傳教工作在澳門由一位常駐官員負責。他是義大利人，「他把收到的錢轉交給在中國各省的傳教士，把中國修道院的修士送到義大利學習，把那些剛學成回國的新傳教士安排到各自的教區。」做起來可不如說說容易，拉彌額特和安納神父就是個例子。

托馬斯要去參觀聖約瑟夫修道院。[5]他的大朋友「李子先生」一七七三年就是在那裡度過的，正好是他去那不勒斯前。斯當東是在那不勒斯中國學院找到他的。英國人建議他去英國謀得一個職位。他們能給一個中國人的報酬還有比請他與他們一起生活更高的嗎？「雖然他對與我們分離表示遺憾，但他寧願在其出生的故土終其餘生。」

李神父繼續從事傳播福音。直至一八〇二年，他都有書信給他的故舊。他在一封發自陝西的信中說：「由於湖廣[6]、陝西和四川諸省日益蔓延的叛亂，從這裡到澳門的路幾乎無法通行。」他像眾多的其他傳教士一樣，成了叛亂的受害者嗎？再也沒有人聽到過他的消息。

「天主教」城市與「異教徒」

像在馬德拉和里約時一樣，這些新教徒必然會把葡萄牙的明顯衰落與天主教的強大統治聯繫起來。天文學家

5　編注：在這所修道院裡，我們見到了非凡的戴西拉神父。

6　湖廣指湖北、湖南。叛亂還應該加上河南。也就是說，從一七九五年至一八〇三年，當時的十八個省中，有五個省捲入白蓮教的叛亂。

記道：「到處可見牧師和教士。到處是十字架，甚至插在城堡上的旗幟中間都能看到十字架，好像他們是防衛設施的一個部分。」一月十九日星期一。小托馬斯的日記有這樣幾句話：「鐘敲了一整天。」他數了一下，總共有十三座教堂。他參觀了其中的好幾處。它們「非常漂亮，是按羅馬風格裝修的」。

行聖灰禮儀的星期三，做了一天彌撒。長長的儀式隊伍走遍全城：「手持鐮刀的死神開道；後面緊跟著一個擎著血跡斑斑十字架、全身披黑的人；再後面是聖母、耶穌和諸聖的像，每尊塑像被安放在蓋著黑布的棺材上，周圍都是旗幟、十字架和鐘。」

幾小時後，中國人組織了一次反遊行。「漁民手提燈籠和用紙或綢製作的、從內部照亮的大魚燈，打著鑼遊街。」有的魚塗著鮮艷的色彩，「魚頜和鰭還會動」。「中國人的愉快情緒」與「葡萄牙人的淒涼嚴肅」形成鮮明對比。文化上的對抗，文化上的較量。

但英國人是否對宗教很精通呢？丁維提遇到的一個中國人可不這麼看。當天文學家參觀澳門的一個中國寺廟時，他看見幾名虔誠的水手把祭品放在祭壇上。其中一個水手向他示意，他在這塊聖地是多餘的人：他用蹩腳的洋涇濱英語說：「英國人對宗教一竅不通。（English no savey much about religion.）」

他們的新教教會活動過於審慎，所以整個東方都把英國人視作「異教徒」。一下子，他們就無權有自己的墓地。安德遜發現他的同胞的墓「被中國人的墓團團圍住」。「只有天主教徒有自己的墓地。」，安德遜的抱怨，多麼像中國人在抱怨。他的同胞被迫長眠在遠離祖先的地方成了孤鬼，安德遜為此十分感動。可又多麼像英國人在抱怨：「墓地，令人嚮往的墓地！」啊！那些在教堂周圍鋪著草皮、豎著白色苔蘚的小墓地！這種抱怨又是多麼合乎人情：在死者中占有一席之地……最好還是每人都回到自己家裡。

7 葡萄牙人好像故意要讓人認為安德遜在說謊，後來竟准許英國東印度公司建造墓園。該墓園恰巧建在離馬戛爾尼小憩過的「賈梅士住宅」不遠處。

第七十九章　令人吃驚的軍事同盟要求

（一七九四年二月一日～三月十九日）

這一回，使團可真沒有什麼盼頭了。長麟拒接特使於一月底自澳門寫給他的一封信，原因是他已對北京說了使團已經放洋回國。在離開澳門到回國前的這段時間裡只好被迫休假。他們不斷互相拜訪。他們會見了俄國人和瑞典人。獅子號的船長在一位俄國紳士家裡甚至還見到「一艘剛抵達這裡的法國戰艦的艦長，伊拉斯馬斯爵士曾在澳門海域追擊過這艘戰艦」。追擊已成為過去；兩位對手可以平心靜氣地圍坐一桌交談往事。

當英國人與另一些英國人在一起時，他們做些什麼呢？見習侍童寫道：「這些先生們經常玩板球。」英國人無論在哪裡，只要能稍微從事他們的民族體育項目，他們就有賓至如歸的感覺。所以這也是馬戛爾尼向皇帝提出的迫切要求之一。

中國的春節帶來了一些生氣。據托馬斯的日記記載：「到處都擺滿了假花。」還有鞭炮，這是窮人的煙火。「離節日還有好久，他們就早早地放起了鞭炮。」好像在七月十四日前的法國孩子一樣。家家戶戶一派節日氣氛：「中國人用鍍金飾物和彩紙裝飾門面」。所有中國人都穿新衣裳：「他們規定那一天要穿第一次穿的新衣裳，窮人則要把這件衣服穿上整整一年。」

離開廣州時馬戛爾尼就終止寫日記了。托馬斯因為在日記裡只寫些互相邀請的名單而感到厭煩，因此從二月一日起也停寫了。

乾隆在中國春節前的一月二十五日簽發兩份詔書。勛爵已離開廣州，因此不知道這回事。第一份詔書歷史學界對它毫不注意。但這份文件裡有著十分有意義的材料，因為它披露：英國曾建議與其結盟，共同對付法國！乾隆起草這份詔書的目的是要所有夷人了解和記住天朝的觀點。

這一文件的確原封不動地重複了長麟給皇帝上的奏摺裡的內容：長麟把英國人的主動要求告訴給皇帝。居住在北京的三位歐洲主要傳教士——索德超神父、羅廣祥神父與賀清泰神父——都被鄭重其事地召到朝廷，聽讀詔書。皇帝的答覆明確而又圓滿：「嘆咭唎國或因故與佛蘭西人打仗吃虧，希冀天朝救助。殊不知大皇帝撫馭外夷，從無歧視。伊等彼此爭鬥，互相勝負，天朝惟有置之不問。大皇帝於外夷無分厚薄。」

神父們回答說：「佛蘭西與嘆咭唎人因何打仗，我等實在不知詳細。大皇帝統御萬國，一視同仁。小邦無分厚薄，我等素有稔悉。」

難道長麟僅從自己的想像就得出要求軍事結盟的結論？對此，我們懷疑。即使朝臣們有癖好只對皇帝講他愛聽的話，他們還不至於憑空捏造出一個皇帝絲毫不曾料到的情報。確實，無論是馬戛爾尼，還是斯當東，抑或我們在英國外交部或印度局的檔案中能找到的任何一份機密資料都沒有影射過這件事。然而，它又不是不足信的。敦達斯曾指示馬戛爾尼，要把法國人描繪成貪得無厭的人，他們想霸占印度並準備向中國輸出革命。遠在使團出訪前，即一七八〇年初，在東印度公司的檔案中就有了這種設想。這次提議只是把這一設想付諸實現而已。一七八三年，喬治．史密斯建議締結一個**反法攻守同盟條約**。

我們可以假設，當馬戛爾尼了解到有關歐洲與雅各賓共和國衝突的最新消息，又深信長麟是一個友好的對話者，他是可能打出這張牌的。他沒有遞交書面請求。而與此同時，為了能開設一個商埠、得到一個島嶼，或僅僅為了取得英國人進行體育活動的權利，他可以接連發出幾份照會。或許他只想在談話中探探口氣，而長麟卻信以為真了。

馬戛爾尼是一個富於想像力的人。他能很快找到使這艘「被蟲蛀蝕的軍艦」沉沒的方法，也能很快找到方法使「西方最強大的國家」和「東方最大的帝國」聯合起來對付共同的敵人。如果法國像在敘弗朗[1]時那樣恢復了在印度洋的優勢，它就會重新產生路易十六在交趾支那的野心；或者，一旦占領葡萄牙，它就要把手伸向澳門（一八〇八年，朱諾占領了葡萄牙，給了英國人占領澳門的藉口）。這時中國的港口，甚至中國軍隊的支持將是十

1 編注：敘弗朗（Pierre André de Suffren, 1729-1788），法國海軍上將，曾在印度洋上打敗過英國海軍。

分可貴的。反之，讓英國人在東方諸海域為他們充當維持安全的警察，對中國人也是大有好處的。

乾隆拒絕了這個荒謬的建議：外夷間的爭端，只要不來擾亂天朝的秩序就與天朝無關。再說，他再三讓人問英國人：你們是否與鄰居和睦相處？而英國人總是回答：是的。而在離開帝國的時候，他們卻建議中國捲入他們的戰爭！

國王借以取勝的最後一句話

對於皇帝來說，第二份詔書是一個延長號。它是向滿族和蒙古親王、向內閣頒布的詔書。故而也是向皇朝、向它的盟國，並透過它們，向全體中國人——因為它是要公布的——「向現在和將來生活在這個國度裡的所有人」頒發的；因為這是一份供編年史用的文件，因此也是提供給歷史的文件：

貢使於十二月初七日風順放洋回國。因奉有恩旨，允許再來進貢，其歡欣感激之忱，形於詞色，益加恭謹。仰見我皇上撫馭外夷，德威遠播，凡國在重洋及島，無不效悃獻琛。現在該使臣等啟程回國之時，即預為下居貢忱之計，似此傾心向化，實力從古所未有。

熱河的仙人掌上的刺都掉了。使團離得越遠，官方文書就越給它塗脂抹粉。

在世界的另一端，與這凱歌遙相呼應的，也是洋洋自得的語調。一八〇三年，巴羅堅持認為：「新近派往中國的使團，向一個對英國人幾乎一無所知的民族出色地顯示了英國的尊嚴，為未來奠定了獲取巨大利益的基礎，也為那位設計並執行了這一計畫的政治家的才智增添了光彩。」

啟航前的幾個星期裡，忙於裝載東印度公司的船隻、集中船隊，為未來的部署還要讓巴瑞施中尉進一步勘測香港和大嶼山的地勢。安德遜在結束語中意味深長地說：「葡萄牙駐軍部隊列隊歡迎。要塞的大炮一聲接一聲，與我們的野戰炮的十九響禮炮互為應答。」

英國人在作戰的氣氛中上了船。外交沉默了，要由大炮來說話——國王借以取勝的最後一句話。這是路易十四時的大炮上刻的銘言：Ultima ratio regum。[2]
目前，他們只是放著空炮。還要等多少年呢？馬戛爾尼的離開像是在向和平告別。

2 編注：即 last argument of kings，國王的最後手段。意指當一切和平手段都行不通時，最後就只剩下用武力來解決了。

第八十章 處於戰爭狀態的海洋

（一七九四年三月十七日～九月六日）

十八個月前，使團離開的是和平時期的英國；馬戛爾尼之所以要乘戰艦去中國，那是從崇高的使命考慮的。現在從中國回來的船隊雖然主要由商船組成，卻都配備了火力，處於臨戰狀態，法國軍隊取得的戰績「令人不安」。三月十七日，在廣州為東印度公司裝貨的英國船，還有要求英國保護的一艘西班牙船和一艘葡萄牙船與獅子號會合。它們也都配備了火力。[1]「伊拉斯馬斯・高厄爵士向每個人交代了法國進攻時各自的任務」。

返航的旅程只持續了五個半月。船隊兼程並進：只在爪哇和聖赫勒拿兩處為了補給才停泊。整整一個月穿越中國海域；在印度洋上航行兩個月；還用兩個月過大西洋。開始時，羅伯斯庇爾戰勝了埃貝爾派，繼之又戰勝丹東，[2]而當英國船隊開到樸茨茅斯時，他的腦袋已滾入桑松[3]的籃子裡了。[4]

在這次穿洋過海回國途中，除了戰火波及到所有海域外，沒有遇見任何去時所見到的事。返程好像與中國毫

1 由於私掠船或海盜船在東印度洋一帶出沒，因此前往那裡的任何商船都配備了強大火力。東印度人號與一艘三桅戰艦無多大區別。

2 編注：雅克・R・埃貝爾（Jacques René Hébert, 1757-1794），法國記者，在大革命中創辦了激進派的報紙《杜薛斯涅神甫報》。以他命名的埃貝爾派是法國大革命中的激進派系。喬治・雅克・丹東（Georges Jacques Danton, 1759-1794），法國大革命領袖之一。一七九四年初，他意識到恐怖政策被擴大化的危害，主張寬容，因此以他為首的派系，被稱為「溫和派」。後來，「溫和派」和埃貝爾等人的「極端派」爆發嚴重爭論，實際領導救國委員會的羅伯斯庇爾先是消滅「極端派」，繼而下令逮捕丹東等人。他們最後都被革命法庭判處死刑。

3 編注：桑松（Sanson）家族是法國十七世紀末到十九世紀中期的劊子手世家，依法執行了許多死刑。

4 編注：一七九四年七月二十七日，國民公會議員群起發動政變，反對雅各賓派的恐怖統治，身為雅各賓派首腦的羅伯斯庇爾遭通緝、逮捕，最後被革命法庭判處死刑。史稱熱月革命（Chute de Robespierre）。

不相干；然而，它使人可以測算出遠征所跨越的時空。

法國一個艦隊在巽他海峽巡弋，隨時有可能與之相遇。三月二十九日，在新加坡附近發現一艘帆船。追逐開始。真遺憾，原來是一艘小漁船！「我們所有人都迫不及待地想與我們**天然的**敵人較量一番。」天然的！這個評價戴高樂將軍可能會認為是合情合理的。他說過法國的傳統敵人並非偶爾的對手——德國，而是偶爾的盟友——英國。

敵人的帆船快出來！

四月二日，艦隊一行穿過赤道。四日，進入邦加海峽。在那裡，發現一艘拋錨的船。豺狼號向它呼喚。該船升起東印度公司的旗子。它來自孟加拉，在巽他 海峽受到「四艘法國巡洋艦的追擊，它們也許還等著我們，我們迫切希望與它們交火」。唉！錯過了這次交鋒的機會，斯當東便想：法國人準是嚇跑了。「得知英國船隊由一艘威力很大的軍艦護送，他們放棄了埋伏在那裡的計畫。」

中國海域內的中國和馬來海盜船遠比法國巡洋艦多得多。四月七日，在巽他群島附近，在十二艘馬來船的旁邊，有一艘荷蘭造的配備有十八門炮的小型護衛艦：「它極可能是在靠攏時被馬來人劫持的。」英國人「因為不負有維持海洋安全的使命」，放走了這些海盜船。到爪哇後，他們十分後悔：「護衛艦上的三十來名荷蘭船員去年夏天慘遭殺害。大家都很後悔沒給這些野蠻人公正的懲罰。」

四月十一日，又一次警報。發現兩艘懸掛英國旗的船。大家認為這是敵人的詭計。追擊開始了。「我們肯定它們是法國船。我從未見過如此高漲的熱情。鼓手命令大家各就各位，人人都像去做一件輕鬆愉快的事那樣高興地服從了。但是，為首的那艘船再次升起英國旗，放下頂桅，並鳴炮十五響向我們致敬。」

這是我們的同胞，他們從孟加拉出發追蹤「法國海盜船」。對我們這些準備向敵船靠攏愣充英雄的好漢們，這是多麼令人失望啊！「如果能消滅敵人，那麼我所感受的快樂，肯定遠遠勝過與同胞重逢的快樂。每個水手都很不情願地離開崗位。只在發摻了糖水的烈酒時，大家才又高興起來。」

這些英國水手真可愛！在長期遭到中國人的限制無所事事之後，他們欣喜若狂地正想體驗一下重新獲得的行動自由；他們還興高采烈地想一試對法國人的優勢——對世界上所有民族他們都認為占優勢……事實上，當中國人說英國人「在西洋諸國中較為強悍」時難道有多大的錯嗎？

法法之戰

法國人把劫持來的公主號改建成一艘共和國的戰艦。自一七九二年起，「法國人」這詞已成了一種含糊的說法。王家海軍已經分裂。那位登上獅子號的孟加拉艦隊司令對馬戛爾尼描述了法法戰爭中一個鮮為人知的插曲：「一艘懸掛百合花圖案旗[5]和一艘懸掛共和國旗的法國護衛艦相遇，在爪哇海岬展開了一場惡戰。擁護共和政體的人失利；遭俘後被扔進一條小船送給了馬來人，後者像對待那些倒楣的荷蘭人一樣把他們全殺了；而王權主義者在戰鬥結束後便駛回法國了。」[6]

維萊爾當時在印度洋巡弋，他證實說：「船員們喊著『國王萬歲！』或『國民萬歲！』的口號打招呼，然後鳴炮致禮。」就像一八六四年美國南北戰爭期間，一艘擁護聯邦的船與一艘擁護南部同盟的船，在英吉利海峽展開了一場惡戰，南部同盟的阿拉巴馬號裝甲護衛艦被擊沉。

海戰也包括欺騙對手的策略。兩艘英國軍艦攔劫了兩艘「美國」船，把它們遣送到巴達維亞；「儘管它們懸掛的是美國旗，可實際是兩艘法國船，因為船上的貨歸法國所有。」

四月十四日，船隊抵達爪哇海岸的一個淡水補充點——安蓋拉。「我們的小艇一靠岸，馬來人就想偷東西。我們的人洗了衣服，馬來人手腳很麻利，居然順手牽羊拿走了好幾件襯衫。」英國人毫不猶豫，決心要在這些人身上報他們同胞犯下的罪，因為他們還在後悔先前放走了那些馬來海盜。你偷衣服，我就抓人。「我們的人在樹林裡追捕那些馬來人，並可怕地毀傷他們的肢體；他們中的幾個人因挨了斧砍，受了致命傷。沒有任何東西能阻止這

5 百合花是法國王室的標誌。

6 我們研究了法國國家海軍檔案，沒能證實英國海軍司令敘述的此一插曲。也許這是法蘭西島的武裝海盜船。

種野蠻行徑。」有力的預防措施！真是「西方較為強悍」的人……

四月十六日，豺狼號離開船隊，駛向加爾各答。丁維提博士則攜他的植物，與船一同前往孟加拉。他的植物將在那裡茂盛生長。

同一天，法國把恐怖集中到巴黎。共和二年芽月二十七日的法律規定：「被控謀反者」將「從共和國的各個角落押送到巴黎的革命法庭審判」。

穿過印度洋的一段航程沒有遇到什麼麻煩事，但航速很慢。所有船隊都受到這種限制，「我們的航速本來可以到十節，而現在最多只有五節。」

在返航途中的唯一娛樂就是獅子號上的一個巴布亞人[7]，他是在法國雙桅船阿美利號上被人發現的。該船在澳門附近被伊拉斯馬斯爵士劫獲。這是個性情溫和——甚至可以說是非常出色的土著人。「他從船上跳到海裡去找別人扔下去的皮阿斯特硬幣[8]。他甚至可以找到同時從船頭和船尾投入水裡的兩塊硬幣。他還讓兩個歐洲人同時往他身上投擲長矛，當矛近身時，他就用手接住。」

中國是一個難以識透的世界，因為那裡的文化走的是另一條道，它達到的頂峰與我們的十分不同，然而是頂峰。這個巴布亞人也是一個難以識透的世界。但他還處在所有人的共同起源的階段——未被玷汙的人。他既不是西方人，也不是中國人，而只是一個智力超常的動物。那麼，他與誰更接近呢？與英國人抑或中國人？馬戛爾尼怎能不想中國人正處於巴布亞人和英國人之間的狀態呢？

到馬達加斯加附近，我們進入一個暴風雨地區：正值南半球的秋季。英國人發現他們的水銀氣壓計性能可靠：「水銀柱突然下降了四分之一英寸。」馬上進行一切準備來對付大風暴。「準備工作剛剛做好，巨大的雷閃接著就打起來。天黑得船首的人無法看到船尾的東西。」

7 編注：「巴布亞」一詞來源於馬來語，意為「捲髮的人」。巴布亞人（Papuan people）是大洋洲紐幾內亞島及附近地區的土著民族，為美拉尼西亞人的一支。

8 編注：皮阿斯特硬幣（piaster），古代西班牙貨幣。曾為好幾個國家的輔幣。

五月七日這一天，羅伯斯庇爾規定了對上帝的信仰。[9]

聖赫勒拿島

到了風急浪高的四十度線。五月二十三日，「印度斯坦號的前桅杆被刮斷。」六月二日，繞過好望角。目標：聖赫勒拿島，這是大西洋南部的一個避風港。它屬於投資加固這港口的東印度公司。除了好望角，從廣州或印度回國的船隻只能在這裡補充淡水。這個島很小，很容易錯過。因為病人的數目大增，所以大家更盼著到這島上停泊——「在外科醫師的名單上」，僅獅子號船上的病人就達一百來個。

「六月十八日[10]，發現了陸地和幾艘船」。再一次做好戰鬥準備。這一回又是白忙一陣。從中國出發的船隊與另一支從英國開來迎接的船隊同時到達聖赫勒拿島。海軍部不知道東印度公司的船隻已在獅子號的保護下航行了。

島上岩石的樣子令人望而生畏。「險峻的海岸既可怕又荒涼。」「位於恐怖所在」的山谷風景「確實非常優美」。在此停泊的水手和旅客有時要比島上的居民還多。島上沒有旅店；然而，「所有民房都像一家人一樣歡迎客人居住」。同一個大家庭：東印度公司。

島上居民有兩種生活節奏。當一支船隊來此停泊，小島居民就忙碌開了。船隊一離開，它又空閒下來。「政府為居民設計文娛活動，以免他們糾纏於對峙與衝突」。拿破崙在一八〇五年去奧斯特里茲[11]的途中，是否也讀過斯當東描寫的這一片段呢？他對所有事物都表現出好奇心，我們猜想他也許讀過。但那個時候他絕不會想到：有朝一日，英國政府將讓其遠方的僑民觀看關在籠子裡的「吃人巨妖」。

9　羅伯斯庇爾在抨擊天主教會的同時，也反對非基督教化運動，懷疑無神論者的動機。一七九四年五月七日，他在國民公會提交《關於最高主宰崇拜和國家節日法令草案》，並於六月八日，最高主宰日的慶典當中發表演講，焚毀象徵無神論和虛無的偶像。

10　這是命運的預兆？兩支艦隊在聖赫勒拿島會合的日子，恰好是二十一年後拿破崙在滑鐵盧被打敗的日子。

11　編注：一八〇五年十二月，七萬三千名法軍在拿破崙的指揮下，於波西米亞的奧斯特里茲村（位於今捷克境內）取得了對俄奧聯軍作戰的決定性勝利。第三次反法同盟隨之瓦解，並直接導致奧地利皇帝於次年被迫取消神聖羅馬帝國皇帝的封號。

冒險的結束

病號要麼死去，要麼略為恢復體力，艙內裝滿了補給。一七九四年七月一日，船隊又揚帆出航。一同啟航的還有來增援的艦隊，五艘從孟加拉和孟買開來的東印度公司的商船，還有一艘從南極回來的捕鯨船。

伊拉斯馬斯規定了航行的序列，因為由「獅子號擔任全面指揮」。信風使艦隊順利地穿過了赤道。到佛得角群島附近洋面，信風停息了。船在此停了十天。後來又刮起了風，船隊就繼續前進。

七月二十一日，剛恢復航行不久，瞭望水手發現有一支艦隊從東北方向開來：共有十一艘船。又一次戰鬥準備。濃霧使人看不清旗幟和信號。「在獅子號甲板上，只有炮和彈藥」。斯當東父子二人相持不下：「在那裡只有一個小孩，他父親認為他太小，不適宜參加戰鬥。但孩子不願意在父親作戰的時候自己退縮到安全地點，懇求父親讓他留在甲板上。父子之間這場充滿摯愛的爭論，由於霧突然消失而得到解決。原來發現對方的艦隊是自己人。」每人都表現得很勇敢。他們獲悉「英國艦隊在豪勛爵的率領下贏得了對法國人的一次全面勝利」。[12]

這時在巴黎，羅伯斯庇爾被國民公會剝奪了法律權利。他受了傷，處決時他已經半死——一起處決的還有一百零五名擁護者，其中包括聖．朱斯特。那是發生在熱月九日。

船隊經過亞速爾群島東部，朝愛爾蘭方向航行。「九月二十日，船隊到達愛爾蘭南端，遇到一艘丹麥船。八月二十九日，這船曾被一支由七艘軍艦組成的法國艦隊搜查過。看來那支艦隊剛好和我們錯過，伊拉斯馬斯爵士的船隊的實力敵不過法國艦隊。」

聽到馬戛爾尼的艦隊到達，法國方面也做了戰鬥準備。「共和二年果月二十日，從布列斯特，海軍軍需官給維拉雷－儒瓦耶澤海軍上將的命令是：『準備一支由最優秀的軍艦組成的小分隊，搜尋來自印度的船隊。』可惜太

12 這是英國對一七九四年五月二十八日、二十九日和六月一日在豪與維拉雷－儒瓦耶澤之間進行的海戰的說法，後者的十四艘軍艦正護送從安地列斯群島和美國返航，滿載穀物、糖和麵粉的一個商隊。有六艘法國船被擄走。儘管豪在數量上占優勢，但維拉雷－儒瓦耶澤仍將商船隊完好無損地護送到布列斯特。他的任務圓滿完成。法國對這次海戰的說法是著重描述復仇號上共和派的英雄傳奇。

遲了。命令是九月六日下達的，就在同一天，船隊「在離開兩年後」，進入樸茨茅斯港停泊。那次分手對許多人來說竟成永別。在返航途中，痢疾肆虐。不得不從獅子號上扔下一百零二具屍體——而全體船員才四百人！在當時，這就是遠航的代價。但人們忘了死者，因為自己活了下來而十分高興。

馬戛爾尼十分自豪地寫信給東印度公司的先生們：船隊避開了法國艦隊的追蹤：

> 我高興地通知諸位，平安抵港的不僅是與我們一起從中國出發的十三艘船，而且還有五艘從孟加拉和孟買開出的船與我們在聖赫勒拿會合，每艘船上都滿載著東印度公司的價值幾百萬英鎊的貨物。
>
> 我要把在中國取得的進展，推遲到在倫敦與你們見面時再說。這些進展將使你們在中國的代理人能在完全不同於直至目前他們所處的條件下生活和工作。我也鼓勵你們在那裡的年輕代理人學習中文，否則他們將任人擺布和愚弄。
>
> 由於皇帝的旨意而對使團表示的敬意，對中國人的觀念形成正面的影響：英國人不再是他們蔑視和辱罵的對象了。從此中國人的態度對我們好多了，而這一切的鞏固還有賴於東印度公司的努力。

盡是幻想！

對於使團的成員來說，這次極大的冒險圓滿結束了。每個人都有這樣的體會：生活中不會再有任何事情可以與這兩年的生活相提並論。對於霍姆斯，「經歷了這樣漫長、這樣艱巨的海上生活，戰爭的疲勞只能算鬧著玩了。」斯當東認為：「走過的國家和各種會晤給他留下前所未有的不可磨滅的印象。」全權公使就是用這些簡潔、謙虛的話來結束他的《紀實》一書的。

使命結束了。但是，無論馬戛爾尼怎麼說，使命並沒有完成。

第六部

馬戛爾尼之後的一系列不幸

事情往往比人們所想像的更為重要，有些好像是偶然的、個人的、某些特殊利益或外界因素導致的事情，實際上卻有著更深刻的根源和更為重大的意義。

——吉佐，一八二三年

競爭是殘酷無情的。誰輸了就倒楣！在這場爭鬥中，必然會犯下許許多多的罪行；這種兄弟殘殺的鬥爭，是對一切道德的基礎——團結——的接連不斷地犯罪。

——米哈伊爾·巴枯寧，一八七〇年

占領領土主要是指從那些和我們人種不同，鼻子比我們扁平的人那裡掠奪土地；當我們仔細考慮時就會發現這並不是一件光彩的事。

——約瑟夫·康拉德，一九〇二年

1842年後的中國領土「瓜分」示意圖

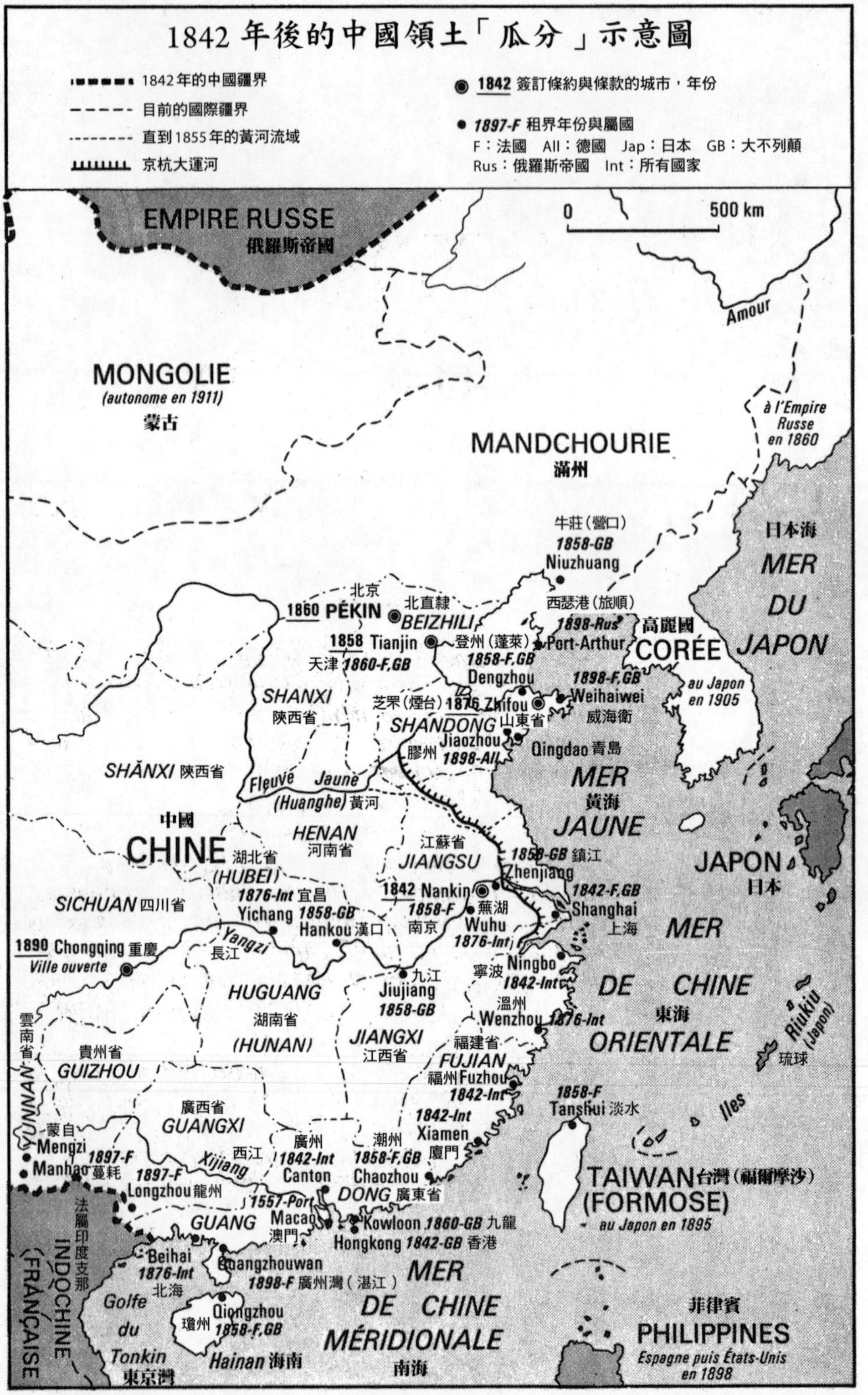

1842年的中國疆界
目前的國際疆界
直到1855年的黃河流域
京杭大運河
1842 簽訂條約與條款的城市，年份
1897-F 租界年份與屬國
F：法國 All：德國 Jap：日本 GB：大不列顛
Rus：俄羅斯帝國 Int：所有國家
0 500 km
EMPIRE RUSSE
俄羅斯帝國
Amour
MONGOLIE
(autonome en 1911)
蒙古
MANDCHOURIE
滿州
à l'Empire Russe en 1860
牛莊（營口）
1858-GB
Niuzhuang
西瑟港（旅順）
1898-Rus
Port-Arthur
高麗國
CORÉE
au Japon en 1905
日本海
MER DU JAPON
北京
1860 PÉKIN
北直隸
BEIZHILI
1858 Tianjin
天津 1860-F,GB
登州（蓬萊）
1858-F,GB
Dengzhou
1898-F,GB
Weihaiwei
威海衛
芝罘（煙台）1876 Zhifou
SHANXI
陝西省
SHANDONG
山東省
Jiaozhou
膠州 1898-All
Qingdao 青島
SHĂNXI 陝西省
Fleuve Jaune
(Huanghe) 黃河
MER 黃海 JAUNE
中國
CHINE
HENAN
河南省
江蘇省
JIANGSU
1858-GB 鎮江
Zhenjiang
JAPON
日本
湖北省
(HUBEI)
1876-Int 宜昌
Yichang 1858-GB
1842 Nankin
1858-F
南京
蕪湖
Wuhu
1876-Int
1842-F,GB
Shanghai
上海
SICHUAN 四川省
Hankou 漢口
Yangzi
長江
1890 Chongqing 重慶
Ville ouverte
九江
Jiujiang
1858-GB
寧波
Ningbo
1842-Int
MER DE CHINE ORIENTALE
東海
HUGUANG
湖南省
(HUNAN)
JIANGXI
江西省
溫州
Wenzhou 1876-Int
福建省
FUJIAN
福州 Fuzhou
1842-Int
Riukiu (Japon)
琉球
雲南省
YUNNAN
貴州省
GUIZHOU
廣西省
GUANGXI
1858-F
Tanshui 淡水
Iles
1842-Int
Xiamen
廈門
蒙自
Mengzi
Manhao 蔓耗
1897-F
1897-F
Longzhou 龍州
西江
Xijiang
廣州
1842-Int
Canton
潮州
1858-F,GB
Chaozhou
TAIWAN 台灣（福爾摩沙）
(FORMOSE)
au Japon en 1895
1557-Port
Macao
澳門
DONG 廣東省
GUANG
Kowloon 1860-GB 九龍
Hongkong 1842-GB 香港
法屬印度支那
INDOCHINE FRANÇAISE
Beihai
1876-Int
北海
Guangzhouwan
1898-F 廣州灣（湛江）
MER DE CHINE MÉRIDIONALE
南海
Golfe du Tonkin
東京灣
Qiongzhou
瓊州 1858-F,GB
Hainan 海南
菲律賓
PHILIPPINES
Espagne puis États-Unis en 1898

第八十一章　不再迷戀中國的歐洲[1]

（一七九四年～一八一六年）

這個幅員遼闊的帝國滿足於它有的豐富自然資源與工藝人才……

——托馬斯．斯當東，一八一〇年

馬戛爾尼避開了法國的大炮。回英國後，他就得面臨驕傲好勝的個性使他更為害怕的東西：嚴厲的批評。它的祕密未能保守住。這根本是不可能的，因為全國都在熱情地注視著這一史無前例的冒險。使團失敗的消息在船隊之前就已在英國不脛而走。直至一七九四年六月，倫敦的報刊還在發表落後了九至十個月的有利於使團的消息。《紳士報》得意地描寫著使團受到的豪華與熱情的接待。但是，馬戛爾尼一七九三年十一月由馬金托什從杭州帶的快件一七九四年七月到了倫敦。另外，有一些來自廣州的商船也到了，它們帶來的消息在歐洲迅速傳開。是官方渠道走漏了風聲，還是半官方渠道無法控制造成的呢？英國是一個新聞自由和有透明度的國家，英國從報刊上零零星星地什麼都能知道：由叩頭引起的摩擦，不讓傳教士自由會見英國人，從北京倉促動身，大使提出的所有要求都遭到拒絕；就是《紳士報》也用大標題突出了使團的慘敗。

輿論馬上就作出了反應。一位風流的讀者在這份報上寫道：「馬戛爾尼勛爵向可悲的清朝提出的建議中是否有英國婦女可以在我們的海外辦事處居住，或者我們駐中國的辦事人員應該發誓堅守貞潔呢？歐洲婦女應該不再

1　除了引用某些未發表的文章外，這第六部分並不能提供什麼重要的東西給漢學家與歷史學家，我是為那些不如他們那樣了解中國歷史和一七九四年至一九一一年間該國與西方關係史的讀者寫的。

買中國的絲綢、瓷器和茶葉，直至清朝皇帝撤銷讓她們不幸的禁令為止。」這是有關女士們名譽的大事。抵制還用抵制治。這就是以商業報復形式出現的「利西翠妲」[2]。

有一種觀點給尖銳批評馬戛爾尼定下了調子：「使團的準備工作，最多也只能吸引一位印度王子或非洲小國王。」可能這位記者仍然還相信「中國的優越」。「如果真想讓中國讚嘆不已，應該準備得更為充分些。」雖然大家指責政府和使節，但更多的是批評中國。愛國的反應甚囂塵上。但這種反應又是模稜兩可的，大家責怪政府讓英格蘭民族遭到了無法接受的汙辱。

「記事」很快就發表了，但這之前倫敦沙龍裡所講的故事使歐洲人對中國的好感大受影響。哲學家的吹噓築起的煙幕，二十年來越來越淡了，不用多久就會消失殆盡。馬戛爾尼的遠征應該產生強烈的印象，並應透過一切和平的手段說明英國是「世界第一強國」。由於這次使命失敗，它將使人看清真相，並為下一世紀的武裝對抗開拓了道路。

煙幕後的真相

越來越邪的流言使官方人士處境困難。他們既無法把一切祕而不言，又無法把一切公諸於眾。在日記中，馬戛爾尼經常寫得十分明確——但他不想把它發表。他也不想發表他的《報告》，儘管沒有一個國家有人寫過比這更有真知灼見的有關中國的感想。他知道那只是一個泥足巨人，只要輕輕一抵就可把他打倒在地，這既是一種診斷，又是一個預言。

他取得了聖詹姆士宮[3]的同意，請斯當東公布一種既可信又保留英國面子的說法。這樣在一七九七年就出版

2　編注：利西翠妲（Lysistrata）是古希臘喜劇創作家阿里斯托芬（Aristophanes）所著的同名戲劇的女主角，她為結束漫長的伯羅奔尼撒戰爭，發動兩性戰爭，將雅典和斯巴達的婦女集合起來，大家一起拒絕與丈夫同房，並占領雅典衛城，和男人進行談判，最後迫使男人們結束了戰爭。

3　編注：聖詹姆士宮（St James's Palace），自一六九七年至一八三〇年，一直是英國王室的所在地，且在英國各王宮中居首位。基於這個原因，英國朝廷（Royal Court）即以聖詹姆士宮為名，正式名稱為「聖詹姆士朝廷」（Court of St James's）。

了《英王陛下遣使覲見中國皇帝紀實，主要摘自馬戛爾尼勛爵的文件》。[4] 這一官方歷史並不想隱瞞失敗的事實，而只想消除人們的懷疑：英國外交官並沒有犯錯誤致使中國人那樣無禮。它也想避免給人這樣一種印象：英國遭到了羞辱而毫無反應，斯當東把事情的真相裝飾了一番，使它顯得更為得體。要說他撒謊，還不如說他隱蔽了某些事實，並仍然不時地讓古老的中國保留傳說中的某些特點。

另外一個審慎的措施是：不要讓中國人知道英國人改變了看法，已不再像中國人所希望的那樣來看待中國了。這與耶穌會教士的處境相同：英國人在整個十八世紀做了不少努力，這次遠征更為突出，所以他們的使節為了不把一切都弄糟而不能什麼都說出來。外交上的考慮使他讓自己的副手在介紹中華帝國時描繪的景象不能全部離開原先的神話，但也保持了足夠的距離來消除這種神話，這樣，英國使團所反映的對中國的看法預示著西方在十九世紀對中國的態度。馬戛爾尼使團在西方與遠東的關係中是個轉折點。它既是一個終點，又是一個起點。它結束了一個世紀來的外交與商業上的接近；它在西方人中開始了對中國形象的一個修正階段。

當然，使團所揭露的事實並不完全是個晴天霹靂。已經有人提出：中國並不像萊布尼茲、伏爾泰或耶穌會教士所吹噓的那樣是個理想中的樂園。孟德斯鳩就不願隨波逐流，陷入這種盲目的崇拜。勒讓蒂伊從一七三一年起發表《環球記遊》，他一下子擊中了中國人的要害：「他們體制的恆久不變並不證明他們的優越，因為這阻止了他們取得任何進步。」海軍上將安森在他的《回憶錄》中第一個主張炮艦政策：這發生在一七四三年，即鴉片戰爭之前整整一個世紀。

但在中國的西方人質太多了，有傳教士和商人，也涉及到太多的商業和金融的利益，所以只能讓公眾輿論（或公布的輿論）小心謹慎些。東印度公司的職員的個人信件或私下評論把不應說的在廣州發生的事——已遭到或擔心遭到的羞辱——都告訴了倫敦。儘管如此，公司考慮的是不要妨礙正常的經商活動；它怕得罪中國人，失去它在那裡僅有的一點利益。

4　譯注：中譯本名稱為《英使謁見乾隆紀實》（北京，商務印書館，一九六四年）。

那裡的個人沒有個性

有位法國人，因為沒有什麼負擔，所以比較自由地表達了他的不耐煩情緒。路易・克雷蒂安・德吉涅已在廣州住了四年。他寫道：「現在是中國改變直至今日的觀點，而用新的眼光來看待歐洲的時候了。」不，中國並不想馬上就用「新的眼光」來看待歐洲。而是英國，然後是西方在馬戛爾尼出使之後將改變對它的看法。

從此，中國的形象黯淡了。可以舉黑格爾的例子來說明這種變化。我們知道他除了讀過《耶穌會士書簡集》外，還讀過斯當東的《紀實》。他承認正是從《紀實》中——只是從《紀實》中——才得出對中國如此極為簡潔明瞭的看法：「中華帝國是一個神權專制政治的帝國……個人從道德上來說沒有自己的個性。中國的歷史從本質上來看仍然是非歷史的：它翻來覆去只是一個雄偉的廢墟而已……任何進步在那裡都無法實現。」

歌德既未讀過斯當東的著作，也未讀過黑格爾的書，所以仍然在說蠢話。他對中國的了解來自一本酷似自己寫的《赫爾曼與竇綠台》（*Hermann und Dorothea*）的中國小說。「這本書講的是一位十分純潔、十分正派的青年的故事。他因品德高尚而有幸謁見了皇上；講的是一對十分貞潔的戀人，他們被迫在一間屋裡過夜，但卻能授受不親……這就是道德和禮儀。全然由於嚴格的節制中華帝國才維持了數千年之久，並將還要長期地存在下去。」但在迷戀中國方面歌德已經顯得落後了。

無官職者不慌不忙地進行破壞

在一個自由的國度裡，官方說的事實並不能總占上風：出版商和記者可以幫助別的證人表示看法。使團裡的這些無官職者起到了讓中國這顆星星在烏托邦的天空裡黯然失色的作用。

安德遜的代筆者孔博為迎合讀者的看法以及保證書的成功，有系統地描繪了一幅崇拜中國的圖畫，並對英國社會竭盡挖苦諷刺之能事。但幾處無情的描寫卻讓這篇有傾向性的作品露出破綻。有一處描寫中國人把英國人扔到海裡的臭了的肉撈起來後，津津有味地吃起來。這揭穿了中華帝國繁榮的謊話。另一處是一位對本國的海軍感到自豪的英國人的想法，他譴責「對陳規陋習的頂禮膜拜」及「對機械工藝的無知」，這些都是「造船技術不發達」的原因。這些太令人反感——用鞭子開道的士兵令人反感；中國人做飯的骯髒環境令人反感；英國人走過時他們就哄堂大笑，這也令人反感。這就是那個「幼稚的」民族，那個在未來的幾十年大家一致同意給以「教訓」的民族……

赫托南得意地發現中國人完全不懂得製革藝術，他們也不會遠洋航行；他們的遊船缺乏「舒適的設備」；「他們的建築雖然遠看富麗堂皇，近看卻做工粗糙，鍍金不勻」。最後，世上的最大的君主，「今日統治中國的這位善良老人就與其他君主一樣，也被他的佞臣所騙」。無與倫比的政治制度在哪裡呢？消失了，隨同技術，隨同舒適感一起消失了……

中國讓霍姆斯這位不會拐彎抹角的士兵感到震驚。會是這些中國人發明的火藥嗎？他們見到一門臼炮空放時也要嚇得魂不附體。他們對你表示尊重，但不讓你獨自在城裡走出一步：難以想像的多疑！他們又是多麼無知呀！「中國人無法相信除了他們之外，還有別的民族存在。」

安德遜、赫托南、霍姆斯都是些無足輕重的見證人，但他們讓人意識到還有許多其他這樣的見證人，在他們之後耶穌會士與「哲學家」們建造起來的大廈就塌陷了，代之出現的是一個落後衰敗與高級文明的聲譽不相符的國家。

十年之後的巴羅

使團回國後十年，當巴羅發表他的野心勃勃的報告時，中英間的局勢已和以前完全不同了。努力維持到乾隆死時的英中關係在嘉慶統治時大為疏遠，當時中華帝國正遭到越來越強烈的震撼。巴羅並不需要那麼小心翼翼。因為與拿破崙的法國在打仗，他需要吹噓英國的優越。給讀者留下印象最深的是書裡批評中國的那部分內容。《愛丁堡評論》這份十分嚴肅的雜誌歡呼這個「半野蠻的」帝國「聲譽掃地」。中國人生活「在最為卑鄙的暴政之下，生活在怕挨竹板的恐怖之中」，他們把婦女關起來，並給她們裹腳；他們殘殺嬰兒，並犯有其他違情悖理的罪行。他們無法接受精密科學和自然哲學，並對最必不可少的工藝技術一竅不通。他們的社會關係建立在一種愚蠢的形式主義的基礎之上。他們「膽怯、骯髒並殘酷」。最後，中國人「不運動、缺乏有益的消遣」，所以「沒命地賭博」。他們的語言呢？「幾千年以來，中國人像家禽那樣嘰嘰喳喳地叫著，而不會像人那樣說話」。總之，「巴羅先生的偉大功績就是他那健全的理智和評論的直率」。

小托馬斯長大了

應由使節的扈從來完成這種令人心碎的修正，並用他的無與倫比的漢語知識來支持他那不可更改的看法。使團的使命結束後，他繼續關心著中國問題。他在準備報復。從一七九八年至一八一六年，他長期住在廣州，先是作為東印度公司的職員，後來是專員，最後當上了公司的代理人。一八〇〇年他十九歲時發現了中國的法典：《大清律例》。西方人總抱怨中國官員斷案時隨心所欲，這本西方人以前從未讀到過的法典，可能是中國官員斷案時的依據。他將用十年時間來翻譯它，並在一八一〇年出版厚厚一大冊。《評論季刊》的書評把此書的翻譯出版視為一樁具有歷史意義的大事：這是第一本直接從中文譯成英語的著作。

這些研究很快就使托馬斯．斯當東成為一位熟知中國人精神世界的專家。遣使會教士里什內在一八一〇年寫信給他時說：「您經驗豐富、又經過無數的鬥爭，所以肯定了解中國官員的種種權術；您對他們來說是個可怕的對手。」這位神父了解他：托馬斯與中國的關係是對立雙方的關係。這是文化領域裡的宣戰。

托馬斯勛爵在他譯著的前言中說得非常直截了當：「馬戛爾尼勛爵和他的使團在中國的短暫逗留足以使他們發現：中國人所吹噓並得到許多歐洲歷史學家承認的中國對其他民族的優勢，全然是騙人的。」

小托馬斯的教訓沒有被人忽視。嚴肅的雜誌紛紛作出各自的結論，《愛丁堡評論》當時寫道：「一個民族的法律是他的精神狀態和性格的明白無誤的見證。作者在他的精闢的前言中指出了某些傳教士在介紹中國的書中傳播的那些別致的觀點完全禁不起現實的推敲。在歐洲人最近進展最快的那些領域裡，中國人的知識十分缺乏。」

「不進則退」

這道鴻溝不但區分了烏托邦的中國和真實的中國，而且隔開了真實的中國和歐洲。大家越來越認識到：「一個民族不進則退，最終它將重新墮落到野蠻和貧困的狀態。」馬戛爾尼在使團返英後幾乎一字不差地這樣說過。從中國回來十五年之後，他的觀點儘管沒有公開，但已在報刊上到處可見。

那份著名的蘇格蘭雜誌的撰稿人提出：「中國人的精神狀況可以成為最奇怪的研究課題，這將超過迄今為止最好的遊記而引起我們深入思考。這就是中國人，昔日他們還是人類無與倫比的精英，今天已降為人類學研究的奇物了」。天朝的法律只是十分細緻並不斷干涉個人的行為，這並不能只歸因於所有的極權政治都喜歡出來對制定規章的過分熱情之上；而只能使我們得出這樣的印象：「中國尚未達到社會普遍發展的某個階段」。在中國，「個人的榮譽感並不存在」。這是「這個奇怪的民族所遭到的最嚴重的譴責」。而「一個民族是否強盛和幸福完全要嚴格地取決於它的每人誠實的榮譽感是否強烈」。

在馬戛爾尼訪華後，大家了解的中國的情況反過來損及了這個國家——包括它的可尊敬的古代文明。伏爾泰曾經嚴肅地表示過：「使中國人超過世界上所有民族的東西是：無論是他們的法律，他們的風俗習慣，或是他們的文人所說的語言四千年以來都沒有變過。」在英國人的實用主義目光中看來，這純屬開玩笑，讓它繼續下去，則與他們正在宣傳的並且還要大聲地在全世界宣傳下去的對自由和進步的看法是完全背道而馳的。

「應該毀掉迦太基」

安德遜的那句毀滅性的句子不斷地引起了迴響：「我們像要飯的一樣進入北京，像囚犯一樣被監禁在那裡，而離開時簡直像是盜賊。」一把前去告訴中國皇帝英國人應是宇宙主宰的英國外交官當作盜賊，這是多麼失禮的行為呀！他們輕而易舉地就把英國人的優越感打下去了。馬戛爾尼在出使前寫道：「讓中國人留下強烈印象並非難事。」事情失敗了，必須另想別法。

英國人富有愛國心，中國人是否與歐洲大陸的哲學家想像的一樣，對他們來說並不重要。他們從未讚賞過法國或德國修辭學的言過其詞，傷害了他們自尊心的是那個遙遠的民族竟然把他們的使者當作附庸和野蠻人。這個民族，一定要把它徹底剝奪，就像對加來城的有產者那樣。

英國人的性格在這點上亙古不變！戴高樂將軍堅定不移地反對英國加入歐洲共同體，一位感到理屈詞窮的英國人在一九六七年某天就像遇到一場全球性的大災難那樣對我說：「可是……他會使我們丟臉的！」

英國人擅長記仇，並為一點小事就記仇。中國必須為此付出代價，必須如此。他們特別具有一種令人欽佩的集體堅韌性，這使他們可以追求長遠的目標，他們可以把孔夫子的這一教導據為己有：「人無遠慮，必有近憂。」一八〇八年與一八一六年是對華關係的兩個艱難階段，但他們都要在半個世紀之後才決定真正地投入行動。

開始時他們聽從了錢德明神父臨終前用法國詩人拉封丹的一句詩所表達的忠告：耐心地等待那漫長的時日……

第八十二章 蒂津——丟臉的使團（一七九四年~一七九五年）

從規模來說，馬戛爾尼使團是歷史上最大的。以後又有過三個使團。因為後三個使團原訂的目標不高，所以能讓我們藉由比較來更弄清馬戛爾尼失敗的（來自中方和英方的）原因。

勛爵尚未回到樸茨茅斯，西方的又一個使團要求北京接見。這個使團來自一個很久以來就在遠東有著利益的強國：聯省共和國[1]。率領這一使團的伊薩克·蒂津[2]只有寥寥可數的幾名隨從。他按著對方的要求叩了頭，但使團的失敗卻沒有因此而避免。這反倒說明了馬戛爾尼不讓步完全有理。

十年之後——奧斯特里茲戰役那個秋天——，一個由兩百人組成的俄國使團取道中亞的草原向中國出發。他們未能超越庫倫——屬國蒙古的首都。

在滑鐵盧之後，英國人為剛取得的勝利洋洋自得，又一次想打破中國的孤立狀態，他們的經濟比以往任何時候都更需要一個世界範圍的市場。阿美士德勛爵甚至未見到皇上，因為他們的副手托馬斯·斯當東爵士，即原先馬戛爾尼的扈從勸請他不要叩頭。他們回廣州時樣子十分可憐。

在回英國途中，他在聖赫勒拿停泊。在該島，滑鐵盧敗將教訓了勝者一番，怪他們未跟他長期夢寐以求的東方對話。

各團歐洲人都互相來往，只有那些把宇宙分成五方的人還在閉關自守。

1 指一六〇九年至法國大革命之間的荷蘭。

2 編注：伊薩克·蒂津（Isaac Titsingh, 1745-1812），又譯德勝、鐵俊甫，是一名荷蘭外科醫師、學者、商人與大使。他是荷蘭東印度公司的一名高級官員，也是歐洲在亞洲貿易公司與日本江戶幕府進行官方接觸的全權代表。

給英國人一個教訓

荷蘭東印度公司駐廣州代表范罷覽[3]夢想在北京朝廷代表荷蘭執政府。在廣州，輿論的主流看法是：英國使團之所以失敗乃是因為它不會辦事。范罷覽想告訴世人怎樣做才能受到中國人的歡迎。應該在禮節和效果方面給傲慢的英國人上一課。他覺得乾隆登基六十年慶典是一個機會，遂到處活動，敦促在廣州的西方同僚和他一起向天子致以敬意，其他人不急表態。他並不因此而氣餒。他有一些盟友：廣州的中國官員正想設法彌補馬戛爾尼讓朝廷遭遇的羞辱。

巴達維亞和海牙最終都同意了：一個荷蘭使團要去朝賀乾隆。伊薩克・蒂津當過荷蘭東印度公司駐日本和孟加拉的代表，范罷覽感到不幸的是自己只能做他的副手。

這次出使簡直是一場惡夢：它完全是馬戛爾尼使團的漫畫式的重現。但它還是透過兩者的不同，說明了在中國人眼裡，一個外國使團意味著什麼。另一方面也襯托出馬戛爾尼使團所取得的某些成功。

廣州的中國官員要使臣放棄任何要求。長麟和蘇楞額讓荷蘭人答應只限於向皇上朝賀，使團尚未上路就已失敗了。一七九四年十月中旬兩廣總督召見蒂津：皇上將在一七九五年一月二十一日春節之前接見蒂津。

一七九四年十一月二十二日，荷蘭使團離開廣州；除了蒂津與范罷覽，還有七人，其中包括德・吉涅騎士。這個法國人在廣州已住了十年，對中國人十分了解。[4]他將擔任翻譯。他在這次事件後寫了一本用詞尖刻的書，正好做為美化一切的范罷覽的報告的對照組。

應該加速進行，畢竟只有五十天時間，卻要從陸路從南到北穿越整個中國，沿途的住所都極不舒適。地方當局很不客氣、經常吃變質的食物，轎子上的油紙被好奇的百姓撕破，……為了行李還得爭吵不休：中國人建議托

---

3 編注：范罷覽本名安德烈（Andreas Everardus van Braam Houckgeest, 1719-1801），海軍軍官，一七五八年起為荷蘭東印度公司代理人。長期住在澳門與廣州，直至一七七五年。一七九〇年回廣州籌組荷蘭使節團，但他只是第二號人物。一七九七年在費城出版《遣使覲見中國皇帝紀實》一書。

4 法國國王、國民公會與督政府完全忘了他的存在，直到一八〇一年，他才回到法國。

運，荷蘭人卻堅持要隨身攜帶，他們怕朝廷召見時禮品未到。

冬天寒風刺骨，路很難走，住處又沒火，雨水穿透了轎子。過長江就飄起了廣州的中國人未見過的雪花。一路上事故不斷，有一處要坐木筏過河，人呀、馬呀、加上行李亂成一團。「我們的行李抵達對岸時都弄溼了，一部分還都壞了。有時轎夫把使臣撂在路上自己先去吃飯。後來范罷覽的轎子壞了，只好坐手推車走了全程。我們用四十九天時間走完了六百古里[5]，抵達北京時已筋疲力盡、飢不擇食。」這與當年接待馬戛爾尼用五艘官船這種尊敬態度適成對比。荷蘭人想證明謙恭的態度強似傲慢的態度：這次表演一開始就顯得不妙。

對著鱘魚叩頭

一月十一日，他們到的第二天，一位中國官員就來送給使臣一條皇上賞賜的「三百斤重的鱘魚」。對著皇上的賞賜，蒂津和他的副手「像別人要求的那樣叩了頭」。翻譯吉涅則寫得更為確切：「行九叩之禮。」范罷覽聽了伴同的奉承話並反覆地說：「在皇上和內閣大學士的眼裡，我們的地位遠高於英國人。」

來人告訴他們召見將在第二天進行。「我們提出許多反對的理由，但毫無用處。使臣最後還是答應了，那些中國官員對我們十分熱情、親切。他們向使臣示範應如何施禮，使臣跟著他們學，叩了許多次頭。」

凌晨三時，荷蘭人被命令取下了他們的劍，然後與蒙古和高麗的使臣混在一起，在凜冽的寒夜中久久地等待著。「中國官員用鞭子亂抽：高麗人挨得最多。」

宮門打開時，中國人要各國使臣下跪。乾隆坐著轎子出來了，對高麗的人瞅了一眼，然後命轎夫在蒂津前停了下來。「他的第二位內閣大學士福長安走在轎子的左邊，他從使臣閣下手裡接過鍍金的盒子，把它傳給皇上。這時我們都行了三跪九叩大禮。」皇上問蒂津荷蘭君主可好，接著就往前走了。

吉涅尖刻挖苦地做了這樣的總結：「皇上在宮殿外面的院子裡接見了大使；除了對他說的兩三句話以及送給

5 一古里約合四公里。

他吃一些微不足道的小東西外，儘管他離皇上才幾步遠並可以被看見，但皇上卻一直沒有再注意到他。」

當晚，中國人來搬走了獻給皇上的鐘錶。天氣十分冷，范罷覽向他要些煤和幾件家具，他們全都答應，但什麼也不做。

第二天，荷蘭人又進宮，他們被帶到一間既冷且充滿煙味的屋子裡，范罷覽看到大臣們的居處也同樣簡陋，算也聊以自慰。怎麼能想像「這些房子組成了皇宮」呢！他揭露了引起這許多失望的罪魁禍首：「這情景與傳教士們寄往歐洲的談到中國首都和皇帝宮殿的有人說明的報告不相符。但我描寫的是我現在見到而以前完全想像不到的東西。」

馬戛爾尼的馬車

福長安向荷蘭人問了問他們是否感到冷，然後就把他們打發走了。沒有談到任何政治問題。荷蘭人事先答應過這點。一月十五日皇上遣人送了些葡萄乾給他們，范罷覽又得三跪九叩表示感謝。答應的煤終於運到了！但根本不可能見到傳教士，難道這就是「遠比英國人更受到尊敬」嗎？十八個月之前，開始並沒有禁止神父們與英國使團接觸，只是在打發使團走時才這樣做的。「有人祕密地給我送來了我的朋友梁棟材的一封信，」范罷覽在一月十八日記道，「他向我表示極想把一些重要的事情告訴我。我讓來者攜回信而去。我們希望能與他們取得聯繫。」這個希望也落空了。

沒必要派的使團——因為在同一天，幾千公里之外的歐洲，荷蘭的執政者在法國國民公會的軍隊進攻下，正逃往英國。這些荷蘭人成為一個已不復存在的國家的使者——當然他們要在七個月後才得知此事。

吉涅給羅神父寫了一封信，范罷覽答應把它交給遇到的第一位傳教士。十八日這位法國人被召到和珅處，一大群中國官員問他為什麼來北京，信的內容是什麼。吉涅極力為自己辯解，說羅神父是他從歐洲到中國來時的旅伴，他們是好朋友。這類情況（與許多其他的事一樣）在最近也可能發生。

荷蘭人在中國京城逗留的時間比馬戛爾尼長——有一個月多一點。一個月裡除了參加幾次慶典，耐心地等待好幾個鐘頭「看御駕經過」並叩頭致敬外，就無所事事了。儘管他們說「沒有任何歐洲人能像他們那樣深入皇宮」，中國的新年並未能讓他們的愁眉舒展，他們凌晨兩點就被叫起來等待皇上經過，但到三點卻被告知皇上不來了。

在他們駐京期間，只有一件事讓他們感到高興：發現馬戛爾尼獻給乾隆的馬車被棄置在宮裡的一個角落上。對英國馬車的忽視，使他們受到傷害的自尊心得到了一些安慰。

二月四日，在一個寬敞的院子裡，在無數人的面前，他們進行了最後一次接見。本來就令人丟臉的大禮又加上了當眾的凌辱：中國官員很注意大使和范罷覽先生叩頭的次數。後者站起來早了一點，他們又強迫他重新開始。並用鞭子進行威脅。

范罷覽最後終於見到了羅神父：「中國官員睜大眼睛看我們是否遞紙條給他。」神父解釋說：如果使團直接從歐洲而不是從廣州來，他們就可能比較容易與傳教士聯繫。「中國人怕了解中國的人」。到二十世紀仍然這樣。

二月十五日，我們帶著極難得到的皇帝詔書離開了北京。

朕仰承昊載，寅紹丕基。臨御六十年來，四海永清，萬方向化，德威遠播，禔福畢臻。……王其祗受，益篤忠貞，保又爾邦，永副朕眷。

詔書未能抵達：「執政者」已讓位於巴達維共和國。

兩個使團，兩次失敗。第一個使團失敗時維護了自己的尊嚴；第二個使團卻遭到羞辱。范罷覽在總結他的旅行時，遠比他在開始旅行時頭腦清醒：「這個民族有著一種完全與世隔絕的生活方式。他們可以放棄一切人為的需要，而我們如無法滿足這些需要便會痛苦不堪。你認為中國人見到了每年來自歐洲的技術操作就會醒悟過來？這些珍品都被他們看成是多餘的事。」

吉涅認為兩個使團都一樣有害：「馬戛爾尼雖拒絕低頭，大大地損害了他自己的利益，同時也傷害了一個自以為高於他人的民族的自尊心。」相反地，荷蘭人答應叩頭「像是彌補了英國人的凌辱」。但他們受到的歡迎「與應該受到的並不相符」。所以「在中國人獲取經驗並明白自己在政治上之所以能存在下來，乃是因為他們國家遙遠，在他們明白對自己過高的評價完全是空中樓閣之前，派使團去中國本身就是個錯誤。總有一天那些蔑視外國人，把他們純粹看成是商人的中國人會承認：被他們如此侮辱的洋人竟那麼可怕。而外國一旦與中國交手，很快就會發現這個地處世界另一端的中國，從武力上來看竟如此落後。」

第八十三章 戈洛夫金——半途而廢的使團

（一八〇五年秋）

不是荷蘭，而只有俄國才能在北京與英國人競爭。凱薩琳大帝曾追擊逃往中國的原住伏爾加河兩岸的韃靼人，派過一支軍隊警戒中國邊界，並收容被天主教國家驅逐出來的耶穌會教士。她做這些好事時，當然在亞洲暗中有著自己的打算。

當馬戛爾尼坐船航向中國時，一個由拉赫曼中尉率領的使團在北海道登陸，想潛入日本，但未成功。倫敦就像聖彼得堡關心馬戛爾尼使團一樣，仔細地關注著這個規模極小的使團的一舉一動。我們還記得松筠在陪馬戛爾尼去杭州前，剛在蒙古與俄國人進行了一次成功的會談。

凱薩琳大帝死於一七九六年，但她的繼承人執行相同的政策。亞歷山大一世設法與中國不是在邊境而是在北京建立關係。沙皇的外交部長、波蘭的恰爾托雷斯基親王[1]助了他一臂之力。他貪婪地閱讀馬戛爾尼使團的敘述。俄羅斯帝國是中國的近鄰，它不能比遙遠的英國還不如。

事情發生在一八〇五年秋天，當時歐洲，包括俄國，正第三次結成聯盟來反對法國。指定的使臣是戈洛夫金伯爵[2]，他要一大群隨行人員，包括六十名衛士和一大隊騎兵。波蘭的大貴族任．波托斯基伯爵毛遂自薦，提出要以「伽伐尼[3]科學方面的學者」，即電子專家的身分陪同前往。恰爾托雷斯基的這位表親和朋友既聰明又有教養，

1 就是在促使作者寫這本書的那些著作——特別是斯當東、巴羅、赫托南的著作裡蓋有藏書章的那位恰爾托雷斯基。

2 編注：戈洛夫金伯爵（Golovkine Youri Alexandrovitch, comte），一八〇五年沙皇亞歷山大一世派往中國皇帝處的大使。後從庫倫（烏蘭巴托）折回。

3 編注：伽伐尼（Luigi Aloisio Galvani, 1737-1798），是義大利醫師、物理學家與哲學家，現代產科學的先驅者。一七八〇年，他發現死青蛙的腿部肌肉接觸電火花時會顫動，從而發現神經元和肌肉會產生電力。

他像馬戛爾尼一樣自信能讓中國人相信與科學技術先進的俄國交往，他們會得到好處。他特別想當戈洛夫金的高級政治顧問——但後者不想聽從任何人的意見。波托斯基是否向他建議過讀讀傳教士、斯當東、巴羅等人的著作呢？但戈洛夫金是以法國方式教育大的，他的答覆是「天下任何東西都比不上一位好廚師和美酒。」他打算以華麗的隨從、沙皇的威望以及自己的才能來使嘉慶——乾隆的兒子和繼承人——讚嘆不已。

波托斯基寫道：「全是因為沒有閱讀馬戛爾尼使團的敘述，我們才陷入讓我們使團遭受失敗的這場誤會中去的。戈洛夫金讓人在他的馬車上寫了這樣一句話：上帝是仁慈的，前進！然後就帶著一列引人注目的輕便隊伍上路了。」

三封信

使團向伊爾庫茨克前進。它未到喀山，封庫倫（烏蘭巴托）王[4]的信就提出把大部分隨從留在邊界上的要求；另外馬上要禮品的清單。戈洛夫金答覆說像他這樣身分的使臣，至少要帶兩百五十名隨員。

使團在色楞格斯克收到了第二封信，庫倫王再一次強調：「減少隨從人數並送上禮品清單。」戈洛夫金感到震驚，盡量把隨從減少九十人。在抵達邊境前的最後一站特羅伊次克，庫倫王的第三封信到了：「使臣若要一睹龍顏，就只能有七十人入境。」

波托斯基在給他兄弟的信中指出：「我的所見所聞都證明：由於他們制度的惰性，他們久而久之總會戰勝別人的極力反對。」

然而，只要使臣正式答應叩頭，就可同意帶一百二十四人入境。戈洛夫金為取得了進展而得意忘形，就作出了許諾。他不知道庫倫王受命讓使團在中國新年前隨無數朝貢者一起進京。他們在一八〇五年十二月十八日——即奧斯特金茨戰役和普萊斯堡和約之間——在俄國的禮炮聲中和中國的鞭炮聲中進入中國。

4 以中國皇帝的名義統治蒙古的國君。

那天數九嚴寒。熱茶一倒出來表面就結起一層冰碴。在庫倫王由他的滿族辦事大臣[5]伴隨著，再一次向戈洛夫金表示急於看到他們進京。他們請他第三天參加御宴。

聖體存在

戈洛夫金由一批威武的俄國和蒙古騎士伴同著來了。庫倫王把他帶到香案前對他說：「皇上在庫倫賜宴，實為皇恩浩蕩。你應當拜謝。我對這些點燃的香施禮，你也跟我一起施禮。」使臣只肯脫帽。庫倫王訓斥了他。俄國人回答無法相信這幾支蠟燭就是皇上。嗓門越來越高。庫倫王動了怒，後來語氣又緩和了。大家冷冷地分了手。

兩天後重開談判。但戈洛夫金遇到了障礙：「必須滿足禮部的要求。它的規定是必須服從的。」庫倫王又補充了一句早先使英國人大為驚訝的話：「你看，施禮並不是一件國家大事。」當然不是，但卻責任重大，若要拒絕，使命便會失敗。庫倫王說他已向北京匯報情況，在答覆到達之前，他什麼也不準備談。這需要二十天。蒙古包裡冷得令人無法忍受。

北京的答覆到後，庫倫王請使臣重新進行會談。「我現在執掌著攆走你們的權力。你到你們的皇上面前如何交差呢？」「我們的皇上會獎勵我們的！你若要攆我們，悉聽尊便。」工反駁說：「我對你們無法理解。派你們來北京，而你們卻想方設法地不去。」

他建議使臣請求皇上寬恕他未在庫倫叩頭，並寫信答應到京後重施大禮。信裡要按照中國的修辭習慣強調重複，連續允諾三次。戈洛夫金同意寫信，但不願道歉，並只允諾一次，他回去準備寫信。但馬上一些騎兵把庫倫王和他的將官原先已接受的禮品退回俄國人的營地，並給了他一封信：「你們是一群荒唐之徒。請即離開。」戈洛夫金讓他凍僵的部隊掉轉馬頭，快速奔向俄羅斯。

英國人曾想敞開南方狹窄的門戶；他們失敗了。俄國人則想推開北方那窄小的門戶，他們連試都沒能試成。

---

5 北京派遣到藩部——西藏、蒙古——土王身邊的高級官員，執掌實權。

與英國人一樣，他們想藉耀武揚威來取得成功。比英國人更傲慢？皇上不讓他們入京，以免再把他們從北京攆走。當時，這次失敗並沒有改變歐洲的命運，到時候，中國南北兩方的閉關自守，卻會改變世界的命運。

第八十四章 阿美士德——被驅逐的使團

（一八一六年～一八一七年）

一七九四年十二月，馬戛爾尼在一封未公開的信裡曾對他的使團做過樂觀的結論：使團「讓英國商人擺脫了一位醜惡貪婪的總督的專制統治，讓他們受到另一位真誠友好的總督的保護……它為兩國的友誼、為互相協商與直接接觸奠定了基礎」。

「直接接觸」從長遠看難道不是使中國人認識錯誤的最好方法嗎？一七九五年二月，當荷蘭人憤怒地離開北京時，馬戛爾尼建議派喬治．斯當東爵士為駐華公使。不幸的是喬治爵士癱瘓了，這計畫無法實現。不久喬治爵士去世。他的兒子接過火炬，並採取毫不妥協的態度。

這期間，英國聽從了錢德明神父的意見，設法與天朝保持關係。

乾隆的最後一份詔書

一七九五年十二月底，錫倫徹斯特號在黃埔停泊。船上裝著許多禮品和信件：有國王給皇上的，有馬戛爾尼給總督的，有東印度公司給海關監督的。但英國人不走運：總督已不是長麟，他拒收給他前任的信件和禮品；海關監督回答自己無權與外國人商談。一七九三年秋天在位的人，在信件來往的時間裡就已離開了舞台。

但國王給皇上的信卻送到了北京。乾隆在一七九六年二月初寫了回信：

> 天朝撫有萬國，琛贐來庭，不貴其物，惟貴其誠。已飭諭疆臣將貢物進收，俾伸虔誠。

乾隆又談到了西藏問題。他承認英國人沒有損及中國的利益，但強調這對戰爭的結局沒有影響——中國並不需要英國人：

彼時曾接大將軍奏及，爾國王遣使前赴衛藏投稟，有勸令廓爾喀投順之語。其時大功業已告成，並未煩爾國兵力。今爾國王表文內，以此事在從前貢使起身之後，未及奏明，想未詳悉始末。但爾國王能知大義，恭順天朝，深堪嘉尚。

這是老皇上所簽發的最後一份詔書——他第二天就依照一七九四年秋天在一份莊嚴的詔書裡所宣布的那樣遜位了：

明歲正居六十年……朕則春秋二十有五，始即位誕膺大寶，迄今八旬開四，康強逢吉，五代同堂……朕於感荷之余，彌深兢業……六十年元旦日食，上元月食……上天垂象，理修省……日月薄蝕，纏度本屬有定，數千百年後皆可推算而得……但元旦上元，適值日月虧蝕，實為昊穹示儆之景……明年元旦……不御殿，不受朝賀。

國家的迷信：在中國的舞台上換了演員。但他們演的還是同一齣戲。而對蠻族來說，在這齣戲裡也有一個下跪的角色可演。

嘉慶是乾隆第五子，他儀表出眾，性情溫順，所以博得了父皇的歡心。但從乾隆禪位至一七九九年老皇上駕崩，他只是表面上得到了值得炫耀的權力。是否從這時起嘉慶就對禮節有一種病態的愛好呢？或這只是因為缺乏權威而使用的保護自己的武器呢？宮廷生活很快就產生了一種奇怪的狂熱氣氛。

帝國遭受了種種危機。沿海盜賊橫行。白蓮教起事後又發生天理教叛亂。聞所未聞的是起事者甚至在宮中找到內應，一八一三年攻入宮中威脅到皇帝的生命安全。[1]

更為聞所未聞的是，英吉利蠻族竟說要在中國土地上站穩腳跟。以阻止法國人——他們剛侵占了葡萄牙——占領澳門為理由，海軍司令德魯里率當加拉艦隊於一八〇八年九月，在華人與葡人居民一片嘲罵聲中占領了該城。北京做出強而有力的反應，對該地加以封鎖，並發出最後通牒。澳門窒息了：英國人退出了該城。一次無謂的行動嗎？比無謂要來得更壞：中國人認為英國人丟了面子；實際上他們令中國人害怕。他們將為此付出沉重的代價。

廣州的商業也受到大大小小的衝突的影響，進行得很不順利。中國比以往任何時候更處在驕傲的自我封閉狀態之中。在事實上是這樣，在思想上更是這樣。

勝者的使團

而戰勝了拿破崙後，英國人具有振興商業的手段和需要。他們想再一次試試高峰外交的運氣，二十三年的戰爭不就證明了馬戛爾尼奉命去證實的一點：他們的國家是西方第一強國嗎？英國內閣向北京宣告法蘭西帝國的崩潰。他們得到的回答表明對方毫不在意：「爾國遠隔重洋……但爾國王能知大義，恭順天朝，深堪嘉尚。」

怎樣才能打破把馬戛爾尼拒之門外的那種傲慢的孤立狀態呢？英國決定派一個新使團，由貴族院議員、蒙特婁戰役勝利者[2]的侄子和繼承人威廉·皮特·阿美士德（William Pit Amherst, 1st Earl Amherst）率領。他不如馬戛爾尼經驗豐富；但可讓最有能力的專家托馬斯·斯當東當他的副手，後者從孩提時起就一直在學習中國的語言、歷史和種種奧祕。再說他已在那裡取得了成就。他已是廣州的特別委員會——東印度公司執行機構——的主席。他熟知天朝的一切，從未被它所迷惑。可能他在設法為小時自己從事的流產事業報仇。

中國人怕他。當北京獲悉他將擔任副使，就強硬地提出讓他留在廣州。他回答說他的國王要他去哪裡，他就

1 指嘉慶十八年九月由林清率領的天理教徒，在信教的太監接應下，攻入皇宮之事。

2 編注：阿美士德的叔父傑富利·阿美士德勛爵（Jeffery Amherst, 1st Baron Amherst）是著名的英國陸軍將領，曾任弗吉尼亞和英屬北美洲總督等職。由於他在一七九七年去世時沒有子嗣，所以其貴族爵位就由阿美士德繼承。

去哪裡。中國人接受了，但從此他們提高了警覺。

然而，斯當東同意東印度公司的謹慎態度。與馬戛爾尼時一樣，它也沒有在使團中產生什麼決定性的影響力。年初，一份詳盡的報告就寄到了倫敦：「自從一八一三年的弒君陰謀以來，中國政府變得易怒和脆弱了。它比任何時候都不願接見外國人，哪怕只是去表示敬意的外國人。如果某項活動只要略為帶點指責，就肯定會失敗。」要在廣州與北京之間保持固定聯絡嗎？往北再開放第二個港口嗎？斯當東在一個按語裡寫道：「這兩點前一個使團提出時已遭拒絕，這次處理時應該特別小心。」

一八一六年二月八日，阿美士德勛爵登上一艘名叫阿爾賽斯特的戰艦，他的旅程只有馬戛爾尼的一半，於六月底到達中國海，在那裡與斯當東和使團裡的其他「廣州人」會合。「幾天之後，矯揉造作而語氣傲慢地」允許向北直隸灣啟航的命令下達了。

叩頭或不叩頭？

七月二十八日他們到達北直隸。馬上就提出叩頭（在日用英語裡既是名詞，又是動詞）的問題。阿美士德勛爵並無成見，他的顧問卻意見分歧。使團的第三把手埃利斯認為叩頭只是無關大局的形式。斯當東則持相反意見。到達天津的第二天，他堅持要把他的主張記入給勛爵的一份報告裡：「哪怕會導致使命的失敗，也完全不應同意叩頭。荷蘭的經驗不正說明了接受這種羞辱也還是無濟於事嗎？」

英國的內閣則採取實用主義的態度：派人去北京是為了設法獲得某種東西；叩不叩頭則要看從中能得到什麼好處。東印度公司的領導則建議到廣州後再定：既然要讓人更尊重英國的榮譽，那就不應該一開始就玷汙它。

阿美士德之所以決定拒絕叩頭，是因為他很快發覺他的使命是一場力量的較量。陪隨使團的中國官員八月四日一上阿爾賽斯特號戰艦就冷若冰霜。其中一位叫蘇楞額，一七九三年在廣州當過海關監督。無論提什麼要求，都得不到滿足，甚至得不到答覆。他們對攝政王[3]的信非常反感，把它退回給使臣，因為信竟以「陛下，我的兄弟……」開頭。

阿美士德緊抓住馬戛爾尼的先例不放。而中國官員發誓說他們親眼見到馬戛爾尼行了叩頭禮。嘉慶的一道詔書上也這樣說：「爾使臣行禮，悉跪叩如儀。」

在天津，一張供桌上鋪著黃綢，點著香。中國人在前面跪下。阿美士德仍然站著，慢慢地脫帽鞠躬。這奇怪的禮節後舉行宴請，英國人也得盤腿而坐。中國官員不加掩飾地表示蠻族不會這樣坐，不能讓他們帶著野蠻的樣子去見皇上。阿美士德和他的隨從答應下跪。馬上中國官員請他表演一番。他拒絕了。斯當東想起了孩子的作用，建議讓當扈從的阿美士德勛爵的侄子來表演。

過了天津，又從另一方面來施加壓力：使臣的隨從人員太多了。然而這次只有七十五人，而馬戛爾尼卻有九十五人。但禁令是皇上自己下的。托馬斯．斯當東報告說：「上諭是用硃筆批的。」一中國官員提出遣返樂師。但已不可能！因為船又出海了。強烈的不滿。於是又提出叩頭的問題。中國官員說：皇上不容許任何違反禮儀的行為。阿美士德又採取馬戛爾尼的辦法，提出由一位與他級別一樣的中國官員在攝政王的像前叩頭，同時他也向嘉慶叩頭；或者讓未來準備派到英國的中國使節向攝政王陛下叩頭，中國人怒不可遏。阿美士德勛爵最後回答他可以下跪三次，每次俯首三次——這是托馬斯見到他的主人在一七九三年所施的「得體的禮」。阿美士德拒絕做進一步的讓步。

在使團行進的路上，中國人又糾纏不休。有一次下起傾盆大雨，他們竟不讓英國人坐轎子，說是「京城近在咫尺，坐轎子會損害皇上的尊嚴」。三位俄國傳教士要求會見使團，也被攆走了。

接著，他們又揭發東印度公司的兩位專員斯當東和埃利斯，說他們是「商人」，沒有資格覲見皇上。最後，又傳出一條謠言：正在起草的一份詔書，說要驅逐使團。一位中國官員拿出一份宮內文件的抄本，肯定馬戛爾尼勛

3 英王喬治三世陷入精神錯亂後，他的長子在一八一一年開始攝政，直至一八二〇年其父死後才以喬治四世的名義接位。

爵行了叩頭禮。

而嘉慶自己在八月二十五日的聖旨裡卻說：「朕以遠國小臣，未嫻儀度，可以矜恕。」而只要「盡可能做好」就行。他手下的人極力巴結。正是由於這種熱情，天朝的行政權力才擺脫了它的主子的控制。

皇上最後把自己的皇舅國公和世泰派來伴同阿美士德。和世泰接見英使臣時態度冷淡，不請他坐下；在談到馬戛爾尼所施的禮節時反駁說：在乾隆年間發生的事在嘉慶年間不再適用。國公怒氣沖沖地說：三跪九叩禮一定要行全，否則使團將被趕出去。「嘉慶乃天下之君，世人皆應敬之。」

暴行

隊伍在八月二十八至二十九日的夜裡到達北京：一切都未事先商定。英國人又髒又累，困惑不解。中國人讓他們直接去紫禁城，幾乎已是午夜了。英使要求把他們先帶回住處。中國人閃爍其詞：國公將要來。陰謀的跡象：在這不適當的時間，高級官員和親王身穿朝服都來了。戲劇性的情節：「接見提前了；它將馬上進行；只有使臣、兩位專員和翻譯馬禮遜可進去。」和世泰突然來到，他勸阿美士德屈從同意叩頭。

那時發生了一場令人目瞪口呆的爭吵，一群中國官員撲向來者強把他們拉去見皇上。有人推他們；有人硬拽著他們的胳膊往前拉；到處喊成一片。阿美士德抵擋著，藉口疲勞、衣冠不整、時間太晚，抗議對使節動武；他說他拒絕叩頭，最後要求大家走開。他的抵抗被匯報上去，龍顏大怒，要他立刻離京。就在當夜，使團就不得不走上歸途。

無法說的是一個蠻族的使臣竟拒絕叩頭。連使臣會有這種念頭這一點也說不出口。官方的說法找了另一個把他們趕走的理由。這份詔書是為檔案館寫的，供後世了解情況：

> 朕傳旨開殿，召見來使。和世泰初次奏稱不能快走，俟至門時再請。二次奏稱正使病洩，少緩片刻。三次奏稱正使病倒，不能進見：即諭以正使回寓賞醫調治，今副使進見。四次奏稱副使俱病，俟正使痊癒後，一同進見。中國為天下共主，豈有如此侮慢倨傲，甘心忍受之理。是以降旨逐其使臣回國，

不治重罪。

準是怕英國人報復才這樣做。應該糾正違背禮儀的事。只有無知的夷人才會犯錯誤。現在把他驅逐出去，但皇恩浩蕩，並沒有給他們別的懲罰。

相反地，國公卻受到了處分，是他讓皇上遭到了羞辱。隨同的官員被革職查辦。按習慣做法，誰出了不好的建議就要付出代價：僕人哪能超越主子的意志？這是事後讓英國人感到滿足的做法。

撤出中國

去的路途很艱苦；歸途更是遭了殃：路的情況、中國人經常不知趣、陪同人員公然表現出敵意。甚至發現有人下令讓乞丐坐在隊伍經過的路上。埃利斯說這些人「到處亂鑽，髒不可耐，處於半野蠻狀態，身上帶臭蒜味，擠著坐在又髒又破的床單上。」

他們走的幾乎是馬戛爾尼的原路，但主要是走陸路。他們比一七九三年更感到中國人態度傲慢且無法表現自己國家的強盛。微笑政策被斥罵政策所替代。這次「撤出中國」整整花了四個月零八天。

皇帝給攝政王的信在廣州按習慣的隆重方式交給了使團，但並沒有開闢新的前景：「嗣後毋庸遣使遠來，徒煩跋涉，但能傾心效順，不必歲時來朝，如稱問化也。俾爾永遵，故茲敕諭。」

然而和一七九四年一樣，因為擔心產生不良後果，中國人頒布了幾個有利於歐洲人經商的地方性法規。埃利斯寫道：在黃埔，「阿爾賽斯特號船員高呼三聲烏拉，這使使團的所有成員都激動得流出了眼淚。」

在澳門，奇怪的是兩廣總督讓他的部隊跨過了隔離半島的工事，中國士兵竟在一八一七年一月二十八日來歡送勛爵動身。

另一個安慰的舉動來自特別委員會，就是說來自主張保持尊嚴的斯當東：「閣下受到的待遇和對方中止談判的蠻橫態度令我們也感受到侮辱。但我們要為後來發出的上諭向大人表示祝賀。這些諭旨表現了後悔之意，一位專制君主能這樣完全是出乎意料的事。」他在信的結尾處又說明了自己的主張：在中國，「屈服只能導致恥辱，而只要捍衛的立場是合理的，態度堅決卻可以取勝」。

這樣的語言，我們在二十三年後鴉片戰爭前又將在同一位托馬斯·斯當東的嘴裡聽到。

第八十五章　聖赫勒拿島上戰俘的忠告

（一八一七年六～七月）

歸程中，阿美士德在聖赫勒拿島停泊，與馬戛爾尼一樣。但在兩次遣使期間，島上多了一位不朽的人。一八一七年三月，拿破崙就得知使團將要到達。此一消息在他身上又產生了早就存在的對東方的幻想，中國在其中占據一定的地位。他生性對一切都好奇，八年以前，即一八〇九年，就決定要出版一本中、法、拉丁文詞匯。他委託編寫這本詞典的不是別人，正是我們在廣州的觀察員、剛出版了《北京之行》一書的路易·克雷蒂安·德·吉涅。

他也沒有忘記一八一一年勒努阿爾·德·桑德－克魯瓦給他的一篇文章。作者在四年的旅行途中到過廣州，在那裡遇見了托馬斯·斯當東。在文中他建議派一個使團到北京，以「重振法國革命前在那裡享有的威信」。使團應「讓中國人了解陛下的豐功偉績；提出不讓英國人在中國經商；因為中國政府蔑視經商的民族，使團要由軍人和學者組成，這樣便能受到較好的接待。」桑德－克魯瓦說明：俄國使團未被接見乃是因為他們在禮儀上有不恰當的要求。法國使團應經西伯利亞到達北京：考慮到大陸封鎖，沙皇不會拒絕他們通過。第二年夏天，不是一個使團，而是帝國的大軍進入了俄國。

拿破崙猜到英使會要求見見自己這頭被俘的老鷹。他用三個月來準備這次訪問。他讀了——或重讀——馬戛爾尼使團的紀實。[1]

1　他的愛爾蘭醫師奧米拉留下了見證，阿美士德未發表的日記也可作為補充，聖巴巴拉的邁克爾·高爾文先生客氣地讓我複印了一部分內容。

阿美士德寫道：「我很想去朗伍德波拿巴[2]的寓所表示我的敬意。」根據英國習慣，他一直稱拿破崙為波拿巴；當他用「皇帝」一詞時，總是出自拿破崙的夥伴嘴裡並加上著重號，像是要強調用得不合時宜。

兩位奇人見面了。阿美士德對一位震撼了歐洲的人感到好奇。拿破崙則對某天會讓世界震撼的國家感到好奇。囚徒很快就會養成自言自語的習慣。在接見阿美士德之前，拿破崙已經對中國有了某種看法；他不斷地對他的流放夥伴談起他夢想天朝壓壓英國的傲氣，替他報仇。從滑鐵盧以來才過去了兩年零十天——這天是一八一七年六月二十八日。拿破崙在尋找涅墨西斯[3]之路。而英國人對被他們打垮的這位科西嘉將軍的全球性復仇願望是否在乎呢？

法國皇帝與中國皇帝，並肩戰鬥

從一八一七年三月起，拿破崙就怪英國內閣未讓阿美士德服從所去國家的習俗——「要嘛就乾脆不派他去那裡。」「不管一國的習俗如何，只要該國政府的主要人物都遵守它，外國人入鄉隨俗就不算丟臉。在義大利，您吻教宗的騾子，但這並不視為卑躬屈膝。阿美士德好像中國最高官員一樣對皇帝施禮，一點也不會有損名譽。」他指責奧米拉說：「你說他準備像向自己國王那樣向皇帝行禮，但你怎麼能要求中國人服從英國的禮節呢！」

為使他的推理更為明確，拿破崙甚至使用粗俗的說法：如果英國的習俗不是吻國王的手，而是吻他的屁股，是否也要中國皇帝脫褲子呢？」拿破崙一面說一面做動作——並與奧米拉一起哈哈大笑。

當他們由衷地開心了一陣後，拿破崙又說：「如果我要派使節去中國，我就命令他先向中國最高官員打聽在皇帝面前應施的禮，如果中國人提出，就讓他服從中國的禮節。你們（指英國人）可能因為做這種蠢事而失去中國的友誼以及許多商業上的利益。」在阿美士德抵達前三個月他就這樣說了。

2 編注：拿破崙（Napoleon Bonaparte）來自波拿巴家族。他最後被流放到聖赫勒拿島時，即幽禁在朗伍德（Longwood House）。
3 編注：Nemesis，希臘神話中被人格化的冷酷無情的復仇女神。

夏多布里昂說：「拿破崙在阿美士德勛爵從中國出使回來時答應接見他……波拿巴不露聲色；他的頭部就像一尊大理石的雕像，上面的白色因為時間的久遠而略微有些發黃。這種表面的平靜使人認為他的才華之光已蕩然無存。他話說得很慢。有時他目光灼灼，但這種光彩稍縱即逝。」

我們有許多真正的見證而不必拘泥於這位所謂證人的敘述，哪怕他十分有名。《墓畔回憶錄》沒有說到，但英國的旅遊者記錄的都是：法國皇帝已被廢黜，卻像全盛時的中國皇帝一樣注意禮儀，勛爵不得不承認被拿破崙接見與被嘉慶接見一樣困難。他先是遇到了兩種相反的意見。聖赫勒拿島的總督赫德森．羅米說要陪他同往，拿破崙則派人告訴他：要是這樣，他就不接見英使。皇帝寧願放棄一次他期待已久的會見而不願讓這位他恨之入骨的看守者闖入他的住宅。赫德森．羅米希望阿美士德出自對他的尊重會放棄這次接見。事實並非如此。

這次會見的安排十分細緻，阿美士德說：「六月二十九日星期天，我在拓殖府接待了來訪的貝特朗伯爵。他告訴我皇帝臉部有病還沒好，但他很想在我動身之前見到我（如果這可能的話）。我可以第二天派人去朗伍德，那時可以做出最後的答覆。」「果真星期一來了回答。貝特朗伯爵邀請我和隨同我的各位先生第二天三、四點鐘之間去見皇帝。」

在會談時，阿美士德觀察了關押囚徒的環境。他很驚訝拿破崙會有這麼大的地方。足足可以跑馬十二英里，而且沒有任何英國官員的監督。「波拿巴抱怨他被幽禁而無法活動的說法是毫無根據的。」啊！如果廣州的英國商人和官員能享受同樣的自由，他們就會把旅居地視為天堂。那就毫無必要派一個使團來為他們爭取這些條件了。

使團的醫師克拉克．阿貝爾寫道：「接待儀式很莊重。一位穿著拿破崙家制服的男僕像當年顯赫時那樣站在門前，像是反映逝去的榮耀的幻影。我們由貝特朗領著，受到蒙托隆的歡迎；阿美士德勛爵馬上被領進去見波拿巴。一小時後，輪到埃利斯進去；又過了半小時，使臣的全體隨從人員也進去了。

「我們在他身邊圍成圓圈，他走來走去，根據我們的專長和在使團中的地位一個個地詢問。顯然他想取悅大家，而且相當成功。但如果在離開該島前不知道他事先已讓人把使團成員的情況提供他研究的話，我們長時間都會認為他是想在我們每人面前炫耀一下自己的說話藝術。」

阿美士德勛爵單獨會見時沒有任何別人參加，除了他本人外，沒有人介紹過。下面是他說的情況：

「我面前就是這位非凡的人。他上身穿一件綠色禮服，下面是一條白褲子，腿上是絲綢的襪子和帶結的鞋子。胳膊下夾著一頂三角帽。胸前佩戴著榮譽軍團的勛章。以前我見過有畫把他畫得有些虛胖；事實上完全不是這樣。他有些肥胖，脖子很短；但四肢很勻稱，我認為他還能經常進行鍛鍊。他的目光冷酷敏銳，一說話就活躍起來。談話主要涉及四個主題：我的經歷、中國、在島上他受到的待遇以及歐洲政治。」

拿破崙教訓英國人

談到中國時，皇帝沒有批評阿美士德的做法：「他問到我在北京的情況，打聽了韃靼的禮節。但他並沒有像我準備的那樣就我屈從的可能性發表任何意見……後來他問我在中國旅行的情況。關於他自己在島上的命運，他不願使我們為難，我已經要就使命的失敗向政府作出匯報，如再要我額外帶口信就太過分了……接著他讓人請埃利斯進來……其餘的隨從人員很快也進入了大廳……他對每人都說話，包括我的侄兒傑弗。他覺得他臉蛋漂亮（原文為法語），問了問他從中國旅行後帶些什麼東西回家。」

阿美士德原來準備拿破崙會教訓他不該拒絕叩頭。確實，提供他情況的英國人——從奧米拉開始，還有了解一切的赫德森．羅米——非常清楚地把這點告訴了他。為什麼拿破崙沒有對英使說這早已在他的親信面前重複了多次的話呢？可能是他認為英使已因為使命失敗而蒙受了恥辱，所以不願再使他丟臉。他很了解人，他不懷疑阿美士德已經幾乎一字不差地聽到了他說的話。這樣加上一種體貼的姿態，反倒給英使就國際關係中的教養問題上了一課。

拿破崙對這問題十分重視，在阿美士德勛爵走了幾星期之後，他還向奧米拉充分地說了自己的看法：「你們的大臣預見到在禮節問題上會遇到困難；所以在派阿美士德去那裡前，就同意他尊重當地的做法。似乎他自己也認為應該按當地的習慣做。他是聽從了不正確的意見而拒絕這樣做的。」

拿破崙除了從阿美士德說自己外還能從哪裡了解到這些詳情呢？阿美士德事後是否就與他的副手托馬斯．斯當東分道揚鑣了呢？但也許他只是自己想當然地去理解英使的話。五年之後，阿美士德寫信給托馬斯．斯當東說：「我在任何時候，即使在內心深處，也沒有為聽從了您的意見而後悔。您不可能為您預言的實現而比我更為滿意了。」

拿破崙把他的批評提高為理論：「把使臣等同於他們君主的想法是完全錯誤的，由他們簽署的協定如無派遣他們的當局批准就不算有效。任何君主從來也不會把使臣當作與他地位平等的人。」「外交官拒絕叩頭就是對皇帝不敬。馬戛爾尼與阿美士德提出中國國君答應如派使節去英國也要他叩頭！中國人拒絕得對。一位中國的使節到倫敦應該向國王施英國大臣或嘉德騎士勛章得主一樣的禮。你們使節的要求完全是荒謬的。」

他用專斷的語氣總結說：「被派到土耳其的勛爵在受蘇丹召見時難道可以不穿要求的皮裡長袍嗎？……一切有理智的英國人應該把拒絕叩頭看成是不可原諒的事。」

拿破崙說話的口氣就像天子的聖旨。他仔細閱讀了馬戛爾尼使團的記實，認真地聽了阿美士德的介紹。但他對叩頭的看法準確嗎？只是禮節要求的屈屈膝蓋？他忘了它意味著只有一位皇帝，其他君主都是他的諸侯：對這些諸侯，中央王國的達官貴人是毋需叩頭的。當然，在傳統的中國，叩頭是常行的禮節：士兵見了軍官，商人見了縣令，兒子見了父親，一家人在死者面前都要叩頭。這只僅僅表示尊敬而已。直至今日，儘管「解放」、「反孔」和其他的文化革命，孩子在春節時還給祖父母叩頭。但，叩頭是表示中國等級時專用的──還是代表天意捍衛等級的人專用的。它並不是無關緊要只表示敬意的一種姿態，而是小國對大國臣服的確認。我們是否要讓自己糾纏到天上的等級制度裡去呢？

主張和平的拿破崙對征戰者

這就是昔日的教訓。對未來則是：「你們說可以用艦隊來嚇唬中國人，接著強迫中國官員遵守歐洲的禮節？真是瘋了！如果你們想刺激一個具有兩億人口的民族[4]拿起武器，你們真是考慮不周。」

拿破崙很實際，他指出另一條道路是通暢的，特別是對他所說的英國這個「小店主的國家」來說更是如此：

4　拿破崙低估了中國人的數目。一七九一年時，中國人口為三．三億，而根據一八一二年的統計，當時已達三．六一億。

「如果當時付給中國最大的官員一百萬法郎，一切就可解決了。這個使團並不能影響國家的榮譽。應該把它當作一筆商業交易，而不是當作與國家利益直接有關的事情。」

一筆商業交易不直接影響國家利益。只有名譽問題才要緊。不應該把名譽混在一樁商業交易之中。拿破崙真是典型的法國人！他的侄子——稱作三世的那位——得到立法議會的支持。為了一封被俾斯麥故意巧妙地竄改的信件向普魯士宣戰。但國際貿易卻在法國境外發達起來。

拿破崙對在倫敦廣為傳播的、用武力為英國商業打開中國大門的意見十分惱怒：「要與這個幅員廣大、物產豐富的帝國作戰將是世上最大的蠢事。可能你們開始會成功，你們會奪取他們的船隻，破壞他們的商業。但你們也會讓他們明白自己的力量。他們會思考，然後說：建造船隻，用火炮裝備它們，讓我們與他們一樣強大。他們會把炮手從法國、美國，甚至從倫敦請來，建造一支艦隊，然後把你們打敗。」

後來日本人就是這麼推理的，而不是中國人。為什麼他們違背了拿破崙寄託在他們身上的希望呢？為什麼他們至今尚未證明他可能說過的預言：「當中國覺醒時，世界也將為之震撼」呢？

當英使羞愧地返回英國時，拿破崙倒成了和平的捍衛者。他比任何人都明白人們會多麼沉醉於武器交鋒的聲音之中。馬戛爾尼曾經莊重地總結說：「我們現時的利益，我們的良知和我們的人性禁止我們去考慮派兵遠征中國，除非我們絕對肯定我們的忍耐沒有用。」

這種耐心又一次失敗了。不耐煩的拿破崙主張更多的耐心，驕傲的拿破崙宣揚卑躬屈膝。出自他的口中，此一教訓完全是反其道而用之，所以無法被人接受。阿美士德返回倫敦時還在反覆回味著自己遭到的挫折。外交官將不會再遭到第三次失敗。應由軍人來說話了。

第八十六章　鴉片換茶
（一八一七年～一八四〇年）

介於外交官可憐地撤出和軍人勝利進軍之間的是鴉片商的陰險滲透。外交官試圖打開中國的大門，但失敗了。毒品走私者卻從後院進來。一旦到了裡面，他們就四通八達了。

開始時，他們追求的目標並不大：填補西方貿易的逆差。中國出口了大量的茶，但什麼也不願買。乾隆不是說過中國什麼都不要嗎？英國走私者卻在中國人中創造了一種需求：一種像茶對歐洲人那樣無關緊要的需求，但卻不是那樣無害了。私下進口鴉片補償了官方出口的茶。

鴉片毀了中國。它又摧殘了個人。它的地下交易破壞了中國的制度，同時也破壞了東印度公司的商業壟斷。從一八一三年至一八三三年，中國的茶葉出口只翻了一倍，但它進口的鴉片卻是原來的四倍。錢從中國流出以支付腐蝕它的毒藥。兩條互不通氣的線路：皇帝積累賣茶的收入；中國人輸出貨幣以換取毒品。帝國動搖了，鴉片影響深遠。當局知道這問題。

一八二〇年，廣州總督終於向此一交易開刀了。為什麼那麼晚呢？可能他以現金或鴉片的方式從中獲利過……總之，他下令逮捕中國的零售商。交易卻在遠離中國官方耳目的伶仃洋[1]進行得更為興旺。貨物在那裡安全地卸下。但總還要從廣州轉口，因此還得賄賂中國官員。

從一八二〇年起，市場迅速發展：葡萄牙人與英國人之間，還有與「私人」的競爭使煙價下跌；需求量也在增加。一位經銷人說：「鴉片就是黃金，我隨時隨地都出售。」

1　編注：位於中國廣東珠江口之外，為珠海與香港新界一帶之海面，其南面為九洲洋。

一八三二年，最富有的英國「私商」查頓（後來設在香港，現在設在百慕達和新加坡的世界上最大一家貿易公司怡和洋行的創始人）往北去試試運氣。他的沿海船速度快，武器好，在福建和浙江沿海隱蔽的小灣裡直接出售毒品，他找到了新的顧主。銷售額迅速上升了。

馬戛爾尼訪華後四十年，仍是外國的唯一對話者的兩廣總督在一八三三年質問大不列顛和愛爾蘭的國王，並提出人權問題：「我在本國禁煙，為何讓奸商趨利而害我國民？」這位文官要求一視同仁地對待英國人民和中國人民。如馬戛爾尼與阿美士德讀了都不會相信自己的眼睛。

稍後，御史袁玉麟給道光的奏摺中流露了這種不安：「自天朝之始，當未遭此大患。此毒毀民理智，損其肌膚；如愛之傷我心腑毀我家園。」劉鄂則寫道：「我吃煙的朋友很多，如求他上癮吃的，一個也沒有，都是消遣消遣，就消遣進去了。」

馬戛爾尼與阿美士德失敗之處，走私者卻成功了。說他們走私，這只是表面現象。英國在支持他們。當然不是全國；為了國家的名譽，部分輿論表示異議：「一些人躺著，神色頹唐，臉上露出一絲傻笑。」回答則是：英國商業實行的最高社會準則：個人努力、自由經營；而鴉片則是它的關鍵。這足以使人停止談論所有顧慮了。

一向十分謹慎的廣州遴選委員會竟這樣寫：「馬戛爾尼與阿美士德兩個使團的失敗，強烈地促使我們明白藉由談判，在中國得不到什麼東西。」戰爭就成了以其他方式表現的外交的繼續。「中國老百姓受到官吏的壓迫，苛捐雜稅的盤剝，甚至會贊成用武力的方式來消滅束縛貿易的官僚制度。商務開放就意味著中央王國的滅亡。」外國可按中國人的利益發動對華戰爭。

正處於鼎盛時期的英國人被瀕於滅亡還死要面子的龍的要求激怒了，他們把毒品交易、爭取自由的戰鬥、國家榮譽混為一談，發動了一部強大的戰爭機器來反對清朝帝國的最後勢力。

鴉片侵害了中國的文明：由它激起的這場戰爭會讓中國人相信西方人不是蠻族嗎？鴉片使中國人沉睡，以它名義發動的這場戰爭是否會把中國人喚醒呢？

角逐前的良心

一八三二年，胡夏米船長負有祕密任務清查馬戛爾尼使團在一七九三年至一七九四年間觀察的中國海防情況是否有效。一群作戰用的帆船突然包圍了阿美士德號三桅戰艦，戰艦把這些帆船都趕跑了。英國海軍就得出了這樣的結論：「本地全體海軍船隻不能阻止一艘商船進口。」胡夏米也發現「最好的港口——廈門、寧波——也總是只受到微不足道的炮的掩護，根本無法阻止敵人接近。」中國人的軍事組織並未改變，海上入侵對他們來說仍是不可思議的事。皇帝有著十萬滿人組成的大軍用來粉碎內部叛亂。沿海只有當地民兵和一些小堡壘：只夠擊退海盜的竄犯。

一八三三年，倫敦廢除了東印度公司的專賣權，任命一名駐廣州的英國商務「總監」，並向兩廣總督派了一名駐廣州的外交代表，好像馬戛爾尼沒有遭到拒絕而得到了他所要求的東西。

內皮爾勛爵在一八三四年七月抵達廣州，他的國書未被接受，並得到撤往澳門的命令。他拒絕了，總督讓人封鎖英國人。內皮爾開了槍。最後他只得往澳門避難，後得瘧疾死在那裡。

中國人更堅信西方人是些長駐的人質和「紙老虎」。英國人開始理解馬戛爾尼說的「如果忍耐失敗的話」，沒有一個像樣的戰爭機制「就無法改變任何事情」。馬戛爾尼是對的。然而還是準備再忍耐一下，要派第三個使團去北京。這次由托馬斯．斯當東率領。後者表示反對，因為英國將會處於劣勢。

在這期間，貿易繼續進行。取消東印度公司的專賣權使廣州的公行不知所措。它告知說：「如果夷人私人經商，怎樣才能控制貿易呢？」西方式的個人負責的邏輯——有著一千個頭的自由——使中國人大為驚訝。這些同一軀體的腦袋如何對付五十五間獨立的商行和兩千名英國的季節性的商人呢？獨一無二的公行應該讓位於誰也指揮不著並積累起巨大財富的買辦中間商了。這樣，英國資本主義的飛速發展對中國的資本家也有利。乾隆十分害怕的「奸商」人數大增，占了顯要的地位。

皇帝拒絕和西方建立正常的貿易關係，這是否就會使一場侵略對抗成為不可避免了呢？而在對抗中帝國將被粉碎，中國將被瓜分，因為死死地糾纏於禮節，他是否就成了使王朝垮台和國家沒落的千古罪人呢？馬戛爾尼正確地預言了整個十九世紀的歷史：

「中國人已從清朝人統治強制他們所處的政治麻木狀態中醒悟了過來，他們開始感到自己天生的能量復活了。一次輕微的撞擊會在火石上濺出火星，並把反抗的烈火燃燒到全國各地。」

面對總是以強國（其實它已沒有強盛的國力）自居且態度傲慢的中央帝國，英國已越來越不耐煩。英國人的活力無法發揮，中國十分虛弱還要毫不妥協，雙方都被激怒了。所有的戰爭總是透過尋找屬於先驗範圍的正當理由來合法化的。對中國人來說，已達到的完美是個正當理由；對英國人來說，可臻完善的進步才是正當理由。兩者並不屬於同一個思想領域。他們越來往，互相越不能容忍。在這種傷害對方的不理解狀態中，兩種文明互相撞擊，每一方都認為自己是世界第一。

大辯論

鴉片加速了撞擊。一八三六年，中國的貿易收支第一次出現了赤字；中國進口總額的四分之三都用於毒品。翰林院學士在一八三七年揭露了「歲漏銀千萬兩，荼毒國人益眾」。湖廣總督向道光皇帝警告說：「若猶洩洩視之，是使數十年後，中原幾無可以禦敵之兵，且無可以充餉之銀。」

社會與國家一樣受到了威脅。儒家念念不忘的「治」更加重了對社會解體的憂患。御史袁玉麟還說：「百姓若仍沉湎於毒物，則夫無以訓妻，主無以使僕，師無以教學子。民心將毀於一旦。」皇家水師的韓將軍私運鴉片，從中獲利。[2]廣州各大商行原先不願插手這非法交易，這時也沉溺於這類買賣中了。

「道德主義者」把鴉片視為「邪教」，它「毀我中華」並「把其降為蠻夷之列。」在他們的號召下，另外一些中國人則提出了「政治的」理由：禁煙只是空想；真正的問題所在是銀源外流；所以應該對進口鴉片課稅，使鴉片貿易合法化，或者內地種煙。面對無法控制的毒品入侵，中國經歷了一場激烈的辯論，就像今日席捲美國的

2 這裡指的是水師副將韓肇慶。《聖武記》說他「專以擁私漁利，與洋船約，每萬箱許送數百箱與水師報功，甚或以水師船代運進口」。

這場辯論一樣。不同的是現代的販毒不再裝出道貌岸然的樣子。

皇帝無所適從，命於一八三八年五月討論此事。「道德主義者」占了上風。一八三七年，廣東巡撫逮捕兩千名零售商，關閉了所有的煙館。有名的文人林則徐是「道德主義」派的信徒，他說過這段驚人的話：「死刑是對吸煙者非常嚴酷的懲罰。但是用死刑威脅他、恫嚇他除去這種惡習是對的。吸煙之輩陷溺已深，會因戒煙痛苦而拖延到追悔莫及。因此，煙癮必須由國家幫助來戒絕，須開設戒煙院。」

一八三八年十二月，皇帝授林則徐欽差大臣，赴廣州，享有全權。他把中國引向了戰爭。懾服煙民煙商，這就是上面的指示。與夷人作戰，那根本不可能。北京的朝廷從未考慮過這政策在外部引起的後果。外面仍然是不存在的。

一八三九年三月，林則徐一到廣州就開始工作。他要求西方人報明有煙實數，然後加以銷毀。六星期後，他讓人在廣州對面的虎門灘上當眾把兩萬零六百一十九箱鴉片倒入生石灰坑中，一共燒毀鴉片兩千噸。這些措施給外國人一個突如其來的打擊。但新任的英國領事查理．義律平靜地抵抗著，並設法爭取時間以從歐洲和印度請來援軍，同時還要處理種種加劇緊張局勢的事件。

林寫信給維多利亞女王時卻抓住了問題的實質：「聞該國禁食鴉片甚嚴，是因明知鴉片之害也，既不使為害於該國，則他國當不可移害，況中國乎？……外國所必需者，易可勝數。而外來之物，皆不過以供玩好，可有可無……且聞貴國王所都之嘣（倫敦）……等處，本皆不產鴉片。惟所轄印度地方……連山栽種……貴國王誠能於此等處拔盡根株，盡鋤其地，改種五穀。」

林則徐和倫敦並沒有把問題放在同一平面上。林認為問題的實質是一場反毒品的爭戰；倫敦卻認為這涉及到經營和經商自由這一神聖權利問題。

托馬斯．斯當東的威信發揮了影響力

一八三六年，托馬斯．斯當東用一篇短文排除了一場武裝衝突。到一八三九年，他的感情演變了，他認為「中國不斷向英商挑釁，後者便占了理。」在議會和在私下他多次告訴外交國務大臣帕默斯頓，這時不要採取權宜之計。他說林的行為「粗暴」「卑劣」。在他未發表的回憶錄中，他對自己在導致戰爭的決定中發揮影響力感到滿意。

經過幾次炮戰後，一八四〇年一月林則徐不讓英國船隻進入廣州港，並禁止和英國人的一切貿易。在倫敦，以賈丹為首的從事東方貿易的院外活動集團動員起來了。王國的所有工業城市都要求政府採取堅決的行動。聽到焚燒鴉片的消息時，帕默斯頓叫嚷說：「給中國一頓痛打，然後我們再解釋。」

一八四〇年四月七日，托馬斯．斯當東爵士又一次在下議院闡述了他的論點：「當然在開始流血之前，我們可以建議中國進行談判。但我很了解這民族的性格，很了解對這民族進行專制統治的階級的性格，我肯定：如果我們想獲得某種結果，談判的同時還要使用武力炫耀。

「面對林欽差的過分舉動，我會採取當年隨同阿美士德勛爵時的相同的做法。中國人曾威脅說如陛下的使節不同意叩頭就要怪罪於我，要阻止我回國，甚至要給我上肉刑。我建議阿美士德勛爵拒絕了。我們確是被趕出了北京；但從中國返航時，我們卻受到了比荷蘭使團多得多的尊重。而這個在馬戛爾尼之後去中國的使團卻屈膝同意了叩頭。一直指導行動的思想就是態度堅決。」

同一天，歷史學家麥考利勸告英國人「記住古羅馬的先例，他們的公民在世界各地都受到羅馬公民權的保護。」

格萊斯頓譴責了政府和多數派的論據：「在人類歷史中，我從未見過因如此不正義並故意要使國家蒙受永久恥辱的戰爭。高傲地飄揚在廣州城頭的英國國旗只是為保護一樁可恥的交易而升起的。」戰爭的議案在投票通過時只獲得了五票的多數。

英國仍在爭論不休：關於鴉片的可惡、關於中國人與英國人的權利以及貿易權等。英國是議會制國家，有一個政府，還有一個反對黨。托馬斯．斯當東平靜地指出：「我主張的政策在第二年反對黨掌權後，還是一成不變地被執行了。」經過很短的間隔，全英國都與中國交戰。

第八十七章 耀武揚威

我們現在的對華關係為英國的創造精神提供了很大的活動餘地。我們的傳教士、商人與士兵以後可以到達至今一直禁止我們去的地方。

——托馬斯・斯當東，一八四六年

一八四〇年六月，一支由四十艘戰艦、四千士兵組成的艦隊從孟加拉抵達廣州口外海面。它沒有在那裡停留很久。艦隊司令懿律與馬戛爾尼與阿美士德一樣想與北京談判。八月十一日，在馬戛爾尼登陸四十七年後，他在天津大沽港靠岸，向北京政府轉達了倫敦的要求：賠償銷毀的鴉片，但主要是開放港口、簽訂關稅條約、建立一租借地，這些都是馬戛爾尼曾提出而遭到拒絕的條件。皇帝做出讓步的姿態，指責林則徐，派一個主張毒品合法化的琦善為全權代表。英國人先退回廣州，然後再對他們的抱怨正當處理！

西方破門而入

這位善於妥協的魔法師與懿律所達成的協議將被雙方所否定。皇帝認為敵人仍然是「紙老虎」。不是有人讓他相信「茶葉大益，外夷若不得此即無從為命」嗎？

倫敦則要獲得更多的好處。濮鼎查代替了懿律。艦隊又向北出發。當他們占領了寧波等三座城市後，皇帝才如夢初醒：他任命一位皇侄來阻止夷軍。他做了一個夢，說他會取勝，結果他讓士兵只帶刀劍。英國人對清軍的進攻以殺傷力極強的槍炮回擊。三次戰鬥，三次失敗。中國人不理解為什麼四千病魔纏身的「洋鬼子」，遠離他們的基地，竟能擊敗自己的兩萬精兵。

英國人知道中國人首先要保衛北京這塊空地，就把自己的基地設在舟山群島。

一八四二年春，他們沿長江向南京航行。南京是主要經商道路的交叉口，又控制著大運河，即控制著北京的供應。他們要直搗中國的心臟。

中國的武裝力量徹底癱瘓了。濮鼎查向中國的將領表演了一下他炮兵的威力，他們一個個目瞪口呆，像是一個世紀之後東條將軍[1]遇見廣島的原子彈一樣。一八四二年八月十九日，南京條約在英軍旗艦康沃利斯號上簽署。大炮取得了商人與外交官很久以來夢寐以求的東西：開放廣州、廈門、福州、寧波和上海五個港口，設立臨時代表、固定關稅、廢除公行、西方官員與天朝官員一視同仁、割讓香港等。五十年之前，伊拉斯馬斯．高厄爵士從樸茨茅斯出海時就是想獲得這些利益。

鴉片呢？中國人將為一八三九年銷毀的毒品賠償一千五百萬兩銀子；不言而喻，鴉片與其他東西一樣也是一種商品。托馬斯．斯當東後來寫道：「一八四三年四月，我提出若我們官方允許這方面的走私，那就違反了所訂的條約，並會在短期內引起新的決裂。但實際上北京卻把這種交易合法化了，就這問題進行談判就是多此一舉了。」這樣，英國人良心上的不安也就消除了。

由雙方同意，透過思想和技術方面的逐漸進步來從事和平合作，這樣原可得到的東西能透過戰爭強加於人嗎？門是被部分地打開了，但那是破門而入。馬戛爾尼就曾擔心過這點。在很長時間裡，中國人的唯一的集體願望是把門關上並把入侵者的手指夾在裡面。

三人玩牌

「一旦我們了解中國民眾與土地所具有的巨大潛力，就會明白這個民族具備一切震撼世界的條件。如果出現了一位思想開放、決心大膽地與舊傳統決裂以讓他的人民開始取得西方那樣的進步的皇帝時，這種改革的事業就

1 編注：東條英機（一八八四年十二月至一九四八年十二月），日本軍國主義代表人物，是二戰的甲級戰犯，任內參與策畫珍珠港事件，引發美日太平洋戰爭。戰後被處以絞刑。

會大步地前進。」古伯察神父[2]在一八八〇年代做出的這個判斷與馬戛爾尼、與拿破崙在聖赫勒拿島上做出的判斷完全一致。

這位思想開放的皇帝並未出現。清朝皇朝面對外國的要求採取了閉關自守的政策，並不斷爆發出仇外情緒。「改革的事業」設法直接經過人民來實現；但這種民族主義是用連續革命的陣痛來「喚醒中國」的。從此，這副牌就由三方來玩，它們是：清朝王朝與天朝官僚制度緊密結合建立起來的權力、群眾中的民族主義和西方。這種可怕的三者結合把中國卡住了。三方中的任何一方都無法充分控制這個國家並把它引向自己所需的道路上去：三者的衝突把這個國家關閉在不發達狀態之中。在這個幅員廣大的國家裡，相反力量間的這種錯綜複雜的關係產生了大動亂，而它們的衝擊波至今尚未削弱。

面對西方人一再提出特權要求，中國官僚政權學會了一種新的規則，即消極抵抗。人民學習了解洋人，學會了利用並蔑視他們。道光的繼承者咸豐不再寵幸南京的談判者，希望官僚機構癱瘓。歐洲人卻並不感到擔憂：他們發現這樣有利於採取新的武力行為。

一八五七年威脅到洋人利益的騷亂為此提供了藉口。一八五八年春，一支英法聯合艦隊出現在天津洋面。北京不加討論就答應了第二個「不平等條約」：又開放了十一個港口，海關由一位西方人領導。馬戛爾尼沒有提出而在皇帝的答覆裡提到的「第七項要求」終於也獲得滿足：天主教和新教的傳教士獲准在內地傳教。他們處於受保護的地位，必要時還受軍隊的保護。這樣他們再也擺脫不了坐軍車去或再去中國的指責。後來宗教職務的品級竟與中國官員的級別變得一致，主教與總督同級。錢德明與羅廣祥神父提倡的謙恭忍耐早已煙消雲散了。

2 編注：古伯察，本名哈克（Légis-Evariste Huc, 1813-1860），法國遣使會傳教士，於一八三九年至中國。一八四三年五月二十五日從西灣子出發，歷經內蒙古、寧夏、甘肅、青海，長途跋涉十八個月，並於一八四六年一月二十九日抵達拉薩。著有《中華帝國紀行》、《韃靼西藏旅行記》等書。

洗劫圓明園

數月之後，北京違反了天津條約，幾位英法談判代表受刑遭殺。這下西方軍隊要打擊頭部了。一八六〇年十月十三日，儘管城頭軍民揮舞著神旗神符，英國人、法國人和美國人還是進入了北京。兩種文化的撞擊：面對額爾金勛爵[3]和庫贊－蒙托邦裝備良好軍隊的是一些紙龍，抵擋炮彈的竟是一些符咒。

五天之後，入侵軍隊闖進「夏宮」。英法聯軍洗劫並焚毀圓明園，特別是眾多建築中有一座由德國耶穌會士建造的模仿凡爾賽的宮殿。馬戛爾尼曾枉費心機想在那裡顯示英國科學的先進。士兵見到搶來的財寶都目瞪口呆，但發現其中有著馬戛爾尼留下的大部分禮品，包括天文地理音樂鐘和火炮。西方在毀滅東方時也在毀滅西方。更為嚴重的是長時期地毀滅了能有助於東西雙方互相受益的友好交往的可能性。

在整個歐洲都興高采烈之時，一位逃避另一個帝國流亡在外的西方作家卻明白了這輝煌的戰績意味著對文明的褻瀆：

> 在地球的一隅有過一個世界奇蹟：它叫圓明園，一個特等民族的想像力所能創造的一切幾乎都集中在那裡……用大理石、玉料、青銅和瓷器建起了一個夢一般的世界，外面鑲以寶石，裹上絲綢，這裡是聖殿，那裡是後宮，後面是城堡，放入眾神與鬼怪，塗漆上釉，貼金抹粉，請具有詩人氣質的建築師建造一千零一夜裡的一千零一個夢境，再加上園林、水池、噴泉、天鵝、白鷴與孔雀，請您想像一下人們幻想中的光輝奪目的桃源世界吧！
>
> 創造它需要多少代人的辛勤勞動。可以說希臘巴台農神廟、埃及金字塔、羅馬的競技場和北京的圓明園……

3　編注：詹姆斯．布魯斯，第八代額爾金伯爵與第十二代金卡丁伯爵（James Bruce, 8th Earl of Elgin and 12th Earl of Kincardine, 1811-1863），中文文獻中或稱伊利近（「額爾金」的另譯）或卜魯斯（「布魯斯」的另譯），為十九世紀英國殖民地官員。一八六〇年英法聯軍攻陷北京時為英國談判代表，全權公使隨軍至北京談判北京條約，並下令焚燬圓明園，作為英國外交人員被虐至死的報復。

此一奇蹟消失了。

一天，兩個強盜闖進了圓明園。一個大肆搶掠，另一個放火焚燒。與這些連在一起的是讓人不得不想起巴台農神廟的額爾金這個名字。額爾金在巴台農神廟開始做的事，他又到圓明園做了。這次他做得更為徹底漂亮，連一點都沒有留下。我們所有教堂裡的珍寶加在一起，也抵不上這個偉大壯麗的東方博物館。戰功赫赫，戰果輝煌！勝者之一裝滿了腰包，另一個裝滿了他的箱子，他們臂挽著臂歡笑著回到了歐洲。

我們歐洲人是文明人，我們認為中國人是野蠻人。而這就是文明對野蠻的所作所為。

在歷史上，兩個強盜之一就是法蘭西，另一個則是英國。但我要抗議！

法蘭西帝國裝走了一半的勝利果實，今天它天真地拿出一副物主的架勢，成了圓明園的珍寶陳列所。

我希望終有一日擺脫了束縛並清除了汙垢的法蘭西將把這些贓物交還給被掠奪的中國。

在這之前，歷史記下了一次搶掠和兩個盜賊。

我記下了這筆帳。

先生，這就是我對這次遠征的讚揚。

這封罕為人知的信件出自維克多．雨果之手。

無法癒合的創傷

顯然，雨果把圓明園說得過於富麗堂皇，把西方的罪責都推到小拿破崙的身上，誇大了「白人的哭泣聲」。羅馬遭篤信天主教的查理五世的洗劫，路易十四蹂躪過帕拉蒂納特公國，無數的戰爭中發生過無數這類勒索事件。中國並沒有遭受特殊的待遇。但雨果卻完全意識到在中國人的集體心理上這次創傷的嚴重性。

這次新的勝利後，又在北京簽訂了第三個「不平等條約」：香港又擴大了，加上九龍半島；外國租界完全自治；西方炮艦可以沿長江而上一千公里。最後，最令人痛苦的一項條款裡互相交換常駐代表。叩頭就完了！在馬戛爾尼提出要求後只用了六十七年時間，他們就同意遵守國際慣例。西方人不再是「納貢的夷人」，並將派外交使團到為此而設立的總理衙門。

這樣從一開始就支配中外關係的不平等就取消了。那麼為什麼中國人把這些用武力強加的條約稱為「不平等」條約呢？哪個條約不是不平等的呢？在西方人的觀念裡，條約消除了力量上的不平等，而用一種持久的權利狀態來替代，它制止了力量懸殊的戰鬥的破壞性邏輯而回覆到建立平等關係的合乎邏輯。但在中國人看來，中國與屬國之間不平等是天經地義的。他們感到的不平等就是人家把平等強加給他們。命定的附庸與合法的君主平起平坐，這是多麼令人氣憤的事！

這種變革讓中國人難以接受，所以久久不能確實執行。它弄亂了一切對生活的看法。它把理性強加給中國人。它讓中國人放棄造就幻覺的心態。但它又使他們在靈魂深處受到傷害——就像一個小朋友想用拳頭告訴一個性格孤獨的孩子世界上並不只有他一人那樣。中國人只有透過起義、仇外以及內戰才能治癒他們受到的創傷。

第八十八章　內破裂（一八五〇年～一九一一年）

天道不僅由於外來的打擊而遭到了動搖。它在清朝王朝無法再平衡的民族主義反應的壓力下從內部破裂了。

在中國國內侮辱中國人，外夷證明了「天命」已不再授予這王朝。馬戛爾尼談到祕密會社策動的叛亂。這並不是一種新的現象。但在一八五〇年，它的規模空前壯大，這就是太平天國起事。它特別反映了中國的民族主義，但具有時代特徵的是這種民族主義開始借助西方的武器——為了更能與西方抗爭。這次起事的領袖是廣東的一個年輕平民洪秀全，他在廣州曾與歐洲人有過往來。他從這些接觸中記住了兩件事情：西方的技術優勢和對基督教新教的一些初步概念。儘管方式簡單並帶有空想的性質，他是把西方思維與中國民族主義結合起來的第一個人。

他宣布自己是「耶穌－基督的弟子」；他的信徒組成了「拜上帝會」，每月禱告兩次，遵守十誡，禁止酗酒、吸煙、抽鴉片和賭博。他們主張男女平等，要求均分土地。因為他們反覆提出後一個口號，便成了毛的先驅。他們關注由於十九世紀人口爆炸加上社會保守所引起的百姓日益貧困問題。

一八五一年，洪自封皇帝，稱為「天王」。數百萬與清朝王朝敵對的中國人追隨他。一八五三年，他攻占南京。自封的皇帝很快就控制了十八個省分中的十一個。但他的力量出現分裂。在進攻上海時，他遇到了勁敵：西方人從一八六一年起提供清王朝武器彈藥、顧問與僱傭兵，以把清朝從太平軍手中解救出來。他們的軍事機器把原已被內訌削弱了的太平天國軍的進攻粉碎了。「天王」服毒自盡，人們把他碎屍萬段。起事導致的兩千萬死者中又增加了一名新的殉難者。

慈禧太后

一八六一年也是咸豐皇帝駕崩之年。他的兒子，四歲的同治即位。但同治的母親，貴妃慈禧將在半個世紀裡掌權。她聰明，但毫無顧忌，並與乾隆或嘉慶一樣堅信滿人優於漢人，漢人優於西方人——就像堅信儒家思想永遠適用一樣。

但一切已不同於以前了。她也極力要重視軍隊，建設軍火庫與輪船，反對腐敗，使用西方科技教材和鼓勵外語教學。只是她不準備觸動體制。這些權宜之計既不能恢復儒家權威，也不能把中國變成現代國家。孔夫子自己就說過：「朽木不可雕也。」

強大的天朝官僚制度既挫敗了太平軍，也挫敗了改良派。平民起事儘管沒有推翻帝國的統治，但已威脅到官僚—文人—地主集團的利益。接受改革就會讓位給已經初露鋒芒的新的精英：作為西方人中介的「買辦」商人以及一八九五年到一九〇〇年的改革中產生的軍人，黃埔軍校未來的學生，其中有在日本培養的蔣介石或從法國回國的周恩來。因此要打擊一切變動的事物，但又不能就此平息起義的旋風。掌權的官僚階級還將頑固地生活在夢囈之中。

瓜分

外夷卻在繼續瓜分中華帝國：一八八五年法國從他手中奪去了安南，一八八六年英國奪走了緬甸。七年之後的中日戰爭更使中國無地自容。那些被稱為「矮子」的人從中國汲取了他們文化中的精華，[1]現在卻反過來戰勝這個國家。朝鮮成了中國這個理論上的宗主國和靠迅速現代化而想成為實際上的宗主國的日本之間不和的原因。一八九四年九月十七日，日本人在鴨綠江口擊沉擊退了中國的艦隊。他們進入清王朝的本土滿洲里不到一年後，中國不得不求和。「瓜分」在繼續下去。[2]

1 日本由天皇統治，但從六世紀以來就不再是中國的附庸了。日中關係採取一種折衷的方式，即不是日本天皇，而是他的「首相」（征夷大將軍）向中國朝廷派遣使節、押運貢品並行叩頭禮。

2 朝鮮獨立了；台灣和澎湖列島歸日本；旅順口和滿洲里的用益權歸俄國；長江流域的貿易歸英國；法國有對東京灣沿海各省的干預權；山東歸德國。

戰爭前夕，一艘英國通信艦把日本艦隊司令伊東（佑亨）的一封信帶給已成為他敵人的當年同學和朋友——中國統帶丁汝昌。這封軍人之間的信件十分清楚地說明了日中兩國在「劇變的世界」裡的反差。這份罕為人知的文件寫道：

貴國目前的處境……源於一種制度。你們指定某人擔任一項職務時只考慮他的文學知識。這是幾千年來的傳統。當貴國與外界隔絕時，這一制度可能是好的。現在它卻過時了。在今日的世界裡已不可能與世隔絕了。

您知道三十年前日本帝國處於何等艱苦的境地，您也知道我們是如何拋棄舊體制，採取新制度以求擺脫威脅我們的困難。貴國也應採取這種新的生存方式。如能這樣，就會一切順利，否則它就只能滅亡。

誰想忠誠地為自己的國家效力，誰就不應該讓自己被面臨的大潮所席捲。最好是改革這個有著光榮歷史、幅員廣大的世界上最古老的帝國，以使它永遠立於不敗之地。

請來我國等待您的祖國要您回去從事維新的時刻吧。

海戰之後，收信人海軍提督丁汝昌恭敬地面向北京自盡了。

百日維新，最後的機遇

文人做出了反應：中國必須改變！光緒皇帝在一八七八年二十四歲時承繼同治登上了帝位。他受到這些文人的影響，設法擺脫他姨母兼養母慈禧的桎梏。他向百姓呼籲：「西方諸國困我天朝，如我國不能效法，則毀之於一旦矣」。

這是清朝王朝的最後一次機會。年輕的皇帝在一八九八年六月十一日至九月二十日間的一百天裡孤注一擲，但喪失了這個機遇。他受到彼得大帝與明治的啟發，採取了許多改革措施：向國外派送留學生；公開預算；科舉時廢除八股；在北京創辦京師大學堂；設農、工、商、鐵路各總局；頒布有關發明與實業的法律；重組衙門；把不用的軍隊所占土地分給農民；鼓勵開辦政治性的報紙；帝國所有臣民都有權上書言事等。

皇太后周圍的人則對這些接二連三的鬼點子感到氣憤。慈禧斥光緒為「痴兒」，並宣布光緒為低能兒，把他關在現在頤和園湖中的一座樓裡。他住的那屋子稱為「空房」。她下令逮捕和處決了維新派人士。

令人窒息的無窗鐵屋

為了挽救王朝，慈禧利用了仇外情緒。她玩弄兩面手法，鼓勵建立鄉團，準備反夷的全國起義。在鄉團中一個名叫「義和拳」，即「義和團」的祕密會社發展起來了。百姓中最為落後的那部分人受到文人寡頭政治中極端守舊集團的鼓勵而起來反抗了。而根據魯迅的說法，正是這個文人寡頭政治使中國成了「絕無窗戶」的「一間鐵屋子」，「裡面有許多熟睡的人們，不久都要悶死了」。

一九〇〇年六月，慈禧向夷人開戰，並令百姓「啖其肉，寢其皮。」群情憤激之下首先遭殃的是傳教士及他們的教徒，還有外交官。但她終究不敵在天津倉促登陸的日本與西方聯軍。朝廷逃跑了。後來又談判，但北京已經遭到了劫掠。

西方又一次挽救了被他們破壞的政權，這就把中國禁錮住了——也就使新的革命在這個國家逐漸成熟起來。西方既充滿活力，面對能從中取得巨大利益的這個無窮的勞力智力庫時也就眼花撩亂。例子呢？「要開發這些資源，就應該像埃及、突尼斯或土耳其那樣讓歐洲人來管理。」上海法租界的董事長就是這樣說的：中國受到的監護還不夠⋯⋯這看法可笑嗎？就在同一時代，嚴復也在考慮「在開始做一二事前」，中國是否應「走印度或波蘭的道路」。[3]遭受奴役難道不是他的祖國為達爾文闡述的規律付出的代價嗎？

3 嚴復在《原強》中說：「恐未及有違，而已為印度、波蘭之續。」並未主張中國走印度、波蘭的道路。

姍姍來遲的改良

串通一氣的盜賊最後總會打起架來的。爭奪橫貫滿洲的大鐵路的控制權導致了一九〇四至一九〇五年的日俄戰爭。世界驚訝地看到一個亞洲國家竟能在軍事上打跨歐洲幅員最為遼闊的國家。

所以，西方人並非是不可戰勝的！因襲傳統者與進步人士都從自己的家門口發現了進行結構改革的理由：從一八六八年起，「日本帝國」正是借此成了新的強國。軍隊重建了，那種「百步穿楊、百發百中」的騎兵射箭表演可以休矣！

但上面進行的革命與下面進行的革命互相競爭著。一九〇六、一九〇七、一九〇八三年都發生了叛亂。慈禧一九〇八年死時，「天命」降於一個三歲的孩子溥儀之身。他的叔父攝政，並向各地不斷爆發的起事讓步，在一九〇九年成立了各省的咨議局，一九一〇年成立資政院。中國是否在向君主立憲制過渡呢？清王朝遭到越來越多的批評。一九一一年十月十日，幾乎純屬偶然，一個陰謀在漢口的法國租界得逞。駐軍投向起義者，革命迅速地蔓延開來。漢人把滿人從一六四四年以來強迫他們蓄留的辮子剪了下來，作為解放的象徵。

共和國在南京宣告成立。一九一二年元月一日，新的國家正式產生了。格里曆代替了中國的星相曆時，孫中山當了總統。二月十四日他讓位於一名獨裁者袁世凱。中國在四千年的歷史中至今就有過這四十五天的民主。[4]

但無論如何，上天安排的一個時代結束了。馬戛爾尼的可悲預言實現了，也許是因為他在一百二十年前伸出的手沒有被握住的緣故。

4 編注：作者的這個說法值得商榷。

結語[1] 天文地理音樂鐘與景泰藍[2]

夫自由一言，真中國歷古聖賢之所深畏。

——嚴復，一八九五年

在中國，事情當時已到了這種地步：除了極端的行為外其他一切都被排除了。

——夏爾．戴高樂，一九六四年

馬戛爾尼獻給乾隆的最能說明自己國家現代化程度的禮物是一台「天文地理音樂鐘」。作為回贈，乾隆命人給了他幾件傳統工藝品：玉雕、絲荷包、細鋼作胎外填琺琅彩釉稱為「景泰藍」的瓶子。地球儀與景泰藍：多妙的象徵呀！

英國懂得：科學技術的進步、國家的富強都來自貿易。儘管它只有不到一千萬的人口，但已表示出勝者的驕傲。它決定在全球擴張。它擁有最大的商船隊與最令人生畏的海軍艦隊；它全力支持本國的探險者與海盜；它扶植世上最為活躍的租船公司；它從法國人手中奪取了加拿大與印度；當它不得不讓美國獨立時——但還設法留住

1 大家前面讀到的馬戛爾尼出使過程多半是我根據未發表過的見證寫成的。這些見證為早先的討論添加了新的內容。下面這幾頁則性質不同。這篇短文是我積四十年，對世界上先進國家與第三世界間關係的觀察與思考而寫出的。這讓我傾向於用具有普遍意義的命題來結束一篇專題著作。它不是從局部得出整體，而是試圖用我對整體的某種看法來說明一個局部問題。普斯特爾．德．庫朗日（譯注：〔一八三〇年至一八八九年〕，法國歷史學家）與克洛德．貝爾納（譯注：〔一八一三年至一八七八年〕，法國生理學家，實證醫學的奠基人之一）可能會說：「用畢生的分析做出的一小時的分析。」

2 譯注：景泰藍在法語裡譯為 cloisonné，即「嵌金屬絲花紋的琺琅工藝品」。該詞原意為「被隔開的」，故作者用它來象徵中國。

了那裡的顧客——它決心向東南亞與太平洋擴張以彌補這一損失。它懂得統治全球的將是世界上——現在已經發現、今後將互相依賴的世界——最為開放、最為靈活和無處不在的那個社會。

閉關自守

乾隆統治下的中國顯然是人類歷史上最大的帝國。它的本土被向它進貢並作為它前沿陣地的屬國所包圍。和睦的中國覆蓋了從裏海到琉球群島、從貝加爾湖到孟加拉灣與暹羅灣之間的廣大地區。這遼闊的領土被無法穿越的沙漠與高山以及海盜橫行、波濤洶湧的大洋保護著，被萬里長城、被無法根除的偏見組成的精神上的長城。被那種認為中央帝國孕育著「天下唯一的文明」的信念保護著。這領土之外的人民則是一些粗野的外夷（除非他們因「嚮往文明」而來頂禮膜拜）。來自他們的有害東西應該予以拋棄。他們的僑民來中國都包藏著禍心（是否完全錯了呢？）。應該處處懷疑提防他們。所有不是奉皇上旨意離國的中國人都應退出帝國；從國民責任方面來說，他們已經叛國；身為一個中國人，他們已經死了。

在內部，中國社會與其說是分成階級，不如說是分成某些等級。等級間的隔閡並不比中國人與外夷之間的隔閡更好克服。只有透過攻讀儒家著作並經過科舉考試的核實才能跨越它們。中國社會學家強調這制度的靈活性以及世襲在其中不具作用。但這種讀書做官的過程中也包括著分隔的規則：官員哪怕出身平民，透過皇帝的授權也變成了這些規則擔保人，而皇帝又要對上天負責保證規則的實施，因為他是受天命來保護這些規則的。任何人都擺脫不了這樣一個秩序。

當然，中國和從朝鮮到緬甸的屬國以及如印度、菲律賓、爪哇等傳統顧客一起組成了一個巨大的、自給自足的整體。這個集團雖然在習慣上一成不變，但還是活躍熱鬧的；它禁止對外貿易，但內部的貿易卻很廣泛。它組成了布魯代爾所說的「經濟世界」。只是這個經濟世界不像英國經濟那樣發生爆炸，因為它缺少「足夠強大的、能使核心升壓的外圍地區」。中國控制的經濟力量因為沒有真正的競爭對手，所以必然要接受中國意識形態的左右。巴拉茲指出，在中國只有當政治秩序被嚴重動搖時才會出現資本主義發展的萌芽。

無論從倫理上還是從政治上看，「隔離群」這個說法在這裡並不真正適用。乾隆時的中國實行漢、滿、藏、蒙等民族的共處。許多用這四種文字寫的十八世紀時的碑文就可證明這點：這四種文字可占一面，常常還刻著乾隆的手跡。

但中國仍然是一個內部分成等級、四周用牆圍住的國家。馬戛爾尼使團把一個在全球自由來往的社會與一個封閉隔離的社會對立起來了。開放的帝國對封閉的帝國。

雙方都斷言自己優越。中國認為自己的文化從本質上就高人一籌，並以損害屬國或「熟」番的方式加以推廣。英國說自己的文化優秀，因為這是現代的，也就是說建立在科學、自由交流思想和精通貿易之道的基礎上的文化。兩種語言無法溝通。雙方都誤解，雙方都互相瞧不起。

我在本書的前言中提出了這個問題：中國原來領先於其他文明好幾個世紀，為什麼它會在如此短的時間裡失去這種優勢呢？馬戛爾尼的出使至少做出了兩種解釋。正當西方各國投向廣闊的世界時，中國卻閉關自守起來。當歐洲的革新層出不窮時，中國卻在頑固地阻止新事物的出現。

相對的靜止

孩子們在電扶梯上逆向而上。要是停下來，他們便下來了。要是往上走，他們就停在原處。只有幾級一跨地往上爬的人才能慢慢地上升。在人類漫長的隊列中，各個國家也是這樣：靜止不動的國家向下退，不緊不慢地前進的國家停滯不前，只有那些快跑的國家才會前進。

這種相對的運動與靜止，我們只有經過長期的比較才能發現。十八世紀的中國發生過許多事情：一位畢生從事研究這段歷史的漢學家在把這個帝國看成停滯不前時可能會感到猶豫不決。相反，一位研究英國文化的學者可能會對同一世紀裡英國國力的發展無動於衷，因為他只看到這個國家裡的苦難與不足，看到被無情的圈地法從自己的土地上趕走的農民，看到那裡的破屋、暴亂、咄咄逼人的寡頭勢力，看到它對美國獨立戰爭與對法戰爭的失敗，看到總是低於百分之二的發展速度（這與我們「輝煌的百分之三十」相比實在是微不足道）。

但比較結果卻發現英國的農業迅速地完成了現代化，而在同一時期，大多數法國農民像中世紀一樣地生活；藉由大銀行家、大工業和大宗買賣的協同作用，英國不但對其他各洲，就是對歐洲其他各國的領先地位，也越來越明顯了。

當兩條直線越離越遠時，開始時幾乎發現不了的差距最後也會變得十分巨大。馬戛爾尼出使中國顯示出一個正在上升的西方與一個自認為統治世界，實際上已經沉睡不醒的帝國之間日益加大的差距的最佳時刻。

異國趣味的販賣者

馬戛爾尼赴華及其使命的失敗孕育著以後兩個世紀裡的對抗：西方與遠東的文化衝突；工業國與第三世界的衝突。

然而馬戛爾尼出使時獅子與龍的相遇，讓過分簡單的比較不再適用。中國繼續閉關鎖國，這從它自己的觀點看是合乎邏輯的。而英國想迫使中國開放時卻有些前後不一致了。馬戛爾尼及其夥伴不承認中國文化的獨特之處，這時他們並不比中國人看西方時表現得更為豁達。他們知道要去見一個文化高雅的民族，但他們接近後者時，就像那些低級的船長或商人對非洲部落裡的人一樣。他們有著當時人——啟蒙時代的人——的目光。他們是技術和市場方面的冒險家。他們對善良的野蠻人與異國情調的高雅人一視同仁：都是他們做買賣的對手，是一件商品，一個沒有讀過並且永遠也不會去讀亞當·史密斯著作的人。他們對去時上船的四位中國人與返回時搭乘的巴布亞人不做任何區分。

英國人像用玻璃飾物引誘黑人那樣用機械來引誘這個大孩子，這次他們可能花費了不少金幣。誘惑的代價非常昂貴，但做法是一樣的。只有一個細節不同，即他們沒能誘惑到中國人。東印度公司的一份報告在馬戛爾尼動身前告訴他：「中國人極端迷信，當然就不容易接受新鮮事物。」這一點在他們到達當地時完全得到了證實。中國人討厭新鮮事物，這本身就是一種落後的表現，這同時也說明他們拒絕承認各種文化有權表現出差異。

英國人認為他們的權利，也許甚至是他們的義務，在於根據西方制訂的規則讓中國向國際貿易開放。如果中國拒絕接受歐洲商人的做法，就是中國錯了。馬戛爾尼的行為就像是一個專販異國趣味的商人，他除了供給英國人茶葉、絲綢、漆器、瓷器外，還滿足他們到遠處冒險的夢想，從中得到某種樂趣。他要為了英國的利益得到這種文化的真髓，然後讓全歐洲的買主垂涎三尺。遺憾的是他從中國人方面卻沒有看出絲毫羨慕的表示。「幾乎不可能讓中國人相信擴大外國商品的進口也是他們的利益所在。」這些可憐的人拒絕貿易帶來的好處，當然也就拒絕了以英國為核心的文明所帶來的好處！

馬戛爾尼的一切做法都在否認中國文化的有效性。拒絕叩頭，討厭盤膝而坐，見到日常生活的場景傲慢地感到可笑，這些意味著：認為不能有幾種文明。他像中國人一樣具有排他性。只有一種文明，即西方的文明，所有的人都要向這種文明進化。英國不但是這種文明最傑出的代表，同時也是它的動力。這種唯一的、共同的文化就是WASP模式，即白人的、盎格魯－撒克遜人的、基督教新教徒的模式。[3]在這種模式裡，《聖經》摻雜了理性主義，事業心替代了命定論。勛爵的責任就是把此一模式推廣到中國。他意識到這個任務要有超人的力量才能完成，並有朝一日要訴諸武力。

十九世紀與二十世紀的歷史就是在這種偏見的基礎上發展起來的：先是有色人種遭到歐洲的殖民統治，然後是他們的反抗。這類衝突在雙方接觸的初期就出現了，但接觸本來是應該消除這些衝突的。

在中國的鏡子裡

至少，這種落在別人身上的驕傲目光將幫助英國人進一步了解自己。對社會與對個人一樣，要了解自己必須透過別人。每發現一點差別，就會提出兩個問題：「為什麼他們是那樣的？」然後是：「為什麼我不那樣？」

英國人在這次旅行中從熱情轉到蔑視。但回國後，與斯當東爵士一起，馬戛爾尼有充分的時間來冷靜地考慮他的《紀實》。這本紀實直至一九〇八年，特別是到了一九六二年才發表，而且還是部分內容。它提高到人種學與歷史哲學的高度來看問題。在書中，馬戛爾尼是以看問題準確、目光遠大的思想家的形象出現的。中國當代歷史學界也正在接受這一看法。

3 譯注：這幾個英文字（white, anglo-saxon, protestant）的字頭合起來就組成了WASP這個縮寫。

就像托克維爾[4]在美國和居斯蒂納[5]在俄國一樣，馬戛爾尼誠實地指出：「我不能什麼都看到，所以我可能搞錯；但我介紹的都是我親眼所見的。」有些事情原來是看不到的，因為當時貼得太近，現在拉開了距離就看清楚了。要了解自己就要透過他人。馬戛爾尼與他的同伴用了多年時間來製造這面中國的鏡子。當他們把玻璃浸入這任何東西都無法代替的神奇的液體——與現實接觸——中去時，背面的錫汞層形成了；鏡子把他們自己社會的形象給照了出來。中國教會他們如何去看西方。他們在為中國社會的相反特徵感到驚訝時，也在對自己社會的特徵進行反思。

在看到中國停滯時，他們也更感覺到自己的運動。英國人在看到中國任何人除了做社會希望他們就地能做的事之外，無法從事任何其他事情時，就明白了個人積極性的重要。當他們看到中國唯一的人的實體就是整個集體時，便意識到西方人的力量。當他們了解在中國無人能超越規定給他的位置，否則就會影響已定的等級體系時，也就測定了在他們國內競爭所能造成的影響力。他們在猜測商人在那裡受到何種程度的蔑視時，也就量出商人對他們來說又是何等的重要。當他們發現這種對停滯的崇拜時，就覺察到自己對新鮮事何等的崇拜。總之，他們更為理解個人主義、競爭與革新就是他們的財富和強盛的動力。

兩千年的傑作

那些大的帝國都是由偉大的中央集權者建立的，是他們把那無形的黏土塑造成形的。這些人有尼布甲尼撒[6]、薛西斯[7]、查理大帝、彼得大帝、拿破崙、史達林和毛澤東。這些巨人都制伏過起義者，並強制建立了等

4 編注：托克維爾（Alexis-Charles-Henri Clérel de Tocqueville, 1805-1859），法國政治社會學家、政治思想家及歷史學家。其最知名的著作是《民主在美國》以及《舊制度與大革命》。

5 編注：居斯蒂納（Marquis de Custine, 1790-1857），法國貴族、作家。曾於一八三六年訪問俄羅斯。

6 這裡指的是尼布甲尼撒二世，新巴比倫國王（西元前六〇四年至西元前五六二年），在餵食將版圖擴張至敘利亞和巴勒斯坦，奴隸制經濟獲得顯著發展。

7 這裡指的是薛西斯一世，古波斯帝國國王（西元前四八六年至西元前四六五年）。曾鎮壓埃及等地的反波斯運動，並遠征希臘。

級森嚴的組織，這些組織就像風暴都無法摧垮的巨大的金字塔一樣，在他們死後長久地保存了下來。但沒有一個國家能比孔夫子和秦始皇建造的中華帝國更為鞏固了。在這帝國裡，一切都為了能持久存在，為了國家的強盛而安排得井井有條。個體的作用越來越小，只有在集體裡它才能顯得完美，這幾乎帶有宗教的色彩。每個人都鑲嵌在一個等級體系中。所有人都得接受共同的價值，個人意識則被磨得平整光滑。

中間組織——行會、協會、等級、宗族——的存在只是為了鞏固總體建築。它們組成了許多平行而相互封閉的小社會。它們像蜂窩一樣互相鑲嵌在一起，像金字塔那樣外面是一個平整而無法透入的表面，而裡面卻分割成許多小間。分工既擴大了各個組織的分離，也增加了它們的獨立性。這樣組成的社會可以無限地分割下去。總體指揮著部分。

在建築物頂端的是神在這世界裡的化身——天子。緊接著是加固金字塔頂端和稜邊的大軍機處、總督、巡撫和整個文官等級體系：只有他們能用特有的語言來閱讀和書寫。他們的任務是把皇上的旨意和帝國的價值傳達給群眾。然後是農民，他們是整體生存所必需的廣大群眾，是真正的生產者；其他階級的存在都是為了讓他們能生產。再下面是手工業者，對他們的要求是為農民的耕作提供必需的工具。最下面是商人，他們不是生產者，而純粹是寄生蟲。他們靠貿易為生；他們不創造財富；[8]他們只是靠損害他人來攫取金錢。他們雖然富有，但並不會因此而得到尊重。

中國社會從西元前三世紀直至二十世紀，就這樣以相同的方式重複著。同樣的堅如磐石的建築經受了時間的考驗。它幾乎不給個人以自由，因為個人被認為不能分辨哪些東西對自己有用。在自由社會裡，每個人都是整個人類的體現，個人被認為比集體更了解哪些東西適合於自己；中國社會正與此相反。

接待馬戛爾尼的中國人對這種特殊的持久性與使之持久的原則深信不疑。他們知道帝國的穩定要靠堅持不懈的努力遵守及讓人遵守已經確定的規則。他們有著世界上（他們的世界上）的一切理由不聽這個「大鼻子」來向

8 中國直至一九八六年還與其他社會主義國家一樣，不把第三產業（服務業、商業）算在國民生產總值裡。

他們講故事。乾隆與他的官員們對自己的制度感到驕傲，而且也真有值得驕傲的理由。他們很珍視此一傑作：中央集權的官僚體系在多少世紀以來戰勝了眾多的歷史環境，經歷了深刻的變化並永久地存在了下來。

一九四九年革命所廢除的不是馬克思主義語言裡所說的「封建主義」。封建主義的定義是：個人地位主要是**與生俱來**而不是**獲得**的。在這種制度下，個人對世襲貴族的依賴關係影響甚巨。在中國，世襲貴族在西元前三世紀就已經被廢除了。[9]

一個完全是中央集權的國家出現了。這個國家由可以替換的、領取薪金、大筆一揮就可解職，並從唐朝以來就透過不公開姓名的考試錄取的文官以客觀的方式、根據每人都要遵循的規則來治理。按照統一的模式組織起來的行政區域代替了根據封建領主弄刀舞槍的本事而劃分的面積大小不一的封地。皇帝任命所有的公職人員。他用一套獎懲辦法牢牢地控制了束縛全國的網絡。他一人集中了所有的權力。

這一體制在中國經受住了考驗，並傳播到如朝鮮或越南等國家。它甚至成為西方（如路易十五時的法國）設立考試和會考的榜樣。它的優點是很明顯的。它把比從大西洋到烏拉爾的歐洲更為廣闊的一個空間緊密地組織起來了：國防線、道路、驛站、星羅棋布的指揮網。國家透過大量購買糧食、穀物稅、公家囤積等手段來調節市場。中國早就確定了中央集權國家的模式，歐洲國家只是到最近才達到此一水準。

從秦始皇以來，法律、錢幣、賦稅、度量衡，甚至車輪間的距離都是統一的。必須使用統一的文字，甚至在四周的君主國家——朝鮮、日本、越南——都是如此。中國文化就這樣威力無比、持續不斷地在二十多個世紀裡傳播開去。一種文化能在那麼長的時間裡發揚光大，這在人類歷史上是獨一無二的。

兩種優越感的撞擊

這種結構有它致命的弱點：它出現時正好西方發現在自己社會裡（首先在英國社會裡）出現了個人主義帶來

9　在這個中央集權的國家裡只存在很少的封建成分，如清朝的滿洲貴族或公認的孔子後代。

的強盛苗頭。它的發展十分緩慢，經過了若干世紀；但突然之間便取得了豐碩的成果。完善的中央集權模式從一開始構思時就已經十全十美，在兩千年裡幾乎持久不變，但這時突然遇到了新生而活躍，雖不完美，但已卓有成效的社會自由的模式。

然而，把「發達」國家與不好意思地稱之為「發展中」國家分開的鴻溝是在一個與人類生存的時間相比相當短暫的時期裡形成的。西方的航海者入侵時，南美或赤道非洲的最原始的部落只達到歐洲居民在西元前二〇〇〇年時的水準；中國人則已達到路易十四時法國的水準。這些差距很容易用地理或歷史環境來解釋：環境促進了居民的發展，放慢了其他一些人的發展速度；導致了一些人的閉關自守，引起了另一些人的種族混合。三十五個世紀與三百五十萬年相比，只有人類存在的千分之一的時間。沒有任何理由能為白人對有色人種的種族優越感辯解。

馬戛爾尼的夥伴們到達中國時堅信自己比其他歐洲人強。他們回國時又增加了一種新的信念：他們同樣也比中國人強。他們看到這個從馬可．波羅以來大家都說得天花亂墜的帝國竟是如此的落後。為什麼呢？因為它反對進步：反對科學、反對事業精神。相反，他們卻發現了自己強大的動力。

馬戛爾尼及他的夥伴在激起以後兩百年裡傳遍世界的盎格魯－撒克遜人的優越感中起了很大的作用。為了使他們的報告引起轟動，他們支持了歐洲人優越的信條。此一信條使吞併美洲、非洲、亞洲和大洋洲的無數領土合法化了。茹費理[10]和第三共和國用的也是同一種語言。他們將把「文明」帶給「野蠻人」。

殖民矛盾

西方這種把自己幾乎看成是救世主的信念使它也充滿了衝突與對立。這樣它就成了自己主張和整個歐洲都信奉的，法國革命又使之明確了的普救學說的敵人了。它否認受到奴役的民族享有自由、平等和博愛的權利。這種矛盾是如此深刻以至西方最後因進行過殖民統治而怨恨自己。在非殖民化時，它本來應該與自己的天性協調起來，

10 編注：茹費理（Jules François Camille Ferry, 1832-1893），法國共和派政治家，曾兩次出任法國總理，任內推動政教分離，殖民擴張。

但這時它卻在鞭撻自己。

被統治的國家從他們的角度看怎麼能不為自己的傳統遭到西方的粗暴破壞而感到不快呢？他們很驕傲，也有權利感到驕傲：一個不為自己感到驕傲的民族就會失去生存下去的樂趣。特別是像印度或中國這樣的國家，它們產生過古老而燦爛的文化。第三世界的人民反抗西方的爭鬥是一種健康的反應。它的實質是拒絕否認他們地位的外國統治。對一切有能力組成一個國家的民族來說，獨立是一個無價之寶。但是，因為獨立的需要扎根於激情的深處，非殖民化也導致了一系列錯誤的觀念。

馬克思主義者或他們的同情者不僅成功地讓社會主義國家與第三世界相信他們，而且還讓西方知識界相信：殖民國家的發展，殖民地的不發達狀態都源自前者掠奪了後者。他們忘記了第三世界的貧困在殖民之前早已存在，並在殖民結束後依然存在或是在殖民之後重又產生。**欠發達狀態**，或乾脆叫**不發達狀態**是一種持久的、普通的現象。從地球上有了人類後，無知、流行病、奴役（奴隸制、女人的順從、一部分人對另一部分人的依附），營養不良、對疾病、飢餓與戰爭的恐懼就是人類的共同命運。不發達並不是一件丟臉的事，倒是要把發達看成是一個奇蹟，而且是最近才產生的一個奇蹟。

當然，先進文化的入侵使墨守陳規的社會失去穩定並最終從內部摧毀這種社會。但是不要在事後回顧時把這些社會理想化。在中國與在非洲、亞洲、美洲或大洋洲的原始社會一樣，在西方入侵前曾發生過可怕的災害：飢餓、痲瘋病、瘧疾、極高的幼兒死亡率、毀傷婦女肢體，更不用說同類相食了……這些並不是發生在殖民之後，而是在殖民之前。殖民反使這些現象減少了。

殖民者並沒有把貧困帶給殖民地的人民，他們帶來的是屈服，這從長遠看是無法忍受和使人消沉的。我們在這裡又發現了矛盾：這種屈服並不是傳遞使西方振興的反應的最好方法。西方不是藉由殖民才能傳播它的「文明」，而是透過建立這種文明的基礎：自由與貿易。

這點千真萬確，即使從經濟上看殖民也幾乎沒有使西方得益。西班牙和葡萄牙這兩個在十五、十六世紀最有活力的國家在以後的年代裡似乎被它們的殖民地削弱了國力。英國在征服殖民地之前已經相當繁榮；根據今日的計算，它在鼎盛時期的財富只有很小一部分來自它的帝國。一九四五年後發生了最驚人經濟奇蹟的國家，如德國、義大利和日本當時並沒有殖民地。那些失去了原來與之相依為命的帝國的國家如荷蘭、法國和比利時恰巧在他們卸掉包袱後得到迅速的發展。像瑞士、瑞典等最富有的歐洲國家從未有過殖民地。那是因為貿易能獲得巨大利益，而殖民最終卻要付出代價。馬戛爾尼在十八世紀八〇年代當馬德拉斯總督時已經懂得：印度正在讓英國付出更大的代價，而不能獲得更多的利益。只有與中國進行三邊貿易，才能填補這筆逆差。

殖民並不符合西方的本性，而往往是意外困難驅使下產生的結果。除非遇到幾乎無人居住的地區，殖民者開始並不打算吞併土地，而只想經商。這應是符合相互利益的。發展中的歐洲需要新的市場。傳統社會同意貿易就可達到現代化。與中國尤其如此。建立貿易關係是從十六世紀末到十九世紀初所有派遣到北京的使團的目標。但清朝王朝拒絕開放。武力行為、割讓領土、直接治理只是他們拒絕的後果，或者是後來他們無法履行違心的簽訂的條約的後果。在這之前，為了對付無政府狀態，英國已經不得不親自管理印度。設在這些廣闊的帝國邊上的商埠這個方式更受到西方的喜愛。但這些帝國的崩潰使西方只得承擔起它原先可以避免的直接責任。

誰之過？

當然，殖民導致了無法接受的統治效應。但誰能站出來當原告呢？為什麼只有西方坐在被告席上呢？阿拉伯人在歐洲人代替他們之前，曾對一大部分非洲領土進行過殖民統治並在那裡實施奴隸制。伊斯蘭國家曾用嚴刑努力讓大半個亞洲都改信伊斯蘭教。中國在被蒙古人與滿洲人攻占之後，自己也占領了蒙古和滿洲。它兼併了西藏和土耳其斯坦。印度、緬甸和印度支那在受英法殖民統治之前先受到蒙古人或中國人的統治。朝鮮先是受到漢化，後來才是日本化，最後一分為二，一部分蘇聯化，另一部分美國化。而俄國仍然是一個殖民大國。

殖民者總是誇耀自己擔負著傳播文化的使命。這種藉口對西方來說不是比對其他別人更講得通嗎？它曾帶去了醫學與衛生，減少了飢餓與死亡率，使生產合理化，總之讓一直停滯在不發達狀態的傳統社會進入到發展的、變化的時代。西方難道比其他總想把自己的影響擴大到外部的任何大國更應受到譴責嗎？

他們並不比淹沒一個國家的洪水或海潮更應受到譴責。唯一應該坐到被告席上的是這個國家的至高無上的領袖，因為他發現有了對付這些自然現象的機會而拒絕加以利用。乾隆幾乎就是這樣做的。當時英國人來向他提出了發展的辦法，但他卻為了維護那個不可變更的秩序輕蔑地加以拒絕。一九四九年以後，中國共產黨又重複了對「不忠的商人」採取的這種無情做法。

選擇運動

中央帝國拒絕了本來可以使它進入國際生產秩序的貿易協定。但它無法使它的臣民不受消費的誘惑。這下中國不是作為一個貿易和工業大國而是作為毒品的消費者進入到世界市場。

它在一七九三年拒絕開放，這就注定了它要遭受以後的侵略；然而它本是可以利用英國的協助使自己得到新生的。這在當時是可行的嗎？決定論者會作出否定的回答。然而當我們研究前一百年裡俄國發生的事情或後一百年裡日本發生的事情，我們就會作出肯定的回答。一個民族如果首領有方法，就能避免衰落並投入進步的行列。

一六九五年，彼得大帝在亞速城牆下久攻不下，無法擊敗土耳其人時意識到了自己國家的落後。他決定自己去西方（法國、荷蘭、英國）尋找自己缺少的改革辦法和技術人員。這位最為專橫的暴君在一六九七至一六九八年的出訪中竟成了一位謙遜的取經者。回國後，他讓貴族與僧侶束手就範，剪去了領導階層的鬍子，縮短了他們的衣服，讓他們學習西方，改革軍隊與稅制，設政府各部與上議院，發展教育，採取了有利出口的重商政策並建起了無數的工廠。

一七二五年他死時遭人憎惡，但他已推動了俄羅斯的現代化。

昔日的附庸竟成了勝者

在十九世紀最後三十多年中，日本突然崛起，這又一次說明一個民族能夠在一代人的時間裡從文化的撞擊中汲取教訓並跨越幾個世紀的發展。

日本歷來都「從中國取得智慧」。十七世紀中期，它專橫地拒絕一切外國影響的傳入，與世界的唯一接觸是每年一次有一艘荷蘭船在長崎停泊。

一八五三年，即馬戛爾尼來華後六十年，美國分遣艦隊指揮官佩里強行駛入東京灣的浦賀港，交給日本政府一份照會。六個月後他又來等待答覆：一八五四年三月，日本簽訂了神奈川條約，把它的兩個港口全年向西方船隻開放。一八九五年，它的艦隊與陸軍擊敗了中國。一九〇四年至一九〇五年，這支軍隊又在遠東的陸地與海上消滅了俄國軍隊。在四十年中，明治的日本從孤立中走了出來，昂首闊步地進入到列強的隊伍中來了。

日本人曾與西方談判過，但是為了向西方學習並趕上它，他們裝作卑躬屈膝，目的是有朝一日能超越西方。一八五三年的文化撞擊喚醒了他們。經過幾年的猶豫，他們向西方最先進的國家派出了使團。日本借鑑了西方的政治、經濟和社會組織：英國式的議會制度、法國式的民法與刑法、法國憲兵、普魯士的軍隊，特別是在經過一個階段的統制經濟後，又學習了英國式的企業、自由貿易、港口和銀行。

是否日本比中國更容易學習西方呢？可能是。中國人堅信自己是完美無缺的。日本人在許多世紀以來已習慣於在借鑑別人的同時又保持自己的個性。從參考中國到參考西方，他們只是改變了學習的模式。他們懂得他們應該仿效別人，否則就會滅亡。

而天朝並不準備去冒這種前途未卜的危險。在十九世紀的最後幾年，洋務運動借鑑了與明治一樣的原則。但從上到下，它遭遇太大的阻力，所以無法成功。

中日戰爭之後一位中國文人曾說：「日本人對西方人深惡痛絕，然而他們仍鑽研西學，雖痛心疾首而堅韌不拔。他們深知若不學則無以救國。」嚴復還哀嘆「中國的心志習俗皆不識歷史之大潮」。

世界在沒有中國的情況下變化著，它想把中國帶入自己的圈子；它將會以越來越迫切的方式讓中國明白這一點。但中國應該在思想上來個變化，而這只需一次文化革命就夠了。

納西瑟斯的悲劇

要向別人學習，中國人應當擺脫千年以來的驕傲情緒。他們經過了兩個世紀的悲劇後才習慣了這一想法。但沒有跡象說明他們準備這樣做。

從一七九三年至一九七八年，中國一直想遵循自己的模式。除幾次很快就失敗了的嘗試，它拒絕謙虛地向外國學習。只有中國的文明。一切不好的事都必然來自外部。一切好的東西則來自自己。

直到消滅了「四人幫」，並對毛澤東的遺產提出異議後才能對中國歷史的解釋開始修正。官方歷史學界過了很久，才按一九七八年作出的勇敢抉擇精神來重新觀察[11]近兩個世紀的歷史。甚至在十一屆三中全會之後，他們還繼續引用毛澤東的話，說「外國資本主義對於中國的社會經濟起了很大的分解作用」。他們批評貿易自由，批評世界資本主義市場系統，即開放世界的系統。他們還用馬克思主義的詞藻像乾隆與慈禧一樣拒絕全球的現實。

他們真變了嗎？或者歷史又在北京重演？馬克思主義與清王朝一樣對中國人來說是舶來品——但兩者都同樣促進了中國的閉關自守。因為在乾隆及其繼承者的拒絕中，我們不能忘記時機的作用。當西方敲響中國的大門時，看守這個國家的竟然是一位清朝皇帝。而清皇室已經成了中國人自我崇拜最虔誠的信徒。他們在鼓吹最最排外的漢化時，正是想鞏固他們對中國人民的統治，閉關鎖國的反應由於這個來自外部王朝的脆弱而更為強烈了。在對外關門的同時，還要保證這個一成不變的體制能倖存下去；中國人的驕傲與清朝政權都從中得到了好處。

滿人或馬克思主義者（或外族或國際主義者）都比中國人還中國人……無論是乾隆給喬治三世的回信中說的「天朝物產豐盈，無所不有，原不借外夷貨物以通有無」，還是一再迫害外國宗教，特別是基督教會以免敗壞中國民風；無論是慈禧太后在中國被日本挫敗之後高喊「誰知倭賊竟敢犯我？」還是毛澤東在俄國專家撤走後宣布「自力更生」或把美國的力量看成是紙老虎，他們都有一種不可動搖的信念：中國可以自給自足。

多少今日的中國知識分子還在對中國自身、對這唯一的自給自足體系表現得忠心耿耿！多少今日的中國知識分子還會像一九一二年革命時那位一度親英的奇才一樣宣稱：「覺彼族三百年之進化，只做到『利己殺人，寡廉鮮恥』八個字。回觀孔孟之道，真量同天地，澤被寰區。」[12]

這種自我陶醉最終只能導致對自我的不理解。如何解釋過去一小撮西方兵士，在離他們基地兩萬公里之外，竟能把在本土作戰的中國軍隊打得潰不成軍？如何解釋今天如此沉重的落後包袱呢？多少傑作，多少發明，那樣

11 一位年輕的歷史學家朱雍在一九八八年寫的一篇論文中提出了與以前大量的著作不同的觀點，對清朝的閉關鎖國政策進行了嚴厲的批評。

12 這是嚴復晚年寫給門生的信中所言（〈與熊純如書〉，一九一八年）。

聰明勤勞，那麼多的集體智慧！四千年的燦爛文化！革命後獲得的四十年的新生！世上最一貫正確的領袖與學說！這一切匯集起來，才能達到上一世紀祖先還生活在新石器時代的某個熱帶共和國居民的生活水準！

受抑制與被解放的兄弟

所有人在法律上與尊嚴上當然都是平等的。但所有人，特別是所有社會在達到技術、貿易和工業文明方面並不具有相同的才能。有的使財富像噴泉噴水那樣源源湧出。有的卻不能，或不願，或不會這樣做。對中國人來說，他們並不缺乏個人的才能，而是缺乏文化環境。馬戛爾尼的夥伴已經發現在巴達維亞，「中國人去哪裡都想發財，他們不放過任何能夠獲利的機會」。「由於辛勤勞動，他們積累了巨大的財富。」他們在澳門也看到了相同的現象。在香港、台灣、新加坡、加州，華人的生產能力很強，以至在同樣的四十年間，他們的生活水準比在中華人民共和國的兄弟或遠親的高出十至二十倍，而開始時他們的生活水準是相同的。不論是今天還是昨天，華人一直被列入世界上最大膽的企業家、最精明的金融家和最有才幹的商人之中。條件是不要待在中國。

在自然科學範圍裡，中國國家機器的效率並未受到影響。它在火箭與衛星發射方面取得了傑出的成就，與法國相比，它只用了一半的時間便完成了從原子裂變到熱核聚變的過渡。但當我們看到同樣的人在四十年的市場經濟裡取得了世界上無與倫比的發展速度，而在計畫經濟的官僚體制下，他們卻停滯不前時，我們就應該從中得出結論了。

共產主義制度繼承了乾隆時代的官僚體制：反對贏利、反對商人、反對外貿、反對外國人的來到、反對一切不是來自這個制度的創新。居住著華人的那些東南亞小國擺脫了這種控制，便輕鬆地投入到生產貿易中去了。因為每日與其他民族（日本人、西方人）接觸，他們拋棄了中國是唯一的文明國而他人都是蠻夷這千古不變的陳舊觀念。

所有國家都有自以為天才第一的傾向。所有民族都有本民族中心主義的影響。巴西中部印第安人中的格族人在人種學家庫爾特・安凱爾離開他們時痛哭流涕，因為他們無法想像人在離開他們這個唯一生活還有意思的民族後還能生存下去。但很少有一個民族能像中國人那樣把這種怪癖發展到如此程度。他們今日的落後主要來自他們的優越感。

不發達狀態是孤立與停滯結合的產物，人口問題使這種狀況更趨嚴重。發展是向世界開放和不斷革新相結合的結果。乾隆與馬戛爾尼都自吹代表世界上最強大的民族。儘管英國的力量當時尚處於萌芽狀態，但下一世紀的歷史卻證明了英國有理。

如果使臣以另一種方式提出建議，如果皇上以另一種方式處理這些建議，中國可能不必以世界為之震撼的方式甦醒過來。世界可以使這個國家更有創造力，使它進步得更快。一方面的狂妄自大與另一方面的驕傲自滿相對抗，結果是人類失卻了難以估量的財富，這些財富只能隨同沒有發生過的歷史永遠埋藏在地底。

但是這次失敗的會見教訓猶在。乾隆與馬戛爾尼尚未死去。他們生存在我們中間。他們又在我們身上轉世了。他們也許是不朽的。循環無窮的中國呀……

附錄

I. 人物簡介

【歐洲人】

丁維提，詹姆斯（James Dinwiddie, 1746-1815），出色的數學家，專精於調整科學儀器，很早就在英國各地演講。馬戛爾尼在都柏林遇見他，請他負責安裝天文地理音樂鐘，故稱他為天文學家。使華任務結束後到一八〇五年間，他在印度繼續科學研究工作，回英國時已功成名就。他的日記在一八六八年由他的外孫普魯福特出版。

內皮爾，威廉・約翰（William John Napier, 1786-1834），第八代勛爵。一八三三年取消了英國東印度公司的貿易獨占權後所任命的第一位遠東商務監督，一八三四年七月抵達廣州，請求不通過公行直接見總督。兩個月後，內皮爾染病，不得不讓步，並前往澳門，卒於十月十一日。

戈洛夫金，尤利・亞歷山特洛維奇（Youri Alexandrovitch Golovkine），伯爵，一八〇五年沙皇亞歷山大一世派往中國的大使，從庫倫（烏蘭巴托）折回。

巴茂正，夏爾（Charles Paris, 1738-1804），也稱約瑟神父，為遣使會「未受過教育的教士」，但無所不能，在皇宮中主要充任鐘錶師。最後逝世於北京。

巴瑞施，亨利－威廉（Henry-William Parish, ?-1798），中尉，馬戛爾尼使節團的炮兵軍官與測量員。指揮炮兵演習，記錄了峴港灣、舟山群島、長城、香港灣的資料。回國後任印度總督韋爾斯列侯爵的副官，後死於海難。

巴羅，約翰（John Barrow, 1764-1848），原是小托馬斯・斯當東的數學輔導教師，使節團的總管。一七九四年為喬治・斯當東爵士的圖書管理員，一八〇〇年在開普敦當馬戛爾尼的祕書。他是皇家地理學會創始人之一，著有《中國遊記》（1804）、《邦蒂號的兵變者》（1831）。

本松，喬治（George Benson, born c.1755），在印度時曾以上尉身分與馬戛爾尼共事，後被選拔來指揮馬戛爾尼的衛隊（二十名炮兵、二十名步兵、十名輕騎兵）。為了「提高使團的聲譽」，馬戛爾尼打破晉升慣例給了他中校職銜。

皮特，小威廉（William Pitt the Younger, 1759-1806），一七八一年當上英國眾議員，後為財政大臣，一七八三年任首相，直到一八〇一年。一八〇四至〇六年第二次出任首相。他整頓了印度局勢，改組總督政府，降低茶葉稅以制止走私活動。一七九二年他對東印度公司施加壓力，讓它幫助敦達斯與馬戛爾尼。他開始支持法國革命，認為可削弱對手的實力。但當共和國部隊跨越比利時邊界後就成了它的死敵，也是拿破崙的死對頭。死於任內。

皮隆，讓－巴蒂斯特（Jean-Baptiste Piron, c.1735-c.1805），法國人，法國東印度公司的雇傭，一七九一年被派往廣州清理公司財產，見到馬戛爾尼使節團經過。法國督政府、執政府與第一帝國時為外交部官員，他的筆記存檔於法國外交部。

伊茲，亨利（Henry Eades, 1750-1793），使團的機械師，也是使團第一位死在中國的成員，一七九三年八月二十日為他舉行了隆重的葬禮。

安特卡斯托，讓－安托萬（Jean-Antoine Entrecasteaux, 1739

-1793），法國艦隊司令。一七八五年指揮印度洋的法國海軍，被委任偵察英國在好望角以東的軍力。一七八七年二月在廣州曾設法引起中國當局對英國擴張的警惕。在尋找法國探險家拉佩魯茲時死於海上。

安納，羅伯爾（Robert Hanna, 1762-1797），愛爾蘭籍的法國遣使會教士，曾在巴黎學習，一七八八年十一月抵達澳門。他是數學家，一七九三年六月想搭乘「獅子號」去北京；在天津被拒絕登岸，遂乘「印度斯坦號」回廣州。一七九四年六月底最終到了北京，在欽天監任職。後逝世於北京。

安國寧，安德烈（Andre Rodrigues, 1729-1796），一七五九年抵達北京的葡萄牙耶穌會神父，是數學家、天文學家。曾任欽天監監正，後為監副。後逝世於北京。

安德遜，愛尼斯（Aeneas Anderson），馬戛爾尼的侍從，一七九五年把他的筆記與回憶錄交給出版商庫伯斯（Coombes）整理出版。

吉涅，路易－克雷蒂安（Louis-Chrétien Guignes, 1759-1845），「駐華的法國辦事員」（1784-1800），遣使會在澳門與廣州的義務理財人。他仔細關注著馬戛爾尼使團的活動，一七九四至九五年為荷蘭使節團的翻譯。留下一本敘述他在華生活，特別是關於荷蘭使節團的紀實。

吉蘭，休（Hugh Gillan, c.1745-1798），馬戛爾尼使節團的醫師，選他來華是為了搜集中國的醫學、藥物與化學方面的情報。留下了有關這些學科的筆記。

貝特朗，亨利（Henri Bertrand, 1773-1844），將軍、伯爵，從征戰埃及以來一直忠實地追隨拿破崙，並跟他去了聖赫勒拿島。著有《聖赫勒拿日記》。

希基，托馬斯（Thomas Hickey, 1741-1824），馬戛爾尼使節團的繪圖師。

波托茨基，雅（Jan Potocki, 1760-1815），波蘭外交官，受他表弟恰爾托雷斯基親王之托，以科學顧問（實際上是政治顧問）的身分隨戈洛夫金使團去北京。用法語寫過論著、回憶錄，以及寄給他兄弟塞弗蘭與恰爾托雷斯基親王關於出使中國的書信。

阿貝爾，克拉克（Clarke Abel, born in 1780），阿美士德使節團的隨團醫師，寫過一本有關這個使節團的書。

阿美士德，威廉－皮特（William-Pitt Amherst, 1773-1857），伯爵，是七年戰爭時在加拿大統率英軍取勝的陸軍元帥阿美士德男爵的侄子。他的名字是為紀念保護他伯父的首相老威廉·皮特。一八一六年為喬治三世派去覲見嘉慶皇帝的特使；一八一七年七月一日在聖赫勒拿島遇見拿破崙；一八二六年任印度總督。寫過關於出使中國的一本日記（未發表）。

拉彌額特，路易－弗朗索瓦－瑪麗（Louis-François-Marie Lamiot, 1761-1831），法國遣使會士，一七九一年十月抵達澳門，一七九三年六月想和安納神父一起搭乘「獅子號」到北京；在天津被拒絕登岸，乘「印度斯坦號」回廣州。一七九四年六月底到北京，當上宮廷翻譯，一八一二年成為法國傳教會的會長。因遭迫害在一八一九年逃離北京到了澳門。一八二五年法國拒絕他回國。寫有大量尚未發表的書信，還有一疊關於馬戛爾尼使節團的評論。

柯西爾斯基，羅穆埃爾德（Romuald Kosielski），波蘭天文學家。沙皇的臣民。馬戛爾尼使節團在北京的最後幾天裡，唯一被允許接近使團的傳教士。

胡夏米（Hugh Hamilton Lindsay），印度公司的專員，以半公開的方式被派遣乘坐「阿美士德號」偵察中國中部海岸。一八三二年三月至九月，他毫無困難地進入正式禁止外國船隻駛入的廈門、福州、寧波和上海等港口。

亞歷山大，威廉（William Alexander, 1767-1816），使節團的隨行繪圖師與畫家，之後在大英博物館工作。這次出使，他畫了一批水彩畫，並寫了一本未發表的日記。

恰爾托雷斯基，亞當．澤齊（Adam Jerzy Czartoryski, 1770-1861），波蘭親王，波蘭遭列強瓜分後被送往聖彼得堡當人質，結識亞歷山大大公，後者於一八○一年登基為沙皇，任命他為外交大臣。之後他負責組織了戈洛夫金使節團，由波蘭傳奇人物、也是他的表哥波托茨基向他匯報。但後來因俄帝取消波蘭自治權，他反過來成為波蘭會議王國十一月革命時的領導者。

馬克斯威爾，艾奇遜（Acheson Maxwell, c.1750），馬戛爾尼勛爵在馬德拉斯時的私人祕書，也是遣華使節團的祕書，從中國返英後被任命為審計法院的稽核。

馬金托什，威廉（William Mackintosh），船長，東印度公司的代理人，負責指揮「印度斯坦號」。他所租用的船與他個人有很大的利害關係，在內閣中得到強有力人物的支持。

馬戛爾尼，喬治（George Macartney, 1737-1806），利薩諾爾男爵，又被封為愛爾蘭貴族德爾伏克子爵、巴茨騎士，被英王派去覲見中國皇帝的特別使節。以前曾先後當過駐俄公使、愛爾蘭大臣、加勒比總督、馬德拉斯總督。從中國歸來後被封為馬戛爾尼伯爵，又獲英國貴族爵位帕克赫斯特男爵，後出使威羅納，去見普羅旺斯伯爵（後來的路易十八），最後擔任好望角總督。死時無後嗣。留有一本使華日記，還有橫跨他整個生涯的《紀實》（*Observations*）、書信與筆記，根據他的說法，這些資料大多尚未發表。

馬禮遜，羅伯特（Robert Morrison, 1782-1834），於一八○七年第一位抵達中國的新教傳教士，也是阿美士德使節團的翻譯。用中文發表《聖經》譯本與《勸世良言》，後者是一本勸人入教的小冊子，對以後太平起義的領袖洪秀全影響很大。後來在廣州死於霍亂。

高厄，伊拉斯馬斯（Erasmus Gower, 1742-1814），艦長，指揮「獅子號」與艦隊。一七九二年八月出發前夕被封為貴族以「提高使團的聲譽」，一七九九年為海軍准將，一八○四年為海軍副司令，一八○九年為海軍司令。寫有包括出使中國內容的回憶錄。

埃利斯，亨利（Henry Ellis, 1777-1855），服務於東印度公司的海軍軍官。阿美士德勛爵的祕書，居於副使托馬斯之後，任一八一六年使節團三席，寫過一本日記。

拿破崙一世（Napoleon I, 1769-1821），法國皇帝，一八一五年十月十五日起被囚於聖赫勒拿島。一八一七年七月一日，當阿美士德勛爵從中國返回時，拿破崙接見過他與他的隨員。後逝世於長林。

貢斯當，夏爾．德（Charles de Constant, 1762-1833），法國思想家邦雅曼．貢斯當的堂兄。他第三次赴華旅行時，從一七八九年九月至一七九三年一月都待在廣州。在巽他海峽與馬戛爾尼的艦隊交錯而過，預言這次出使會失敗（擁有的手段與要獲得的結果不相稱）。

索德超（José-Bernardo d'Almeida, 1728-1805），葡萄牙耶穌會

士，一七五九年到北京。他是天文學家，一七八三年任欽天監監正，同時也是醫師與藥劑師。他不掩飾對英國人的敵意，馬戛爾尼拒絕他為使團服務。後來逝世於北京。

夏龐蒂埃·德·科西尼，約瑟夫－法蘭斯（Joseph-François Charpentier de Cossigny, 173[illegible]-1809），法蘭西島（模里西斯）的民營企業工程師。在巴達維亞與廣州住過數月。針對斯當東所寫馬戛爾尼使節團的紀實寫了一本《評論》（*Observations*）。

庫贊－蒙托邦，夏爾－紀堯姆（Charles-Guillaume Cousin-Montauban, 1796-1878），將軍，一八六〇年指揮法國部隊在天津登陸，取得八里橋的勝利。十月參與了攻占北京的戰役，縱容部隊搶劫圓明園的寶物。

范罷覽，安德烈－埃弗拉特（André-Everard Van Braam, 1739-1801），海軍軍官，一七五八年起為荷蘭東印度公司代理人。長期住在澳門與廣州，直至一七七五年。後來先回荷蘭，再前往美國發展農藝。一七九〇年返回廣州，組織了荷蘭使節團，他擔任第二號人物。一七九七年在費城出版《遣使覲見中國皇帝紀實》。

梁棟材（Jean-Joseph Grammont, 1736-1812），梁棟材侯爵的次子。耶穌會士，也是數學家和音樂家。一七〇〇年抵達北京，一七八五年因為身體因素被准許回到廣州，與各國歐洲人都有來往。一七九三年回北京後向馬戛爾尼勛爵提出要為使團服務的要求，沒有成功。一七九五年荷蘭使節德勝來時情況也一樣。留下許多關於一七七〇年後在華傳教士生活的未發表書信，很有價值。後逝世於北京。

湯士選（Mgr Alexandro, 1751-1808），北京主教。一七八四年抵達北京，雖然才疏學淺仍在欽天監任職。逝世於北京。

喬治三世（George III, 1738-1820），大不列顛與愛爾蘭國王（1760-1811）。試圖恢復君權，但他的首相諾斯勛爵的政策引起北美的起義和英國的失敗。他的君主專制理想隨著一七八二年諾斯的垮台也破滅了。他支持馬戛爾尼出使，並關注著使團的活動與教訓。他於一七六五年、一七八八年、一八〇三至一八〇四年幾次精神錯亂，一八一〇年精神徹底崩潰。一八一一年，他的兒子（未來的喬治四世）開始攝政。

賀清泰（Louis de Poirot, 1735-1814），生於法國洛林，耶穌會士，也是畫家與翻譯。一七九三年八月被召到承德，翻譯十月七日乾隆皇帝交給馬戛爾尼的第二道敕諭。後逝世於北京。

敦達斯，亨利（Henry Dundas, 1st Viscount Melville, 1742-1811），一七七四年進入議會，小威廉·皮特的朋友，一七八四年任印度公司監督委員會委員，一七九三年任該委員會主席，一七九一年起任內務大臣。他在準備馬戛爾尼使華時起決定作用，一七九四年任陸軍大臣，一八〇四年任海軍大臣。

斯科特，威廉（William Scott），海軍醫師與外科大夫，隨馬戛爾尼使節團訪華。

斯當東，喬治－倫納德（George-Leonard Staunton, 1737-1801），前稱喬治爵士，準男爵，蒙貝利爾醫學院醫學博士、牛津法學博士。他在格林納達遇見馬戛爾尼，隨他到印度，因為工作出色獲得爵位；後來到中國，身分是全權公使、大使的副手與可能的代理人。他一七九七年發表的紀實馬上被譯成多種語言，在歐洲獲得很大的迴響。

斯當東，喬治－托馬斯（George-Thomas Staunton, 1781-1859），書中稱托馬斯，為喬治爵士的兒子。為馬戛爾尼勛爵的見習侍童，而未來的喬治－托馬斯．斯當東爵士，為準男爵，東印度公司在廣州的專員，後升行長；也是英國首位漢學家，一八一六年隨阿美士德勛爵使節團到北京。一八二三年起為下院議員。他在中英關係的發展中具關鍵角色，一八四〇年主戰。留有隨馬戛爾尼使華日記、隨阿美士德使華日記及回憶錄，皆未發表。尚有大量未發表的書信與演說。他出版的唯一著作是一八一〇年的《大清律例》，是滿清刑法的刪節譯本，附有內容充實的前言。

普羅克托（Proctor），船長，東印度公司代理人，指揮「勉勵號」，一七九三年六月被派去與馬戛爾尼的艦隊會合。

奧米拉，巴里，愛德華（Barry Edward O'meara, 1786-1836），愛爾蘭人，拿破崙在聖赫勒拿島的醫師。著有《回憶錄》（*Mémoires*）。

溫德，愛德華（Edward Winder, c.1760），馬戛爾尼母親家的親戚。使節團的祕書，留下一本未發表的日記。

赫托南，漢斯－克利斯蒂安（Hans-Christian Hüttner, 1765-1847），生於萊比錫，一七九一至一七九七年間擔任托馬斯．斯當東的家庭教師。發表過《中國遊記》。

義律，查理（Charles Elliot, 1801-1875），林則徐一八三九年在廣州當欽差時，英國派駐遠東的商務監督。為了避免衝突，建議西方人交出鴉片，而那些鴉片七月在虎門海灘上銷毀。他的態度引起了倫敦的強烈反彈。

德天賜（Piero Adeodato, c.1755-1822），義大利奧古斯丁教派教士，一七八四年抵華。因為他是個鐘錶匠與機械師，所以被馬戛爾尼使團的英國人請去圓明園安裝贈送給乾隆皇帝的科學儀器。一八一一年因受迫害離開北京。

德勝，伊薩克（Isaak Titzing, 1745-1811），原為外科醫師，一七六八年為荷蘭東印度公司的代理人，派駐日本直至一七八五年，在孟加拉待到一七九二年。一七九五年為荷蘭政府派往北京的使節，留有關於出使的一本未發表的日記。

潘廷璋（Joseph Panzi, 1733-1812），生於熱那亞，隸屬於法國傳教團的義大利耶穌會士，也是畫家，最後逝世於北京。

蒙托朗，夏爾（Charles Montholon, 1783-1853），帝國的宮廷大臣，將軍，隨拿破崙去聖赫勒拿島。皇帝的心腹與遺囑執行人，發表過《回憶錄》（*Mémoires*）與《拿破崙囚禁紀事》（*Récits de la captivité de Napoléon*）。

霍姆斯，塞繆爾（Samuel Holmes），大使衛隊的士兵。他對出使的敘述在一七九七年發表。一八〇四年升上士。

璞鼎查，亨利（Henry Pottinger, 1789-1856），英國水師提督，一八四〇至一八四二年八月，負責指揮鴉片戰爭第二階段的戰役。他占領了舟山群島，沿長江而上，攻占南京，並在一八四二年八月二十九日強迫中國簽訂了第一個「不平等條約」。

錢德明（Joseph-Marie Amiot, 1718-1793），一七五〇年抵華的法國耶穌會士，同時是數學家、物理學家，為法國科學院與英國皇家學會的通訊院士。擔任乾隆身邊西方語言官方譯者，是北京傳教士的精神領袖。因病未能見到馬戛爾尼勛爵，於使團離開後兩天死去，留下許多書信，但尚未得到充分的研究。

額爾金，詹姆斯（James Elgin, 1811-1863），勛爵，其父為英國駐君士坦丁堡大使，把雅典藝術的許多珍品帶回倫敦。他一八〇六年指揮英軍在天津登陸，十月攻占北京，縱容部下把圓明園洗劫一空。一八六二年任首任印度總督。

羅米，赫德森（Hudson Lowe, 1769-1844），聖赫勒拿的總督，負責看管拿破崙。著有《回憶錄》（*Souvenirs*）。

羅廣祥，尼古拉（Nicolas Raux, 1754-1801），法國遣使會神父，法國傳教會會長。一七八五年作為數學家抵達北京。在英國使節團去熱河前曾多次前往拜訪。他很和藹、好談，討得馬戛爾尼與德勝雙方的喜歡。一七九四年十月初，他和賀清泰神父一起翻譯了第三道敕諭。留有許多饒有風趣的未發表書信。

懿律，喬治（George Elliot, 1784-1863），英國水師提督，一八四〇至四一年間指揮遠征中國的艦隊，一八四一年由璞鼎查接替。

【漢人或韃靼】

王，中國神父，同安神父。

王文雄（c.1740-1800），王大人，漢族官員，副將。從一七九三年七月至一七九四年一月陪同使節團。和喬一起每天與馬戛爾尼、斯當東接觸。皇家檔案裡未見他的奏摺，因為他位階太低，不能向朝廷直接上摺。死於征剿叛亂軍中。

安，那不勒斯中國學院裡的中國人主教神父，斯當東同意讓他搭船從樸茨茅斯到澳門。曾教小托馬斯學中文。

同治（1856-1875），滿皇帝，一八六一至一八七五年在位，咸豐之子與繼承人。

光緒（1871-1908），滿皇帝，一八七六至一九〇八年在位，為同治的表弟。根據他姨母慈禧的意見繼承了表兄的皇位，一八九八年他試圖擺脫姨母的控制，使中國走上現代化之路。後被幽禁至死——在慈禧死前幾個小時。

吉慶，山東巡撫，在馬戛爾尼使節團來回經過時上過奏摺。

伊齡阿，工部侍郎，金簡的副手，一七九三年八月的奏摺中有他的副署。

李雅各，即書中提到的李神父，為天主教教士。生於一七五〇年左右，托馬斯開玩笑叫他「李子先生」（漢語裡「李」的原義）。滿人，喬治．斯當東爵士把他從那不勒斯的中國學院請來當翻譯，被視為英國人。因為馬戛爾尼不接受指定的傳教士當翻譯，在官方場合就由他單獨擔任全部口譯工作。使節團返英後他留在中國，與英國人保持通信關係直至一八〇二年。

和世泰（c.1775-?），滿貴族，嘉慶的皇舅。一八一六年八月二十至二十八日負責陪同阿美士德使團。八月二十九日粗暴地把使節推進覲見處，導致關係破裂。嘉慶褫奪了他的爵位。

和珅（1745-1799），原為御前侍衛，後得乾隆寵信，皇帝把他當作自己年輕時愛過的一位不幸妃子投胎再生，很快升為總督，從一七七〇年代起就成了掌管一切的御前大臣。英國人稱他為「宰相」或「大閣老」。其權勢幾乎遍及帝國各地，但貪贓枉法。他拒絕與馬戛爾尼進行任何談判。在乾隆內禪後他又擴大了自己的權力，但只比他的主子多活了十天，嘉慶皇帝即賜他自盡。我們所掌握的朝廷文書都有他的簽字。

林則徐（1785-1850），傑出的文人，漢族高級官員。在有關鴉片的爭論（1837）中，他是禁煙派。一八三八年被派往廣州根除煙毒。因禁煙有效，英國商務監督義律不得不勸告西方人交出毒品，於一八三九年七月當眾銷毀。這一舉動導致了鴉片戰爭與南京條約（1840-1842）。林被皇帝革職，直到一八四五年復被起用。一八五〇年，皇帝欲派其赴粵西剿辦太平天國早期起義，但林中途病故。

周保羅，即書中提到的周神父，為中國天主教教士，約生於一七五〇年。由喬治·斯當東爵士在那不勒斯的中國學院聘為翻譯。在澳門他因害怕遭受迫害而中止合同，離開使節團。曾教托馬斯·斯當東中文。

阿桂（1717-1797），滿人，大學士中資格最老者。錢德明神父說他是「帝國最能幹、最得人心的首輔」。馬戛爾尼使華時他只是作為顧問而不直接參政。我們擁有的朝廷文書上面，他的名字常與和珅的簽在一起。

松筠（1752-1836），蒙古族王公，自一七八六至一七九二年任邊疆辦事大臣。一七九二年與俄國人簽訂條約。一七九三年任大學士，陪同馬戛爾尼自北京到杭州。後任廣東等多省總督，一八一〇年在廣東又見托馬斯·斯當東，後者已成東印度公司的專員。

金簡（c.1720-1795），朝鮮族貴族。一七七二年任內務總管大臣。一七八五年監督修葺明陵。負責監督馬戛爾尼所獻禮品的安放。他曾就馬戛爾尼使節團上過若干奏摺，有時與徵瑞共同簽署。

長麟（c.1745-1811），滿王族，皇親，一七九三年初為浙江巡撫，處理馬戛爾尼使團可能過境的準備工作。擢兩廣總督，一七九三年十一月在杭州又遇見馬戛爾尼，並陪同前往廣東，在英使使華期間他曾寫過不少奏摺。一七九四年籌備荷蘭使節接待事項。因有忤和珅，屢遭貶謫。

洪秀全（c.1814-1864），廣東農民，應試不中，讀了馬禮遜用中文寫的一本關於聖經的小冊子，自以為是耶穌的弟弟。他宣揚一種苦行與團體的道德，把農民鼓動起來。一八五一年自稱天王，建號太平天國。控制了十八省中的十一省。一八六二年進攻上海，西方遂作出反應支持滿清王朝。一八六四年自盡。

咸豐（1831-1861），滿皇帝，一八五一至一八六一年在位，道光之子與繼承人。在他統治期間仇外情緒得以滋長，導致了第一個天津條約的簽訂（1858），以及西方第二次軍事介入（1859-1860）與攻占北京（1860）後的第二個天津條約。咸豐時太平天國運動高漲。貴妃慈禧一八五六年生一子，即後來的同治皇帝。

庫倫王，以皇帝名義治理蒙古的蒙古王公（就像西藏的拉薩王一樣），他時時受到一位滿族辦事大臣的控制，後者理論上隸屬於他，但實際上卻大權在握。阻擋了戈洛夫金使節團。

乾隆，清朝第四位皇帝，雍正的四子。生於一七一一年，一七三六年登基，一七九六年內禪，一七九九年駕崩。

郭世勛，廣東巡撫；總督缺席時行使總督職能。從一七九二年九月至一七九三年十一月間，他曾向朝廷呈送許多奏摺。

梁肯堂（1715-1802），從縣令逐級升到總督的典型漢族高級官員，馬戛爾尼來訪時他是直隸總督，在大沽與天津接見英國人。有他簽署的一七九二年十二月與一七九三年夏季的奏章若干。

喬人傑（c.1745-1804），喬大人，陪送的漢族高級官員。他從一七九三年七月至一七九四年一月跟隨馬戛爾尼。他的地位尚不足以直接向朝廷奏事。最後升至直隸按察使。

道光（1782-1851），滿皇帝，一八二〇至一八五一年在位，是嘉慶的兒子與繼承人。一八三七年派林則徐去廣州禁煙，被迫進行鴉片戰爭（1840-1842），一八四二年八月二十八日簽訂南京條約。他意識到帝國力量削弱，拒絕死後為他立碑。

福長安（c.1760-1817），滿人，福康安弟，一七七九年為將軍（副都統），一七八九年升大學士，為和珅一手提攜，故極親善。有時被稱為「二閣老」或「副中堂」。嘉慶將他與和珅一起問罪，後得救。

福康安（c.1750-1796），滿將軍，福長安兄。一七七三年時佐阿桂征戰，一七八〇年起先後任多省都督，鎮壓有功（台灣、福建）。英國人派馬戛爾尼使華時在廣州任總督。督師往西藏討廓爾喀（1791-1792）。一七九三年任四川總督。先後在熱河與北京見英使，未掩飾其敵意。

溥儀（1906-1969），「末代皇帝」；一九〇八至一九一一年在位。由慈禧選中繼承伯父光緒帝位，一九一二年退位，但至一九二四年一直作為「貴賓」住在故宮。

慈禧（1835-1908），咸豐妃，一八五六年生子，即後來之同治。一八六二年同治初年垂簾聽政，進行過許多改革。同治卒，她立其四歲之外甥為光緒帝，得以保住權力。災禍相繼不斷（一八八五年的中法之戰、一八九四至九五年的中日之戰）。光緒銳意當政改革（百日維新），慈禧稱他低能。她專權獨行，時而把賭注下在中國的民族主義上，時而又轉向與西方合作，目的只有一個：延長滿清王朝的統治。

徵瑞（c.1733-1815），滿人，長蘆鹽政，從天津上岸直到承德，一路負責陪同馬戛爾尼的欽差。任務完成得不好。有他一七九三年五至十月的奏事若干。使節回國後，他仕途有升有降，最後任工部侍郎。

嘉慶（1760-1820），滿皇帝，乾隆第十五子與繼承人。他於一七九六年父親內禪後宣布為皇帝，但在其父於一七九九年死後才真正掌權。他賜死和珅，疏遠其親信。在位期間起義頻繁。一八一三年倖免於難。一八〇五年、一八一一年、一八一八年曾對基督徒施行殘酷的迫害。在熱河（承德）遭雷擊而死。從此熱河直到圓明園被毀前都不再作滿清皇帝的夏宮。

蘇楞額（c.1745-1828），滿人，自一七九三年夏起為粵海關監督。同長麟一起接待馬戛爾尼，並籌備接待德勝使節團事宜。一八一六年以工部尚書的身分負責陪同阿美士德使節團，並肯定地說，見到馬戛爾尼行過叩頭禮。

II. 資料來源

【未發表的中國檔案】

未發表的大內檔案（以下用 AIGC 代替）。奏摺原件上友乾隆的硃批，都保存在北京故宮的皇史宬。這些文件有皇帝親簽的上諭，有以皇帝名義由內閣撰擬下達給高級官員的文書，或這些高級官員給皇帝的題本。有關馬戛爾尼使節團的檔案，包括一七九二年十月二十日至一七九六年二月五日間的四百二十頁手稿。明清檔案館的館長同意讓我們拍下微縮膠卷。

【未發表的英語檔案】

India Office Library & Records, London

— Factory Records, G/12/90 : Cathcart's Embassy to China. India Office, China, Cathcart（以下稱 IOCC）.

G/12/91-93 : Macartney's Embassy to China. India Office, China, Macartney（以下稱 IOCM）.

G/12/196-198 : Amherst's Embassy. India Office, China, Amherst（以下稱 IOCA）.

British Library, Manuscript Department（以下稱 BL）

— Alexander (W.), A journal of the Lord Macartney's Embassy to China, 1792-1794, Journal of a Voyage to Peking, the Metropolis of China, in the Indostan Indiaman, accompagnying Lord Macartney as Ambassador to the Emperor of China, Mss Add, 35174.

— Gower (Sir E.), A journal of H.M.S. Lion beginning the lst october 1792 & ending the 7th september 1794. Mss Add. 21106.

Public Record Office, Kew（以下稱 PR）

— Colonial Office Papers 77/29 Correspondance de lord Macartney avec Henry Dundas et sir Erasmus Gower.

Wellcome historical Medical Institute, London（以下稱 WI）

— Macartney (Lord), Memoranda from London to China (journal inédit et autographe tenu durant le voyage en mer, 11 septembre 1792-15juin 1793).

Cornel1 University, Ithaca, N.Y.

— Wason Collection on China and the Chinese, *Macartney's papers* (21 vol.; 以下稱 CUMP); *Macartney's correspondence* (10 vol.; 以下稱 CUMC).

Toyo Bunko (The Oriental Library), Tokyo（以下稱 TB）

— Lord Macartney: A Journal of the Embassy in 1792, 1793, 1794 (3 vol.).

— Letters Book of Lord Macartney during his Embassy to China, 1792-1794.

Duke University, Durham, North Carolina,（以下稱 DU）

— Staunton (George-Thomas)- Diary 30th Aug. 1793-lst Feb. 1794.

- Correspondance 1798-1818.

Staunton (Sir George-Thomas)，只印若干私下散發的文章（以下稱 TS）

— Miscellaneous Notices relating to China, London, 1823.

— Memoirs of the life and family of the late Sir G.L. Staunton, collected by Sir G.T. Staunton, in 1828, London.

— Notes of Proceedings and Occurences during the British Embassy to Peking 1816-London 1824.

— Memoirs of the Chief Incidents of the Public Life of Sir G.T. Staunton, London, 1856.

Royal Geographical Society, London（以下稱 RGS）

— Stephen Else, 1793, A journal of a voyage to the East Indies and an historical narrative of the Lord Macartney's Embassy to the Court of Peking.

Public Records Office of Northern Ireland, Belfast（以下稱 PRONI）

— Macartney's papers (D 572, 6-19).

National Library, Dublin（以下稱 NLD）

— Winder (E.), Papers: Account of a voyage to Brazil, Tristan da Cunha and the East Indies, 1793. Mss. 8799.

University of the Witwatersrand, Johannesburg

— *The Earl Macartney Papers* (catalogue listed by Anna M. Cunningham). 這部分資料共有六百一十七份文件，主要涉及一七九五至一七九八年間的事件。兩份文件（No.15, 16）談到馬戛爾尼使節團。另外三份文件（No.22, 28, 45）強調了開普敦對東印度公司的戰略地位。

private collection

— Amherst (William-Pitt, Lord), Embassy to China, 未發表的親筆日記，得到藏品主人邁克爾．高爾文（M. Michael Galvin）的同意得以查閱與引用。

【未發表的法國檔案】

Archives nationales（以下稱 AN）

— Fonds Marine B4 163 :

– Documents et rapport de Macartney relatifs à la prise de la Grenade par l'amiral-comte d'Estaing.

– Lettres de Macartney et lettres relatives à lui pendant sa captivité en France, à l'automne 1779.

— Fonds Marine C' 5 : Lettre du Cdt de Kergariou à M. de Courson, commandant le Cléopâtre, Macao, 8 déc. 1817.

— Fonds Colonies-missions d'Extrême-Orient:

– Correspondance de J.-B. Piron, agent de la Compagnie française des Indes, 1792-1794, 1804.

– Correspondance de M. Raux, supérieur de la mission française de Pékin, 16 novembre 1788.

— Fonds de la correspondance de la Compagnie française des Indes orientales, 8 AQ 349: Lettres de J.-B. Piron, 1794.

Archives du ministère des Affaires étrangères（以下稱 AMAE）

— Correspondance politique:

Russie, Messages chiffrés du marquis de Bausset au duc de Choiseul, au sujet de Macartney, 3/VII, 27/XI, 3 et 23/XII/1766.

Angleterre: vol. 582, pp. 280-282, annonce du départ de l'ambassade Macartney, septembre 1792.

— Mémoires et documents :

Asie17: anonyme, 20/VII/1801 de Pékin à un correspondant de Canton, sur les relations sino-anglaises après l'ambassade Macartney Asie 19: correspondance inédite de L.-C. de Guignes,

1787-1791.

Asie 21: lettre du P. de Grammont à M. Van Braam, datée (par erreur) septembre 1793.

P.L.-F.-M. Lamiot, Mémoire sur la Chine, Macao, sans date (1821 ou 1822).

R.P. Richenet, Note sur la mission lazariste en Chine, 30/VII/1817.

Chine 17: P. Joseph de Grammont, S.J., lettre sur l'ambassade hollandaise de 1795 (non datée).

Bibliothèque de l'Institut de France (以下稱 BIF)

— Correspondance de M. Bertin Mss 1515 et 1517: lettres du P. Joseph-Marie Amiot, S.J., 20septembre et 1er octobre 1774; 10 octobre 1789; 20 août et 24 septembre 1790.

Archives des Lazaristes, rue de Sèvres, Paris (以下稱 AL)

— Correspondance des missionnaires lazaristes ayant résidé en Chine de 1784 à 1801 : lettres des pères Ghislain (Jean-Joseph), Hanna (Robert), Lamiot (Louis-François-Marie), Richenet (Jean-François), Raux (Nicolas-Joseph)

— Correspondance des missionnaires de la Congrégation des missions à Pékin (1806-1850) (3 registres reliés).

— Notes sur l'ambassade anglaise, anonymes (mais de toute evidence rédigées par le P. Lamiot, en 1807), en commentaire à la traduction par Castéra de la relation par Staunton de l'ambassade Macartney.

— Lettres de Chateaubriand (François-René) au P. Lamiot, de Paris, le 24 juin 1823.

— Note du capitaine de vaisseau de Bougainville, relative au P. Lamiot, Macao, 1er janvier 1825.

Archives de la Société de Jésus, Province de France, Chantilly (以下稱 ASJ)

— Lettres du père de Grammont à sa famille (1767-1786)

— Suppléments inédits aux Lettres édifiantes (1762-1808)

— Journal inédit des Jésuites de Saint-Pétersbourg, 1805-1807, Fds Brotier, vol. 134.

期刊：

Le Mercure de France, septembre-octobre 1779.

【其他未發表的檔案】

TITZING (Isaak), Journal d'un voyage à Pékin, traduction manuscrite en français d'après le néerlandais, British Library, Mss Add. 18102.

VAN BRAAM (André-Everard), Le Voyage en Chine, Archives nationales, Paris, Colonies F3 108-111, Fonds Moreau de Sanit-Méry, 4 vol. manuscrits en français.

【已發表的中國檔案】

中國檔案館的館長曾在一份名叫《掌故叢編》（北京，1928-1929，以下用 ZGCB 表示）的簡報上，刊登過某些有關馬戛爾尼使節團的文件。另外，乾隆時代的歷史在《清實錄》裡有非常扼要的介紹。最後，某些中文文件（有些與上面的文件不同，有些相同）在巴克斯與濮蘭德合著的《清室外記》（*Annals and Memoirs of the Court of Peking*, London, Heinemann, 1914）一書中用英語發表過。

【已發表的英國檔案】

ABEL (Clarke)

— *Narrative of a Journey in the Interior of China in the 1816/1817*, London, Longman & Hurst, 1818, 420 p. Reprint, N.Y., 1971.

ANDERSON (Aeneas)

— *A Narrative of the British Embassy to China in the Years 1792, 1793 & 1794*, London, J. Debrett, 1795, 278 p.

— *Relation du voyage de lord Macartney à la Chine*, trad. franç. chez Denné Le Jeune Paris 1797, avec un appendice le journal du Lion, 5 août 1793-28 octobre 1793, rééd. franç. par G. Manceron, AubierMontaigne, 1978.

BARROW (John)

— *Travels in China*, London, Cadell & Davis, 1804, 632 p.

— *A Voyage to Cochinchina*, London, Cadell & Davies, 1806, 447p.

— *Some Account of the Public Life and Selection from the Unpublished Writing of the Earl Macartney*, London, Cadell, 1807, 2 vol.

— *An Autobiographical Memoir*, London, John. Murray, 1847, 515 p.

— *Voyage à la Cochinchine*, trad. de l'anglais par J. Castera, Paris, Buisson, 1806, 2 vol.

— *Voyage en Chine*, trad. de l'anglais par J. Castéra, Paris, Buisson, 1805, 3 vol.

— *Voyage en Chine*, trad. de l'anglais par J.B.J. Breton, Paris, Biblioth. portative des voyages, Vve Lepetit, 1807, 6 vol.

CRANMER-BYNG (J.-L.)

— *An Embassy to China*, Longmans, London, 1962, 398 p.

DINWIDDIE (James), 參見 PROUDFOOT-JARDINE.

ELLIS (Henry)

— *Journal of the Proceedings of the Late Embassy to China*, London, Murray, 1817, 528 p.

GILLAN (Hugh)

— *Observations*, 參見 CRANMER-BYNG.

HOLMES (Samuel)

— *The Journal of Mr. Samuel Holmes, Sargent-Major, during his attendance, as one of the Guard on Lord Macartney's Embassy to China*, London, Bulmer & Co, 1798, 256 p.

— *Voyage en Chine et Tartarie*, trad. franç. chez Delance & Lesueur, Paris, 1805, 2 vol.

MACARTNEY (Lord), 參見 CRANMER-BYNG, H. ROBBINS, SOURCES INÉDITES.

MORRISON (Robert)

— *A Memoir of the Principal Occurrences during an Embassy from the British Government to the Court of China, in the year 1816*, London, Hatchard & Son, 1820, 96 p.

O'MEARA (Barry)

— *Napoléon en exil, ou l'Écho de Sainte-Hélène*, trad. de l'anglais par Barthélemy, Paris, 1822, 2 vol.

PROUDFOOT-JARDINE (W.)

— *A Biographical Memoir of James Dinwiddie*, Liverpool, Howell,

1868, 138 p.
ROBBINS (Helen)
— *Our First Ambassador to China*, London, John Murray, 1908, 679 p.
STAUNTON (Sir George-Leonard)
— *An Historical Account of the Embassy to the Emperor of China, undertaken by order of the King of Great Britain*, London, Stockdale, 1797, 477 p.
— *Voyage dans l'intérieur de la Chine et de la Tartarie*, trad. de J. Castéra, Paris, Buisson, An VI (1798), 4 vol.
— *Voyage en Chine et en Tartarie*, traduction de J.B.J. Breton, Paris, Biblioth. portative des voyages, Vve Lepetit, 1804, 6 vol.
STAUNTON (Sir George-Thomas)
— *Ta Tsing Leu Lee* (Code pénal de la Chine des Qing), translated from the chinese language by G.T. Staunton, London, 1810, 581 p. (réimpression Ch'eng Wen Pub. Co, Taipeh, 1966).
WINTERBOTHAM (W.)
— *An Historical, Geographical and Philosophical View of the Chinese Empire*, with a copious account of the Lord Macartney's Embassy, London, Ridgeway & Buttom, 1795, 445 + 114 p.
期刊：
— Handsard's Parliamentary debates, 1791-1793, 1806, 1840.
— Edinburgh Review, 1800-1820.
— Gentleman's Magazine, 1787, 1794.
— Quarterly Review, 1810-1820.
— The Times of London, 1797-1818.
— The Chinese Repository, 1832-1841.

【已發表的法國檔案】

CHARPENTIER-COSSIGNY (ou DE COSSIGNY, J.-F.)
— *Voyage à Canton, capitale de la province de ce nom. Observations sur le voyage à la Chine de lord Macartney et du citoyen Van Braam*. Paris, chez André, An VII (1799), 607 p.
GUIGNES (L.-C. DE)
— *Voyage à Pékin, Manille et l'île de France*, Paris, Imprimerie impériale, 1808, 3 vol.
Huc (Père Evariste)
— *Souvenirs d'un voyage dans la Tartarie, le Thibet et la Chine*, Paris, 1850, rééd. Plon, 1925-1928, 4 vol.
LANGLÈS (L.-M.)
— «Observations sur les relations politiques et commerciales de l'Angleterre et de la France avec la Chine», in Samuel Holmes, *Voyage en Chine et en Tartarie*, chez Delance, 1805, pp. XII-XLV.
RENOUARD DE SAINTE-CROIX (Félix)
— *Voyage commercial et politique aux Indes orientales, aux Philippines, à la Chine, pendant les années 1803-1807*, Paris, Imprimerie impériale, 1810.
VILLÈLE (J.-B., comte DE)
— *Mémoires et correspondance*, Paris, Perrin, 1888, 5 vol.

【其他已發表的檔案】

HüTTNER (Jean-Christian)

— *Nachricht von der Brittischen Gesandtschaftreise durch China*, Berlin, Vossicher Buchhandlung, 1797. Trad. franç. par Winckler, Paris, chez Pillot, 1800.

— Également : *Voyage à la Chine*, in Bibliothèque des voyages, Vve Lepetit, Paris, 1804, 258 p.

POTOCKI (Jan)

— *Mémoire sur l'expédition de Chine 1805-1806*, in W. Kotwicz, Jan Hr. Potocki i jego prodroz do Chin. Wilno, 1935.

— Édition française : *Voyages au Caucase et à la Chine, Mémoires et correspondance 1797-1798, 1805-1806*, Paris, Fayard, 1980, 251 p.

VAN BRAAM (André-Evraard)

— *Voyage de l'ambassade de la Compagnie des Indes orientales hollandaise vers l'empereur de Chine en 1794 et 1795*. Publié en français, en collaboration avec Moreau de Saint-Méry, Philadelphie, 1797.

III. 參考書目

【歐洲征服世界】

BRAUDEL (Fernand) - *Civilisation matérielle, économie et capitalisme, xV^e-XVIIIe siècle*, Paris, Armand Colin, 1979, 3 vol.

BRIGGS (Asa) - *The Age of Improvement 1783-1867*, London, Longmans, Green & Co, 1959, 547p.

BURKE (Edmund) - *Discours sur les moyens de conciliation avec les colonies*, 1775, 107 p.

CHAUNU (Pierre) - *La Civilisation de l'Europe des Lumières*, Paris, Arthaud, 1971, 664 p.

CROUZET (François) - *The First Industrialists*, Cambridge, Cambridge University Press, 1985, 229 p.

DEDEYAN (Charles) - *Le Retour de Salente, ou Voltaire en Angleterre*, Paris, Nizet, 1988, 278 p.

DERRY (John W.) - *Charles-James Fox*, London, Batsford, 1972, 454p. William Pitt, London, B.T. Batsford, 1962, 160 p.

EVANS (Eric J.) - *The Forging of the Modern State, Early Industrial Britain 1783-1870*, London, Longman, 1983.

FURBER (Holden) - *Henry Dundas, first viscount Melville, 1742-1811*, Oxford University Press, 1931, 331 p.

GOUBERT (P.), DENIS (M.)- 1789, *Les Français ont la parole*, Paris, Julliard, 1964, 270p.

HARLOW (Vincent T.) - *The Founding of the Second British Empire, 1763-1793*, London, Longman, 1964, 2 vol.

HAZARD (Paul) - *La Pensée européenne au XVIIIe siècle*, Paris, Boivin, 1946, 2 vol.

La Crise de la conscience européenne 1680-1715, Paris, Boivin, 1935, 316p.

LENSEN (G.A.) - *The Russian Push toward Japan 1697-1875*, Princeton University Press, 1959, 553 p.

LESSAY (Jean)- *Thomas Paine*, Paris, Perrin, 1987, 262p.

MANTOUX (Paul) - *La Révolution industrielle au XVIIIe siècle*, Paris, Ed. Genin, 1959, 510p.

MARIENSTRAS (Elise) - *Les Mythes fondateurs de la nation américaine*, Paris, Maspéro, 1976, 377 p.

MARX (Roland) - *La Révolution industrielle en Grande-Bretagne des origines à 1850*, Paris, Armand Colin, 1970, 311 p.

MOKYR (Joël) - *The Economics of the industrial Revolution*, Northwestern University, 1985, 240 p.

MOUSNIER (R.), LABROUSSE (E.) - *Histoire générale des civilizations : le XVIIIe siècle*, Paris, P.U.F., 1963.

PALMER (R.R.) - 1789, *Les révolutions de la liberté et de l'égalité*, Paris, Calmann-Lévy, 1968, 317p.

PHILIPS (C.H.) - *The East India Company, 1784-1834*, Manchester Publication of the University of Manchester, 1940, 374p.

REILLY (Robin) - *Pitt, the Younger*, London, Cassell, 1978, 390 p.

RIEMERSMA (J.C) - *Religious Factors in Early Dutch Capitalism, 1550-1650*, La Haye/Paris, Mouton, 1967, 98 p.

RIOUX (Jean-Pierre) - *La Révolution industrielle, 1780-1880*, Paris, Le Seuil, 1971, 251 p.

ROCHON (A.M. DE) -*A Voyage to Madagascar and the East Indies*, reprint of 1792, New York, Johnson, 1971, 475 p.

ROEBUCK (Peter) - *Macartney of Lisanoure, 1737-1806*, essays in biography, Belfast, Ulster historical foundation, 1983, 376 p.

SCHNERB (Robert) - *Histoire générale des civilisations: le XIXe siècle*, Paris, P.U.F., 1961, 645 p.

SMITH (Adam) - *Inquiry into the Nature and Causes of the Wealth of Nations*, Londres, 1776 (Recherche sur la nature et les causes de la richesse des nations).

TAINE (Hippolyte) - *Les Origines de la France contemporaine (1876-1894)*, rééd. Paris, R. Laffont, 1986, 2 vol..

YOUNG (Arthur) - *Voyages en France (1787, 1788, 1789)*, trad. H. Sée, rééd. A. Colin, 1976, 3 vol., VII, 1283 p.

【中國歷史】

BALAZS (Étienne) - *La Bureaucratie céleste*, Paris, Gallimard, 1968, 318 p.

BARD (E.) - *Les Chinois chez eux*, Paris, Armand Colin, 1904 (4e éd.), 357 p.

BASTID (M.), BIANCO (L.), CADART (C.), VANDERMEERSCH (L.), «Que savons-nous de la Chine?», in Esprit, novembre 1972.

BERGÈRE (Marie-Claire) - *L'Age d'or de la bourgeoisie chinoise*, Paris, Flammarion, 1986, 371 p.

La République populaire de Chine de 1949 à nos jours, Paris, Armand Colin, 1987, 283 p.

BERVAL (René DE) - *Présence du bouddhisme*, Paris, Gallimard, 1987, 816 p.

BIANCO (Lucien) - *Les Origines de la révolution chinoise*, Paris, N.R.F., 1969, 384 p.

CADART (C.) et NAKAJIMA (M.) - *La Stratégie chinoise ou la Mue du dragon*, Paris, Autrement, 1986, 233 p.

CHARBONNIER (Jean) - *La Chine sans muraille*, Paris, Fayard, 1988, 294 p.

CHESNEAUX (J.) et BASTID (M.) - *Histoire de la Chine*, Paris, Hatier, 1969, 1977, 4 vol.

COHEN (Paul A.) - *Reform in XIXth century China*, East Asian Research Center, Harvard University, 1976, 396 p.

COMMEAUX (Charles) - *La Vie quotidienne en Chine sous les Mandchous*, Paris, Hachette, 1970, 320 p.

CONFUCIUS - *Les Entretiens de Confucius*, trad. Ryckmans, Paris, N.R.F., 1987, 169 p.

DEHERGNE (Joseph) - *Un problème ardu: le nom de Dieu en chinois*, Actes du IIIe colloque international de sinologie, Chantilly, 1980, éd. Belles Lettres, Paris, 1983, pp. 13-44.

DURAND (Pierre-Henri) - *Lettrés et pouvoirs: un procès littéraire dans ta*

Chine impériale, l'affaire du Nanshan Ji, 1711-1713, Paris, École des hautes études en sciences sociales, 1988 (thèse non publiée).

ELIASBERG (Danielle) - *Imagerie populaire chinoise du Nouvel An*, Cahiers de l'École française d'Extrême-Orient, t. XXXV, Paris, 1978, 131 p.

ELSSEEFF (V. et D.) - *Civilisation de la Chine classique*, Paris, Arthaud, 1979, 629 p.+ 134 p. de pl.

ELISSEEFF (Danielle) - *La Femme au temps des empereurs de Chine*, Paris, Stock, 1988, 313 p.

ETIEMBLE - *Connaissons-nous la Chine?*, Paris, N.R.F./Idées, 1965, 183p.

Confucius, Paris, Gallimard, 1956, 320 p. (rééd., 1985).

Quarante ans de mon maoïsme, Paris, Gallimard, 1976, 471 p.

Le Nouveau Singe pèlerin, Paris, Gallimard, 1958, 391 p.

FAIRBANK (John King) - *Ch 'ing documents, an introductory syllabus*, East Asian Research Center, Harvard University, Harvard University Press, 1965, 2 vol.

The Chinese World Order, Harvard University Press, 1968, 288 p.

Cambridge History of China (vol. X), Cambridge, Mss., Cambridge University Press, 1978.

The Great Chinese Revolution, 1800-1985, London, Chatto& Windus, 1987, 396 p.

La Grande Révolution chinoise, Paris, 1989, 548 p.

FAIRBANK (J.K.) et REISCHAUER (E.D.) - *East Asia: The Modern Transformation*, Boston, Houghton Mifflin, 1965, 955 p.

China, Tradition and Transformation, Sydney, Allen & Unwin, 1979, 552 p.

FAIRBANK (J.K.) et TENG (S.Y.) - *On the Ch 'ing tributary system*, Harvard Journal of Asiatic Studies, Harvard, 1941, pp. 135-246.

FEUERWERKER (Albert) - *State and Society in XVIIIth century China: the Ch'ing Empire in its glory*, University of Michigan Center for Chinese Studies, Chicago, Michigan University Press, 1976, 120 p.

GERNET (Jacques) - *Le Monde chinois*, Paris, Armand Colin, 1972 (2e éd., revue et augmentée, 1987, 699 p.).

Clubs, cénacles et sociétés dans la Chine des XVIe et XVIIe siècles, Institut de France, Académie des Inscriptions et Belles Lettres, Paris, 1986, 12 p.

«Chine moderne, Chine traditionnelle», in *Études chinoises*, vol. IV, n° 1, 1985, pp. 7-13.

GOODRICH (L.-C) - *The Literary Inquisition of Qianlong*, New York, Parangon Book, 1966, 275 p., reprint de 1935.

GRANET (Marcel)- *La Civilisation chinoise*, Paris, 1928, rééd. Albin Michel, 1968, 507 p.

La Pensée chinoise, Paris, 1934, rééd. Albin Michel, 1968, 568 p.

La Religion des Chinois, Paris, P.U.F., 1951, 175 p.

GROUSSET (R.) et DENIKER (G.) - *La Face del'Asie*, Paris, Payot, 1955, 466p.

GUO TINGJI - *Jianming Qingshi* (Précis d'histoire des Qing), t. I, Pékin, 1980.

HALDANE (Charlotte)- *The Last Great Empress of China*, London. Constable & C°, 1965, 252 p. Trad. fr., Tsou hsi, dernière impératrice de Chine, Paris, Fayard, 1965.

HEDIN (Sven) - *Jehol, City of Emperors*, translated by G. Nash, London, Kegan, Trench, Trubner & C° Ltd, 1932, 278 p.

HOIZEY (Dominique) - *Histoire de la médecine chinoise*, Paris, Petite Bibliothèque Payot, 1988, 293 p.

HO PING-TI - *Studies on the Population of China*, Harvard University Press, 1959, 296 p.

The Ladder of Success in Imperial China, New York, Columbia University Press; 1980, 386 p.

HSIE PAO CHO- *The Government of China, 1644-1911*, New York, Octagon books, reprint. 1966, 414 p.

HUARD (Pierre) - «Le développement scientifique chinois au XIXe siècle», *Cahiers d'histoire mondiale*, vol. 7, n°1, 1962, pp. 68-95.

HUMMEL (Arthur W.) - *Eminent Chinese of the Ch'ing Period*, original edition Washington, Government printing office, 1943, reprint by Ch'eng Wen Pub. C° Taipeh, 1970, 1103 p.

KAHN (Harold) - *Monarchy in Emperor's Eyes*, Cambridge, Mss., Cambridge University Press, 1971, 309p.

LARRE (Claude)- *Les Chinois*, Paris, Lidis, 1982, 673p.

La Voie du Ciel, la médecine chinoise traditionnelle, Paris, Desclée De Brouwer, 1987, 160p.

LEYS (Simon) - *Ombres chinoises*, Paris, Robert Laffont, 1978, 309 p.

Images brisées, Paris, Laffont, 1976, 199 p.

La Forêt en feu, Paris, Hermann, 1983,231 p.

LIANG QISHAO - *Histoire de la science chinoise de ces trois cents dernières années*, Shanghai, Minghi Shupi, 1929, 562 p.

LIN YUTANG -*My Country and my People*, New York, Halcyon House, 1938, 363 p.

LOMBARD (D.) et AUBIN (J.) - *Marchands et hommes d'affaires asiatiques dans l'océan Indien et la mer de Chine, XIIIe-XXe siècle*, Paris, Ecole des hautes études en sciences sociales, 1988, 375 p.

MANN (Suzan) - *Local Merchants and the Chinese Bureaucracy, 1750-1950*, Stanford, Stanford University Press, 1987, 278 p.

MARTZLOFF (J.C.) - *Histoire des mathématiques chinoises*, Paris, Masson, 1988, XX, 375 p.

MASPÉRO (Henri) - *Le Taoïsme et les religions chinoises*, édition posthume par M. Kaltenmark, Paris, N.R.F., 1971, 658 p.

Mélanges posthumes sur les religions et l'histoire de la Chine, Paris, Civilisation du Sud, 1950, 3 vol.

MASPÉRO (H.) et ESCARA (J.) - *Les Institutions de la Chine*, Paris, P.U.F., 1952.

MEYER (Charles) - *Histoire de la femme chinoise*, Paris, Lattès, 1986, 309 p.

MOUSNIER (Roland) - *Fureurs paysannes*, Paris, Calmann-Lévy, 1967, 351 p.

NAQUJN (S.) et RAWSKI (E.) - *Chinese Society in XVIIIth century*, Yale University Press, 1987, 270 p.

NEEDHAM (J.)- *La Tradition scientifique chinoise*, Paris, Hermann, 1974, 306p.

Clerks and Craftsmen, Cambridge, Cambridge University Press, 1970, 470p.

Science and Civilisation in China, vol 1954-1987, Cambridge, Cambridge University Press, 16 vol. parus.

NEVEU (B.) - *Nouvelles Archives mises à jour*, Actes. du l^er^ colloque international de sinologie, Chantilly 1974, pp.l37-l40, Éd. Belles Lettres, Paris, 1976.

PASQUET (Sylvie) -*L'Évolution du système postal : la province chinoise du*

Yunnan sous les Qing, Paris, Mémoire de l'Institut des hautes etudes chinoises, Collège de France, 1986, 290 p.

PEFFER (Nathaniel) - *China, the Collapse of a Civilisation*, London, Routledge, 1931, 305 p.

RAWSKI (Evelyn)- *Education and Popular Literacy in Ch 'ing China*, Chicago University of Michigan Press, 1979,294 p.

SCHRAM (S.B.) - *Foundations and Limits of the State Power in China*, Hongkong, Chinese University Press, 1987, 367 p.

STEIN (Rolf) - *Le Monde en petit: jardins en miniature et habitations dans la pensée religieuse en Extrême-Orient*, Paris, Flammarion, 1987, 345 p., ill.

SUN YATSEN - *Memoirs of a Chinese Revolutionary*, London, Hutchinson & C°, 1927, 254 p.

TEMPLE (Robert) - *Quand la Chine nous précédait*, Paris, Bordas, 1986, 253p.

TRISTAN (Frédérik) - *Houng, les sociétés secrètes chinoises*, Paris, Balland, 1987, 263 p.

URSEL (Pierre D') - *La Chine de tous les jours*, Paris, Presses de la Cité, 1985, 124 p., ill.

VAN GULIK (R.) - *Sexual Life in Ancient Chine*, Leiden, E.J. Brill, 1961, XVII, 392 p. ; trad. *La Vie sexuelle dans la Chine ancienne* par L. Evrard, Paris, N.R.F., 1977, 452 p.

WERNER (Edward T.C.) - *Ancient Tales and Folklore of China*, London, Harrap & C°, 1922, reprint London, Bracken Books, 1986, 454 p.

WILL (P.-E.)- *Bureaucratie et famine auXVIII^e^ siècle*, Paris, Mouton, 1980, 311 p.

Wu (Silas) - *Communication and Imperial Control in China : evolution of the palace memorial system 1693-1735*, Harvard University Press, 1970, 204p.

XIAO YISHAN- *Qingdai tongshi* («Histoire générale des Qing»),

Shangwu, Shanghai, 1928.

YENFU [YEN FOU] - *Les Manifestes de Yen fou*, trad. par F. Houang, Paris, Fayard, 1977, 151 p.

ZHU YONG- *Qingdai zongzufa yanjiu*, Changsha, Hunan jiayu Chubanshe, Boshi luncong, 1988, 230 p.

【中國與西方的關係】

ALLAN (C.W.) - *The Jesuits at the Court of Peking*, Shanghai, Kelly and Walsh, 1935, 300 p.

ARMOGATHE (Jean-Robert) - *Voltaire et la Chine : une mise au point*. Actes du Ier colloque international de sinologie, Chantilly, 1974, pp. 27-39, Ed. Belles Lettres, Paris, 1976.

BERGER (K.-H.) - «Henry Hayne Travelling through China with Lord Amherst», *Library Notes*, n° 50, pp. 13-21, janv. 1982, Durham, N.C.

BERNARD-MAITRE (Henri) - *Sagesse chinoise et philosophie chrétienne : essai sur leurs relations historiques*, Tientsin, Hautes Études, 1935, 278 p.

Les Sciences et la correspondance de la mission française de Pékin au XVIIIe siècle. Actes du XIIe congrès international d'histoire des sciences, Paris, 1968, pp. 11-15, Ed. Blanchard, Paris, 1971.

BOXER (C.R.) - «European Missionaries and Chinese Clergy, 1654-1810»,

in KING (B.), *The Age of Partnership: Europeans in Asia before Dominions*, pp. 97-121, Honolulu, University Press of Hawaii, 1979.

CAMERON (N.) - « Kotow : Imperial China and the West in Confrontation», *Orientations*, vol. 2, n° 1, janv. 1971, pp. 44-51.

CAMMAN (S.) - *Trade through the Himalayas, the Early British Attempts to Open Tibet*, Princeton, N.J., Princeton University Press, 1951, 186 p.

CHANG HSIN PAO - *Commissioner Lin and the Opium War*, Cambridge, Mss., Harvard Press, 1964, 369 p.

CHEONG (W.) - *Mandarins and Merchants : Jardine, Matheson & Co, a China Agency in the Early XIXth century*, London, Curzon Press, 1979, 298p.

CHU CHENG - *Contribution des Jésuites à la défense de la Chine des Ming face aux Mandchous*, Paris, thèse à l'université de Paris, 1970, 173 p.

COEN (Dean Buchanan) - *The Encyclopedie and China*, Bloomington, Ind., thesis Indiana University, 1962.

COMITÉ D'HISTOIRE MODERNE DE LA CHINE - *La Guerre de l'Opium*, Pékin, Ed. en langues étrangères, 1979, 151 p.

CORDIER (Henri) - *Histoire générale de la Chine et de ses relations avec les pays étrangers depuis les temps les plus anciens jusqu'à la chute de la dynastie mandchoue*, Paris, Geuthner, 1920, 428 p.

CORRADINI (P.) - « Concerning the ban on preaching Christianity contained in Ch'ien-lung's reply to the request advanced by lord Macartney », in *East and West*, 1968, pp. 89-91.

CRANMER-BYNG (J.L.)- «Lord Macartney's Embassy to Peking in 1793. From official Chinese Documents», *Journal of the Oriental Studies*, vol. IV (1957/1958), pp. 117-187.

CRANMER-BYNG (J.L.) - «The Chinese Attitude towards External Relations», *International Journal*, n° 21, 1965/1966, pp. 57-77, Toronto.

CRANMER-BYNG (J.L.) et LEVERE (H.) - «A case study in cultural collision: scientific apparatus in Macartney embassy to China», *Annals of Science*, n°38, 1981, pp. 503-525.

DANTON (B.H.) - ***The Culture Contact of the United States and China, the Earliest Sino-american Contact***, 1784-1844, New York, Columbia University, 1931, 133 p., Octagon Book, reprint 1974.

DEHERGNE (Joseph) - ***Répertoire des Jésuites de Chine de 1552 à 1800***, Paris, Letouzey-et-Ané, 1973, 430 p.

«Voyageurs chinois venus à Paris au temps de la marine à voile, et l'influence de la Chine dans la litterature française du XVIIIe siècle», *Monumenta serica*, n° 23, 1964, pp. 372-397.

DEMIEVILLE (Paul) - «Premiers contacts philosophiques entre la Chine et l'Europe», *Diogène*, LVIII, 1967, pp. 81-110.

DERMIGNY (Louis) - ***La Chine et l'Occident: le commerce à Canton au XVIIIe siècle 1719-1833***, Paris, S.E.V.P.E.N., 1964, 3vol., 1625p.

Les Mémoires de Charles de Constant sur le commerce à la Chine, Paris, S.E.V.P.E.N., 1964, 487p.

DEVEZE (M.) - ***L'Impact du monde chinois sur la France, l'Angleterre, la Russie au XVIIIe siècle***. Actes du 1er colloque international de sinologie, Chantilly, 1974, pp. 7-12, Ed. Belles Lettres, Paris, 1976.

DUYVENDAK (J.L.L.) - ***The Last Dutch Embassy to the Chinese Court***, Leiden, supplementary document on T'oung Pao, vol. XXXIV, liv. 4, 1938, pp. 1-137.

EAMES (J.B.) - ***The English in China***, 1600-1843, London, 1909, reprint Curzon Press, 1974, 622 p.

ELISSEEFF (Danielle) - ***Moi, Arcade, interprète chinois du Roi-Soleil***, Paris, Arthaud, 1985, 189 p.

ETIEMBLE - ***L'Europe chinoise***, t. I: ***De l'Empire romain à Leibniz***, Paris, N.R.F., 1988, 438 p.; t. II. ***De la sinophilie à la sinophobie***, 1989, 402 p.

L'Orient philosophique au XVIIIe siècle: missionnaires et philosophes, Paris, Centre Document. universitaire, 1959, 3 vol.

Les Jésuites en Chine, Paris, Julliard, Archives, 1966, 301 p.

FAIRBANK (J.K.) - ***Trade and Diplomacy on the China Coast: the opening of the treaty ports (1842-1854)***, Stanford, Stanford University Press, 1969, 583p.

FAY (Peter Ward) - ***The Opium War, 1840-1842***, New York, Norton, 1976.

FRODSHAN (J.D.) - ***The First Chinese Embassy to the West: the journal of Kuo Sung-tao, Liu Hsi-hung and Chang Te-yi***, Oxford, Clarendon, 1974, 224p.

Fu Lo-SHU - ***A Documentary Chronicle of Sino- Western Relations, 1644-1820***, Tucson, Arizona University Press, 1966, 2 vol.

GAUBIL (Père Antoine) - ***Correspondance de Pékin, 1722-1729***, Genève, Droz, 1970, 1 006 p.

GEOFFROY-DECHAUME (François) - ***La Chine face au monde***, tirage privé, Hongkong, 1976 ; en anglais, ***China looks at the world***, London, Faber & Faber, 1967, 162 p.

GERNET (Jacques) - ***Chine et christianisme, action et réaction***, Paris, N.R.F., 1982, 342p.

GREENBERG (M.) - *British Trade and the Opening of China*, Cambridge (U.K.), Cambridge University Press, 1951, 238 p.

GROSIER (Abbé) - *Description générale de la Chine*, Paris, Montand, 1788, 5 vol.

De la Chine, ou Description générale de cet empire d'après les mémoires de la mission de Pékin, Paris, Pillet, 1818, 7 vol.

GUILLAIN (Robert) - *Orient-Extrême*, Paris, Arléa-Seuil, 1987, 413p.

GUILLEMIN (Philippe) - *Le Yuanming yuan, jeux d'eau et palais européens du XVIIIe siècle à la Cour de Chine*, Paris, Ed. recherches et civilisations, 1987, 36p.

GUILLERMAZ (Jacques) - *Une vie pour la Chine*, Paris, Laffont, 1989, 452 p.

GUILLOU (Jean) - *Les Jésuites en Chine aux XVIIIe et XVIIIe siècles*, Académie du Var, bulletin, n° 148, pp. 69-84, 1980, Toulon.

HARDER (Hermann) - *La Question du gouvernement de la Chine au XVIIIe siècle*: Montesquieu et de Brosse chez Mgr Foucquet, à Rome. Actes du IIIe colloque ternational de sinologie, Chantilly, 1980, pp. 79-92, Ed. Belles Lettres, Paris, 1983.

HAY (Malcolm) - *Failure in the Far-East: why and how the breach between the western world and China first began*, Wetteren, Scaldis Pub., 1956, 202p.

FRANÇOIS-XAVIER (Saint) - *Correspondance 1535-1552*, Desclée de Brouwer, Paris, 1987, 528 p.

HIBBERT (Christopher) - *The Dragon Wakes*, London, Longmans, 1970, XVII- 427 p.

HUDSON (G.F.) - *Europe and China, a survey of their relations, from the earliest time to 1800*, London, E. Arnold 1931, reprint 1961, 336p.

HUEY (Herbert)-« French Jesuit's Views on China», *Papers on Far-Eastern History*, n° 31, 1985, pp. 95-116, Canberra.

LATOURETTE (Kenneth Scott) - *A History of Christian Missions in China*, London, Society for promoting Christian Knowledge, 1929, 930 p.

LAURENTIN (René) - *Chine et christianisme - après les occasions manquées*, Paris, Desclée De Brouwer, 1977, 370 p.

LE COMTE (Père L.) - *Nouveaux Mémoires sur l'état présent de la Chine*, Paris, 1690-1700, 3 vol.

LEGOUIX (Susan) - *Image of China, William Alexander*, London, Jupiter Books Ltd, 1980, 96 p., ill.

LEITES (Edmund) - *La Chine et l'Europe des Lumières*, recherches récentes faites aux U.S.A. Actes du IIe colloque international de sinologie, Chantilly, 1977, pp. 5-14, Ed. Belles lettres, Paris, 1980.

Le Confucianisme dans l'Angleterre du XVIIIe siècle : la morale naturelle et la réforme de la société. Actes du IIe colloque international de sinologie, Chantilly, 1977, pp. 51-82, Ed. Belles Lettres, Paris, 1980.

LEQUILLER (Jean) - *Nouveaux Mondes d'Asie : la Chine et le Japon du XVIe siècle à nos jours*, Paris, P.U.F., 1974, 312p.

LETTRES ÉDIFIANTES ET CURIEUSES, ÉCRITES DES MISSIONS ÉTRANGÈRES PAR QUELQUES MISSIONNAIRES DE LA COMPAGNIE DE JÉSUS, Paris, 1702-1776 (Extraits, choisis et présentés par I. et J.-L. VISSIÈRE, Paris, Garnier-Flammarion, 1979, 504 p.).

LEVY (André) - *Nouvelles Lettres édifiantes et curieuses d'Extrême-*

Occident, par des voyageurs lettrés chinois de la Belle Époque, Paris, Seghers, 1986.

LI SHUCHANG - *Carnet de notes de l'Occident* (traduit du chinois par Shi Kangqiang), préf. M. Cartier, Paris, Éditions de la Maison des sciences de l'homme, 1988, 198 p.

MAILLA (Père J. DE) - *Histoire générale de la Chine ou Annales de cet empire*, Paris, 1777-1785, 13 vol.

MANKALL (Mark) - *Russia and China : their diplomatic relations to 1728*, Cambridge, Mss., Harvard University Press, 1971, 396p.

MARX (Karl)- *Karl Marx on China 1853-1860* (articles in *New York Daily Tribune*, introd. & notes by Dona Torr), New York, Garden Press, 1975, 98 p., Paris, Plon, 10/18.

MA SHI - *Zhonghua diguo dui wai guanxi shi* («Histoire des relations extérieures de l'empire chinois»), Pékin, s.d.

MÉMOIRES CONCERNANT L'HISTOIRE, LES SCIENCES, LES ARTS, LES MOEURS, LES USAGES DES CHINOIS, par le P. AMIOT et alii, Paris, 1776-1791, 15 vol.

MENG HUA - *Voltaire et la Chine*, Paris, thèse de doctorat, en Sorbonne, 1988, 291 p.

MORSE (H.B.) - *Chronicles of the East-India Company Trading to China, 1600-1833*, London, 1927, 5 vol.

NEEDHAM (Joseph) - *Chinese Science and the West*, London, Allen & Unwin Ltd, 1969, trad. franç. *La Science chinoise et l'Occident*, Paris, Seuil/Point, 1973, 252 p.

OLD NICK (E. Dauran Forgues) - *La Chine ouverte*, Paris, Henri Fournier, 1845, 396 p.

PAUTHIER (G.) - *Histoire des relations politiques de la Chine avec les puissances occidentales*, Paris, Firmin Didot, 1859, 239 p.

PELLIOT (Paul) - *L'Origine des relations de la France avec la Chine: le premier voyage de l'Amphitrite*, Paris, Geuthner, 1930, 79 p.

PERKINS (D.H.) - « Government as an Obstacle to Industrialisation : the
case of XIXth century China», *Journal of Economic History*, n° 27, déc 1967, pp. 478-492.

PINOT (Virgile) - *La Chine et la formation de l'esprit philosophique en France, 1640-1740*, Paris, Paul Geuthner, 1932, 480 p.

POLO (Marco)- *Le Devisement du monde*, Gênes, 1299 (Ed. A.T'serstevens), Paris, Albin Michel, 1955, 414p.

PRITCHARD (Earl H.) - *The Crucial Years of Anglo-Chinese Relations, I, 50-1800*, Research studies of the State College of Washington, Washington, Pullman, 1936, 430 p.

REICHWEIN (A.) - *China and Europe*, London, Kegan Paul & Co., 1925, 174 p., reprint 1968.

RICCI (P. Matteo) et TRIGAULT (P. Nicolas) - *Histoire de l'expédition chrétienne à la conquête du royaume de la Chine*, Lille, 1617, rééd. Paris, Desclée De Brouwer, 1978, 740 p.

ROWBOTHAM (Arnold) - *Missionary and Mandarin, the Jesuits at the Court of China*, Berkeley, University of California Press, 1966, 374 p.

SONG PUZHANG - « Qingdai qianqi Zhong Ying haiyun maoyi yan jiu» («Recherches sur le commerce maritime entre la Chine et l'Angleterre au début des Qing»), in *Haishi jiaotong yanjiu*(« Recherches sur les relations maritimes»), 1983, n° 22.

SOOTHILL (M.) - *China and the West, a Sketch of their Intercourse,*

Oxford, Oxford University Press, 1925,216 p.

TAMARIN (A.) et GLUBOK (S.) - *Voyaging to Cathay*, New York, The Viking Press, 1976, 202 p.

TAN CHUNG - *China and the Brave New World : a study of the origins of the Opium War*, Durham, N.C., Carolina Academic Press, 1978,271 p.

TEILHARD DE CHARDIN (P. Pierre) - *Lettres de voyage et Nouvelles Lettres de voyages, 1923-1939/1939-1945*, Paris, Grasset, 1956,2 vol.

TEIXEIRA (Manuel) - *The Fourth Centenary of the Jesuits at Macao*, Macao Salesian School, 1964, 60 p.

« Relaçao dos missionnarios da China», *Boletim eclesiastico*, n° 68, 1970, pp. 128-141, Macao.

TENG SU-YÜ, FAIRBANK (John K.) - *China Response to the West :a documentary survey, 1839-1923*, New York, Atheneum, 1954, 296p., reed., Harvard Univ. Press, 1979.

VAN DEN BRANDT (Fr. J.) - *Les Lazaristes en Chine, 1697-1935, dictionnaire biographique*, Pékin, Imprimerie des Lazaristes, 1936, 321 p.

VANDERMEERSCH (Léon) - *Le Nouveau Monde sinisé*, Paris, P.U.F., 1986, 224p .

VAN KLEY (Edwin) - *Chinese History in XVIIth century European Reports*, Actes du IIIe colloque international de sinologie, Chantilly, 1980, pp.195-210, Ed. Belles Lettres, Paris, 1983.

VISSIERE (I. et J.-L.) - *Un carrefour culturel : la mission française de Pékin au XVIIIe siècle*, Actes du IIIe colloque international de sinologie, Chantilly, 1980, pp. 221-223, Ed. Belles Lettres, Paris, 1983.

WALEY (Arthur) - *The Opium War through Chinese Eyes*, London, Allen & Unwin, 1958, 257 p.

WATSON (W.) - *Interprétation de la Chine : Montesquieu et Voltaire*, Actes du IIe colloque international de sinologie, Chantilly, 1977, pp. 115-136, Paris, Ed. Belles Lettres, 1980.

WEI (Louis Tsing-sing) - *La Politique missionnaire de la France, 1842-1856*, Paris, Nouvelles éditions latines, 1960, 655 p.

WITEK (J.) - J.F. *Foucquet, controversiste jésuite en Chine et en Europe*, Actes du Ier colloque international de sinologie, Chantilly, 1974, pp.115-136, Ed. Belles Lettres, 1976.

Chinese Chronology : a source of sino-european widening horizons, in the XVIIIth century, Actes du IIIe colloque international de sinologie, Chantilly, 1980, pp. 223-251, Ed. Belles Lettres, Paris, 1983.

XIAO ZHIZHI, YANG WEIDONG - *Yapian zhanzheng qian Zhong Xi guanxi jishi (1517-1840)* («Chronique des relations sino-occidentales avant la guerre de l'Opium [1517-1840]»).

ZHANG YIDONG - «Zhong Ying liangguo zui zao de jiechu» («Sur les premiers contacts entre la Chine et l'Angleterre»), *Lishi yanjiu* («Recherches historiques»), 1955.

ZHU YONG - *Les Relations sino-anglaises sous Qianlong, 1736-1796*, Pékin, Université du peuple chinois, Institut d'Études de l'histoire des Qing, 1988.

【人類學・地緣政治】

AMIN (S.) et alii, présentation A. BURGUIÈRE, préface J. DANIEL - *Le Tiers Monde et la gauche*, Paris, Seuil, 1979, 190p.

BAIROCH (Paul) - *Le Tiers Monde dans l'impasse*, Paris, Gallimard, 1971, 375 p. (Réédité avec postface en 1983.)

BALLANDIER (G.) et alii - *Sociologie des mutations* (Actes du VIIe colloque de l'Association des sociologues de langue française; Neuchâtel, octobre 1968), Paris Ed. Anthropos, 1970, 531 p.

BETTELHEIM (Bruno) - *The Empty Fortress*, Chicago, 1967 (trad. franç. La Forteresse vide, Paris, N.R.F., 1969, 581 p.).

BRUCKNER .(Pascal) - *Les Sanglots de l'homme blanc*, Paris, Le Seuil, 1983, 310p.

CHESNAIS (Jean-Claude) - *La Revanche du Tiers Monde*, Paris, Robert Laffont, 1987, 336 p.

DUMONT (Louis) - *Homo hierarchicus*, Paris, Gallimard, 1966, 449p.

Homo aequalis, Paris, Gallimard, 1977 271 p.

Essai sur l'individualisme, Paris, Seuil, 1983, 284p.

DUVERGER (M.) et alii - *Le Concept d'empire*, Paris, P.U.F., 1980.

ERIKSON (Erik H.) - *Identity, Youth and Crisis*, New York, Norton & C°, 1968 (trad. franç. *Adolescence et crise*, Paris, Flammarion, 1972).

ETIEMBLE- *Ouverture(s) sur un comparatisme planétaire*, Paris, Ed. Bourgois, 1988, 285 p.

FANON (Franz) - *Les Damnés de la terre*, Paris, Maspéro, 1961, 244p.

FREUD (Sigmund) - *Malaise dans la civilisation*, rééd. Paris, PUF, 1971, 107 p. *Totem et tabou*, trad. Dr Jankelevitch, Paris, Petite Bibliothèque Fayot, 1965, 192 p.

GILDER (George) - *Wealth and Poverty*, New York, Basic Books Inc. Pub., 1981 (trad. franç. *Richesse et pauvreté*, Paris, Albin Michel, 1981, 333 p.).

HOFSTEDE (Geert) - *Culture's Consequences : international differences in work related values*, London, Sage Publications, 1980, 475 p.

HUXLEY (Julian) et alii - *Le Comportement rituel chez l'homme et l'animal*, Paris, N.R.F., 1971, 419p.

JUNG (Carl-Gustav) - *L'Homme à la découverte de son âme* (trad. CahenSallabelle, Genève, Ed. Mont-Blanc, 1946, 422 p.).

KOYRÉ (Alexandre) - *Études d'histoire de la pensée scientifique*, Paris, N.R.F., 1966,412 p.

LAURENT (Alain) - *L'Individu et ses ennemis*, Paris, Hachette/Pluriel, 1987, 571 p.

LECERF (Y.) et PARKER (D.) - *Les Dictatures d'intelligentsia*, Paris, P.U.F., 1987, 277 p.

LE DUFF (R.) et MAISSEU (A.) - *L'Antidéclin, ou les Mutations technologiques maîtrisées*, Paris, Entreprise moderne d'édition, 1988, 334 p.

MALINOVSKI (Bronislav) - *Trois Essais sur la vie sociale des primitifs*, rééd. Paris, Petite Bibliothèque Payot, 1980, 192 p.

MALTHUS (T. Robert) - *An Essay on the Principle of Population*, London, 1798.

MARSEILLE (Jacques) - *Empire colonial et capitalisme français, histoire d'un divorce*, Paris, Albin Michel, 1984, 462 p.

M HLMANN (Wilhelm E.) - *Messianismes révolutionnaires du Tiers Monde*, Paris, N.R.F, 1968, 389 p.

MYRDAL (Gunnar) - *Le Défi du monde pauvre*, Paris, N.R.F., 1971, 466p.

NAYAK (P.R.) et KETTERINGHAM (J.M.) - *Douze Idées de génie auxquelles personne ne croyait*, Paris, Ed. First Inc., 1987, 409 p.

NIZAN (Paul) - *Aden-Arabie*, Paris, 1931.

POLIN (C.) et ROUSSEAU (C.) - *Les Illusions de l'Occident*, Paris, Albin Michel, 1981, 270p.

RANGEL (Carlos) - *Du bon sauvage au bon révolutionnaire*, Paris, Robert Laffont, 1976, 398 p.

L'Occident et le Tiers Monde, Paris, Robert Laffont, 1982, 221 p.

SAUTTER (Christian) - *Les Dents du géant, le Japon à la conquête du monde*, Paris, Orban, 1987, 323 p.

SHONFIELD (Andrew) - *Modern Capitalism*.

SORMAN (Guy) - *La Nouvelle Richesse des nations*, Paris, Fayard, 1987.

TREVOR-ROPER (H.R.) - *Religion, Reformation and Social Change*, London, 1956.

WACHTEL (Nathan) - *La Vision des vaincus*, Paris, N.R.F., 1971, 392p.

WEBER (Max) - *Gesammelte Aufsätze zur Religionsozologie*, Tübingen, Mohrt, 1922.

【圖版出處】

使節團謁見乾隆 © The British Library Board, WD 961, f.57(154)；威廉・亞歷山大自畫像 @wikimedia commos；馬戛爾尼勛爵 ©The British Library Board, WD 959, f.19(97)；喬治・斯當東爵士 ©The British Library Board, WD 959, f.20(99)；獅子號 © The British Library Board, Maps 8 TAB. c.8.72；官船 © The British Library Board, 455.e.9, plate 24；英使船隊駛至大運河 © The British Library Board, Maps 8 TAB.c.8.83；英使團船隻通過水閘 © The British Library Board, Maps 8 TAB.c.8.82.c；吃飯的縴夫 © The British Library Board, 455.e.9, plate 6；白河岸風光 © The British Library Board, Maps 8.Tab.C.8.11；官邸 © The British Library Board, 455.e.9, plate 23；軍事堡壘 © The British Library Board, Maps 8.Tab.C.8.9；英使團抵達天津 © The British Library Board, 142.f.16 part 2, plate 4；馬戛爾尼在北京的石舫住所 © The British Library Board, 455.e.9, plate 48；喬大人 © The British Library Board, 455.e.9, plate 21；官吏攜聖旨 © The British Library Board, Maps 8 TAB.c.81；穿戰袍的步兵 © The British Library Board, 455.e.9, plate 5；穿軍禮服的步兵 © The British Library Board, 455.e.9, plate 17；持火繩槍的狙擊兵 © The British Library Board, 455.e.9, plate 41；富貴人家的母子和女傭 © The British Library Board, 455.e.9, plate 14；農民家庭 © The British Library Board, 455.e.9, plate 2；擲骰子賭博 © The British Library Board, 455.e.9, plate 18；鬥鵪鶉 © The British Library Board, 455.e.9, plate 39；女子被控賣淫 © The British Library Board, 455.e.9, plate 43；杖刑 © The British Library Board, 455.e.9, plate 34；枷刑 © The British Library Board, 455.e.9, plate 10；京劇演員 @wikimedia commos；風帆獨輪車 © The British Library Board, 455.e.9, plate 22；揚州 © The British Library Board, 455.e.9, plate 42；中式拱橋 © The British Library Board, Maps 8.Tab.C.8.30；送葬 © The British Library Board, 455.e.9, plate 46；廟裡祭祀 © The British Library Board, 455.e.9, plate 26。

THE
Immobile Empire
停滯的帝國
一次高傲的相遇，兩百年世界霸權的消長

作　　者　阿朗・佩雷菲特 Alain Peyrefitte
譯　　者　王國卿、毛鳳支、谷炘、夏春麗、鈕靜籟、薛建成

總 編 輯　張瑩瑩
副總編輯　蔡麗真
責任編輯　林毓茹
特約編輯　黃怡瑗
編輯協力　林冠妏、周明佳
校　　對　魏秋綢
封面設計　井十二設計研究室
版面構成　奧嘟嘟工作室
行銷企劃　林麗紅
印務主任　黃禮賢

社　　長　郭重興
發行人兼出版總監　曾大福
出　　版　野人文化股份有限公司
發　　行　遠足文化事業股份有限公司
地址：23141新北市新店區民權路108-2號9樓
電話：(02)2218-1417
傳真：(02)2218-1142
電子信箱：service@bookrep.com.tw
網址：www.bookrep.com.tw
郵撥帳號：19504465 遠足文化事業股份有限公司
客服專線：0800-221-029

法律顧問　華洋法律事務所　蘇文生律師
印　　製　成陽印刷股份有限公司
初版首刷　2015年06月

定　　價　580 元
ISBN　978-986-384-058-9

歡迎團體訂購，另有優惠，請洽業務部：
（02）22181417 分機 120、123

國家圖書館出版品預行編目資料

停滯的帝國：一次高傲的相遇，兩百年世界霸權的消長 /
阿朗・佩雷菲特（Alain Peyrefitte）著、王國卿等 譯. –
初版. – 新北市：野人文化出版：
遠足文化發行, 2015. 06 [民104]
576面；17×23公分. --（地球觀；29）
譯自：L'Empire immobile ou le choc des mondes

ISBN 978-986-384-058-9（平裝）

1.中英關係 2.外交史

741.4　　104004945

本書線上讀者回函

廣 告 回 函
板橋郵政管理局登記證
板橋廣字第143號

郵資已付 免貼郵票

野人

23141
新北市新店區民權路108-2號9樓
野人文化股份有限公司 收

請沿虛線撕下對折寄回

野人

野人文化
讀者回函卡

感謝購買 停滯的帝國，煩請費心填寫。

姓 名 □女 □男 年齡／生日

地 址

電 話 手機

Email

學 歷 □國中(含以下) □高中職 □大專 □研究所以上

職 業 □生產／製造 □金融／商業 □傳播／廣告 □軍警／公務員
□教育／文化 □旅遊／運輸 □醫療／保健 □仲介／服務
□自由／家管 □學生 □退休 □其他 ______

□同意 □不同意 收到野人文化新書電子報。

◆您從何處知道此書？
□書店 □書訊 □書評 □報紙 □雜誌 □廣播 □電視
□網路 □DM／海報 □親友介紹 □其他 ______

◆您在哪裡買到本書？
□書店：______ □網路：______
□量販店：______ □其他：______

◆您的閱讀習慣：
□親子教養 □文學 □小說 □藝術 □設計 □歷史 □傳記 □人文社科
□自然科學 □商業理財 □宗教哲學 □心理勵志 □休閒生活 □手工藝
□飲食／食譜 □健康養生 □其他 ______

◆您對本書的評價：(請填代號，1. 非常滿意 2. 滿意 3. 尚可 4. 待改進)
書名____ 封面設計____ 版面編排____ 印刷____ 內容____ 整體評價____

◆您對本書的建議：

野人文化部落格 http://yeren.pixnet.net/blog 野人文化粉絲專頁 http://www.facebook.com/yerenpublish